x의 존재론

박동환
철학선집 IV

x의 존재론

사월의책

*x*의 존재론

1판 1쇄 발행 2017년 4월 1일

지은이 박동환
펴낸이 안희곤
펴낸곳 사월의책

편집 박동수
디자인 김현진

등록번호 2009년 8월 20일 제396-2009-126호
주소 경기도 고양시 일산동구 무궁화로 7-45 451호
전화 031)912-9491 | 팩스 031)913-9491
이메일 aprilbooks@aprilbooks.net
홈페이지 www.aprilbooks.net
블로그 blog.naver.com/aprilbooks

ISBN 978-89-97186-68-6 94100
ISBN 978-89-97186-64-8 (세트)

* 책값은 뒤표지에 있습니다.
* 이 도서의 국립중앙도서관 출판예정도서목록(CIP)은 서지정보유통지원시스템 홈페이지(http://seoji.
nl.go.kr)와 국가자료공동목록시스템(http://www.nl.go.kr/kolisnet)에서 이용하실 수 있습니다.
(CIP제어번호: CIP2017004101)

. . .

"인간은 만물의 척도다." 세상에 일어나는 사건, 사물들에 대한 판단
에서 인간이 척도일 수 있는가? 진리의 척도, 판단의 기준이 한 인간
일 수 있는가? 프로타고라스의 저 명제에 대해 다음 세대에 등장한
플라톤도 또 다음 세대의 아리스토텔레스도 그리고 고대 중국에서는
노자도 공자도 그들이 생각하는 대안의 척도들을 내놓았다. 그리고
역대에 이름을 올린 철학자들이 차례로 그 대안의 척도들을 바꾸어
놓았다. 그러나 그들 가운데 누가 인간을 대체하는 절대의 척도를 세
우는 데 성공하였는가? 여전히 벗어나지 못한 그들의 인간적인 척도
들이 서로 부딪혀서 깨어지는 이 시대의 막장에서 다시 새벽을 기다
리며 떠오르는 질문들을 따라 그 진로를 모색한다. (160518)

차례

한 조각의 철학적 회고 4

1.

1945년 동아시아에서 2차 세계대전이 끝나고 일본제국의 통치가 물러가면서 서양의 열강들이 새로운 문물을 가지고 들어오던 시대의 변화는 내가 만 아홉 살 때 처음으로 겪은, 천하가 바뀌는 역사의 한 장면이었다. 오랜 역사에 비추어보면, 그때 천하의 바뀜은 그 진폭(振幅)과 깊이에서 아마도 고대 중국에서 천자가 다스리던 주나라가 제후들이 할거하는 전국시대로 바뀌는, 아니면 여기서 조선왕조(1392~1910)가 무너지고 일제의 통치시대로 들어가는 정도의 변화에도 비교할 수 없을 만큼 참으로 세계를 모르고 살아온 사람들에게 닥쳐온 천지개벽 같은 충격에 해당하는 것이었다.

그러한 충격이 몰고 온 방향 잃은 시대의 반란과 암살이 판을 치던 혼란이 채 가라앉기도 전에 다시 5년이 지난 6월 25일 한국전쟁이라는 것이 일어났고, 어처구니없게도 3일 만에 서울은 인민해방군의 천하로 바뀌었다. 이 또한 그때의 모든 어려움에도 불구하고 전혀 상상하지 못했던 새로운 세계의 생생한 체험과 관찰이었다. 전쟁이 일어나기 전 그해 새해인사에서 국방장관은 "명령만 내리시면 우리 국군이 점심은 평양에서 저녁은 신의주에서 먹을 것입니다!"라고 대통령에게 보고했다는 뉴스가 그때의 시민들에게 다 알려져 있는 터였다. 그해에 그리고 그 다음해에도 밀고 밀리는 전투에 따라 쫓기는 사람들이 피난생활에서 겪은 생명이 걸린 모험과 허기는 아마도 조선시대의 임진란(1592~1598)과 병자란(1636~1637)으로 백성들이 겪었다는 혹독한 시련의 정도를 넘지 않았을까? 나는 그 정도의 차이를 상상해 보기 위해 가끔 당대의 백성들이 겪었다는 참상의 기록을 다시 읽어 본다.

그때 그러한 전쟁의 상흔을 안고 왜 공상에 지나지 않는 철학을 하겠다고 철없이 뛰어들었는지 지금 돌이켜 보면 이해가 가지 않는다. 미국에서 5년 반을, 그리고 교수라는 것이 된 다음 유럽과 중국에서 각각 일 년 가까이 지내면서 그들에게 예의로서 보여줄 그들의 철학에 필적할 만한 고유의 체계와 방법이 나의 역사적 배경에는 도대체 없다는 백치상태에 이를 때마다 정말 철학을 잘못 선택했다는 후회를 거듭했다. 철학하는 자로서는 전혀 체면이 서지 않는 '아무것도 아닌 자'로서 겪을 수밖에 없었던 세계 학습을 서양과 동양에서 한 꼴이다.

이는 세계의 흐름에서 밀려난 별 볼 일이 없는 자 곧 주변자로서 겪은 체험들이다. 나는 철학하는 자로서 세계를 향해서 긍정할 것이라고는 하나도 가진 것이 없는 역사의 자각과 반감을 날려버리려는 몽

상을 가지고 오늘의 나이에 이른 것이다. '철학을 진작 포기했어야
했다!' 그런 느낌이 다가올 때마다 이미 때는 늦었었다.

정년이 한참 지난 철학교수에게도 때로는 '무슨 철학을 전공합니
까?'라는 질문이 던져진다. 만약 아리스토텔레스나 노자 또는 프리
드리히 니체나 버트런드 러셀이 다시 살아 돌아온다면 그에게도 전
공을 물을 것인가? 결코 박학다식을 추구하는 것이 본업이 아닌 그
들에게 전공을 물을 수 없는 이유는 무엇일까? 가끔 이런 질문도 받
는다. '어떤 철학자의 영향을 많이 받았습니까?' 이것 또한 딱히 떠오
르는 정답이 없어서 당혹스럽게 하는 질문이기는 하지만 그때마다
마침 깊이 감상하고 있는 철학자의 이름을 대는 것이 습관이다. 때
로는 데카르트, 때로는 사르트르, 때로는 헤라클레이토스, 때로는 고
르기아스, 이렇게 답이 나오다가 장면이 바뀌면 노자나 공자가 튀어
나오기도 한다. 그러나 좀 있다가 다른 철학자들이 앞을 다투어 나
타나서 '왜 나를 잊었는가?'라고 항의한다. 그러다가 이탁오의 다음
과 같은 외침이 나의 머리를 때린다.

> "나이 오십 이전의 나는 한 마리의 개에 불과하였다. 앞에 있는 개가
> 자기 그림자를 보고 짖으면 같이 따라서 짖었던 것이다. 만약 누군가
> 내가 짖은 까닭을 묻는다면 [나는] 정말로 쑥스럽게 웃을 수밖에 없
> 다."(38-39쪽)[1]

이들은 모두 각각 내가 한때 빠져나올 수 없었던 공감의 존재들이지
만 그들 곁에 그렇게 오래 머문 적은 없었다. 사실 자기가 소속해 있

는 역사에서 다시 세계를 향해 밀고 나아갈 만한 전통의 한 가닥조차 주어지지 않은 자에게 그런 질문들은 난감함을 느끼게 하는 것이다. 이런 처지에서 그런 질문들에 답을 한다면 정말로 나는 한 마리의 외로운 개가 되는 게 아닐까?

그런데 실은 철학과 학부생이었던 20대로부터 지금까지 오히려 점점 더 이끌려 들어가게 된 나의 철학 교사는 히브리 전통의 『구약성서』에 실려 있는 「전도서」의 필자이다. 나의 가장 오래된, 그리고 한 차례도 던져버리지 않은 철학의 텍스트는 「전도서」다. 그것은 BCE 3세기로 짐작하는 프톨레마이오스 왕조의 통치 아래에 놓였던 예루살렘의 한 외로운 선각자가 천하의 질서와 정의의 심판이 흔들리며 무너지는 시대의 의문들을 모아놓은 격정의 회고록이다.[2] 「전도서」를 읽을 때마다 나에게 떠오르는 결론은 고대로부터 현대에 이르기까지 모든 철학자들의 존재론과 역사철학과 도덕론이 얼마나 안일한 처방인가 하는 물음이다.

어디서나 일반 학문에 종사하는 이들과 대부분의 철학자들조차 천하가 평정된 다음에 군후장상들이 펼치는 체제에 봉사하는 안일한 이론가들이다. 그럼에도 왜 여기에 철학자들의 이야기가 이렇게 많이 등장하는가? 이미 시대의 효력이 마감된 모든 철학자들의 이야기를 그렇게 정리함으로써만 다가오는 천하 질서의 새로운 모양을 예고할 수 있기 때문이다. (151111)

2.

수학자와 과학자와 일상의 사람들이 이해하고 있는 x와 『x의 존재론』에 등장하는 x는 어떻게 다른가? x는 미지의 어떤 것을 가리키고 있다는 데에 우리들은 동의할 것이다. 그 미지의 것은 대개 수학 방정식의 해법이 그렇듯이 일정한 분석과 탐구의 절차를 완료할 수만 있다면 그 답에 도달할 것이라고 가정하는 데서 수학자와 과학자와 일상의 사람들끼리 서로 일치할 것이다.[3] 그러나 x의 존재론의 'x'는 유한의 존재인 인간의 분석과 탐구에서 그 답이 잡힐 수 있는 것이 근본적으로 아니다. 그럼에도 그 x는 영원의 흐름을 타고 항상 현재 안에 침묵으로써 움직이는 기억으로 들어와 있고, 다시 불확실한 미래에 참여하는 존재로서 내재하며,[4] 동시에 자신을 지양하며 초월하는[5] 운명의 메신저다.

어째서 이 내재하며 초월하는 메신저 x는 인간의 분석과 탐구에서 그 답이 잡힐 수 없다고 말하는가? 이 x는 도대체 분석하고 탐구할 수 있는 인간의 '대상'이 아니기 때문이다. 세상에 몸을 드러낸 한 존재, 한 개체생명은 궁극에 가서는 언제나 x '그것'의 움직임에 따르는 종속 변수일 수밖에 없으며 그렇게 '그것'에 의해 오히려 '대상화' 되는 것이다.

$x, \neg x, X(\ )$를 어떻게 읽으면 되느냐고 묻는다. 각자의 상식에 따라 읽으면 된다고 말할 수밖에 없다. 그것들은 그것들이 움직이는 모양을 가리키며 그리고 있는 것이다. 그러므로 그 고유의 이름이 없다.

어떤 고유의 이름도 거부하며 자체의 표현을 극도로 절제하는 미니멀리스트로 움직이면서도 그것들은 우리들 각각의 개체성과 운명 그리고 모두가 소속한 시대를 결정하는 영원의 전달자 또는 영원의 메신저다. 그것들은 철학자들이 사용하는 추상적인 개념과 범주들을 포기한다. 만약 한 화가가 그의 직관하는 바를 화폭에다 그런 모양으로 그려 넣었다면 그것들을 무슨 이름으로 부르면 되냐고 물을 것인가? 만약 한 미니멀리스트 화가에게 나의 뇌를 이식할 기회가 주어진다면 그는 아마도 세상에 존재하는 사물들과 일어나는 사건들에 대하여 그가 직관하는 바를 x, $\neg x$, $X(\ )$로써 그리게 될 것이다. (151113)

3.

여기에 모아놓은 단편의 글들은 내가 개인적으로 수행한 학습과 사색에서 얻은 것을 기록한 메모들과 메모들을 풀이하는 말, 그리고 그 풀이말을 쓰면서 참고한 따온 글들을 몇 가지 명제에 따라 정리한 것이다. 이것이 줄기글(본문), 풀이말, 따온글의 순서로 각 단편의 글이 진행하는 이유이다. 줄기글들 마디마디에 생각이 떠올라 기록한 날짜들을 괄호 안에 써 넣었고, 줄기글들이 포함하고 있는 생각들을 가지고 그와 다른, 또는 같은 듯하면서도 다른 생각을 가진 철학자, 과학자, 그 밖의 분야 사상가들에 말을 걸어 대화의 기회를 마련하려고 풀이말들을 엮어놓았다.

왜 일부의 저자들로부터 나온 어떤 따온글들은 이후의 맥락들에서 되풀이하여 나타나는가? 그 따온글들이 품은 주요한 개념의 반복된 쓰임으로 그 논의의 계속성 또는 일반화를 제공하는 한 척도가 될 수 있기 때문이다.

풀이말에 따르는 따온글들은 왜 그렇게 많은가? 교수 정년을 오래 전에 지나서 이제는 자기 생각만을 가지고 쓸 자격이 있다고 생각하는 한 친구가 넌지시 던졌듯이, 무엇을 과시하려는 것인가? 풀이말에 등장하는 대화자들의 분야가 일정하지 않아서 만약 따온글들의 출처로 지은이와 책이름과 해당 쪽수만을 적어 놓는다면 누구든지 그것들을 도서관이나 서점을 다니며 일일이 찾아 읽는 데에 큰 불편이 따를 것이기 때문이다. 많은 경우에 따온글의 요점이 이미 풀이말에 포함되어 있어서, 그리고 지금 연구과정에 있는 젊은 학자들의 재검토를 위하여—우리들은 외국문헌의 번역서를 읽으면서 가끔 '무엇을 이렇게 번역해 놓았는지 그 원문을 보고 싶다!' 속으로 외친다—원문들을 필자가 읽은 그대로 놓아두려고 했던 것이 사실이다. 그러나 사월의책 안희곤 대표 자신의 심혈을 기울인 오랜 각고의 노력에 의해 약간의 한어(漢語) 원문들을 제외한 전부가 한글로 옮겨질 수 있었다. 오래전 대학원에서 철학을 전공했으며 그밖에 여기에 제시된 다양한 전문분야 기초를 정독한 안 대표의 번역은 신뢰할 만해서 가능한 일이었다. 일일이 표시하지는 않았지만 필자가 번역했거나 다른 데서 채택한 것을 제외한 안 대표의 번역안들에 대해 일일이 점검하며 부분 수정들을 가하면서도 대개는 언제나 정확한 그의 구문들을 그대로 따랐다. 다만 필자는 전혀 다른 표현의 감각과 스타일을 가지고 있어서 자주 안 대표의 감각과 스타일이 대체(희생)되었고, 이는 안 대표의 정밀하게 수행된 모든 교정안에 대해서도 마찬가지였다. 이런 절차에 대해 안 대표의 양해를 부탁드린다.

그러나 번역이라는 문명교류의 한 방안에 대해 생각해 보는 것은 x의 존재론의 한 과제이기도 하다. 오늘날 독일어나 불어를 영어로, 또는 일어를 한국어로 번역하면 그런대로 본래의 어감과 문맥의 흐름이 살아남는 듯하지만, 계통을 전혀 달리하는 영어를 비롯한 인도유럽어 문헌을, 그리고 우리들이 역사적으로 공유해온 한어(漢語)의 문헌조차 한국말로 옮겨놓았을 때 풍기는 이질감은 정말 감내하기 어려운 경우가 많다. 한 문명권 안에서 오랫동안 세련시켜 이루어진 업적의 하나인 문장들이 뜻하는 바를 다른 문명권의 언어로 번역했을 때 어느 정도로 왜곡 없이 전달할 수 있는지, 아니면 도대체 그런 경우의 번역이 가능한 것인지는 지금도 논의되는 미결의 과제이다. 여기서도 다른 방면에서처럼 통분불가능성 또는 공통척도의 부재에 대한 명쾌한 해법은 없다. 이는 개체성을 지니고 나타나는 모든 것들의 깊은 바탕에서 움직이는 '그것'이 어떤 특칭도 거부하는 절대의 미니멀리스트 x 또는 X("찾아보기—개념"에서 보기)라는 데서 비롯하는 문제이기 때문이다. (160714)

줄기글과 풀이말 안에 들어온 따온글들은 모두 필자가 한국말로 옮겼는데, 그 가운데 그리고 그 밖의 따온글들 가운데 가끔 보이는 각괄호 [ ]는 원저자가 쓴 낱말이나 그 이상의 부분을 고쳐서 문맥에 어울리도록 조금 바꿔 넣은 것을 가리킨다. 다른 번역자가 쓴 낱말이나 그 이상의 부분을 다시 고쳐 쓸 때도 같은 규칙에 따랐다. 그런데 다른 번역자의 낱말이나 그것의 토씨 같은 것이 그대로 끌어다 쓰기에는 부실한 부분을 때로는 원저자의 텍스트를 앞세워서, 때로는 임의로 고쳐 썼음에 대해 양해를 구하는 바이다.

겹따옴표 " "는 원저자 또는 화자의 표현을 가능한 한 그대로 옮겨 넣을 때 쓰이고, 홑따옴표 ' '는 흐르는 문맥에 따라 원저자 또는 화자의 표현을 요약하거나 조금 바꿔 넣을 때 쓰였다. 따온글들 가운데서 한 문장 안의 부분을 생략했을 때는 그것을 '…'로 대신하였고, 한 문장 이상을 생략했을 때는 '… …'로 대신하였다.

4.

왜 '우리나라' '우리말' '우리말본'이라 하지 않고 '한국' '한국말' '한국말본' 때로는 '조선말본'이라 하였는가? 세상에 몸을 드러내 존재하는 것들의 양도할 수 없는 개체성을 절대 지지하면서 세계를 향해 그 분열의 경계를 무너뜨리려는 한 보편의 설계도를 가지고 우리나라, 우리말, 우리철학, 아니면 겨레, 겨레말, 자생철학이라는 개념 틀에 갇히는 것은 스스로 우물 안의 시야로 빠져 들어가는 것과 같기 때문이다.

'x의 존재론'은 뜻밖에 이 철학 불모지에 태어나 지나온 한 일생의 경계 없는 세계 학습과 사색을 요약하고 있는데 그렇기 때문에 이를 '한국철학'이라고 일컬을 수도 없다. 또한 x의 존재론은 이 변방지대의 역사를 이어온 어떤 습득한 외래 전통에 맥을 잇는 상상의 우리

철학도 자생철학도 아니다. x의 존재론이 추구하는 최고의 덕목은 이 세상에 존재하는 모든 전통의 맥으로부터 독립하는 것이다.("질문과 응답 1" 보기)

어찌하여 이러한 결론에 이르게 되었는가? 태어나 지금까지 지나온 이 세상은 나에게 거의 언제나 소속하기 어려운 낯선 곳이었다. 온갖 낯선 다른 예절, 다른 규범, 다른 규칙, 다른 감각, 다른 척도, 다른 철학들로 가득했고, 그것들은 모두 제각각 그 나름의 독선과 일방성을 가지고 나의 학습과 적응을 강요했다. 그러나 그 어느 하나에도 나의 몸을 맡겨 적응하기에는 나의 타고난 영원의 기억체계가 따르지를 않았다. 여전히 이 낯선 세상에 태어나는 한 아이를 어른들이 그들의 우연한 예절과 규범과 규칙과 감각과 척도와 철학을 가지고 일방적으로 조형하거나 통제하려는 횡포를 관찰하며 x의 존재론이라는 해독제를 쓰지 않을 수 없게 된 것이다. (160730)

5.

위와 같은 시대와 발상을 배경으로 하는 『x의 존재론』은 적어도 이전에 출판했던 『서양의 논리 동양의 마음』(1987), 『동양의 논리는 어디에 있는가?』(1993), 『안티호모에렉투스』(2001)에서 단계적으로 구체화된 문제의식과 사색으로부터 이루어진 마지막 결론에 해당한다고 볼 수 있다.

위에서 첫 번째의 것(1987)은 이미 철학의 어떤 전통적인 분야의 전공도 불가능하게 된 단계에서 떠오르는 몇 갈래의 주요 문제들을 정리하고 있다. 그것은 나의 개인적 철학개론에 해당한다. 두 번째의 것(1993)은 서양철학자들에게서 끊임없이 제시되는 진리의 보편성을 폐기 또는 상대화하는 방법으로서[6] 사회학적 분석 또는 지식사회학에 관심을 기울일 때의 잡다한 실험들을 보여주고 있다. 세 번째의 것(2001)은 서양철학사와 중국철학사에 등장하는 어떤 철학자에게서도 몸을 맡겨 거주할 만한 세계를 찾을 수 없다는 개인적인 결론에 이르게 한 양대 전통의 분석 또는 자리매김(상대화)의 전략을 요약하고 있다.

『x의 존재론』은 이렇게 내게 주어진 운명 아니면 소명을 의탁해 밀고 나아갈 길이 될 만한 모든 가닥의 전통들이 그 효력을 잃고 스러져간 폐허에서 다시 찾은 한 아르키메데스의 원점 x에 대한 이야기를 펼쳐 보이고 있는 것이다. 인생은 그에게 허용된 시간 가운데서 기도를 하든 기투를 하든 어떤 시나리오를 따라가든 모두 x를 가지고, x로써 한다. (160810)

6.

각 단편에 실려 있는 풀이말들과 따온글들은 나와 다른, 또는 같은 듯하면서도 다른 생각을 가진 철학자, 과학자, 그 밖의 분야 이론가들에 말을 거는 대화로서 이루어진 것이라고 하였다. 그러나 그 대화의 상대는 대부분이 아주 오래전 시대 아니면 대개 나와 같은 세대의 인물들이다. 그래서 나의 다음 세대에 속하는 젊은 학자들과 가졌던 대화 곧 질문과 응답, 해석과 재구(再構)를 단편적으로라도 실어서 『x의 존재론』이라는 것이 이루어진 시대와 발상의 배경을 약간 남겨놓으려고 하였다. 그러니까 책 말미에 실린 몇 편의 "질문과 응답" "해석과 재구"는 실은 맨 앞에 놓았어야 하는 길잡이 이야기들에 해당하는 것일 수도 있다.

이렇게 정리하고 나니 지극히 유감스럽게도 이루지 못한 일을 두고 나가는 미안함과 아쉬움이 남는다. 이는 나의 오랜 철학의 친구들 유헌식 교수(단국대), 김상봉 교수(전남대), 김상환 교수(서울대), 이미 시중의 지가를 올리고 있는 자유의 철학자 강신주 박사, 지금도 『멜랑콜리아』이후 자신의 철학적 진로를 모색하고 있을 김동규 박사(연세대)와 다하지 못한 대화의 기회를 다시 마련하지 못한 채 그들에게 응답의 빚을 지고 서둘러 마무리할 수밖에 없게 되었음을 고하고 있는 것이다. 철학의 친구들과의 대화는 그밖에 희망했던 몇 경우가 더 있는데 원체 실행력이 없는 나로 인해 이루어지지 않았음이 또한 깊은 유감이다.

7.

마지막에 덧붙인 "찾아보기—개념"은 'x의 존재론'을 구축하는 기본 개념들이 어떻게 엮이어 있는지를 보여주고 있다. x의 존재론의 완전한 이해는 아마도 이 개념들의 전체적인 엮임을 파악하는 데 달려 있지 않을까 생각한다.

그러나 x의 존재론의 핵심을 이루는 방법론의 발상은 이 책 Ⅳ장, Ⅴ장, Ⅵ장의 제목들 곧 "삼켜도 삼키는 자의 것이 되는 것은 아니다", "존재하는 모든 것들을 인간으로부터 해방시켜라", "현재 안에서 움직이는 영원의 기억"에 압축되어 있다. 그리고 이 제목들을 관통하며 흐르는 영원의 메시지 그것이 'x'이다. 그러니까 역시 우리들은 기도를 하든 기투를 하든 아니면 어떤 운명의 시나리오를 따라가든 'x'를 가지고, 'x'로써 하는 것이다. 따라서 x의 존재론의 방법론의 핵심은 'x'이다. (161125)

1. 이지, 『분서 I』, 김혜경 옮김, 파주: 한길사, 2004.

이탁오(이지李贄, 卓吾는 호)는 공자를 받들어 절대의 성인으로 만든 맹자에 대한 비판에서 다음과 같이 말하였다. "만약 일정한 논[설]에 집착하여 [공자의] 죽은 책을 정리하고 간행하여 세상과 후세에 전하려 한다면 이것은 바로 집일(執一)이다. 그리고 집일은 도를 망친다."(40쪽) (이지, 『분서 I』, 김혜경 옮김, 파주: 한길사, 2004.) 이렇게 주장한 이탁오의 견해를 김혜경은 다음과 같이 정리하였다. "명대(明代)는 성인과 경전이 바로 초월적, 절대적 [권위]로 군림하여 인간 개인의 의식과 행위가 외부의 진리에 맞춰지도록 강요되던 시대였다. 여기에 대한 반동으로 심학(心學)은 양지(良知)를 말한 것이고 자아의 추구를 우선 명제로 내세웠던 것이다."(72쪽) (김혜경, "이탁오의 철학사상," 『오늘의 동양사상』, 제16호(2007년), 서울: 예문동양사상연구원.)

그런데 양지를 옹호하며 자아의 내면으로 몰입해 들어간 이탁오의 심학은 인간의 내재성 탐구에만 빠져서 그의 한계 너머로부터 넘쳐 다가오는 초월성의 탐구를 망각한 것이다.(내재성과 초월성의 특성과 관계에 대해서는 풀이말 4, 5 보기) 그러나 초월성의 탐구를 결코 외면했다고는 볼 수 없는 공자를 거쳐 그가 꿈에도 만나기를 그리던 주공(周公)과 그의 시대를 올라가 돌이켜 보면 초월의 경계에서 들려오는 천명의 소리를 경청하려는 깊은 뜻이 살아있었다. 그럼에도 저렇게 초월의 경계를 향한 탐구와 질문을 포기해 버린 왕양명과 이탁오의 심학 전통은 진리의 열린 길을 막아버렸다고 할 만한 측면이 있는 것이다.[1]

2. BCE 10세기 이스라엘 왕국의 세 번째 왕인 솔로몬이 「전도서」의 필자

로 흔히 교회 지도자들에게 알려져 있지만 당대의 언어와 시대에 정통한 학자들의 연구에 따르면 크게 두 갈래의 가설이 있는데 그 가운데 더 믿을 만한 하나는 다음과 같다. 「전도서」는 마케도니아 출신 알렉산더 왕의 동방 원정이 있은 다음 BCE 3세기 이스라엘의 예루살렘이 프톨레마이오스 왕조의 통치를 받던 시대에 가르치던 한 교사의 기록일 것이다. 사람들을 모으고 가르치는 교사인 필자 코헬레트(Qóhělet)가 당대를 풍미하던 헬레니즘 철학의 영향 아래에서 그의 치열한 전통 비판의 사상을 펼쳤을 것이라는 일부 해석자들의 주장에도 불구하고, 그의 가르침은 여전히 히브리 전통의 시간관과 역사의식이 지배하고 있다고 보는 연구가 지배적인 결론을 이룬다. 그는 프톨레마이오스 왕조의 통치와 헬레니즘 영향 아래에서 전통의 교조주의를 현실에 비추어 다시 해석하고 비판함으로써 새로운 시대의 진로를 찾고 있는 탐구자였을 것이다.[2]

3. 미지의 수를 x로 표시한 시초는 대개 그림을 다루는 기하학에 대수(algebra)의 분석 방법을 적용하여 해석기하학을 만든 데카르트에게 돌리기는 하는데, 그 이전으로 소급해 올라가는 것으로 보기도 한다. 그러나 미지의 사물 또는 사건을 이해하기 위하여 그 단위 성분들을 추

따온글

(1) "은대(殷代)의 조정에서 점치는 자 정인(貞人)도 은의 잔당을 토벌하고 예교덕치(禮敎德治)를 주장한 주공도 주공을 꿈에도 그리던 공자도 난세의 처신을 숙고한 노자도 모두 미지(未知)의 영토를 향해서 근신하며 자신의 임무를 찾았다. …… 이런 상고(上古)의 전통에 비추어 본다면 "萬物皆備於我"(『孟子』 「盡心 上」), "萬物與我爲一"(『莊子』 「齊物論」), "心卽[天]理"(王陽明, 『傳習錄 上』)로써 미지의 영토를 축소해 간 도통(道通)의 철인들 그리고 최고의 존재인 神의 정체를 추적하여 상향추론을 하거나 '나는 누구인가?'라고 자신의 실체를 묻고 찾은 서구의 철인들은 각기 소속한 도시문명이라는 환경의 한계 곧 '해답의 논리'에 [결코 끝날 수 없는 미지를 향한] 탐구와 질문 행위를 굴복시킨 것이다."(98-99쪽) 박동환, 『안티호모에렉투스』, 제1판, 2001; 제2판, 고양: 사월의책, 2017.

적하는 데에 쓰이는 분석의 방법은 적어도 이데아의 체계를 가설한 철학자 플라톤과 그것을 더 발전시켜 개념들의 포섭관계에서 삼단논법을 만든 아리스토텔레스에게서 비롯한 것으로 볼 수 있다. 사실 플라톤의 이데아라는 것 자체가 현상 세계의 다양한 사물들을 이루고 있는 보편의 성분들을 추적 분석하는 방법에 다름 아닌 것이다. 그리고 20세기에 현대논리학을 개척한 한 사람인 버트런드 러셀의 논리적 원자론에 쓰인 분석 방법 또한 플라톤의 이데아의 체계에 들어있는 분석 방법에서 유래하는 것이다. 이렇게 고대 그리스철학의 분석하는 전통이 20세기의 심리학자 윌리엄 제임스가 요약한 다음과 같은 사물 인식의 패턴에서도 다시 선명하게 구체화된 것을 볼 수 있다.

"군인들이 대열을 지어 행진하는 모양을 묘사하려고 할 때 내가 포착하는 것은 행진하는 동작의 한 순간에 정지한 다리들(stationary legs) 그리고 다음 한 순간에 정지한 다리들이다. …… 나는 [서로 분리된] 한 순간 한 순간의 동작들을 잡는 것 같다 …."(p. 64) William James, *The principles of psychology*, vol. ii., New York: Dover Publications, 1890, 1950.

이렇게 윌리엄 제임스는 스스로 완전하지 못하다고 인정하는 자기의 운동 인식의 패턴을 객관적으로 서술하고 있다. 이는 끊임이 없이 흐

---

(2) "[코헬레트가 말하고 있는 사례들을 보면] 그는 유대인들의 신앙을 그의 시대에 비추어 다시 해석함으로써 그것을 그가 겪고 있는 세계의 실상에 대응하도록 조정해 놓으려는 목표를 가진 한 사상가라고 볼 수 있다; …."(p. 61) "그의 사상에 접근하는 하나의 방법은 그를 한 신학자로 보거나 아마도 '당시'(modern)에 급변하고 있는 세계에 그가 전수받은 유대 신앙을 타협시키는 길을 찾으려고 했던 한 변호인으로까지 이해하는 것이다. … 그렇게 코헬레트는 [업데이트해야 한다고 생각한 수준까지] 전통 교조를 과격하게 심문했던 것이다."(p. 82) R. N. Whybray, *Ecclesiastes*, Sheffield, England: Sheffield Academic Press, 1989, 1997.

르는 시간과 함께 움직이는 사물 또는 사건의 운동을 그것이 거쳐 가는 한 순간 한 순간의 정지된 상태들이 모여서 이루어지는 것으로 파악하는 것이다. 끊어짐이 없는 하나의 흐름으로 이루어지는 운동을 이렇게 서로 분리시킬 수 있는 단위 성분들로 분석함으로써 '날아가는 화살은 정지해 있다'고 말한 고대 그리스의 철학자 제논으로부터 시작해서 미적분의 방법을 발견한 데카르트와 라이프니츠와 뉴턴을 거쳐 논리적 원자론을 제창한 20세기의 수학자 논리학자 버트런드 러셀에 이르기까지 서구 전통의 시간과 역사에 대한 한 인식의 패턴이 결정된 측면이 있는 것이다. 물론 이러한 시간과 운동 인식의 패턴을 맹렬히 비판하는 20세기 'élan vital'(생명의 약동)의 철학자 앙리 베르그송도 있다.

이렇게 서구 전통에서 완성된 분석의 절차에 따르면 사물 또는 사건의 흐름을 구성하는 한 순간 그리고 다음 한 순간의 단위 성분들에 도달할 수 있고, 결국 분석의 결과로서 미지의 사물 또는 사건의 단위 성분인 x의 정체에 도달할 수 있다고 보는 것이다. 이런 분석의 절차는 x의 값을 찾는 수학 방정식의 해법에 그대로 적용될 수 있는 것이다. 나아가 20세기가 시작하는 해에 수학자 다비드 힐베르트는 이 분석 절차에 대한 믿음을 가장 극단적으로 밀고 나아감으로써 '수학에서 해답 불가능한 문제는 없다'라고 선언하기까지 하였다. 그런가 하면 다른 쪽에는 수학에는 '해답가능함에도 해답하지 못한 문제가 언제나 있다'는 반성론도 있다.[3]

4. 'x의 존재론'의 x는 어떻게 영원의 흐름을 타고 침묵하는 기억으로 현재 안에 들어와 있는가? 그것은 그 끝을 확인할 수 없는 과거로부터 겪은 무한의 경험 곧 그 영원의 기억을 가지고 현재에 존재한다. 모든 현재는 그러니까 그 영원한 기억의 압축된 모양과 특징을 지니고 있다.[4] 그렇게 과거는 더 이상 존재하는 것이 아니며, 오직 현재 안에 압축된 기억 곧 다 알 수 없는 과거의 은둔적 재현 x로서 존재하는 것이

다. 사실 온갖 물질과 생명이 지닌 성질과 법칙이라는 것은 침묵하며 숨어서 실행하는 영원한 기억의 재현 현상에 다름 아니다.

---

(3) "제2차 국제수학자대회(1900. 8. 8. 파리에서 개최)를 축하하며 쓴 기고문 「수학의 문제들」("Mathematical Problems")에서 다비드 힐베르트는 우리들의 마음이 그것이 묻는 모든 질문들에 해답할 수 있다는 확신에 대하여 말하고 있다. …… "수학에서 'Ignorabimus'(우리들은 알 수 없을 것이다)는 없다." 모든 수학의 문제에 해답이 있다고 한다면, 우리들은 다음과 같은 질문으로 들어가게 된다. 우리들은 미래에 어떤 수학의 문제도 계산으로 간단히 풀 수 있게 하는 하나의 보편적인 방법을 갖게 되지 않을까? …… 이 질문은 이른바 비결정성 정리(*the Undecidability theorem*)라는 문제이다."(p. 41) Antoine Suarez, "The limits of mathematical reasoning: in arithmetic there will be always be unsolved solvable problems," ***Mathematical undecidability, quantum nonlocality and the question of the existence of God***, eds. Alfred Driessen & Antoine Suarez, Dordrecht, the Netherlands: Kluwer Academic Publishers, 1997.

"수학적 비결정성은 어떤 수학의 문제라도 풀 수 있는 하나의 보편적인 방법이란 인간에게 있을 수 없다는 결과에 이르게 한다. 산수(arithmetic)에서는 풀지 못한, [그러나] 풀 수 있는 문제가 항상 있을 것이다."(p. xi) Alfred Driessen & Antoine Suarez, "Introduction," ***Mathematical undecidability, quantum nonlocality and the question of the existence of God***, eds. Alfred Driessen & Antoine Suarez, Dordrecht, the Netherlands: Kluwer Academic Publishers, 1997.

(4) "기억은 유기체가 적응 가능하게 하는 기초적인 능력이다. 동물들은 그들의 신경계통의 구조[기억체계] 안에 수백만 년에 걸친 진화의 시간 동안 발전시킨 적응 행태들을 물려(유전)받은 것이다."(p. 197) Larry R. Squire, "Biological foundations of accuracy and inaccuracy in memory," ***Memory distortion: how minds, brains, and societies reconstruct the past***, ed. D. L. Schacter, Cambridge, MA: Harvard University Press, 1995, 1997.

"기억은 대우주(macrocosm)와 소우주(microcosm) 사이의 대응 체계를 만듦으로써 인간이 [뇌의 진화 또는 초신성(supernova)의 폭발에서 일어나는 무거운 원

x는 어떤 모양으로 현재에 내재하는가? x는 그것이 태초로부터 겪은 모든 경험들을 압축해 가지고 있는 영원의 기억으로서 세상에 몸을 드러낸 모든 현재의 것들 가운데에 내재한다. 또한 x는 그가 참여하는 모든 현재의 것들의 개체성을 결정하는 바탕 구실을 한다. x는 현재로서 있는 모든 것들의 개체성에 참여하는 동시에 그 개체존재로 하여금 무한의 상상을 일으켜 가능한 인식과 학습, 가능한 적응과 모험이 이루어지게 하는 바탕이다. 따라서 x는 태초로부터의 경험들을 압축하는 영원의 기억을, $\neg x$는 모든 가능한 학습과 모험을 시도하는 무한의 상상을 가리키며 대표한다. 그렇게 영원의 기억과 무한의 상상이라는 것은 한 개체존재 안에서 움직이는 내재성이다.

그럼에도 모든 사물과 사건이 드러내는 성질과 법칙은 침묵하며 숨어서 실행하는 영원의 기억 자체는 아니다. 영원의 기억 자체는 그 정체를 다 알 수 없는 x일 뿐이다. 영원의 기억은 현재의 의식 가운데에 그 정체를 드러내는 것이 아니다. 기억은 의식 현상으로서 나타나는 것이 아니다. 기억의 주된 발현 현상의 하나는 상상이다. 영원의 기억은 그것이 머물고 있는 현재를 지양하며 다시 미래를 향해 떠나는 행위로서 상상을 한다. 상상은 현재를 지양하며 미래 곧 미지를 향해 움직이는 행위 곧 $\neg x$이다. 모든 인식과 학습, 모든 적응과 모험은 상상 행위의 부분이다. 따라서 언제나 상상은 아무것도 없는 데서 일어나는 돌연한 발작 현상이 아니다. 말하자면 영원의 기억 x와 현재에 결박된 x가 다시 미지의 세계를 향해 자기를 지양하는 행위 $\neg x$는 모든 사물과 사건이 그의 현재 안에 품고 있는 내재성이다.

소들의 출현 같은] 물리적 세계를 내면화하며 동시에 그 세계 안으로 자신을 투입하는 방식을 개발한다."(p. 398) Lawrence E. Sullivan, "memory distortion and anamnesis: a view from the human sciences," *Memory distortion: how minds, brains, and societies reconstruct the past*, ed. D. L. Schacter, Cambridge, MA: Harvard University Press, 1995, 1997.

자기 밖에 존재할 수 있는 초월적인 실재를 거부하고 자기 내면의 양지(良知)에 집착하여 심학(心學)을 개척한 이탁오와 그의 선구 왕양명은 그들의 탐구 목표를 인간의 내면성에 국한하였던 것이다. 그렇게 세상에 몸을 드러내 있는 모든 것들의 미래를 향한 자기 지양과 그 결국의 운명을 결정하는 또 하나의 축으로서 자기 초월의 가능성 $X(x \& \neg x)$ 또는 보편의 초월성 $X(\ )$를 간과하여 버린 것이다.(풀이말 5 보기)

5. 시간과 역사 가운데서 발생하는 사건과 사물들은 어떤 보편의 단위 성분들로 분석 환원할 수 없는 여러 가지 특성들을 가지고 있다. 왜냐하면 시간과 역사의 미래를 향한 진행은 끊임없이 누적되어가는 기억, 이 누적된 기억에 다시 의존하여 벌어지는 상상의 활동 곧 학습과 모험의 능력, 그리고 이 모든 것들에 내재하는 한계 밖으로부터 다가오는 불확실성 또는 예측불가능성으로 이루어지기 때문이다. 요약하면 모든 사물과 사건들은 내재성(기억과 상상)과 초월성(불확실성 또는 예측불가능성)이라는 두 개의 축으로 그 모양과 특성이 이루어지는 것이다. 사물과 사건들을 이루는 내재성 곧 x와 $\neg x$ 그리고 초월성 $X(\ )$가 움직이는 모양을 여기서는 $x, \neg x, X(\ )$라는 직관의 그림으로 대표하고 있다.

이렇게 내재성과 초월성이라는 두 개의 축으로 이루어지는 시간과 역사의 흐름 곧 그 운동의 양식을 가장 실감 있는 이야기로서 전해주는 사례의 인물이 BCE 3세기의 한 뛰어난 교사 코헬레트이다. 구약학의 신학자 제임스 바는 이러한 시간과 역사의 이해 양식이 고대 그리스 철학자들의 그것과 어떻게 비교되는지를 다음과 같이 요약 설명하고 있다.[5]

6. 서양철학자들이 고대의 파르메니데스와 플라톤으로부터 끊임없이 새

롭게 제시하여 온 진리의 보편성을 내가 폐기 또는 상대화하려는 시도를 하고 있다면, 그것이 곧 그 밖의 전통 이를테면 지난날 중국의 철학자들에게는 보다 나은 보편성 탐구의 전통이 있었음을 뜻하는 것인가? 그들에게는 보편성의 논리적 분석이라는 개념조차 없었다. 그들의 전통에서도 그런 논리적 개념에 관심을 갖게 할 만한 법가와 명가가 일찍이 등장했었지만, 이들은 유가와 도가라는 현실주의 또는 집체주의 주류에 밀려 후세에 어떤 영향도 행사하지를 못하였다.

따라서 고대중국의 지적 전통의 절대적 영향권 안에 들어가 있었던 동아시아에는 오늘까지도 사회와 정치의 현실 영역을 지배하는 규범으로서 보편성의 논리적 개념이라는 것이 거의 없다. 아마도 그렇기 때문에 유럽에서는 E.U.라는 유럽연합체가 적지 않은 잠재적 위기들을 안으면서도 성립할 수 있었지만, 동아시아에서는 중국, 한국, 일본을 비롯한 나라들 사이의 연합체 구성가능성은 말할 것도 없이 함께 겪은 역사적 경험에 대한 해석에서조차 어떤 공통의 척도 또는 보편성의 개념도 있지 않아서 끝없는 분쟁 가운데로 휘말리고 있는 것이다. 개개인 또는 집단들 사이의 이해관계를 초월해 존재 가능한 보편의 인권, 보편의 정의, 보편의 진리 같은 척도 곧 보편성 또는 일반화의 논리적 조건에 대한 토론을 할 수 있는 철학사적 배경이 동아시아에는 없다.

---

(5) "실재에 대한 히브리 사람들의 동적인(dynamic) 접근 태도가 그들의 [시간과] 역사에 대한 관심 가운데에 표현되어 있다. 그들의 신은 [시간과] 역사 가운데서 행동하는 존재이다 …. 그리스 사람들의 가장 높은 철학적 기여는 불변하는 실재에 대한 관심이며 [시간과] 역사 속에서 일어나는 행위에 대해서는 주의를 기울이지 않았다. 그리스의 역사는 일화(anecdote)와 비극에 가깝다. 그[들]은 역사적인 과정 속에서 필연과 운명보다 높은 [단계의] 힘을 보지 않았다. 그들은 궁극의 실재를 찾기 위해 역사를 외면하고 불변의 세계로 몰입했다."(p. 11) James Barr, *The semantics of biblical language*, Oxford: Oxford University Press, 1961.

그럼에도 나는 왜 서양철학자들의 보편성 개념에 대한 비판을 시도하고 있는가? 'x의 존재론'은 서로 다른 문명 및 언어권들의 지역편파성을 초월해서 지향할 수 있는 보다 높은 단계의 보편성, 이른바 제1의 보편성은 어떤 모양일 수 있는가를 모색 실험하고 있는 것이다. ("찾아보기—개념"에서 '보편성 제1' 보기)

들어가기

무엇을 묻는 것인가?

들어가기

무엇을 묻는 것인가?

1.

2001년에 나는 『안티호모에렉투스』라는 주제를 가지고 몇 쪽의 글을 발표했었는데, 그 글이 어렵다기보다는 아주 불친절하게 지어졌다는 혹평을 받았다. 또한 이런 항의 질문도 받았다. '호모에렉투스로서 다른 생물보다 뛰어나게 앞서온 오늘의 인류에게 무슨 잘못이라도 있단 말인가?' 그래서, 거의 평생을 철학을 전공하는 분들과 함께 세미나를 주로 하던 버릇이 굳어져서, 좀 더 자세한 풀이말을 친절히 베푸는 일에 무성의하게 된 게 아닐까 반성하고 있다.

지금 여기에 발표하려고 하는 글은 2001년에 그렇게 시작했던 이야기를 새로 풀이하려는 뜻으로 이루어진 것이다. 『x의 존재론』이라는 다른 제목을 붙이기는 했지만, 그 뜻하는 바는 역시 같은 주제에 대하여 "철학은 인문학이 아니다", "삼켜도 삼키는 자의 것이 되는 것은 아니다", "존재하는 모든 것들을 인간으로부터 해방시켜라", "현재 안에서 움직이는 영원의 기억", "미지의 '그것'에 대하여", "가에로 밀려난 존재들의 한계해법에 대하여", "영원의 매체 '제1 언어'에 대하여"와 같은 제목들 아래서 다시 풀이하려는 데 있다. (150601)

2.

그런데 위의 주제와 제목들을 문제의식으로 가지고, 인도유럽어 계통 안에서 이루어진 서구와 그 주변의 철학사를 보아도, 황하문명에서 비롯하는 중국과 그 주변의 철학사를 보아도, 해답이 될 만한 것을 찾을 수 없었다는[1] 좌절의 경험을 여기서 털어놓지 않을 수 없다. 어째서 이러한 주제와 제목들에 대해 해답이 될 만한 지침을 기존의 철학사 전통에서 찾을 수 없었는가? 그러한 문제의식 자체가 어떤 기존 철학사의 지향하는 바에도 소속해 있지 않기 때문이라고 볼 수밖에 없다.

그래서 옛날 원시 단계의 인류 호모에렉투스가 다시 수백만 년의 변화를 거친 끝에, 그 바통을 이어받은 또 하나의 지류인 새로운 인류가 그의 문명과 함께 일구어낸 과거 3,000년 또는 6,000년 철학사의 전통에서도 해답할 수 없는 문제의 한계가 드러나고 있다고 보는 것이다. 그렇다면 오늘에 이른 몇 천 년의 철학사라는 것은, 수백만 년, 수십억 년을 거치며 펼쳐져 온 장구한 생명의 드라마 끝자락에서 잠깐씩 등장했던 몇몇의 현자들이 남겨 놓은 당대의 시공간에 갇힌 경험담들에 지나지 않게 되는 것이다.

이렇게 까마득하게 오래된 생명의 역사에 비추어 볼 때, 오늘 다시 생각하는 철학은 어떤 모양으로 그려져야 하는 것일까? 그렇게 긴 생명의 역사를 배경으로 해서 떠오르는 철학 안에서, 모든 하나하나의 개체존재들에 대하여 어떤 존재론이, 그리고 모든 생명 가진 것들이 그 종류에 따라 함께 모여 사는 모양을 결정하는 어떤 일반의 사회학이 허용될 수 있을까? 나아가 그들이 또는 우리들이 모두 잠깐의 시간대를 거쳐 가는 유한자이기 때문에 운명적으로 공유하며 승복할 수밖에 없는 어떤 보편의 신학이 가능할까? (150603)

3.

저렇게 까마득하게 지나간 날들을 생각하는 시간관을 가지고 주마간산하듯 몇 천 년의 철학사를 거쳐 수백만 년, 수십억 년 동안에 일어난 생명 변화의 역사를 거슬러 올라갔다가 다시 내려오는 그 길에서 만나게 되는 한 기이한 철학자가 있는데 그의 이름은 고르기아스이다. 상상할 수 있는 어떤 비극보다 파란만장하게 일어났다가 스러져 간 긴 생명의 역사를 관통하며 본 것들을 지금 무슨 언어로 정리하며 요약할 수 있겠는가? 고르기아스는 당대에 우후죽순처럼 나타난 이른바 자연철학자들이 세상에 몸을 드러내 있는 모든 것들에 대하여 서로 좌충우돌하는 주장들로 논쟁을 벌일 때,

"아무것도 없다.
있다고 하더라도 알 수 없다.
알 수 있다고 하더라도 그것을 옆 사람에게 전달할 수 없다."(979a)[2]

라고 외쳐서 자기 이전에 벌어진 모든 혼돈의 담론들을 청소하며 정리했다. (150605)

4.

참으로 있다고 할 만한 것에 대한 사람들의 이야기가 서로 좌충우돌하는 모순으로 빠진다면, 고르기아스처럼 아무것도 없다고—참으로 있다고 할 만한 것은 없다고 단정해도 되는 것일까? 아니면 칸트가 그랬듯이, 우리들이 알 수 있는 현상들 밖에는 알 수 없는 사물 자체가 미지의 x로 저편에 있다고 인정해야 할까?[3] 그렇게 인정한다면, 알 수 없는 그 자체 x라는 것이 다만 저편에 머물러 있기만 하는 것일까?[4] 다만 저편에 머물러 있지 않고 쉼 없이 우리들의 삶과 운명을 향해 움직이고 있는 것이라면, 바로 이것이 외면할 수 없는 문제로 우리들에게 다가오는 것이다. 그렇게 우리들의 삶과 운명을 향해 쉬지 않고 그리고 거의 언제나 예측할 수 없게 움직이고 있는 미지의 그것 x에 관한 이야기들이 여기서 'x의 존재론'이라고 일컫는 것이다. (150618)

5.

무엇이 아직도 우리들로 하여금 서구의 철학자들이 만들어내는 이야기에서 눈을 뗄 수 없게 하는가? 세계를 향해 팽창하는 20, 21세기 문명의 뿌리가 된 그들의 모험과 개척정신에 주목하기 때문인가? 아니면, 그들이 만들어가는 철학사가 다른 전통의 철학사가 발전시키지 못한 무엇을 가지고 있기 때문인가? 서구의 철학사에서는 그 전통 자체를 송두리째 비판하거나 갈아엎으려는 시도가 특히 20세기에 들어 치열하게 이루어졌다는 사실이야말로 다른 전통에서는 실현하지 못한 자기 발견의 신선한 방법으로 우리들이 주의해 보지 않을 수 없게 하는 것이다.

그럼에도 동양에서는 오히려 서세동점의 흐름으로 밀리고 굴복당한 자기의 전통을 복원시키거나 더 부풀리려는 수세(守勢)방어의 자세에 빠져 거기서 헤어나지를 못하고 있다. 그러나 자기를 반복하거나 확장함으로써 끊임없이 새로움이 폭발하는 시대의 미래를 개척해 나아갈 수 있을까? (150719)

6.

인도유럽어 계열에 소속한 사람들의 자아관 또는 주체관이 바탕을 이루는 오랜 전통의 형이상학을 반성하며 대안의 20세기 철학을 실험했던 문헌학자 니체와 논리학자 러셀, 자연과 그로 말미암은 일체의 사물들에 사람들이 그들의 언어로 제멋대로 갖다 붙인 모든 이름과 특성과 법칙들을 거부한 『구토』의 작가 사르트르, 자신이 소속한 사회를 지배하는 제도와 자신의 정체성에 대한 어떤 믿음도 받아들일 수 없었기에 완전히 고립된 내면세계에서 꿈같은 이야기들을 작품으로 만들어낸 카프카, 동방의 철인으로 오해받을 만큼 자연의 동일법칙을 거부하며 불일치하는 것들의 영원한 투쟁을 정의(正義)로 이해한 헤라클레이토스, 그 자신이 소속한 히브리 전통의 율법 신앙을 심각하게 흔들어놓은 「전도서」의 필자, 이들은 모두 자기들이 태어난 고향과 그 전통 가운데서 불편했던 일생을 거쳐 간 이방인들이었다.

그렇다면 그가 태어난 고향으로 다시 돌아갈 수 없게 된 또 하나의 이방인은 무엇을 가지고 그의 생각을 점검할까? 그들의 내면의 생각과 처지 때문에 고향에 있으면서도 그 소속이 불편했던 이방인들의 이야기에 귀를 기울일 수밖에 없을 것이다. (150720)

7.

전통 철학의 족쇄에서 풀려나며 출현한 서구의 근대과학이 이후 400년 동안의 발전 끝에 오늘의 철학자들에게 돌려주는 충격은 수습은커녕 아직 이해하기에도 미치지 못하는 단계에 있다. 그렇게 철학자들에게 다가온 숙제는 크게 두 가지로 나누어 볼 수 있다.

하나는, 인류 문명의 발상에서 싹터온 6,000년 정도의 역사관 또는 시간 개념을 가지고, 과학자들의 자연 탐구에서 드러난 수백만 년, 수십억 년 그리고 그 너머로 연장해서 흐르는 영원의 시간을 어떻게 이해하며 수습할 수 있겠는가? 하는 물음이다. 수십억 년을 흘러 내려오는 생명의 역사에 대하여 6,000년 사이에 갇힌 인류의 역사의식과 순간에 다름없는 시간을 거쳐 가는 한 개체존재의 운명을 어떻게 화해시켜야 할까?

다른 하나는, 이렇게 수백만 년, 수십억 년을 통과해 흘러가는 영원의 시간에서 순간을 거쳐 가는 한 개체존재의 정체성 또는 그 존재의 근거를 어디서 찾을 수 있겠는가? 하는 물음이다. 도대체 '나는 누구인가?' 영원의 시간에 빠져 있는 한 개체존재의 이 물음에 어떻게 답할 것인가? (150721)

8.

수천 년을 한 터전에서 함께 살아온 여기 이 사람들이 그동안 만들어온 그들 고유의, 그러니까 빌려오지 않은 철학사는 어디에 있는가? 그들이 즐겨 쓰는 '우리들의' 탈레스와 소크라테스, '우리들의' 주공(周公)과 공자는 어디에 있는가? 열강들에 때로는 밀리며 때로는 밀어내며 줄기차게 명맥을 유지해온 이들의 역사관과 존재론은 어디서 찾아야 하는가? 어째서 그렇게 힘겨운 운명에 얽혀 지내온 생각들의 패턴이 그나마 아직도 살아남은 데는 오직 '이 사람들의 말본'밖에는 없다고 말해야 하는 이유는 무엇인가? (150723)

9.

그렇다면, 지금 여기서 찾으려고 하는 것은 이른바 '우리들의' '자생 철학'이라는 것인가? 아니면, 한국 사람들 고유의 어떤 철학인가? 고향으로 다시 돌아갈 수 없게 된 한 이방인이 추구하는 것이 그런 모양의 것일 수는 없을 것이다.

18세기에 선험주의 인식론으로 한 시대의 전환점을 이루었던 칸트의 시야에는 무엇이 있었는가? 16, 7세기까지의 자연관 전체를 흔들어 놓은 과학혁명과 함께 일어난 방법 논쟁의 두 파트너 경험론자들과 합리론자들의 팽팽한 대립이 있었다. 칸트는 그 때 경험론과 합리론의 바탕에서 움직이는 공통의 인식 곧 대상 중심의 인식을 하나로 묶어 거부함으로써 진리의 새로운 역사를 열었다.

오늘 우리들의 시야에 들어온 철학의 판도는 어떤 흐름들로 이루어져 있는가? 한쪽에는 인도유럽어 계통에서 정점을 향해 달려온 서구철학사가 있고 또 한쪽에는 고대한어(古代漢語) 계통의 역사관을 끈질기게 이어가고 있는 중국철학사가 있다. 이 두 갈래의 철학사는 각각 그들의 일상언어에서 빌려온 범주체계와 그에 기대는 추론체계―곧 동일 법칙, 모순배제 법칙에 의한 정체쟁의(正體爭議)와 대대(對待), 무대(無待)에 의한 집체부쟁(集體不爭)이라는[5] 두 갈래의 체계를 구축함으로써 이후 2,500년의 한결같은 전통으로 살아남은 것이다. 그렇다면 이 두 갈래의 전통이 똑같이 그들 철학의 바탕을 이루는 범주체계와 그에 따르는 추론체계를 일상의 편의와 관례로 굳어진 언어 체계에서 빌려왔다는 데에 무슨 문제가 있는 것인가? '어떤 특정의 일상언어 체계에도 기대지 않은', 그래서 지역을 초월하는 한 보편의 언어를 진리의 새로운 매체로 생각해 볼 수는 없을까?[6]

이러한 물음들을 아래에 내놓을 몇 가지 제목들에 관한 이야기에서 풀어내려는 것이다. (150722)

1. 한 사람은 어떻게 철학으로 아니면 하나의 사상 체계 안으로 입문하는가? 그가 태어난 지역 문화권 안에서 우연히 만나는 한 철학자 또는 선각자의 이야기를 들으며 해답의 서광이 비쳐오면 그 길을 통과해 입문할 수 있다. 아니면, 그는 더 많은 철학자들의 이야기를 들어 보아야 할지도 모른다. 그러는 가운데 마음에 다가오는 한 철학자를 만날 수도 있다. 아니면, 다시 철학의 보다 긴 역사를 거슬러 올라가는 오랜 탐구의 여정 끝에 자기의 철학자를 만날 수도 있다. 그것도 아니면, 다시 그가 태어난 문명권 밖으로 나가서 여러 곳을 배회하다가 그가 소속할 만한 하나의 전통 가운데서 자기가 지닌 문제의식이 받아들여지고 자기의 평생을 지지해 줄 해답을 찾을 수 있을지도 모른다.

만약 문명권을 넘나드는 이러한 방황 끝에도 자신이 모색하는 문제의식과 해답이 정착할 만한 처소를 찾을 수 없다면 다음으로 나아가야 하는 길은 어디에 있는가? 철학이라는 탐구의 길을 벗어나 아예 다른 길을 찾아 나설 수도 있다. 그러다가 뜻밖에 지금까지 철학이라는 이름 아래 이루어졌던 모든 이야기들을 다만 한가한 사람들의 몽상으로 날려버리는 실감나는 현실의 삶과 운명의 격전지대를 발견할 수도 있는 것이다.

나는 『안티호모에렉투스』라는 제목과 주제를 가지고, 서구철학과 중국철학의 오랜 전통 밖에 대안이 될 만한 또 하나의 전통은 어디서 찾아야 하는가를 생각하며 제3의 지대를 향해 헤매어 본 적이 있다. 그때 중국의 선진(先秦)시대 철학과 고대 그리스철학으로부터 내려오는 전통 안에서 처소를 마련할 수 없었던 나의 문제의식과 그것이 찾는 해답이 깃들 수 있을 법한 새로운 영토에 대하여 3표의 철학이라는 이

름을 걸고 이야기한 것이다. (박동환, "先秦 및 희랍 철학 밖에서," 『안티호모
에렉투스』, 제1판, 2001; 제2판, 고양: 사월의책, 2017, 101-171쪽.)

2. 고르기아스의 주장을 소개하는 두 개의 단편 가운데 하나는 아리스토
   텔레스 전집에 실려 있는 "멜리소스, 크세노파네스 그리고 고르기아
   스에 대하여"인데, 그 참 저자가 누구인지 확실히 알 수 없지만 고르기
   아스 이후의 계보를 세우는 데 필요한 설명을 제공하고 있는 것은 분
   명하다. 아리스토텔레스 전집에 실려 있는 그 단편에서 고르기아스는
   '아무것도 없다'라는 주장을 받쳐주는 근거로서, 세상에 참으로 있는
   것은 무엇인가에 관한 주장들이 서로 모순 관계에 빠져 있다는 점을
   들고 있다. 이를테면, 참으로 존재하는 것이, 어떤 철학자에 따르면 하
   나이고 어떤 철학자에 따르면 여럿(多)이다. 그리고 그 같은 것이 어떤
   철학자에 따르면 결코 없다가 있게 된 것이 아니고 어떤 철학자에 따
   르면 없다가 있게 된 것이다.[1]

   그렇다면 어느 쪽의 주장이 옳은 것일까? 이렇게 서로 모순되는 주장
   들을 들고 난 다음 떠오르는 결론 가운데 하나는, 도대체 세상에 참으
   로 무엇이 있다고 주장하는 것 자체가 가능한지 그것이 의문스럽다는
   것이다. 그래서 참으로 있다고 할 만한 것이 없다 곧 '아무것도 없다'고

따온글 ————————

(1) "고르기아스가 주장하는 것은 [다음과 같다.] 첫째, 아무것도 없다. 둘째, 무
엇인가 있다고 하더라도 그것을 알 수 없다. 셋째, 무엇인가 있고 알 수 있다고 하
더라도 그것을 다른 사람에게 전달할 수 없다. 그는 아무것도 없다는 것을 증명
하기 위하여, 존재의 문제를 논함에 있어 명백히 [서로] 모순된 주장을 하고 있는
사람들이 내놓은 진술들을 모아서 [대립]시키고 있다. 어떤 이는 존재는 하나이
지 여럿이 아니라고, 다른 이는 여럿이고 하나가 아니라고, 어떤 이는 존재는 없
다가 있게 된 것이 아니라고, 다른 이는 없다가 있게 된 것이라고 말한다."(979a)
Aristotle, "On Melissus, Xenophanes, and Gorgias," in ***Minor works***, trans. W. S.
Hett, Cambridge, MA: Harvard University Press, 1936.

고르기아스가 말할 수 있었던 것이다.

그런데 참으로 있다고 할 만한 것이 없다 곧 아무것도 없다고 말하는 고르기아스의 주장이 그래도 일리가 있다고 이해했을 만한 그 후의 철학자로는 누가 있을까? 그럴 만한 이해력을 갖춘 철학자는 18세기에 '알 수 없는 사물 자체 곧 x'라는 개념을 만들어낸 철학자 이마누엘 칸트가 아닐까? 칸트에 따르면, 감성 또는 직관에 의해 이루어질 수밖에 없는 경험의 세계 가운데로 절대로 들어올 수 없는 저편(너머)에 놓여 있는 그 알 수 없는 사물 자체[3]는, 그러므로 우리들의 경험 또는 인식의 대상으로 존재할 수 없는 것이다. 그러니까 우리들의 경험과 인식의 세계 가운데에는 참으로 있다고 할 만한 사물 자체는 없는 것이다. 그래서 칸트의 선험주의 인식론 곧 그의 경험 이론에서 보면, 아무것도 없다고 말하는 고르기아스의 주장을 이해 못할 바도 아니다.

고르기아스의 '아무것도 없다'라는 주장에 대해 긴 풀이를 펼쳤던 이탈리아의 수사학 이론가 마리오 운터슈타이너도 역시 인간의 경험에 대한 논리적 해석은 서로 대립하는 모순으로 말려들어간다는 점을 지적하고 있다. 말하자면 고르기아스가 일컫는 존재도 비존재도 경험 가운데서 말할 수 있는 대상이 아니라는 것이다.[2] 그렇다면 알 수 없는 사물 자체의 영역 x와 그것에 대한 경험 또는 인식의 영역을 엄격하게 구별한 칸트는, 우리들이 알고 있는 이 세상에는 참으로 있다고 할 만한 것은 '아무것도 없다'라고 한 고르기아스의 주장을 그 자신의 불가

---

(2) "아무것도 존재하지 않는다. … 비존재라는 것도 존재라는 것도 경험의 속성들일 수 없다. … … 인간의 인지적 경험은, 그것을 논리적 이성이 언제나 서로 반대되는 주장들로 갈라지게끔 해석할 수 있는 한, 모순으로 빠지는 것이다." (p. 145) Mario Untersteiner, *The Sophists*, trans. Kathleen Freeman, Oxford: Basil Blackwell, 1954.

지론에서 이끌어낼 만한 존재론으로 인정할 만하지 않았을까 생각되는 것이다.

이렇게 고르기아스에서 칸트로 이어지는 노선을 따라가다 보면 자연스럽게 'x의 존재론'을 끌어낼 만하지 않은가 생각할 수 있다. 그럼에도 사물 자체라는 미지의 x에 대하여 고르기아스와 칸트가 아무리 생각을 너그럽게 하더라도 그들이 정작 'x의 존재론'을 접수할 가능성은 보이지 않는다. 어째서 그렇게 말할 수밖에 없는가? 'x의 존재론'에서는 그 x라는 것이 미지의 영토에 조용히 머물러 있지 않고 현상계 또는 현재라는 삶과 운명의 격전지대로 뛰어나와 종회무진으로 움직이고 있기 때문이다. 그 미지의 x는, 세상에 몸을 드러내 존재하는 것들의 하루하루의 삶과 변화무상한 시대의 운명을 판결하며 언제나 새롭게 일어나는 현재라는 영원의 흐름을 관통하고 있는 것이다.

3. 칸트에 따르면, 우리들에게 직접 주어질 수 있는 대상은 오직 현상으로 드러난 것들뿐이다. 그렇게 현상으로 드러난 그것들은 우리들의 감성적 직관을 통과해서 전달되는 것이다. 그런데 감성적 직관을 통과하기 전 저편 너머에 있는 대상 그 자체의 모습은 도저히 우리들의 인식이나 경험의 대상이 될 수 없는 미지의 x로 머물러 있을 뿐이다.[3]

---

(3) "현상들은 우리들에게 직접 주어질 수 있는 유일한 대상들이다. 그리고 이런 현상들 안에서 대상과 직접 관계를 맺는 것을 직관이라고 부른다. 그러나 이 현상들은 사물들 자체가 아니라 단지 표상들일 뿐이다. 다시 말해서 이 표상들은 그것들의 대상을 가지고 있는데, 그 대상 자체는 우리에게 직관될 수 없는 것이며, 따라서 비(非)경험적인 것 곧 선험적인 대상 x라는 것이다."(p. 137, A109) Immanuel Kant, ***Critique of pure reason***, trans. N. K. Smith, New York: St. Martin Press, 1929.

고르기아스가 '아무것도 없다'라고 주장했을 때, 그는 우리들의 동일한 경험에 대한 서로 모순된 설명들을 부정하면서 그렇다면 '그밖에 무엇이 참으로 있다고 말할 수 있겠는가?'라고 물었던 것이다. 이런 물음을 거쳐서 그는 우리들의 경험과 설명의 세계 너머의 그것, 칸트의 이른바 알 수 없는 사물 자체 x 곧 무엇이라고 할 수 없는 그것을 향해 '아무것도 없다'라고 말하기에 이른 것으로 볼 수 있다.

4. 우리들의 경험과 그것에 대한 설명 또는 논변의 세계에는 참으로 있다고 할 만한 '아무것도 없다'라고 하는 고르기아스의 주장을 이어받아 칸트는 경험과 논변의 세계 너머에는 우리들이 알 수 없는 x가 있다고 말하는 것으로 볼 수 있다. 그렇다면 경험과 논변의 세계 너머의 x, 그 미지의 x에 대하여 다시 우리들은 무엇을 말할 수 있는가?

미지의 x에 대하여 현대인들이 알고 있는 두 갈래의 이야기를 펼 수 있다. 그 한 갈래의 이야기는 오랜 옛날부터 수학자들이 말해온 미지수 x의 개념을 받아들이고 이어가는 현대인들의 생각에서 찾을 수 있다. 수학자들의 미지수 x 개념에 따르면, 그 미지수 x는 일정한 절차에 의해 결국에 알려질 수 있는 수 곧 결국에는 기지의 수나 다름없는 것이다.[4]

---

(4) "X-Factor란 무엇인가? 수학의 세계에서 'X-factor'란 정해진 절차를 따르면 알게 되는 미지의 양을 말한다. 알려져 있지는 않지만 뚜렷한 특성을 나타내는 이 개념은 비즈니스라든지 엔터테인먼트와 같은 다른 분야에서도 널리 쓰이고 있다. 인터뷰를 시행하는 주체나 심사위원들이 하나의 자리(직위)를 두고 몇 사람의 후보자들을 고려할 때 자주 'X-Factor'를 논의한다. 이 경우 X-Factor라는 술어는 평가자나 심사위원들의 눈에 한 후보가 다른 후보보다 돋보이[게 하]는 어떤 정의할 수 없는 자질을 가리켜 말할 때 쓰인다." *http://www.wisegeek.org/what-is-an-x-factor.htm*

그런데 미지수 x의 개념은 미래에 스타가 될 만한 신인 가수를 뽑기 위해 벌이는 오디션에서도 사용되고 있다. 영국의 연예기획자 사이먼 카월(Simon Cowell)이 만든 신인가수 선발 오디션의 이름은 'The X-Factor'—때로는 'The Xtra-Factor'—이다. 신인가수를 스타로 만들어줄 어떤 특성을 판단하는 일은 수학의 미지수를 찾을 때에 따르는 절차보다 더 복잡하고 정의하기조차 어려운 과정이지만, 심사위원들의 직관과 판단력에 의해 결정할 수 있다고 보는 것이다. 더 나아가 한 나라의 통치자를 선거할 때도, 그리고 그 통치자가 그의 보좌관이나 각료들을 임명할 때도 계산해야 하는 미지수 x 또는 'The X-Factor'는 상당한 숙고 끝에 결정 가능한 범위 안에 있는 것으로 전제된다.

우주의 질서 또는 그 시초의 '빅뱅'(Big Bang)을 일으킨 것은 누구 또는 무엇인가? 과학자들은 이러한 물음을 통해 해명하려는 미지의 태초조차 x 곧 'The X-Factor'라고 이름 짓고 그것도 결국에 기지의 세계로 편입하게 될 어떤 특정한 진리로 판명될 수 있는 대상이라고 생각한다.[5] 어떤 종파로부터도 자유롭다고 선언하는 철학자 데이비드 번바움은 말하기를, 그의 거창한 형이상학의 체계에서 도달하려는 영원의 진리란 바로 그 최대한의 가능성을 발현해 가고 있는 태초의 동력—이

---

(5) "데이비드 번바움(David Birnbaum)의 획기적 이론인 'Pontentialism'은 새로운 우주론의 기초를 제시한다. 그는 지금까지의 우주론이 빠뜨리고 있는 요소—the X-Factor—를 식별한다. … … 그것[과학]은 우리에게 우리 우주가 빅뱅 이후에 일어난 최초의 분열에서 어떤 모습이었는가에 대해 어느 정도까지는 보여줄 수 있지만, [다음 질문들에는] 실제로 답하지 않는다는 것이다. 빅뱅은 어디로부터 왔는가? 빅뱅을 일으킨 것은 무엇인가? 우주 질서 그 자체의 영원한 시초는 무엇인가? … … 성배(聖杯)로 남아있는 형이상학에 대한 역사적 탐구는 … 곧 이루어질지도 모르겠다. 번바움은 X-Factor라는 잃어버린 개념 또는 방정식을 식별해내고 있다." Ron Moran, "Eternal origins: the X-Factor," *https://www.academia.edu/7634749/_Eternal_Origins_The_X-Factor*.

른바 'Potentiality'라고 주장한다.

수학자의 미지수 x의 개념은 복합 체계의 유지 또는 붕괴 가능성을 분석하며 해법을 찾는 한 사회학자의 논의에도 그대로 사용되고 있다. 그런데 그는 예측할 수 없는 자연의 돌발사건 곧 지진, 쓰나미, 화산 폭발, 운석의 충돌 같은 사건들이 품고 있는 미지수 x의 우연성에 대해서는 아예 고려의 대상에서 제외하고 있다.[6] 그러한 자연의 미지수 x야말로 언제든 우연하게 닥쳐와 한 사회 또는 그보다 넓은 지역의 체제를 완전히 바꿔놓거나 붕괴시킬 수 있는 절대의 동력으로 작용하는 것인데도 말이다. 그가 논의 대상으로 삼고 있는 것은 인간이 그 원인자로 작용해서 이루어지는 복합 체계라는 이해 가능 범위 아니면 통제가능 범위 안에서 확인할 수 있는 미지수 x뿐이다. 이상 열거한 세 가지 경우에서 보듯이, 현대인들의 미지의 x에 대한 접근태도 또는 방법론은 모두 수학자들의 미지수 x의 개념을 그대로 수용 답습하고 있는 것이다.

---

(6) "··· 내가 지금까지 예시한 X-사건들은 자연이라는 공통 기원을 갖는다. 지진, 화산 폭발, 소행성의 충돌, 그 밖의 이런 종류의 사건들은 모두 인간적인 원인이나 인간의 간섭의 범위에서 벗어나는 것들이다."(p. 22) "[반면 자연 재해가 아닌] X-사건들은 끊임없이 증가하고 있는 우리 지구 사회의 복잡성에 그 직접적 원인이 있을 것이다. ··· ··· 그러나 ··· 우리들의 일상의 삶이 기대고 있는 이 체계들이 만약 그[체계]들의 조정자의 이해 능력에서 벗어나 있다면, 그것들은 제 기능을 할 수 없을 것이다."(p. 24) "우리들은 이런 X-사건들을 참으로 이해할 수 있는가? 그리고 그것들을 실제로 통제하지는 못하더라도 최소한 예견할 수 있는가? 이런 질문에 답하려면 우리들은 이런 사건들을 일으키는 근본 원인(들)에 대해 어느 정도 이해를 갖고 있지 않으면 안 된다."(p. 24) John Casti, *X-Events: complexity overload and the collapse of everything*, New York: HarperCollins, 2012.

그러나 미지의 x에 대하여 위의 이야기에서처럼 현대인들이 갖고 있는 통념 밖에 또 하나의 갈래로 펼 수 있는 이야기는 바로 'x의 존재론'이라는 것이다. x의 존재론에서 말하는 미지의 x는 세상에 몸을 드러내 존재하는 모든 것들 안에서 움직이는 것이다. 세상에 몸을 드러내 존재하는 것들은 그 끝을 따라가 볼 수 없는 영원의 시간 가운데로 빠져 들어가 있다. '현재'로서 몸을 드러내 있는 모든 것들의 깊은 속에는 그 뿌리를 좇아가 캐어내 볼 수 없는, 그래서 영원한 미지의 x라고 부르는 끝없는 흐름 곧 영원의 기억이 통과해 가고 있는 것이다.

나아가 이처럼 '현재'로서 몸을 드러내 있는 모든 것들의 깊은 속을 관통해 흐르고 있는 영원의 기억 그 미지의 x는, 칸트가 생각했던 것처럼 다만 그 자체로서 저편에 가만히 머물러 있는 것도 아니다.(이 책 II 장 『기본동물학』과 「전도서」와 한국말본", VI장 "현재 안에서 움직이는 영원의 기억" 보기) 그 미지의 x는 변신을 거듭하며 언제나 새로운 '현재'를 끊임없이 만들어 가고 있는, 그러나 x 밖의 다른 무엇으로도 잡히지 않는 어떤 것이다. 현재라는 것은 그래서 영원한 기억이 쉼 없이 새롭게 시도하는 자기의 상상이며 자기의 재현이다.

5. 박동환, "先秦 및 희랍철학 밖에서: 철학사 비판 2," 『안티호모에렉투스』, 제1판, 2001; 제2판, 고양: 사월의책, 2017, 101-171쪽. 그리고 이 책 XI장 "영원의 매체 '제1 언어'에 대하여" 보기.

6. 이 책 XI장 "영원의 매체 '제1 언어'에 대하여" 보기.

I

왜 '*x*의 존재론'인가?

I
왜 'x의 존재론'인가?
철학은 인문학이 아니다

1.

과학의 지식을 무시하는 데서 나아가 경멸하기까지 했던 20세기의 실존주의자 사르트르는 인문학 분야의 담론에 기여한 철학자인가?[1] 그는 자기의 가장 만족할 만한 한 작품으로 여겼던 『구토』에서 문학에 다름없는 자연학, 나아가 모든 기존의 자연학을 무색하게 만드는 상상의 자연학을 제시했다. 그런데 그 상상의 자연학은 역설적이게도 자연의 것들이라고 일컫는 모든 사물들 안에 들어가 있는 인간의 상상 또는 관념 성분을 탈취해 버리는 데에 뜻이 있었다. 어째서 그렇게 말할 수 있는가? 그는 자연으로부터, 인간들이 그들의 상상 또는 관념에 의해 만들어 매긴 그의 이름, 특성, 법칙들을 모두 제거해 버릴 수 있었기 때문이다.[2]

그는 세상에 존재하는 일체의 사물에 대해 인간들이 그들의 언어로 만들어낸 이름과 특성과 법칙들을 마음대로 갖다 붙이는 습관을 거부했다. 그때 청년 사르트르는 세상에 존재하는 사물 그것이 발산하는 몸짓, 그것에 붙여진 모든 이름과 특성과 법칙들을 거부하는 몸짓에, 그런 존재 자체의 낯설고 기괴한 움직임에 집중하고 있었다. 존재하는 사물 자체 또는 인간의 언어가 닿기 이전의 자연으로부터 다가오는 알 수 없는 그것 x의 메시지를 잡으려는 직관의 시도가 바로 여기서 비롯할 수 있는 것이다. (150120)

2.

인간의 언어가 닿기 이전에 있을 존재의 다름을 사르트르에 앞서 주시하며 문제 삼았던 철학자는 포스트모더니즘의 선구자로 불리는 니체와 논리적 원자론을 제창한 러셀이었다. 그들은 원자와 세포와 실체 또는 주체와 자아와 '나' 같은 존재들과 그 개념들이 일상언어의 문법에 의해 상정된 허구의 이름들일 뿐이며, 실상 자체에 어긋난다는 것을 깨달았다.[3]

그렇다면 철학자들이나 사람들이, 그들이 발견한 진리를 표현하기 위하여 동원하는 모든 이름과 특성과 법칙들이란 무엇인가? 그것들은 자연 자체 또는 사물 자체를 대표하기에는 거리가 먼, 허구의 세계를 떠도는 언어유희 곧 제2의 언어에 지나지 않는 것이다.[4] 일상의 언어가 그 자신의 문법과 습관에 의해 자연 자체, 사물 자체의 주변을 겉돌며 혼돈의 담론을 일삼을 때, 영원의 시간을 통과하며 무한한 변신으로써 출현과 소멸을 끊임없이 거듭하는, 그런 자연 또는 사물 자체의 모습을 대표할 만한 영원의 매체, 제1의 언어라는 것은 있을 수 없을까? (150121)

3.

자연 가운데서도, 모든 생명의 깊은 내면에서도, 세계사와 모든 전쟁의 소용돌이 속에서도, 모든 인간 내면의 깊은 영혼 가운데서도, 다만 x로 대표할 수밖에 없는 미지의 그것이 쉼 없이 움직이며 역사(役事)하고 있다. 모든 것의 깊은 속에서 움직이며 역사하는 미지의 그것은 일상의 언어를 가지고 조작하거나 대변할 수 있는 것이 아니다. 깊은 속에서 움직이며 역사하는 그 핵심을 직관으로 잡는다고 하더라도, 그것을 무엇으로 표현할 수 있을까?

이미 일상의 언어는 모든 움직임의 핵심을 직관하려는 철학의 언어일 수가 없다. 그래서 철학자의 언어를 찾는 길은 신의 언어를 찾는 길과 마찬가지로 영원히 해결 불가능한 과제일 수도 있다. 그러니까 적어도 그 쓰이는 언어의 허구를 반성하지 않고 다만 철학의 이야기를 그냥 읽는 것으로는 철학을 한다고 말할 수 없는 이유가 여기에 있는 것이다. 태고에서 비롯하여 움직이는 모든 존재하는 것들의 성향과 결국의 운명을 결정하는 미지의 그것은, 다만 인문학의 소양을 바탕으로 이해하며 담파할 수 있는 것이 아니라는 난제가 우리 앞에 가로놓여 있다. 태고에 뿌리를 두고 흐르는 자연과 그로부터 파생하는 사물들의 핵심을 직관하려는 자가 끊임없이 반성해야 하는 것은 인간의 자의(恣意), 특히 그의 언어로부터 해방되어야 한다는 것이다. (150122)

4.

'나는 누구인가?' 존재론의 이 흔한 물음을 스스로 일으키며 그 답을 시도한 누구에게서도 그럴듯한 답이 될 만한 것을 들어본 적이 없다. 언제나 답은 물음의 핵심을 비켜가는 피상의 비유와 설명으로 이루어져서 다시금 해답할 수 없는 같은 물음을 일으키기 때문이다. 차라리 근래에는 유전학자와 우주이론가들이 제시하는 설명에서 그럴듯한 답이 될 만한 것을 암시받는다. 그들이 제시하는 수많은 설명들을 따라가 보면, '나'를 비롯한 한 개체생명의 핵심에 있는 것은 그 끝을 확인할 수 없는 영원의 기억[5]과 그로부터 비롯하는 상상 활동이라는 결론을 얻을 수 있다. 모든 상상은 사르트르가 주장하는 바와는 달리,[6] 그 대부분이 의식 밖의 광활한 자연과 그 생명 가운데서 움직이며 역사하는 영원의 기억에서 비롯한다는 이론이 가능하다.

그렇다면 한 포기의 들풀, 한 그루의 나무 같은 개체생명들도 그 안에서 영원의 기억이 움직임으로써 무한의 상상을 펼치며 살고 있는 것일까? 여기서 다시 인간의 자의 그리고 특히 그의 언어로부터 해방되어야만, 그 개체생명들도 '나'처럼 그들 안에 있는 영원의 기억과 무한의 상상을 한껏 발휘하며 자신들의 삶을 실현하고 있다고 인정하게 될 것이다. 이렇게 해서 세상에 몸을 드러낸 개체생명들은 모두 각각 만차억별(萬差億別)로 다르면서도 결국에 모두 영원히 같을 수밖에 없다는 통일적 다양성을 이해하며 받아들일 수 있다. 영원의 기억과 무한의 상상을 각각의 고유한 모양으로 자신의 깊은 곳에 간직하고 있는 한 개체생명 '나'는 누구인가? 그 '나'라는 것을 직접 볼 수 있을까? 어떤 모양으로든 볼 수 있더라도, 그 '나'를 이미 오염된 피상의 언어가 아닌 무엇으로 대표할 수 있을까? (150123)

5.

신의 언어는 그의 창조 '행위'이며 그의 '역사'(役事) 자체라고 신학자 칼 바르트는 말했다.[7] 그리고 신의 행위와 역사는 결코 인간이 할 수 있는 초월(transcendence)이나 설명의 대상이 될 수 없다. 그는 온 세계를 향해서 오직 절대의 주체로서만 행위하며 역사하는 존재이기 때문이다. 이렇게 신은 절대의 주체로서만, 그래서 오직 수직적으로 내려오는 관계로서만 만날 수밖에 없는 존재라는 것을, 무신론자를 자처하는 사르트르가 인정했다는 사실은 놀랍다.(이 책 Ⅷ장의 풀이말 8 보기) 이렇게 절대의 주체로서 다가오는 초월의 존재를 향해 인간이 건넬 수 있는 공통의 언어, 공통의 매체를 찾을 수 없다.

인간과 인간이 만날 때 이루어지는 수평의 관계에서는 서로 대립하거나 초월할 수도 있으며 설명하거나 해명할 수도 있다. 그런 수평의 관계 안에서 사람들이 만들어낸 일상의 언어가 공통의 매체로서 쓰일 수 있다. 그러나 공통의 매체로서 인간의 일상언어가 자연 또는 사물들을 향해서, 더구나 신을 향해서 쓰일 수 있는지는 대단히 의문스럽다. 사실, 인간과 인간 사이에서도 일상의 언어가 전혀 공통의 매체로 작동하지 않을 때도 있다. 그럴 때에는 언어가 아닌 과격한 매체 또는 행동이 동원되기도 한다. 그래서 일상의 말보다는 행동의 패턴이 더 정확한 소통의 매체일 수 있다.

그렇다면 영원의 시간 가운데서 자연의 사물들과 개체생명들 같은 유한의 존재들이 출현과 소멸을 거듭하면서도 한결같이 유지하는 변신의 패턴, 나아가 유한의 존재들의 역량을 초월해서 다가오는 자 또는 신의 행위와 역사에 의해 가차 없이 행사되는 운명의 사건들이 한결같이 드러내는 불변의 패턴은 일상의 말이 아닌 어떤 공통의 매체로써 대표할 수 있을까? (150124)

6.

20세기의 인류학자 클로드 레비스트로스는 그의 여행과 연구회고 록이라고 볼 수 있는『슬픈 열대』에서 다음과 같은 뜻으로 풀이할 수 있는 말을 남겼다.

> "세계가 시작하였을 때 인류는 존재하지 않았고 세계가 끝날 때에도 인류는 존재하지 않을 것이다."

이 말에서 우리들이 돌이켜보아야 하는 것은, 인류는 영원의 시간을 통과하는 세계에서 한 순간의 존재로서 참여한다는 것이다. 그는 자신과 비교할 수 없이 거대한 우주 또는 자연의 체계에 소속해 있는 하나의 종속 변수에 지나지 않으므로, 그의 불변하는 정체성이나 끝없는 지속성을 맨 정신으로는 주장할 수가 없다. 불과 얼마 전에 지구 위에 나타난 인류 호모에렉투스 그는, 수십억 년의 시간을 통과하고 있는 생명사의 한 시대를 배당받아 그 안에서 살고 있는 것이다.

이렇게 앞으로도 뒤로도 끝을 확인할 수 없는 생명의 역사가 품고 있는 영원의 기억과 그로부터 비롯하는 무한 상상에 의지하여 살고 있는 종속 변수인 하나하나의 개체존재는 다만 x로써 대표할 수밖에 없다. x로서 대표할 때에만 비로소 거기에다, 그가 의지하여 살고 있는 그의 고유한 영원의 기억과 무한 상상의 움직임을 투시 직관할 수 있는 가능성을 담아놓을 수 있기 때문이다. 그러니까 인류라는 개체존재들 각각에게 주어질 수 있는 정체성과 지속성은 바로 영원의 매체 또는 메시지인 x 가운데에서 찾을 수밖에 없지 않을까? (150128)

7.

언제나 그랬듯이 지금까지 내려온 전통의 모든 철학들이 스스로 폐기되어 갈 수밖에 없는 새로운 시대가 다시 오고 있다. 지금 지난 시대의 어떤 철학을 다시 집어 든다 해도, 이것이야말로 오늘의 모든 문제를 이해하게 하며 해결해 줄 것이라고 장담할 만한 것은 아무것도 없다. 이미 오래전에 혼돈에 빠진 당대의 모든 생각들을 폐기하며 새로운 시대의 비전을 제창했던 몇몇 철학자들의 선례가 있었다. 노자와 왕양명, 데카르트와 칸트 같은 이들이 각각 당대의 혼돈을 직시하며 그렇게 새로운 시대를 준비했던 본보기 인물들이라고 볼 수 있다.

특히 근래에는 니체와 러셀 그리고 사르트르가 각각 그들의 청년기에 역시 19세기까지의 유산을 결산하며, 새로 개막하는 20세기의 시대정신을 개척했던 위대한 선구자들임에 틀림없다. 어째서 그렇게 말할 수 있는가? 그들은 그들이 소속한 시대와 문명의 한계를 과감하게 탈출해서, 인류 보편의 자의(恣意) 곧 그들이 공유하는 특정 언어의 습관을 폐기했을 때 다가오는 무엇인가 전혀 다른 새로운 세계질서를 보았기 때문이다.

그럼에도 그들은 모든 시대와 문명의 바탕에 태고로부터 흐르는 영원의 매체, 야생의 언어를 발견하는 데에는 이르지 못하였다. 전쟁의 회오리가 통과하는 피난의 길과 삶을 겪어본 사람들은 문명과 야생이 얼마나 서로 경계를 무너뜨리며 함께 흐르는 것인지를 안다. 그렇게 문명과 인간의 언어가 닿기 이전의 태고로부터 흐르는 오염되지 않은 영원의 매체 x를 향한 이 시대와 문명의 과제는 아직도 깊은 반성과 정리를 기다리고 있는 것이다. (150201)

8.

스위스 특허국의 한 청년직원 알베르트 아인슈타인은 집중적으로 연마한 상상의 실험 끝에, 1905년 당대의 혼돈과 모순으로 들끓는 물리학의 언어들을 그 이후 $E=mc^2$로 대표되는 가장 단순한 관계식으로 정리하며 진정시켰다. 언제나 '지금 겪고 있는 시대의 혼돈과 모순을 무엇으로 진정시킬 수 있는가?'라는 문제의식이야말로 모든 새로운 시대에 태어나는 철학자들의 사색의 출발점이라고 볼 수 있다. 새로운 시대의 사색에서 자연 또는 세계를 향해 부풀려지는 온갖 인간의 자의들을 정리하며 진정시키기 위하여, 철학자가 추구

하는 영원의 매체가 물리의 특수 언어보다 복잡해질 이유가 없다. (150202)

9.

짧지 않은 한국철학사에서 일찍이 세종 임금 수준의 철학자가 나타날 수 없었다는 사실처럼 개탄스러운 일은 없는 것 같다. 이 나라에서 철학자들이라고 불릴 만한 분들은 그들이 소속한 역사 가운데서 어렵게 사는 사람들과 함께 겪은 시대의 체험을 바탕으로 삼아 자기들의 말로써 세계를 사색해서 표상하지를 못하고, 오로지 외래의 언어와 사상의 전통만을 모범으로 수행하며[8] 그들의 아랫사람들을 다스리거나 길들이는 일에 종사하는 데 그쳤다고 볼 수밖에 없다. 외래의 언어와 사상은 참고와 대조의 사항일 뿐임에도, 그것에 평생을 종사함으로써 철학자로서 일가를 이룬다고 생각하는 안일한 관행이 그들의 역사를 지배했기 때문일 것이다. 그래서 다음 세대에게는 이런 제언이 참고가 될 수 있다.

"철학책을 읽는다고 해서 철학자가 되는 것은 아니다."

(150226)

1. 동서고금에서 본보기가 될 만한 누구를 과연 '인문학 분야의 철학자' 라고 부를 수 있겠는가? 도대체 어떤 철학자가 어떤 분야를 전공하였 다고 말할 수 있는가? 플라톤과 아리스토텔레스, 공자와 노자는 무엇 을 전공하였는가? 아니면 수많은 과학의 분야들이 제각기 철학으로부 터 독립해 나간 다음에 출현한 현대 철학자들 가운데 누가 어떤 분야 를 전공하였다고 말할 수 있는가? 과학자들의 탐구 대상으로 주어진 모든 존재하는 것들 바탕에서 무(無)를 찾은 하이데거, 현대 술어논리 학에서 비롯하는 생각으로 논리적 원자론을 제시한 버트런드 러셀, 그 리고 모든 형이상학에서 전제하는 실재와 언어의 관계를 거부한, 아니 면 기의(signifié)와 기표(signifiant)의 관계에 바탕을 둔 구조주의를 거부 한 해체주의자 자크 데리다, 이들은 각각 어떤 분야의 철학을 전공하 였는가? 그렇다면 어떤 분야에도 구속되지 않으며 세계를 향하여 모 든 것의 뿌리를 확인하고 해답을 찾으려는 철학자에게 다가오는 한계 란 과연 없는가?

20세기 말로부터 한 무리의 물리학자들이 물리학이란 '모든 것의 이 론'(the theory of everything)을 지향하고 있다고 선언하기 시작했다. 왜냐 하면 물리학은 우주 안에서 일어나는 또는 일어날 모든 현상들을 완벽 하게 설명하려는 목표를 가지고 있기 때문이다.[1] 그렇다면 물리학자 의 시야 또는 이해 대상에서 벗어날 수 있는 사물은 있을 수가 없는 것 이다. 그러니까 이러한 이론적 목표는 그리스 최초의 철학자들 이른바 자연철학자들이, 그리고 고대 중국에서 '무위자연'(無爲自然)과 '만물 여아위일'(萬物與我爲一)의 자연관을 펼쳤던 노자와 장자가 시작한 오 랜 탐구의 전통을 이어가고 있음에 다름 아니다.

그럼에도 오늘의 일부 이론가들은 물리학자들이 말하는 '모든 것의 이론'을 가지고는 생명의 존재들이 일으키는 현상—이른바 진화와 발현(emergence)[1]—을 설명할 수 없으며, 의식과 의식이 개입해서 일어나는 도덕적, 심미적 판단[2]이나 그밖에 생명으로 말미암은 모든 행위 일반을 이해할 수도 설명할 수도 없다고 주장한다. 이들이 공통으로 던지는 문제점은, 물리학에서 말하는 '모든 것의 이론'이 환원주의(reductionism) 특히 물리적 환원주의에 빠져 있다는 것이다. 이들은 적어도 생명 현상, 의식 현상 그리고 도덕적, 심미적 판단 같은 인간 행위를 물리적 환원주의로 설명할 수 없다는 견해에서 일치한다. 그러

따온글 ────────

(1) "'모든 것의 이론'은 우주에 대한 궁극 이론—지금까지 관찰되었거나 앞으로 관찰될 모든 현상들을 설명할 수 있는 방정식들의 집합—에 붙인 이름이다. 그것은 고대 그리스에서부터 있었던 환원주의적 이상의 현대적 재현이며, 자연계에 대한 한 접근법으로서 … 많은 사람들의 생각 속에 물리학의 핵심적 패러다임처럼 자리 잡은 것이다." "생물학자에게 진화와 발현은 일상의 삶과 같은 것이다. …… 그것은 실제로 물리학의 건전성에 관심을 가지고 있는 우리들에게, 환원주의 이상이 대부분의 측면에서 지도 원리로서의 한계에 부딪치고 있다는 진실을 마주하도록 호소하고 있는 것이다. …… 우리는 지금 환원주의와 매우 밀접하게 연결되어 있던 과거의 과학으로부터 실험에 견고한 바탕을 둔 복합적 적응의 실재에 대한 연구로 이행하고 있는 것을 목격하고 있는 중이다." R. B. Laughlin & David Pines, "The theory of everything," *Proceedings of the National Academy of Science*, U.S.A. Vol. 97, no. 1. (Jan. 4, 2000)

(2) "'모든 것의 이론'이라는 용어는 늘 나를 걱정하게 한다. 거기에는 모든 물리학의 법칙들을 안다면 적어도 원리상으로는 세계에 관한 모든 것을 알 수 있을 것이라고 제시하는 물리학자들의 어떤 오만이 들어 있다. '모든 것'에 대한 물리 이론은 의식에 관한 이론을 포함하는가? 그것은 도덕이나 인간 행위 또는 심미적인 것에 대한 이론을 포함하는가? 우리들의 과학 이론이 이런 문제들을 흡수하는 데까지 확장될 수 있다고 하더라도, 과연 우리는 그것을 여전히 '물리학'으로, 또는 물리학으로 환원될 수 있는 것으로 생각할 수 있는가?" Roger Penrose, et. al., "A theory of everything?" *Nature*, vol. 433, 257-259. (20 Jan. 2005)

나 그들은 그들 자신들도 빠져있는 환원주의라는 고치기 어려운 인류의 지적 경향으로부터 어떻게 탈출할 수 있는지에 대한 의문에까지는 이르지 못하고 있다. 그렇다면 동서고금의 수많은 과학자, 철학자들을 포함하는 인류의 보편적인 지적 경향 곧 모든 것을 향한 환원주의 사고 자체를 탈피할 수 있는 어떤 길이 있는가?(이 책 "질문과 응답 2"의 (160223) (160206) 보기)

어떤 형태의 환원주의에도 빠지지 않고 그로부터 완전하게 탈출하는 길은 어디에 있는가? 세계를 자기 중심으로 이해하며 관리하려는 이른바 '자기중심주의'(egotism) 또는 '인간중심주의'(homeocentrism)에 다름 아닌 환원주의는 결국에 모든 미지의 것(the unknown)을 기지(the known)의 세계 틀 가운데로 집어넣으려는 시도이다. 과학과 철학이라는 영토 안에서 그 탐구 대상에 대하여 행해지는 환원주의 발상은 대개 일상언어의 범주체계 또는 수학의 추론체계에 의해서 이루어진다. 그러나 문제는 과학과 철학이 탐구하는 궁극의 실재라는 것이 인류가 개발한 어떤 범주체계나 추론체계 안으로 수렴 환원될 수 있는 것이 아니라는 데에 있다. 궁극의 실재는 인간이 구축하는 어떤 체계 안으로 수렴 환원될 수 있는 것이 아니기 때문에, 언제나 그러한 체계 밖에 놓여 있는 것이다. 인간이 구축하는 체계는 오히려 그것이 수렴하려는 알 수 없는 궁극의 실재 가운데로 빠져 버리고 마는 것이다. 그리하여 모든 기지의 체계는 결국에 누구도 통제할 수 없는 미지의 부분으로 흡수되어 버린다. 기지의 것은 언제나 인간이 구축하는 체계 너머에서 움직이는 미지의 부분이 되어갈 뿐이다.(이 책 Ⅶ장 "미지의 '그것'에 대하여" 보기)

그러므로 궁극의 진리는, 인간이 구축하는 기지의 체계 또는 일체의 환원주의 시도가 부딪히며 깨어지는 벽 그 너머에서 쳐들어오는 순간의 '겪음' 또는 격파로밖에는 이해될 수 없는 것이다. 그렇게 도처에서 부딪히며 깨어지는 벽 그 너머에서 다가오는 그것을 x, $\neg x$, 또는 $X($) 로서 대표할 수 있다.(이 책 III장 "일란성 두 사람과 바다와 나무" 보기)

2. '모든 것의 이론'의 바탕에서 움직이는 환원주의의 이상에 대하여 『구토』의 저자 사르트르는 어떤 반응을 보일까? 사르트르는 『구토』에서 자연과 그 밖의 일체의 사물들이 그들의 고유한 이름과 특성과 법칙을 갖는다는 사람들의 믿음에 대해서 의문을 제기한다. 도대체 세상에 무엇이 존재한다는 사실 자체가 우연한 사건이기 때문에, 그것에다 그 자체의 고유한 이름이나 필연의 법칙 또는 특성 같은 것을 매길 만한 근거가 없다는 것이다.[3] '존재하는 것들'이 그 필연의 존재 이유를 가질 수 없다고 하는 사르트르의 회의와 비판은 다만 그의 상상에 지나지 않는 것일까?

아니다. 오히려 자연과 사물들에게 어떤 필연의 존재 이유 또는 특성과 고유한 이름을 매길 만한 근거가 있다고 주장하며 믿는 것이, 사람들이 그것들에 대해서 투사하는 기대이며 가정이며 상상인 것이다. 그

---

(3) "나는 공원에 있었다. 마로니에의 뿌리는 바로 내가 앉은 의자 밑에서 땅에 뿌리를 박고 있다. 그것이 뿌리라는 것을 나는 이미 기억하지 못했었다. 어휘는 사라지고 그것과 함께 사물의 의미며 그것들의 사용법이며 또 그 사물들 표면에 사람들이 그려 놓은 가냘픈 기호도 사라졌다. …… 나는 조금 전에 절대적인 존재의 경험을 했다. …… 오! 어떻게 나는 그것을 말로 규정할 수 있을까? …… 설명이나 이치의 세계는 존재의 세계가 아니기 때문이다."(234-239쪽) "갑자기 그것들은 존재하다가 갑자기 존재하지 않는 것이었다. …… 자연에는 법칙이 없다는 것을 나는 알고 있다. 자연에는 습관만이 있고, 자연은 습관을 내일이라도 바꿀 수가 있다. …… 만약 갑자기 자연이 꿈틀거리기 시작한다면? …… 그때 그들의 둑, 그들의 성벽, 그들의 발전소, 그들의 용광로로, 그들의 전기방아가 무슨 소용이 있을 것인가? 그것은 언제든지 일어날 수 있는 일이다."(245-292쪽) 장-폴 사르트르, 『구토』, 강명희 옮김, 서울: 하서출판사, 2008.

렇게 인간이 자연과 그로부터 비롯하는 사물들에게 갖다 붙이는 이름과 특성과 법칙들은 다만 껍데기일 뿐이다. 이 지점에서 무신론자 사르트르의 언어관은 신학자 칼 바르트의 언어관에 접근하고 있다.(풀이말7 보기)

그렇게 해서 사르트르가 주장하는 존재의 우연성이란, 우리들의 존재론으로부터 우리들 자신의 기대, 가정, 상상을 완전히 탈취해 버림으로써 유례가 없는 혁명적인 발상의 기여를 하고 있는 것이다. 그러므로 『구토』에서 등장하여 사색하는 앙투안 로캉탱 곧 청년 사르트르는 관념론자가 아니라 철저한 실재론자이다. 사르트르가 『구토』에서 펼치는 상상의 자연학에서 사물들은 그들에게 매겨진 모든 범주체계 또는 추론의 질서를 거부한다. 거기서 그는 일체의 환원주의를 거부하는 x의 실재론자가 된다.

3. 니체와 러셀은 그들 사이의 모든 차이점들에도 불구하고, '어떻게 인도유럽어의 주어-술어 문법이 허구의 존재론 또는 허구의 형이상학을 만들어내는가?'라는 동일한 질문을 집요하게 천착해서 각각 새로운 세계 질서에 대한 비전을 제시하는 데에 이른다.

주어가 주축이 되어 술어 또는 풀이말들을 통솔하는 인도유럽어의 문법은 주체, 자아, '나'라는 허구의 존재론을, 그리고 속성들을 지닌 실체, 현상들 너머의 실재라는 허구의 형이상학을 만들어낸다고 니체와 러셀은 주장한다. 실체와 주체와 '나'라는 허구가 사라진(4) 자리에 니체는 영원회귀 또는 권력의지라는 관점주의 현상학을 제시하고 있으며, 러셀은 대개 술어들에 다름 아닌 유(class)들의 복합적인 짜임으로 이루어지는 서술들의 체계로써(5) 논리적 원자론을 구축하고 있다.

이렇게 니체와 러셀은 전통 형이상학 또는 존재론의 실체와 주체 개념을 폐기하는 데 기여하지만, 그 대안의 실재를 영원회귀론[6] 또는 논리 언어에 의한 현상론[7]으로 환원시키고 말았다. 그렇게 그들은 칸트를 통과해 내려오는 서구 전통의 관념주의에 빠져 버린 것이다. 말하자면 그들은 영원회귀 또는 서술 가능한 현상 너머에 있을 수 있는, 알

---

(4) "실체의 개념은 주체 또는 주관이라는 개념에서 유래하는 것이다. …… '주체'라고 하는 것은 하나의 허구이다. 우리 안에 일어나는 많은 유사한 사태들이, 그 바탕에 있는 하나의 실체로 말미암은 결과라고 기꺼이 믿는 데서 나타난 허구이다. 그러나 사태들의 '유사성'은 바로 우리가 만들어내는 것이다."(§485) "'주체'라는 개념의 심리학적 역사: … 행위자는 행위의 원인이라는 관념이 반복적으로 다져져서 드디어 '주체'를 뒤에 남긴다."(§547) "그들[물리학자들]이 가정하는 원자는 의식의 관점주의 논리에 따라 추론된 것이다. 그러므로 그 자체가 하나의 주관적 허구이다."(§636) Friedrich Nietzsche, ***The will to power***, trans. W. Kaufmann & R. J. Hollingdale, New York: Vintage Books, 1968.

(5) "'소크라테스'와 같이 우리들이 흔히 쓰는 이름들의 실상은 ['소크라테스'에 대한] 서술들(descriptions)의 약어들(abbreviations)이다. 뿐만 아니라 그들이 서술하는 것은 어떤 것들을 특칭하는 것이 아니라 유들(classes) 또는 계열들(series)의 복합적인 체계들이다."(pp. 200-201) "인도유럽어의 문장론은 아주 다르다. 거의 어떤 문장이든지 계사에 의해 결합된 주어와 술어로 이루어진 형태로 구성할 수 있다. 따라서 모든 사실들은 그에 대응하는 형태를 지니며 그래서 실체[주어]가 속성[술어]을 소유한다고 추론하는 것[허구의 형이상학]이 자연스럽다."(p. 331) Bertrand Russell, "The philosophy of logical atomism"(pp. 175-281) & "Logical atomism"(pp. 323-343), ***Logic and knowledge***, ed. Robert C. Marsh, London: George Allen & Unwin, 1956, 1977.

(6) "모든 것은 가며, 모든 것은 되돌아온다. …… 모든 것은 헤어지며, 모든 것은 다시 만나 인사를 나눈다. 존재의 수레바퀴는 이렇듯 영원히 자신에게 신실하다. …… 나를 얽어매고 있는 원인[들]의 매듭은 다시 돌아온다. 그 매듭이 다시 나를 창조하리라! 나 자신이 영원한 회귀의 원인[들]에 속해 있으니." 프리드리히 니체, 제3부 "건강을 되찾고 있는 자," 『차라투스트라는 이렇게 말했다』, 정동호 옮김, 서울: 책세상, 2002.

수 없는 '그것'에 대해서는 아무것도 고려할 필요가 없다는 입장으로 빠지게 되었던 것이다. 그러나 실체와 주체 개념을 버릴 수밖에 없다고 해서 우리들이 다만 현상주의라는 가상 속에 안주해서 살 수 있는지는 의문이다. 왜냐하면 우리들이 현상 너머의 그것, 그 정체에 대해서 알 수 있는 것은 별로 없지만, 그럼에도 그것은 우리들의 삶과 운명에 끊임없는 간섭과 영향을 행사하고 있기 때문이다.(이 책 Ⅶ장 "미지의 '그것'에 대하여" 보기)

4. 이 책 XI장 "영원의 매체 '제1 언어'에 대하여" 보기.

5. 이 책 Ⅵ장 "현재 안에서 움직이는 영원의 기억" 보기.

6. 상상하기를 거부할 수 있는 사람이 있을까? 선천적으로 상상력을 결핍한 사람은 없을까? 사르트르에 따르면 상상이란 현실 또는 실재 세계로부터 단절된 비실재의 공간에 자립하여 있는 이미지를 만들어내는 것이다. 그렇다면 상상력은 실재를 부정한 자리에 자립하여 있는 비실재의 이미지를 떠올리는 능력이다.[8] 이렇게 이미지만으로 이루어지는 비실재의 세계 창조 가능성은, 현실 또는 실재를 부정하며 그

---

(7) "우리들은 대상에 관한 두 종류의 지식을 직접 접촉(acquaintance)에 의한 지식과 서술(description)에 의한 지식으로 구분하였다. 이들 중에서 마음에 대상 자체를 가져다주는 것은 전자뿐이다. 우리들은 감각 자료, 많은 보편자들(universals), 그리고 … 우리 자신들에 대해 직접 접촉을 갖는 것이지, 물리적 대상이나 타인의 마음에 대해 직접 접촉을 갖는 것은 아니다. …… 다시 말해서 어떤 성질 또는 성질들이 하나의 대상에 속하고 다른 대상에 속하지 않는다고 인식할 때, … 우리들은 서술에 의해 그 대상에 관한 지식을 얻었다고 할 수 있는 것이다. 물리적 대상과 타인의 마음에 대한 우리들의 지식은 오직 감각 자료들로 이루어지는 서술에 의한 것이다.(pp. 166-167) Bertrand Russell, *Mysticism and logic*, London: George Allen & Unwin, 1917, 1963.

렇게 아무것도 없는 데서(*ex nihilo*) 넘쳐 떠오르는 것 같은 새로운 존재
를 끊임없이 끌어내는 무한히 자유로운 의식[9] 곧 상상력에 달려 있는
것이다. 이처럼 현실을 또는 현재의 자기를 벗어던지며 그렇게 부정된
무(無)의 자리에서 새로운 존재를 만들어내는 또는 새로운 존재로 태
어나는 행위, 그것을 사르트르는 의식이 행사하는 무한의 자유 곧 기
투(project)라고 일컫는다.

그러나 이렇게 현실을 또는 현재의 자기를 벗어던지며 새로운 존재로
태어나는 부정 또는 지양의 행위란 사르트르가 꿈꾸는 현상학적 공간

---

(8) "상상력은 의식에 쓸데없이 덧붙여진 경험적인 힘이 아니다. 그것은 자신의
자유를 실현하는 전적인[전체] 의식이다. … 그것은 언제나 실재의 초월로 제시
된다. 실재에 대한 모든 지각이 상상적인 것으로 전[환]된다는 결과에 이르는 것
은 아니지만, 의식은 언제나 자유롭기 때문에, 언제나 '상황 속에' 있듯이, 비실재
를 만들어낼 구체적인 가능성이 매 순간 있는 것이다."(330-331쪽) "부정이 모든
상상력의 무조건적인 원칙이라면 그 부정은 오직 상상행위 안에서 그리고 상상
행위에 의해서만 실현될 수 있다. 우리는 우리가 부정하는 것을 상상해야 한다."
(333쪽) "이처럼 동일한 미래를 현재를 바탕으로 실재로서 살아갈 수 있으며(예
컨대 내가 피에르를 마중하러 역으로 나갈 때 그리고 나의 모든 행위가 피에르의 도착이
저녁 7시 35분이라는 실재의 의미로서 가정할 때), 혹은 반대로 미래를 모든 실재로
부터 단절시키고 무화시키고 무로 현재화함으로써 그것을 고립시켜 그 자체로
정립할 수도 있다."(324-325쪽) 장-폴 사르트르, 『상상계』, 윤정임 옮김, 서울: 기
파랑, 2010.

(9) "따라서 우리들이 의식하는 매순간의 삶은 무로부터의(*ex nihilo*) 창조를 우리
들에게 보여준다. 새로운 배치가 아니라 새로운 존재의 출현이다. 우리들이 창조
한 것이 아닌 존재의 지칠 줄 모르는 출현 행위 가운데에는 우리들을 당혹스럽
게 하는 어떤 것이 있다. 이 수준에서 인간은 자신으로부터 쉼 없이 탈출하는 느
낌, 자신을 넘쳐 흘러나오는 느낌, 언제나 예상치 못한 풍부함에 놀라게 되는 인
상을 받는다."(pp. 98-99) Jean-Paul Sartre, *The transcendence of the ego*, trans. F.
Williams & R. Kirkpatrick, New York: Farrar, Straus & Giroux, 1957.

에서 일어나는 것이 아니고, 실은 의식에서 사라진 영원의 기억과 그로 비롯하는 상상의 관계에서 일어나는 것으로 보아야 하는 것이다.

말하자면 영원한 기억의 부분으로서 주어지는 각 종(species) 또는 각 개체(individual)의 고유한 유전 프로그램 그것으로부터 넘쳐 흘러나오는 생명의 운동에 의해 현재의 자기를 부정하며 끊임없이 새로운 존재로 태어나는 행위가 이루어지는 것이다. 기투의 행위이든 부정과 지양의 행위이든 그것은 모두 생명의 운동으로서, 실재하는 존재의 조건 곧 기억을 바탕으로 해서 일어나는 상상의 행위라고 이해해야 하는 것이다. 아무것도 없는 데서 느닷없이 솟아오르는 것 같은 사르트르의 상상은, 실은 분자생물학의 이론가 프랑수아 자코브에 따르면 일정하게 주어진 유전 프로그램을 가지고 각각의 상황에 따르는 고려와 선택이 이루어지도록 허용하는 이른바 '열려 있는 부분'[10] 가운데서 표현되는 자유(自由)의 행위이다. 이러한 생명의 이론에 따르면 상상은 공허한 의식의 자유로운 표현 행위라기보다는, 영원의 기억에 다름 아닌 유전 프로그램 가운데서 움직이는 이른바 '열려 있는 부분'에 말미암은 것이다.

---

(10) "내부의 거푸집(mould)은 이렇게 기억이라는 숨은 구조를 찍어내는데, 이 기억은 물질을 조직하여 아이를 부모의 모양 그대로 만들어내게 한다. 부모에게 존재하던 유기체의 기억이 내부 거푸집의 연속성을 통해 보존되는 것이다. 조르주 뷔퐁(Georges Buffon)은 말하기를, '자연에서 가장 항구적이고 변치 않는 것은 동물과 식물 모두에게 있는 종들마다의 각인(刻印) 또는 거푸집이다'라고 했다." (p. 80) "[유전] 프로그램 가운데서 '열려 있는 부분'이 맡고 있는 더욱 중요한 역할은 진화의 방향을 제시하는 것이다. 자극에 대한 반응 능력이 커질수록, 반응의 종류를 선택함에 있어 유기체가 갖는 자유의 폭도 증가한다. 인간의 경우 선택할 수 있는 반응의 숫자는 매우 커서, 철학자들에게 친숙한 '자유 의지'라는 것까지 말할 수 있을 정도이다." (p. 317) François Jacob, *The logic of life*, trans. Betty Spillmann, Princeton, NJ: Princeton University Press, 1973.

다른 사람의 마음 가운데에서 일어나고 있는 변화와 상황을 어느 정도 감지할 수 있는 능력도 역시 선천적으로 타고난 상상력에 말미암은 것이라고 심리학자들은 말한다. 그렇다면 다른 사람의 마음을 읽을 수 있게 하는 상상력—더 구체적으로는 'mirror neuron'이라는 것—을 선천적으로 결여하고 있는 자폐증 아동들 또는 어른들에게는 어떤 문제가 있는 것일까? 이런 유형의 상상력 결여 증상은 생물학적인 근거에서 그 원인을 찾을 수 있다고 자폐 아동을 연구하는 심리학자 사이먼 배런코헨은 설명하고 있다. [11][12]

때로는 사람들 사이에서 상식으로 통하는 평범한 이야기들 가운데 오랫동안의 반복된 검증에서도 살아남아 있는 진리가 있다. 그런 것들 가운데는 다음과 같은 것이 있다. '누구든지 그가 할 수 있는 것만을 할 수 있다.' 이것은 다음과 같은 명제로 바뀔 수 있다. '누구든지 그가 상상할 수 있는 것만을 상상할 수 있다.' 왜 그럴 수밖에 없는가? 그가 할

---

(11) "중증 자폐증이나 전형적 자폐증을 가진 아동들은 결국에 현실 세계에 대한 자기만의 관심에 빠져서, 타인의 마음 읽기, 가장하기(pretending), 또는 이야기 만들어내기 같은 데에 전혀 관심을 갖지 않게 될 수 있다. …… 전형적 자폐증을 낳는 장애는 생물학적인 데에 뿌리가 있으므로, 자폐증을 가진 아동들은 우리들에게 상상의 행위라는 것이 생물학적 토대에서 나온다는 유력한 실마리를 제공해주고 있다." Simon Baron-Cohen, "The biology of the imagination," *Entelechy: Mind & Culture*, no. 9, 2007, New Paltz, New York.

(12) "상상력은 흔히 현실에 없는 대상과 상황을 영상으로 떠올리는 능력을 요구하는 것이다. …… 우리들이 추정하기로는, 한 주체가 그의 눈앞에 있지 않은, 심지어 (그 주체의 마음밖에는) '존재'하지도 않는 사물을 영상으로 떠올려야 할 때 하나의[별도의] 다른 인지 및 신경 메커니즘을 필요로 한다고 보는데, 자폐증에서는 바로 이 메커니즘이 고장 났을 수 있는 것이다." Fiona J. Scott & Simon Baron-Cohen, "Imagining real and unreal things: evidence of a dissociation in autism," *Journal of Cognitive Neuroscience*, vol. 8, no. 4, 1996.

수 있는 것 아니면 그가 상상할 수 있는 것은 언제나 그 끝을 확인할 수 없는 영원의 기억에 의해, 또는 프랑수아 자코브가 말하는 유전 프로그램의 '열려 있는 부분' 가운데서 결정받기 때문이다. 자폐 아동이 다른 사람의 감정 변화를 알아차리지 못하거나 가장놀이(pretend play)를 할 수 없는 것은 그에게 전달된 유전 프로그램이 저장하고 있는 기억의 체계가 해당 부분을 결여하고 있기 때문이다.[11]

그렇다면 아무것도 없는 데서, 아니면 존재가 부정된 무(無)의 자리에서 일어난다고 말하는 사르트르의 상상은 실은 그 끝을 확인할 수 없는, 그래서 의식에서 사라진 영원의 기억에 말미암은 발작 행위다. 나아가 자연에 대한 이해 또는 특히 가장 정밀한 과학이라는 물리학조차 그것이 이루어지는 바탕에는 언제나 상상력이 움직이고 있다는 사실을 20세기의 많은 과학철학자들이 확인하여 주었다.

과학자들이 탐구 대상으로 하는 자연에 대한 실험과 이론에서도 상상의 개입은 필수적이라고 그들은 설명하고 있다. 이를테면 과학에서의 인식 행위가, 그것이 대상으로 하는 실재 자체를 직접 복사 재현할 수 있는 능력이 없이, 가설과 검증의 여러 단계에서 발휘하는 상상 또는 추측에 의해서 이루어질 수밖에 없기 때문이다. 이는 18세기의 경험주의자 흄과 선험주의 인식론의 제창자 칸트로부터 20세기의 소박한 실증주의를 비판하는 수많은 과학철학자들에 이르기까지 드러난 실재 인식의 한계 이론이다.

그렇다면 상상이 개입하지 않고 이루어진 인식이란 있을 수 없으며, 따라서 똑같이 상상의 개입이 없는 과학의 가설과 이론이라는 것도 있을 수 없는 것이다. 이렇게 상상을 배제한 사실 자체의 인식은 불가능하며, 따라서 모든 인식행위는 상상의 행위라고 말할 수 있다.

그들의 실재 인식에서 상상의 행위를 제거한다면 무엇이 남을까? 남는 것은 그러한 상상의 행위에 이르기까지 그 바탕에서 움직이는 알 수 없는 실재 자체일 것이며, 그 실재 자체를 접속하며 처리하는 경험의 양식일 것이다. 실재 자체를 접속하며 처리하는 경험의 양식이란 크게 보면 생명의 논리를 설명하는 프랑수아 자코브의 유전 프로그램, 곧 그 시작을 확인할 수 없게 오래된, 그렇게 오늘에 이르기까지 축적되어 온 기억의 장치라고 볼 수 있다. 그렇게 따져 들어가면 한계가 없을 것 같은 무한한 상상력의 배후에서 움직이는 것은 다름 아닌 그 시작을 확인할 수 없는 영원의 기억이다. 그래서 인간을 비롯한 모든 생명 가진 것들의 행위와 인식을 좌우하는 것은 기억과 상상이라고 보아야 한다.

어째서 사르트르가 말하는 상상은 실재를 부정하며 비실재의 영토를 만들어 내려고 하는가? 그 시작하는 데를 알 수 없는 영원의 기억과 거기에 저장된 경험의 양식 가운데에 쉼 없이 반복되었을 박탈과 상실, 거부와 단절이 깊이 각인되어 있기 때문일 것이다. 박탈과 상실, 거부와 단절의 기억을 점검하며 상상에 호소함으로써 실재의 부정과 비실재의 기투를 시도해왔던 것이다. 계절의 변화를 감지하며 그에 따라 자신이 지닌 생명의 최대한을 실현해 나아가는 한 포기의 들풀(이 장 줄기글 4. 보기)도, 힘센 적의 공격을 받고 쫓겨난 다음 자기의 안식처를 찾아 산야를 떠도는 한 마리의 뱀(이 책 VI장 "현재 안에서 움직이는 영원의 기억" 보기)도, 그들 각각의 깊은 속에 간직하며 움직이고 있는 기억과 상상을 쉼 없이 점검하며 그의 운명을 펼쳐가고 있는 것이다.

7. 말 또는 언어라는 것이 모든 존재하는 것들 사이의 대화와 소통을 가능하게 하는 공통의 매체일 수 있을까? 자연 가운데서 공생하는 개체 생명들 사이의 대화와 소통을 위하여 도대체 어떤 매체를 동원할 수 있는가? 적어도 인간이 사용하는 말을 가지고 다른 종류의 개체생명

들과 소통할 수 없다는 것은 확실하다. 초월의 존재인 신과 그렇지 못한 인간이 서로 소통하기 위하여, 인간이 일상에서 사용하는 말을 사용할 수 있을까? 이 물음에 대하여 신학자 칼 바르트는 아주 특별한 해명을 하고 있다.

그에 따르면 '신의 말씀'은 그의 행위 곧 그의 창조 행위이거나 그가 세상에서 이루는 역사(役事) 자체이다.[13] 그렇다면 인간의 말이라는 것은, 다만 창조의 결과물 곧 자연과 그로부터 비롯하는 사물들에 피상적으로 갖다 붙인 껍데기에 지나지 않는 것이다. 그래서 신과 인간은 같은 말을 사용하는 것이 아니다. 그렇다면 껍데기에 지나지 않는 인간의 말로 하여금 신이 세상에다 일으키는 창조와 역사의 과정 곧 우주의 척도[14]에 접근할 수 있게 하기 위해서는 어떤 조치를 취해야 하는가? 만약 우주의 척도라고 할 만한 것을 찾을 수 있다면, 그것을 '영원의 매체' 또는 '제1 언어'라고 일컬을 만하지 않은가?[15]

그러나 사람들의 언어는 세상에 이미 주어져 굳어있는 사물들에 대한

---

(13) "신의 말씀이라는 것은 신이 말한다는 것이며 신이 말할 때는 '상징의 기호'로써 하는 것이 아니다."(pp. 132-133) "신의 말씀은 행위에 의해서 보완될 필요가 없는 것이다. 신의 말씀은 그 자체가 그의 행위이다. … 신의 말씀은 최상의 의미에서 역사를 만드는 것이다."(pp. 143-144) Karl Barth, *The doctrine of the word of God (Prolegomena to Church Dogmatics, being Vol. I, Part I)*, trans. G. W. Bromiley, Edinburgh: T. & T. Clark, 1936, 1975, 1980.

"신은 세상에 소속해 있지 않다. 신은 우리들이 가리켜 말하려고 할 때 … 사용하는 범주와 낱말들에 대응하는 일련의 대상물들 가운데 하나가 아니다."(p. 750) Karl Barth, *The doctrine of the word of God (Prolegomena to Church Dogmatics, being Vol. I, 2)*, trans. G. T. Thomson & Harold Knight, Edinburgh: T. & T. Clark, 1956, 1980.

이름이며 분류이며 묘사에 지나지 않는 것이다. 그러므로 사람들의 언어는 만차억별(萬差億別)로 분화되어 제각기 고유하게 다른 개체성들과 그로 비롯하는 억차조별(億差兆別)의 생각들을 깎아서 획일적으로 묶어 만들어낸 허구의 이름과 분류와 묘사의 방법이다.

8. 현대의 중국에서 조선시대의 큰 주자(朱子)철학자로 평가받는 이퇴계 선생(1501~1570)은 조선조 14대 임금 선조에게 드린 「육조소」(六條疏)에서 당시의 이단 학설로서 불교와 노장철학의 폐해를 규탄하였다. 그는 이 이단 학설들이 유가 전통에서 통치이념으로 하는 진정한 도덕관념과 사회기풍을 문란하게 함으로써 국가를 위태롭게 한다고 설파하고 있다. 국가와 그 백성을 다스리는 데 굳건한 바탕이 된다고 그가 믿은 철학은 주자학이었다. 그가 숙고하는 사상의 주류는 당시 중국 전래의 유교와 노장사상과 불교로 이루어져 있었다.[16]

---

(14) "일상언어에서 빌려온 범주들과 그에 기대는 추론체계들의 한계 너머 또는 자연 자체로부터 다가오는 메시지는 '우주의 척도'(cosmic measure)라고 할 만한 것이다. 그것은 세상에 몸을 드러내 존재하는 모든 것들을 향하여, 한계 너머 미지의 영토로부터 다가와 행사하는 모든 처리 과정을 가리킨다."(이 책 V장 "존재하는 모든 것들을 인간으로부터 해방시켜라" 보기)

(15) "나는 다만 일상의 삶에서 이루어지는 특수 분야들에 따르는 차별화와 그로부터 발생하는 다양한 범주들과 판단 형식들이 제2의 언어임을 말하고 있는 것이다. 그렇다면 제2의 언어로써 덮어씌워지는 껍데기를 벗어던지고, 영원을 관통해서 흐르며 일하는 매체로서 제1의 언어는 과연 어떤 모양으로 우리에게 다가오는 것인가?"(이 책 XI장 "영원의 매체 '제1 언어'에 대하여" 보기)

(16) "朝鮮的異端學說之害, 以佛教最爲廣害, 以致於使高麗王朝因此而亡國. …… 此外, 在我朝中, 也還有對老子, 莊子的虛無荒誕的學說大感興趣, 因之而輕視儒學的人, 他們有時吹起一股輕視禮儀之風."(912쪽)『退溪全書今注今譯』, 第一册, 賈順先 主編, 成都: 四川大學出版社, 1991.

II
『기본동물학』과 「전도서」와 한국말본

II
『기본동물학』과 「전도서」와 한국말본

변함없는 목표를 향해 달리는 인생은 없다. 지향하던 목표가 도중에
꺾이고 다시 꺾이어 변형된 뜻밖의 결과가 나의 현재다. (671201)

1.

'진리란 무엇인가?'라는 문제의 논쟁사에서 칸트처럼 자기 이전과
이후를 딱 부러지게 갈라놓은 철학자는 없을 것입니다. 『프롤레고메
나』의 머리말에서 그는 자기 이전의 철학자들이 빠져 있던 '독단의
꿈'에서 벗어났다고 선언하고 있습니다. 그런데 그가 벗어나서 새로
잡았다고 주장하는 생각 또한 아직도 독단의 꿈이 아닐까 하는 그런
의문으로부터 비롯하는 것이 'x의 존재론'입니다. 벗어났음에도 여
전히 빠져 있는 독단의 꿈을 다시금 돌아보게 한 그 의문은, 칸트를
공부하던 대학원 시절에 우연히 읽은 1949년 판(版) 울리히 하우버
의 『기본동물학』이라는 책에서 얻은 것입니다. (140829)

2.

생물학 교수이자 가톨릭 사제이기도 했던 하우버는 동물의 생명 현
상을 설명하는 그 책의 마지막 한 장(章)에서 인간의 심리와 지성 또

는 이성을 일반 동물보다 발달 정도가 높은, 그러나 같은 종류의 생명의 특징으로 이해하고 있었습니다.[1] '인간 심리학'을 '동물학' 때로는 '고생물학'(paleontology)의 한 부분으로 포섭하여 풀이하는 관점은 그때 상상 밖의 신선함으로 다가왔습니다. 이 관점에 따르면, 칸트가 일컫는 순수이성 또는 철학자들이 흔히 말하는 이성이라는 것은 수십만 년 때로는 더 오랫동안에 걸친 생명의 변화 과정에 나타난 한 단계의 현상으로 볼 수밖에 없었습니다.

이처럼 수십만 년, 수십억 년에 걸친 생명의 변화 현상을 관찰하는 고생물학자들의 시간 척도[2]에 비추어보면, 지금 단계의 생명 현상인 인류의 지성과 그들의 존재양식을 연구하는 철학자들의 시간 단위와 시야는 고도근시에 가까울 만큼 너무 협소하다는 생각을 하지 않을 수 없습니다. 수십만 년을 온갖 변화와 굴곡을 겪으며 살아온 인류가 참고할 만한 시간관 또는 방향감을 과연 2, 3천 년 사이의 역사에 갇혀 있는 철학자들의 이야기에서 얻을 수 있을지 생각하면, 전혀 앞이 보이지 않는 겁니다. (140902)

3.

그래서 철학자들이 모색하며 제시해온 존재 이해 또는 행위의 규범이라는 것은, 고생물학자들이 설명하는 수십억 년에 걸친 생명의 존재양식과 그 변화의 거대한 틀에 종속하는 아주 미미한 한 순간에 끼어 넣은 임기응변의 안(案)일 수밖에 없다는 생각이 드는 것입니다.[3] 그 나름의 우수하고 고유한 오랜 발전과정을 거쳐 왔음에도, 이렇게 한 순간의 고도근시에 갇혀버린 철학자들의 관점은 모두가 역시 한 독단의 꿈에 빠져있는 거나 다름없어 보입니다.

그렇다면 철학자들의 시간관과 그 척도에 문제가 있는 게 아닐까요? 고대로부터 철학자들은 생명의 장구한 흐름을 이어가는 역사와 운명에 관여하는 무엇인가에 대하여 말할 때, 시간과 영원 또는 현재와 초월의 관계에 비추어 논의하기도 했습니다. 그 가운데 가장 대표적인 본보기로는, 시간을 변화하는 세상의 척도로 보고 영원을 불변하는 독립 실재의 특징으로 이해한 플라톤의 가설을 들 수 있습니다.[4] 그리스 전통의 한 극점에 서 있는 플라톤은 물론이고, 그를 비판 수정하고 있는 아리스토텔레스에게조차 영원의 존재는 변화하는 것들이 모방하고 실현해가려고 하는 이상형이면서도, 그 자체는 시간의 변화들에서 독립해 있는 것으로 보였습니다.

하지만 그런 그리스 전통과는 거리가 먼, 다른 만만치 않은 삶의 역사를 통과해 온 히브리 사람들은 변화하는 것들의 시간 가운데에 영원한 존재가 항상 관여해서 그것들의 파란만장한 운명을 좌우한다고 이해하는 관점을 지켜왔다고, 히브리 언어와 성서 연구가들은 설명하고 있습니다.[5] (140903)

4.

그렇다면 현재에 이르기까지 생명이 거쳐 온 변화무상한 운명의 과정들에는 무엇이 한결같이 관여하고 있었다고 보아야 할까요? 현재가 이루어지는 과정에 몇 천 년, 몇 만 년, 몇 억 년 동안 관여해온 그 것을 무엇으로 대표할 수 있을까요? 이러한 의문을 불러일으키는 히브리 전통의 시간관을 『구약』에 실린 「전도서」의 필자는 다음과 같이 풀이하고 있습니다.

> "하늘 아래서 벌어지는 무슨 일이나 다 때가 있다. 날 때가 있으면 죽을 때가 있고 심을 때가 있으면 뽑을 때가 있다. … … 싸움이 일어날 때가 있으면 평화를 누릴 때가 있다. 그러나 사람이 애써 수고하는 일이 무슨 소용이 있겠는가? … … 하느님께서 사람에게 역사[영원 또는 어둠]⁶의 수수께끼를 풀고 싶은 마음을 주셨지만, 하느님께서 어떻게 일을 시작하여 어떻게 일을 끝내실지 아는 사람은 하나도 없다는 것을 나는 알았다."(3:1-11)⁷

그리고 「전도서」는 이렇게 알 수 없는 영원의 시나리오 가운데서 움직이는 시간 또는 '때'의 지배자에 대하여 다시 풀이합니다.

> "일이 잘 되거든 행복을 누려라. 일이 틀려가거든 이 모든 것이 다 하느님께서 하시는 일인 줄 알아라. 아무도 한 치 앞을 모른다는 것을 깨달아라. … … 착한 사람은 착하게 살다가 망하는데 나쁜 사람은 못되게 살면서도 고이 늙어 가더구나."(7:14-15)

> "내가 또다시 하늘 아래서 벌어지는 일을 살펴보았더니 발이 빠르다고 달음박질에 우승하는 것도 아니고 힘이 세다고 싸움에서 이기는 것도 아니며 …. 사람은 아무도 자기가 죽을 날을 모른다. 모두들 그

물에 든 물고기 같고 덫에 치인 새와 같은 신세라 갑자기 액운이 닥치면 벗어날 길이 없다."(9:11-12)[8]

이렇게 「전도서」 안에는 온갖 변화를 겪는 사람들과 사건들에 관여해서 그들의 운명을 좌우하는 초월의 존재가 있다고 하는 믿음이 나타나 있습니다. 시간에 소속한 모든 것들에 관여해서 알 수 없는 인과관계로, 아니면 그런 인과관계 밖에서 그것들을 움직이는 초월의 존재에 대하여 말하고 있는 겁니다. 그러나 「전도서」의 필자는 그렇게 시간에 소속한 것들에 관여하는 영원의 존재가 어느 전통에 소속하는 누구인지를 특칭하지 않음으로써, 편협한 이스라엘 선민의식을 탈피해서 보편 중립의 초월자에 호소하려는 것 같습니다.[9] 시간과 영원, 현재의 사태와 초월의 존재가 서로 만나서 엮여가는 운명과 역사의 객관적 관점을 보여주고 있는 것입니다.

「전도서」는 변화무상하게 흔들리는 시간의 사태들을 이렇게 그 끝을 확인할 수 없게 까마득한 영원의 지배자가 관여해서 이루어가는 과정으로 풀이함으로써,[10] 다른 철학사에 나타난 시간관과 그에 따르는 인과관계 또는 대대(對待)관계 또는 그 밖의 일상의 범주들[11]을 가지고는 이해할 수 없는 초월자의 동태[12]를 현실의 존재가 안고 있는 운명의 조건으로 제시하고 있습니다. 이렇게 해서 전도자 코헬레트는 초월의 경계를 향하여, 인간 이성에 의해 틀지어진 일상의 범주들과 그에 따르는 추론체계를 폐기해버릴 수밖에 없는 그런 인식의 단계로 나아가고 있습니다. (140907)

5.

이렇게 끝을 확인할 수 없는 영원의 시나리오 '그것'을 무엇으로 대표할 수 있을까요? 그리고 영원의 시나리오 가운데서 그것의 부분으로 움직이는 한 개체존재와 그의 운명은 무엇으로 대표할 수 있을까요? 「전도서」에서 하느님이 사람의 마음에 심어주셨다고 말하는 '영원'에 대하여, 히브리 원어를 주석하는 학자들은 그 대안의 뜻으로 '어둠'(darkness), '무지'(ingnorance) 또는 '미지'(the unknown)를 제시하고 있습니다.[13] 영원 '그것'을 어째서 '어둠', '무지' 또는 '미지'로 풀이하고 있을까요?

정신분석 이론가 게오르그 그로데크는 사람의 행위와 그에 따르는 사건의 운명을 지배하고 결정하는 보이지 않는 힘을 역시 미지의 '그것'으로 부르고 있는데, 자신의 이 같은 생각이 프리드리히 니체에게서 나왔다고 시인하고 있습니다.[14] 그런데 니체 자신은 미지의 '그것'의 뿌리에 대하여 다음과 같이 생각하고 있습니다.

> "… 하나의 생각은 '그것'이 원할 때 오는 것이지, '내'가 원할 때 오는 것이 아니다. 그렇기 때문에 주어 '나'[를] 술어 '생각한다'의 조건이라고 말하는 것은 사실을 왜곡하는 것이다. 그것이 생각한다(Es denkt). … … [그러나] [이 '그것'은 이미] 사건에 대한 하나의 해석을 함축하고 있으며 사건 자체에 속한 것은 아니다. 여기서 문법의 습관에 따라 '사고[생각한다]라는 것은 하나의 활동이며 하나의 활동에는 그 활동의 주체가 있다 그러므로 … '라고 추론한다."(§17)

"인도, 그리스, 독일의 모든 철학적 사유가 놀랄 정도로 가족유사성이 있다는 것은 아주 간단하게 설명된다. 언어의 유사성이 있는 곳에는 공통의 문법 철학에 힘입어 … 철학 체계가 동일한 방식으로 전개 배열되도록 처음부터 모든 것이 준비되어 있다는 것은 도저히 피할 수 없다. … … 우랄알타이 언어권에 속하는 철학자들은—이 언어권에서는 주어 개념이 가장 발달되어 있지 않다—아마도 인도-게르만족이나 이슬람교도와는 다르게 '세계를 들여다' 볼 것이며 이들과는 다른 길을 찾게 될 것이다."(§20)[15]

그러니까 니체에 따르면 미지의 '그것'이라고 말하는 것조차, 그가 소속해 있는 인도유럽어 문법의 습관으로 사고하는 자의 세계인식이 빠지게 되는 어떤 맹점 또는 착각에 지나지 않는다는 겁니다. 말하자면 '나'라고 하는 주체 또는 사물들의 실체를 그런 것이 아닌 알 수 없는 '그것'으로 가리켜 말하더라도, 그것은 미궁으로 빠져 무엇으로도 잡히지 않게 되어 버린다는 겁니다. 그런데 니체와는 전혀 다른 기질과 성장의 길을 따라 철학에 입문한 버트런드 러셀 또한 같은 이야기를 하고 있습니다. 러셀은 그 자신이 소속한 전통의 철학자들이 빠져 있는 미궁 또는 착각의 뿌리는 그들이 공유하는 인도유럽어의 문장 구조에서 비롯한다고 다음과 같이 설명하고 있습니다.

"언어가 철학에 끼치는 영향은 심각한 것임에도 거의 인식되어 있지 않다. … … 주어-술어의 논리는 실체-속성의 형이상학과 함께 바로 그러한 사례이다. 그 두 가지 가운데 어느 것도 아리안계가 아닌

(non-Aryan) 언어를 구사하는 사람들에 의해 발명될 수 있을지 의문스러운 것이다. 그런 것들은 중국에서는 착상될 법한 것이 아니라는 것이 확실하다. —단, 인도의 철학을 함께 들여온 불교에 연루된 것이 아니라면."(p. 330)[16]

이렇게 니체와 러셀은 그들 사이의 건널 수 없는 모든 차이점들에도 불구하고 하나의 역사적 사실에 전적으로 공감하고 있습니다. 그렇다면 고대로부터 내려온 철학자들의 세계인식을 대표하는 형이상학 또는 존재론 같은 분야의 범주체계들은, 그들이 소속해 있는 언어 계통이 지시하는 문법 또는 문장관을 반영하는 틀에 지나지 않는 것이 됩니다.[17] 그래서 철학자들의 실재관 또는 진리관은 진리 자체를 대표하는 것이 아니고 그들이 소속해 있는 언어 계통에서 지시하는 문장 구조가 '압축해 가지고 있는'[18] 관점을 대변하고 있다고 말할 수밖에 없습니다.

니체와 러셀의 이해에서 본다면, 「전도서」의 필자가 말하는 시간에 소속한 것들의 운명을 좌우하는 영원의 존재, 그 초월자의 '정체성' 그리고 현실에 존재하는 것들의 하나인 '나'의 '실체' 같은 것은 알 수 없는 허구에 지나지 않는 것이 됩니다. 그리고 실제로 「전도서」의 필자 역시 그 자신이 소속해 있는 전통에서 전제하는 존재하는 것들의 정체성 또는 전통의 존재론을 포기하며 그에 따라 사물과 사건들을 인식하고 관찰하는 것으로 보입니다.[19]

그런데 말입니다. 니체와 러셀이 비판하는 정체성과 실체 개념이 허구이든 아니든, 인도유럽어 계통이나 그와 전혀 다른 고대 한어(漢語) 계통에서는 오늘날 철학의 틀이라고 일컬을 만한 범주체계들과 그에 따르는 실재 또는 존재 탐구의 유파들이 무리를 지어 나타났는데, 어째서 한국말을 포함하는 계통에서는 실재 또는 존재 탐구의 유파라고 할 만한 것의 역사가 이루어지지 않은 것일까요? (141024)

6.

한국말에서는 어떤 발상이 지배하기에 실재 또는 존재 탐구의 철학사가 이루어지기 어려웠던 것일까요? 그 깊은 이유를 이런 발상으로 설명하면 어떨까요? 한국말에서는 이른바 주어 또는 임자말이라는 것을 생략하는 문장 구조가 허용되고 있습니다. 따라서 주어 자리에 아무것도 놓지 않고 그 자리에 있다고 상정하는 그것에 어떤 이름이나 정체성을 매길지 결정할 수 없는 상태를 미지의 x로 기억하며, 그것이 보여줄 것들을 시간의 흐름 가운데서 기다리는 태도가 한국말의 문장관을 지배한다고 볼 수 있습니다. 미결의 상태에서 숨을 죽이고 있는 미지의 x가 보여줄 움직임을 그렇게 기다리고 있기 때문에, x에 대한 판단을 마무리할 술어 곧 풀이말의 마디들을 x가 보여줄 모양에 맞춰 굴절시키려고 맨 뒤에 놓는 전략을 택하는 게 아닐까? 라고 생각할 수 있습니다. 그리고 마지막 판단이 이루어져도 여전히 현재의 사태와 상황의 핵심은 어둠 속에 잠긴 영원의 x 또는 초월의 X로 남아서[20] 다시 무언가 낯선 얼굴을 내밀 가능성을 언제나 유보하고 있는 것입니다.

그러니까 이 영원의 x 또는 초월의 X는 현재의 시간을 통과하며 쉼 없이 그 미래의 모양을 달리 보여줄 수 있기 때문에, 어떤 이름도 정체성도 거부하고 있는 것으로 보입니다. 한국 사람들의 행위와 판단의 습관을 깊이 간직하고 있는 이러한 문장관의 겉모양을 뜻밖에도 일본문학을 전공하는 한 미국인 교수의 다음과 같은 일본어 문장분석에서 확인할 수 있습니다.

> "나는 일본이 개인주의가 고도로 발달한 사회라고 주장할 의향이 없지만, 어째서 그들의 발언에서 인간 존재들뿐만 아니라 연필과 신문과 도미(sea bream) 같은 것들이 사라지거나 생략될 수 있는지 설명하려고, 그 사회를 들여다보는 것에 더해 무엇인가 더 필요하다고 생각한다."(p. 29) "나는 학생들에게 일본어 문장을 분석할 때 먼저 대개 끝에서 쉽게 찾을 수 있는 주요 동사[술어]를 확인하고 난 다음에, 거꾸로 거슬러 올라가며 주어와 목적어와 그 밖의 것들을 찾아보라고 말해 준다."(p. 129) [21]

이렇게 고생물학의 생명관,「전도서」에 나타난 시간과 영원의 관계, 한국말본의 문장관이라는 세 단계의 검토가 하나의 관점으로 모이면서 어떤 기존 철학사의 계통으로부터도 독립하는 길이 열리고 있는 것을 바라볼 수 있습니다. 특히 히브리 전통 신앙의 큰 전환점에서 이루어진 영원과 초월의 존재를 풀이하는 「전도서」의 보편주의 시간관이야말로 모든 전통의 철학사들을 넘어 'x의 존재론'으로 나아갈 수 있게 하는 가장 높은 디딤돌[22]이라는 깨달음에 비로소 이르게 되었습니다. (140913)

7.

'미지'의 시나리오 가운데서 움직이는 초월의 존재가 누구인지 특칭하지 않을 뿐만 아니라[23] 신구약 전통의 믿음을 지닌 이들을 당혹스럽게 하는 탈(脫)율법, 반(叛)교조의 발언을 서슴지 않는[24] 「전도서」의 메시지를 두고, 헬레니즘 시대를 풍미하던 그리스 철학의 합리주의 또는 개인주의의 영향 아래에서 이루어진 것으로 풀이하는 주석가들이 있습니다.[25] 그러나 그리스 철학의 영향으로 이루어진 산물로서 「전도서」를 풀이하는 것은 그 핵심을 빗나가는 시도일 수 있습니다. 대체로 고대 중국과 그리스 철학의 바탕을 이루는 모든 범주체계들은 무후(無厚) 또는 인문주의 정신에 따라 세워진 산물이라는 것은 두 전통의 철학사가들이 오래전부터 인정해온 사실입니다.[26]

그러나 무후 또는 인문주의 전통과는 거리가 먼 「전도서」는 세상만사를 그리고 그것이 펼쳐져가는 동안의 시간들을—그것들은 인간 이성에 의해 짜여진 범주체계들 가운데로 수렴해서 이해할 수 없는 것이므로[27]—영원의 기억과 그의 상상에 다름 아닌 내재성[28]과, 한계 격파에 다름 아닌 초월성의 관계라는 역사인식의 틀에 의해 풀이하고 있기 때문입니다. 이렇게 내재성과 초월성의 관계라는 역사인식의 틀을 품고 있다고 볼 수 있는 「전도서」는, 같은 관계 인식 곧 내재성과 초월성의 관계를 더 일반화해서 함축하고 있는 고생물학의 생명관과 한국말본의 문장관과 함께 'x의 존재론'을 받쳐주는 한 축이라고 생각하는 겁니다.

그렇게 해서 'x의 존재론'이라는 것은 다시 역으로, 이를테면 「전도서」에서는 하나의 보편 신학이, 고생물학에서는 수억 년의 생명사에서 비롯하는 집단적 존재양식으로서 일반 사회학의 틀이, 그리고 한국말본에서는 하나의 보편적 판단형식을 대표하는 논리학이 풀려나오게 하는 샘터 구실을 하는 것으로 볼 수 있습니다. (141001)

8.

세상만사에 대해 사람으로서 가질 수 있는 마지막 태도를 표현하는 행위, 그것에 철학이라는 이름을 붙일 수 있지 않을까요? 그 마지막 태도라는 것은 그러니까 세상만사의 영원한 흐름의 중심에서 밀려나온 자리에 있는 존재가, 이해할 수도 통제할 수도 없는 한계 밖의 초월자를 향해 관계하는 유한자로서[29] 취할 수 있는 관점을 가리키는 것이기도 합니다. 그렇다면 「전도서」의 시간관과 고생물학의 생명관과 한국말본의 문장관은, 생명으로서 존재함으로 말미암아 입게 되는 행위와 판단의 패턴을 점검하는 유한자의 태도를 가장 높은 수준에서 표현하는 것으로 볼 수 있을 것 같습니다. 특히 「전도서」의 필자는 모든 전통의 철학적 실험에 대하여 그 마지막 점검의 결과를 다음과 같이 선언하고 있는 것으로 보입니다.

> "헛되고 헛되다, 세상만사가 헛되다. …… 하늘 아래 새 것이 있을 리 없다. '보아라, 여기 새로운 것이 있구나!' 하더라도 믿지 말라. …… 지나간 나날이 기억에서 사라지듯 오는 세월도 기억에서 사라지고 말 것을."(1:2-11)[30]

그럼에도 그는 염세주의자도 허무주의자도 아닌 게 분명합니다.[31] 그의 선언은 염세주의자나 허무주의자의 푸념처럼 들리지만, 그는 여전히 흔들리지 않고 세속적으로 건전하게 판단하고 행동하거나 즐길 수 있는 다른 깊은 근거[32]를 전제하며 말하고 있습니다. 그는 다만 세상에서 사람들이 집행하는 최선의 시도들이 부딪히는 한계 밖의 초월자를 향하여, 그런 한계의 초월이 절대로 불가능한 유한자의 처지를 통감하고 있는 겁니다. 세상에 몸을 드러내 움직이는 모든 것들을 향해 격파해오는 초월의 힘 X[33]에 의해 운명 지어지는 존재인 그는 그래서 그렇게 한계 지어진 자리에서 움직이는 x일 수밖에 없음을 철저하게 자각하고 있습니다.

여기서 x라는 것은 자연과 역사의 영원한 흐름의 중심에서 밀려나온 주변의 모든 유한 존재들을 가리키며 대표하는 것입니다. 이처럼 뿌리로부터 한참 멀어진 유한 존재들에 대하여 그 각각의 정체성을 x로 대표하는 이유를 「전도서」와 고생물학과 한국말본 가운데서 찾는 데에 큰 어려움이 없을 것으로 보입니다. 이렇게 사람들이 영원의 흐름 가운데서 자신들에게 매겨진 운명의 한계를 받아들일 수 있다면, 그때에야 비로소 칸트가 반성하려고 시도했던 인류의 오랜 독단의 꿈에서 드디어 벗어나는 길이 열리지 않을까 생각하고 있습니다. (141210)

9.

현상학의 제창자 후설은 본질을 직관한다고 말했고 제물론(齊物論)

의 철학자 장자는 천하의 만물과 하나 되기를 추구했습니다. 그러나 x의 존재론에서 직관이 집중하고 있는 것은 일체의 이름과 그 이름에 의지하는 특성과 법칙들을 벗겨낸 개체존재 x이며, 다시 x를 향해 '하나 되기를 뿌리치며' 쉼 없이 격파해 다가오지만 그럼에도 어떤 최고의 특칭도 거부하는 미지의 초월자 X라는 것입니다. x는 그의 온 기억과 상상을 다해, 그의 한계를 넘어 다가오는 X에 대면할 때, 내재성으로서의 x와 초월성으로서의 X가 서로 겨루면서 자신의 유일 고유한 개체성과 운명을 엮어가고 있습니다. (141229)

1. 인간의 심리와 지성 또는 이성을 동물 일반이 지닌 생명의 특징과 같은 것으로 이해하는 생물학자 울리히 하우버(1885~1956)는 당시 미국 가톨릭 계통의 세인트 암브로스 대학 생물학과 교수이며 가톨릭 사제였다. 그는 인간의 지성 또는 이성을 생명 또는 동물 일반이 갖춘 한 기능의 부분으로 이해하는 관점을 그의 『기본동물학』에서 설명하고 있다. 사람의 지능작용과 동물의 지능작용은 그 정도의 차이가 있을 뿐 같은 종류에 속한다는 것이다. 그는 "길을 찾는 사람은 꼭 개와 같은 행동을 한다."는 놀라운 설명을 하고 있다.[1] 그럼에도 그는 역시 가톨릭 신자였기 때문에, 그리고 당시 생물학 이론의 한계 안에서 판단하고 있기 때문에, 인간이 저마다 안에 지니고 있는 인성 또는 개성은 다른 동물들에게서 찾을 수 있는 것이 아닐 뿐만 아니라 인간 각각의 사이에서도 공유할 수 있는 것이 아니라고 말한다. 이러한 인간 각

따온글

(1) "우리는 어째서 인간이성(human reason)과 비슷한 심령적 과정이 동물에게 있고, … [그럼에도 그것이] 어째서 어떤 것이든 인성과는 같지 않은가라는 까닭을 이해하기 위하여 사람의 지능작용과 동물의 지능작용을 비교 연구해 본다는 것도 필요한 것이다. 그러나 그 두 종류 사이에는 정도의 차이가 있을 뿐 한 종류에 속하는 것이다."(541쪽; p. 358) "이러한 설명은 추상적인 관념, 원인과 결과를 찾아내는 것, 깊이 생각하는 것 또는 자유롭게 선택하는 것과 같은 고등한 지력에 의지함이 없이 개의 행동을 증명하는 데에 적당한 것이다. 개의 행동은 그의 마지막 행동이 추리적인 것에서 이루어지고 있을 때 그것은 사람이 하는 행동과 비슷한 까닭으로 이와 같은 동물의 행동은 추리법을 사용하고 있다고 지금까지 알려져 오고 있다. 그 역(逆)도 진리에 가깝다. 즉 길을 찾는 사람은 꼭 개와 같은 행동을 한다."(542쪽; p. 359) 『기본동물학』, 강영선 옮김, 서울: 대학교재공사, 1958. Ulrich A. Hauber, *Essentials of zoology*, New York: Appleton-Century-Crofts, 1949.

각이 지닌 개체성 또는 개별적 고유성이란 동물 일반이 가질 수 없는 그래서 인간에게만 주어진 신의 선물이라는 것이다.[2]

그러나 그 당시의 생물학 이론이 놓여 있던 한계를 넘어온 현재의 시야에서 보면, 인성 또는 개성의 그러한 독립 또는 고유 가능성을 어느 정도로 인정할 수 있을지 재론의 여지가 많은 것이다. 생물학적 개체성(biological individuality)에 대한 다양한 설명들은 지금도 계속해서 시도되고 있다. 생명 일반에 분포되어 있는 무한에 가까운 기억과 상상 능력으로서의 유전 프로그램, 그리고 그 유전 프로그램에 포함된 것으로 밝혀진 개체생명들의 선천적 공감 능력으로 미루어 볼 때, 개체성이라는 것은 생명 각각에게 편재(遍在)해서 움직이는 통일적 다양성에 다름 아닌 것이다.

2. 몇 천, 몇 만 년에 지나지 않는 인류의 역사는 모든 생명이 지구에서 함께 공유하는 DNA들[3]과 그 입자들[4]이 수억, 수십억 년을 통과해 흐르는 장구한 시간과 그 경험의 부분이다. 인류가 거쳐 온 시간과 삶 전체가 우주와 자연이 수억, 수십억 년 동안에 일구어 온 질서와 체제

---

(2) "사람은 생물학적으로 살고 있는 물건이라고 하는 그와 같은 정의에 합당한 것이다. 그러나 한 개체로서의 각각 너와 나는 이런 식으로 이야기할 수 없는 어떤 무엇을 갖고 있다. 나는 인성(personality), 개성(individuality), 그리고 나를 물질적인 신체로부터만이 아니라 모든 자아(self) 곧 모든 사람들과 분리되어서 같지 않은 자아를 갖고 있다. …… 다른 사람은 아무도 내가 그런 생각을 나타내지 않는 한 알아낼 수가 없는 것이다. 나를 이루고 있는 내 몸의 한 부분은 아버지로부터 또 한 부분은 어머니로부터 물려받아 된 것이며 … [그러나] 그렇게 해서 되는 것은 내 인성이 아니다. …… 몸을 주로 하여 보면 나는 조상을 갖고 있다. 정신으로 보면 나는 하느님으로부터 선물로 받은 나 개인인 것이다."(550-551쪽; p. 364) 『기본동물학』, 강영선 옮김, 서울: 대학교재공사, 1958. Ulrich A. Hauber, ***Essentials of zoology***, New York: Appleton-Century-Crofts, 1949.

에서 벗어날 수 없는 한 부분이기 때문이다. 그러나 이러한 사실을 받아들인다고 해서 반드시 유물론이나 무신론이라는 범주에 빠지게 되는 것은 아니다. 일부의 사람들이 가질 수 있는 이러한 경계심은 구시대의 세계관 가운데에 지체되어 있는 이들의 편견과 기우일 뿐이다.

어떻든 인간 생명 자체와 그들이 몰입해 있는 현재의 삶 전체의 패턴이 수억, 수십억 년을 통과해온 시간과 그 경험의 산물이라는 사실은 외면할 수 없는 것이다. 이 장구한 시간과 그에 따르는 경험에 대한 반성과 반추가 없이 몇 천 년에 지나지 않는 역사 아니면 철학사를 배경으로 시작하는 철학적 발상은, 인간 본위로 구축한 역사의 단편적 시간들에 빠져서 반복하는 척박한 사색의 반사작용일 뿐이다. 지금 긴급하게 다가온 철학적 반성의 과제는 그러한 짧은 시간대에 매몰하여 있는 철학자들의 인간 본위의 또는 인문주의 시간관에서 탈출하는 데에 있다.

---

(3) "내 책 제목의 '강'이란 DNA의 강을 말하며, 그것은 시간을 통과해 흐르는 것이지 공간을 통과하는 것이 아니다. 그것은 정보의 강이지 뼈와 살로 이루어지는 강이 아니며, 신체들을 만들기 위한 추상적인 지시들의 강인 것이다. … … 그 정보는 신체들을 통과하면서 그것들에 영향을 준다 …."(p. 4) Richard Dawkins, *River out of Eden: a darwinian view of life*, New York: Basic Books, 1995.

(4) "우리 몸의 가장 작은 부분들은 우주 그 자체만큼이나 긴 역사를 가지고 있다. … … 하나하나의 은하, 별, 또는 하나의 인간은, 이전에 존재했던 것들의 탄생과 소멸을 통과해서 광활하게 펼쳐진 시간과 공간을 가로질러 온 입자들의 일시적인 소유주인 것이다. 우리들을 만들고 있는 입자들은 수십억 년의 우주를 여행해 온 것이며, 그 입자들은 우리들과 우리들의 행성이 사라진 이후에도 오랫동안 또 다른 세계들의 부분을 이룰 것이다."(p. 33) Neil Shubin, *The universe within: discovering the common history of rocks, planets, and people*, New York: Pantheon Books, 2013.

3. 우리는 고생물학자들이 이해하는 수십억 년에 걸친 생명의 존재양식과 그 변화의 거대한 틀을 배경으로 해서, 철학자들이 논의하는 문명 인간의 존재양식과 도덕규범 같은 일체 범주체계들의 유한성과 자의성을 평가하고 다시 풀이할 필요가 있다.(5) 그렇게 고대 중국철학사와 고대 그리스철학사에 등장하는 철학자들의 논변에 동원된 범주체계들은 모든 생명의 유(類)들이 실현해온 온갖 모양의 존재양식과 규범체계들 가운데 한 가지로 자리매김 되는 것이다.(6)

4. 플라톤에 따르면, 그리고 그를 비판 수정하고 있는 아리스토텔레스에게조차 영원의 존재는 끊임없이 변화하고 소멸하는 시간의 존재들에 대하여 흠모와 모방의 대상으로서 불변의 이상형이거나(7) 그 자신은 시간의 존재에 능동적으로 관여하지 않는 그러나 그것들의 마지막 원

---

(5) 「고생태학으로 함몰하는 철학사」 … … 코페르니쿠스(N. Copernicus, 1473~1543)의 혁명이 있은 다음 지구는 더 이상 우주의 중심이 아니다. 인류가 중심이 되어 이루어 놓은 듯한 6천 년의 문명과 역사는 수십억 년에 걸쳐 일어난 자연사의 한 짧은 에피소드로 기억될 날이 올 것이다."(55쪽) "며칠을 살아있는 나비에게 그가 걸터앉은 백 년 된 나무는 죽어있는 거나 다름없다. 백 살을 사는 사람에게 불변의 거점인 45억 년의 지구는 살아있는 것이 아니다. 그럼에도 이 모든 것은 [영원] 위에 펼쳐져 있는 생명의 유한성을 공유하고 있다. 나비도 인간도 백 년의 나무도 45억 년의 지구도 각각 그 자신의 출현과 소멸의 시원을 찾아가면 모두 무한 [ ]의 구도(構圖) 가운데에서 배당받은 '시간'의 것들이다."(55쪽) "인류는 자신의 불확실한 운명을 좌우하는 자에 대하여 도전해 왔다. 옛날 희랍의 철학자와 법률가와 시인들이 각자의 선택을 정당화하고 실현하려는 도전의 역사를 대변한다. 옛날 殷周시대의 통치자와 복관(卜官)에게서도 그와 같이 극복하는 운명의 탐구가 이루어졌고 이어서 「易」과 『論語』와 『道德經』과 같은 해법이 나타난 것이다. 그럼에도 그들의 도전과 해법은 그들로 하여금 그들의 운명을 좌우하는 자와 같은 자리에 앉을 수 있도록 인도하지를 못하였다. 인류는 여전히 그의 출현과 소멸을 좌우하는 자의 주변을 방황하며 있다."(57-58쪽) 박동환, 『안티호모에렉투스』, 제1판, 2001; 제2판, 고양: 사월의책, 2017.

인으로서 움직이는 이른바 '부동의 원동자'이다.[(8)] 모방의 이상형 또

---

(6) "「[ ]에 대하여」 … … 도시의 삶에서 존재의 유(類)들이 지향하는 표 곧 관계의 틀 가운데 집체부쟁, 정체쟁의는 무한으로 열린 우주 생태계와의 관계를 끊고 수평적인 인문주의로 정착하여 거의 닫힌 체계 또는 무후(無厚)를 표로서 지향하는 것이다. 서로 다른 유들 사이에 수평적으로 얽히는 모순대립 국면을 어떤 쟁의의 논리로 또는 어떤 부쟁의 논리로 해결할 것인지를 모색한 수많은 대안들의 계열로서 선진(先秦) 및 희랍철학사가 이루어졌다."(165-166쪽) "동일보존, 모순배제, 대대(對待), 반구(反求), 무대(無待)로서 얽히는 유(類)들의 관계에 의해 실현되는 관통(貫通) 곧 상대적 환원에서 미지의 잉여 [ ]는 외면되거나 주변으로 밀려난다. 그 미지의 잉여 [ ]는 주변에 머물러 있는가?"(180쪽) 박동환, 『안티호모에렉투스』, 제1판, 2001; 제2판, 고양: 사월의책, 2017.

(7) "… 플라톤과 다르지 않게 아리스토텔레스도 영원과 시간을 구분[분리]하기를 원했으며 따라서 '영원'이라는 것을 그 자체가 시간[의 흐름] 안에 있지 않은 어떤 것으로 이해했다. … … 그러나 이렇게 말한다고 해서 플라톤과 아리스토텔레스 두 사람의 관점에서 볼 때 영원이라는 것이, 자연의 질서를 전체적으로 포괄하는 체계로서의 시간이 모델로 삼고 있는 궁극의 기준 또는 형상이라는 것을 부정하는 것은 아니다." W. von Leyden, "Time, number, and eternity in Plato and Aristotle," *The Philosophical Quarterly*, Vol. 14, no. 54(1964).

"… 두 철학자[플라톤과 아리스토텔레스]에게 시간은 운동과 함께 하는 것으로서 (영원에 대조적으로) 계승[하는 현상]이며 따라서 계량적인 [척도]이다." Helene Weiss, "Notes on Greek ideas reffered to in van Helmont: De Tempore," *Isis*, Vol. 33, no. 5(1942).

"과거와 미래는 시간[의 흐름] 가운데서 생성된 종류들이다. … … '있[이]었다'와 '있을[일] 것이다'는 운동들을 표시하는 것으로서 시간 안에서 변화하는 것에 대해서만 언급되는 것이다. … … 이것들은 시간의 형상들로서 영원을 모방하며 수[계열]의 법칙에 따라 [움직이는 것이]다."(37e-38a) Plato, *Timaeus*, trans. B. Jowett, *In The collected dialogues of Plato*, eds. E. Hamilton & H. Cairns, New York: Pantheon Books, 1961, 1966.

는 부동의 마지막 원인이라는 것은 지향하는 이상과 목표가 되면서도 그 자신은 물리적 현실적으로 관여하거나 지배하는 일은 하지 않는다.

그것은 세상에 존재하는 모든 것들의 최고의 이상형으로서 또는 마지막으로 실현해야 할 현실태(Actuality)로서 다만 관조 또는 명상의 정점(頂點)으로 있을 뿐이다. 그렇다면 이는 물리적 현실적인 세계에서 겪는 파란만장한 운명과 역사의 초월적 원인을 인간중심의 관념으로 정리하며 외면해 버림으로써, 고대 중국의 무후(無厚)와 인문도덕의 전통에서처럼, 유럽과 그 주변에서도 또 하나의 인문주의 전통을 세우는 원조의 구실을 하고 있는 것이다.

5. 시간의 흐름을 따라 변화하는 사물들의 모방과 지향의 목표로서 형상은 플라톤에 의해 시간을 초월해 있는 저편 어디에 있는 것으로 가설되었다. 초월해 있는 형상 자체는 기하학적 형태처럼 영원불멸의 것이다. 그것은 시간의 흐름 가운데로 들어와 움직일 수 있는 것이 아니다.(9)

이와 달리, 히브리 성서에서 영원의 존재는 변화하는 것들의 시간 가운데로 들어와서 관여하며 그것들의 운명을 좌우하는 것이다. 영원의

---

(8) "현실태로서 존재하는 원인이 없다면 어떻게 운동이 있겠는가? 나무는 분명 그 자체로 움직일 수 없으며, 목수의 기술이 그것에 가해져야만 한다. ⋯ 이것이 바로 몇몇 사람들―예를 들면 레우키포스와 플라톤―이 영원한 현실태를 가정하는 이유이다 ⋯."(1071b) "따라서 ⋯ 형상은 현실태임이 확실하다. 이 논증에 따르면 현실태는 ⋯ 가능태에 앞서는 것이 분명하다. 이미 말했듯이, 하나의 현실태에 대해 언제나 다른 하나의 현실태가 시간적으로 앞서 있으며, 이런 [순서에 따라] 영원한 원동자라는 현실태에까지 이르는 것이다."(1050b) Aristotle, *Metaphysics*, trans. W. D. Ross. In ***The basic works of Aristotle***, ed. Richard McKeon, New York: The Modern Library, 1941, 2001.

존재는 다만 초월해 있기만 하는 것이 아니고 변화하는 것들 가운데로 들어와 그것들의 내재성에 관여하며 절대의 결정권을 행사하는 것이다. 그렇게 영원의 존재는 변화하는 현실 존재들 가운데에 들어와 내재성으로서 움직일 뿐만 아니라 동시에 그 모든 것들을 절대로 초월하여 좌우하는 이중 관계를 연출한다. 히브리 전통에서 영원의 존재는 이렇게 현실의 존재들에 대하여 내재와 초월이라는 이중 관계를 이룸으로써 세상만사의 운명과 역사를 결정한다. 그래서 그들의 하느님은 '어디에'(공간에) 있는 것이 아니고 그를 받아들이는 현실의 존재에 '언제나'(시간 가운데로) 들어와 있다고 말한다.[10]

6. 하느님이 사람에게 역사[영원, 어둠]의 수수께끼를 풀고 싶은 마음을 주셨다고 하는 데에 관하여 풀이말 13 보기.

7. 『공동번역 성서』, 서울: 대한성서공회, 1977.

8. 『공동번역 성서』, 서울: 대한성서공회, 1977.

---

(9) "우리가 가진 영원(eternity)의 관념은 플라톤으로부터 유래한 것으로서 기본적으로 '저편에' 있는 신적인 것과 비슷한 것이며, 따라서 시간적이기보다는 공간적[기하학적]인 것에 가깝다 …. [이와는 달리] '영원'에 해당하는 뜻을 가진 히브리 관념들은 이승의 삶에 관계하는 것들 너머에 있는 저편의 것을 가리키지 않는다는 점에서 시간적이다."(p. 151) "예컨대 기하학의 명제처럼 영구적으로 존재하는 것은 시간에 속하지 않는다. 아리스토텔레스처럼 명료하고 건실한 정신의 소유자가 시간을 가볍게 본다는 것은, 시간에 대한 그리스적 이해와 히브리적 이해의 차이에 대해 많은 것을 말해준다 …. 마찬가지로 바로 이런 이유 때문에 기하학처럼 오로지 공간에만 관계하는 것들은 모두 높은 평가를 받았으며, 그리스 신들과 신적인 세계는 모든 시간, 무상함, 그리고 변화로부터 벗어나 있는 것으로 여겨졌다 …."(p. 128) Thorleif Boman, *Hebrew thought compared with Greek*, trans. Jules L. Moreau, New York: W. W. Norton & Co., 1960, 1970.

9. 알렉산더 왕의 동방원정의 결과로 전개된 헬레니즘 시대에 구약 전통의 지혜와 신앙에는 엄청난 혼란이 닥쳐왔는데, 「전도서」의 필자는 그 당대의 반응을 크게 두 방면으로 묘사하고 있다. 그 하나는 구약성서에서 전통적으로 설파하는 의로운 자에 대한 보상과 악인에 대한 징벌 규범이 더 이상 세상을 지배하지 않는다는 것이다. 착한 사람이 받아야 할 보상을 악인이 받으며 못되게 구는 자는 아무 징벌도 받지 않고 일생을 편안하게 사는 것을 도처에서 본다고 토로한다. 그는 새로운 시대를 움직이는 새로운 질서의 하느님을 찾고 있다고 볼 수 있다.[11]

다른 하나는 구약 성서에서 말하는 이스라엘의 고유한 신의 이름인 '야훼'(Yahweh) 곧 '주'(the Lord)라는 특칭이 「전도서」에는 등장하지 않는다는 것이다. 당대의 격변하는 시대 상황에서 구약 전통의 편협한 시야를 넘어 하나의 거대한 제국 체제 곧 헬레니즘 시대를 맞이하여 아직 이해할 수 없는 보편의 질서 가운데서 움직이는 심판자 하느님을 찾고 있는 것이다.[12] 그러나 이스라엘 사람들의 '야훼 엘로힘'(YHVH Elohim)이라는 특칭을 외면하고 그 밖의 사람들이 사용하는 'God' '신'

---

(10) "아테네와 예루살렘 사이에 놓인 간극을 설명할 명제를 공식화할 수 있을까? 나는 시간과 역사를 대하는 그들의 태도에서 나타나는 차이를 지적함으로써 그럴 수 있다고 믿는다. … … 시간과 관련하여 유대인과 그리스인의 태도가 보이는 중요한 차이점은 [그들이 말하는] 신의 본성에서 드러난다. 유대인에게 신은 역사 속에서 움직인다. 신은 세계를 창조했다. 그리고 그는 변화하는 역사적 시점마다 아담, 노아, 아브라함, 이삭 등과 계약을 맺었다…. … 신은 시간 속에서 자신을 드러낸다. 특히 그는 역사적 사건들과 동일시된다: '나는 너희들의 하느님 야훼, 너희들을 애굽 땅에서 구출해낸 하느님이다.'(민수기 15:41)" "한 아이가 코츠크의 랍비 메나헴 멘델에게 물었다. '하느님은 어디에 있나요?' 랍비는 대답했다. '그분은 네가 네 안으로 받아들일 때마다 계시지. 어디(where)가 아니라 언제든지(whenever) 말이야.'" Louis H. Feldman, "Hebraism and Hellenism reconsidered," *Judaism* vol. 43, no. 2 (1994), pp. 115-126.

또는 '하느님'은 인도유럽어 계통 또는 그 밖의 오래된 계통에 뿌리를 둔 잡신들을 가리킬 위험이 있다는 다음과 같은 주장도 있다. "모든 영어권 신자들이 참 유일신을 부를 때 'God'이라는 낱말을 사용하는데 이 낱말은 의심스러운 신원의 것일 수 있다. 'God'은 실제로는 산스크리트어 같은 원시 인도유럽어 또는 원시 게르만족의 신적인 것에 대한 관념에 뿌리를 둔 것일 수 있다."(2016. 8. 22) An e-mail message from *Messianic Bible* ⟨news@biblesforisrael.com⟩

10. 변화무상한 사태들이 벌어지는 시간 가운데에 어떻게 영원의 존재 또는 영원의 흐름이 관여하는지를 설명하는 신학적[13] 생물학적[14] 사

---

(11) "히브리 성서 전체를 특징짓는 「신명기」 신학이 의로운 사람은 보상을 받고 악인은 처벌을 받는다고 단언적으로 약속하고 있다고 하더라도, 이러한 전부 아니면 전무의 입장은 「전도서」의 필자와 같은 사려 깊은 사람들에게는 현실 인식의 차질을 일으켰다. … … 「전도서」는 전체적으로 볼 때 낙천적인 신앙과 삶의 고달픈 현실 사이의 불일치를 외면하고 있는 순진한 신앙인에 대해 신학적 비평을 하는 목소리로 여겨질 수 있다. 신앙이 이런 어려운 질문들을 묻지 않고 회피한다면, 그것은 신앙이 아니라 경솔한 믿음이다." Robert Asa, "The faith of a skeptic: the enigma of Ecclesiastes," *Journal for the Liberal Arts and Sciences*, Vol. 13, no. 3(2009). *http://www.oak.edu/assets/ck/files/Asa+(SU+09).pdf*

(12) "「전도서」의 더 주목할 만한 특징은 뜻밖의 침묵이다. 「전도서」는 이스라엘 사람들이 믿음을 서약한 하느님의 이름인 야훼 곧 '주'에 대해 아무런 언급도 하지 않는다. … … 이런 침묵은 무엇 때문일까? 전도자의 논지는 독립적인 것으로서 이스라엘이 서약한 믿음의 타당성에 의존해 있지 않다는 것이 그 답일 것 같다. 그는 보편적으로 관찰할 수 있는 사실들에 호소하고 있는 것이지 구약성서에 있는 계시에 제한받는 것이 아니다. '나는 깨달았다. … … 나는 보았다'는 전도자가 사용하는 특징적인 표현들이다. … … 그는 이스라엘의 역사와 신앙이 가진 차별성에 호소하지 않고, 공통의 근거가 적용되는 [일상의] 범위 안에서 말하고 있다.(pp. 54-55) Michael A. Eaton, *Ecclesiastes*, Nottingham, England: Inter-Varsity Press, 1983, 2009.

례들로는 다음과 같은 것들이 있다. 어느 경우에나 현재의 사건 또는 사태 가운데서 그 끝을 확인할 수 없는 영원의 역사(役事)가 쉼 없이 이루어지고 있다고 설명한다.

11. 그러나 「전도서」의 필자는 거대한 제국 체제 아래에서 지배력을 발휘하던 헬레니즘의 영향을 단지 반영하기만 하는 것은 아니다. 전도자 코헬레트는 선행선과(善行善果) 또는 악행악과(惡行惡果)라는 구약 전통의 인과응보 같은 규범 또는 일상의 인과관계 같은 범주체계를 수정하고 있는 것이다. 헬레니즘 지배 아래에서 격변하는 히브리 전통을 평생 연구한 마르틴 헹엘은, 코헬레트가 행위와 그 결과 사이의 확고

---

(13) "쉼 없이 이어지는 현재의 시점에 대한 히브리인들의 관념은 신이 서약한 이름에서 볼 수 있다. 시나이 산의 불타는 떨기나무에서 모세 앞에 자신을 드러낸 신은 이렇게 말한다. "나는 스스로 있는 자다. 스스로 있는 자가 너를 보냈다고 파라오에게 말하여라." …… 예수는 몇 번이나 거듭해서 '스스로 있는 자'를 야훼를 가리키는 뜻으로 쓴 바 있다. 예수는 영원의 차원에 대해 확실히 인식하고 있었다 …. 그는 인간 예수 그리스도로서 지상에 현재했던 전 기간 동안에도 어떤 의미에서는 영원 안에 살고 있었던 것이다." Steve Edwards, "The complexities of time," Last updated, April 10, 2009. *http://www.ldolphin.org/time.html*

(14) "우리들이 통과해온 과거의 신비로움은 그 과거가 우리들 삶의 매 순간마다 존재하면서도 존재하지 않는다는 것입니다. 과거가 만들어낸 것이 우리들인 만큼 과거는 [지금] 존재합니다. 우리들 몸의 세포 하나하나에서, 우리들 얼굴 각각의 생김새에서, 우리들 영혼의 하나하나 움직임에서 과거는 현재하는 것입니다. 과거가 현재 안에서 쉼 없이 일하고 있다는 사실에 대해서 우리보다 더 잘 알았던 시대는 없었습니다."(p. 127) "현재의 시간이 영원의 현재라는 것을 모든 사람들이 그리고 누구도 언제나 의식하는 것은 아닙니다. 그러나 때때로 영원의 현재성이 우리들의 의식 안에 강력하게 파고들어 영원의 실재를 확인시켜 주고 있습니다 …."(p. 131) Paul Tillich, ***The eternal now***, New York: Charles Scribner's, 1963.

한 연결이 해체되고 자연과 역사에 대한 신의 지배 원칙도 이해할 수 없게 되었음을 선언하고 있다고 말한다.[15] 구약성서 연구가 스테판 데 용 역시 행위와 결과 사이의 확고한 인과관계가 무너진 당대의 부조리한 현실에서 인간 운명의 지배자는 오직 그 원칙을 알 수 없는 무한의 지배자 하느님일 뿐이라는 결론을 코헬레트가 제시하고 있다고 풀이하고 있다.[16]

12. 인과응보 또는 인과관계를 비롯한 일상의 규범 또는 범주체계가 효력을 발휘할 수 없는 세상을 초월자인 하느님은 어떤 원칙으로 다스리는 것일까? 시간 가운데서 일어나는 모든 사건들에 관여하고 있는 영원의 존재는 더 이상 인간이 접근할 수도 알 수도 없는 절대의 주체가되어 버렸다. 그렇게 알 수 없는 하느님의 섭리 곧 그 초월자의 동태가그럼에도 유한자인 현존재가 안고 있는 운명의 조건이라는 것을 코헬

---

(15) "코헬레트와 유대 종교의 위기의 시작: …… 그[코헬레트]의 글의 전체를 차지하고 있는 것은 다면적인 전통의 주제들이 아니다. 오히려 그는 이전의 지혜가 포함하고 있던 전통의 세계관을 흔들어서 행위와 결과 사이의 고정된 연결을 부정하고 자연과 역사 속에서 펼쳐지는 신의 행위가 전적으로 설명할 수 없는 것임을 선포함으로써, 그런 전통의 주제들을 그의 지극히 개인적인 비판에 의해 변형시키고 있다."(Vol. I, pp. 115-116) Martin Hengel, *Judaism and Hellenism: studies in their encounter in Palestine during Early Hellenistic Period*, trans. John Bowden, n.p. 1974, 1991.

(16) "행위와 결과 사이의 인과관계가 없어진다면 인간은 그 자신의 운명을 결정할 수 있는 가능성을 박탈당하게 된다.(「전도서」 9:1-3) …… 이와 같은 코헬레트의 저술은 헬레니즘 시대의 야심만만한 정신에 반기를 들고 있는 것이다. 신의 무한성에 대비하여 인간의 한계를 강조하는 것은 프톨레마이오스 왕조의 오만(hybris)에 저항하고 있는 것이었다." Stephan de Jong, "God in the book of Qohelet: a reappraisal of Qohelet's place in Old Testament theology," *Vetus Testamentum* Vol. 47, no. 2 (1997), 154-167.

레트는 「전도서」에서 확실히 인정하고 있다. 이렇게 코헬레트는 전통의 지혜와 독단의 신앙으로부터 보다 [당대의] 현실에 가까운 세계 인식을 갖게 되었다고 게르하르트 폰 라드는 설명하고 있다.[17]

13. 하느님이 인간의 마음 가운데에 심어주셨다는 영원은 인간으로 하여금 그 자신이 행사하는 일의 시작과 끝을 어둠 속에 두어서 알 수 없게 하는 것이다. 인간은 제한된 시간 가운데 놓여 있고 모든 시간들은 영원 가운데로 빠져 들어가게 만들어져 있다.[18] 따라서 유한의 시간들 안에 갇혀 있는 인간들은 어둠으로 빠져 들어가는 영원에 대하여 경외와 공포를 느낀다.[19]

그렇다면 하느님이 인간의 마음 가운데에 심어 놓으셨다고 하는 영원, 어둠, 무지, 미지의 생물학적 실상은 무엇일까? 그것은 모든 생명에게 보편적으로 주어지는 영원의 기억과 상상 곧 내재성에 다름 아닌 것으로 볼 수 있다. 보편적으로 주어지는 내재성은 고등한 생명에게서는 그 처음과 끝이 확인할 수 없게 어둠, 무지, 미지 가운데로 빠져 있어서 무궁한 상상과 불확실한 예감에 잡혀 살게 하는 것이다. 분자생물학자 프랑수아 자코브는 그렇게 생명에 주어진 내재성 곧 유전 프로그램은

---

(17) "[코헬레트는] 강요되고 '독단화된' 지혜로부터 보다 현실적이고 진실에 가까운 세계관으로 나아가는 어떤 돌파구를 찾으려 한다. …… 그의 견해에서 새롭고 놀라운 점은 우리가 쉼 없는 하느님의 '행위'라고 일컬었던 것, … 곧 인간의 지각과 이해를 완전히 초월해 있으며, 따라서 인간으로서는 그것에 자신을 접근시키기가 불가능한 그런 관계에 대한 그의 견해이다. …… 인간은 외부 세계에서 일어나는 사건들에 대한 접촉을 잃어버린 것이다. 하느님이 끊임없이 [세계에] 개입하고 있음에도 세계는 인간에 대해 침묵하고 있다. …… 그 어떤 현자도 코헬레트가 그러하듯이 '신이 행하는 전체의 역사(役事)'를 이해할 수 있다고 주장하지 않았다.(pp. 232-233) Gerhard von Rad, ***Wisdom in Israel***, trans. James Martin, London: SCM Press, 1972.

그로 하여금 무한한 불확실성으로 다가오는 미래에 대응하는 데에 필수인 유연한 적응가능성으로서 자유를 갖게 한다고 말한다.[20] 그렇게 주어진 자유는 무궁한 상상과 불확실한 예감을 불러일으키는데, 그러한 감정 상태는 1956년에 알프레드 히치콕이 감독한 영화 〈The Man Who Knew Too Much〉(한국 제목: 나는 비밀을 알고 있다)에서 주연 배우

---

(18) "이 접근법에서 최선의 설명은 [고대 히브리 성서를 개역(re-vocalization)하는 과정에서] '영원'이라는 뜻의 םלוע을 '어둠'이라는 대안의 뜻의 םלוע으로 고쳐서 표현하고 있다는 것이다. …… 이 대안은 하느님이 인간의 마음에 불어넣은 것과 하느님이 하는 일을 깨닫지 못하는 인간의 무능력 사이의 관계에 대하여 더 나은 설명을 제공한다. 이렇게 이해하면 하느님은 사람들이 하느님의 계획의 어떤 측면을 알 수 없도록 하기 위해 의도적으로 사람들의 지식을 희미하게 가려놓았다는 것이다. …… 따라서 이 수수께끼 같은 구절은 "하느님은 사람들의 마음 속에 어둠(darkness)/무지(ignorance)를 심어주셨다"로 읽는 것이 가장 좋을 것이다. 하느님은 사람들이 그의 성스러운 계획을 알지 못하도록 그들의 마음속에 어둠을 심어서 그들의 지식을 희미하게 가려놓았다는 것이다." Brian P. Gault, "A reexamination of 'Eternity' in Ecclesiastes 3:11," *Bibliotheca Sacra* 165 (January-March 2008), 39-57.

(19) "… 공포는 천국을 대하는 인간의 합당한 태도이다. 그리고 공포의 한 성분은 경외이다. 그것은 알려져 있지 않고 알 수도 없는 것 앞에서 두려움으로 압도되는 역량이다."(p. 115) James Crenshaw, *Qoheleth: the ironic wink*, Columbia, South Carolina: The University of South Carolina Press, 2013.

(20) "[유전] 프로그램 가운데서 '열려 있는 부분'이 맡은 점점 중요해지고 있는 역할은 그것이 진화의 방향을 가리키는 것이다. 자극에 대한 반응의 역량이 커질수록, 반응의 선택에서 유기체가 갖는 자유의 정도도 증가한다. 인간의 경우 가능한 반응의 수는 매우 커져서, 철학자들에게 귀중한 '자유 의지'에 관하여 말할 수 있을 정도가 된다. 하지만 그 유연성에는 한계가 있다."(p. 317) *The logic of life: a history of heredity*, trans. Betty E. Spillmann, Princeton: Princeton University Press, 1973.

도리스 데이가 불러서 유명해진 노래가사에도 잘 표현되어 있다.[(21)]

14. 세상에서 일어나는 모든 사건들 그리고 사람들의 생각과 행위를 일
으키며 통제하는 미지의 '그것'을 말하고 있는 정신분석가 그로데크
는 그런 접근 방법에서 또 한 사람의 정신분석가인 프로이드에 앞서가
고 있다.[(22)] 그로데크가 니체를 따라 말한다고 하는 미지의 '그것'은 실

----

(21)

When I was just a little girl,	내가 아직 작은 소녀였을 때
I asked my mother, "What will I be?	어머니에게 물었죠. 난 커서 뭐가 될까요?
Will I be pretty? Will I be rich?"	내가 예뻐질까요? 부자가 될까요?
Here's what she said to me.	어머니는 내게 이렇게 말했어요.
"Que sera, sera,	"케 세라 세라
Whatever will be, will be	무엇이 되든지 간에 그렇게 될 거야
The furture's not ours to see.	미래는 우리가 볼 수 있는 것이 아니란다
Que sera, sera,	케 세라 세라
Whatever will be, will be"	무엇이 되든지 간에 그렇게 될 거야"
……	……

(Song writers: Jay Livingstone & Ray Evans)

http://en.wikipedia.org/wiki/Que_Sera,_Sera_(Whatever_Will_Be,_Will_Be)

(22) "… 니체로부터 용어를 빌려와서 나는 '그것'(das Es)의 이론이라 부른다. …
… 수태의 순간에서 죽음의 순간에 이르기까지 인간에게 일어나거나 인간을 통
해서 일어나는 일들이 무엇이든, 심지어 인간 그 자신이 추론해서 그 자신의 자
유의지로써 행한 것일지라도, 이 모든 일은 미지의 '그것'에 의해 실행된다고 나
는 믿는다."(p. 210) "… 프로이드의 '무의식'은 내가 '그것'으로써 뜻하고자 하
는 바와는 다른 것이다. 무의식은 의식의 어떤 발전 단계에서 의식에 나타났다
가 그 후에 사라진 것만을 포함한다. 그것은 의식과 함께 정신을 구성한다. 무의
식은 두뇌의 존재를 전제한다. 그와 달리 '그것'은 두뇌를 만들어내며 생명에 속
하는 그 밖의 모든 것들을 만든다. 무의식은 정신의 한 부분이고, 정신은 '그것'의
한 부분이다."(p. 213) Georg Groddeck, ***Exploring the unconscious***, trans. V. M. E.
Collins, New York: Funk & Wagnalls Co., n.d.

은 니체 자신의 분석에 따르면 여전히 허구를 가리키는 것일 뿐 세계를 움직이는 힘은 아마도 '권력 의지'라고 해야 할 것이다. 그로데크나 프로이드가 미지의 영토로서 '무의식'을 제시하기에 앞서 이미 쇼펜하우어는 세계의 본질로서 생명의 '의지'[23]를 말했고, 고대 그리스 철학자 아낙시만드로스는 이른바 '무한정자'[24]를, 고대 중국철학자 노자는 이름을 붙일 수 없는 무명(無名)의 '도'[25]를 제시한 바 있다.

그러나 미지의 '그것'을 말하는 그로데크에 따르면, 프로이드의 '무의식'이란 이미 어느 때에 의식 가운데에 있다가 잠적해버린 것이니까 정신세계에 국한된 이론일 뿐이다. 따라서 프로이드의 무의식은 '현재'하는 모든 것들을 움직이며 결정하는 힘을 가리킬 수 있는 것이 아

---

(23) "우리들은 시간과 공간을 '개체화의 원리'(*principium individuationis*)라고 부른 바 있다. … 그러므로 의지는 다수의 개체들을 통해서 도처에 모습을 드러낼 것이다. 그러나 이러한 다수성은 물자체로서의 의지에 관계하는 바가 없고, 다만 의지의 현상일 뿐이다. 의지는 전체이자 나뉘지 않는 것으로서 이 다수의 현상들 각각의 속에 존재하며, [그렇게] 자신의 내적 존재가 무수히 되풀이되고 있는 현상을 지각한다."(Vol. I, §61; pp. 331-332) "따라서 질료는 '의지' 자체이지 더 이상 물자체가 아니다. … 그러므로 객관적으로 질료인 것이 주관적으로는 의지이다." (Vol. II, p. 308) Arthur Schopenhauer, *The world as will and representation*, trans. E. F. J. Payne, Indian Hills, Colorado: The Falcon's Wing Press, 1958.

(24) "탈레스의 후계자요 제자인 아낙시만드로스는 무한정한 것(apeiron)을 있는 것들의 근원이자 원소라고 말하면서 이것[무한정한 것]을 근원에 대한 이름으로 처음 도입했다. 그는 이렇게 말한다. '… 그것에서 모든 하늘과 그것들 속의 세계들이 생겨난다. 그리고 그것들로부터 있는 것들의 생성이 있게 되고 [다시] 이것들에로 [있는 것들의] 소멸도 필연에 따라 있게 된다. 왜냐하면 그것들은 [자신들의] 불의에 대한 벌과 배상을 시간의 질서에 따라 서로에게 지불하기 때문이다'라고." ("아낙시만드로스", §6) 『소크라테스 이전 철학자들의 단편 선집』, 김인곤 외 8인 옮김, 서울: 아카넷, 2005.

니다. 그럼에도 그로데크가 니체에게서 본받았다고 말하는 미지의 '그것'은 '현재'의 모든 것들을 움직이며 결정하는 뿌리의 힘인가? 니체는 '그것'이라고 하는 지시대명사조차 인도유럽계 문법 구조에서 비롯하는 허구의 상정이라고 비판했다. 니체에 앞서 쇼펜하우어는 세계를 움직이는 힘의 뿌리는 결코 그 자체를 드러내지 않는, 그러니까 다만 시간과 공간 또는 인과관계 같은 겉모양의 형식들을 통과함으로써만 현실화하는 생명의 '의지'라고 말하였다.

세계를 움직이는 힘의 뿌리에 대하여 미지의 '그것', '무의식', '권력의지', 또는 생명의 '의지' 같은 이름들과 그에 따르는 특성들을 매길 수 있는 것인가? 그러한 힘의 뿌리에 대하여 문명의 역사가 시작할 무렵에 이미 아낙시만드로스는 '무한정자'라고 말한 바 있고, 노자는 이름을 억지로 붙이자면 그것은 '도'라고 가리켜 말할 수 있다고 했다. 그들은 어떤 특정한 이름을 붙이기를 망설이면서도 여전히 거기에다 이런저런 특성들 또는 범주들을 매김으로써 그들이 관찰하고 상상하는 세계 질서의 모양을 만들어내고 있는 것이다. 그렇다면 미지의 '그것'조차도 특정한 문법으로 말미암은 상상의 허구라고 반성했던 니체와 러셀을 거쳐 온 이 시대에서 볼 때, 세계를 움직이는 힘의 뿌리에 대하여 사람들의 일상언어를 빌려 제멋대로 이런저런 특성들과 범주들을 매길 만한 타당성이 남아있는 것일까? 그러니까 세계를 움직이는 힘의

---

(25) "말로 표현할 수 있는 도는 영원한 도가 아니고, 부를 수 있는 이름은 영원한 이름이 아니다. 무명은 천지의 시초요, 유명은 만물의 어머니이다."(제1장) "서로 반대되는 방향으로 변화하는 것이 도의 운동이요 … 천하의 온갖 사물과 사건은 유(有)에서 생겨나고, 유는 무(無)에서 생겨난다."(제40장) "도는 하나를 낳고 하나는 둘을 낳고 둘은 셋을 낳고 셋은 만물을 낳나니, 만물이 음으로 등에 짊어지고 양을 안고서 충기로써 조화하나니…"(제42장) 노자, 『老子』, 이강수 옮김, 서울: 길, 2007.

뿌리에 대하여 매길 수 있을 만한 남은 대안으로는 x 아니면 X 뿐이라고 말할 수밖에 없다는 것이다. 그것은 영원히 결코 풀어헤쳐 들여다볼 수 없는 블랙박스 [ ]와 같은 것이다.

15. 프리드리히 니체, 『선악의 저편』, 김정현 옮김, 서울: 책세상, 2002.

16. Bertrand Russell, "Logical atomism (1924)," ***Logic and knowledge: essays 1901~1950***, ed. Robert C. Marsh, London: George Allen & Unwin, 1956, 1977.

17. 아리스토텔레스가 『범주론』에서 열거한 10개의 범주와 칸트가 『순수이성비판』에서 설정한 12개의 범주는 모두 그들이 일상에서 판단하는 문장에서 주어와 주어에 매겨지는 술어들을 임의의 기준에 따라 분류한 일람표와 같은 것이다. 아리스토텔레스는 이미 플라톤에게서 체계화되기 시작한 유(類)와 종(種)들의 상하 관계(26)를 더 발전시켜서 주어에 대한 술어의 포함관계들을 분석하여 논리적 추론에 참여할 수 있는 범주체계(27)를 만들어내고 있다.

범주(範疇)라는 개념 자체가 고대 중국에서 주(周)나라가 등장하면서

---

(26) "아리스토텔레스가 겨냥한 것은 보편성의 단계를 오를수록 더 실재적인 것에 가까워진다고 믿는 플라톤주의의 한 유형이었다. [그런 플라톤주의자에게] 유(類)는 종(種)보다 더 실재적이며, '인간'이라는 형상은 '동물'이라는 유와 '두 발로 걸음'이라는 종차로 구성된 것이라고 생각할 수밖에 없었다. [그런데] 『형이상학』 vii. 13은 그것과는 반대되는 방향을 모색하고 있다 …. 거기에서 아리스토텔레스는, 유에서 시작하여 종차로 내려가는 식으로 적절한 분류를 수행하다 보면, 분류의 가장 아래 단계에 이르러 실체(substance)를 만나게 된다고 논증하고 있다."(p. 290) Jonathan Lear, ***Aristotle: the desire to understand***, Cambridge: Cambridge University Press, 1988.

그 통치체제의 원칙 또는 규범을 크게 9가지로 분류하는 데서 이루어졌던 것이다.(28) 따라서 범주라는 것은 세상에서 벌어지는 사태 또는 사건들에 매겨지는 술어들의 큰 분류에 다름 아닌 것이다. 고대 중국 철학의 범주체계들 또한 모두 당대 한어(漢語)에서 문장을 구성할 때 성분들 사이에 이루어지는 대대(對待) 또는 상반상성(相反相成) 같은 정합성의 규칙들과 함께 나타난 것이라고 볼 수 있다. 이 세상의 사태와 사건들에 대한 큰 분류들을 추상화해서 그것들 사이의 일관성, 모순배제, 대대, 상반상성 같은 논리적 관계를 가지고 현실의 판단과 처세의 기준으로 삼았다고 볼 수 있다. 한 문장에서 판단의 대상 또는 주어에 대해 매기는 술어들을 임의의 분류표에 따라 묶어내는 방법에 따라 고대 중국에서도 고대 그리스 철학에서도 이른바 범주체계가 성립되었던 것이다.(29)

---

(27) "나아가 제1실체는 다른 모든 것들의 바탕에 놓여있는 까닭에 무엇보다 그런 이름으로 불릴 만하다. 다른 모든 것들은 제1실체의 술어이거나 아니면 그[제1실체]와 같은 주어 안에서만 존재하기 때문이다. 이렇게 제1실체가 다른 모든 것들에 대하여 서 있는 위치와 마찬가지로 종도 유에 대해 같은 위치에 서 있다. 종이 유에 대하여 맺고 있는 관계는 주어가 술어에 대하여 맺고 있는 관계와 같다. 우리들은 유[술어]를 가지고 종[주어]을 서술하지만, 정반대로 종을 가지고 유를 서술할 수는 없다. 이러한 근거에서 더 나아가 우리들은 제2실체에 대해서도 종은 유보다 더 참된 실체라는 주장을 할 수 있을 것이다."(2b) Aristotle, *The Categories, On Interpretation, Prior Analytics*, Loeb Classical Library, Cambridge, MA: Harvard University Press, 1938.

(28) "譯文: 周文王十三年, 武王向箕子諮詢治國常理 … 箕子回答說 '… 天帝就把九種大法賜給了他[禹] ….' 第一是五行. 第二是認眞做好五件事. 第三是努力施行八種政務. 第四是合用五種記時方法. 第五是建立君主的法則. 第六是治民用三種德行. 第七是明用稽考疑難的方法. 第八是經常思慮用各種徵兆. 第九是用五福和六極勸誡臣民. (以上是第一段, 概述 '洪範九疇'的産生, 傳授及其綱目.)"(「洪範」, 281-298頁) 『尙書』, 錢宗武, 江灝 譯注, 周秉鈞 審校, 臺北: 地球出版社, 1994.

18: 문장 구조가 압축해 가지고 있다는 것은 무엇인가? 그것은 현실 세계에 대한 접근 태도와 일상의 행위 패턴을 문장 구조가 압축해 가지고 있다는 뜻이다. 물론 현실 세계가 요구하는 행위와 인식의 패턴은 그것을 압축 표현하는 언어의 통제 밖으로 펼쳐져 있는 무한히 넓은 영토이며, 따라서 언어의 통제 밖에서 언어의 지시와 관계없이 움직이는 독립된 공간에 속하는 것이다. 그러니까 니체와 러셀의 주장에서 인도유럽어 계통의 문장 구조가 인도유럽 전통의 형이상학적 범주체계를 압축해 가지고 있다고 말할 때, 그 말은 한 언어 습관에 의해 또 하나의 언어체계 곧 그의 범주체계가 결정되는 것으로 보는 것일 뿐, 언어가 일반적으로 현실 인식과 행위 패턴을 결정한다는 주장을 하는

---

(29) "고대 한어 또는 갑골문의 시대로부터 현대 한어에 이르기까지 하나의 문장이 갖추어야 할 최소한의 '주어와 술어'라는 조건은 없다. 한어의 문장은 서구의 문법 체계에서처럼 주어와 술어를 필수의 성분으로 여기지 않을 뿐만 아니라 문장 성분들 사이의 수, 성, 격, 인칭 또는 시제의 [형태변화에 의한] 일치관계라는 조건도 없다. 그 이유는 어디에 있는가? 한어에서 하나의 온전한 뜻을 갖춘 문장이란 문장 내적인 형식 조건에 의해서가 아니라 실은 언표된 것이 지시하려는 사건 또는 상황에 대해 반구 정합관계에 놓일 때 비로소 받아들여지기 때문이다." (79-80쪽)

"노자와 공자와 묵자는 그들 사이의 가까이 할 수 없는 이념적 차이에도 불구하고 부쟁(不爭)의 집체(集體) 실현을 목표로서 지향하는, 같은 시대의 문제와 이념을 공유한다. 그들은 은주시대로부터 내려오는 정치와 도덕의 전통이념 그리고 부동(不同)한 유(類) 곧 상반대립자들 사이의 소통과 화의의 매체로서 한어라는 천년의 유산을 공유하면서 부쟁의 정합적 집체로 이끌어 나아갈 수 있는 새 시대의 준거표를 다투어 모색하는 것이다."(122쪽) "서로 다른 유들 사이에 [서로 다른 범주들 사이에서] 수평적으로 얽히는 모순대립의 국면을 어떤 쟁의(爭議)의 논리로 또는 어떤 부쟁의 논리로 [곧 어떤 범주체계로] 해결할 것인지를 모색한 수많은 대안들의 계열로서 선진(先秦) 및 희랍 철학사가 이루어졌던 것이다." (166쪽) 박동환, 『안티호모에렉투스』, 제1판, 2001; 제2판, 고양: 사월의책, 2017.

것은 아니다. 따라서 니체와 러셀은 그들이 소속하는 계통의 언어가 압축해 가지고 있는 철학적 범주체계 밖에서 독립적으로 현실 세계 또는 실재를 경험하며 인식할 수 있고 따라서 그들이 소속하는 전통의 철학과 그 범주들의 한계를 비판할 수 있는 여지가 자유롭게 열려있는 것이다.

따라서 철학자들의 범주체계가 각각 그들이 소속하는 언어 계통에서 지시하는 문장 구조가 '압축해 가지고 있는' 관점을 반영하는 것으로 본다고 해서 그것이 곧 이른바 '언어에 의한 결정론'(linguistic determinism)을 지지하는 것은 전혀 아니다. 문장 구조가 '압축해 가지고 있는' 관점은 다만 이미 그 이전에 수행해 온 과거의 현실 인식과 행위의 패턴을 축약해서 대표하는 것으로 볼 수 있다. 이는 언어결정론이 주장하는 바와는 거리가 먼 것이다. 현실 세계와 그것이 요구하는 행위와 인식은 언어 패턴에 의해 포섭하거나 정리하기에 너무 벅찬 것일 뿐만 아니라 어떤 문법적 정합 체계에도 수용될 수 있는 것이 아니다.[30] 언어는 언제나 현실 또는 실재의 부분을 어떤 편향된 의도를 가지고 채취하고 압축해서 형태화하고 있기 때문이다.

그러니까 언어의 형태 또는 문장의 구조로부터 독립하여 세계의 현실 또는 자연의 현상이 그 자체의 법칙과 궤도에 따라 움직이고 있는 것으로 이해해야 하는 것이다.

---

(30) "'… 파푸아뉴기니에 사는 … 스트나폰 부족은 옷을 안 입는 풍습이 있는데, 그들의 언어에 옷 입는다는 말이 없기 때문에 이런 특징을 갖게 되었다고 밝혀졌다'는 주장[linguistic determinism]도 그러하다. 설마 그럴까—옷을 입지 않는 풍습이 먼저 있었고, 그래서 당연히 언어에도 옷 입는다는 말이 출현하지 않았을 거라고 우리들은 생각한다."(p. 18) John H. McWhorter, *The language hoax: why the world looks the same in any language*, Oxford: Oxford University Press, 2014.

19. 「전도서」의 필자는 어떻게 그 자신이 소속해 있는 전통으로부터 벗어나서 초월자의 정체성(3:11) 그리고 나아가 현실 존재의 정체성 또는 그 실체성(3:19-22)에 대해 의문을 던질 수 있었는가? 그가 처해 있던 시대의 상황이, 자신이 소속해 있는 전통과 그 전통 가운데로 쳐들어온 헬레니즘이 충돌하는 혼돈 속에 놓여 있었기 때문인 것으로 볼 수 있다. 전도자 코헬레트는 이렇게 두 개의 전통이 충돌하는 가운데서 빚어진 무중력 상태에 놓임으로써 초월의 존재 그리고 현실의 인간 존재에 대해 어떤 기존의 정체성이나 실체성의 관점을 떠나서 자유롭게 생각할 수 있었던 것이다. 말하자면, 현실의 개체존재들은 그들을 초월하여 움직이는 시간의 지배자가 그 시대에 펼쳐 놓은 통제할 수 없는 혼돈으로 인해 그들의 정체성 나아가 그들 각각의 실체성까지도 상실해 버리는 상황에 이른 것이다.

이러한 상황에서 초월자도 현실에 존재하는 어떤 것들도 다 어둠 가운데에 가려져 있는 미지의 X이며 x일 수밖에 없다. 그래서 전도자는 이렇게 토로할 수밖에 없었던 것이다. "그러나 하느님께서 사람에게 역사[영원 또는 어둠]의 수수께끼를 풀고 싶은 마음을 주셨지만, 하나님께서 어떻게 일을 시작하여 어떻게 일을 끝내실지 아는 사람은 하나도 없다는 것을 나는 알았다."(3:11) 나아가 전도자는 이렇게까지 실추된 인간 자신의 위상을 실토한다. "사람이 짐승보다 나을 것이 무엇인가! 다 같은 데로 가는 것을! 다 티끌에서 왔다가 티끌로 돌아가는 것을! 사람의 숨은 위로 올라가고 짐승의 숨은 땅 속으로 내려간다고 누가 장담하랴! … 죽은 다음에 어찌 될지를 알려줄 자 어디 있는가!"(3:19-22)

20. 만약 이렇게 한국말의 문장관을 정리할 수 있다면 이러한 문장관 역시 사람들의 세계 인식을 어떤 맹점 또는 착각으로 빠지게 하는 것은 아닐까? 그러나 이러한 한국말의 문장관을 따라가면 아마도 다른 언

어 계통에서 일어나는 일상언어의 자의적인 이름 매기기(전통 철학자들의 이른바 범주체계들) 또는 정체성 매기기에 빠지지 않고 x 또는 X라는 영원의 매체를 가지고 변화무상한 세계 현실을 그 실재성 정도에 맞게 이해하며 파악하는 데 기여할 수 있지 않을까?[31]

---

(31) "세상에 몸을 드러내 있는 그것들은 시작을 알 수 없는 영원의 흐름에서 비롯하는 분신 곧 영원의 현재들이다. …… 나무, 바람, 이데아, 권력의지, 도, 이, 기라는 것들은 그러니까 영원의 분신, 영원의 현재들을 간직한 변수 x가 한 임의의 순간에 우연으로 얻는 이름들이며 개성들이며 특성들이며 관계들이다. 그런 이름들을 가진 개성과 관계들이 존재한다는 것은 애초에 그런 것들이 없던 세상에서 부딪치는 절대의 우연일 뿐이다. 그렇게 사르트르는 의식 안에서 이런저런 이름과 특성과 관계를 지니며 기거하고 있던 자아를 비롯한 모든 존재, 모든 사물을 밖으로 축출해 버렸다. 밖으로 쫓겨난 세상의 모든 존재, 모든 사물은 어떤 특성, 어떤 관계를 가질 수 있을까? 의식이 그 습관의 틀을 벗어나 상상의 자유를 가지고 방황할 때 모든 사물, 모든 존재는 무엇일까? 칸트는 그것을 알 수 없는 '물자체' 또는 x라고 하였다.(A109. Immanuel Kant, *Critique of pure reason*, trans. Norman K. Smith, New York: St. Martin's Press, 1965) 사르트르는 그것을 어떤 이름도 없는 것, 그것의 개성이나 존재의 이유 또는 필연성을 갖고 있지 않은 것이라고 했다. 그에 따르면 그것은 다만 '거기에 있을 뿐인 것'이다. 그것은 모든 가능한 이름이나 개성이나 존재의 필연성을 잃어버린 x일 뿐이다."(429~430쪽)

"다만 x일 뿐인가? 영원으로부터 시작하여 끝없이 흐르는 변수 x들로 가득한 세계에다 다양한 개성과 이름들을 지닌 모든 것들을 누가 아니면 무엇이 만들어내는가? 사르트르가 말하는 절대의 자유, 상상의 자유를 가진 의식이 '아무것도 없는 데서'(*ex nihilo*)(원문의 풀이말 생략) 그런 다양한 이름을 가진 존재들을 만들어내는가? 한계가 없을 것 같은 상상의 자유는 사르트르가 말하는 대로 아무것도 없는 데서 분출하는 순전한 창작 행위인가? 사르트르를 따라 그렇게 주장하는 것은 그 비롯하는 데를 망각한 의식과 상상의 지나친 오만일 것이다. 의식과 상상이란 사르트르 자신의 생각에서처럼 사물들이 존재하는 세계에서 추방당해 '아무것도 없는 백지 상태에서' 움직이는 것인가? 의식과 상상은 아무것도 없는 백지 상태에로 추방당함으로 해서 절대의 자유를 얻는가? 그러나 의식과 상상이 끝없는 자유를 행사할 수 있는 것은 그것이 아무것도 없는 백지 상태로 추방되었

21. Jay Rubin, *Making sense of Japanese*, New York: Kodansha, 1998, 2012.

22. 「전도서」가 설파하고 있는 어떤 관점이 그것으로 하여금 모든 전통의 철학사를 넘어서 보다 넓은 시야로 올라갈 수 있게 하는 디딤돌이 되게 하는가? (1) 역사와 운명에서 시간의 지배자는 인간이 아니다. (2) 시간을 지배하는 알 수 없는 초월의 존재는 그의 행위로서 철학사에 등장하는 실체와 속성, 원인과 결과 또는 상반상성의 음양 관계 같은 연결고리를 구성하는 모든 범주체계를 무너뜨린다. 모든 것의 '때'와 그 변화를 묘사하는 「전도서」의 문장에는 주어가 없고 목적어 또한 없다고 하는―"날 때가 있으면 죽을 때가 있고, 심을 때가 있으면 뽑을 때가 있다. 죽일 때가 있으면 살릴 때가 있고, 허물 때가 있으면 세울 때가 있다. 울 때가 있으면 웃을 때가 있고, 애곡할 때가 있으면 춤출 때가 있다."(3:2-8)에 나타나는 것처럼―그 특징에서 한 해설자 엘사 타메스는 새로운 신학적 관점을 찾고 있다.[32]

모든 것의 변화와 그 '때'를 지배하는 주체는 현실의 변화에서 추리할 수 있는 어떤 법칙에 따르는 존재가 아니라 현상계로부터 몸을 숨긴 초월의 존재로 이해하는 것이다.

23. 「전도서」에서 초월의 존재에 어떤 특칭을 매기지 않는 데에 관해서

기 때문이라고 볼 수는 없다. 의식이 행사하는 자유, 그 상상의 자유는 의식에서 사라진 까마득한 영원의 과거로부터 끝없는 변신을 거듭하며 재현하는 변수 x 아래에서 x를 다시금 지양하며 새롭게 재현시키려는 숨어있는 변수 $\neg x$에서 비롯하는 것이다. 상상의 끝없는 자유는 현재로 존재하는 것들이 그 안에 품은 영원의 기억으로 말미암아 분출하는 재현의 현상이다."(430-433쪽) 박동환, "x의 존재론을 다시 풀이함: 영원의 매체 '제1 언어'에 대하여," 『사회와 철학』, 제26집 (2013). 사회와 철학연구회.

는 풀이말 9의 따온글 (12) 보기.

24. 「전도서」의 탈(脫)율법, 반(叛)신앙의 부분에 관해서는 풀이말 9의
따온글 (11) 보기.

25. 「전도서」의 어떤 부분들은 그리스철학의 영향 아래에서 씌어진 것이
라고 해석하는 역사가들이 있다. 「전도서」의 필자가 영향을 받았을 법
한 그리스철학으로는 헬레니즘 시대의 에피쿠로스주의자들과 스토아
학파 철학자들의 사상인데,[33] 그들의 두드러진 특징은 역사가들에 의
해서 두 가지 경향으로 요약되고 있다. 알렉산더 왕의 동방 원정에 따

---

(32) "시간은 「전도서」의 중심 주제이다. …… 신은 시간의 변화를 주재하는 주
체이다. 첫 번째 문장과 마지막 문장(3:1, 3:9)은 14개의 대립 쌍으로 만들어진 이
시의 틀을 짜고 있다. 각각의 대립 쌍은 '때'라는 낱말을 포함하고 있다 …. …… 각
구절은 무인칭(impersonal)으로 되어 있어서 행위를 집행하는 주체도 없고 그 행
위를 받는 객체도 없다. 전도자 코헬레트는 출생과 죽음이라는 극단의 경우에도
아무도 개입할 여지가 없음을 지적하려는 것으로 보인다. …… 이 시에서 하느
님은 행위의 숨은 주체로서 등장한다." Elsa Tamez, "Ecclesiastes: a reading from
the periphery," *Interpretation: A Journal of Bible and Theology* Vol. 55, no. 3
(2001), 250-259.

(33) "전도자 코헬레트의 책은 이스라엘의 전통적 지혜가 가진 위상을 억지로
포기하지 않으면서도 세계에 대한 그리스적 이해방식으로부터 가능한 한 많은
것을 얻으려는 시도로 볼 때만이 제대로 이해될 수 있다. …… 그 당시, …… 시장
터는 대중 철학자들로 가득 차 있었다. 에피쿠로스주의자들과 스토아학파 철
학자들에 더하여 퀴니코스학파, 키레네주의자, 회의주의자들로 넘치고 있었
다. 그 당시의 문화계 및 교육계를 이루고 있던 이들 저자들이 또한 전도서에 담
긴 사상과 언어들을 제공해 주었다는 사실은 많은 요소들에서 드러난다."(p. 6)
Norbert Lohfink, *Qoheleth: a continental commentary*, trans. Sean McEvenue,
Minneapolis: Fortress Press, 2003.

라 이루어진 큰 제국의 통치 체제 아래에서 널리 퍼진 (1) 보편주의 또는 그에 다름 아닌 보편적인 척도인 로고스로써 세계 질서를 이해하는 것과 (2) 그런 보편주의 아래에서 간섭을 받지 않는 개인주의 성향 곧 개인이 환경 조건에 의존하지 않고 자신 가운데서 만족과 안정을 추구하려는 성향이다.[34]

그러나 고대 그리스철학의 전통으로부터 어떤 영향을 받았든지 간에 전도자 코헬레트가 그의 사상에서 유대 신앙의 고유한 핵심을 포기하리라고 기대할 수는 없는 것이다. 어떻든 전도자 코헬레트는 구약의 시대가 헬레니즘이라는 폭풍을 맞이하여 그 막을 내려가는 길을 준비하고 있다고 볼 수 있다. 그렇게 적어도 인간 존재와 초월의 존재에 대한 구약 전통의 신학에 대전환을 이루는 하나의 브레인스톰(brainstorm)이라고 할 만한 회오리바람이 코헬레트의 「전도서」를 통과하고 있는 것이다. 구약의 시대를 마감하는 코헬레트의 이만한 브레인스톰이 없었다면 세계인의 보편 신앙을 준비하는 신약의 시대가 열릴 수 있었을까?

---

(34) "… 「전도서」의 일부 측면들이 유대적인 문헌보다 그리스적 분위기를 드러내고 있다는 점을 부정하는 것은 어리석은 짓일 것이다. 전도자가 당대의 지적인 흐름으로부터 완전히 단절되어 있었다고 보는 것이야말로 오히려 놀라운 일이다. 전도자는 자신의 과제에 대한 접근법—특히 검토되지 않은 전통적 신앙과 사상을 받아들이지 않기로 한 결심, 자기 자신만의 문체, 그리고 개인들에게 독립적으로 사유할 것과 이단적인 결론에 이르는 것을 두려워하지 말 것을 격려함—에 있어 헬레니즘 시대의 특징을 보여주고 있으며, 궁극적으로 위대한 그리스 철학자들의 사례에 빚지고 있음은 의심할 바 없다."(p. 54) "[위와 같은 해석의 사례]들은 전도자가 유대 신앙을 자기 시대에 비추어 재해석하고 그가 목격한 세상의 현실에 그[전통의] 신앙이 보조를 맞추게 하려는 목적을 가지고 있었던 사상가로 이해할 것을 시사하고 있다."(p. 61) R. N. Whybray, *Ecclesiastes*, Sheffield, England: Sheffield Academic Press, 1989, 1997.

26. 고대 중국과 그리스 철학의 범주체계들이 무후(無厚) 또는 인문주의 정신에 의해 착상되었다고 풀이하는 데에 관해서는 풀이말 3의 따온 글 (5) (6) 보기.

27. 유한한 존재가 짊어진 운명의 조건으로서 초월자의 동태 그것은 인간 이성에 의해 착상된 실체와 속성, 인과응보, 상반상성 또는 음양 관계와 같은 범주들로는 이해할 수 없다는 데에 관해서는 풀이말 10과 11 보기.

28. 모든 생명에 갖추어져 있는 영원의 기억으로서의 내재성 그것은 유한의 시간에 참여하는 개체존재에게는 그 처음과 끝이 알려질 수 있는 것이 아니다. 그러한 내재성이 각각의 개체생명에서 무궁한 상상과 불확실한 예감을 불러일으키며 미래를 펼쳐 간다. 내재성이라는 것은 생명 이론가들이 말하는 미래를 향해 열려 있는 유전 프로그램과도 같은 것이다.(풀이말 13의 따온글 (20) (21) 보기) 전도자 코헬레트는 이러한 개체존재의 내재성으로부터 일어나는 것들에 다름 아닌, 전통의 율법과 신앙에 대한 파격적인 상상과 불안을 불러일으키는 질문들을 한껏 펼치고 있다.

현실 가운데에서 내재성은 어째서 파격의 모양으로 나타나는가? 무궁한 상상과 불확실한 예감은 언제나 온갖 모순들과 불가능한 것들을 포함한다. 주석가들은 「전도서」 안에서 온갖 모순과 파격의 모양으로 가득한 상상과 예감의 표현들을 발견한다. 하느님이 인간의 마음에 심어 놓으셨다고 하는 영원, 어둠, 무지, 미지의 경계에 잠긴 내재성이 모든 가능한 모순과 파격을 상상하거나 예감할 수 있도록 허용하기 때문이다. 「전도서」는 그렇게 나타나는 내재성의 극단적 상상과 불안을 드러내 보여준다.[35]

29. 여기서 주변자는 중심으로부터 밀려난 그 자신의 처지를 반성함으로써 깨달음에 이르고 있다. 「전도서」에서 한 사람의 존재는 그가 소속해 있는 세계질서의 중심 곧 그의 운명의 결정권 밖으로 밀려나 있다. 「전도서」의 필자는 그가 소속해 있는 세계질서의 중심에서 철저하게 밀려난 주변자로서 겪을 수밖에 없는 존재론적 상황을 묘사하고 있다. 「전도서」가 함축하고 있는 존재론은 현재에 이르기까지 유행하고 있는 인문주의 전통의 모든 철학 체계들에서 논의하는 존재론과 인식론, 가치론과 도덕론을 무의미하게 만든다.

30. 「전도서」의 필자가 "지금 있는 것은 언젠가 있었던 것이요 지금 생긴 일은 언젠가 있었던 일이라. 하늘 아래 새 것이 있을 리 없다."(1:9)라고 외친 바로 그 같은 생각을 다시 19세기 말의 니체가 역설하고 있다. "모든 것은 가며 모든 것은 되돌아온다. 존재의 수레바퀴는 영원히 돌고 돈다. …… 모든 것은 헤어지며 모든 것은 다시 만나 인사를 나눈다." 이 영원회귀의 사상에서 그가 역설하는 것은 끊임없이 자기를 사라지게 하며 다시 태어나게 하는 운명을 받아들이는 초인의 의지이다.[36]

그의 영원회귀 사상은 당시의 원자 이론에서 영향을 받은 것이기는 하지만, 그보다 깊은 니체의 직관 가운데에는 현재의 시간을 꿰뚫고 재

---

[35] "그러나 하느님께서 역사[영원 또는 어둠]의 수수께끼를 풀고 싶은 마음을 주셨지만, 하느님께서 어떻게 일을 시작하여 어떻게 일을 끝내실지 아는 사람은 하나도 없다는 것을 나는 알았다. …… 사람이란 본디가 짐승과 조금도 다를 것이 없다는 것을 하느님께서 밝히 보여주신다는 생각이 들었다. 사람의 운명은 짐승의 운명과 다를 바 없어 사람도 짐승도 같은 숨을 쉬다가 같은 죽음을 당하는 것을! … 다 같은 데로 가는 것을! … 사람의 숨은 위로 올라가고 짐승의 숨은 땅속으로 내려간다고 누가 장담하랴! … 죽은 다음에 어찌 될지를 알려줄 자가 어디 있는가!"(「전도서」3:11-22)

현의 드라마를 펼쳐가는 영원의 척도가 움직이고 있다. 그러니까 니체가 "신은 죽었다"라고 선언하며 혹독하게 기독교를 비판했다고 해서 그의 모든 언어가 불경스러운 것은 아니라고 볼 수 있다. 개신교 목사였던 그의 할아버지와 아버지의 계속되는 영향이 있었겠지만, 그 자신 또한 일찍이 고대 그리스 신화의 존재 디오니소스가 자기를 해체하며 다시 태어나는 정신을 방불케 하는 예수의 초인(Übermensch)다운 부활의 생애를 높이 평가하는 존재론을 의식하고 있었다고 볼 수도 있기 때문이다.[37]

31. 「전도서」의 주석가 마이클 폭스는 전도자 코헬레트가 허무주의자가 아니라고 말한다. "코헬레트는 허무주의자가 아니다. '모든 것이 불합리하다'는 것은 삶의 일반적 성격 규정으로 이해해야 하며 모든 가능

---

(36) "모든 것은 가며 모든 것은 되돌아온다. 존재의 수레바퀴는 영원히 돌고 돈다. 모든 것은 시들어가며 모든 것은 피어난다. 존재의 해(年)는 영원히 흐른다. 모든 것은 부러지며 모든 것은 다시 이어진다. 똑같은 존재의 집이 영원히 지어진다. 모든 것은 헤어지며 모든 것은 다시 만나 인사를 나눈다." "… 나를 얽어매고 있는 원인의 매듭은 다시 돌아온다. 그 매듭이 나를 창조하리라! 나 자신이 영원한 회귀의 여러 원인에 속해 있으니, 나 다시 오리라. 이 태양과 이 대지, 이 독수리와 이 뱀과 함께. … … 또다시 사람들에게 초인(Übermensch)을 알리기 위해서 말이다."(제3부 § 건강을 되찾고 있는 자) 프리드리히 니체, 『차라투스트라는 이렇게 말했다』, 정동호 옮김, 서울: 책세상, 2000, 2004.

(37) "기묘하게도 니체는 조각난 디오니소스로부터 십자가에 못 박힌 그리스도로 이어지는 연면한 관련성에는 착안하지 못했던 것이다."(188쪽) 발터 니그, 『예언자적 사상가 프리드리히 니체』, 정경석 옮김, 왜관: 분도출판사, 1973. "죽어가는 신의 이미지는 수천 년이나 된 것이다. 이집트의 오시리스, 그리스 신화의 디오니소스 그리고 예수 그리스도까지도 죽음으로 수난을 당하지만 곧 부활의 형식이 뒤따른다." Eva Cybulska, "Nietzsche's Übermensch: a hero of our time?" ***Philosophy Now*** 93, November/December 2012.

한 행위와 가치를 부정하는 절대의 명제로 받아들여서는 안 된다."(p. xxx; Michael Fox, *Ecclesiastes*, Philadelphia: The Jewish Publication Society, 2004) 다른 주석가 롤렌드 머피도 이렇게 말한다. "전도자는 쇠렌 키에르케고르, 프리드리히 니체 또는 프란츠 카프카처럼 '우울증이 심한 사람'으로 생각되지 않는다."(24쪽) 롤렌드 머피, 『전도서』, 김귀탁 옮김, 서울: 솔로몬, 2008.

32. 세상만사가 헛되고 헛되다는 사실을 통감하였다고 해서 「전도서」의 필자인 그가 취할 행위와 관점에 흔들림이 일고 있다는 증거는 없다. 그는 다음과 같은 아주 현실적인 충고도 하고 있다. "세상에서는 어떤 불운이 닥쳐올는지 모르니 투자하더라도 대여섯 몫으로 나누어 하여라."(11:2) 흔들림이 없는 주변자로서의 그의 입장 곧 그의 믿음은 이렇게 표현되고 있다. "무엇이나 다 정한 때가 있다. … 날 때가 있으면 죽을 때가 있고 … … 하느님께서 어떻게 일을 시작하여 어떻게 일을 끝내실지 아는 사람은 하나도 없다는 것을 나는 알았다."(3:1-11) 자기 운명의 주체가 될 수 없는 한낱 주변 존재라고 해서 반드시 그의 행위와 관점이 회의주의로 기울거나 허무주의에 빠지는 것은 아니다. 그렇게 하잘 것 없는 인간의 한계에 대한 코헬레트의 명철한 반성에도 불구하고[38] 절대의 주체인 초월자에 대한 그의 믿음에는 흔들림이 없다.

고대 인도에서 이루어진 고전 『바가바드기타』에서도 한 사람의 존재는 행위의 주체가 아니면서도 그의 결단에는 흔들림이 없다는 것을 다음과 같이 보여준다. "신과 합일을 이루고 진리를 알고 있는 사람은 '내가 하는 일은 아무 것도 없다'고 생각한다."(V-8) "행동하는 것만이 그대의 권리이며 그 결실에 대해서 그대의 것은 아무것도 없다. 행동의 결실이 그대의 동기가 되지 않게 하라. 그렇다고 행동하지 않음에 대한 집착도 그대 안에 머물지 않게 하라."(II-47) *The Bhagavadgita*, 2nd ed. trans. S. Radhakrishnan, London: George Allen & Unwin, 1949,

1976.

33. 전도자가 가리키는 초월자 하느님은 사람이 그 정체를 알 수 없게 영원과 어둠과 미지의 장막에 가려져 있다. 그럼에도 전도자의 하느님은 영원의 초월자 X로서 모든 현재의 시간에 임재하는 존재이다.

---

(38) "이렇게 말한다고 해서 전도자 코헬레트의 신학이 그것의 고유한 특징을 가지고 있지 않다는 뜻은 아니다. [그럼에도] 하느님의 위대함에 견주어 인간의 한계를 강력하게 성토하는 것은 그의 책에 냉소적인 분위기를 입히고 멀리 떨어져있는 하느님의 이미지를 상기시킨다." Stephan de Jong, "God in the book of Qohelet: a reappraisal of Qohelet's place in Old Testament theology," *Vetus Testamentum* Vol. 47, no. 2 (1997), 154-167.

위의 필자 스테판 데 용이 가리키는 행위와 결과 사이의 인과관계 없음에 따라서 인간이 그의 운명의 주체가 아니라는 「전도서」의 외침은 다음과 같은 말들을 포함하고 있다. "… 착한 일을 하며 사는 슬기로운 사람은 하느님의 손 안에 있다는 것을 알지만, 사랑해 주실지 미워해 주실지는 알 길이 없다. … … 선한 사람이라고 해서 죄인과 다를 바 없고 하느님 앞에서 맹서를 하는 사람이라고 해서 맹세를 꺼려하는 사람이나 다를 바 없다. 모든 사람이 같은 운명을 당하는데 하늘 아래서 벌어지는 일 중에서 잘못되지 않을 것이 무엇이 있겠는가?"(9:1-3)

III

일란성 두 사람과 바다와 나무

III
일란성 두 사람과 바다와 나무

어느 날 BBC에서 일란성 쌍둥이에 관한
유전학자들의 연구를 소개하고 있었습니다.
일란성 두 사람이 기구한 운명으로 해서
아주 어린 나이에―정확한 나이는 기억이 안 납니다만―각각
다른 나라, 다른 가정에 입양되어 성장했고
30년 쯤―이 햇수도 정확하게 기억 안 나고요―지나
중년에 들어 처음으로 만나는 장면에서 이야기가 시작되었습니다.

두 사람이 입고 나온 옷의 스타일이 거의 같았고
두 사람이 입은 옷의 색깔도 똑같이 아래 위가 흰 색이었으며
액세서리조차 비슷한 걸 걸치고 나왔는데
그 때 만난 자리에서
두 사람은 서로 상대에게
"너는 왜 나하고 똑같은 색 옷을 입고 왔니?"

"왜 나하고 똑같은 액세서리를 걸치고 있지?"
이렇게 서로 당혹스럽게 느끼는 것 같더라고요.
둘 다 남자들이었습니다.

그들의 취향과 선택이라는 것이
그들이 그동안 대면해서 겪었을
서로 다른 환경과 다른 경험들에서
어떤 영향을 받았는지 도대체 알 수가 없었습니다.

몇 해 전 어느 겨울에
언제나 예리한 판단으로 사태를 투시하는 문학이론가 한 분과 같이
해운대 앞 바다를 구경한 적이 있습니다.
바다 앞에 서면
일체를 수평하게 가라앉히는 그 무차별한 힘에 압도되어
일상의 번뇌와 불안은 간 데 없고
절대 안정에 들어갈 수 있습니다.

그런데 그분의 말씀에 따르면 바다 앞에 서도
모두가 그런 감상에 드는 것은 아니라는 겁니다.[1]
그래서 우리들 앞에 나타난 한 대상이
사람마다의 다른 인식과 심미적 판단에
어떤 영향을 끼치는 것인지 알 수가 없다는 생각이 들었습니다.

한가로운 시간에 무성한 나무들을 바라보고 있으면

그들과 함께 깊은 동질감에 빠져들 때가 있습니다.
'그가 박힌 자리에서 꼼짝할 수 없는 한 나무의 운명이나
그와 다를 바 없는 나의 처지나
이 나무의 생명이 묶여 있는 필요나
나의 생명이 묶여 있는 필요가 매일반이구나!'
이렇게 말입니다.
나무에게서 비로소 모든 생명 가진 것들과
무차별의 경계에서 동거하는 느낌을 얻을 수 있습니다.

그러나 다시
하나의 나무에게서도 사람마다
인식하고 감상(鑑賞)하는 바가 다르다는 것을 알게 되었습니다.
그리고 그 다름이 반드시
대상에서 말미암은 것은 아니라는 것입니다.
그렇다고 해서 내가 칸트의 선험주의나
물자체 이론에 공감하는 것은 전혀 아니어서[2]
'그렇다면 내가 인식하고 감상하거나 선택하는
대상 그것으로부터 오는 것은 무엇인가?'
이 질문에 걸리게 된 겁니다.

세계로부터 다가오는 '그것'
그것에 나무라는 이름을 붙이든
그것에 바다라는 이름을 붙이든
그것이 일란성 두 사람의 취향과 선택 앞에 놓인 무엇이든

'그것' 자체를
무엇으로 이해해야 하는지가 문제인 것입니다.

그런데 말입니다 …··
세계로부터 쉼 없이 다가오는 무엇이든 그것에 대해
내가 일으키는 인식과 감상이
어떤 이름들이나 어떤 풀이말들을 덧붙여도 그런 것들은
다른 누구의 인식이나 감상과도 일치하는 것이 아니고 다만
'내가 타고난 기억과 상상의 한계 안에서
부풀려져 일어나는 것이구나!'
이런 생각에 도달하게 되었습니다.

그러나 우리들의 타고난 그리고 저장된 기억과
그로 말미암은 상상의 한계 밖에서
누구에게나 거부할 수 없게 다가오는 '그것' ―
우리들이 애써 일으킨 인식과 감상을 무색하게 비웃으며
그런 것들에 붙여진 이름들과 풀이말들을 뭉개서 지우고
압도해오는 절대 무언(無言)의 '그것'이
우리들에게 각인시키는
단 세 가지 패턴은 $x, \neg x, X(\ )$.[3]

그밖에는 모두 타고난 개인차에 따라 부풀려져 일어나는
상상이거나 감상이거나.
상상이거나 감상이거나 그럼에도 그것이

다만 허구가 아닌 것은 [4] 그것이

모든 개체들 안에서 각각 다른 모양으로 움직이는

타고난 아니면 저장된 영원의 기억에 말미암은 것일 테니까요.

(140602)

1. 한때 독자의 풍수이론으로 이름을 날린 최창조 교수(1950~)의 다음과
같은 술회를 들은 적이 있다. 그는 고등학생 시절에 망우리 공동묘지
를 자주 다녔는데 '거기에 가서 누워 있으면 그렇게 편하고 위로가 되
었다'고 한다. '생전에 지위가 높았거나 낮았거나 성공한 생을 살았거
나 실패한 생을 살았거나 모두 똑같이 이렇게 편안하게 쉬고 있구나!'
공동묘지를 찾아가 이렇게 탐닉했던 소년시절에 그의 이러한 내면의
인식과 감상을 누구와 공유할 수 있었을까? 바다 앞에서처럼 공동묘
지에서도 사람들은 각각 마음속에 다른 인상과 감정을 향유하는데 그
것을 어느 누구와 얼마만큼 공유하고 있는 것일까? 아니면 그들의 인
상과 감정이 거기서 대면한 고인들의 마음에 얼마만큼 공감하고 있는
것일까?

하이데거가 '불안의 기분 상태에서 현존재가 무(das Nichts) 속으로 진
입하여 있음으로써 전체로서의 존재자를 초월한다고' 말할 때[1] 그의
초월의 상태는 다른 사람들과 얼마만큼 공유할 수 있는 것일까? 그의
초월의 상태는 다만 그의 주관의 상황인가 아니면 적어도 현존재 또는

따온글 ───────

(1) "무는 불안 속에서 드러난다. 그러나 존재자로서 드러난다는 것은 아니다. 마
찬가지로 그것은 대상으로서도 주어지지 않는다. 불안은 결코 무의 파악이 아니
다. 그럼에도 불구하고 무는 불안을 통하여 그리고 불안 속에서 드러나게 된다."
(121쪽) "은폐되어 있는 불안의 근거 위에서 현존재가 무(無) 속으로 진입되어 있
는 것이, 인간으로 하여금 무가 드러나는 장소의 담지자가 되게 한다. 우리가 바
로 우리 자신의 결심과 의지에 의하여 근원적으로 무에 직면할 수 없을 정도로
우리는 유한하다. … … 현존재가 무(無) 속으로 진입하여 있는 것은, 전체로서의
존재자를 뛰어넘어가는 것, 곧 초월이다."(127쪽) 마르틴 하이데거, "형이상학이
란 무엇인가?"『신은 죽었다』, 최동희 옮김, 서울: 양문사, 1959.

한 존재자가 지닌 어떤 객관의 상태를 표현하는 것인가?(풀이말 4 보기)

2. 칸트에 따르면 한 판단의 풀이말로 쓰이는 범주의 개념들은 그것이 적용되는 대상 자체와는 상관없는 것이다. 범주들은 선험적으로 인간 이성 안에 갖추어져 있는 것이기 때문이다. 따라서 우리들의 인식과 판단은 우리들이 세계 또는 자연에 질서와 법칙을 매기는 행위이지, 사물 자체 또는 자연 자체의 성질을 인식하거나 판단하는 것이 아니다. 이는 아리스토텔레스로부터 내려오는 전통의 형이상학 또는 존재론에 정면으로 대립하는 것이다. 아리스토텔레스에 따르면 판단의 풀이말들로 쓰이는 범주의 개념들은 그것들이 적용되는 대상 자체 또는 실체에 내재하는 속성들이기 때문이다. 아리스토텔레스에게 범주는 사물 자체 또는 실체에 내재하는 속성이며, 칸트에게 범주는 사물 자체와는 상관없이 인간 자신이 미리 갖추고 있는 선천적 판단형식의 부분일 뿐이다.

여기서 '대상 그것으로부터 오는 것은 무엇인가?'라고 다시 물음으로써 저것도 이것도 아닌 셋째의 대안을 찾을 수 있다. 인도유럽어나 한어(漢語) 계통에 속하지 않은 한국말의 판단 형식을 돌이켜보며 분석하는 가운데 이끌려나오는 대안은 다음과 같은 것이다.(이 책 Ⅳ장 "삼켜도 삼키는 자의 것이 되는 것은 아니다"의 풀이말 8, 9, 10 보기) 대상 그것으로부터 오는 것은 절대 무언의 메시지로서 세 가지 $x, \neg x, X(\ )$이며,(풀이말 3 보기) 그밖에 이루어지는 우리들의 인식과 감상, 그에 붙여지는 이름들과 풀이말들은 각자에게 유일한 모양으로 저장된 또는 타고난 기억과 상상의 능력에 말미암은 것이다.(풀이말 4 보기)

3. 우리들의 기억과 상상의 한계 밖에서 거부할 수 없게 다가오는 '그것'의 세 가지 모양은 왜 절대 무언인가? 플라톤과 아리스토텔레스의 형상들은 무언의 가지들(kinds)이 아니고 당대의 일상언어 체계에서 빌

려온 개념들이며 범주들이다. 노자와 아낙시만드로스가 말하는 음과 양, 있음과 없음, 뜨거움과 차가움, 한정과 무한정조차 모두 일상언어의 분류체계에서 빌려온 대칭의 개념들이며 범주들이다. 이것들은 이 것들을 사용하는 사람들의 일상언어라는 경계를 벗어나면 누구와도 어떤 무엇과도 공유할 수 없는 것들이다. 그것들은 사람들이 각각 그들만이 공유하는 한계 안에서 부풀려 만들어낸 범주들이며 형상들이다. 사람들이 각각 모여서 부풀려 일으킨 인식과 감상, 그것에 매겨진 범주와 판단의 한계 밖에서 이 모든 것들을 무너뜨리며 넘어오는 무차별의 힘, 그것은 언제나 절대 무언으로 압도해 다가오는 것이다.

4. 그게 아니라면, 혹시 상상과 감상은 허구를 바탕으로 이루어지는 것인가? 그것들은 소설(fiction)에 다름 아닌가? 소설은 아리스토텔레스가 『시학』에서 말한 것처럼 '있음 직한 불가능'(probable impossibilities)을 갖추어 이루어지는 것이라고 사람들이 인정한다. '불가능'함에도 어떻게 '있음 직한' 것일 수 있는가? 있음 직한 것이 있음 직한 것은 그것이 각자가 그의 안에 이미 저장하고 있는 타고난 '영원의 기억'의 부분이기 때문이다. 영원의 기억에 의존하는 있음 직한 것들 가운데에는 지금의 현실에서 실현 불가능한 반(反)사실적인(counter-factual) 것도 있고, 또는 사실적인 것도 있다. 그리고 다시 그것들 가운데에는 현재에서 검증 불가능한(non-confirmable) 것도 있고, 또는 검증 가능한 것도 있다. 현재에서 검증 불가능한 것과 검증 가능한 것, 현실에서 반(反)사실적인 것과 사실적인 것을 포함하는 모든 '있음 직한' 것들을 영원의 기억에 의해 상상하는 것이다. 그러므로 과학의 이론을 제시하고 그것을 검증하는 데서도 상상의 행위는 필수의 조건이다.

칼 포퍼는 한 과학 이론의 제시와 검증의 과정을 '추측과 반박'(conjecture & refutation)의 단계로 설명하였다. 그런데 그렇게 한 과학의 이론 또는 가설이 추측의 행위에 의해 제시되는 것이라면, 그 이론 또는 가설의 추측은 상상의 행위에 다름 아니며, 그리고 다시 그것을 검증하기 위한 반박의 과정 역시 여전히 검증을 기다리는 또 하나의 선행하는 가설의 계획 곧 상상에 따라 실험을 하게 되는 것이다. 아무 가설이나 계획이 없이 마구잡이로 실험을 할 수는 없기 때문이다. 있음 직한 것들에 대한 기투(project)로서의 이론 제시가 있으면 그 이론의 실험 또는 검증 과정에 다시금 차원을 달리하는 가설과 계획이라는 상상의 행위가 개입하는 것이다. 그리하여 20세기 후반에 들어와 루돌프 카르납과 칼 포퍼를 포함하는 소박한 철학자들의 실증주의는 점차 힘을 잃어 갔는데, 그것은 한 이론의 사실 검증 과정 또는 실험 계획에 언제나 다시금 검증 또는 실험을 요구하는 다른 차원의 이론 또는 가설이 개입할 수밖에 없다는 것이 과학자들과 그 이론가들에 의해 널리 받아들여졌기 때문이다.

내가 앞에 서 있는 나무에 대해 깊은 동질감에 빠져들 때 나무가 지닌 한 측면의 생태와 그 운명에 공감하고 있는 것이다. 그것은 동시에 나무에 대한 나의 감상의 행위로 이어진다. 이렇게 감상의 행위는 타고난 아니면 저장된 공감(empathy) 능력―현대 뇌과학자들이 MRI에 의한 관찰과 해부학적 추적을 통해 '공감을 할 수 있게 하는' 이른바 'mirror neuron'이 선천적으로 주어져 있다고 확인한 바 있는 그 능력―에 의존하는데, 이 타고난 공감의 능력은 다시 그 근본에서부터 보면 있음 직한 것들에 대한 상상의 능력에 의존하는 것이며, 있음 직한 것들을 한계 없이 상상하는 능력은 또한 각자에게 고유하게 저장된 영원의 기억에 말미암은 것이다. 그러니까 상상이나 감상의 행위는 다만 허구에 바탕을 두고 일어나는 것이 아니다.

그렇다면 하이데거가 말하는 현존재가 무(無) 속으로 진입하여 있음으로써 맞이하는 초월의 상태라는 것도 다만 주관의 허구에 의한 것이라고는 말할 수 없다. 말하자면 그 초월의 상태는 현존재에게 저장되어 있는 타고난 영원의 기억과 그로 비롯하는 상상에 말미암은 것이라고 볼 수 있기 때문이다. 이렇게 초월을 가능하게 하는 무—그것이 하이데거의 현존재가 초월을 지향함으로써 주어지는 것이든,[1] 사르트르가 말한 내재성의 핵심에서 의식이 존재를 부정하며 초월하게 하는 바탕으로서 주어지는 것이든[2]—그것을 향유할 수 있는 것은 전체로서의 존재자 또는 유(有)에 대응해서 무(無)라고 이름 붙일 수 있는 어떤 일정한 실재가 주어지는 것이 아니더라도, 한 개체존재에게 고유하게 갖추어진 영원의 기억과 상상이 연출하는 변화무상한 폭발과 파격, 반성과 반전의 행위 곧 ㄱx로서 연출되는 무한 계열이 보여주는 순간들의 어떤 단면으로서 주어지는 것이라고 보아야 한다. 그러니까 세상에는 '유'(有)라고 또는 '무'(無)라고 고착시켜 이름 붙일 만한 실재는 없다.

그러나 한 존재를 향해 거부할 수 없게 닥쳐오는 것, 그것을 맞이하는 존재의 기분과 의식의 상태가 어떻든지 그를 향해 '절대 일방적으로'

---

(2) "… '무'가 '존재'의 핵심에 주어져 있어야 한다. 그러나 이런 내(內)-세계적인 '무'(neant intra-mondain)를 즉자존재가 만들어내지는 못할 것이다. …… 그렇다면 … 무를 무화하는 것을 특성으로 하는 하나의 존재, 자기의 존재에 의해 무를 유지하는 것을 특성으로 하는 하나의 존재, 그 존재 자체에 의해 끊임없이 무를 지탱하고 있는 하나의 존재, 곧 '무를 사물에게 오게 하는 하나의' 존재가—이것은 즉자존재일 수가 없다—존재하지 않으면 안 된다."(74쪽) "우리는 존재를 향한 초월의 조건으로서 비존재를 발견한다. …… 그런 모든 초월은, 부정성이라는 모든 초월에서 이윽고 자기 자신의 무(無)인 존재까지 우리를 인도하는 분석적 역행의 한 단계에 지나지 않는다. 분명히 우리는 모든 부정의 근거를 '내재성의 핵심에서' 일어나는 무화 속에서 찾지 않으면 안 된다. 의식 안에서 그리고 의식에 의하여, 인간이 자기 자신의 무인 존재로서 그리고 무를 세계에 가져오는 존재로서 세계 속에 나타나기 위해, 의식은 어떤 것이 되어야 하는가?"(106-107쪽) 장-폴 사르트르, 『존재와 무』, 정소성 옮김, 서울: 동서문화사, 1994.

밀고 쳐들어오는 것, 그렇게 그 존재의 운명을 송두리째 일회적으로 바꿔놓을 수 있는 이름 없는 '무차별의 힘'은, 하이데거와 사르트르가 말하는 초월의 차원에서 반복적으로 경험할 수 있는 이른바 '무' 그런 것이 아니다. 절대 일방적으로 밀고 쳐들어와서 초월당할 수밖에 없도록 압도하는 그 힘은 무한의 가능성을 지닌 절대 무언의 것이어서, 그 최소한의 모양을 상징해 본다면 $X(\ )$로 대표할 수밖에 없다. 그렇게 당하는 격파 또는 초월의 경험은 단지 현존재의 불안이나 내재성의 핵심 가운데서 일어나는 것이 아니고, 세상에 몸을 드러내 있는 모든 존재에게 그 밖으로부터 절대 일방적으로 쳐들어와서 돌이킬 수 없는 운명의 각인을 남기며 지나가는 그런 것이다. 그렇다면 하이데거와 사르트르가 말하는 초월이란 한 개체존재의 현재를 향해 반복해서 다가올 수 있는 순간순간에서 자신이 타고난 기억과 상상으로 말미암은 어떤 상태, 곧 한 개체존재 x 자신이 타고난 가능성 $\neg x$에 말미암은 내재적 관계경험에 다름 아닌 것이다.

IV

삼켜도 삼키는 자의 것이
되는 것은 아니다

IV

삼켜도 삼키는 자의 것이 되는 것은 아니다

1.

미미하게 보이는 것들,[1] 무시해도 괜찮을 만한 것들,[2] 아니면 버거워서 외면해 버린 것들,[3] 그래서 가에로 밀려난 그런 것들이 실은 그렇게 대우해서는 안 되는 것들이라는 것을 나중에 알게 된다. 때로는 얕잡아 보고 삼켜버린 것이 안에서 곽란(霍亂)을 일으킬 수도 있고 더하면 목숨을 빼앗아갈 수도 있다. 최근에 세르비아 국적의 연구원들이 마케도니아의 한 섬에서 발견한 사례에 대한 보고서에 따르면, 경험이 부족한 한 어린 살모사가 거의 제 몸 크기의 지네를 삼켰는데, 그 지네가 안으로 들어간 다음 살모사의 내장을 전부 먹어버려서 오히려 삼킨 자가 생명을 잃은 것으로 판명되었다는 것이다.[4] 한 나라가 다른 나라를 삼킬 수도 있는데 그때도 역으로 같은 곤욕을 치를 수 있다는 유사한 사례가 되는 것이다.

이처럼 삼키는 행위들은 모두 실로 예측할 수 없는 미래의 결과를 가져 올 수 있다. 그런 행위들은, 깊은 속에서 어떻게 움직일지 알 수

없게 숨을 죽이며 그의 차례를 기다리는 x의 보복을 받을 수 있는 것이다. (140414)

2.

세상에 몸을 드러내 있는 것들 가운데 어떤 것을 삼킬 수는 있어도 그것이 삼키는 자의 뜻하는 바에 따라 안에서 움직이는 것은 아니다. 삼켜져 그 안에서 소멸되어 버리는 것도 아니다. 그것은 삼켜져 안으로 들어갔다가 다시 밖으로 나오는 변신을 거듭하며 우주의 역사를 이루어간다.

> "단 한 번의 숨 속에 포함된 모든 원자들 속에서 구체화된 역사들의 집합은 너무 커서 그들의 이야기는 인간이 지금껏 써온 모든 책들의 모든 페이지를 다 내어준다고 해도 부족할 것이다."(338쪽) "이런 원자들은 무수한 삶의 일부분이었으며 무수한 죽음의 일부분이었는가? … … 그들에게 나는 단지 잠시 머물다 가는 곳(a temporary abode)밖에 되지 않는다. 나의 생명은 나의 원자들의 그 광활한 영원(their vast eternity)에 비하면 아주 하찮은 순간이다."(397쪽)[5]

원자들이 우주의 사건들과 존재들을 밖에서 안으로 그리고 안에서 밖으로 통과해가는 영원한 과정은, 그 과정의 부분들로서 모든 개체 생명들이 태어나서 죽기까지 각각의 일생들을 만든다. 한 개체생명의 일생이라는 것은, 한 고유한 조합으로 이루어진 분자들 곧 DNA 또는 유전자들이 밖에서 안으로 그리고 안에서 밖으로 통과해가며 일으키는 내재성과 초월성의 경험에 다름 아닌 것이다. 이렇게 개체 생명들의 출현과 소멸에 참여하는 유전의 과정을 강의 흐름에 비유해서 설명하는 이론가 리처드 도킨스는 다음과 같이 말한다.

"[여기서 말하는] 강은 DNA의 강이다. 그 강은 시간을 통과해 흐르는 것이지 공간을 통과해 가는 것이 아니다. 그것은 정보(information)의 강이지 뼈와 세포조직들의 강이 아니다. 그것은 몸들을 구성하는 데 필요한 추상적인 지시사항들로 이루어지는 강이다. … … 그 정보는 몸들을 통과하면서 그것들에 영향력을 행사한다."(p. 4)[6]

이처럼 몸들을 통과해 흘러가는 유전의 정보들은 잠시 머무르는 개체생명들 안에서 각각의 고유한 영원의 기억과 무한의 상상을 연출한다. 이러한 원자들 또는 분자들의 영원한 흐름 가운데서 '나의 원자', '나의 유전자'라고 이름 붙일 만한 것은 없다. 내 안에서 잠시 머무르며 일하던 원자들과 유전자들은 다시 밖으로 나가서 그들의 끝없는 여정을 이어간다. 그 영원의 여정을 이어가는 원자들과 분자들이 잠시 머무르며 일으키는 모든—극대에서 극미에 이르는—사건들과 존재들을 어떤 하나의 이름으로 특칭하는 것은 불가능하지만, 그것들을 하나로 대표해서 x로 가리킬 수 있다.

영원의 기억과 무궁한 가능성을 간직한 x로서 그것은 세상에 몸을 드러낸 다른 존재들 안에서 움직이기도 하고 밖에서 움직이기도 하는 것이다. 그 자체가 개체존재인 x는 다른 존재들 안에서 온갖 상상과 파격[7]을 유희하거나, 그 존재들 밖에서 다시 모든 상상의 프로젝트를 초월하는 격파[8]의 드라마를 펼쳐간다. 이렇게 해서 세상에 펼쳐지는 모든 '현재'는, 그 안에서 움직이는 영원의 기억에 다름 아닌 x의 무궁한 상상이며 무궁한 재현이며 무궁한 변신이다. (140416)

3.

안에서도 밖에서도 상상과 재현을 거듭하며 우주를 관통하는 영원의 존재 x를 따라가며 이해하려면 그에 필요한 세계관, 새로운 존재론으로 바꾸어 타야 한다. 20세기를 맞이할 무렵 앞뒤에 오늘날 해체주의의 선구자로 불리는 니체와 논리적 원자론을 제안한 버트런드 러셀은 서구 전통의 형이상학이 안고 있는 문제점을 반성했다. 그들은 서구 전통의 형이상학을 떠받치는 불변의 토대로서 '실체'와 '주체' 또는 '자아'의 관념이, 서구 언어의 판단형식에서 주축이 되는 주어 개념에 뿌리를 두고 있다는 똑같은 반성에 이르렀다.[9] 이에 따라 20세기에 들어서 서구 전통의 형이상학과 그 존재론은 크게 흔들리며 수정을 거치지 않을 수 없게 된 것이다.

그렇다면 주어가 아닌 술어 또는 풀이말이 주축이 되어 그 밖의 성분들을 자리매김하는 계통의 판단형식[10]을 사용하는 사람들의 존재론과 그에 따르는 자아 또는 주체 개념은 어떤 모양으로 그려질 수 있는 것일까? 세상에 몸을 드러내어 살아가는 존재들과 더불어 인간의 자아라고 일컬어지는 것은, 그 안에 주어져 있는 내재성과 다시금 쉼 없이 그의 안으로 삼키는 것들의 무궁한 상상 또는 연출에 의해서 뜻밖의 진로와 운명으로 이끌려 들어갈 수 있는 것이다. 개체존재 또는 자아라는 존재의 주체성은 그것이 품고 있는 쉼 없는 내재성과 그 밖에서 넘쳐오는 초월성에 달려있는 종속 변수가 된다.[11] 미미하게 보이는 것들, 무시해도 괜찮을 만한 것들, 아니면 버거워서 외면해 버린 것들, 그래서 가에로 밀려난 미지의 것들[12]이 실은, 불변의 토대라는 실체 또는 주체라는 자아의 안과 밖에서 온갖 뜻밖의 반전과 파국의 계기들을 일으키며 그의 운명과 우주의 역사를 만들어간다.

그렇다면 형이상학과 존재론의 불변의 토대로 여겨졌던 실체 또는 자아의 존재라는 것은, 안에서 숨어 움직이는 내재성과 밖에서 넘쳐 들어오는 초월성에 의해서 그 특성과 운명이 결정되는 '아바타'[13]와 같은 것이다. 이런 아바타의 행위와 운명은 그의 가상의 주체성 또는 자아에 의해서가 아니라, 그의 안에서 그리고 밖에서 주어지는 변화무상한 조건들에 의해 결정되는 것이다. 이 아바타는 그러니까 허수아비가 아니며, 변화무상한 또는 만차억별의 조건들로 이루어지는 유일 고유의 개체성을 가지고 움직이는 존재이다. 이렇게 해서 어떤 고착되어 있는 주체성을 대표하는 임자말이 아니라 변화무상한 유동성을 대표하는 풀이말들이 사태 판단의 주축을 이루는 계통에 소속하는 사람들에게는, 'x의 존재론' 또는 그에 따르는 자아 개념이나 세계관을 포용할 수 있는 토대가 이미 주어져 있는 것이다. (140428)

4.

그렇다면 x의 존재론은 풀이말이 판단형식을 주도하는 계통의 사람들만이 하는 사물 또는 사건 인식을 대표할 뿐인가? 그래서 인도 유럽어 또는 한어 계통의 사물 또는 사건 인식이 그러하듯이, 다시금 국한된 상대적 보편성을 지닐 뿐인가? 만약 세상에 몸을 드러내는 것들에게 주어지는 모든 가능한 내재성과 초월성을, x의 존재론의 'x' 이상으로 더 높은 단계 보편성을 지니고 대표할 수 있는 대안의 무엇이 나타난다면 그렇게 상대화될 것이다. 그때까지 x의 존재론은 지상에서 제1의 보편성을 대표하는 것이다.

그러나 반드시 그런 것은 아니다. 애초에 x의 존재론이 한국말본을 바탕으로 해서 그의 정당성을 얻었는가? 한국말본이 없다면 x의 존재론도 사라질 것인가? x의 존재론은 일부의 이론가들이 주장하는 '언어결정론'(linguistic determinism)에 의지해서 얻어낸 결론이 아니다. 오히려 한국말본의 판단형식은 그것이 세상에 출현하기에 앞서 어떤 다른 계통의 그것보다 더 오랫동안, 말하자면 수십만 년 동안 인류가 그들의 자연환경 또는 세계에 대해 그런 패턴으로 인식하며 판단하고 반응하며 행동해서 살아남는 데에 성공했다는 증거로서 남겨진 화석 같은 자격을 갖는 것이다.

그러니까 한국말본의 판단형식은 아마도 개체생명들이 출현해서 처음으로 갖추게 되었던 원시 단계의, 그러나 오늘까지도 유효한 가장 기본적인 인식과 행동 패턴일 수 있는 것이다. 그런 패턴의 사물 또는 사건인식과 그에 따르는 존재양식의 저러한 통시적 보편성 (diachronic universality)을 바탕으로 하는 x의 존재론은 그것이 지향하는 제1의 보편성에 다가갈 수 있는 가장 높은 가능성을 품고 있는 것이다. (160918)

1. 왜 미미한 것들에 대하여 말하는가? 여기저기서 다급하게 다가오는
   위기의 현실에서는 그밖에 많은 것들이 미미하게 보일 수 있다. 지
   금 당장의 시야 밖에서 그것들이 숨을 죽이고 있기 때문이다. 너무 작
   아서 미미하게 보일 수도 있고 너무 커서 시야에 안 들어올 수도 있
   다. 세계사 또는 한 국가를 범위로 이루어지는 보통의 역사 곧 거시사
   (macro-history)를 거부하며 미시사(micro-history)의 세계를 들여다보는
   이들에게, '목소리가 없는' 사람들 곧 통계 숫자나 익명으로 처리되는
   존재들은 미미하게 보이지만 때로는 무시할 수 없는 역사의 변수이
   다.(1)

   한 사회학자는 더 나아가 거대한 규모의 제도와 체제에 매몰되어 살
   수밖에 없는 개개인들 속에는 밖으로 표현하거나 공유할 수 없는, 그
   래서 잊혀져버린 사적인 세계와 이야기들이 소외된 채 갇혀 있다고 말
   한다. 이렇게 그 자신의 의식에서조차 추방되어버린(2) 주관의 속생각
   들 또는 무의식은 정말 미미한 것들로 간과되어 때로는 그 자신에게,
   때로는 그가 놓인 사회에, 걷잡을 수 없는 뜻밖의 문제 상황을 일으킬
   수 있는 것이다. 때로는 그런 것들이 모여 한 사회 또는 국가의 혁명
   같은 사태의 흐름을 가져올 수도 있다.

따온글

(1) "미시사는 전통적인 거시적 관점의 사회사에 대항하는 전선을 형성하게 된
다. 거시적 사회사의 관점에서 볼 때 하층민은 '목소리가 없는' 사람들이다. 따라
서 그들은 통계 숫자나 익명으로만 파악되는 존재다."(33쪽) 위르겐 슐룸봄, "미
시사-거시사: 토론을 시작하며,"『미시사와 거시사』, 위르겐 슐룸봄 엮음, 백승종
외 옮김, 서울: 궁리출판, 2001.

2. 과학자들은 일상의 시야 밖의 주변지대에 놓여 있는 것들에 대하여 주의하며 관찰한다. 과학에서의 발견은 주변지대에서 일어나는 작은 예외적 관찰 사실에서 비롯하는 경우가 허다하다. 그러나 일상의 삶에서 사람들은 주어진 현실을 지배하는 힘의 축 곧 중심을 향해 움직인다. 그리고 주변으로 밀려나면 힘의 축이 되는 중심을 향해 주의를 기울일 수밖에 없다. 주변에 놓인 자는 기회를 박탈당할 수도 있고 그의 입장과 주장이 무시당할 수도 있기 때문이다.

그런데 열악한 생활 조건들 가운데에 놓인 주변지대가 생기는 것은 산업화 또는 경제 성장을 추진하는 과정에서 다수의 인구를 배제하는 사회의 배타적 발전 모델에 원인이 있기 때문에, 사회에는 언제나 소외된 주변지대가 있을 수밖에 없다는 이론은 신화에 지나지 않는다고 주장하는 사회학자도 있다.[3] 그런가 하면, 국가가 형성 발전하는 과정에서 변경지대에서 부족생활을 하는 민족을 흡수하기도 하고 그들의 문화와 언어를 통제하는 정책을 시행하기도 하지만, 야만 상태의 탈피를 거부하는 변경지대의 저항을 완전한 통합체제 안으로 끌어들인다는 것은 원래 불가능한 일이라고 역설하는 이론가도 있다.[4] 통합을 거부하는 변경지대 사람들의 삶의 양식과 고유한 전통을 주류 세계에 순응하도록 유도하거나 강제하는 데에는 일정한 한계가 있다는

---

(2) "현대 사회에서 개인은 사적인 삶으로 이루어진 세계와 그가 다양한 역할들을 가지고 참여하는 커다란 공적 제도들의 세계 사이의 확연한 이분법적 분리에 대해 일상적으로 의식하고 있다."(pp. 62-63) "개인과 사회 사이 그리고 주관적인 정체성과 [수행하는] 역할에 따르는 객관적인 정체성 사이의 상호관계는 이제 일종의 투쟁으로 경험되고 있다. 제도들은 자아의 안식처라기보다는 자아를 왜곡하고 변형시키는 억압적인 현실들로 다가오는 것이다. 역할들은 더 이상 자아를 실현시켜주는 것이 아니라 오히려 자아를 타인들에 대해서 심지어 그 자신의 의식에 대해서조차 숨기는 '마야의 베일'로 작동한다."(pp. 86-87) P. Berger, B. Berger & H. Kellner, *The homeless mind*, Penguin Books, 1973, 1977.

것이다.

3. 받아들이기 두려운 사실 또는 진리를 외면하려는 경향이 사람들에게 어느 정도 있는 것은 어쩔 수 없다. 자연의 엄정한 질서를 추적하는 과학자들 또는 장구한 시대의 흐름을 관통해 보며 불가피한 미래를 예견하는 역사가들의 이론과 판단에 저항하는 사람들이 있을 수 있다. 『이기적 유전자』라는 저서에서 개개인의 차원을 초월해서 진행하는 인류의 거시적 운명에 대하여 가장 명료한 설명을 시도한 리처드 도킨스는 독자들로부터 받은 불평과 실망을 그 책의 출판 30주년 머리말에서 소개하고 있다.[5] 그의 유전자 이론이 설명하는 바가 차갑고 음침한 메시지를 담고 있다고 해서 어떤 출판인은 사흘 밤을 잘 수가 없었으며, 어떤 교사는 한 여학생이 눈물을 흘리면서 이 책이 자기에게 인생은 공허하고 아무 목적도 없다는 생각을 갖게 했다고 원망하더라는 보고를 받았다고 도킨스는 술회하고 있다.

---

(3) "… 주변지대는 빈곤한 주거조건들이나 개인 또는 집단의 특성들 때문이 아니라 개발도상국에서 이루어지는 산업화와 경제 성장의 역사적 과정에 뿌리를 둔 사회 형태 때문에 생겨난다. '주변화'(marginalization)는 주요 생산체제로부터 인구의 광범한 부분을 배제하는 기본 특성을 갖는 새로운 개발(또는 저개발) 모델이 낳은 결과이다."(p. 251) Janice E. Perlman, *The myth of marginality: urban poverty and politics in Rio de Janeiro*, Berkeley: University of California Press, 1976.

(4) "국가는 그들을 삼키기는 했어도 소화시키지는 못했다. 국가는 옛 문화와 언어를 파괴할 수 있었고 또 민족을 쉽게 쪼개기도 하고 송두리째 이주시키기까지 했다. 그러나 국가는 탈(脫)부족화한 사람들을 새로운 국민 문화 속으로 통합시키는 데에는 그다지 효율적이지는 못했다. 국가는 변경지대를 향해 확장해 나가기는 했지만 변경지대가 사라지게 하지는 못했다."(479쪽) 잭 웨더포드, 『야만과 문명: 누가 살아남을 것인가?』, 권루시안 옮김, 서울: 이론과 실천, 2005.

그들은 과학자들이 설명하는 진실보다는 그것을 거부하는 어떤 구원의 메시지를 믿고 싶어 할 것이다. 그렇다면 인간이 지구 위에 출현하였다는 사실 자체가 자연에 대해서는 재앙에 가깝다는 이론적 설명은 어떻게 받아들일까?[6] 우리들 곧 인류를 그의 흐름 안에 포함하고 있는 자연의 역사 또는 광활한 우주의 엄연한 진행 방향을 외면하면서 희망적 사고만을 고집한다면, 우리들의 미래는 오히려 더 차갑고 암울하며 어떤 차선의 목적도 찾을 수 없는 공허한 세계가 될지도 모른다.

4. 이 사례에서처럼 경험이 부족한 살모사는 먹이의 크기나 성질을 잘 모르면서도 삼키는 일이 가끔 있다고 한다.[7] 한 포식자가 어떤 먹이

---

(5) "나는 이전에 독자들로부터 받은 두 개의 비슷한 반응을 소개한 적이 있다: '나의 첫 번째 책을 낸 한 외국 출판인은 책을 읽은 후 사흘 밤잠을 이루지 못했다고 고백했다. 책이 담은 차갑고 음침한 메시지에 매우 괴로웠다는 것이다. … … 멀리 떨어진 시골의 한 교사는 책망하는 편지를 보내왔는데, 한 여학생이 책을 읽고는 그에게 와서 눈물을 흘리면서 이 책이 자기에게 인생은 공허하며 아무 목적도 없는 것으로 생각하게 만들었다는 내용이었다.' 어떤 것이 진실이라면 아무리 그게 아니기를 바란다 하더라도 그 진실을 없던 것으로 만들 수는 없다. … … '인생을 살아갈 만한 것으로 만드는 온기를 과학이 빼앗아간다고 비난하는 것은 실로 어리석은 잘못이다. … …'"(p. xiii) Richard Dawkins, *The selfish gene*, 30th anniversary edition, Oxford: Oxford University Press, 2006.

(6) "… [비판적 진화론자인] 외저(Erhard Oeser)는 인간의 출현이 포유동물의 세계에서 심각한 재앙이라고 냉정하게 규정지었다. [그리고] … 더 신랄한 유머가 있다. … 어느 날 지구가 다른 혹성을 만났다. '자네, 얼굴이 영 안 좋아! 어디 아픈 데라도 있는 건가?' 다른 혹성이 물었다. '그러게 말일세. 아무래도 희귀병에 걸린 것 같아. 우리 별에 호모사피엔스가 살거든.' 지구가 끙끙 앓는 소리를 했다. 그러자 다른 혹성이 말을 받았다. '너무 걱정하지 말게. 그 종자들도 얼마 안 있으면 끝장날 걸세.'"(269-270쪽) 프란츠 부케티츠, 『자연의 재앙, 인간』, 박종대 옮김, 서울: 시아출판사, 2004.

를 선택하여 섭취하는 자연의 행위가 어떻게 도덕적으로 정당화될 수 있는지 나는 항상 이해할 수가 없다. 하나의 문화권 또는 사회 안에서는 한 구성원 존재가 다른 구성원 존재를 어떤 형태로든 삼키는 행위는 그래도 법에 의해 또는 도덕의 명분에 의해 (제대로 지켜지고 있지는 않더라도) 마구 자행되고 있지는 않다. 그럼에도 기회가 허락하는 한, 한 나라는 다른 나라를 삼키기 위한 여러 가지 모양의 전략 또는 전쟁을 거침없이 실행하고 있다. 20세기에 들어 메이지(明治) 시대의 일본은 당시에 쇠잔해가는 조선을 치밀한 계획에 따라 삼켰는데, 왜 17세기의 청 태종 홍타이지는 그의 무릎 앞에서 머리가 땅에 닿도록 항복의 절을 하고 있는 인조(仁祖)의 나라, 풍전등화에 다름없던 조선을 그 자리에서 덥석 삼켜버리지 않았을까?[8] 병자란(1636~1638) 속의 조선을 생각할 때마다 그 이유를 되새겨 보지 않을 수 없다.

5. Lawrence M. Kraus, ***Atom: a single oxygen atom's odyssey from the big bang to life on earth ... and beyond***, New York: Little, Brown & Co., 2001. 『외로운 산소 원자의 여행』, 박일호 옮김. 서울: 이지북, 2005.

---

(7) "2013년 5월 14일 골렘 그라드(Golem Grad) 섬에서 … 어린 코뿔살모사(nose-horned viper)가 … 죽은 채로 발견되었는데, 지네(*Scolopendra cingulata*)의 머리가 … 살모사의 아랫배의 껍질을 뚫고 나와 있는 상태였다 …. 나중에 해부를 해보니 뱀의 내장기관이 텅 비어 있었는데(다시 말해서 뱀의 껍질만 남아있을 뿐, 몸속 공간 대부분은 지네가 차지하고 있었는데), 이것을 보고 우리는 먹잇감이 포식자의 소화기관에 화학적 또는 물리적 손상을 입혔다고 추측했다. … 이 사례에서 어린 살모사는 그 자체 사나운 포식자로 알려진 지네의 크기와 힘을 과소평가하는 치명적 실수를 저지른 것으로 추정된다. … … 그러니까 우리는, 살모사가 지네를 산 채로 삼켰지만 거꾸로 먹잇감이 살모사의 몸을 먹어가면서 길을 냄으로써 마침내 탈출하게 되었다는 가능성을 생각하지 않을 수 없다." Dragan Arsovski, et al. "Two fangs good, a hundred legs better: juvenile viper devoured by an adult centipede it had ingested," ***Ecologica Montenegrina***, vol. I, no 1 (3 March 2014).

우리들의 몸을 이루는 부분들은 모두, 그러니까 우주의 역사와 똑같은 긴 시간을 통과해 온 것들이다. 우리들의 몸뿐만 아니라 별과 은하계 같은 실체들은 우주의 끝없이 광활한 시공간을 관통하며 여행하는 수십억 년 된 입자들의 임시 거처들일 뿐이다. 우리들과 우리들이 의탁하고 있는 지구가 사라지면 그것들을 이루고 있던 입자들은 다시 다른 세계의 실체들을 이루는 부분들이 될 것이다. 그렇다면 인간의 주인은 누구인가? 무엇이 나를 움직이는 것인가? 나는 누구의 아바타인가? 세상에 몸을 드러내 살아있는 모든 존재들을 관통하며 이것들의 출현과 일생의 운명을 결정하는 이 영원의 흐름을 무엇으로 대표할 수 있는가?(9)

6. Richard Dawkins, *River out of Eden: a Darwinian view of life*, New York: Basic Books, 1995.

7. 상상은 어떻게 현실의 제약을 벗어나 제멋대로 움직일 수 있는가? 상상은 궁극적으로 영원의 태초에서 비롯하는 기억에 말미암은 것이기 때문이다. 그러니까 모든 가능한 상상과 영원의 기억은 논리적으로

---

(8) "한[청 태종 홍타이지]이 황금 걸상 위에 걸터앉아 … 전하[인조 임금]로 하여금 걸어서 들어가게 하였다. 백 보 걸어 들어가서 삼공육경과 함께 뜰 안의 진흙 위에서 배례하시려 할 때였다. 신하들이 돗자리를 깔기를 청하였는데 임금께서 '황제 앞에서 어찌 감히 스스로를 높이리오' 하고 말씀하셨다. 이렇게 세 번 절하고 아홉 번 머리를 조아리는 예를 행하시자 저들이 인도하여 단에 오르셔서 서향하여 제왕 오른쪽에 앉으시게 하였다. 한이 남향하여 앉아서 술과 안주를 베풀어 놓고 군악을 움직이려고 할 때였다. 한은 전하께 돈피 갖옷 두 벌을 드리고 대신, 육경, 승지에게는 각각 한 벌씩 주었다. 임금이 그 중 한 벌을 입으시고 뜰에서 세 번 절하여 사례하시니 대신들이 또한 차례로 네 번 절하여 사례하였다." (96쪽) 작자 미상,『인조, 청 황제에게 세 번 절하다: 산성일기』, 김광순 옮김, 파주: 서해문집, 2004.

동일한 외연(extension)을 갖는 것이다. 영원의 기억이란 오늘의 물리화학적 분석에 따르면 물질의 정보 저축 성능에 의존하는 것이다. 이를테면 한 개체존재의 활동은 백지상태(tabula rasa)로 세상에 처음 몸을 드러낸 이후 차츰 경험을 쌓고, 그것을 바탕으로 표현함으로써 가능해지는 것이 아니다. 실은 한 세대의 개체존재는 그 이전 세대가 물려준 축적된 정보 곧 'mneme'—플라톤의 형이상학에서 초월의 경계로 풀이되었던 전생(前生)의 기억—를 가지고 그의 삶을 시작한다. 이 'mneme'의 정보 축적 과정에 대한 생리학 레벨의 분석을 시도한 리하르트 볼프강 제몬의 독창적인 연구는 20세기 유전학 이론의 바탕을 놓았다고 할 만한 것이다.[10]

20세기 후반에 전성기를 누린 유전학의 이론가 리처드 도킨스는, 현생을 살아가는 개개인은 지질학적 시간대를 통과해가는 유전자들의 수레(vehicle) 구실을 하는 존재라고 말한다. 한 개인의 몸 안에서 움직이는 그의 유전자들은 불멸의 존재로서 단지 한 개체인 그의 것이 아니다. 유전자들은 잠시 현생에 나타난 한 개체의 몸 안에서 머물다가 다음 세대의 몸 안으로 들어가 그들의 특성들을 다시금 다른 모양으로 재조합하며 무궁한 변형을 시도해 나아가는 것이다.[11] 현생은 전생으

---

(9) "우리들 몸의 가장 작은 부분들은 우주 그 자체만큼이나 긴 역사를 가지고 있다. 에너지가 물질로 변환한 데서 시작하여 빅뱅 직후에 수소 원자들이 생겨났고 그것들이 재결합하여 별과 초신성을 이루는 더욱 큰 원자들을 만들어낸 것이다. …… 하나하나의 은하, 별, 또는 하나의 인간은 [이전에] 존재했던 것들의 탄생과 소멸을 통과해서 광활하게 펼쳐진 시간과 공간을 가로질러 온 입자들의 일시적인 소유주인 것이다. 우리들을 만들고 있는 입자들은 수십억 년의 우주를 여행해 온 것이며, 그 입자들은 우리들과 우리들의 행성이 사라진 이후에도 오랫동안 또 다른 세계들의 부분을 이루게 될 것이다."(p. 33) Neil Shubin, *The universe within: discovering the common history of rocks, planets and people*. New York: Pantheon Books, 2013.

로부터 물려받은 영원의 기억의 재현이고 변형이며 상상이다.

8. 상상은 어떻게 현실의 제약을 벗어나 변화무상하게 움직일 수 있는 것일까? 상상은 영원의 기억에 말미암은 것인데 그 영원의 기억은 닿을 수 없는 과거로부터 무한히 반복되어온 무궁한 재현, 무궁한 변형의 누적에 다름 아닌 것이다. 그러니까 상상의 자유로운 느낌은 영원의 기억이 저장하고 있는 무궁한 재현, 무궁한 변형 가능성에서 일어

---

(10) "모(母)유기체로부터 막 분리되어 나온 단세포 단계의 개체는 개체 기억소(mneme)만 두고 보면 처녀지 상태이다. 하지만 … 개체는 물려받은 흔적들, 실로 적지 않게 축적된 흔적들(engrams)을 이미 지니고 있다. 따라서 이 지구상에는 새롭게 자발적으로 나타난 유기 물질이란 없기 때문에, … 백지상태(tabula rasa)로 간주하고 검토할 만 한 단 하나의 유기체도 없다. 생식세포 역시 과거 어느 시점에는 모체의 일부분이었고 또 그 모체의 기억소를 공유하고 있기에, 모체로부터 분리되어 새로운 개체 상태로 이행했다고 해서 그 자신의 [물려받은] 기억소를 완전히 지워버리는 것은 아니다."(pp. 31-32) "조상의 발생 과정을 후손들 각 세대가 거의 동일한 방식으로 되밟는 것은, 개체발생에서 기억소의 작용이 일으키는 명백한 결과인 것이다."(p. 291) Richard Wolfgang Semon, *The Mneme*, trans. Louis Simon, London: George Allen & Unwin, 1921.

(11) "유전자의 입자적인 특성이 갖는 또 하나의 측면은 그것이 노화되지 않는다는 점이다. 유전자가 백만 년의 나이를 먹었다고 해서 백 년의 나이를 먹은 유전자보다 더 쉽게 죽는 것은 아니다. 유전자는 세대를 거치면서 몸에서 몸으로 옮겨 가는데, 자기만의 목적을 위해 자기만의 방식으로 몸을 조종하고, 몸이 노화하고 죽음에 이르기 전에 그 죽을 몸들을 순차적으로 포기함으로써 그렇게 한다. 유전자들은 불멸의 존재들이다 …."(p. 34) "유전자들은 파괴되지 않는다 …. … … 유전자들은 [자기]복제자들이며 우리들은 유전자들의[유전자들을 위한] 생존기계이다. 우리들이 우리들 자신의 목적에 힘쓰고 있을 때조차 우리들은 버림받고 있는 것이다. 반면 유전자들은 지질학적 시간대를 사는 거주자들이다. 유전자들은 영원하다."(p. 35) Richard Dawkins, *The selfish gene*, 30th anniversary ed., Oxford: Oxford University Press, 2006.

나는 것이다. 그렇게 일어나는 무궁한 재현, 무궁한 변형, 따라서 무궁한 상상의 가능성이 우리들 몸속에서 움직이지 않았다면, 18세기 영국의 철학자 흄이 '미래에 어떤 결과를 반드시 가져올 필연의 원인을 찾을 수 없다'는 회의적 태도를 취할 수 없었을 것이다. 같은 원인에서 다른 결과가 나타날 수 있다는 상상을 무슨 근거에 의해서 할 수 있는 것일까? 인과관계의 필연성에 논리적 근거가 없음을 주장하기에 앞서 영원의 기억에 의한 무한의 상상이 있기에 흄은 반복하여 일어나는 어떤 두 사건 사이에서도 필연의 고리를 찾을 수 없다고 주장할 수 있었던 것이다.[12]

인도에서 고대로부터 전해 오는 지혜의 고전 『바가바드기타』에서도 우리는 행동할 수 있는 권리를 가질 뿐 그로부터 기대하는 보상으로서 어떤 결과를 요구할 권리가 없다고 말한다.[13] 여기서도 어떤 기대하는 결과를 필연적으로 가져다 줄 원인을 찾는 것은 불가능할 뿐만

---

(12) "두 개의 대상이 필연적으로 함께 연결되어 있다고 말할 때, 우리들이 갖고 있는 필연의 관념은 무엇인가."(Bk I. sec. xiv) "어떤 과거 인상[인과관계]의 단순한 반복으로부터 비록 그것이 영원히 반복하더라도 필연적인 관계와 같은 어떤 새로운 관념이란 결코 발생할 수 없을 것이다. …. … 어떤 대상들이 항상 연합하는 것을 관찰한 다음에 우리들은 언제나 한 대상으로부터 다른 대상을 추리하곤 하는데, 이제 이런 추리의 본성에 대해 검토할 필요가 있다. … 아마도 결국에는 추리가 필연적인 관계에 바탕을 두고 있다기보다는 필연적 관계가 [연상(聯想)이라는] 추리에 의지하고 있다는 것이 드러날 것이다."(Bk I. sec. vi) David Hume, *A treatise of human nature*, ed. L. A. Selby-Bigge, Oxford: Oxford University Press, 1888, 1965.

(13) "그대에게는 오로지 행하는 권리만 있을 뿐 그 과실[보상]에 대한 권리는 없으니; …." "신의 목적을 기꺼이 이루고자 하는 선한 의지 외에는 고려할 것이 아무것도 없다."(II-47 & note by S. R.) *The Bhagavadgita*, 2nd ed., trans. & notes. S. Radhakrishnan, London: George Allen & Unwin, 1949.

아니라 부당하다는 것을 시사한다. 또한 그러한 기대는 현실의 제약을 받지 않는 상상의 무한한 자유의 뿌리 곧 영원의 기억이 저장하고 있는 무궁한 변형, 무궁한 재현 가능성에 어긋나는 것이기도 하다.

이러한 무한의 변형 또는 재현가능성을 깊이 인식한 또 하나의 이야기를 담은 「전도서」는 이렇게 말한다. "발이 빠르다고 달음박질에 우승하는 것도 아니고 힘이 세다고 싸움에서 이기는 것도 아니며 … …."[14] 그렇게 조건으로서의 원인과 그로부터 일어날 결과 사이에서 우리들이 기대하는 필연의 관계는 완전히 해체된다. 많은 경우에 결과는 일상의 범위에서 발휘하는 상상 밖에서 일어난다. 신약성서에 등장하는 가장 뛰어난 설교자 바울은 하느님은 자리가 낮고 무시당하는 것들 곧 없는 것들(what is not)을 가지고 있는 것들(what is)을 물리치신다고 말하였다.[15]

이 모든 이야기들은 일상의 연결 고리를 끊으며 기대하는 범위 밖에서 격파해 들어오는 모양의 진리 $X(\ )$를 설명하고 있는 것이다.

9. 논리적 원자론을 제안한 버트런드 러셀과 영원회귀를 말한 니체와 무아를 가르친 붓다는 무엇을 공유하고 있는가? 그들은 인도유럽어 계통의 문법을 공유하며 그럼에도 그에 따르는 형이상학 또는 세계관을

---

(14) "발이 빠르다고 달음박질에 우승하는 것도 아니고 힘이 세다고 싸움에서 이기는 것도 아니며 … … 사람은 아무도 자기가 죽을 날을 모른다. 모두들 그물에 든 물고기 같고 덫에 치인 새와 같은 신세라, 갑자기 액운이 닥치면 벗어날 길이 없다."(「전도서」 9:11-12)『공동번역 성서』, 서울: 대한성서공회, 1977.

(15) "하느님은 이 세상의 낮은 것들과 무시당하는 것들 곧 없는 것들을 택하여 있는 것들을 폐하시니, 이는 아무도 하느님 앞에서 자랑하지 못하게 하기 위해서다." *1 Corinthians* (King James Version) 1:28-29.

반성 비판하고 있다. 그들은 한 판단에서 주어 자리에 있다고 상정하며 전제하는 존재의 실체성 또는 정체성에 대하여 의문을 제기하는 데서 일치한다. 따라서 그들은 자기들 이전으로부터 내려오는 전통의 형이상학에서 말하는 현상 배후의 실재, 그리고 더 나아가 자아의 실체성을 함께 거부하고 있는 것이다.

이른바 명사(noun)라는 것은 세상에 있는 사물들 또는 사물들의 종류를 가리키며 대표한다. 그래서 보통명사(common noun)는 대개 무한의 많은 것들을 포괄해서 대표하며 묘사하는 구실을 하지만, 고유명사(proper noun)는 세상에 있는 한 특정한 유일의 존재를 가리킨다. 그럼에도 논리적 원자론에 따르면 세상에 유일하게 존재하는 한 특정의 것을 가리키는 고유명사조차, 사물들을 포괄해서 대표하며 묘사하는 보통명사 곧 술어들의 집합에 지나지 않는다는 것이다. 이를테면 한 특정한 유일의 존재 '소크라테스'는 '플라톤의 스승' '독배를 마신 철학자' 또는 '논리학자들이 즐겨 거론하는 죽음을 피할 수 없는 인물'(the person whom logicians assert to be mortal)과 같은 서술어들의 조합으로 대체할 수 있다는 것이다.

그렇다면 주어 자리에 있을 수밖에 없던 '소크라테스'라는 존재는 서술어 또는 술어들의 자리로 옮기게 되는 것이다.[16] 그렇게 주어 자리에 있음으로 해서 온갖 서술 또는 묘사의 대상으로 전제되었던 존재의 주체성 또는 실체는 다만 서술어 또는 술어들의 조합으로 해소되어 버리고 그 자리에는 아무것도 남지 않게 된다. 진실로, 주어 자리에는 아무것도 남아있지 않을까? 그것이 x의 존재론이 제기하는 의문이며 문제이다.

그러나 러셀 자신이 인정했던 것처럼 주어 자리에 있는 그것으로부터 그것을 대체하는 서술어 또는 술어들을 들어내고 다시 들어내도 끝없이 다시금 서술어 또는 술어들을 뿜어내는 무엇인가가 그 자리에 남아있을 수 있다. 그렇게 주어 자리에 놓인 한 현실의 존재 그것은 술어들로의 완전한 해소에 영원히(analysis ad infinitum) 이를 수 없는 것이다.[16] 술어들로의 완전한 해소를 불가능하게 하는 주어 자리의 존재 그것은 무엇인가? 그것이 바로 영원의 기억을 품고 있는 x라고 일컫는 것이다.

그럼에도 러셀은 영원회귀를 말하는 니체와 함께 경험 아니면 관찰 가능한 세계 너머의 형이상학적 실재 또는 실체 같은 것은 인간의 판단 형식에 의해 나타나는 허구에 지나지 않는다고 말한다. 니체 또한 피안의 세계에 있다고 사람들이 믿는 실체, 영혼, 자아 같은 것은 인도유럽어 계통의 술어들에 대응하는 주어 개념에 이끌려 상정된 형이상학적 허구라고 주장한다. 그는 나아가 주어 개념이 가장 미미하게 발달한 우랄알타이 계통의 언어를 사용하는 철학자들은 이와는 다르게 세계를 이해할 것이라고 추정하고 있다.[17]

---

(16) "나의 원칙을 '논리적' 원자론이라 일컫는 까닭은, 내가 분석 과정에서 마지막으로 도달하고자 하는 원자가 논리적 원자들을 가리키는 것이지 물리적 원자들을 가리키는 것이 아니기 때문이다. 그것들 중 일부는 내가 특정한 것(the particular)이라 부르는 것들—소리나 색깔의 작은 조각들, 그런 순간적인 것들—일 것이고, 다른 일부는 술어들이나 관계들 같은 것일 것이다."(p. 179) "우리들이 일상에서 쓰는 '소크라테스'와 같은 이름들은 실제로는 서술들(descriptions)을 대신하는 약호(略號)이다. 그 뿐만이 아니다. 그 서술들이 서술하는 것은 특정한 것들이 아닌 유들이나 계열들의 복합적 체계로서 … … '플라톤의 스승' '독배를 마신 철학자' 또는 '논리학자들이 즐겨 거론하는 죽음을 피할 수 없는 인물'과 같은 문구들이다."(pp. 200-201) "… 전통 철학의 상당 부분은 모든 명제가 주어-술어 형식을 띠고 있다는 가정에 의존하고 있는데, 이 가정은 확실히 사실이 아니다. 이 가정은 전통 형이상학과 실체의 오래된 관념과 절대자에 관한 이론의 상당 부분을 지배하고 있다 …."(p. 207) Bertrand Russell, *Logic and knowledge: essays 1901-1950*, ed. Robert C Marsh, London: George Allen & Unwin, 1956, 1977.

이렇게 러셀과 니체 그리고 이미 오래 전에 역사적인 배경을 전혀 달리하는 인도의 붓다까지도 피안의 세계에 상정하는 형이상학적 실재를 인정하지 않는다. 그들은 경험 세계 너머에 있을 수 있는 피안의 실재를 담론의 영역에서 제거해 버린다.[18][19] 경험 세계 너머에서 피할 수 없이 다가오는 미지의 신호를 그들은 외면하는 것이다. 과연 경험 세계 너머에는 아무것도 없는가? 그런 생각 역시 자기들이 임의로 구축한 하나의 관념 세계에 스스로 갇히는 행위가 아닐까? 이는 칸트가 말하는 이른바 선험주의 관념론을 지나쳐서 배타주의 관념론에 빠지는 태도에 다름 아니다. 관념의 세계 너머로부터 때로는 파격 ㄱx의 모양으로, 때로는 격파 $X(\ )$의 모양으로 다가오는 충격 그런 미지의

---

(17) "실체 개념은 주체[또는 주어]라는 개념에서 추론한 결과이지, 주체 개념이 실체 개념에서 나온 것은 아니다! 우리들이 영혼 곧 '주체'를 포기한다면, '실체'라는 일반 개념의 전제조건은 사라지고 말 것이다."(§ 485) Friedrich Nietzsche, ***The will to power***, trans. W. Kaufmann & R. J. Hollingdale, New York: Vintage Books, 1968.

"인도와 그리스와 독일의 철학적 사유들 사이에 단일한 가족 유사성이 발견되는 이유는 쉽게 설명할 수 있다. … … 우랄알타이어(주어 개념이 미미하게 발달한) 지역의 철학자들은 세계를 전혀 다르게 들여다볼 개연성이 매우 높으며, 인도게르만족이나 무슬림들과는 다른 경로를 걸어왔을 가능성이 매우 높다 …." (§ 20) Friedrich Nietzsche, ***Beyond good and evil***, trans. R. J. Hollingdale, Penguin Books, 1973.

(18) "신을 야훼, 알라, '사랑의 하느님', 브라흐마, 프라자파티[창조주], 브라만, 절대자 중 무엇으로 부르든 간에, 또는 '신의 그림자'를 영혼, 아트만, 지바[생명], 원자, 물자체, 자아, 실체 중 무엇으로 부르든 간에, 니체와 불교는 그런 개념들이 허구라는 데 동의한다. 니체의 어휘를 빌리자면, 양자[니체와 불교]는 '영원히 지속되는 [어떤 종류의] 실체'란 없으며 인간에게 본질이란 없다고 주장한다." (p. 131) Robert G. Morrison, ***Nietzsche and Buddhism: a study in nihilism and ironic affinities***, Oxford University Press, 1997, 1999.

신호에 노출하여 있지 않는 자가 과연 세상에 있는가?

칸트 또한 관념 밖의 물자체의 영역을 인정하였음에도 그로부터 다가오는 신호, 그런 미지의 신호와의 관계를 외면하여 버렸다. 그가 말하는 감성과 범주 형식은 변함없는 선험적인 자리를 지키기 때문에 그 밖의 물자체로부터 다가오는 어떤 파격 또는 격파의 신호도 받지 않을 수 있다고 생각하는 것이다. 러셀, 니체, 붓다, 칸트는 모두 인간의 관념 또는 현상계 너머로부터 불어오는 신호 그런 미지의 세계에 대해 맺고 있는 현실 존재의 관계를 제대로 정리하지 못하였다. 그들은 그들의 전통으로부터 물려받은 형이상학적인 우상들을 파괴하는 논리적 추론을 과도하게 밀고 나아가 관념 만능주의에 함몰하여 버린 것이다. 그렇다면 니체 자신이 예상하였던 것처럼, 인도유럽어 계통 안에서 피할 수 없었던 형이상학적 허구 아니면 관념 만능주의라는 선택지 밖으로 나가서, 보다 현실에 가깝게 미지의 실재와 기지의 관념 사이의 상호 배타적이 아닌 대화 교류의 관계양식을 우랄알타이어 계통의 세계 안에서 찾을 수 있을지도 모른다.(풀이말 10 보기)

10. 우랄알타이어 계통의 세계 안에서 찾을 수 있는 형이상학 또는 존재론으로는 어떤 모양의 것이 있는가? 중국어의 한 이론가는 중국어가 지닌 특성을 밝히기 위하여 한국어와 일본어를 포함하는 공통점

---

(19) "깨달은 자가 죽음 후에 처하는 상태에 대해 붓다가 침묵을 지킨 이유가 바로 여기에 있다고 우리는 믿는다. 그것은 또한 붓다가 두 가지 형이상학의 이론을 거부한 이유도 설명해준다. 그 하나는 아트만(Atman)이라는 개념이고, 다른 하나는 깨달은 자가 죽음 이후에 초월적 단계의 존재에 도달한다는 이론인데, 후자의 단계는 우파니샤드에서 말하는 브라만(Brahman)과 일체가 되는 단계를 말한다. 이렇게 붓다의 침묵은 개념들의 한계보다는 [이러한 형이상학에 대한] 경험주의의 한계 자각에서 온 것이다."(p. 180) David J. Kalupahana, *Causality: the central philosophy of Buddhism*, Honolulu: The University Press of Hawaii, 1975.

에 대하여 말한다. 그런데 그는 그 공통점에 대하여 논의하기에 앞서 중국어, 한국어, 일본어와 극명히 대비되는 인도유럽어 계통의 영어와 불어의 특성에 대하여 말한다. 영어와 불어는 '문장 주도의' 언어('sentence-oriented' language)이기 때문에 주어-술어의 일치를 요구하며 따라서 주어를 생략할 수 없다. 그리고 스페인어나 이탈리아어의 술어는 이미 생략한 주어의 수와 인칭을 포함하며 표현하므로 이 언어들도 주어를 완전하게 생략하는 경우라고 볼 수가 없다는 것이다. 그러나 주어-술어의 일치 관계를 가리키는 표지를 갖지 않을 뿐만 아니라 주어를 흔히 생략할 수 있는 중국어, 한국어, 일본어는 문장 주도가 아닌 '담론 주도의' 언어('discourse-oriented' language)이기 때문에 주어 또는 특히 주제어 생략(Topic NP Deletion)이 허용된다는 것이다.[20]

그런데 우랄알타이어 계통의 특성을 많이 공유하는 한국어의 주어 생략 행위를 고립어 계통인 중국어의 주어 또는 주제어 생략의 동기에

---

(20) "… 이탈리아어와 스페인어는 [과거, 현재, 미래를 표현하는 문장의] 주어 자리에서 대명사를 생략하는 것을 허용하는데, 그것은 이들 언어에 동사와 주어의 일치를 표현하는 풍부한 체계가 있기 때문이다. 동사에 의한 일치 방법이 충분히 있기에 생략된 주어의 내용(즉 지시대상)을 언제든 결정하거나 복구할 수 있다. 이와 달리 영어와 불어의 일치 체계는 다소 퇴화되어 있다. 동사로 보여줄 수 있는 일치 방법이 빈약하여 빠진 주어의 내용을 확인하기가 어렵기에, 주어를 대신하는 대명사를 생략할 수 없는 것이다." "중국어는 '담론 주도형' 언어이며 영어는 '문장 주도형' 언어이다. … [이런] 특징은 일본어, 한국어 등에도 충분히 적용할 수 있을 것이다. '문장 주도형' 언어에서는 드러나지 않는 독특한 특징들의 복합구조가 '담론 주도형'으로 분류될 수 있는 언어들에서 나타난다는 사실에서 이런 형태론적 표지를 만들어내는 동기를 찾을 수 있다. 이런 특징들 가운데 하나로 … 담론 주도형 언어에는 문장 전반을 지배하는 주제어 명사구 생략(Topic NP Deletion)의 규칙이 있다는 사실이다." C.-T. James Huang, "On the distribution and reference of empty pronouns," *Linguistic Inquiry*, vol. 15, no. 4 (Autumn 1984), pp. 531-574.

의해 설명하기는 어려운 데가 있다. 말하자면 한국어의 주어 생략 행위는 그것이 담론 주도의 언어이기 때문에 허용되는 것이라고 볼 수 없는 데가 있다.

한국어에서 주어 생략 행위의 깊은 동기는 다른 데서 찾아야 한다. 말하자면 한국말에서 주어 자리에 있다고 상정하며 언급하는 그것의 실상 곧 진리값을 문장 또는 판단이 끝날 때까지 보류할 수밖에 없기 때문이라고 보아야 한다. 내가 상정하며 언급하고자 하는 그것을 미리 토를 박아서 딱히 무어라고 명시하는 것은, 기다리며 더 듣고자 하는 자의 말법이 아니다. 기다리며 더 듣고자 하는 것, 그것은 아직 그 정체를 알 수 없는 어떤 것 x이다. 일상에서 우리들은 담론의 제목을 먼저 걸고 이야기를 펼칠 수도 있지만 이야기를 다 한 다음에 거기에 들어맞는 제목을 붙일 수도 있는 것이다. 사실, 우리들의 오고가는 이야기가 다 끝나기까지 정확하게 무엇에 대하여 이야기하고 있는지 그것을 정의할 수 없을 때가 많다. 그러므로 우리의 말은 주어라고 일컫는 것이 주도하는 것이 아니라 술어 곧 풀이말이 주도하는 것이라고 보는 것이다.

그래서 한국의 국어학자 허웅은 한국어의 풀이말은 영어와 같은 계통의 [그리고 중국어까지 포함하는] 경우와는 달리 그 무궁한 형태적 변화 가운데서 많은 의도와 관념을 나타낸다고 말하고 있다.[21] 북한에서 문장론을 이론화하고 있는 김영황도 주어의 수, 인칭, 성 같은 것으로 술어의 형태를 지배하며 주도하는 영어나 러시아어와는 달리 조선어의 술어는 문장의 맨 끝에 놓임으로 해서 주어를 비롯한 그 밖의 문장 성분들을 지배하며 주도한다고 말한다. 이렇게 북한의 문법이론가들은, 주어와 술어 사이의 종속과 주도의 관계가 없는 중국어의 문법으로부터도 다시 이별하는 독립의 이해방식을 펼치고 있다.[22]

이렇게 술어 곧 풀이말이 주도함으로써 여기에 주어 곧 임자말 자리에 놓인 것이 매달리게 하는 한국어의 어법은 대개 같은 계통의 언어라고 여겨지는 일본어에서도 그대로 통하는 것이다. 이러한 사실은 일본문

---

(21) "우리말의 풀이씨 활용은 많은 말본의 관념을 나타내도록 되어 있다. 이를테면 '그분이 가셨겠습니다.'란 월에서 '가셨겠습니다'는 뿌리 '가'에 가지인 '으시' '겠' '습'과 '니다'가 붙어서 한마디를 만들고 있는데, 이로 말미암아, 이 말의 주체인 '그분'을 말할이가 높이는 일, 이 움직임이 이미 끝났음, 그 끝났음을 추측하는 일, 말할이가 이 말의 들을이를 높이고 있는 일, 그리고 말할이는 들을이에게 자기의 뜻을 베푸는 데 그친다는 것(대답을 요구하거나 들을이의 행동을 요구하거나 하지 않음) 따위, 많은 말본의 관념을 나타내고 있다. 영어 같은 말에서는 한 형태적 짜임새 안에 이렇게 많은 말본의 관념이 포함되는 일이 없다."(188쪽) 허웅, 『국어학: 우리말의 오늘, 어제』, 서울: 샘문화사, 1983, 1993.

(22) "조선어에서 주어가 술어를 문법적으로 지배하는 경우란 없다. 영어나 로어의 경우에는 주어가 문법적으로나 구조적으로 술어를 지배하는 문장의 구조적 중심으로 되며 술어는 인칭, 수, 성 등 형태상으로 주어의 지배를 받으면서 구조-문법적으로 주어에 종속되어 있다. 그러나 조선어에서 주어와 술어의 호상관계는 외국어의 경우와 다르다. 조선어에서 술어는 구조-문법적으로 가장 중요한 문장 성분으로서 문장의 맨 끝자리에 놓이며 주어까지 포함한 다른 성분들을 그에 종속시키는 항구적인 주도적 성분으로 된다. … … 조선어에서 주어는 문장구성의 필수적 요소가 아니다. 만약 주어가 문장구성의 필수적 요소라고 한다면 주어 없는 문장은 모두 불완전문이 될 것이다. … 그러나 조선어에서 주어 없는 문장은 그 사용빈도에 있어서 절대적이며 또한 주어가 없다고 해서 전형적인 문장 구성을 방해하는 일이 없다."(86-87쪽) 김영황, 『문화어문장론』, 평양: 김일성종합대학출판사, 1983.

"조선어에서 볼 때 상관관계를 맺는 두 성분 사이에서 중심어는 언제나 예외 없이 뒤에 놓이는 것이 사실이다. 문장에서 다른 문장 성분들의 위치는 아주 자유로우나 술어만은 언제나 절대적 위치에서 다른 성분들을 지배한다. 즉 술어는 문장의 맨 끝에서 다른 성분들을 통솔하는데 이것은 술어의 비의존성을 증명해 주는 것으로 된다."(362쪽) 리귀배, 『조선어문법리론』, 연길: 연변인민출판사, 1989.

학에 대한 서구 전통의 이론가이면서 일본어 문법을 해설하고 있는 제이 루빈 교수의 탁월한 통찰에서 확인되고 있다. 그는 어떤 이유에 의해서 주어 자리에 있어야 하는 인물이나 사물이 사라지거나 보류되는지 물으며 해답하려고 한다. 그것은 필수적이 아니며 생략될 수 있다. 일본어는 거꾸로 움직이면서(working backwards) 이해해야 한다고 그는 말한다. 언제나 문장의 맨 끝에 놓이는 술어를 가지고 그 앞에 놓이는 그 밖의 모든 문장 성분들을 짐작하고 이해해야 한다고 일본어 학습의 초보자에게 충고한다.[23]

이러한 언어에서는 마지막을 마무리하는 술어가 거기까지 보류된 주어 또는 주제어의 정체성을 결정하는 것이다. 주어 자리에 있는 그것의 정체성은 미지의 항 x로 보류된 상태에 있는 것이다. 오래 전에 한국에 파견되어 거기서 사람들의 일상을 관찰했던 아일랜드의 신부 휴 맥마흔은 그렇게 미지의 항을 x로 보류하는 태도를 '미지의 것들에게 양도함'(Deference to the unknown)으로 표현했다.[24]

그런데 x 그것은 '현재' 안에도 있고 '현재' 밖에도 있는 것이다. 그리

---

(23) "나는 일본 사회가 고도로 개인주의적인 사회임을 논하려는 것이 아니다. 사람만이 아니라 연필, 신문, 도미(sea bream) 같은 것이 어째서 언어상의 발화에서 사라질 수 있고 그리고 사라지는지를 설명하기 위해서는, 그 사회를 살펴보는 것 이상이 필요하다고 나는 생각한다."(p. 29) "일본어 동사가 온갖 표현과 수식구들을 늘어놓은 다음에 비로소 나타난다 하더라도, 걱정하지 말라. 일본인들도 같은 문제를 겪고 있다. 그들도 자기들 언어를 거꾸로 가는 방향으로 이해한다 …."(p. 106) "나는 학생들에게 일본어 문장을 분석할 때 주동사(the main verb)를 먼저 확인하라고 말한다. 주동사는 대개 문장 끝에서 쉽게 찾을 수 있는데, 그 다음에 문장의 시작과 종결 사이에서 핑퐁 게임을 하듯이 거꾸로 가며 주어와 목적어와 그 밖의 것들을 찾게 하는 것이다 …."(p. 129) Jay Rubin, *Making sense of Japanese*, New York: Kodansha, 1998, 2012.

하여 현재 내재의 추리 또는 현재 초월의 추리를 동원하여 x의 정체성을 모색하며 행동하는 것이다.(05. "추리는 어떻게 갈라지나," 『서양의 논리, 동양의 마음』 보기) 보류되어 있는 상태의 x 그것의 정체성은 때로는 ¬ x에 의하여 때로는 $X($ $)$에 의해 결정될 것이다. 고대 그리스와 그 전통에 소속하는 철학자들 그리고 중국 전통의 철학자들은 그럼에도 x 그 것의 정체성을 Xx라는 일차원적 정합주의 또는 집체주의 범주체계들 가운데서 자리매김하려고 했다.

고대의 중국 전통에서도 그리스 전통에서도 철학자들은 그들의 일상 언어 체계에다가 그들의 철학적 진리의 뿌리를 심었다. 'x의 존재론' 은 적어도 그의 철학적 진리를 일상언어를 벗어난 영원의 매체 곧 제1 언어의 길을 따라 모색하고 있는 것이다.

11. 그렇다면 이렇게 내재성과 초월성의 종속 변수로서 이루어지는 현 실의 모양을, 주어가 아닌 술어 또는 풀이말의 주도 아래 그 밖의 성분

---

(24) "미지의 것들에게 양도함: … … 내가 '아주머니'에게 왜 집에 수건이 하나도 없냐고 물으면, 아주머니는 "그러게요, 수건이 모두 어디로 갔지?"라면서 마치 수건들이 우리 둘에 대해 음모라도 꾸민 듯이 대답하는 것이다. … … 이것이 나의 불평을 회피하는 괜찮은 방법이라는 점을 제쳐놓고 보면, 여기에서는 한낱 물질적인 대상들을 마치 그 자신들의 삶과 의지라도 가진 듯이 대하는 보기 드문 존중의 태도를 볼 수 있다. 현대 세계에는 이 같은 존중의 여지가 남아있지 않다. 사물들은 부르는 대로 사용되어야 하고 그렇게 하도록 기대될 뿐 그밖에는 아무 것도 없다. … … 옛말에 이르기를, "기도할 때는 모든 것이 하느님에게 달린 것처럼 기도하고, 행할 때는 모든 것이 당신에게 달린 것처럼 행하라"고 했다. 우리 아주머니가 셰익스피어를 알았다면 이렇게 덧붙였을 것이다. "호레이쇼, 하늘과 땅 사이에는 자네의 철학으로 상상하는 것보다 훨씬 많은 일들이 있다네." (pp. 126-129) Hugh MacMahon, *The scrutable oriental*, Seoul: Sejong Corporation, 1975.

들을 정리하는 계통의 언어는 어떤 모양으로 함축하고 있는가? 첫째로는 주어 자리에 놓여 있을 만한 것이 그 정체성을 미리 갖추고 있지 않다는 점을 들 수 있다. 주어 자리에 있는 미지의 x가 그 다음에 올 성분들에 의해 다시 정의되기를 기다리고 있는 것이다. 둘째로 그 언어 체계는 x로서 간직하고 있는 무궁한 가능성 곧 영원의 기억과 그의 상상에 의해 파격의 모양 $\neg x$를 연출하는 변화를 예상하고 있다는 것이다. 셋째로는 그렇게 연출하는 변화가 한계에 부딪힘으로 일어나는 굴곡 또는 격파의 흐름 $X(\ )$를 풀이말의 접합기능 또는 마디이음(agglutination)—풀이말의 주도 아래 다른 성분들을 정리하는 계통의 언어가 구사하는 기능—으로 대표하고 있다는 것이다.

12. 삼켜도 그것이 삼키는 자의 것이 될 수 없다고 하는 궁극의 이유는 그것이 우리들의 출현과 일생의 운명을 관통하며 결정하는 영원한 흐름의 부분이라는 데 있다. 그런데 그 영원의 흐름 자체란 무엇인가? 영원의 기억과 그로 말미암은 상상의 활동이라고 말할 수 있다. 그렇다면, 이러한 영원의 흐름을 무엇으로 대표할 수 있는가? 그 영원의 흐름을 관통하며 지배하는 법칙은 무엇으로 설명할 수 있는가? 20세기의 뛰어난 과학 이론가였던 칼 포퍼에 따르면, 과학과 같은 궁극의 진리 탐구의 분야에서 '설명'이라는 것은 운명적으로 '기지의 것을 미지의 것에 호소하며 그것에로 환원하는 것'(the reduction of the known to the unknown)이 될 수밖에 없다고 한다.[(25)] 그렇다면 삼켜도 그것이 삼키

_____

(25) "과학적 설명이란 미지의 것을 기지의 것으로 환원하는 것이라고 흔히들 말한다. 순수 과학에 관해서 이것처럼 진실에서 멀리 떨어진 것은 없다. 과학적 설명이란 그와 반대로 기지의 것을 미지의 것으로 환원하는 것이라고 모순 없이 말할 수 있다. 순수 과학에서 … 설명이란 언제나 가설들을 더 높은 단계의 보편성을 갖는 다른 가설들로 논리적으로 환원하는 것이다. 다시 말해서 기지의 사실들과 기지의 이론들을, 우리들이 아직 아주 조금밖에 알지 못하고 있고 여전

는 자의 것이 될 수 없게 하는 영원의 흐름 그것은 미지의 x 또는 X로 대표할 수밖에 없다.

13. 이 책 Ⅸ장 "나는 누구의 아바타인가?" 보기.

_____

히 검증해야 하는 가정[더 높은 단계의 가설]들로 환원하는 것이다."(p. 63) Karl Popper, *Conjectures and refutations: the growth of scientific knowledge*, New York: Harper & Row, 1968.

V

존재하는 모든 것들을
인간으로부터 해방시켜라

V
존재하는 모든 것들을 인간으로부터 해방시켜라

1.

언어는 존재하는 모든 것들에게 인간이 휘두르는 하나의 폭력이다. 인간이 사용하는 언어와 그 언어가 다가가는 사물들 사이에 어떤 공통의 척도가 없기 때문이다. 공통의 척도가 없음에도 그 사물들에게 다가가 인간이 자의(恣意)로 만들어낸 범주와 이름들을 매기는 것은, 그들에게 폭력을 휘두르는 것에 다름 아닌 것이다.[1] 그러므로 현실의 사물들, 나아가 존재하는 모든 것들로 하여금 독립하여 스스로 소리를 내게 하는 것이 정의(正義)의 첫걸음이다. (140214)

2.

진리를 추구하는 누구든지 칸트가 말하는 사물 자체, 아니면 그것이 무엇이든 그 자체가 감추고 있는 그것을 토해내도록 유도하는 모든 수단과 매체를 동원하며 실험할 수 있다. 그러나 그러한 시도가 오히려 그 자체가 감추고 있는 그것을 왜곡할 수 있다는 것을 이해한다. 그렇다면 어떤 압력도 가하지 않으면서, 그 자체가 스스로 발산하는 행위를 관찰하며 그로부터 다가오는 '감'(勘)堪)感)²을 잡으려고 할 수도 있다. 존재하는 모든 것들에게 그리고 진리를 추구하는 그 자신에게도 절대불가결한 최소한의 요청 또는 필요는, 각자의 자유를 위한 해방이다. 인간이 자의로 만들어낸 범주들과 그에 따르는 추론체계로부터 해방된 자유로운 존재 그는 우리들에게 어떤 모양으로 다가올까? 그렇게 다가오는 자유로운 존재의 실상을 우리들은 무엇으로 잡아야 하는가?³

약육강식하는 아니면 강약으로 얽혀있는 세계에서 그런 해방이 모두에게 허용되는 것이 얼마나 어렵고 근본적으로 불가능한 일인가! 철학자들은 일상언어에 의존하는 범주체계들을 가지고 세계에 몸을 드러낸 모든 것들과 초월하는 존재의 진리를 관통하려는 무리한 시도를 한다. 그렇게 하는 것이 무리한 시도라면, 자연을 통제하며 실험하는 과학자들의 가설과 이론을 진리의 메시지로 받아들여야 할까? 아니면, 실험하며 통제할 수 있는 한계 밖으로부터 격파해오는 자연의 메시지 나아가 그에 따라 겪는 체험의 역사를 어떤 대안의 매체로써 잡을 수 있는가? (140215)

3.

고대의 중국과 그리스로부터 이어져 온 전통의 철학들은, 일상언어로부터 빌려온 범주들과 그에 따르는 추론체계로 이루어져 있다.⁴ 그러므로 세상에 있는 사물들을 자의로 분류하며 체계화하는 언어

행위 자체를 폐기할 때, 그런 언어행위에 의존하여 이루어진 철학의 역사 또한 폐기될 수밖에 없을 것이다. 그러한 철학의 역사가 폐기된 마당 너머에서 비롯하는 메시지는 무엇이며 우리들에게 어떤 모양으로 다가오는가?

일상언어에서 빌려온 범주들과 그에 기대는 추론체계들의 한계 너머 또는 자연 자체로부터 다가오는 메시지는 '우주의 척도'(cosmic measure)라고 할 만한 것이다. 그것은 세상에 몸을 드러내 존재하는 모든 것들을 향하여 한계 너머 미지의 영토로부터 다가와 일으키는 모든 사건의 과정을 가리킨다. 세상에 한계 지어져 존재하는 모든 것들의 한계해법 또는 한계초월로서 작동하는 이 '우주의 척도'는, 기존 문명권 안에서 이루어진 일상의 범주들과 그에 의존하는 추론체계들에 다름 아닌 '인간본위의 척도'(homeo-centric measure)와는 서로 공유하는 것이 없으므로 같은 생각과 행위를 할 수 없게 하는 것이다. (140216)

4.

우주의 척도라는 것은, 세상에 몸을 드러내 한계 지어진 모든 것들이 그 한계를 해소하거나 격파해 나가도록 이끌며 진행시키는 영원의 과정 또는 영원의 매체이다. 그렇게 진행해 가는 한계 해소 또는 한계 초월의 과정이 그 과정에 참여하는 자들에게 피동적인 것인가 능동적인 것인가라는 의문은, 까마득한 과거의 시작점에서는 그 선후관계를 따질 수 없었을 것임에도 불구하고, 호모에렉투스의 혁명

이후에 일어난 인간 본위의 물음 또는 그 해답의 요청으로 말미암아 비로소 긴박하게 다가오는 것이다.

하나의 사례로서 일어나는, 그러나 해답이 불가능한 인간적인 의문은 다음과 같은 것이다. "'죽음'이라는 한계해법[5]은 피동적인 것인가 능동적인 것인가?' 생명의 분자 레벨에서 일어나는 세포의 자살 프로그램으로 알려진 'apoptosis'[6]는 피동적인 행위인가 능동적인 행위인가 사이에서 어느 쪽으로 기울 수 없는 것처럼. 그리고 프로이드가 말하는 '죽음의 본능'[7]이 피동적인 것인지 능동적인 것인지 판가름하는 것이 불가능한 것처럼. 우주의 척도가 행사하는 한계해법, 그것이 영원의 기억과 그로 말미암은 상상에 의한 것이든 초월의 경계에서 다가오는 것이든, 그 과정에 참여하는 자의 행위가 능동적인 것인가 피동적인 것인가 하는 물음은 해답이 불가능한 만큼 무의미하다. 그것은 전적으로 인간 본위의 물음이며 관심이다.

그렇게 우주의 척도라고 하는 것은, "인간은 만물의 척도다"라고 외쳤던 프로타고라스에서 비롯하여 다시 인간 본위의 범주들과 그에 따르는 추론체계들을 세운 플라톤과 아리스토텔레스, 칸트와 헤겔, 그리고 공자와 노자, 왕양명과 이탁오에 이르기까지 그들이 추구한 전통의 철학들과는 어떤 공통분모도 갖고 있지 않다. (140217)

5.

언제나 한계 너머로부터 다가오는 메시지로서 우주의 척도는 어떻게 움직이는 것인가? 세상에 몸을 드러낸 한 개체존재 x는 그의 한계해법으로서 (1) 그의 영원한 기억 체계에서 발산하는 파격 행위로서 상상의 프로젝트 $\neg x$를 실행하며, 그리고 (2) 그의 한계 너머로부터 다가와 겪을 수밖에 없는 파국 또는 격파 $X(\ )$ 가운데로 지양되어 들어가는데, 그러나 현실의 영토에서 한 개체존재 x는 (3) 그 자신과 그가 소속하는 체제의 내적 화해와 안정을 위하여 그들 고유의 통분(commensuration) 해법 곧 Xx를 시도한다.

개체존재들이 각각 다른 모양으로 때로는 같은 모양으로 추구하는 통분 해법으로서 Xx는, 수학자 스티븐 스트로가츠가 말하는 이른바 'sync'로서 이해할 수 있다.[8] 'sync'란 자연과 그로 말미암은 일상의 삶 가운데서 한 집합의 구성분자 또는 구성원들이 서로 진동, 공명하면서 협력관계를 이루는 특정의 질서를 가리키는 것이다. 사람의 뇌를 구성하는 부분들이 각각 몇 백만의 성분 세포들의 상호진동과 공명관계로 이루어내는 질서정연한 특정 전문 기능,[9] 그리고 다수의 개인들로 이루어진 군중이 합창을 하거나 박수를 칠 때 지휘자도 없이 '자연스럽게' 나타나는 일정한 화음[10] 같은 것들이, 우주의 척도로서 Xx가 행사하는 자연의 통분 해법이라고 볼 수 있다.

그러나 Xx가 인간이 창작한 분류법인 범주체계에 의해 실현될 때는, 현실 가운데서 서로 좌충우돌하는 그래서 각각 자의에 가까운 관습과 제도들, 도덕과 이념들, 법률과 철학의 체계들이 등장하게 된다. 그렇다면 고대 문명으로부터 내려오는 철학의 전통에 무슨 문제가 있는 것인가? 그 전통에서는, 세계의 질서를 사람들이 자의로 만들어낸 분류체계 곧 인간 본위의 척도에 다름 아닌 범주체계로 환원시키려는 일방적 독단을 하게 되는 것이다.[11] 만약 인류가 지구환경이 급변해서 전혀 다른 시대 공간에 놓였을 때에도 지금까지 구축한 그들의 세계 질서, 그들의 범주들과 추론체계는 그대로 유지될 수 있는 것일까? 몇 천 년의 문명사와 함께 해온 철학사와 그것이 대표하는 인류의 세계인식과 행동규범들이, 과거에 헤아릴 수 없이 많은 생명의 종들과 그들의 생존양식들이 일어났다가 사라져간 몇 십억 년의 지구 위에서[12] 얼마나 그 의미와 수명을 보장받을 수 있는 것일까? (140219)

6.

한 묶음의 범주들과 그 추론체계에 의한 기존의 전통 철학 곧 인공(人工)의 Xx와 우주의 척도로서 움직이는 자연의 Xx는 서로 어떻게 다른가? 앞의 것은 고대 그리스에서 비롯하는 정체쟁의(正體爭議) 또는 고대 중국에서 비롯하는 집체화해(集體和諧) 같은 관계체계가 그러하듯이, 그들이 창작한 분류법인 범주체계 안에서 그 구성분자로서의 개체존재 곧 개인을 정의한다. 근본에서 미지일 수밖에 없는 내재성과 초월성을 지닌 개체존재들을 인간이 구축하는 관계체계의 부분들로 자리매김해서 정의하고 있는 것이다. 과연 그 변화와 실현가능성이 무궁한 내재성과 초월성을 지닌 한 개체존재 x는 정의할 수 있는 대상인가? 그렇게 하는 것은 인간 본위의 '억지스러운' 제2의 환원주의를 행사하는 일방적 독단에 다름 아니다. 그러나 우주의 척도로서 자연의 Xx는, 내재하는 미지의 변수 x와 초월하는 너머의 경계로부터 움직이는 또 하나의 미지의 변수 X 사이의 통분 관계 곧 자연의 통분관계를 대표하는 것이다. (140220)

7.

Xx와 그 구성분자로서 $x, \neg x, X(\ )$는 플라톤과 아리스토텔레스가 추구한 보편자 곧 일상의 개념 또는 범주에서 도출한 이데아나 형상과 같은 추상물이 아니다. 그것들은 일상언어의 개념이나 범주가 폐기된 다음 그 너머의 경계에서 세상에 몸을 드러낸 것들을 향해 다가오는 한계해법으로서, 우주의 척도를 대표하는 것이다. 그것들은 한계해법으로서의 우주의 척도가 세상에 몸을 드러낸 것들에 관여하는 행위의 패턴을 대표하는 그림들이다.

세상에 존재하는 것들을 향해 격파하는 패턴으로 다가와서 일으킨 한 사건을 가장 원시적으로 나타내는 또 하나의 그림은 †이다. 신학자 칼 바르트는 이 그림 같은 상징물 †를 우주의 절대 척도인 $X(\ )$의 한 보기로서 이해했다고 볼 수 있는데, 그는 이것을 다음과 같이 풀이하였다.

> "주 예수 그리스도. 이 이름 안에서 두 세계가 만났다가 헤어지는데, 이는 기지의 것과 미지의 것 두 개의 차원이 교차하는 사건이다. …… 기지의 수평 세계를 향해 미지의 존재가 위로부터 수직으로 가로질러 내려오는 것이다."(pp. 29-30)[13]

✝는 한 특정한 시대 공간 가운데서 실현된 한계 초월 또는 한계 격파의 패턴 $X(\ )$의 한 사례로 나타난 사건을 대표한다. 이렇게 ✝는 세상에서 한계 지어져 존재하는 것들을 향해 수직적으로 다가와서 행사하는 우주의 척도 곧 한계해법의 한 패턴을 대표하는 그림이다. (140221)

8.

x 또는 X는, 세상에 주어진 사건들 또는 존재들을 추상화해서 대표하는 문자들 가운데 하나가 아니다. 사람들은 두 손을 x 모양으로 교차시켜서 '아니다' 또는 '거부'의 의사를 나타내기도 한다.[14] x의 모양은 서로 부정하는 두 가지가 한 점에서 만나고 있음을 그리고 있다. 말하자면 이미 실현되어 있는 어떤 것을 대체하는 새로운 대안을 x의 모양으로써 시사하고 있는 것이다. 그러므로 x는 그렇게 '다가올 대안' 또는 '미지의 해법'을 예상하며 대표하는 것이기도 하다.[15] 두 개의 선을 x 모양으로 교차시켜서 '아니다' 또는 '거부'의 뜻을 나타내는 데서 더 나아가, 세상에 이미 실현된 것들 저 너머에서 '다가올 대안' 또는 '미지의 해법'을 기다리며 찾고 있는 것이다. 그렇게 x 와 X 또는 Xx와 $\neg x$와 $X(\ )$는 모두 세상에 몸을 드러내 한계 지어져 있는 것들을 향해 행사하는 우주적 한계해법의 패턴들을 그리고 있다. (140228)

x의 존재론은 현실의 개체존재들 사이의 '수평적인 관계' 곧 Xx의 확장형인 $X(x\&\neg x)$[16]의 한 사례로서 통일적 다양성 또는 통일적 대립성에 대한 사회학과, 그렇게 현실에 존재하는 것들을 향해 그들의 한계를 넘어 격파하며 '수직적으로 관계하는' 행위 또는 사건들 곧 $X(\ \ )$의 절대형인 $X(x\&\rightleftharpoons x)$[17]의 한 사례로서 신학을 포함한다. 그럼에도 사회학과 신학이 우주 또는 자연의 척도로서의 $X(x\&\neg x)$와 $X(x\&\rightleftharpoons x)$ 전체를 대표하는 것은 아니다. $X(x\&\neg x)$와 $X(x\&\rightleftharpoons x)$가 대표하는 사태와 사건들은 현실 가운데서 어떤 특정한 사회학이나 어떤 특정한 신학 밖의 무한히 다른 영역으로 실현되며 구체화하고 있기 때문이다.

x의 존재론에서 x와 X는 모든 영역의 문제와 주제들 사이의 경계를 허문다. 그래서 이를테면 존재론과 사회학과 신학을 포함하는 이론철학 그리고 예술과 정치와 규범행위를 탐구하는 창작 또는 실천철학은 다 같이 우주의 척도에 의해 펼쳐지는 한계해법들을 재현 또는 재연하는 패턴에 관한 x의 담론들이다. x의 존재론은 현실 세계에서 모든 가능한 한계해법들을 수행하면서 겪는 실전(實戰)에 임하는 자의 '네비게이터'와 같은 것이다. '우주의 척도'가 행사하는 모든 가능한 한계해법들을 담론 영역으로 하는 존재론은, 그러니까, 에마뉘엘 레비나스가 제시하려고 했던 그러나 너무나 '인간 본위의 척도'에 그치고 만, 이른바 제1 철학[18]을 대체하는 것이다. (140218)

1. 아일랜드에서 한국으로 파견된 가톨릭 신부 휴 맥마흔의 다음과 같은 발견에서, 인간으로부터 해방된 사물들의 자유를 볼 수 있다. 보기로, 그의 숙소에서 일하는 '아줌마'에게 '집에 수건이 하나도 없다'고 불평하면 그는 '그러게 말이에요. 수건들이 다 어디로 갔죠?'라고 반문한다는 것이다. 관리하는 자(아줌마 자신)에 관계없이 물건 자체가 그 자신의 자유의사를 가지고 움직이는 것처럼 말한다는 것이다. 그 아일랜드 신부는 그렇게 해방된 물건들에게 전가(轉嫁)된 자유에 대하여 "미지의 것들에게 양도함"(Deference to the unknown)이라는 제목으로 논의했다.[1]

나아가 사르트르의 『구토』에서는 존재하는 것들이, 인간에 의해 그들에게 덧씌워진 속박상태 곧 온갖 이름들과 법칙들을 부수며 예측할 수 없는 모양으로 자유를 행사하는 주체들이 된다. 여기서 자연은 그에게 주어진 법칙들을 벗어던지며 제멋대로 움직이는 공포스러운 모습까지 암시한다.[2] 이와 비슷한 보기로 한 소설가에 따르면, 비평가가 예술의 작품들을 분류하고 이름을 매길 때 그것을 그대로 받아들이는 작

따온글 ─────

(1) "내가 '아주머니'에게 왜 집에 수건이 하나도 없냐고 물으면, 아주머니는 "그러게요, 수건이 모두 어디로 갔지?"라면서 마치 수건들이 우리 둘에 대해 음모라도 꾸민 듯이 대답하는 것이다. 또 어떤 때는 차가운 수프를 갖다 주고는 수프를 탓하는 투로 말하기도 한다. "수프가 왜 뜨겁지 않지? 난로 위에 그렇게 오래 있었는데." 이것이 나의 불평을 회피하는 괜찮은 방법이라는 점을 제쳐놓고 보면, 여기에서는 한낱 물질적인 대상들을 마치 그 자신들의 삶과 의지라도 가진 듯이 대하는 보기 드문 존중의 태도를 볼 수 있다."(p. 126) Hugh MacMahon, *The scrutable oriental*, Seoul: Sejong Corporation, 1975.

가는 없다. 모든 진지한 작가의 창작 행위는 어떤 기존의 분류나 이름을 벗어나기 위한 투쟁으로 이루어지는 것이기 때문이다. 그런 주장에 따르면, 창작 행위 자체가 어떤 분류나 이름을 거부하는 행위라고 볼 수 있다.[3]

그럼에도 불구하고 모든 창작 행위 자체는 작가의 자의 또는 상상에 의해 사물들의 자유를 박탈하는 행위가 아닌가!

2. 하느님의 아들로서 받은 사명을 수행한 예수도 생애의 마지막 시간에

---

(2) "내가 그 위에 앉아 있는 물건, 내가 그 위에 손을 얹은 물건의 이름은 의자다. …… 나는 중얼댄다. 이것은 의자야. 나는 그것을 약간 귀신을 쫓는 식으로 발음했다. 그러나 말이 내 입술에 남아있어 물건 위에까지 가서 자리 잡기를 거부한다. 그 물건은 있는 그대로다. …… 그것은 의자가 아니다. 말하자면 회색의 큰 강, 홍수가 난 큰 강에 배를 내밀고 물결 위에 떠돌고 있는, 물을 먹어 불룩해진 죽은 나귀 같기도 했다. …… 사물들은 명명된 그들의 이름으로부터 해방되었다. 사물은 그로테스크하고, 고집이 세고, 거대한 모습으로 거기에 있다. 그것들을 의자라고 부른다든가 또는 무엇이든 그것에 대해서 이름을 붙이려는 것은 바보짓이다."(231쪽) "자연에는 습관만이 있고 자연은 습관을 내일이라도 바꿀 수가 있다. …… 그때 그들의 둑, 그들의 성벽, 그들의 발전소, 그들의 용광로, 그들의 전기방아가 무슨 소용이 있을 것인가?"(292쪽) 장-폴 사르트르, 『구토』, 강명희 옮김, 서울: 하서출판사, 2008.

(3) "그러나 예술가들이 설사 자신에 대한 분류를 받아들인다 해도, 결국 그들은 거의 불가피하게 그런 분류에 반발하고 저항하게 되어 있다. 결국에 가면 예술가들은 자신들이 고안하거나 빚어낸 것이 아닌 이름과 서술을 거부할 것이다. …… 비평가들은 유사점들을 보며, 분류하고 통합한다. [반면에] 예술가들은 차이점들에 주목한다. 그들은 규칙에서 벗어나는 예외들을 다룬다." "비평가들—아담이 그랬듯이 부분적으로는 이름을 지음으로써 세계를 지배하고자 하는 사람들—은 질서[지향]의 충동 곧 분류하려는 욕구를 정글 안으로 끌어들이는 사람들이다." Brad Leithauser, "Name-calling," *New Yorker*, February 28, 2014.

게쎄마네 동산 그리고 십자가에서 다가오는 죽음의 시련을 겪었다. 그는 그에게 떨어진 시련을 거두어달라는 기도를 피땀을 흘리며 했지만 죽음의 명을 받아들일 수밖에 없었다. 자신의 한계 밖에서 다가오는 운명을 회피할 수 있는 세상의 존재는 없다. 한 개체생명이 그에게 주어진 영원의 기억과 그에 따르는 상상의 프로젝트를 수행할 때 겪을 수밖에 없는 운명의 체험을 예측하며 그 다가오는 체험의 근원을 어떤 일상의 언어로 대체해서 표현하는 것은 불가능하다. 특히 언제나 한계 밖에서 다가와 겪을 수밖에 없는 체험의 근원은 '감'(勘)堪)感)으로써만 수용되고 이해되는 것이다. 이렇게 다가오는 '감'은 오감에 의한 감각들보다 깊은 아래에서 전해오는 생명 자체의 때로는 영적인 육감 곧 '勘' 또는 '堪'에 해당하는 것이다.

칸트는 인간이 이미 갖추고 있는 두 가지의 직관 형식과 열두 개의 범주 또는 판단형식에 의해서 외계로부터 접수하는 대상을 인식할 수 있다고 말한다. 인간이 미리 준비한 범주 또는 개념들을 부과함으로써 자연과 세계가 비로소 어떤 질서를 얻게 된다는 것이다.[4] 칸트는 이렇게 플라톤과 아리스토텔레스로부터 내려오는 범주들과 그 추론체계에 의한 환원 방식 곧 인간중심의 척도에 따라 자연과 세계 질서를 구축할 수 있다고 믿었다. 여기서 사물 자체 또는 질료라고 일컫는 그것은 인간의 감성과 이성에 의해 한낱 허깨비에 지나지 않는, 피동적인 복종자로 전락해 버린다.[5]

---

(4) "나의 견해에 따르면, 범주들이라는 것은 … 가능한 경험에 적용되는 사고의 조건들에 다름 아니다. 공간과 시간이 바로 그 같은 경험에 대한 직관의 조건들인 것처럼."(A111) "… 그 자체가 자연 법칙들의 원천이며 따라서 자연의 형식적 통일의 원천이라는 오성(Verstand; understanding)은 … 이른바 경험이라고 하는 것을 대상으로 하는 것이다."(A127) Immanuel Kant, *Critique of pure reason*, trans. N. K. Smith, New York: St. Martin's Press, 1965.

이는 인간이 그의 몸을 의탁해 살아가는 자연과 세계에 대해 영향력을 확대하기 위하여 자신의 감성형식과 판단형식(범주)들을 부과함으로써 그의 뜻에 따라 자연과 세계 질서를 구축하려는 행위이다. 자연과 세계를 향한 이러한 압력과 영향력 확대는 오히려 그로 말미암은 반작용으로 보복이 돌아올 수 있다는 경고가 있다. 『여섯 번째 대멸종』이라는 책의 저자 엘리자베스 콜버트는 인간의 쉼 없이 움직이는 창의성과 문제해결을 위한 협동 능력으로 가속화되는 세계 변화, 그리고 더 나아가 기호 또는 언어 조작에 의한 통제 범위의 무한한 확장 가능성 같은 것이 오히려 그런 행위의 주체인 인간으로 하여금 자신이 그렇게 해서 가져온 변화와 가속도에 적응하는 데서 낙오 도태하도록 이끌 수 있다는 전망을 하고 있다.[6] 말하자면 지구 위의 생태 조건들의 제약을 추월하는 자유로운 인간 능력의 발휘가 다른 종들과 인류 자신의 존재 기반까지도 스스로 붕괴시키는 원인을 제공하고 있다고 경고하고 있는 것이다.[7]

---

(5) "질료의 절대적으로 내적인 [본성]이란 것은 … 하나의 환각일 뿐이다. 왜냐하면 질료는 순수 오성의 대상들 가운데 하나가 아니기 때문이다. 그리고 우리들이 질료라고 부르는 현상의 바탕으로서 초월적 대상은 그것이 무엇인지 우리들이 이해할 수 없는 어떤 것일 뿐이다 …."(A277) Immanuel Kant, *Critique of pure reason*, trans. N. K. Smith, New York: St. Martin's Press, 1965.

(6) "종들이 적응할 수 있는 속도보다 더 빠르게 세계가 변한다면, 수많은 종들이 낙오할 것이다. … … 실로 이런 [발전의] 능력은 우리들을 애초부터 인간이게끔 하는 자질들—곧 우리들의 지치지 않는 활동, 우리들의 창의력 그리고 문제 해결을 위한 협동능력—과 거의 구별할 수 없다 …. 인류가 기호와 상징들을 사용해 자연계를 표현하기 시작하자마자 인류는 자연계의 한계 밖으로 넘어간 것이다." (p. 266) Elizabeth Kolbert, *The sixth extinction: an unnatural history*, New York: Henry Holt & Co., 2014.

3. 우리들 앞에 나타난 현상 세계 너머에 잠복해 있는 사물 자체에 대한 판단과 상상이라는 것은 모두 임시로 세워진 허구에 그칠 가능성이 높은 것이다. 그래서 세상에 몸을 드러내 존재하는 모든 것들은 그 자체에서 본다면 인간의 판단 또는 이론으로부터 해방되어야 하는 것이다. 그것들의 실상 자체를 추적해 들어가면 결국에 미지의 어떤 것 곧 x 또는 X라고 할 수밖에 없는 것에 이르게 된다.

그렇다면 '順物自然'함으로써 '有無'의 분류를 초월하고 '無待無己'로써 '坐忘'에 이른[8] 장자의 경지에서, 세상에 존재하는 것들 또는 사물 자체는 해방을 얻었는가?[불가능을 예상한 물음인가?] 장자를 비평하고 있는 리우샤오간(劉笑敢)에 따르면, 장자는 '천지만물의 자존을 부인하지도 않았고 천지만물을 지배하려고도 하지 않았다'고 한다.[9] 그럼에도 그는 이어서 장자의 다음과 같은 말을 인용한다. "사물

---

(7) "이런 사고방식에 숨어있는 논리는 다음과 같다. 진화의 제약 조건들로부터 우리 자신들을 자유롭게 했지만, 그럼에도 여전히 인류는 지구의 생물학적이고 지구화학적인 시스템에 의존하고 있는 것이다. … … 스탠퍼드 대학의 생태학자인 폴 에를리히를 인용하면, '다른 종들을 멸종으로 몰고 가면서 인류는 자신이 걸터앉아 있는 횃대를 잘라버리느라 바쁘게 움직이고 있다.'"(pp. 267-268) Elizabeth Kolbert, *The sixth extinction: an unnatural history*, New York: Henry Holt & Co., 2014.

(8) "유(類)가 같다고 하는 것이나 같지 않다고 하는 것으로 서로 더불어 같은 유(類)가 되면, 저들과 더불어 다를 것이 없다."(「齊物論」 6) "열자(列子)는 바람을 타고 다니기를 경쾌하게 잘하여 … … 이 사람은 비록 걸어 다니는 수고로움에서 벗어났으나 아직도 의지하는 바가 있다. 저 자연의 본성을 타고서 온갖 기운의 변화를 거느려 무궁에서 노니는 것과 같은 것은 그가 또 어디에 의지하리오? 그러므로 지인(至人)은 무기(無己)하고 신인(神人)은 무공(無功)하고 성인(聖人)은 무명(無名)하다고 한다."(「逍遙游」 1:7) 『莊子』 I(內篇), 이강수, 이권 옮김, 서울: 길, 2005.

을 손상시키지 않는 사람[에 대해] 사물 역시 그를 손상시킬 수 없다." 이는 곧 '외물에 의해서 마음을 움직이지 않기' 때문이라는 것이다. 그러나 사물이 사람인 그를 손상시킬 수 없도록 외물에 의해 마음을 움직이지 않으려면 '心齋' 또는 '坐忘'의 경지에 이르러야 하고, 또 거기에 이르기 위해서는 '齋物論'이라는 자연관 또는 세계관이 병행해야 한다. 장자가 추구하는 경지에 이르기까지 학습해야 하는 '齋物論'은 결국 서구의 자연관이 빠져 있는 이른바 자연의 '제일성'(齊一性) 또는 'uniformitarianism'과 같은 기대(expectation)와 가정(presupposition)에 지나지 않는 것이 아닐까?

서구의 과학에서 기대하거나 가정하는 자연의 '제일성' 또는 'uniformitarianism' 또한, 장자가 시도하는 것처럼 사물 또는 세계가 뜻밖의 반란을 일으켜 인간인 자신의 평정 상태를 손상시키지 못하게 하려는 데에 숨은 의도가 있다고 볼 수 있다. 고생물학자 스티븐 굴드는 모든 생명의 환경 조건으로서 지질학적 변화의 균일성 또는 제일성은 존재하지 않는다고 말한다. 다른 지층들에서 발견되는 고생물 화석들 사이에 메울 수 없는 단절의 간격이 있기 때문에 고생물 환경에 일어난 자연의 변화에서 균일성 또는 실체적 제일성(substantive

(9) "첫째, 장자는 천지만물을 잊으려고 했지 천지만물의 자존을 결코 부인하지 않았다. 둘째, 장자는 도와 일체가 되는 신비한 체험을 추구했지 결코 도를 대신해서 천지만물을 지배하려 하지 않았다. … 그 내용을 따져 보면 모두 사물 밖에서 초연하거나 사물에 의해서 손상되지 않는다는 의미에 불과하다. 장자가 말하기를 '사물을 손상시키지 않는 사람은 사물 역시 그를 손상시킬 수 없다'[不傷物者物亦不能傷也, 『莊子』「知北遊」]고 하였는데 … … 만물의 변화 중에서 초연 독립하고 외물에 의해서 마음을 움직이지 않아야 한다는 의미를 말하는 것이지 결코 만물을 주재한다는 의미가 아니다. 장자 철학은 절대적으로 관념적인 도를 세계의 근원으로 삼기 때문에 대체로 객관 유심주의에 속한다."(564-565쪽) 리우샤오간, 『莊子哲學』, 최진석 옮김, 서울: 소나무, 1990.

uniformitarianism)'을 인정하기 어렵다는 것이다.[11] 그렇다면 자연의 '제일성'도 '제물론'도, 자연이 인간을 향해 격파해 들어오는 위기를 의식하면서, 오히려 자연을 향해 그것이 한결 같게 움직이도록 기대하며 그렇게 통제하려는 인간의 척도를 강변하는 것에 지나지 않는 것이다. 그래서 우리들이 인정해야 하는 것은, 자연은 인간과 그의 역사를 향해 그리고 인간의 환경으로서의 자연을 향해서도 예측과 통제가 불가능한 우연과 단절의 모양으로 격파해 들어올 수 있다는 것이다.

「전도서」는 그렇게 다가오는 우연과 단절의 모양을 일상의 세계 체험과 관찰로서 묘사하고 있다.[10] 자연과 역사는 '제일성' 또는 '제물론'을 무시하며 우연과 단절의 모양 또는 격파하는 모양을 그리며 흘러가는 것이다. 고대의 지층들에서 발견되는 화석화된 생물들의 형태 변화의 법칙을 찾고 있는 고생물학자 스티븐 굴드와 나일스 엘드리지는 순차적인 또는 점진적인 변화의 이론을 비판함으로써 자연의 제일성에 대한 가정에 제한을 가하려는 시도를 하고 있다. 자연의 생명은 점진적 진화에 의해서가 아니라 대륙 이동 또는 지각 변동, 우주에 떠도는 혹성과의 충돌, 기후 변화와 같은 통제 불가능한 환경 조건들에 의한 단절(punctuation) 또는 파국(catastrophe)을 겪는 단계들을 거쳐 변화해 왔다는 것이다. 그러므로 굴드와 엘드리지를 비롯한 많은 고생물학자들은 환경 조건들에 가해지는 격파와 파국의 사건들을 자연의 제일성 또는 단절 없는 점진적 진화에 의해 설명해 버리는 환원주의에 동의할 수 없는 것이다.[11] 자연의 제일성 또는 제물론 안에서 '삶과 죽음이 하나다'라고 평정한 마음으로 초연할 수 있을 때도 있지만, 자연과 역사

---

(10) "발이 빠르다고 달음박질에 우승하는 것도 아니고 힘이 세다고 싸움에서 이기는 것도 아니며…."(「전도서」 9:11) "그러나 하느님께서 사람에게 역사의 수수께끼를 풀고 싶은 마음을 주셨지만, 하느님께서 어떻게 일을 시작하여 어떻게 끝내실지 아는 사람은 하나도 없다는 것을 나는 알았다."(「전도서」 3:11)

가 오래 동안 지속하는 한결 같음(stasis, equilibrium)에 때때로 들이닥치는 상상 밖의 격파 또는 파국의 단계에서 안명무위(安命無爲)할 수 있는 능력자도 없다.

그래서 「전도서」의 필자가 겪었던 몰락의 시대 체험과 바르트가 말하는 수직으로 내려오는 신의 역사(役事) 또는 행위, 그리고 굴드와 엘드리지가 설명하는 예측불허의 단절 또는 격파에 의해 바뀌는 생명의 역사와 같은 사건들은 모두 X( )로서 대표해야 하는 것이다. 어째서 예측 불허하게 다가오는 시대 운명의 체험, 자연으로 말미암은 재난, 그

---

(11) "제일성(Uniformitarianism)은 이중의 개념이다. 실질적 제일성(지질학적 변화에서 [변화의] 속도 또는 물리[환경]적 조건들의 제일성[한결같음]을 가정하는 검증 가능한 이론)은 오류이며 가설 구성에 걸림돌이 된다. 반면 방법론적 제일성(자연 법칙들의 시간적 공간적 불변성을 주장하는 절차상의 원리)은 과학의 정의에 들어간다 ⋯. ⋯⋯ [그래서] 방법론적인 제일성은 이제 불필요한 용어이며 ⋯." Stephen Gould, "Is uniformitarianism necessary?" *American Journal of Science*, vol. 263 (May 1965). "새로운 종은 화석기록에서 거의 항상 갑자기 나타난다. 같은 지역의 더 오래된 암석들에서 발견된 조상들과의 중간을 메우는 어떤 연결도 없다. ⋯⋯ 변이하는 중간 [단계의] 형태들이 화석기록에 극히 드물다는 점은 고생물학계의 관행 비밀이다." Stephen Gould, "Evolution's erratic pace," *Natural History*, vol. 86, no. 5 (May 1977).

"[굴드와 엘드리지가 주장한] 평형의 단절(Punctuated Equilibria) 이론은 거시적/미시적 환원주의에 문제를 일으킨다 ⋯."(p. 44) "이 새로운 계층구조 그림에 따르면, 진화는 각기 다른 수준에서 벌어지는 인과적 과정들을 다 포괄한다. 굴드와 엘드리지는 [(이하 저자 Derek Turner의 간접설명을 직접인용으로 대체함) "개별생명체들 수준에서 인과관계를 찾으려 했던 다윈의 시도는 계층화된 자연선택 모델로 대체되어야 한다. 곧 자연선택이 유전자, 개체생명, 무리(群) 수준에서 동시에 중요하게 작용한다."(S. Gould & N. Eldredge, "Punctuated equilibrium comes of age," *Nature* 366 (1993), p. 224)]라고 말하고 있다."(p. 46) Derek Turner, *Paleontology: a philosophical introduction*, Cambridge: Cambridge University Press, 2011.

리고 세상을 향해 수직으로 내려오는 신의 역사(役事)를 하나의 사건 $X(\ )$로 대표해야 하는가? 그것은 어떤 경우에나 하나같이 세상에 몸을 드러낸 유한의 존재에게 다가오는 예측할 수도 통제할 수도 없는, 그래서 때가 되면 다만 겪을 수밖에 없는 운명의 사건들을 가리키는 것이기 때문이다.

신학자도 자연과학자도 아닌 젊은 날의 실존주의자 사르트르는 예측할 수도 통제할 수도 없는 자연의 사건들에 대하여 다음과 같은 상상을 하였다. "… 자연에는 법칙이 없다는 것을 나는 알고 있다. … 자연에는 습관만이 있고 자연은 습관을 내일이라도 바꿀 수가 있다. … 만약 자연이 갑자기 꿈틀거리기 시작한다면? … 그때 그들의 둑, 그들의 성벽, 그들의 발전소, 그들의 용광로, 그들의 전기방아가 무슨 소용이 있을 것인가?"(장-폴 사르트르, 『구토』, 강명희 옮김, 서울: 하서출판사, 2009. 292쪽) 이는 21세기 지금까지의 과학이론에 대한 비판사에 비추어보아도 손색이 없는 하나의 견해이다. 이처럼 $X(\ )$는, 세상에 몸을 드러낸 유한의 존재들에게 주어진 모든 가능한 기억과 상상을 초월해서 닥쳐오는, 그래서 예측할 수도 통제할 수도 없는 우주의 척도 곧 한계 격파 또는 한계 초월의 행위를 대표하는 것이다.[12]

4. 나는 이전에도 고대 중국과 그리스 전통의 철학사를, 범주들과 그것들에 기대어 구축하는 추론체계에 의해 발전해온 것으로 설명한 적이 있다.[13] 그러나 거기에서는 범주들과 그 추론체계를 유(類)들과 유들의 관계체계로 대체해서 표현하였다. 왜냐하면 철학자들이 사용하는 범주들과 그 추론체계라는 것을 생명의 존재가 그를 둘러싼 환경의 혼돈스러움을 정리하며 관리하기 위해 작동시키는 생존양식으로 이해했기 때문이다. 말하자면 생명의 유 또는 종에 따라 그가 개발해야 하는 생존양식으로서 특정한 범주들과 그에 따르는 추론체계가 결정된다고 본 것이다. 물론 인류 아닌 생명의 유에 의해 개발되는 범주들과 그

추론체계는 어떤 모양의 것일까 하는 문제가 남지만. 그러니까 철학자들의 관념체계라는 것은 그들의 고유한 생존양식으로서 개발하게 된 각기 다른 유 또는 범주들과 그것들의 관계체계라고 이해하며 분석할 수 있다는 것이다. 이 같은 분석을 철학자들의 관념체계에 대한 '생태 분석'이라고 일컬을 수 있는 것이다. (박동환, II장 "도시의 類, 자연의 類: 類들의 생태분석,"『안티호모에렉투스』, 제1판, 2001; 제2판, 고양: 사월의책, 2017, 49-171쪽 보기).

(12) "… 진화론과 실제 생명의 역사 사이에는 중요한 차이가 있다. … 역사적 사건들의 독특한 진행이 곧바로 진화론의 적용 사례에 따르는 것은 아니다. 자연선택과 무작위적인 유전자 변이 같은 생물학적 메커니즘은 대륙 이동, 소행성 충돌, 빙하기[기후변화], 그 밖의 우발적 사건들을 포함하는 더 큰 그림의 일부이다. 거시적 수준의 진화 분야는 이런 큰 그림의 사건들을 다룬다." Laurence A. Moran, "Macroevolution," vol. 1, no. 1. (2006) *http://bioinfo.med.utoronto.ca/Evolution_by_Accident/Macroevolution.html*

"… 대규모 멸종이 진화상 중요한 이유는, 더 낮은 강도의 멸종이 거듭되는 동안의 작용과는 다른 규칙에 따라 지배적인 종들이 사라졌다는 데만 있는 것이 아니다. 지배적인 종들의 소멸 또는 감소에 뒤이어 극적인 종 분화가 이루었다는 사실 또한 [대규모 멸종이 진화과정에 끼치는] 중요한 점이다." David Jablonski, "Micro- and macroevolution: scale and hierarchy in evolutionary biology and paleobiology," **Paleobiology**, vol. 26, no. 4. Supplement (August, 2000), pp. 15-52.

(13) "서로 다른 類들 사이에 수평적으로 얽히는 모순 대립 국면을 어떤 부쟁[不爭 또는 集體]의 논리로 또는 어떤 쟁의[爭議]의 논리로 해결할 것인지를 모색한 수많은 대안들의 계열로서 先秦 및 희랍철학사가 이루어졌던 것이다."(166쪽) "동일보존, 모순배제, 對待, 反求, 無待로써 엮이는 類들의 그물에 의해 실현되는 貫通 곧 상대환원[기지(旣知)의 원리에로 환원하기]에서 미지의 영역 [   ]는 외면되거나 주변으로 밀려난다."(180쪽) 박동환, "先秦 및 희랍철학 밖에서: 철학사 비판 2," 제1판, 2001; 제2판,『안티호모에렉투스』, 고양: 사월의책, 2017.

5. 왜 죽음이라는 것이 해법일 수 있는가? 죽음이라는 것은 한 개체의 수준에서 일어나는 단순한 사건으로 이해할 수 없는 측면이 있다. 죽음은 영원의 매체로서의 우주의 척도가 세상에 한계 지어져 있는 모든 살아있는 것들에게 시행하는 한계 해법이다. 죽음은 그것을 통과하는 개체존재와 그 주관의 느낌에게는 끝까지 기피와 공포의 관문일수도 있다. 그렇다면, 죽음은 다만 피동적으로 겪으며 통과하는 조치이며 과정일 뿐인가? 죽음은 우주의 척도 또는 영원의 매체로서 x, $\neg x$, 그리고 특히 $X(\ )$가 한계 지어진 모든 것들에게 시행하는 해법, 한계 격파 또는 한계 초월로서의 절차이며 과정이다. 한계 해법으로서의 죽음을 반드시 피동이나 능동의 행위로 단정하기는 어렵다.(풀이말 6과 7에서 말하는 생물학자의 'apoptosis'와 프로이드의 '죽음의 본능' 보기)

6. '계획된 세포의 죽음'(programmed cell death)으로 이해되고 있는 'apoptosis'는 애초에 어떻게 살아있는 모든 세포의 운명이 되었는가? 세포들 스스로 죽어가는 것인가? 아니면, 어떤 외부 압력에 의해 죽음을 불가피하게 받아들이고 있는 것인가? 세포들이 죽음이라는 운명의 과정을 조용하고 자연스럽게 통과하도록 이끄는 어떤 장치 또는 절차가 작동하고 있는지를 생화학자 닉 레인이 요약 제시하고 있다.[14] 그렇게 죽음을 통과하도록 이끄는 장치 그것을 '우주의 척도'가 수행하는, 피동도 능동도 아닌, 하나의 순서 곧 개체생명에게 주어진 한계 해법으로서의 절차와 과정이라고 볼 수 있는 것이다.

7. 프로이드가 말하는 '죽음의 본능' 또는 그 충동은 피동적으로 일어나는 것인가? 아니면, 프로이드 자신이 다시 해명하듯이, 쾌락 원칙으로 순화되어서 능동적인 성향을 띠는 것인가? 프로이드는 그렇게 죽음을 스스로 기꺼이 받아들일 수 있기까지의 자연스러운 생명 내적인 과정을 설명하고 있다.[15]

어느 날 BBC TV 채널에서 응급실에 실려 온 한 노인과 의사의 대화가 소개되고 있었다. 노인은 의사와의 대화를 이렇게 마무리하고 있었다. "이것 하나만은 기억해 주시오. 누구든지 천국에 가기를 원하지만 죽기는 싫어한다는 것을." 소크라테스는 아마도 같은 응급실 침대 위

---

(14) "세포의 자살(apoptosis)은 다세포 개체의 보전과 응집을 위해 필수불가결한 것으로 보인다. 하지만 한때 독립적이었던 세포들이 어째서 더 큰 목적을 위해 죽음을 받아들이게 되었는가?"(p. 189) "인간의 몸에서는 매일 '수십억' 개의 세포가 죽고 새로운 세포들로 대체된다. 죽는 세포들은 사전예고도 없이 폭력적인 종말에 이르는 것이 아니라, 세포자살 계획에 의해 조용히 눈에 띄지 않게 사라진다 …. 이것이 의미하는 바는 세포자살이 인체 내의 세포분열에 균형을 잡아준다는 것이다."(p. 204) "죽음의 장치가 작동하는 방식으로는 두 가지가 있다. …… 첫 번째 메커니즘은 외인성 경로로 알려져 있는데, 죽음이 세포막 바깥의 '죽음' 수용체를 통해 외부로부터 촉발되는 것이다. …… 세포자살에 이르는 두 번째 경로는 내인성 경로라고 부른다. 이는 자살을 하게 만드는 자극이 세포 내부에서 기인하는 것인데, …. 세포자살의 내인성 경로를 작동시키는 방아쇠로는 이제까지 수백 가지가 발견되었다 …."(pp. 207-208) Nick Lane, *Power, sex, suicide: mitochondria and the meaning of life*, Oxford: Oxford University Press, 2005.

(15) "열반 원칙[Nirvana-Prinzip](그리고 그것과 동일하다고 가정되는 쾌락 원칙)은 전적으로 죽음 본능―이 본능의 목표는 삶의 불안정성을 무생물 상태의 안정성으로 유도하는 것이다―에 봉사할 것이다. 그리고 이 열반의 원칙은 삶의 의도된 진로를 흩뜨리려는 생명 본능(리비도)의 요구에 경고하는 기능을 할 것이다. …… 그렇다 하더라도, 죽음 본능에 속해 있는 열반 원칙은 살아있는 생명체 안에서 어떤 변형을 겪었을 것이다. 이 변형을 통해서 열반 원칙은 쾌락 원칙이 된다."(168-169쪽) "우리는 죽음 본능이 이와 같이 리비도에 의해서 순치되는 수단과 방법을 이해할 수 있는 어떤 생리학적 지식도 갖고 있지 않다. 정신분석학적 영역 안에서 우리는 죽음 본능과 생명 본능이 다양한 비율로 [조합해서 서로 결합한다] 사실을 가정할 수 있을 뿐이다. 이에 따르면 우리는 순수한 생명 본능이나 순수한 죽음 본능을 다룰 필요가 없고 오직 상이한 [배합으로] 이루어진 둘의 혼합체를 다루기만 하면 된다."(174쪽) 지그문트 프로이트, "마조히즘의 경제적 문제,"(1924)『쾌락 원칙을 넘어서』, 박찬부 옮김, 서울: 열린책들, 1997.

에서 의사에게 이렇게 대답할 수 있었을지도 모른다. '너무 염려하지 마시오. 만약 죽게 되더라도 그 세상에서 내가 항상 이야기를 걸고 싶어 했던 수많은 지혜자와 영웅들을 만나볼 수 있을 테니 더 좋을 것이오.'[16] 그렇다면 소크라테스에게 죽음은 반드시 피동적으로 통과하는 조치라고 생각할 이유가 없었을지도 모른다.

8. 사이버네틱스(cybernetics) 이론의 개척자에 다름없는 노버트 위너 (Norbert Wiener)는, 수백만의 진동자(oscillator)들이 함께 움직여서 자발적으로 일정한 패턴의 질서를 만들어내는 공명(sync)의 원리를 발견한 수학자다. 나아가 그는 이러한 공명의 원리에 의해 자연의 모든 분야의 질서가 이루어지는 것으로 설명하고 있다고 스트로가츠는 정리하고 있다.[17]

9. 위너는 공명의 원리에 따라서 수백만 개로 이루어진 한 집합의 뇌세

---

(16) "그러나 만일 죽음이라는 것이 이 세상으로부터 딴 곳으로의 여행과 같은 것이며 …… [거기서] 오르페우스와 무우사이오스와 헤시오도스와 호메로스와 함께 있게 되기 위해서라면 아무리 많은 것을 지불해도 아깝지 않은 분이 여러분 가운데는 있지 않습니까? 만일 그것이 사실이라면 저는 몇 번이라도 죽고 싶습니다. …… 저 세상에서 이 사람들과 서로 이야기하고 교제하고 검토하는 것은 더할 나위없는 행복이겠기에 말입니다."(40e-41c) 플라톤, "소크라테스의 변명," 『플라톤의 대화』, 최명관 옮김, 서울: 종로서적, 1981.

(17) "위너는 '싱크'(sync)의 과학에서 중심적인 인물이다. 그 이유의 한 부분은 위너 이전에는 감히 누구도 다루려 하지 않았던 문제를 제기했다는데 있다. 위너 이전의 수학자들은 한 쌍의 진동자들에서 일어나는 현상들을 다루는 데 만족했던 반면에, 위너는 수백만의 진동자들이 만들어내는 현상들에 몰두했다. 아마도 더욱 중요한 것은, 공명 현상이 전 우주에 퍼져 있다는 것을 그가 처음 지적했다는 점이다."(p. 41) Steven Strogatz, *Sync: how order emerges from chaos in the universe, nature, and daily life*, New York: Hyperion, 2003.

포들이 서로 피드백을 주고받음으로써 그들의 고유한 진동 패턴을 자발적으로 만들어서 뇌 안의 특수한 기능 또는 모듈(module)을 창출해 낸다고 하는 가설을 제출한 바 있다.[18]

10. 한 무리의 사람들이 모여서 함께 노래하거나 박수를 칠 때 일정한 리듬과 화음을 만들어 내도록 하는 원리는 어떤 것인가? 그렇게 일정한 리듬과 화음을 이루는 공명현상은 반드시 생각하는 마음이나 어떤 생명의 원리를 필요로 하는 것은 아니다. 일일이 셀 수 없이 많은 진동자들이, 마음이나 생명이 관여함이 없이, 자발적으로 공명현상을 만들어 내는 자연의 원리에 의해 일정한 리듬이나 화음이나 그 밖의 질서를 창출한다는 것이다.[19] 이러한 화음이나 리듬을 만들어내는 자연의 원

---

(18) "위너는 뇌가 엄청난 수의 부정확한 시계들을 가지고 정확한 시계를 자연스럽게 만들어낸다는 가설을 세웠다. 그는 뇌 속 어딘가에 수백만 개의 특수한 진동자들―아마도 개별 뉴런(neuron)들 또는 뉴런의 작은 다발 같은 것들―이 있을 것이라고 가정했다. … … [뉴런]진동자들이 다른 [뉴런]진동자들의 진동수를 유도함으로써 자발적으로 공명한다는 것이다. 어떤 진동자가 너무 빠르게 진동하면 그룹의 나머지 진동자들이 그 진동자를 느려지게 할 것이고, 너무 느리게 진동하면 속도를 높이게 할 것이다."(pp. 42-43) Steven Strogatz, *Sync: how order emerges from chaos in the universe, nature, and daily life*, New York: Hyperion, 2003.

"… 생물학의 주요 문제들 가운데 하나는, 유전자라든지 바이러스를 구성하는 기본 물질들이나 때로는 암을 유발하기도 하는 특정 물질들이 자신들과 다른 특이성을 갖는 아미노산과 핵산 혼합체 같은 물질로부터 어떻게 자신들을 만들어내는가 하는 점이다. 보통의 설명은 이들 물질들 중 어떤 한 분자가 주형(鑄型) 역할을 한다는 것이다. 그래서 구성성분들인 작은 분자들이 그 주형에 따라 자신들을 포기하고 한 비슷한 형태의 거대분자로 결합한다는 것이다."(p. 202) Norbert Wiener, *Cybernetics: or control and communication in the animal and the machine*, 2nd ed., Cambridge, MA: The M. I. T Press, 1948, 1961.

리는 Xx라는 우주적인 척도에 따르는 것으로 이해할 수 있다.

그러나 플라톤이 말하는 보편자로서의 이데아 또는 이데아의 이데아, 아니면 공자가 말하는 화이부동(和而不同) 같은 원리는 자연 또는 우주의 척도인 Xx에 대한 인공적인(인간이 만들어낸 개념 또는 범주들에 의한) 또는 인문사상적인 대안에 해당하는 것으로 볼 수 있다. 이처럼 Xx는 자연의 여러 측면을 이루는 질서들을 만들어내는 원리이기도 하고 한 사회체제를 구축하는 데 동원되는 범주들과 그 추론체계 같은 인공의 원리가 되기도 한다.

11. 그렇다면, 만약 장자라는 고대 중국의 철학자가 다시 나타나 나에게 말을 걸어온다면, 과연 그는 자신의 '順物自然' 또는 '坐忘'의 철학이 Xx의 해법에 따라 일상언어로써 구체화한 한 인간 척도의 표현이라는 데에 동의할까? 아니면, '有無'의 類別을 초월해 만물과 더불어 한 몸이 된 경지에 이르는 단계 자체가 자연의 척도로서 Xx를 실현한 것과 같다고 설명해 줄지도 모른다. 그럼에도 과학자들이 가정하는 자연의 '제일성'도 장자가 말하는 '제물론'도 모두 각각의 일상언어에서 습득한 '類들의 관계체계' 곧 Xx라는 자연의 틀 안에서 이루어진 인간적인 대안의 가설에 다름 아닌 것이다.(풀이말 3 보기) 왜냐하면 자연의 조화로서 Xx조차 언제나 예측 불가능한 한계 초월의 격과 $X(\ )$, 또는

---

(19) "우리들은 함께 노래하거나 춤추고 보조를 맞춰 행진하거나 하나의 리듬으로 박수치는 것을 당연하게 여긴다. 공명(sync) 원리는 우리들의 제2의 본성이다. … … [공명의 원리에서처럼] 자신의 행동[시간]을 조절하고 타인의 행동을 예상하는 능력은 낮은 단계의 지성 정도만을 요구하는 것으로 보인다. … … [따라서] 마음이 없고 생명이 없는 사물들도 자발적으로 공명할 수 있는 것이다."(p. 108) Steven Strogatz, *Sync: how order emerges from chaos in the universe, nature, and daily life*, New York: Hyperion, 2003.

⌐x로 대표하는 파격 또는 파동 위에서 이루어진 임시의 정체 상태에
지나지 않기 때문이다.

12. 지구 출현의 역사는 「창세기」의 기록에 따라 BCE 4004년에서 시작
하는 것으로 주장하기도 하고,[20] 방사성 연대측정(radiometric dating)
방법과 지질학적 증거에 따라 40억 년 이전에 시작하는 것으로 주장
하기도 한다.[21] 이러한 창조 연대의 시비도 결국은 그 비롯하는 때를
'거슬러 올라가 확인할 수 없는' 미지의 영역을 인간의 척도와 그 언어
로 포장하는 것과 같다. 창조의 연대가 언제든 그것은 우주의 척도 $X($)
에 의한 최초의 격파 사건에서 비롯하는 것이다. 그러니까 여기서 말
하는 몇 십억 년 또는 영원의 과거라는 것은 '그 비롯하는 때를 확인할
수 없는' x 또는 X의 시간대를 가리키고 있는 것이다. 이렇게 직접 확
인 불가능한 시간대로부터 비롯하는 사건과 과정들은, 고작 몇 천 년
아니면 수십억 년에 지나지 않는 암석 또는 역사의 기록과 상상으로
구축한 사상과 언어 체계에 의한 이해 범위를 초과한다.

인간의 척도와 그에 따르는 언어와 측정의 체계를 가지고 우주의 척도
에 의해 이루어져 온 지구의 출현과 이후의 과정들을 추측하고 재구성

---

(20) "석탄은 어떻게 그곳에 있게 되었는가? 그렇게 엄청난 양의 식물들이 한 장
소에 함께 모일 수 있었을까? … 성경을 믿는 사람들에게, 그렇게 엄청난 양으로
매장된 식물들의 존재는 쉽게 설명된다. 그것은 노아의 홍수로 인한 대격변과 일
치하기 때문이다. 대홍수는 홍수 이전의 생태계를 완전히 파괴하였고 거대한 양
의 모래와 진흙으로 그것을 덮어버렸다. … … 만약 우리에게 노아의 홍수를 상
기시켜줄 수 있는 지질학적 현상이 있다면 그것은 석탄이다. 석탄은 전지구적인
격변이 있었음을 가리키고 있다. … … 석탄은 노아 홍수의 명백한 기념물이고
성경의 신뢰성에 대한 증거가 되는 것이다." Tas Walker, "Coal: memorial to the
Flood,"("석탄: 홍수의 기념물," 한국창조과학회 미디어위원회 옮김) *http://www.kacr.
or.kr/library/ itemview.asp?no=5721*

하려고 하는 데에 어떤 문제가 있는지는, 그렇게 시도하는 자 자신의 고백에서 잘 알 수 있다.[22] 지구 아래에 겹겹으로 묻혀있는 암석들은 각각 자신들이 겪어온 험난한 역사를 웅변하듯이 드러내 말하고 있다. 다만 사람들이 그들이 사용하는 언어와 측정의 방법 그리고 그들의 의도에 따라 각각 다르게 실재 자체를 포장하는 말을 하고 있는 것이다.

13. † 와 같이 '그림으로써'(graphically) 그 뜻하는 바를 대표하는 것이 신학자 칼 바르트에게서처럼 선명한 설명을 얻은 경우는 드물다.[23][24]

────────────

(21) "지질학자들과 지구물리학자들은 방사성 연대측정이 타당하고 쓸모가 있으려면 방사성 동위원소의 반감기(半減期)나 붕괴상수(常數)가 일정해야 함을 잘 알고 있기 때문에, 붕괴상수가 시간적으로 변할 수 없다고 맹목적으로 주장하는 것이 아니다. 붕괴상수가 정말로 변하지 않는지 판정하기 위해 원자물리학자들은 방사성 원소의 붕괴가 일어나는 비율을 바꿔보는 등의 노력을 통해 광범위한 실험들을 해왔다. … … 그 결과 지질학적 중요성을 갖는 어떤 방사성 동위원소에서도 그 붕괴상수를 흔들 만한 증거는 지금껏 발견되지 않았다."(pp. 397-398) "서부 그린란드의 이수아 그린스톤 대(Isua Greenstone Belt)는 갖가지 종류의 … 화산암으로 … 이루어져 있다. 화산암을 Pb-Pb 법[납 동위원소들의 비교에 의한 연대측정법]과 Sm-Nd 법[사마륨과 네오디뮴 비교에 의한 연대측정법]으로 연대측정을 해보니 37.1억 년에서 38.1억 년 된 것들이었다."(p. 442) Davis A. Young & Ralph Stearley, *The bible, rocks and time: geological evidence for the age of earth*, Downers Grove, IL: InterVarsity Press, 2008.

(22) "'암석들이 말한다'는 이야기를 들어본 적이 있는가? 그것들이 말하는 것을 과연 당신은 이해할 수 있는가? … … 지질학자들은 외부로 노출된 암석들로부터 과거 환경을 해석한다. 여기에는 암석들이 우리에게 과거에 어떤 일이 일어났는지 말해준다는 생각이 숨어 있다. 하지만 실제로 말하는 것은 인간이지, 암석들이 말하는 것은 아니다." Tas Walker, "Rock language: is there such a thing?" *http://creation.com/rock-language*

14. 사람들이 x 또는 X의 모양이 뜻하는 바에 대하여 질문과 응답을 주고받은 기록을 가끔 대중적인 매체 가운데서 찾아볼 수 있다.(25)

15. 그렇다면 x 또는 X 자체로 하여금 '다가올 대안' 또는 '미지의 해법'을 암시하는 상징물로 이해한 사람들의 기록은 없는가? '다가올 대안'을 그렇게 이해한 보기로는, 중세 유럽 석공들의 조합에서 비롯한 프리메이슨리(Freemasonry)의 한 대변인인 짐 트레스너가 x라는 상징을 "다가올 변화, 제련(製鍊), 재정의(redefinition)"에 연결시켜 설명한 것을 들 수 있다.(26)

---

(23) "주 예수 그리스도. 이 이름 안에서 두 세계가 만났다가 헤어지는데, 이는 기지의 것(the known)과 미지의 것(the unknown) 두 개의 차원이 교차하는 것이다. 기지의 차원은 신과의 합일 상태에서 추락한 신의 피조물, 그러니까 구원되어야 할 '육'(肉)의 세계이고 인간과 시간과 사물들이 속한 세계 곧 이 세상이다. 이 같은 기지의 차원은 다른 미지의 차원과 교차되어 있는데, 그 미지의 차원은 주 아버지의 세계 곧 최초의 창조와 마지막 구원의 세계이다. … … 우리들에게 알려진 세계를 신은 위로부터 수직으로 가로질러 내려온다."(pp. 29-30) Karl Barth, ***The epistle to the Romans***, trans. E. C. Hoskyns, Oxford: Oxford University Press, 1933, 1968.

(24) "우리들이 사용한 표현들로는 무엇보다도 유명한 '완전히 다른 존재'(the wholly other)가 있다. 그는 우리들을 향해 '위로부터 수직으로' 가로질러 내려오는 존재이다. 그에 못지않게 유명한 표현으로는 신과 인간 사이의 '질적으로 무한한 차이'[를 확인해주는] 진공, 수학적인 점, 그리고 탄젠트(접선) 오직 여기서만 신과 인간이 [잠깐] 만날 수 있다."(p. 42) Karl Barth, ***The humanity of God***, Atlanta: John Knox Press, 1960.

(25) Q[uestion]: "What is 'cross my hands' meaning?" A[nswer]: "Did they cross their hands right in front of you, where it forms a big X? It may mean, 'Stop or No.'" *http://answers.yahoo.com/question/index?qid=20110323024131AAhODSE*

그러나 '다가올 대안' 또는 '미지의 해법'을 더 세속적으로 그리고 직접적으로 실행하고 있는 이벤트(event)가 있다. 그것은 'The X-Factor'라는 타이틀을 가지고 진행하고 있는 '숨은 가수를 발굴하기 위한 오디션 겸 쇼(show)'이다. 어떤 후보자가 가진 어떤 조건이 그를 팝스타로 만들어 줄지 미리 정의할 수 없기 때문에 그 찾고 있는 후보 조건을 X 라고 내걸고 있는 것이다.[27]

기도한다는 것은 무엇을 하는 것인가? 기도를 하는 사람들의 심경 속으로 들어가서 그 뜻하는 바를 공감해 본다. 우리들은 모두 구하는 대로 응답을 받지 못할 수도 있다는 것을 알고 있다. 우리들 자신이 응답의 결정권자가 아니라는 것을 인정하기 때문이다. 응답의 결정권자는 그러므로 미지의 존재 X로 인정할 수밖에 없다. 그리고 그 미지의 존재로부터 다가올 응답 또한 미지의 변수 x일 수밖에 없다. 기도의 응답으로 주어지는 조치는 Xx 또는 $\neg x$라는 척도에 따르는 것이 아니고, 절대의 척도 $X(\ )$ 또는 $X(x\&\neg x)$에 따르는 것이다. 그럼에도 다시 '기도란 무엇인가?'라고 묻는다면, 그것은 무엇을 구하는 것이 아니며

---

(26) "서로 교차하는 것은 대립하는 것들의 합일 또는 균형을 가리킨다. 그것들은 서로 교차하면서 X를 이룬다 … . X는 변화 또는 변형을 대표하는 한 오랜 옛날의 상징이었다 … . [그것은] 다가올 변화, 제련(refinement), 재정의(redefinition)를 맞이하기 위한 일종의 영적인 충격이나 도약의 출발점을 제공해준다." Jim Tresner, "Seventeenth degree, knight of the East and West," ***Scottish Rite Journal***, July 2000.

(27) "[오디션 겸 쇼의] 타이틀 'X-Factor'는 스타의 자질이 될 만한 정의할 수 없는 '어떤 것'을 가리킨다." "그것을 2009년 11월 23일에 방영된, 〈The X-Factor〉의 영국 버전인 〈The Xtra Factor)〉의 심사위원 이었던 셰릴 콜(Cheryl Cole)은 "딱 꼬집어 말할 수 없는 어떤 것"이라고 표현했다." "The X Factor" *http://en.wikipedia.org/wiki/The_X_Factor*

다만 절대의 척도를 향해 구하는 바를 스스로 가다듬고 다스리며 순응하는 행위라고 이해할 수 있다. 예수 또한 그의 마지막 시간이 다가올 때 그러한 기도를 남기지 않았는가.[(28)]

16. 이 책 Ⅷ장 "우리가 남이가?" 보기.

17. 초월하는 자가 수직적으로 격파해 오는 행위 또는 사건들 곧 $X(x\&\neg x)$를 단순화해서 $X(\ )$로 대표한다. 그러나 다시 $X(\ )$는 자연과 사회라는 공간 자체가 그 구성원인 개체생명이 발휘하는 기억과 상상의 프로젝트 x와 $\neg x$에 대해 다가와 행사하는 초월의 힘 $X(x\&\neg x)$를 대표하는 것일 수도 있다. 이를테면 한 집합으로서의 사회도 이미 에밀 뒤르켐이 강조했듯이 그 전체가 하나의 독자성(*sui generis*)을 갖는 것이어서 그의 구성원들 'x와 $\neg x$'에 대해 초월적인 힘을 행사하는 실재 X로 이해해야 하는 것이다. 그래서 $X(\ )$는 괄호 안에서 서로 대립하거나 협력하며 존재하는 개체생명들이 발휘하는 모든 저항과 모험에도 불구하고 겪을 수밖에 없는 초월의 힘 또는 한계 격파의 힘을 일반화해서 가리키는 것이다.

18. 레비나스는 우리들이 타자라고 부르는 것을 동일성의 체계로 환원하기를 거부하며 비판한다. 타자는 동일성으로 흡수할 수 없는 낯선 존

---

(28) "예수께서 제자들과 함께 게쎄마네라는 곳에 가셨다. 거기에서 제자들에게 "내가 저기 가서 기도하는 동안 너희는 여기 앉아 있어라"하시고 베드로와 제베대오의 두 아들만을 따로 데리고 가셨다. 예수께서 근심과 번민에 싸여 그들에게 "지금 내 마음이 괴로워 죽을 지경이니 너희는 여기 남아서 나와 같이 깨어 있어라"하시고는 조금 더 나아가 땅에 엎드려 기도하셨다. "아버지, 아버지께서는 하시고자만 하시면 무엇이든 다 하실 수 있으시니 이 잔을 저에게서 거두어 주소서. 그러나 제 뜻대로 마시고 아버지의 뜻대로 하소서.""(마태 26:36-39) 『공동번역 성서』, 서울: 대한성서공회, 1977.

재이며 우리들을 초월해 밖에 있는 존재이기 때문이다. 레비나스의 그러한 타자는 그러나 인간의 얼굴을 통해서 또는 인간의 얼굴 가운데서 나타난다. 그 낯선 초월의 타자는 나에게 책임과 대행 또는 대속(代贖)을 요구하는 타인[29] 곧 고아, 과부, 쫓기는 자의 얼굴로 다가오는 존재이다.[30] 그 낯선 타자는 나로 하여금 그를 책임지고 대행하는 피동의 주체가 되게 한다. 그 타자는 나와 동일한 지평에서 잡을 수 없는 초월의 타자로서 나를 향해 덮쳐온다.

그렇다면, 타자라는 존재는 나에게 책임과 대속 행위를 요구하는 낯설기만 한 초월의 얼굴을 띠고 있는 존재인가? 우주의 척도로서 타자는 다만 미지의 초월자로서 움직일 수도 있지만, 이미 나의 가장 깊은 속에서 나를 움직이는 영원의 매체 또는 메신저일 수도 있다. 미지의 타자는 초월하면서 내재하는 실재이다. 하지만 레비나스처럼 미지의 존재인 타자가 나를 향해 다가올 때 인간의 얼굴을 통해서 나타난다고 이해한다면, 타자의 알 수 없는 결정권에 따르는 모든 가능한 조치들과 과정들 특히 $X(\ )$ 같이 언제나 한계 격파 또는 한계 초월의 모양으

---

(29) "이것이 타자를 위한 나의 대속(代贖)이 아니면 무엇이겠는가? 그러나 이것은 소외가 아니다. 왜냐하면 동일자 안의 타자는 내가 책임을 통해서 하는 타자의 대속이기 때문이다. 그 책임에서 나는 대체될 수 없는 자로 명을 받은 사람이다. 나는 타자를 통해 존재하며 타인을 위해 존재한다 …."(p. 114) Emmanuel Levinas, *Otherwise than being, or, Beyond essence*, trans. A. Lingis, Pittsburgh: Duquesne University Press, 1998.

(30) "[인간의] 얼굴에서 자신을 드러내는 그 존재는 저 높은 차원, 초월의 차원에서 온다. 그렇기에 그는 낯선 이의 모습으로 나타날 수 있는 것이다 …. … … 따라서 나를 초월해 있으면서 나를 지배하는 타자는 이방인, 과부, 고아 곧 내가 의무를 지고 있는 사람들이다."(p. 215) Emmanuel Levinas, *Totality and infinity*, trans. A. Lingis, Pittsburgh: Duquesne University Press, n.d.

로 행사하는 우주의 척도를 인간 중심의 척도로 과도하게 위축시켜 의인화(anthropomorphism)하는 결과에 도달한다.

VI

현재 안에서 움직이는 영원의 기억

VI
현재 안에서 움직이는 영원의 기억

1.

어느 날 한 뱀이 다른 힘센 뱀에게 자기의 터전을 빼앗기고 쫓겨난 다음 여기저기를 떠돌다가 자기의 새 터전을 발견하기까지 거쳐 가는 긴 여정을 녹화한 BBC 다큐멘터리를 보았다. 그 뱀은 새로운 터전을 잡은 다음에도 이따금 자기의 처소에서 나와 몸을 번쩍 세워 주변을 살펴보는 자세를 취하곤 하였다. 또다시 힘센 공격자가 나타나 자기를 위협하지 않을까 경계하는 것 같았다. 모든 살아있는 것들이 그들의 몸 깊은 곳에 지니고 있을 공격자에 대한 경계 동작은 어떻게 일어나는 것일까? 언제 어디로부터 나타날지 모르는 공격자에 대한 경계 동작을 분석해 보면 그것은 결국 기억과 상상이 함께 움직이는 데서 비롯하는 것이다.

그의 몸을 세워 주변을 살피는 경계 동작은 아직 일어나지 않은, 그러나 언제라도 다시 일어날 수 있는 위기의 사태에 대한 상상 활동임에 틀림없다. 그런 상상의 활동은 어떻게 일어날 수 있는가? 그의 몸 깊은 곳에 저장되어 있는 과거의 경험 곧 기억이 움직이기 때문이다. 사실, 살아있는 것들의 존재양식으로서 모든 행위 그리고 특히 고등생물이 지니고 있다고 사람들이 말하는 상상의 활동조차 따져 들어가 보면 모두 그들이 태어나기에 앞서 선조들이 겪은 오랜 경험의 축적과 그가 태어난 다음에 겪은 얼마 안 된 경험이 다져져서 이루어진 기억의 재현 현상에 다름 아니다.

개체생명들의 쉼 없는 탄생과 그 각각의 생존양식 자체가 끝없는 과거 기억의 쉼 없는 재현 현상이다. 끝없는 과거 곧 영원에서 언제나 다시금 분출하는 멈출 수 없는 현재, 영원의 기억과 그로 말미암은 상상으로 펼쳐지는 현재, 그렇게 끊임없는 현재로서 반복되는 영원의 재현으로 모든 것들의 역사가 이루어진다. (150214)

2.

영원은 현재에 대하여 어떤 관계에 있는가? 영원은 현재와 떨어져서 흐르는 시간 저편에 머물러 있는 어떤 불변의 것이 아니다.[1] 영원은 저편에 머물러 있지 않고, 항상 현재 안에 들어와 다시금 새로운 현재를 만들어 가고 있다. 그렇게 '현재하는' 모든 것은 영원의 한 조각 분신 곧 그의 아바타이다. 영원은 현재 안에 들어와 쉼 없이 새로운 현재를 영원의 한 조각 분신으로서 재현한다. 영원은 현재에 내재하며 현재를 초월하는, 그래서 현재와 일치하며 다시 불일치하는 긴장 관계로써 움직인다. 그리고 이렇게 내재하며 초월하는 관계는 전체가 부분에 대하여,[2] 미지가 기지에 대하여,[3] 무의식이 의식에 대하여[4] 맺는 관계에도 침투하여 작동하고 있다. 영원이 현재에 내재하며 현재를 초월하는 관계는 전체와 부분, 미지와 기지, 무의식과 의식이라는 전통적인 대립 단절의 관계들을 한 결로 관통하는 깊은 바닥의 흐름을 이룬다.(130525)

3.

모든 생명 가진 것들 안에 영원의 기억이 살아 움직이고 있다. 영원의 기억이 가장 간략한 모양으로 요약되어 하나하나의 개체생명을 이루고 있는 것이다. 한 개체생명은 영원의 유일한 한 단위 기억체계이다. 그러므로 하나하나의 개체생명 자체가 각각 다른 모양으로 그리고 다른 관점으로 실현되어 가는 영원의 한 조각 분신들이다. 왜 한 개체생명은 영원의 한 조각 분신일 수밖에 없는가? 그는 그의 안에 품고 있는 내재성 또는 개체성 안에서 영원의 기억과 그로부터 분출하는 상상 자체를 복원시켜 재현할 수 없기 때문이다. 따라서 한 개체존재는 영원의 한 조각 요약으로서 재현하는 미니멀리스트가 된다.

생명의 존재가 각각의 개체성 안에 그의 발생계통(phylogeny)으로부터 받아 재현하고 있는 유전 프로그램은 그 계통의 종이 통과해온 무한에 가까운 경험과 그 기억에서 한 특정한 관점으로 발췌 요약한 설계도에 다름 아니다.[5] 따라서 한 개체생명의 삶은 주어진 유전 프로그램 곧 설계도만으로 이루어지는 것은 아니다. 그에게 주어진 설계도는 그가 부딪치는 현실의 상황에 따라 이루어져야 하는 가능한 선택과 그로부터 다가오는 반응을 향해 열려있는 것이다.[6] 개체생명들은 각각 다른 모양과 다른 관점으로 요약된 설계도를 가지고 모든 가능한 상상을 발휘해서 학습하며 선택해야 하는 모험 가득한 삶을 통과해 간다.

서로 다른 모양과 다른 관점으로 요약된 설계도를 가지고 일생을 실현해 가는 개체생명들은 각각 영원의 한 조각 분신이다. 그들은 각기 다른 일생을 재현함으로써 모두 전대미문의 모험가가 된다. 한 아이가 세상에 몸을 드러낼 때 그는 한 전대미문의 모험가 x로서 앞으로 펼쳐갈 그의 운명에 시동을 걸고 있는 것이다. 그는 그가 가지고 나온 설계도에는 명시되어 있지 않은 무한한 상상 가운데서 유일한 선택을 행사하는 한 조각의 네비게이터이다. 그는 영원의 기억과 상상을 그가 타고난 개체성과 관점으로 특화해가는 한 미니멀리스트가 된다.[7] 몸으로써가 아니라 다만 그가 조작하는 작품과 이론을 가지고 미니멀리스트라고 자처하는 예술가와 철학자들은 다만 피상에 집착해 있는 자들이다. (151103)

4.

철학자는 왜 세계를 관통하는 매체로서 모든 범주들과 그에 따르는 추론체계들을 폐기하면서 영원의 한 조각 분신으로서 자신을 특화해가는 미니멀리스트가 되는가? 변화가 누적되어 극도의 혼돈에 이르는 한계점에서, 기존의 질서가 붕괴하는 한 단락(punctuation)의 현상을 대변함으로써 그는 미니멀리스트가 된다.[8] 고대 그리스의 고르기아스는 자기 이전 자연철학자들의 주장들이 서로 어긋나며 충돌하는 혼돈의 담론들을 바라보며,[9] "아무것도 없다. 있다고 하더라도 우리들은 그것을 알 수 없다. 알 수 있더라도 그것을 옆의 사람에게 전달할 수 없다."[10]라는 선언으로 일단락지음으로써 한 미니멀리스트가 되었다.

고대 중국의 노자는 사람들이 일삼는 차별과 투쟁이 난무하는 유위(有爲) 또는 유(有)의 천하를 향해서, 만물이 자정(自靜) 부쟁(不爭)하는 무위(無爲) 또는 무(無)로 귀화할 것을 설파하였다.[11] 무위, 무로의 귀화로써 또는 '아무것도 없다'는 선고로써 도달한 최소주의 곧 미니멀리즘은 혼돈의 시대를 마감하며 다음 시대를 예고하는 한 단락―고생물학자 굴드와 엘드리지가 한 생태계의 질서가 붕괴하며 새로운 종들이 다시 분화하는 시점을 가리켜 말했던 '단락'(punctuation)[12]―의 현상이다.

고르기아스와 칸트[13]는 인간의 이해력 너머의 대상에 대하여 판단중지를 함으로써 적어도 소극적인 미니멀리스트가 되었다. 그들은 이해력 너머의 대상에 관련한 그때까지의 이론들을 그들의 담론에서 생략해 버린 것이다. 그러나 그들은 혼돈 속으로 빠진 이론들을 폐기해 버렸을 뿐, 이해력 너머의 '그것'이 다시금 어떤 모양으로 우리들의 이해력 또는 현실 세계에 관여하는지에 대한 어떤 문제의식도 남겨 주지 않았다. 그러니까 우리들의 이해력 너머 또는 현실 세계 너머 영원의 '그것'이 끊임없이 반복되는 '현재'에 어떤 모양으로 관여하며 재현하는지, 그것의 최소한의 모양을 확인하는 것이 피상

에 머물러 있는 미니멀리스트 철학자에게 남은 과제이다. (130527)

5.

끝없는 과거로서 영원의 기억이 현재 가운데에, 무한에 다름없는 전체가 부분 가운데에, 언제나 한계 밖으로 빠져버리는 미지의 것이 기지의 것 가운데에, 말없는 자연 속에 숨어있는 무의식이 의식의 세계 가운데에, 마지막의 심판자로 초월해 있는 것이 내재성 가운데에, 그렇게 잠입해서 움직이며 각각 자신을 실현하는 모양들을 어떻게 묘사할 수 있을까? '현재'라는 모양으로 잠깐 몸을 세상에 드러냈다가 언제나 다시금 사라져 가는 모든 것들 속에서, 끝없는 과거로서 영원, 무한에 다름없는 전체, 한계 밖에 머무는 미지, 말없는 자연 속의 무의식 그리고 이 모든 것의 마지막 심판자는 어떤 모양으로 움직이는 것일까? 이 영원의 것들이 '현재'라는 그 자신[영원]의 한 조각 분신 가운데서 보여주는 최소화의 모양, 그 미니멀리스트의 존재를 과연 무엇으로 집약하고 대표할 수 있겠는가? 영원의 한 조각 분신인 미니멀리스트를 x로, 어떤 최고의 특칭도 거부하는 영원한 심판자 미니멀리스트를 X로 대표할 수 있다. (130528)

6.

모든 일의 마지막 심판자는 '어디로부터' '어떤 모양으로' 우리들에게 다가오는 것일까? 세상에 몸을 드러내 존재하는 것들 안에 자체의 존재 원인이 있지 않다는 생각으로, 고르기아스는 '존재하는 것들 밖의 어떤 것'을, 노자는 '무'(無)를 마지막 결정권자로 상상했을지도 모른다. 존재하는 것들 밖의 어떤 것 또는 무를 마지막 결정권자로 삼을 수 있을까? 마지막 결정권자를 대표한다고 일컬어지는 이데아의 이데아, 부동의 원동자, 영원회귀, 천명(天命), 도(道), 태극(太極) 같은 수많은 서로 다른 이름들은 어떻게 화해시킬 것인가? 이 모든 이름들을 마지막 결정권자 또는 심판자 자신은 다만 침묵의 행위로써 거부할 것이다.

그에게 붙여진 모든 이름들을 침묵의 행위로써 거부하는 마지막 심판자는 인간 언어의 표현으로는 이해할 수 없는[14] 무언의 미니멀리스트다. 쉼 없이 그 몸을 세상에 드러내는 '현재' 가운데에 깊이 들어와서 그 시작과 그로 비롯하는 결국의 운명을 이끌어가는 영원의 흐름 '그것'은 다만 무언의 미니멀리스트 x 아니면 X[15]로 대표할 수 있을 뿐이다.

그러니까 한 사람의 철학자가 미니멀리스트가 되는 것이 아니다. 그는 대개 뛰어난 다변가일 뿐이다. 미니멀리스트로 자처하는 그는 다만 참 미니멀리스트를 어설프게 아니면 피상으로 모방하는 자에 지나지 않는다. 누가 참 미니멀리스트인가? '현재' 가운데서 영원의 한 조각 분신으로 움직이며 자신을 실현하는 x 또는 이 모든 것의 마지막 심판자로서 어떤 일상의 이름으로 가리키는 특칭도 거부하는 X가 참 미니멀리스트다. 그 미니멀리스트 X는 그의 영원의 한 조각 분신인 '현재'로서 특화 요약한 사건 또는 존재의 개체성과 관점 x로써만 자신을 보여줄 뿐이다. (130616)

7.

그렇다면 세상에 몸을 드러낸 모든 것들 안에서 각각의 고유한 기억과 그로 말미암은 상상이 움직이지 않는다고 할 이유가 있는가? 수억 년을 흐르는 대양을 가르며 헤엄치던 상어가 육지로 나온 다음 그의 지느러미를 팔과 다리, 손가락과 발가락으로 변형시킬 수 있었다면, 더구나 고생물학자 니얼 슈빈의 추론대로 그 변형 또는 이행 과정에서 같은 DNA가 그 일을 하였다면,(풀이말 5의 따온글 (3) 보기) 이는 그가 간직한 영원의 기억을 가지고 얼마나 파격스러운 상상을 발휘한 것인가?

오늘날 문명 인구 가운데에 퍼져있는 비만과 당뇨를 설명하는 한 생리학자에 따르면,(풀이말 6의 따온글 (5) 보기) 그 질환을 가진 사람들의 몸이 아직도 풍요와 기근을 반복해서 겪던 원시 자연의 오랜 기억과 상상을 버릴 수 없기 때문이다. 기근의 계절에 대비해서 비축하며 살을 찌우던 기억과 상상을 기근이라는 자연의 주기(週期)가 사라진 문명 가운데서도 계속 유지하고 있는 것이다. 이것이 현재로서 몸을 드러낸 모든 것들 가운데서 움직이는 영원의 기억과 상상이 펼치는 놀라움이 아닌가? (160905)

1. 영원은 시간의 흐름 밖에 초월해 있는 불변의 실재라는 관념이 플라톤을 비롯한 고대 그리스의 철인들에게 있었다. 그러나 고대 히브리 성서의 전통에서는 '현재'로서 몸을 드러낸 모든 것들 가운데에 관여하는 영원의 지배자가 존재한다는 생각이 전해져 온다. 그 가운데서도 「전도서」는 보기(1)에서처럼 그 영원의 지배자에 대하여 보다 사실적 묘사를 함으로써 현대에 이르러 철학적 과학적으로 풀이하는 데도 무리가 없을 만한 관점을 시사하고 있다. (이 책 Ⅱ장 "『기본동물학』과 「전도서」와 한국말본"의 풀이말 5와 13 보기)

2. 아리스토텔레스는 그의 논리학 연구에서 전체(전칭판단)에 대한 부분(특칭판단)의 관계를 연역적 함축관계로 구성하는 데에 성공하였다. 그러나 20세기의 수리논리학자 고틀로프 프레게로부터 비롯하는 버트런드 러셀, 칼 포퍼 같은 현대 논리학자들의 분석에서 나온 결론에 따르면, 전칭판단에 대해 특칭판단은 연역적 함축관계에 놓여 있지 않다. 전칭판단은 경험적으로 확인할 수 없는 무한의 경우를 대상으로 하며, 특칭판단은 경험적으로 확인 가능한 것을 대상으로 하기 때문이다. 따라서 현대 논리학의 분석 결과에서 보면, 아리스토텔레스의 전체에 대한 부분의 연역적 관계도 타당성을 잃을 뿐만 아니라 플라톤이 끌어들인 초월하는 영원의 이데아가 어떻게 현재로서 주어진 유한의

따온글

(1) "하늘 아래서 벌어지는 무슨 일이나 다 때가 있다. … … 그러나 사람이 애써 수고하는 일이 무슨 소용이 있겠는가? … … 하느님께서 사람에게 역사[עוֹלָם: 영원 또는 어둠]의 수수께끼를 풀고 싶은 마음을 주셨지만, 하느님께서 어떻게 일을 시작하여 어떻게 일을 끝내실지 아는 사람은 하나도 없다는 것을 나는 알았다."(「전도서」 3:1-11) 『공동번역 성서』, 서울: 대한성서공회, 1977.

사물들을 함축하며 그것들에 관여하는지를 설명할 수 없게 되었다.

이렇게 인류가 개발한 담론의 세계에서 언제나 등장하는 이른바 '전체와 부분' 또는 '영원과 현재'라는 대칭 관계에 대한 현대 논리학자들의 분석과 비판의 결론에 비추어 볼 때, 영원이 현재에 또는 전체가 부분에 관여하는 모양에 대하여 『구약성서』의 「전도서」만큼 이해의 선명한 바탕을 제시하는 철학적 관점은 아직 없다고 볼 수 있다.(풀이말 1 보기)

3. 그러나 무한 또는 영원의 기억이 관여해서 세상에 재현된 '현재'들, 그렇게 현재로서 드러난 유한의 것들은 기지의 사실로서 그 확실성이 보장된 것인가? 그러나 현재로서 주어진 기지의 사실이라는 것은 무한 또는 영원이라는 미지의 부분이다. 기지의 사실로서 현재는 그러므로 그 뿌리를 무한 또는 영원이라는 미지의 영토에 내리고 있는 것이다. 기지의 사실은 궁극에는 미지의 영토에 그 뿌리를 내리고 있는 미지의 부분이다. 그럼에도 기지의 영토를 확장함으로써 남은 미지의 영토를 잠식하거나 수렴할 수 있다고 하는 인류 보편의 논리적 야망은 실현 불가능한 것이다.

4. 기지의 영토가 미지의 영토에 뿌리를 내리고 있듯이, 의식은 그 자신이 뿌리를 내리고 있는 무의식의 부분일 수밖에 없다. 의식의 활동으로서 흔히 이해되고 있는 무한의 상상이라는 것 또한 무의식 곧 영원의 기억의 표현 또는 재현에 다름 아니다. 무한의 상상 가능성은 영원의 기억에서 비롯하는 것이다. 그렇게 영원의 기억과 무한의 상상은 그 외연(extension)을 공유한다. 따라서 일찍이 영원의 기억에 있지 않았던 것이 상상에 떠오를 수 없으며 상상의 무한한 가능성은 결국에 영원의 기억에 말미암은 것이다. 다만 상상에서는 기억에 잠복해 있는 것들의 무한히 새로운 조합이 연출된다.

5. 끝없는 과거로부터 쌓여온 무한의 경험을 통과하며 오늘에 이른 유전의 설계도는 어떻게 이루어진 것인가? 유전의 설계도에 대한 분자생물학적 해석이 나오기에 앞서 20세기 초 독일의 생리학자 리하르트 볼프강 제몬은 그것이 자극의 경험들을 기억해 두려고 하는 유기체의 끈질긴 성질에 말미암은 것이라고 이미 제시한 바 있다. 그는 물론 유전의 설계도가 오늘에 이르기까지는 찰스 다윈이 말하는 자연선택의 원리가 작용했기 때문이라고 인정하고 있다. 자연 환경에 적합한 유전 설계도가 살아남을 수 있었다는 것이다.

그러나 그 유전 설계도가 살아남기에 적합하도록 만들어지려면 반드시 필요한 '기억의 끈질김'(Mnemic Persistence)이라는 원리가 작동해야 한다고 제몬은 설명하였다.[2] 말하자면 자연선택에 앞서서 반드시 기억의 끈질김이 개체생명 가운데서 작동함으로써 살아남기에 적합한 유전의 설계도가 작성되어 있어야 한다. 변화하는 자연의 조건에 적응할 수 있는 긍정적인 반응의 경험들을 보존 축적하여 적합한 유전 설계도로 변형시켜 가야 하는 것이다.

이렇게 유기체가 놓이는 자연의 조건에 따라서 어떻게 그 유전의 설계

---

(2) "자연선택은 단지 부적합한 것을 제거하는 과정이지만, 그 과정이 쉼 없이 진행되는 까닭에 우리는 환경에 적응한 유기체를 어디서나 만난다는 데에 그다지 놀라지 않는다. …… 그러므로 우리가 유기체들의 세계에서 '쓸모 있다'고 흔히 말하는 것은 최소한 두 가지 요소가 낳은 결과이다. 곧 자연선택과 기억의 끈질김(Mnemic Persistence)이다. …… 하지만 기억소(Mneme)에는 외부 세계가 끊임없이 만들어내는 변형들이 간직되어 있다는 점에서, 유기체의 발생에서 없어서는 안 될 보존 원리를 볼 수 있다. 물론 이런 보존 효과는 자연선택이라는 외부의 간접 요소에 의해 제한을 받는다. 왜냐하면 길게 보면 결국에 오직 적절한 변이들만이 살아남기 때문이다."(pp. 290-291) Richard Wolfgang Semon, *The Mneme*, trans. Louis Simon, London: George Allen & Unwin, 1921.

도가 적응 변형되어 왔는지에 대해서는 고생물학자 니얼 슈빈이 *Your inner fish*(2008)라는 저서에서 하나의 선명한 보기를 들어 설명하고 있다.[3] 그의 설명에 따르면 대양을 헤엄쳐 다니던 상어의 지느러미를 만들었던 아주 오래된 그 DNA를 가지고 육지로 삶의 터를 옮겨 새로운 삶으로 이어간 생명체들의 팔과 손가락, 다리와 발가락을 만들게 되었다는 것이다. 그러니까 유전 설계도라는 것은 끝없는 과거로부터의 경험을 끈질기게 보존할 뿐만 아니라 적응해야 하는 새로운 환경의 조건에 따라 그것을 수정 또는 변형해 갈 수도 있다는 것이다.

6. 그러나 현재 안에 재현된 영원의 기억으로서 유전의 설계도는 그것을 지닌 개체생명에게 모든 행동과 생각을 지시하는 것이라고는 볼 수 없다. 그것은 미래에 대하여 어떤 고정된 명령을 내리는 닫혀 있는 설계도가 아니다. 설계도가 포함하고 있는 끝없는 과거 기억의 체계는 그로 말미암은 가능한 상상을 분출함으로써 모든 학습과 선택을 이끌어가는 바탕이 된다. 한 마리의 파리는 다만 그의 몸이 지니고 있는 유전 설계도에 따라 움직이는 기계인가? 파리에게 장착되어 있는 뇌의 설계도는 과연 그에게 붙어있는 여섯 개의 다리와 두 개의 날개를 위해 기계처럼 고착된 설계도와 어떻게 다를까? 파리도 학습과 선택을 하는 것일까? 이러한 물음에 대한 답을 찾기 위한 실험의 과정을 한 저

---

(3) "지느러미든 팔다리든 모든 부속지(附屬肢)들은 비슷한 종류의 유전자들로부터 만들어진다. 이런 사실은 물고기의 지느러미가 육상동물의 팔다리로 이행했다는 [가설]에 어떤 의미를 주는가? … … 그것(지느러미가 팔다리로 이행했다는 것)이 의미하는 것은 진화상의 큰 변형이 곧 새로운 DNA의 출현에 의한 것이 아니라는 점이다. [말하자면] 이런 변형의 대부분은 상어 지느러미의 발생에 관여했던 옛날의 유전자들이 손가락과 발가락이 달린 팔다리를 만드는 새로운 과정에 관여함으로써 이루어진 것이다."(p. 58) Neil Shubin, *Your inner fish: a journey into the 3.5-billion-year history of the human body*, New York: Vintage Books, 2008, 2009.

자가 소개하고 있다. 파리도 학습을 하며 그 학습에 따라 다른 반응을 하는 과정을 그는 서술한다. 포유류인 토끼가 80차례의 연습을 거친 다음 학습하고 그에 따라 반응한 것을 파리는 3차례의 연습으로 성취하는 빠른 학습자였다고 보고하고 있다.[4]

인간의 유전 설계도는 어떤 모양으로 그에게 갖추어진 기억과 상상의 가능성을 발휘할까? 유전학 이론가 제임스 닐은 1962년에 에너지를 절약하는 유전자의 전략에 관한 가설을 제시하였다. 풍요와 기근이 번갈아 다가오는 것을 수없이 경험해야 했던 고대의 유목민 조상들은 그들의 유전자가 그러한 경험에 대응하는 전략으로 움직였을 것이라고 한다. 풍요의 날들에 자신의 몸으로 하여금 기근의 날들에 대비하는 여분의 에너지를 저축하도록 했다는 것이다. 그렇게 풍요와 기근이 되풀이하던 까마득한 옛날로부터 절약을 익혀온 유전자의 학습과 대응 양식이 현대 문명의 삶에서는 뜻밖의 문제를 일으키고 있다고 한다. 이제는 풍요와 기근이 반복하는 것이 아니라 일정한 공급 때로는 과도

---

(4) "그때까지 파리는 고정된 회로를 가지고 있다고 여겨졌다. 다시 말해서 뇌 속에 있는 수십만 개의 뉴런들 하나하나가 이웃한 뉴런들과 달라붙거나 묶이거나 땜질하듯 붙어있는 패턴으로 배아(胚芽)에서 이미 최종적으로 저장되어 있다는 것이다. 이런 신경 설계도는 다리 6개, 날개 2개의 설계도처럼 고정되어 있고 표준화된 것이라고 가정되었다."(p. 133) "그 다음에 그는 … 파리가 정말로 경험으로부터 학습을 하는지 알아보고자 했다. 파리들은 학습을 했다. 파리들은 경험으로부터 그냥 학습하기만 하는 게 아니라 재빨리 학습을 했다 …. 학습능력에 대한 한 표준적 실험에서는 실험자가 종을 울리고 이어서 토끼 눈에 바람을 휙 불어서 눈을 깜빡이도록 했다. 바람을 불기 전에 [종소리만 듣고] 토끼가 눈을 깜박이기까지는 80차례의 연습이 필요했다. 하지만 퀸[MIT 대학의 파리 실험실(Fly Room)에서 일하던 한 postdoc Chip Quinn]이 실험한 파리들은 3차례 만에 [눈을 깜박이는] 학습을 했다."(p.137) Jonathan Weiner, *Time, love, memory*, New York: Vintage Books, 1999, 2000.

한 공급이 이루어지기 때문에 절약하며 저축하는 유전자의 상상과 전략이 비만이나 당뇨병을 가져다준다는 것이다.[5]

그러니까 파리의 것이든 인간의 것이든 그들의 유전 설계도는 불변의 고착성 명령을 내리기만 하는 기계가 아니다. 유전 설계도는 또한 그 가운데에 기억해서 예상하기도 하며 학습해서 대비하기도 하는, 그렇게 닫혀있으면서 열려있는 양면성을 장전하고 있는 것이다.

7. 설계도는 영원의 메신저 미니멀리스트의 작품이다. 그래서 설계도에 명시되어 있지 않은 모든 가능한 미래의 선택과 학습은 영원의 기억과 그로 말미암은 상상에 의지해 열어가야 하는 부분이다. 그러므로 그가 놓이는 시대의 상황에 따라서는 예측하기 어려운 난관과 조건들을 고

---

(5) "1962년 유전학자 제임스 닐은 이런 현상에 대하여, 과거 유목을 하며 먹을 것을 찾던 조상들이 '풍요와 기근'의 상황을 번갈아 겪은 데서 실마리를 찾을 수 있다고 설명한 바 있다. 그는 가정하기를, 자연 생태계에서는 식량의 공급을 예측할 수 없으므로, 식량이 풍족할 때 몸을 살찌우기 위해 적정 에너지 이상을 효율적으로 비축할 수 있도록 한 '절약' 신진대사를 갖춤으로써 나중에 올 식량부족 시기에도 살아남을 수 있는 이점을 얻었으리라는 것이다. [그러나] 최근 세대에 일어난 섭식과 생활양식의 빠른 변화에 비해 유전자 [기능의] 변화는 상대적으로 느렸기에, 이러한 유목 생활에 적응해 있던 유전자가 이제는 '진보에 따르는 해로움'(detrimental by progress)을 일으켜서[James Neel, "Diabetes mellitus: a 'thrifty' genotype rendered detrimental by 'progress'?" *American Journal of Human Genetics*, Vol. 14, 1962.] 비만과 당뇨병을 낳았다고 한다." "비만과 이것에 관련된 질병들이, 과거에 머물러 있는 우리들의 유전자 그리고 그 반면에 나타난 생활양식과 섭식의 빠른 변화 사이의 '불일치' 또는 '부조화'에서 비롯한다는 가설[절약 유전자 가설]은 현재 널리 받아들여지고 있다 …." Christopher Kuzawa, "Beyond feast-famine: brain evolution, human life history, and the metabolic syndrome," *Human evolutionary biology*, ed. M. P. Muehlenbein, Cambridge: Cambridge University Press, 2010.

려하며 모든 가능한 상상을 동원하여 그 자신의 삶의 모양과 관점을 선택하고 조정해 나아가야 한다. 인류가 그의 상상에 의지해 고려해야 하는 난관의 질문 가운데에는 다음과 같은 것들이 있다.[6]

'고대의 전설에서 들려오는 것과 같은 하늘에서 떨어지는 큰 별, 불타는 하늘, 한 해 내내 계속되는 홍수에 인류는 어떤 대책을 세울 수 있었는가?' '누구도 전체를 관리할 수 없는 복잡하게 얽힌 기반 시설이나 제도 그리고 결국에 감당할 수 없을 막대한 소비 자원에 의존하는 도시의 삶은 얼마 동안 계속할 수 있을까?' 비상한 창의성과 학습 능력을 갖추고 있음에도 인간 호모사피엔스는 그 자신이 의존해 살고 있는 자연에 대해서는 재앙이며 동시에 그 자신도 함께 재앙을 맞이할 수밖에 없다는 경고를 하고 있는 생태학 이론가들이 많다. 그들 가운데서는 작품이나 사상으로써가 아니라 몸으로써 자신이 미니멀리스트가 되기로 결정하는 이들이 나타나기도 한다.[7]

8. 고대 그리스에 자연철학자들이 등장해서 각각 서로 모순되는 주장들을 펼쳐 나갈 때 도달하게 되었던 한계점에서 고르기아스 같은 정리자

---

(6) "여러 민족의 고대 전설에 하늘에서 떨어지는 별, 불타오르는 하늘, 홍수에 관한 이야기가 공통으로 나오는 것을 보면 신화나 전설을 그저 꾸며낸 이야기로 넘겨버릴 일은 아닐 것이다."(276쪽) "지구가 태양계에서 다세포 생물이 살아갈 수 있는 유일한 행성이 된 원인은 이 행성 지구가 거대한 외계 천체의 방문이 드문 안전한 행성이기 때문이다."(278쪽) "수렵과 채집을 기반으로 사는 유목민은 일조량과 기온, 강수량에 의존하는 농업문명보다 소규모 충돌로 바뀌는 갑작스런 지구 변화에 대처하는 능력이 뛰어나다. 현대 도시 문명은 고대 문명보다 훨씬 더 충돌에 취약하다. 지금은 농업이나 수송에 크게 의존할 뿐만 아니라 해일, 지진, 화재, 홍수 등에 취약한 복잡한 사회 기반 시설에 의존해 살아가기 때문이다." (280쪽) 이언 플리머(Ian Plimer), 『지구의 기억』(*A short history of planet earth*), 김소정 옮김, 서울: 삼인, 2008.

곧 미니멀리스트가 나타난 것처럼, 20세기를 통과하는 동안에도 서로 인정할 수 없는 수많은 관점과 체계들의 등장으로 이루어진 혼돈 속의 철학계는 어떤 모양으로든 청산하지 않을 수 없는 한계점에 이른 것으로 볼 수 있다. 어떤 방면에서나 그 복잡성이 자체를 지탱할 수 없는 한계점에서 붕괴와 환원의 조짐이 일어난다고 한 복잡계 이론가는 말하고 있다.[8]

9. 고르기아스는 자연에 존재하는 현상들에 관한 자연철학자들의 서로 모순된 설명들 가운데 어느 하나에 대해서도 믿음을 가질 수 없었다.[9] 그리하여 그는 이렇게 모순된 설명 대상으로서의 자연, 그 존재 자체를 부정하기에 이르는 것이다.(풀이말 10 보기)

---

(7) "인간은 작업수행 능력이 뛰어난 뇌를 갖춘 생물로서 그것만으로도 무한한 가능성을 지니고 있다. 그러나 … 인간의 뇌는 스스로를 통제할 수 없기 때문에 인류가 빠져 들어갈 재앙의 원흉이 되어 버렸다. … 빠른 속도로 발전하고 성장하는 … 진화가 값비싼 대가를 요구할 수 있다."(284-285쪽) 프란츠 부케티츠, 『자연의 재앙, 인간』, 박종대 옮김, 서울: 시아출판, 2004.

"질문: 왜 미니멀리스트가 되려고 하나요? 대답: 그것은 우리를 둘러싼 세상의 과도함—곧 지나친 소비주의와 물질적 소유, 불필요한 잡동사니, 넘쳐나는 해야 할 일, 너무 많은 빚(debt), 주의를 산만하게 하는 너무 많은 것들, 너무 많은 소음, 그러나 너무 의미 없는 것들—에서 벗어나는 길이기 때문입니다. 미니멀리즘은 비본질적인 것을 탈피하는 길입니다." (*http://mnmlist.com/minimalist-faqs/*)

(8) "한 복잡체계가 더 이상 기능할 수 없을 때—나는 이 단계를 '복잡성의 과부하'(complexity overload)로 부르려고 하는데—그 복잡성은 수많은 형태들로 나타난다. …… 복잡성의 수준 또는 부조화가 그 체계가 감당할 수 있는 정도를 넘어서면, 이런 상황을 정리하기 위해 환원[미니멀리즘]이 요청되는 것이다.(p. 24) John Casti, ***X-Events: complexity overload and the collapse of everything***, New York: HarperCollins Publishers, 2012.

10. 세상에 몸을 드러내 존재하는 것들 안에 자체의 존재 근거가 있지 않다는 생각은 고르기아스로 하여금 '존재하는 것들 너머의 어떤 것'에 대해 완전 부정을 할 수 없도록 했을 것이다.[10] 그럼에도 그는 존재하는 것들 너머의 그 어떤 것이 파르메니데스가 제시한 '모든 변화하는 사물들 밖의 불변의 존재'라는 데에는 동의하지 않았다. 왜냐하면 변화하는 사물들 너머의 그것은 인식할 수 없는 것일 뿐만 아니라 그것을 무엇이라고 단정할 수 있는 근거 또한 없기 때문이다. 이로써 고르기아스는 '있음을 가지고 있음을 이해하며 설명하는' 그리스 및 서구 전통의 존재론에 반기를 들고 있다고 볼 수 있다.

이러한 추론에 따르면 세상에 있는 것들을 그렇게 있게 하는 그것은 그 자체의 성질과 본질을 베일 안에 숨기고 있는 미니멀리스트 곧 미지의 x 또는 예측불허의 결정권자 X로써 가리킬 수밖에 없다.

---

(9) "그[프로타고라스]는 실제의 현실을 따르는 사람들 사이에서 평판이 떨어진 자연철학자들의 모순된 사변들에 맞서는 인본주의 반동에서 앞장섰던 사람이다. 고르기아스가 말했듯이, 이들 자연철학자들은 저마다 우주의 비밀을 알고 있다고 주장했는데, 실제로는 그저 한 의견을 다른 의견에 맞세워 나감으로써 모든 의견들을 차례로 이전의 주장보다 더 믿을 수 없는 것으로 만들어갔을 뿐이다."(p. 186) W. K. C. Guthrie, *A history of Greek philosophy, vol. III: The fifth century enlightenment*, Cambridge: Cambridge University Press, 1969.

(10) "'비존재에 관하여'(*On the non-existent*)라는 제목이 붙어 있는 글에서 … [고르기아스는] 3개의 연속된 논제들을 제시하고 있다. 무엇보다 첫째로 아무것도 존재하지 않는다, 둘째로 무엇인가 있다고 하더라도 그것이 사람에게 알려질 수 없다, 셋째로 그것을 알 수 있더라도 결코 옆의 사람에게 전달하거나 설명할 수 없다."(p. 42) "*Gorgias*: B. Fragments," trans. G. Kennedy, *The older sophists*, ed. R. Kent Sprague, Columbia, South Carolina: University of South Carolina Press, 1972.

11. 세상에 몸을 드러내 존재하는 것들 안에서 자체의 원인을 찾을 수 없다는 생각이야말로 노자로 하여금 "有生於無"(『老子』40章)로써 '無'를 상정하게 한 출발점이었을 것이다. 그럼에도 노자는 다시금 無를 "有無相生"(『老子』2章)이라는 관계 가운데로 묶어 제한하며 규정함으로써 논리적 차질을 빚고 있는 것 같다. 말하자면 그는 현상계에 나타났다가 사라져가는 모든 것들을 그가 구축하는 범주들의 추론체계 가운데로 환원 수렴할 수 있다고 생각하는 논리적 허구에 빠져 버린 것이다.[11] 이렇게 해서 언어의 사용을 극도로 절제했던 노자도 그리고 그를 따라 "大道不稱" "不言之辯"을 말한 장자 또한 그의 '제물론'가운데서 결국에 범주들과 그 추론체계를 벗어나는 길을 찾지 못하였다.

그러나 '아무것도 없음' 또는 '無'로써 가리키려고 하는 그것은 존재하는 것들 너머에서 그의 비밀스런 길을 따라 움직이는 것일 수밖에 없는 것, 곧 우리들의 모든 범주들과 추론체계 밖에서 그의 예측할 수 없는 역사(役事)의 모양을 보여주는 미니멀리스트 x 또는 X일 뿐이다.

12. 생명의 종들에게 예고 없이 닥쳐오는 파국을 굴드와 엘드리지는 '단락'(punctuation)이라 불렀는데,[12] 이 현상은 고르기아스와 노자가 혼돈에 빠진 당대의 사상들을 '아무것도 없음' 또는 '無'로써 마감시키며 새 전기를 마련한 단락(punctuation)의 현상에 비유할 수 있다. 새로운 종의 분화가 다시 일어나고 새로운 사상들이 다시 분출하는 전기는, 점진적인 변화의 과정에 따라서가 아니라 이전에 번창하던 종들과 사상

---

(11) "문밖을 나가지 아니해도 천하를 알며, 창문 밖을 내다보지 아니해도 천도를 안다."(제47장) "그러므로 자기 자신의 몸으로써 다른 이의 몸을 보고 … 천하의 일로써 천하의 일을 볼 것이니[以天下觀天下], 내가 무엇을 가지고 천하 사람들이 그러하다는 것을 알겠는가? 이로써이다."(제54장) 『노자』, 이강수 옮김, 서울: 길, 2007.

들이 급작스럽게 단종 지양되는 계제에 의해서 마련된다는 것을 시사하고 있다.

13. 칸트는 인간의 이해력 너머의 대상에 대하여 물 자체 또는 x라는 기호로써 가리키며 판단중지를 하였는데, 이는 그를 적어도 소극적 미니멀리스트라고 부를 만하게 하는 점이다. 그러나 그는 이해력 너머의 대상이라는 물 자체 또는 x가 어떻게 움직이는 것인지 또는 이해력의 한계 안의 현상계 사물들에 어떤 영향을 행사하고 있는지에 대하여는 어떤 최소한의 견해도 갖고 있지 않았다. 칸트는 물자체 또는 x가 '한낱 대상이 아닌 능동의 주체로서' 어떤 모양으로 현상계의 사물들에 관여하는가에 대해서는 생각이 미치지 못한 것이다.

14. 그의 표현을 극도로 절제하며 그 비밀을 결코 내어주지 않는 존재 가운데 으뜸은 「전도서」의 필자가 항상 대들듯이 따지고 물으며 다가가는 X로서의 '하느님'이다.[13]

---

(12) "종의 분화를 보는 고생물학의 관점은 '계통 점진설'(phyletic gradualism)이 제시한 그림이 지배해왔다. 이 학설은 새로운 종이 전체 개체들에서 일어나는 느리고 지속적인 변형으로부터 탄생한다고 주장한다. 이 학설의 영향을 받아 우리들은 앞선 것과 뒤따르는 것을 분간하기 어려운 만큼의 점진적 변화에 의해 두 형태를 연결시켜주는 단절 없는 화석들의 흐름을 찾아왔고, 이것이 다윈이 말한 진화과정을 가장 완벽하게 반영하는 거울이 되리라고 보았다." "이제 우리는 다른 관점을 제시한다. 하나의 종 또는 더 확대해서 하나의 공동체를 묶는 기준은 안정성이다. [그러나] 종의 분화(speciation)는 안정적 평형(homeostatic equilibrium) 상태에 있는 시스템을 단락 짓는(punctuate) 드물고 곤란한 사건이다." Niles Eldredge & Stephen J. Gould, "Punctuated equilibria: an alternative to phyletic gradualism," ***Models in paleobiology***, ed. T. J. M. Schopf, San Francisco: Freeman, Cooper & Co., 1972.

15. 여기서 미니멀리스트 x 또는 X는 그러니까 어떤 한 무리의 20세기 철학자들이 제시하는 것과 같은 관점이나 세계관을 대표하는 것이 아니다. 미니멀리스트 x 또는 X는 인간의 관점 너머의 사물 자체, 또는 인간의 이해력 너머에서 이해력 안의 사물들에 관여하며 움직이는 자가 행사하는 침묵의 행위를 대표하는 것이다. 미니멀리스트 x 또는 X 라는 것은, 영원이 현재를 향하여, 미지의 것이 기지의 것을 향하여, 때로는 초월하는 자가 내재하는 것을 향하여 역사하는 자의 침묵의 행위 곧 우주의 척도를 가리키며 대표하는 것이다. (풀이말 10, 11 보기)

---

(13) "하느님께서 하늘 아래서 하시는 일은 아무도 알 수 없음을 깨달았다."(8:12) "죄 없는 사람이나 죄 있는 사람이나, 선한 사람이나 악한 사람이나, … 제사를 드리는 사람이나 제사를 드리지 않는 사람이나 마찬가지다. … … 모든 사람이 같은 운명을 당하는데 하늘 아래서 벌어지는 일 중에서 잘못되지 않은 것이 무엇이 있겠는가?"(9:2-3) 「전도서」, 『공동번역 성서』, 서울: 대한성서공회, 1977.

VII

미지의 '그것'에 대하여

VII

미지의 '그것'에 대하여[1]

1.

인류의 문명 이후 그렇게 오랫동안 자연을 탐구해온 이들은 왜 아직도 질문을 멈출 수 없을까? 그들이 아무리 많은 기지(the known)의 것들을 붙잡았다 해도 그것들은 여전히 그들의 질문조차 받기를 거부하는 미지(the unknown)의 종속 변수이기 때문이다. 그러니까 기지의 부분들은 끊임없이 증가해도 여전히 미지의 부분들일 뿐이다.[2] 모든 기지의 것들은 그 결국의 운명을 결정하는 미지 그것의 껍데기다. 세계를 지배하는 것은, 모든 기지의 것들을 제외하고 난 다음 마지막으로 남은 미지의 그것이다. 마지막의 미지 그것은 '현재'라는 삶의 경계 너머에서 움직이는 x 또는 X로서 영원의 메신저에 다름 아니다. (140109)

2.

과학자들 그리고 철학자들조차 미지의 세계를 기지의 성분으로 통분하거나 통제하려는 시도를 하고 있다. 특히 철학자들은 지금도 그들이 발견했다고 생각하는, 그러나 그들의 기대에 지나지 않는 원리들에 의해 우주 전체를 그리고 당면한 현실 세계를 관통 통제할 수 있으리라는 꿈을 버리지 못하고 있다.[3] 그들은 미지의 세계 또는 우주에 대해 이런저런 이름이나 풀이말들을 매기며 결론의 정당성과 결과의 확실성을 주장하거나, 그것을 담보로 하여 현실의 삶을 재단하는 도덕규범과 이념을 제공하기도 한다. 이렇게 세계 전체를 하나의 원리로 관통 통제하려는 시도, 더 나아가 세상에 몸을 드러내 한계 지어진 존재들 안에 잠재해 있는 각각의 고유한 개체성과 그의 상상을 하나의 이념이나 체제 안에 가두어 다스리려는 모든 시도는, 소급해 올라가면 파르메니데스와 플라톤, 노자와 공자 같은 뛰어난 현실 전략가들에서 비롯하는 것이다.

그럼에도 모든 의문 또는 문제들에 대해 일관되게 해답하려는 그들의 원리는 어떤 필연성도 보편성도 갖는 것이 아니다. 그들이 완전하게 길들이고 있다고 믿는 기지의 사실들과 원리들 어느 것도 미지의 깊은 수렁으로 빠져 들어가지 않는 것이 없기 때문이다. '미지의 수렁에 빠져 있음',[4] 이것이 세상에 몸을 드러내 한계 지어진 존재들의 현실이며 운명이다. 그러므로 미지의 경계로부터 쉼 없이 들려오는 소리들을 '경청하는 것', 이것이 그들이 선택할 수 있는 최상의 지혜이며 덕목이다. (140112)

3.

그러니까 세상에 몸이 던져져 한계 지어진 한 개체존재는 스스로 미지의 변수 x로서 처신하는 것이 최선이다.[5] 그의 존재 상황 곧 운명은 그가 빠져 있는 미지의 경계에서 다가오는 징후(sign)에 따라 시도하는 질문과 모험 그리고 그렇게 해서 되돌아오는 응답과 반응으로 결정되는 것이기 때문이다. 그렇게 질문과 응답, 모험과 반응의 관계는 (1) 미지의 변수 x와, x로 하여금 자체 지양을 하도록 움직이는 또 하나의 미지의 변수 $\neg x$ 사이에서 이루어지는 관계이며, (2) 미지의 변수 x와 또 하나의 미지의 변수 $\neg x$가 다시 그것들을 격파하는 모양으로 다가오는 초월의 독립 변수 X를 대면하여[6] 겪는 관계이다. 바로 이러한 관계 안에서 만차억별(萬差億別)의 개체성과 운명의 사건들이 세상에 펼쳐지는 것이다. (131129)

4.

17세기 영국의 시인이며 사제였던 존 던은 그의 명상록 가운데 한 편인 *Meditation XVII*에서 이렇게 말했다. "No man is an island."[7] 20세기, 21세기의 사회학, 생물학, 우주의 이론들이 존 던의 명제가 가리키는 하나의 섬 곧 개체존재의 소멸을 반영하고 있다.[8] 그렇다면 사람들은 그들 각각의 개체성을 위협하는 이 명제의 암시에 굴복하는가? 그들은 이 명제의 암시에 따라 '하나의 섬(an island)이기를 포기하며', 다만 무차별한 바다의 부분이 되어 가는가? 한 개체존재가 섬 없이 요동치는 바다의 흐름 가운데서 빠져나올 수 없는 관계의 그물로 포위될 때 그 안에서 그냥 순순히 해체되고 마는 것은 아니다.

"망각의 지대로 모든 것을 쉼 없이 매장시키는 … 무차별의 힘에 대해 한 작은 갈대인 개체는 어떻게 저항하는가? … 애초에 그렇게 [저항하는 무모한 집념]이 어떻게 [모든 개체존재들]에게 주어졌을까?" (0206)[9]

그래서 시인의 저 말을 들은 사람들은 이렇게 대구한다. "Every man is an island!" 이 세상에 몸이 던져져 살아있는 한 개체존재는 절해(絶海)에 고립된 하나의 섬이다. 그는 세상의 누구와도 공유할 수 없는 그만의 상상과 취향, 그만의 처지와 선택, 그만의 불안과 고립감을 그의 깊은 속에서 실감한다. 그럼에도 그런 상상과 취향, 불안과 고립감의 깊은 속으로 내려가고 있는 뿌리가 실은 어디에서 멈추는 무엇인지를 그 자신도 모른다. 모두가 자기만의 특이한 과거로부터 전해져 온, 그러나 그 뿌리의 마지막 소속을 알 수 없는 자기만의 기억과 상상을 지니고 사는 것이다.

세상에 던져져 살고 있는 한 개체존재는, 그리고 무성한 숲속에 외로이 서 있는 한 그루의 나무조차 이렇게 외치고 있는 것이다. '나는 절해의 고도(孤島)에서 나 자신을 반추하며 사색한다.' 이 외침이야말로 모든 것들을 무차별하게 길들이려는 대양의 흐름 가운데로 합류하기를 영원히 거부하는 한 개체존재의 버릴 수 없는 저항이며 무모한 고집이다.[10] (140121)

5.

그렇다면 무엇이 문제인가? 세상에 던져져 살고 있는 모든 개체존재들이 각각의 깊은 속에 유래를 모르는 그만의 고유한 기억과 상상을 지니고 있기 때문에, 서로의 마음 바닥에서 우러나는 예외 없는 일치감 그런 종류의 공통성을 찾을 수 없게 되는 것이다.[11] 그리고 이념과 이해를 달리하는 집단들 사이에서 예외가 완전히 제거된 공통분모를 찾는 것은 더욱 불가능해진다. 산술의 단순논리와 추상의 개념체계 밖에서, 억조창생(億兆蒼生)이 제각기 분출하는 삶의 찬란한 '현상'들 사이에 도대체 어떤 공통분모가 있는가?

예외 없는 일치감의 부재 또는 공통척도의 부재(the non-existence of common measure)에도 불구하고, 그들은 서로 대화와 소통을 하고 있는 것일까? 어느 날 유치원의 아이들이 한 무리가 되어 시끄럽게 뛰어 놀고 있는 장면을 보았다. 아주 시끄럽게 떠들며 함께 놀고 있었지만 서로 말을 주고받는 일은 없었다. 그냥 제각기 제멋대로 지껄이며 같이 뛰어 놀고 있었다. 공통의 규칙도 없고 서로 주고받는 대화와 소통이 없이도 그들은 어떻게 같이 지껄이며 놀고 있는 것일까? 어른들은 이보다 나은 대화와 소통이 가능한 공동체 안에 살고 있는가?[12] 그들은 동서의 철학자들이 고대로부터 지난 수천 년의 역사를 거치며 개발해온 쟁의의 논리와 정의의 이념, 집체의 언어와 화해(和諧)의 규칙에 따라 진정한 대화와 소통의 방법을 찾은 것일까? (140126)

6.

일상의 언어로 쓰이는 어떤 이름들이나 풀이말로도, 그리고 일상
의 삶이 의존하는 어떤 판단과 추론으로도 표현하거나 대표할 수 없
는, 그 너머의 경계에서 움직이는 행위자가 있다. 그렇게 일상의 삶
과 표현 양식 너머의 경계에서 움직이는 행위자를 대표하는 영원의
메신저 X 또는 x는, 신학자 칼 바르트가 말하는 '신의 말씀' 또는 '그
의 행위와 사건'[13]일 수 있다. 바르트가 말하는 신의 말씀이란 신의
일방적인 창조 행위와 그 사건 자체이며, 일상의 언어와 그에 의존
하는 판단과 추론은 이미 세상에 주어져 고체화되어 있는 사물 또는
사건들을 자의로 묘사하는 상징 기호들의 체계일 뿐이다. 바르트는
다음과 같이 말하였다.

> "신의 말씀이라는 것은 신이 말한다는 것이며 신이 말할 때는 '상징의
> 기호'로써 하는 것이 아니다."(p. 132)[14] "신의 말씀은 행위에 의해서
> 보완될 필요가 없는 것이다. 신의 말씀은 그 자체가 그의 행위이다.
> …… 신의 말씀은 최상의 의미에서 역사를 만드는 것이다."(pp. 143-
> 144)[15] "신은 세상에 소속해 있지 않다. 신은 우리들이 가리켜 말하려
> 고 할 때 … 사용하는 범주와 낱말들에 대응하는 일련의 대상물들 가
> 운데 하나가 아니다."(p. 750)[16]

그러므로 신에 대하여 말로써 이름하며 묘사하는 것은 불가능하며
무의미하다. 신은 자연과 같은 대상도, 영적인 매체로써 접근할 수
있는 대상도 아니기 때문이다. 그는 도대체 어떤 '대상'이 아니다. 무

신론자로 자처하는 실존주의 철학자 사르트르 또한 자의(恣意)와 허구에 불과한 상징 기호로서 껍데기 같은 일상언어와 그 밖에서 움직이는 자연 또는 사물들이 서로 떨어져 따로 움직이는 모양을 다음과 같이 묘사하고 있다.

"마로니에의 뿌리는 바로 내가 앉은 의자 밑에서 땅에 뿌리를 박고 있다. 그것이 뿌리라는 것을 나는 이미 기억하지 못했었다. 어휘는 사라지고 그것과 함께 사물의 의미며 그것들의 사용법이며 또 그 사물들 표면에 사람들이 그려 놓은 가냘픈 기호도 사라졌다. … … 나는 조금 전에 절대적인 존재의 경험을 했다. … … 오! 어떻게 나는 그것을 말로 규정할 수 있을까? … … 설명이나 이치의 세계는 존재의 세계가 아니기 때문이다. 저 뿌리는 내가 설명할 수 없는 것이며 존재할 따름이다. … … 내가 아무리 '이것은 뿌리다'라고 해도─그 말은 겉돌고 있었다."(234-239쪽)[17]

"자연에는 법칙이 없다는 것을 나는 알고 있다. 자연에는 습관만이 있고, 자연은 습관을 내일이라도 바꿀 수가 있다. … … 만약 갑자기 자연이 꿈틀거리기 시작한다면? … … 그때 그들의 둑, 그들의 성벽, 그들의 발전소, 그들의 용광로, 그들의 전기방아가 무슨 소용이 있을 것인가? 그것은 언제든지 일어날 수 있는 일이다."(245-292쪽)[18]

자연과 사물들을 가리켜 말함에 있어 상징 기호라는 껍데기에 호소할 수밖에 없는 일상의 판단과 추론 그것을 초월하는 경계에 바르트가 말하는 '신의 말씀' 곧 그의 행위와 사건 자체가 있는 것처럼, 그렇게 초월하는 경계에서 영원한 행위자로 움직이는 x 또는 X가 있다. 세상의 현실로 몸을 드러낸 모든 피상의 것들의 시작과 그 결국의 운명을 결정하는 마지막 심판자로서 이 영원의 X 또는 x를 미지의 '그것'이라고 하는 것이다. '그것'은 도대체 어떤 대상일 수가 없는, 그래서 영원히 닿을 수 없는 미지의 주체이다.

"[나는] 생각한다. 그러므로 [생각하는] 나는 존재한다." 이렇게 확신했던 17세기 데카르트의 '자아'는 아직도 모든 판단과 추론의 주체인가? 아니면, 불가에서 그리고 20세기 해체주의자들이 주장하듯이 주체라고 할 만한 것은 정말 어디에도 없는가? 그렇게 있는 것도 아니고 그렇게 없는 것도 아니다. (160906)

1. 이 글의 주제 "미지의 '그것'에 대하여"는『안티호모에렉투스』에서 시작한 오래전 실험 "정리 1: [ ]에 대하여"에서 제시했던 문제를 다시 풀이해 보는 것이라고 볼 수 있다. 아래의 따온 글에서[(1)] '판단하고 행위하는 자의 물음과 모험에 대한 마지막 심판자' 곧 '[ ] 안에 들어앉은 그 심판자의 모습과 성격을 아는 자 누구인가?'라고 했을 때, [ ] 안에 들어앉은 자 그는 이 글에서 가리켜 말하는 내재하거나 초월하는 '그것'으로서 x 또는 X를 가리키는 것이다.

2. 세상에 몸을 드러냄으로써 한계 지어진 모든 존재의 운명을 결정하는

따온글 ─────────

(1) "'여기에 서 있는 이것은 무엇인가?'라고 묻는 한 외국인 손님에게 나는 '그것은 이순신 장군의 동상이다.'라고 답한다. 그런데 그는 철학자 손님이다. '이순신 장군은 이미 사라진 역사의 인물이다. 지금 여기에 서 있는 이것은 무엇인가?'라고 다시 물어온다. '그것은 한 덩어리의 구리지.'라고 나는 답한다. '아니야. 한 덩어리의 구리라는 것은 이것이 제련공장을 거치는 사이에 붙여진 이름일 뿐이야. 이름을 붙이기 전의 그것은 무엇이냐 말이야.' 나는 그것이 무엇인지 모른다고 답할 수밖에 없다."(177-178쪽)

"한 판단의 주제 또는 주어가 가리키는 '그것'은 이렇게 근본적으로 따져 가면 어떤 풀이말 또는 범주에 의해서도 영원히 풀 수 없는 암호상자 [ ]로 빠져버린다. 암호상자 가운데에는, 생명을 지탱하기 위하여 쉼 없이 판단하고 행위 하는 자의 물음과 모험에 대한 마지막 심판자가 있다. [ ] 안에 들어앉은 그 심판자의 모습과 성격을 아는 자 누구인가? 그러나 노자의 '不可道'라는 명제에는, 그리고 있는 것들의 바탕으로 있는 [제1 실체] '그것'에 대한 아리스토텔레스의 사유에서도 더 이상 풀 수 없는 미지의 [ ]를 향한 두려움, 그럼에도 수그러들지 않는 오히려 그래서 어쩔 수 없는 물음과 탐험이 없다."(178-179쪽) 박동환, "정리 1: [ ]에 대하여,"『안티호모에렉투스』, 제1판, 2001; 제2판, 고양: 사월의책, 2017.

마지막 조건은 미지의 '그것'이라고 인정할 수밖에 없다고 정신분석가 게오르그 그로데크는 말하고 있다. 그에 따르면 "나는 살고 있다"라고 말할 수 있는 사람은 없고, "인간[나]의 삶을 [알 수 없는] '그것'이 살아가고 있다"고 말해야 한다.[2] 이는 모든 의식의 영역을 지배한다고 주장하는 프로이드의 '무의식'의 경계를 허물어서 더 이상 분석하거나 알 수 없는 미지의 '그것'으로 확장하고 있는 것이다. 말하자면 현상계에 결코 몸을 드러내지 않는 미지의 '그것'을 세상에 있는 존재들의 생각과 행위를 움직이며 지배하는 마지막 결정권자로 이해하는 것이다.

20세기의 과학철학자 칼 포퍼에 따르면, 세계에 대한 과학적 설명이란 미지의 세계를 기지의 세계로 환원시킴으로써 기지의 세계를 점차 확장하는 데에 뜻을 갖고 있는 것이 아니다. 다시 말해 과학적 설명이란 기지의 것을 아직 미지일 수밖에 없는 추측성 가설에 호소하여 나아가는 데에 있다는 것이다. 우리들이 어떤 사실 또는 이론을 정당화하기 위해서는 언제나 보다 높은 단계의 미지에 다름 아닌 추측에 의지할 수밖에 없기 때문이다.[3] 이러한 주장 가운데서 포퍼는 과학적 설명에 대한 실증주의 또는 그 같은 환원주의가 타당하지 않음을 주장하며 대안으로서 그의 반증(falsification) 이론을 제시하고 있다.

3. 미지의 세계를 기지의 원리로 환원하거나 기지의 성분에 의해 통분하

---

(2) "나는 인간이 미지의 것(the Unknown)에 의해 움직인다고 본다. 그의 내부에는 [독일어로] 'Es' 또는 [영어로] 'It'라고 하는 '그것', 다시 말해 인간이 스스로 행하는 일과 그에게 일어나는 일 모두를 지배하는 어떤 불가사의한 힘이 있는 것이다. "나는 살고 있다"라는 말은 오직 제한적으로만 옳으며, "인간의 삶을 '그것'이 살아가고 있다"라는 근본 원리의 극히 일부만을 표현하고 있을 뿐이다."(p. 11) Georg Groddeck, *The book of the IT*, trans. V. M. E. Collins, New York: Vintage Books, 1923, 1949.

려는 환원주의 방법은 철학과 과학의 역사를 지배해 왔는데, 특히 16,7 세기 서구의 과학자와 철학자들에 의해 더욱 발전하고 완성되어 갔다. 갈릴레오와 데카르트, 프란시스 베이컨과 로크 같은 과학자, 철학자들에 따르면 주어진 현상계를 분석해서 도달한 최소한의 성분들은 가장 확실하게 알 수 있는 단위의 진리이므로 그 확실한 단위를 토대로 보다 높은 단계의 보편성을 갖는 진리로 나아갈 수 있으며, 그렇게 도달한 마지막 제1 원리에 의하여 우주 전체를 관통하는 설명을 할 수 있다고 본 것이다.

이렇게 단순한 환원주의를 방법으로 하는 근대 과학과 철학적 인식론을 그 당대에 비판한 이로는 수학자이며 철학자인 블레즈 파스칼이 있다. 그는 세상의 사물들 가운데 가장 작은 부분이라도 그것을 완전히 이해하려면, 그것과 뗄 수 없이 관련되어 있는 무한히 많은 그 밖의 모든 것들을 이해해야 하므로, 그것처럼 불가능한 일은 없다고 말한다. 따라서 무한의 성분들로 이루어진 우주 또는 자연을 이해하기 위하여 그것의 가장 작은 부분으로부터 또는 가장 기본적인 제1 원리로부터 접근한다는 방법 자체가 허구에 지나지 않는다는 것이다.[4] 이는 미지의 세계를 기지의 사실 또는 증명 가능한 기본 원리로 수렴하거나 환원하려는 과학적 설명의 시도는 불가능하다는 포퍼의 주장과도 일치하는 부분이 있는 것이다.[5]

---

(3) "과학적 설명이란 … 기지의 것을 미지의 것으로 환원하는 것이라고 모순 없이 말할 수 있다. 순수 과학에서 … 설명이란 언제나 가설들을 더 높은 단계의 보편성을 갖는 다른 가설들로 논리적으로 환원하는 것이다. 다시 말해 기지의 사실들과 기지의 이론들을, 우리들이 아직 아주 조금밖에 알지 못하고 있고 여전히 검증해야 하는 가정들로 환원하는 것이다."(p. 63) Karl Popper, *Conjectures and refutations: the growth of scientific knowledge*, New York: Harper & Row, 1968.

4. 그렇다면 세상에 몸을 드러내 있는 존재들은 그들을 둘러싸고 있는 미지의 환경조건들에 어떻게 대응하고 있는가? 미지의 세계에 대한 모든 존재하는 것들의 대응 전략은 무엇인가? 유전학자 피터 메더워는 개인의 유일성(uniqueness)에 대한 설명을 시도한 그의 책에서, 개체존재의 유일성 또는 그에 다름 아닌 다양성은 그것이 소속해 있는 종의 생존 전략이라고 말한다. 한 생명의 종이 현재까지 살아남은 데에도 그리고 미래의 불확실성에 적응하며 살아남는 데에도 구성원인 개체존재들의 다양성이 중요한 역할을 해왔고 또 앞으로도 그럴 것이기 때문이다.(6) 생명의 종은 미래에 있을 불확실한 사태에 대응하기 위하여 각각의 개체들을 다양하게 산출하는 유전적 조합의 유연성을 발휘하고 있다는 것이다.

위와 같은 논점은 분자생물학자인 프랑수아 자코브에게서도 볼 수 있

---

(4) "두 가지 무한성 중에서 큰 쪽의 무한성은 훨씬 느껴지기 쉽다. …… 그러나 작은 쪽의 무한성은 [가장] 분명치 않다. 철학자들은 여러 번 거기에 도달했다고 주장했으나 모두 좌절하고 말았다. 『사물의 원리』 또는 『철학의 원리』 그밖에 … 그런 책 이름이 흔하게 된 것은 그래서이다. …… 만물의 각 부분은 모두 서로 어떤 관계나 연결을 유지하고 있어서 하나를 알자면 다른 부분과 전체를 도외시하고서는 불가능하다고 나는 생각한다. …… 그러므로 전체를 알지 못하고 부분을 아는 것은 불가능하며, 부분을 알지 못하고는 전체를 아는 것도 불가능하다고 나는 생각한다."(§72) 블레즈 파스칼, 『팡세』, 최현, 이정림 옮김, 서울: 범우사, 1985.

(5) "… 과학 이론들은 관찰한 것들의 요약이 아니라 발명들이다. 그것은 과감히 심판에 붙여야 할 추측들이며, 만약 그 추측이 관찰들과 충돌한다면 폐기해야 한다…."(p. 46) "그러므로 '법칙에 대한 진술─B의 원인은 A다─은 항상 경험을 초월한다.'[Max Born, *Natural philosophy of cause and chance*, Oxford, 1949. p. 6]"(p. 54) Karl Popper, *Conjectures and refutations: the growth of scientific knowledge*, New York: Harper & Row, 1968.

다. 학습과 기억의 기능이 발달하는 과정을 보면, 유전적으로 타고난 기능들 가운데 불변으로 고정되어 있는 부분과 환경에 따라 대응 또는 반응을 바꿀 수 있는 부분이 있다는 것이다. 유전체계가 이렇게 닫혀 있는 부분과 열려있는 부분으로 나뉘어 있는 것은 개체생명들에게 갖추어진 중요한 전략인데, 특히 인간의 유전체계에서 열려있는 부분은 자유 의지의 행사가 가능하도록 하는 바탕이 되는 것이다.[7]

5. 세상에 갓 태어난 한 아기의 존재 또는 그의 미래는 x이다. 그는 의식하든 안 하든 다만 x로서 처신하며 일생을 헤쳐 간다. 그가 지니고 태

---

(6) "그렇다면 이러한 [생명의] 다양성이 가진 의미는 무엇인가? 다시 말해 이것은 어떤 이해 가능한 역할을 하는가? … … [생명이] 태어날 때부터 지닌 다양성은 진화 과정에 융통성을 가져다준다. 모든 살아있는 종들은 현재뿐만 아니라 미래에 닥쳐올 일들을 대비해야 한다. 현재까지 살아남은 생물 계통들만이 과거에 그들에게 닥쳐온 환경을 충분히 견뎌낼 만큼 융통성이 있었던 것들이다. 모든 유기체들은 가령 면역체계나 신경체계가 그런 것처럼, 이제껏 경험하지 못한 일들에 … 효과적으로 대처할 수 있는 유전체계를 가지고 있는 것이 틀림없다.(pp. 184-185) P. B. Medawar, *The uniqueness of the individual*, London: Methuen & Co., 1957.

(7) "아주 복잡한 유기체의 특성들 아래에 숨어있는 유전 프로그램에는 고정된 방식으로만 표현될 수 있는 닫힌 부분과, 개체에게 어느 정도 자유로운 반응을 할 수 있게 해주는 열린 부분이 함께 존재한다. 유전 프로그램은 한편으로는 구조, 기능, 속성들을 엄격하게 지시하는가 하면, 다른 한편으로는 그저 잠재능력, 정상기준(norms), 윤곽들만을 결정해준다. 한쪽에선 결정하고 다른 쪽에선 허용한다. … … [유전] 프로그램 가운데서 특히 열려 있는 부분이 맡고 있는 더 중요한 역할은 진화의 방향을 제시하는 것이다. … 인간의 경우 선택할 수 있는 반응의 숫자는 매우 커서, 철학자들에게 친숙한 '자유 의지'라는 것까지 말할 수 있을 정도이다. 하지만 이런 유연성에도 한계는 있다."(pp. 316-317) Francois Jacob, *The logic of life: a history of heredity*, trans. B. E. Spillmann, Princeton: Princeton University Press, 1973, 1993.

어난 영원의 기억과 그로 비롯하는 상상의 프로젝트와 그 밖의 변화무상한 환경조건들 사이의 관계망 가운데서 그 아이의 미래 운명이 결정되기 때문이다. 마찬가지로 한 줄기세포(stem cell)의 정체를 미리 확인할 수 있는 방법은 없고 다만 그것이 변화하는 주변의 환경조건들에 적응하며 움직이는 모양을 관찰할 수 있을 뿐이다. 그렇기 때문에 줄기세포 연구자 조너선 슬랙은 줄기세포에 의한 치료법은 위험한 예후를 안고 실행하는 조치라고 경고하고 있다. 한 개체생명 x의 진행 양상과 속도를 정확하게 예측하는 것은 거의 불가능하기 때문이다.[8]

그러니까 하나의 x는 영원의 기억과 함께 무한의 상상을 발휘함으로써 밖으로부터 다가오는 예측불허의 조건들에 대응해가는 미지의 변수로서 움직이는 것이다. 파스칼은 그러한 보기로서 항해와 전쟁 가운데서 겪어야 하는 운명의 불확실성에 대해 말한 바 있다.[9] 인생은 처음부터 끝에 이르기까지 광대무변한 공간의 이동과정에서 언제나 불확실한 진로를 따라 흘러가는 여정과 같은 것이다. 누구든지 확실한

---

(8) "… 줄기세포의 정의는 … 생의학자들이 일반적으로 받아들이기로는, 세포의 내적 상태보다는 그 행태를 규정하는 것이다. … 우리는 줄기세포를 특정한 종류의 '대상'으로 확인할 수는 없고, 오로지 그것이 행하는 바를 관찰할 수 있을 뿐이다."(p. 6) "줄기세포 치료를 받기 위해 찾아다니는 비극은 의료 통계학자들에게 잘 알려진 선입견으로 인해 일어난다. 대다수 환자들은 병의 진행 속도에 있어 많은 개인적 편차가 있어서 2, 3년 안에 한 특정 환자에게 무슨 일이 일어날지 예측하기란 매우 어렵기 때문이다."(pp. 15-16) Jonathan Slack, **Stem cells: a very short introduction**, Oxford: Oxford University Press, 2012.

(9) "우리들은 언제나 정처 없이 무한의 한 끝에서 다른 끝으로 밀려가는 중간에서 떠돌아다니고 있다. … … 아무것도 우리들을 위해 조용히 멈추지 않는다. … … 우리들의 토대는 모두가 흔들리고 땅은 갈라져 심연이 입을 벌리고 있다." (§72) Blaise Pascal, **Pensees**, trans. W. F. Trotter, New York: Dover Publications, 2003.

결과를 보장받기를 원한다면 아무 것도 할 수 없다. 세상에 몸을 드러내 있는 존재는 모두 하나의 x로서 처신하며 주어진 시간을 통과해 가는 것이다.

6. 미지의 변수로서 영원의 한 단위 기억체계인 x는 그로부터 비롯하는 무한 상상의 프로젝트 $\neg x$에 대해 상대적인 타자로서 접근하며 관계를 맺는 존재라고 볼 수 있다. 무한 상상의 프로젝트 $\neg x$라는 변수는 자기 안에 잠재해 있는 영원의 기억으로부터 분출하는 타자성이거나, 공존하는 다른 x들 안에 잠재해 있는 영원의 기억들에서 분출하는 타자성이다. 그러나 이렇게 서로 떨어질 수 없는 관계를 맺고 있는 변수 x들과 $\neg x$들은 대립하면서 일치하는 또는 일치하면서 대립하는 관계로 엮이고 있다. 칼 포퍼가 말하는 추측과 발명에 다름 아니라는 과학적 이론도 상상의 프로젝트 $\neg x$에 말미암은 것이라고 볼 수 있다.[10]

그럼에도 이렇게 대립하며 일치하는 관계에 참여하는 구성 분자들은, 결국에는 모두 절대 미지의 독립 변수 X 또는 $X(\ )$의 종속 변수로서 적응할 수밖에 없다. 신학자 칼 바르트는 이러한 보기로서 서로 일치하며 불일치하는 현실의 존재들을 향하여 수직으로 가로질러 내려오는 절대 미지의 존재에 대하여 말하고 있다.[11]

그리하여 종속 변수로서 한 개체존재 x는, 그로부터 비롯하는 또 하나

---

(10) "… [과학] 이론들은 결코 관찰 진술들로부터 추론한 것일 수 없다."(p. 42) "… 과학 이론들은 관찰한 것들에서 도출한 것이 아니라 발명[곧 추측]들일 뿐이다. 그 이론들은 과감히 심판에 붙여야 할 추측들이며, 그래서 만약 그것들이 관찰 사실들에 어긋난다면 그것들은 폐기되어야 할 것들이다."(p. 48) Karl Popper, *Conjectures and refutations: the growth of scientific knowledge*, New York: Harper & Row, 1968.

의 종속 변수 곧 상상의 프로젝트 ⌐*x*에 대하여,⁽¹⁰⁾ 그리고 절대 미지
의 독립 변수 *X* 또는 *X*( )에 대하여,⁽¹¹⁾ 각각 다른 접근법으로 물음과
응답, 모험과 반응의 관계를 맺고 있다. 이 물음과 응답, 모험과 반응의
관계에 대한 각기 다른 접근법에 따라 다른 존재론들, 다른 사회학들
과 다른 과학들, 다른 신학들이 이루어지는 것이라고 이해할 수 있다.

7. 존 던은 한 조각의 흙이 바다로 쓸려나가면 대륙이 줄어드는 것이라고
말한다. 마찬가지로 한 사람이 한 조각의 섬일 수 없는 것은 그가 한
묶음으로서의 인류[라는 종]에서 떨어져 있을 수 없는 한 조각이기 때
문이다. 그러므로 한 사람이 죽으면 나의 일부가 떨어져나간 것과 같
다고 보는 것이다.⁽¹²⁾

---

(11) "주 예수 그리스도. 이 이름 안에서 두 세계가 만났다가 헤어지는데, 이는 기
지의 것과 미지의 것 두 개의 차원이 교차하는 것이다. 기지의 차원은 신과의 합
일 상태에서 추락한 신의 피조물, 그러니까 구원되어야 할 '육'(肉)의 세계이고
인간과 시간과 사물들이 속한 세계 곧 이 세상이다. 이 같은 기지의 차원은 다른
미지의 차원과 교차되어 있는데, 그 미지의 차원은 아버지의 세계 곧 최초의 창
조와 마지막 구원의 세계이다. … … 예수라는 이름은 한 역사적 사건을 정의하
는 것이며 미지의 세계가 기지의 세계를 자르고 들어온 지점을 표시하는 것이
다. … … 우리들에게 알려진 지평의 세계를 신은 위로부터 수직으로 가로질러
내려온다.(pp. 29-30) Karl Barth, *The epistle to the Romans*, trans. E. C. Hoskyns,
Oxford: Oxford University Press, 1933, 1968.

(12) "어느 누구도 그 자체로 온전한 섬이 아니며, 모든 사람은 대륙의 한 조각이
자 본토의 일부이다. 한 조각의 흙이 바다에 쓸려나가면, 유럽은 그만큼 작아진
다. … … 그 어떤 사람의 죽음도 나를 줄어들게 만드니, 그것은 내가 인류와 하
나이기 때문이다. …."(XVII Meditation) John Donne, *Devotions upon emergent
occasions: together with death's duel*, [1624] Christian Classics Ethereal Library;
NetLibrary, 2000.

8. 하나의 고립된 섬에 비유할 수 있는 개체존재, 고유의 독립적인 정체성을 지닌 한 개체존재란 있는 것인가? 한 덩어리의 대륙에 소속해 있는 한 조각의 땅이 그러하듯이, 한 개체존재는 그가 소속한 종의 집단 자체의 부분으로서,[13] 수백만 수십억 년 전으로부터 강물처럼 흐르는 유전 정보들을 공유하면서,[14] 동시에 백 수십억 년의 우주를 통과하며 여행하는 무한의 입자들이 일으켰다가 거두어가는 드라마에 참여하는[15] 한 순간의 대행자에 지나지 않는 것이다.

---

(13) "자살은 그 개인에게만 영향을 주는 개인적인 행위이기에, 겉보기에는 오로지 개인적 요인들에 달린 일이며 그래서 심리학에 속하는 일로 보인다. 자살자의 결심은 흔히 그의 기질, 성격, 조상의 내력, 개인사로 설명되고 있지 않은가? …… 자살자들에게서 그저 낱낱의 사건들만을 보고 그것들을 서로 무관한 것들로 분리하여 연구하는 대신에, 특정 사회에서 특정 시기 동안 일어난 자살들을 한 묶음의 전체로 다룬다면, 이 전체는 단순히 독립된 단위들의 총합 또는 집합적 전체가 아니라 그 자체로 새로운 독자적(*sui generis*) 사실임이 드러날 것이다. 그것은 고유의 통일성과 개체성을 가지며, 따라서 고유의 본성―한층 더 지배적으로 사회적인 본성을 가진 사실로서 다가올 것이다.(p. 23) Emile Durkheim, ***Suicide: a study in sociology***, trans. J. A. Spaulding & G. Simpson, Glencoe, IL: The Free Press, n.d.

(14) "나는 지금까지 유전자들의 강에 대해 말했지만, 지질학적 시간을 거치며 전진해온 한 무리의 좋은 동료들에 대해서도 똑같이 말할 수 있을 것이다. 하나의 생활 집단을 이루는 모든 유전자들은 길게 보면 서로 동료 관계에 있다. 짧게 보면, 이들 유전자들은 개체의 몸들 안에 자리 잡고서 그 몸을 공유하고 있는 다른 유전자들과 일시적으로 더 친밀한 동료 관계를 이룬다. …… [오래] 살아남기 위해서 한 개체 유전자는 같은 종―곧 같은 강(江)―에 소속하는 다른 유전자들과 잘 협력해야 한다."(p. 5) "우리들 각각은 상호의존적인 100조 개의 진핵세포들로 이루어진 공동체이다. 그리고 이 세포들 각각은 그 세포 안에 온전히 갇힌 채 특수하게 길들여진 수천 개의 박테리아들로 이루어진 공동체이다 …."(p. 45-46) R. Dawkins, ***River out of Eden***, New York: Basic Books, 1995.

사람들 각각이 지니고 있는 개체성 또는 특성을 탐구 대상으로 하는 심리학으로부터 사회학의 연구 대상을 독립시키는 데에는 에밀 뒤르켐의 방법론이 기여한 바가 크다. 그 방법론의 보기에 따르면, 한 사람의 기질, 성격, 사적으로 겪은 심적인 체험이 그의 깊은 내면에서 작용함으로써 일어나는 것처럼 보이는 자살 행위가, 실은 그가 처해 있는 환경의 사회적 조건들 또는 그가 소속해 있는 사회 집단에서 놓인 위치에 따라 결정된다는 것이다. 그렇다면 한 개인의 행위는 그 개인이 지닌 고유한 특성에 의해서가 아니라 그가 통과하는 크고 작은 범위의 사회화 과정의 부분으로서 이루어지는 것이다.[13]

한 개인의 개체성을 한 묶음의 유전자들이 엮어내는 특성으로 설명하는 리처드 도킨스에 따르면, 그렇게 한 개체성을 만들어내는 유전자들은 실은 그 개인의 고유한 소유물이 아니다. 한 개인의 개체성은 그가 소속한 종의 유전자들이 수백만 수억 년을 함께 흐르며 이루는 생명의 강에서 일으켰다가 거두어가는 한 시간대의 유일한 사건에 다름 아닌 것이다.[14]

마찬가지로 나의 몸을 이루고 있는 입자들은 나의 고유한 소유물일 수 없다. 나의 몸을 이루고 있는 그것들은 백 수십억 년 전으로부터 우주 만물의 생성과 소멸에 참여했다가 나의 이 순간의 모양으로 재현되어

(15) "우리들 몸의 가장 작은 부분들은 우주 그 자체만큼이나 긴 역사를 가지고 있다. … … 하나하나의 은하, 별, 또는 하나의 인간은 [이전에] 존재했던 것들의 탄생과 소멸을 통과해서 광활하게 펼쳐진 시간과 공간을 가로질러 온 입자들의 일시적인 소유주(temporary owner)이다. 우리들을 만들고 있는 입자들은 수십억 년의 우주를 여행해 온 것이며, 이 입자들은 우리들과 우리들의 행성이 사라진 이후에도 오랫동안 또 다른 세계들의 부분을 이루게 될 것이다."(p. 33) Neil Shubin, *The universe within: discovering the common history of rocks, planets, and people*, New York: Pantheon Books, 2013.

잠시 나의 안에 머물며 움직이고 있는 것이다. 그리고 이렇게 나의 안에서 나의 몸을 이루고 있는 입자들은 잠시 후에 우주 안의 다른 몸을 이루는 데에 참여해서 일하게 될 것이다.[(15)]

9. 박동환, 『서양의 논리 동양의 마음』, 제1판, 1987; 제2판, 고양: 사월의 책, 2017.

10. 한 개체존재가 행하는 모든 가능한 일탈과 반전 곧 파격의 행위는 그의 깊은 곳에 간직하고 있는 그만의 이력으로서의 유전, 그만의 영원의 기억을 되새기며 상상하는 데서 출현하는 것이다. 이 파격의 행위는 이를테면 고대 그리스로부터 내려오는 쟁의의 논리와 정의의 이념, 고대 중국으로부터 내려오는 집체의 언어와 화해(和諧)의 질서 곧 인공의 Xx에 의해 길들여질 수 있는 것이 아니다.

한국 사람들이 집단생활 가운데서 드러내는 '길들여지지 않음'(the untameable)이라는 개인주의 성향은, 쟁의하기를 일삼았던 고대 그리스 사람들로부터 비롯하여 양도 불가능한 자아의 정체성을 찾았던 근대 철학자 데카르트와 로크를 거쳐 내려온 그런 전통의 개인주의와는 아주 다른 것이다. 길들여지지 않는 개체존재의 성향은 x에 잠재한 기억과 상상, 일탈과 반전을 분출하는 파격의 행위 $\neg x$로 대표할 수밖에 없는 것이다. 그럼에도 그런 보편의 성향을 나누어 가진 한국 사람들에게서는 그들에게 강요된 학습 전통으로 말미암아, 그런 보편 성향을 대변하는 하나의 고전이 만들어지지 못하였다.(풀이말 12 보기)

11. 철학자들은 플라톤과 아리스토텔레스에서 러셀에 이르기까지, 그리고 노자와 공자에서 공손룡에 이르기까지, 개체성의 존재를 유들 또는 범주들의 조합에 의해서 설명해왔다. 그러나 어떤 유들 또는 범주들을 가지고 개체들이 발현하는 만차억별(萬差億別)의 특성들을 분석하며

설명할 수 있을까? 과연 만차억별의 개체성을 분석하며 설명할 수 있는 공통의 척도는 있는 것인가?

마찬가지로 유전학 이론가 피터 메더워가 말하듯이 개체의 유일성이 일정한 수의 유전인자들이 조합하는 방식에서 온다고 해서, 그 유일성을 예측하거나 설명할 수 있을까? 메더워 자신조차 그의 설명 가운데서 세상에 몸을 드러낸 한 유일한 개체존재는 그가 가지고 있는 유전인자들이 만들어낼 수 있는 수백 명의 개체존재들 가운데 우연한 하나라고 인정하고 있다.[16]

도대체 우주 안을 메우고 있는 것들의 일회성과 유일성을 분석하고 설명할 수 있는 공통의 척도는 무엇인가? 한 개체존재가 우주에 등장했을 때 그것의 일회성과 유일성을 대표할 수 있는 것은 오직 영원의 한 단위 기억체계 x와 그로 말미암은 무한 상상의 프로젝트 $\neg x$일지도 모른다. 우주 안에 등장한 한 개체존재는 x와 그로 말미암은 $\neg x$로써 움직이는 것이다.

----

(16) "철학자들은 정도의 차이와 종류의 차이를 구별한다. 하지만 개인들 사이의 타고난 차이들은 그 두 가지 가운데 어떤 방식으로도 분류할 수 있는 게 아니다. 개인들 사이의 차이들은 조합에 의한 것이며, 수학자들이 말하는 조합의 차이들(combinatorial differences)이다. 한 개인은 다른 어떤 개인과도 다른데, 그것은 그 개인이 독특한 유산들을 갖고 있기 때문이 아니라 유산들의 독특한 '조합'을 가지고 있기 때문이다. 이러한 조합들을 만들 수 있는 유전 요소들의 수는 유한하지만 [수학적으로 가능] 조합들 자체의 수가 그런 조합들을 가지고 태어나는 [실현된] 개인들의 수보다 훨씬 많기에, 현재 출연자가 무대에 있는 동안 무대 뒤에는 아직 등장신호를 기다리고 있는 수백 명의 대기 출연자가 있는 셈이다.(pp. 154-155) P. B. Medawar, *The uniqueness of the individual*, London: Methuen & Co., 1957.

12. 그러니까 아직도 '길들여지지 않는'(untameable) 개체존재들에게는 쟁의의 논리와 정의의 이념, 집체의 언어와 화해의 질서를 대표하는 동서 전통의 통분 또는 환원방법인 인공의 Xx는 통용 가능성이 없는 것이다. 그럼에도 한국 또는 조선의 역사에서 철학자라 불리는 사람들은 다른 문명권에서 빌려온 전통에 대한 반성과 지양이 없이 다만 그 빌려온 전통의 사상들에 종사하는 대행자 역할을 계속해 왔다.

조선의 16대 임금은 기울어가는 명(明)에 대한 의리와 명분에 예속 충성하다가, 쫓겨 들어간 피난처 남한산성을 포위한 청(淸)의 황제 홍타이지 앞으로 나아가 무릎을 꿇고 세 번 절할 때마다 세 번씩 머리를 땅에 찧는 굴욕을 행하였다. 이 굴욕은 조정에서 서로 대적하던 척화론자에게도 주화론자에게도 그리고 수백만 백성에게도 숱한 재난만큼이나 극심한 충격이었다. 그것은 만백성들에게 피할 수 없이 닥쳐온 재난이었으며 임금에게는 뜻밖에 겪은 치욕이었다. 그럼에도 그는 어떻게 여전히 백성을 다스리는 임금으로 남을 수 있었을까?

이러한 굴욕과 재난을 20세기에 이르기까지 되풀이해서 겪은 역사를 깊은 기억으로 체화한 사람들을, 외래의 통분 집체의 방법 Xx로써 길들일 수 없는 것은 불을 보듯 뻔한 일이다. 그렇다면 특정의 Xx로서 대표되는 외래의 전통에 종사해온 조선시대의 철학자들은, 밖으로는 그 전통에 예속해왔다 하더라도, 안으로는 그들의 뿌리가 되는 백성들을 자기들 아래로 눌러 다스리며 길들이기를 주로 해서 역사를 만들어온 것이다. 통분과 집체를 이념으로 하는 철학의 인공적인 틀 Xx는 그 발상지를 이탈해서는 다만 권위적인 통치이념으로써만 이용될 뿐이다. 유가의 덕치와 위민주의, 서구의 개인주의와 자유경쟁이 그 발상지를 떠나서는 얼마나 압박과 횡포의 도구로 전락하는지 제3지대의 보통 사람들은 익히 경험하고 있다.

외제품 대리상 같은 오늘의 또는 조선시대 철학자들의 낯선 인공의 Xx가 아닌 차라리 자연의 Xx에 의지해서(이 책 V장 "존재하는 모든 것들을 인간으로부터 해방시켜라"의 풀이말 8, 9, 10 보기) 아니면 헤라클레이토스의 대립과 조화가 공존하는 또 하나의 자연 질서 $X(x\&\neg x)$에 따라(이 책 XI장 "영원의 매체 '제1 언어'에 대하여"의 풀이말 32, 33 보기) 인생과 사회를 이해하도록 사람들을 이끄는 것이 허구보다는 현실에 가깝게 다가가는 길이 아닐까? 외래의 문명에서 들여온 인공의 질서에 길들여지지 않는 사람들에게는 자연의 질서에 호소하는 것이 정직한 대안책일지도 모른다.

역사의 현실 가운데서는 피할 수 없는 굴욕과 재난의 사건들만 닥쳐오는 것은 아니다. 뜻밖의 보상과 기대를 넘는 기회가 다가올 수도 있다. 여하튼 이 모든 일들은 Xx로 대표하는 통분과 일치의 틀 밖에서 일어나는 사건들이다. 이러한 사건들에서 X는 괄호 ( ) 안에 무엇이 어떻게 움직이든 그것들의 운명을 일방적으로 결정하는 힘을 행사한다. 그러므로 $X(x\&\neg x)$는 그리고 결국에 $X(x\&\neg x)$조차 $X(\ )$의 예측할 수도 피할 수도 없는 힘으로서 작동하는 것이다. 그러나 $X(\ )$는, 자신의 성격과 결단으로 말미암아 겪어야하는 고대 그리스 사람들의 '비극'이나 니체의 '영원 회귀'에서처럼 자기 반복 또는 자기 지양의 역사를 스스로 감수하는 인도유럽 전통의 관념론적 유희와는 다른 것이다.

칼 바르트의 신학 가운데서 한 마디를 빌려 말하는 틀 $X(x\&\leftarrow x)$와 헤라클레이토스의 철학 가운데서 한 마디를 빌려 말하는 틀 $X(x\&\neg x)$는, 실은 바르트의 신학과 헤라클레이토스의 철학이 소속하는 특정 시대와 특정 지역의 한계를 넘어서 움직이는 보편의 질서, 영원의 메신저로 볼 수 있다.

이 두 개의 틀을 총괄해서 대표하는 $X(\ )$는 Xx와는 전혀 다른 존재론,

전혀 다른 사회학, 전혀 다른 신학을 대표하는 것이다. $X(\ )$로 대표하는 운명의 역사관을 가장 가깝게, 그럼에도 지극히 제한된 개인의 체험과 특정의 시대 공간 안에서 표현하고 있는 고전은 『구약』의 「전도서」라고 볼 수 있다. 그리고 이렇게 표현된 「전도서」의 토의 주제는 고대로부터 내려오는 서구 사조의 흐름이나 정통의 그리스도교 일반 교리를 대변하는 것도 아니다. 「전도서」가 실토하는 적나라한 상상[17]과 실증적 묘사[18]는, Xx의 틀 특히 통분과 집체를 대표하는 인공의 Xx 안에서는 도저히 길들여질 수 없는, 그래서 $X(\ )$로 대표할 수밖에 없는 체험과 상상을 한 특정의 시대 공간 안에서 한 개인의 관찰과 사색에 의하여 설명하고 있는 것이다.

13. 어째서 영원의 매체로서 x 또는 X라는 것이 '신의 말씀' 곧 그의 행

---

(17) "사람이란 본디가 짐승과 조금도 다를 것이 없다는 것을 하느님께서 밝히 보여 주신다는 생각이 들었다. 사람의 운명은 짐승의 운명과 다를 바 없어 사람도 짐승도 같은 숨을 쉬다가 같은 죽음을 당하는 것을! … … 다 티끌에서 왔다가 티끌로 돌아가는 것을! 사람의 숨은 위로 올라가고 짐승의 숨은 땅 속으로 내려간다고 누가 장담하랴!"(3:18-21) "그러나 아무리 제대로 하여도 화를 입는 경우가 많다. 앞으로 무슨 일이 있을지 아무도 모르고 언제 무슨 일이 있을지 알려 줄 사람도 없다."(8:6-7) 「전도서」, 『공동번역 성서』, 서울: 대한성서공회, 1977.

(18) "착한 사람은 착하게 살다가 망하는데 나쁜 사람은 못되게 살면서도 고이 늙어 가더구나. 그러니 너무 착하게 살지 말라. … 그러다가 망할 이유가 어디 있는가? 그렇다고 악하게 살지도 말라. … 그러다가 때도 되기 전에 죽을 까닭이 없지 않은가? 한 쪽을 붙잡았다고 다른 쪽을 버리는 것은 좋지 않다. 하느님 두려운 줄 알아야 치우치지 않고 살아 갈 수 있다."(7:15-18) "… 발이 빠르다고 달음박질에 우승하는 것도 아니고 힘이 세다고 싸움에서 이기는 것도 아니며 … 사람은 아무도 자기가 죽을 날을 모른다. 모두들 그물에 든 물고기 같고 덫에 치인 새와 같은 신세라, 갑자기 액운이 닥치면 벗어날 길이 없다."(9:11-12) 「전도서」, 『공동번역 성서』, 서울: 대한성서공회, 1977.

위와 사건으로서 이해될 수 있는가? 칼 바르트는 인간이 '신 그 자신' (God Himself)을 이해할 수 있는 가능성과 '신의 말씀' 곧 '그의 행위와 사건'을 이해할 수 있는 가능성을 구별한다.[19] 신의 말씀은 그 매체에 다름 아닌 그의 행위와 사건을 통해 이해할 수는 있어도, 신 그는 인간의 이해력에 의해서 잡힐 수 있는 '대상'이 아니다. 신 그는 누구에 의해서도 대상으로 취급될 수도 이해될 수 없는 절대의 '주체'이다. 그는 대상으로서 접근할 수 없는 미지의 주체 X로서 움직이는 존재이다.

그렇다면 우리들이 일상에서 만나는 세상의 사물 또는 대상들은 우리들의 이해력에 의해 잡힐 수 있는 대상인가? 사르트르는 그가 가장 자랑스럽게 인정하는 젊은 시절의 소설 『구토』에서, 대상 자체의 이해 가능성에 대해 매우 회의적인 태도를 표현하고 있다.(풀이말 17과 18의 따온글 보기) 우리들은 일상에서 만나는 대상 그 자체를 이해하는 것이 아니라 그것 x가 보여주는 피상을 볼 뿐이다.

'신 그'뿐만 아니라 세상에 몸을 드러내 있는 이른바 '대상'조차 그것이 앞으로 어떤 모습을 보여줄지 알 수 없는 미지의 것 곧 x 아니면 그 뿌리로서 X이다. 그래서 우리들이 일상에서 만나는 사물 또는 대상이라고 하는 것조차 언제든 다시금 다른 모습으로 변화해 나타날 수 있는,

---

(19) "우리가 성서의 증언을 통해 신에 대해 알 수 있는 것은 그의 행위들뿐이다. 우리가 신에게 돌릴 수 있는 모든 속성들은 이러한 신의 행위들과 관계된 것들뿐이다. … 신은 계시를 통해 인간에게 그 자신을 온전히 드러내 보이는데, 그러나 자신을 인간의 포로가 되는 방식으로 [곧 그의 주체성을 인간의 대상이 되게끔] 하지는 않는다."(p. 371) "… [신은] 그의 계시 속에서 자신을 드러내는 자이며, [그럼에도] 계시의 주체로서 계시 가운데서 참으로 분해될 수 없는(indissolubly) 주체이다."(p. 382) Karl Barth, *The doctrine of the Word of God (Prolegomena to Church dogmatics, being volume I, 1)*, trans. G. W. Bromiley, Edinburgh: T. & T. Clark, 1936, 1975, 1980.

그런 자체의 주체성을 지닌 영원의 한 단위 기억체계 x와 그로부터 일어나는 프로젝트 $\neg x$로서 주어지는 것이다.

14. 신의 말씀이라는 것은 사람들이 상징 기호로써 하는 말과 같은 것이 아니다. 사람들의 상징(기호)에는 그에 대응하는 실재가 추가로 확인되어야 할 필요가 있는 것이다. 하지만 창조하는 행위로서의 신의 말씀은 그 자체가 실재하는 것이라고 칼 바르트는 역설한다.[20]

15. 사람들이 하는 말과 그 말이 가리키는 실재가 일치한다고 아무도 보장할 수 없다. 그러나 신의 말씀에 대해서는 그에 대응하는 실재 또는 행위가 추가될 필요가 없는 것이다. 신의 말씀은 곧 실재를 일으키는 행위이기 때문이다. 그렇게 해서 신의 말씀은 곧 최상의 의미의 역사이다.[21]

16. 신은 세상에 존재하는 사물들 가운데 하나가 아니다. 신은 사람들의

---

(20) "신의 말씀이란 신이 말한다는 것을 의미한다. [신이] 말한다는 것은 '상징' (symbol)으로서가 아니다. 그것은 인간이 [그의 상징의 기능에 의해] … 무엇인가 아주 다르거나 전혀 이질적인 것을 가리키기 위해 선택하곤 하는 호칭이나 묘사가 아니다."(pp. 132-133) Karl Barth, *The doctrine of the Word of God (Prolegomena to Church dogmatics, being volume I, 1)*, trans. G. W. Bromiley, Edinburgh: T. & T. Clark, 1936, 1975, 1980.

(21) "신의 말씀은 행위에 의해서 보완될 필요가 없는 것이다. 신의 말씀은 그 자체가 그의 행위이다. 이런 행위와 비교할 때, 우리들이 흔히 일컫는 행위, 사건, 실천, 삶, 그밖에 인간의 말에 대한 보장을 요구하지만 흔히 미달하는 그런 것들은 실질적인 [내용이 있는] 행위인지 매우 의문스럽게 보일 수밖에 없다. 신의 말씀은 최상의 의미에서 역사를 만드는 것이다.(pp. 143-144) Karl Barth, *The doctrine of the word of God (Prolegomena to Church dogmatics, being volume I, 1)*, trans. G. W. Bromiley, Edinburgh: T. & T. Clark, 1936, 1975, 1980.

낱말이나 어떤 범주들을 가지고 가리킬 수 있는 대상도 아니다. 따라서 사람들이 신에 대하여 말할 때 그들은 신 그에 대하여 말하는 것이 아니다.[(22)]

17. 장-폴 사르트르, 『구토』, 강명희 옮김, 서울: 하서출판사, 2008.

18. 장-폴 사르트르, 『구토』, 강명희 옮김, 서울: 하서출판사, 2008.

---

(22) "신은 세상에 소속해 있지 않다. 그러므로 신은 우리들이 타인에게 말하려고 할 때 사용하는 범주들과 낱말들에 대응하는 일련의 대상들 가운데 하나가 아니다 …. 신에 대해서 말하는 것은 불가능하다. 왜냐하면 그는 자연의 대상도 영적인 대상도 아니기 때문이다. 우리가 신에 대해 말하고 있다 해도, 더 이상 그에 대하여 말하고 있는 것이 아니다."(p. 750) Karl Barth, *The doctrine of the Word of God (Prolegomena to Church dogmatics, being volume I, 2)*, trans. G. T. Thomson & Harold Knight, Edinburgh: T. & T. Clark, 1956, 1980.

VIII

'우리가 남이가?'

VIII

'우리가 남이가?'

1.

한 몸에서 태어난 형제자매들 사이에도, 하나의 민족 또는 동포 가운데서도 서로 이해하기 어려운 모순대립 관계가 발생하는 것은 무엇 때문인가? 왜 하나의 몸 또는 혈통 속에서 배출된 존재들 사이에 서로 접근하기 어려운 타자들이 등장하는가? 하나의 줄기 세포(stem cell)가 분열하여 서로 다른 기능을 담당하는 세포들이 나타나고, 거기서 각각 다른 구실을 하는 신체 기관(organ)들이 만들어지고 나면, 그들 사이에서도 대립관계가 발생할 수 있다.[1] 그렇다면 이렇게 서로 다름과 대립이 어째서 하나의 같은 뿌리에서 비롯하는 것일까? 하나의 뿌리에서 비롯하는 원시의 기억이, 어떻게 서로 다름과 대립으로 맞서는 관계를 일으키며 움직이는 것일까? (131116)

2.

우연한 기회에 하늬[2]가 대학 다닐 때 있었던 일을 그의 한 후배에게 들려주고 있다. 하늬는 어느 날 한 가까운 친구를 만나기로 약속을 한다. 그 친구는 방송국의 성우가 되는 것이 꿈이어서 성우 지망생을 교육하는 학원을 다니고 있다. 친구는 그날 하늬에게 한 가지 부탁을 한다. 며칠 후에 방송국에서 성우 지망생 오디션을 하는데, 하늬 너도 같이 가지 않겠느냐는 것이다. 같이 가서 그냥 한번 오디션을 받아 보자는 것이다. 그래서 하늬는 생각지도 않던 성우 지망 오디션을 받으러 친구와 함께 방송국에 갔다. 그런데 학원까지 다니며 준비한 친구는 그 오디션에서 떨어지고, 아무 생각 없이 따라간 하늬는 합격했더란다. 하늬가 생각하기에는, 아마 자기의 타고난 음성이 성우가 되기에 적합했던 것 같다는 것이다. 합격한 지망생들은 해외로 파견하여 교육을 받을 기회를 주는 것이 방송국에서 마련하고 있는 연수 과정이었다.

그러나 하늬는 합격자들을 소집하는 날 방송국에 갈 수가 없었다고 한다. 자기가 파견 교육을 받으러 외국으로 떠나고, 돌아와서 방송국에 취직을 해서 다니게 되면, 친구는 감당하기 어려운 실망을 하게 되고 상처를 받을 것 같아서였다는 것이다. 그뿐 아니라 결국에는 그 친구와의 관계도 끊어질 것이라는 예감이 들어, 합격자 소집하는 날 도저히 방송국에 갈 수 없었다는 것이다. (100806)

3.

하늬가 친구의 깊은 속 감정을 공유하며 이루어낸 따뜻하고 가까운 관계는, 심리학자들의 한 설명에 따르면, 한국 사람들에게서 고유하게 나타나는 특별한 성향의 한 사례에 해당하는 것이다.[3] 한국 사람들 사이에서는 자기 개인의 의사와 행동을 그가 소속한 모임 또는 관계에 일치시키거나 포기하는 특별한 역학이 작용한다는 것이다. 그들 사이에서 이루어지는 이른바 '우리'라는 모임이나 관계에서 친밀감, 밀착, 애착, 상호수용, 편안한 느낌, 따뜻함 같은 정감을 공유하는 것이 중요하기 때문이다. 그러한 정감을 공유하기 위해서 그들은 그들이 모여 만드는 모임 또는 만남의 중심을 향해 각자의 개체성을 양보하며 녹아 들어간다.

그러나 '자기의 개체성을 양보하며 녹아 들어가는 행위 또는 성향', 그것이 문화 환경에서 이루어지는 교육과 훈련의 종속 변수인지, 아니면 각자가 깊은 속에 지니고 있는 개체성의 종속 변수인지는 다시 따져보아야 할 문제로 남는다. 왜냐하면 그런 행위와 성향은 개체생명이 보편적으로 지니고 있는 타고난 공감 지수(empathy quotient)[4]에 의한 것이거나, 또는 감정이입의 능력에 의한 것일 수 있기 때문이다. 감정이입 또는 공감의 능력이 먼저 작동하지 않는다면, 어떻게 개체 구성원들이 각자의 개체성을 포기하며 하나의 집체(集體) 속으로 녹아들어갈 수 있겠는가? 우주공간을 채우고 있는 성분들이나 같은 삶의 세계 안에서 동거하고 있는 구성원들이 원시의 한 뿌리에서 비롯했다면, 그들은 서로 적어도 공명 관계,[5] 나아가 공감 관계를 이루는 오래된 같은 기억, 같은 습관을 가지고 있을 것이다. 이렇게 하나의 뿌리에서 비롯한 것들은 오랫동안의 같은 기억과 같은 습관을 가지고 있을 것이므로, 변화하는 상황의 조건들에 따라서 서로 하나로 어울리는 공명 또는 공감 관계를 이룰 수 있는 것이다.

만약 우리들의 기억과 상상이 하나의 뿌리에서 비롯한 것이 아니라면, 어떻게 우리들이 우리들을 향해 대적하는 자, 아니면 우리들이 결코 상상해 본 적이 없는 악행을 한 자의 동기와 그의 속생각을 추정하며 판단할 수 있겠는가?

사자는 도망치는 사슴을 그것과 같은 리듬으로 쫓아가며 공명 관계를 만듦으로써 목표물과 하나가 된다. 이렇게 '우리는 하나다'라고 우기며 움직이는 공명, 공감의 관계 가운데로 빠져 들어갈 때 극단으로 긴장을 일으키는 '불일치'가 숨어들어올 수 있다. 하나가 되는 일치의 관계 안에서 어떤 참여자에게는 그 자신의 개체성 아니면 존재 자체의 희생을 강요당하는 위태로운 불일치 사태가 일어날 수 있기 때문이다. (150320)

4.

실로 살아있는 모든 것들은 일치하며 불일치하는 관계 안에서 움직인다. 그래서 사람들은 '우리가 남이가?'라고 하며 운명을 같이하는 일심동체가 되기도 하지만, 때로는 유행가사의 한 마디 같은 소리를 이렇게 던지기도 하는 것이다. '내가 나를 모르는데 넌들 나를 알겠나?' 아니면, '네가 너를 모르는데 난들 어찌 너를 알랴?' 크거나 작거나 하나의 모임을 이루는 관계 안에서 서로 '일치하면서 불일치하는' 두 개의 축이 움직일 수 있다. 모여서 하나의 '우리'가 되게도 하고 뿔뿔이 나뉘어져 '모래알'처럼 되게도 하는 두 개의 축이, 나뉘어져 있는 퍼즐 조각들의 접선 찾기에서처럼 움직여서 잠들지 않는 세

상 속의 관계들을 엮어가고 있는 것이다. (140301)

5.

그렇다면 언제나 불일치의 한 쪽을 이루고 있는 타자, '남'이란 누구이며 무엇인가?[6] '남'이라고 일컬어지는 그이 자신도 때로는 미래에 어떻게 움직일지 다 예측할 수 없도록 그 안에서 모순관계로 대립 긴장하는 것들이 들끓는[7] 존재이다. 그렇게 대립하는 기억과 성향들, 상상과 선택들이 끝없이 분출하며 일으키는 생각들과 행위들의 주인이다. 그는 자신의 현재 안에서 폭발하는 기억과 상상 자체이기도 하며, 그 기억과 상상을 따라가다가 결국에는 그 자신을 초월하는 미지의 존재이기도 한 것이다.

그래서 나와 남이란 각각 기억과 상상의 무궁한 유희 가능성을 안에 품고 있는 한 미지의 주인과 또 하나의 그런 미지의 주인이다. 그러니까 나와 완전히 다른 모양으로 움직이는 남이라는 존재도 없지만, 나와 똑같은 모양으로 그의 기억과 상상을 조합하고 연출하는 또 하나의 존재도 없다. 그리하여 나와 남의 관계는 '일치하면서 불일치하는' 또는 '대립하면서 일치하는', 이른바 헤라클레이토스의 긴장하는 조화의 관계로 대표할 수 있다. (131110)

6.

나와 대면해 있는 타자, '남'이라는 존재는 다만 나의 밖에 놓인 '대상'으로 이해할 수 있는 존재가 아니다. 나에게 대상으로 떠오르는 타자인 '남'은 그 존재의 깊은 속에 밖으로 드러나지 않은 주관, 곧 그 유희의 방향을 예측할 수 없는 영원의 기억과 무한의 상상을 품고 있기 때문이다. 신학자 칼 바르트에 따르면, 신(Gott)이라는 이름으로 가리키는 그 존재는 대상으로 접근해서 분석하고 이해할 수 없는, 오히려 세상에 있는 나를 포함한 모든 존재들을 한낱 부림 받는 '대상으로 만들어버리는' 절대의 주체, 절대의 주관이다.[8] 그렇다면 신이 아닌 그 밖의 존재들은 모두 대상으로 접근할 수 있다는 말인가? 그런데 겉보기에 대상으로 접근할 수 있는 그들은, 그럼에도 각각 그의 안에 대상으로 용해될 수 없는 주관 또는 주체성을 간직하며[9] 그 자신도 측량할 수 없는 영원의 기억과 무한의 상상을 연출하고 있는 존재들이다.

그렇다면 '우리가 남이가?' 우리는 서로 남일 수가 없도록 하나의 우주 안에서 또는 하나의 삶의 공간 안에서 오래된 같은 뿌리, 같은 영원의 기억을 공유하지만, 그렇다고 서로 하나처럼 움직이거나 생각하는 것도 아니다. 모두 각기 다른 모양으로 조합된 영원의 기억과 그로 말미암은 상상의 유희를 각자 자기 안에서 하고 있기 때문이다. 이렇게 각기 유일 고유한 개체성을 운명의 존재양식으로 타고난 세상의 모든 구성원들이 연출하는 대립과 조화의 관계를 헤라클레이토스처럼 명료하게 요약한 철학자는 일찍이 그리고 이후에도 없었다.

 "그것이 어떻게 자신과 불화하면서도 그 자신과 일치하는지를 사람

들은 이해하지 못한다. 그것은 마치 활과 뤼라의 경우처럼 반대로 당기는 조화이다."(237쪽)¹⁰

(131213)

1. 생화학자들의 줄기세포 이론을 일반화해서 보면, 모든 개체생명들은 다른 개체생명들과 같이 공통의 유전 성분들을 가진 세포들로 이루어지는 것이다. 분화 이전 상태의 한 줄기세포는 대부분 이미 어떤 특화된 기능을 잠재적으로 지향하고 있음에도, 동시에 모든 세포들이 함께 공유하는 한 세트의 유전자들 이른바 게놈(genome)이라고 하는 것을 그 안에 갖추고 있다. 이는 개체생명들 모두가 분화하기 이전에 전달받은 태초의 기억을 저장하고 있는 데서 비롯하는 것이라고 볼 수 있다.[1]

베르그송이 말했듯이 사물 자체 안으로 진입함으로써 이루어지는 직관[2]을 가능하게 하는 뿌리는, 개체생명이 타고난 태초의 기억 곧 공통성이 지배하는 미분화된 기억에서 유래한다고 볼 수 있다. 그런 원시의 미분화 상태 곧 태초의 기억이 각자의 깊은 속에 간직되어 있기

따온글 ————

(1) "줄기세포는 그 자신을 재생산할 수 있고 다른 [특화] 기능들을 지닌 자손 세포들을 만들어낼 수도 있다. …… [이를테면] 간세포, 심장근육세포, 뇌세포는 잘 알려진 타입의 분화[특화]된 세포들이다. …… 분화되지 않은 세포는 그 유전자들의 표현이 어떤 명백한 특화 기능도 띄고 있지 않은 것이다."(pp. 2-3) Jonathan Slack, *Stem cells: a very short introduction*, Oxford: Oxford University Press, 2012.

(2) "이미 주어져 있는 개념들 곧 상징 기호들에 의하여 얻은 지식은 상대적인 것이다. 그것은 움직이고 있는 것 안으로 자신을 투입해서 사물 자체의 생명과 함께 하는 직관적 지식이 아니다. 이런 직관은 절대적인 지식에 도달한다."(p. 30) Henri Bergson, *An introduction to metaphysics* in *Selections from Bergson*, ed. Harold A. Larrabee, New York: Appleton-Century-Crofts, 1949.

에, 그것이 우리들로 하여금 자신에게 모순 대립하는 그래서 포용할 수 없는 존재에 대해서일지라도 이해하거나 공감할 수 있게 하는 것이 아닐까?

그렇기 때문에 사람들은 그들 사이의 모든 불일치에도 불구하고 때로는 '우리가 남이가?'라고 말할 수도 있는 관계로 몰입하게 되는 것일지도 모른다. 헤라클레이토스가 오래전에 암시했듯이, 서로 모순 대립하면서도 하나의 화음을 내며 합창하는 공명의 관계(이 책 V장 "존재하는 모든 것들을 인간으로부터 해방시켜라"의 풀이말 8, 9, 10 보기)를 이루는 것도 그렇게 불일치하는 것들이 태초의 미분화된 기억으로 몰입함으로써 가능하게 되는 것 아닐까 상상할 수 있는 것이다.

2. 이 이야기는 실제 있었던 사실을 기록한 것이기에 주인공의 이름을 변형시켜 썼음.

3. 심리학자 최상진과 최수향은 한국 사람들 사이에서 이루어지는 집단주의의 특성을 서양인들의 집단주의에 대비해서 상세히 설명하고 있다. 한국 사람들은 자주 '우리는 하나다.'라고 외치는데, 그때에 그들은 그들이 이루는 모임 또는 집단의 중심을 향해서 각자의 개체성을 포기하며 녹아 들어간다.(3) 여기서 서양 문화권의 사회에서 전제하고 있는

---

(3) "'우리'라는 낱말에 대하여 거기에 참여하는 한국 사람들이 생각할 때 가장 지배적으로 연상하는 주제는 친밀, 가까움, 애정, 수용, 좋은 어떤 것, 안락, 따뜻함과 같은 심리적 정서들이다."(p. 79) "[이런] 한국적 맥락에서 자아의 유연성은 개인에게 커다란 변화를 요구한다. 통일적 실체로서 안정된 개인들에 대한 서양인의 기준을 한국인의 집단주의 상황에서 기대하는 것은 개념 착오에 해당하는 것이다."(p. 81) Sang-chin Choi & Soo-hyang Choi, "We-ness: a Korean discourse of collectivism," *Psychology of the Korean people: collectivism and individualism*, eds. Gene Yoon & Sang-chin Choi, Seoul: Dong-a Publishing Co., 1994.

개인의 선명한 자아 경계 또는 정체성 같은 것은 인정할 수 없는 장애물이 된다.

그러나 'x의 존재론'에서 x라고 하는 존재는 자아의 고유한 조합(combination)으로 말미암은 개체성과 함께 영원의 기억으로 **빠져** 들어가는 자아의 용해성(malleability)을 양면으로 지니고 있는 것이다. 그런 점에서 17세기 영국의 사제이며 시인인 존 던(John Donne)이 던진 "No man is an island."와 그 명제의 반면을 두고 고독한 개인들이 외치는 "Every man is an island."는 x라는 개체존재에게서 떨쳐버릴 수 없는 양면의 진실을 이루고 있는데, 이는 특히 한국 사람들이 놓여 있는 삶의 일상에서도 그러하다.

4. 자기의 주체성을 일시적으로 망각하고 타자의 감정상태 또는 정황 가운데로 동화되어 들어가는 행위를 우리는 공감(empathy)이라고 부른다. 자아와 타자 사이에 이러한 공감의 관계가 이루어지는 것은 어떻게 가능한가? 타자의 내면의 움직임을 자기의 내면에 재현함으로써 그 관계가 가능해진다고 볼 수 있다. 이는 예술 작품을 감상하는 자의 내면에서 이루어지는 현상이기도 하다. 이렇게 대상을 바라보는 자의 내면에서 이루어지는 공감은 자아와 타자를 하나로 묶어주고 있는 느낌에 의한 것이라고 공감 연구자인 비토리오 갈레세는 말한다. 예를 들어, 아슬아슬하게 외줄타기를 하는 곡예사의 내면에서 움직이는 긴장감을 관중들이 각각 그들의 내면 가운데에 재현 공유함으로써 공감의 관계를 이룬다는 것이다.[4]

5. 우주공간을 채우고 있는 성분들이나 삶의 세계에 동거하고 있는 구성원들을 어떤 하나의 공존 관계로 묶어주고 있는 것은 무엇일까? 자연의 성분들 또는 세상의 구성원들을 각각 제멋대로 흩어져 놀지 않게 묶어주는 끈은, 사이버네틱스의 개척자 노버트 위너가 일찍이 제안한

대로, 우주 안의 모든 존재하는 것들 사이에 편재하는 공명(sync)의 관계에 마지막 바탕을 두고 있는 것이 아닐까?(5)

그러니까 타인의 내면에서 일어나는 지향성 또는 의도 가운데로 들어가 함께 움직이는 공감의 관계를 이루기에 앞서, 자연의 존재들 또는 우주 안의 사건들 사이에는 하나의 관통하는 질서처럼 이루어지는 공명의 관계가 깊은 바탕에서 작용하고 있다고 볼 수 있는 것이다. 몇 백 몇 천의 군중이 어떤 지휘자도 없이 박수를 치거나 노래를 할 때 하나의 리듬과 화음을 이룰 수 있는 것은 그들 각각의 지적 능력에 관계없이 발현되는 공명의 관계 곧 자연의 질서에 다름 아닌 것이다. 물론 인간들만이 공명의 질서를 만들어낼 수 있는 것은 아니다. 광활한 창공

---

(4) "신경생물학의 입장에서 나는 이렇게 제안하고자 한다. 타인들을 '의도를 가진 행위자들'(intentional agents)로 이해하는 우리들의 능력은 …… 우리들을 타인들과 묶어주는 강한 동질감에 바탕을 두고 있다는 것이다." "공감에 대해 광범위한 글을 써온 립스(Theodore Lipps)는 감정이입(Einfühlung)의 개념을 상호주관성(intersubjectivity)의 영역으로까지 넓히고 있는데, 감정이입이란 타인들에게서 감지한 움직임을 나의 내부에서(inner) 모방하는 행위라는 것이다. 립스는 이렇게 썼다. 팽팽한 외줄 위를 걷는 곡예사를 볼 때 나는 그 곡예사 안에서 나 자신을 느낀다고." Vittorio Gallesse, "The roots of empathy: the shared manifold hypothesis and the neural basis of intersubjectivity," *Psychopathology*, vol. 36, no. 4 (2003), Basel: S. Karger AG, 171-180.

(5) "아마도 더욱 중요한 것은, 공명 현상이 전 우주 안에 퍼져 있다는 것을 그[Nobert Wiener]가 처음 지적했다는 점이다."(p. 41) "우리들은 함께 노래하거나 춤추고 보조를 맞춰 행진하거나 하나의 리듬으로 박수치는 것을 당연하게 여긴다. 공명(sync) 원리는 우리들의 제2의 본성이다. …… [그렇기 때문에] 시간에 맞춰 행동을 하고 타인들의 행동을 예상하는 능력은 낮은 단계의 지성 정도만 있으면 되는 것으로 보인다."(p. 108) Steven Strogatz, *Sync: how order emerges from chaos in the universe, nature, and daily life*, New York: Hyperion, 2003.

을 나는 새들의 군무(群舞) 또한 그들 사이에 이루어지는 공명에 의한 것이라고 볼 수 있다.

6. 타자 또는 '남'이라는 존재는 자아 또는 '나'라는 존재가 이해할 수 있는 대상인가? 타자, 남이라는 존재는 대상이 아니다. 궁극에 가서 그는 대상일 수가 없다. '남'의 정체성은 '나'의 정체성에 못지않게 어떤 속성들로도 정의할 수 없는 존재이기 때문이다. '남'이라는 그 존재는 그가 대면해 있는 한 주체, 바로 '나'가 향유하는 자유와 상상을 제약하거나 견제한다. 그는 나의 방만한 자유와 주관적 상상을 제약하거나 견제함으로써 나의 반성과 객관의 인식을 끊임없이 요구한다. 그리고 타자 또는 '남'의 존재도 역시 또 하나의 유일 고유한 기억과 상상을 향유하는 주체 곧 또 하나의 '나'이다. 그래서 하나의 유일 고유한 기억과 상상의 주체 그리고 또 하나의 유일 고유한 기억과 상상의 주체 사이에서 지속 가능하게 공유하는 바를 찾기가 쉬운 일이 아니고 따라서 그들 사이의 대화는 언제나 잠정적이거나 타협적이다.

이러한 자아와 타자, '나'와 '남'의 관계 상황을 묘사하는 실존주의 작가들이 있다. 사르트르에 앞서 이탈리아에서 이름을 알린 실존주의 소설가 알베르토 모라비아는 『권태』에서 사람들 사이의 관계를 '대화불가능성'(incommunicability) 또는 '통분불가능성'이라는 문제가 지배하고 있는 것으로 묘사하고 있다. 자아와 타자, 나와 내가 놓인 현실 사이의 소통불가능성, 공통척도의 부재 때문에 사람들은 타자를 향한 어떤 동기에 의해서도 움직일 수 없는 상태 곧 '권태'에 빠진다는 것이다.[6] 이 공통척도의 부재라는 관계에서 최석규 교수는 새로운 문제의식의 태동을 발견한다. 나의 존재의 한계를 이루며 더 나아가 나의 존재를 규정하기도 하는 '남'이라는 존재의 해명이 필요하다는 것이다. 그동안 '나' 곧 자아의 존재에 대하여는 반복된 질문과 연구가 있었지만 도대체 '나'에 대면하여 있는 '남'이라는 존재는 무엇이며 어떻게 이해해야

하는가? 이 질문에 대한 해답이 요구된다고 말하였다.[7]

7. 나와 타자 사이의 관계는 서로 모순 대립하는 모양으로 이루어지는 경우가 흔하다. 그러나 유전학자들과 뇌신경과학자들의 최근 관찰에 따르면, 한 개체생명 안에서도 그리고 한 사람의 두뇌 안에서도 유전자들이나 그것들이 추구하는 성향들 사이에서 모순 충돌의 관계가 항상 일어나고 있다고 한다.[8][9]

---

(6) "권태란 주로 대화불가능성에서 온다는 것을 나는 이미 보아왔다. 그리고 이제는 다른 모든 종류의 외부 대상들과 단절된 것처럼 어머니와 소통할 수 없다는 것도 ….''(p. 7) ""권태라는 게 뭐지?'' ''내가 어떻게 설명해야 하나? 권태는 권태지.'' 그러나 나는 이렇게 말하고 싶었다. ''권태는 현실과의 모든 관계가 단절되는 것이지.''''(p. 286) Alberto Moravia, ***Boredom***, trans. Angus Davidson, New York: New York Review Books, 1999.

(7) "[알베르토 모라비아의] 소설 『권태』의 주제가 되는 것은 '남'이라는 문제이다. '나'에 대해서는 그 동안 많은 연구가 있었고 많은 사실이 밝혀졌다. 그래서 '나'는 앞을 향한 의식이니 자유니 말해 왔지만, 바로 나의 앞에 있는 '남'이란 도대체 무엇인가? 남의 존재는 내 존재의 한계를 이루고 내 존재를 규정하는 조건이 될 것이니, '남'을 해결하지 않고서는 '나'의 존재도 결정할 수 없지 않은가? 이렇게 볼 때 '남'은 바로 내 존재의 근본 문제가 된다.''(214쪽) 최석규, "남과 나의 비극,'' 『최석규 문집: 기억의 빛, 양심의 길을 찾아』, 서울: 채륜, 2013.

(8) "… 리[E. G. Leigh, ***Adaptation and diversity***, San Francisco: Freeman Cooper & Co., 1971]는 주장하기를, 게놈의 어떤 부분도 그리 오랫동안 지나치게 이기적일 수는 없다고 한다. 왜냐하면 그 비중에서 다수인 게놈의 나머지 부분에 의한 자연선택이 곧바로 지나친 이기주의를 제압할 것이기 때문이다. 게놈의 나머지 [큰 다수] 부분이 '유전자들의 의회'(parliament of genes)로 역할을 해서 다툼을 해소할 것이다.''(p. 184) Michael Majerus et al., ***Evolution: the four billion year war***, Harlow, Essex: Addison Wesley Longman, 1996.

이 이론가들에 따르면, 자아와 타자 사이의 관계 그리고 한 자아와 그 자신 속의 또 하나의 자아 사이의 관계는 그 실상에서 보면, 자아와 타자의 관계라는 일상의 통념을 벗어나서 자아에 속한 것이든 타자에 속한 것이든 그들의 성분들로서 움직이는 유전자들 사이의 투쟁과 타협의 과정이거나, 또는 그것들이 추구하는 성향들 사이의 투쟁과 타협의 과정으로 연출되는 관계이다. 그래서 나와 타자 사이에 이루어지는 관계의 실상을 분석해 보면 나와 타자에게 소속한 모든 유전자들 또는 그 성향들의 이합집산에 따르는 일치와 불일치에 의해 연출되는 한 바탕의 드라마와 같은 것이다.

8. 인류가 신(神)이라고 일컫는 존재는, 신학자 칼 바르트 그리고 무신론자로 자처하는 사르트르가 말하는 바에 따르면, 대상이기를 절대로 거부하며 오로지 절대의 주체로서만 군림하는 존재이다.[10][11] 그렇게 신은 우리들이 일상에서 접촉하는 사물 또는 대상과는 전혀 다른 수준에서 움직이는 한계 초월의 존재이다. 도대체 그 존재는 대상으로서

---

(9) "뇌는 대의민주주의와 비슷하다. [하나의] 뇌는 서로 다른 선택지들을 놓고 비교 경쟁하는 다수의 중첩된 전문가들로 이루어져 있다. … 우리[뇌]들은 넓어서 우리들 안에 다수의 군중들을 수용하고 있다. 그리고 이 군중들은 만성적인 다툼에 엮여있다. 당신의 뇌 속에서는 서로 다른 당파들이 지속적인 대화를 벌이고 있으며, 각각의 당파는 당신의 행동을 산출하는 유일한 출구에 대한 통제권을 두고 경쟁하고 있는 것이다."(p. 107) David Eagleman, *Incognito: the secret lives of the brain*, New York: Pantheon Books, 2011.

(10) "계시의 주체[이른바 '신']는 결코 분해할 수 없는 주체로 머물러 있는 주체이다. 우리들은 이 주체의 뒤로 돌아가서 볼 수가 없다. 그는 대상이 될 수 없다."(p. 438) Karl Barth, *The doctrine of the word of God, (Prolegomena to Church Dogmatics, being Vol. I, Part I)*, trans. G. T. Thomson, New York: Charles Scribner's Sons, 1936.

정의하거나 인식될 수 있는 것이 아니다. 그의 무한한 초월 가능성은 그래서 '대상으로서 파악하기가 전혀 불가능한' 절대 미지의 주체 X라고 시인할 수밖에 없도록 하는 것이다.

9. 신학자 칼 바르트와 그를 따르는 사람들에 의하면, 신은 다른 모든 존재들을 대상으로 파악하며 통제하면서도 그 자신은 누구에 의해서도 대상으로 전락하지 않는 절대 유일의 존재이다. 그렇다면 신이 아닌 다른 존재들은 모두 대상으로 접근하고 파악할 수 있다는 말인가? 이를테면 사람이라는 존재에 대해서 그의 내면에 깊이 들어 있는 유일 고유한 기억과 상상의 움직임을 접근해서 파악할 수 있는 방법이 없다.[12] 어떤 공감과 직관의 방법에 의해서 침투해서 접근해도 여전히 타자 '남'이라는 존재는 물론, 심지어 '나'라고 하는 개체성의 고유한 기억과 상상의 움직임조차 그 시작과 끝이 파악 불가능한 미지의 x 또는 $\neg x$로 남아있을 수밖에 없다.

---

(11) "그것은 '신' 앞에서의 부끄러움이다. 그것은 결코 대상이 될 수 없는 하나의 주관 앞에서의 나의 대상성의 [인정]이다. '신'의 정립[에는] 나의 객체성의 의물[화(擬物化)]가 따른다. 또는 오히려, 나는 나의 '신에 대한 대상-존재'를 나의 대자보다도 훨씬 더 실재적인 것으로 [긍정한]다. 나는 타유화[他有化] 되어서 존재한다. … … 이것이 '신' 앞에서의 두려움의 근원이다."(489쪽) 장-폴 사르트르, 『존재와 무』, 정소성 옮김, 서울: 동서문화사, 1994.

(12) "… 나는 나무를 응시하며 긴 시간을 보냈다 …. … … 내가 놀라워하는 것은 언제 어떻게 내가 나무의 실재를 의식하게 된 건지, 다시 말해 나 자신과 다르며 아무런 관계도 없는데 여전히 거기에 있는 무시할 수 없는 대상으로 나무의 존재를 의식하게 된 건지 하는 점이었다."(p. 318) "… 내가 그녀와 떨어져 있는 것처럼 그녀도 나와 떨어져 있었다. 마침내 나는 그녀를 더 이상 소유하지 않고 그녀가 자기의 삶을 사는 것을 지켜보고 싶었다. … 내가 창밖의 나무를 관조했던 것과 똑같은 방법으로 그녀를 관조하는 것이다."(p. 319) Alberto Moravia, **_Boredom_**, trans. Angus Davidson, New York: New York Review Books, 1999.

이렇게 각자는 그 자신의 타고난 아니면 저장된 기억과 상상의 움직임조차 모두 추적하거나 예측할 수 없는 존재이기 때문에 자기 자신에 대해서도 타자, 남으로 머물러 있을 때가 있다. 그럼에도 사람들은 언제나 서로 타자의 대상으로 전락해서 감시되고 분해 해체당할 수 있는 위험에 노출되어 있기에[13] 신과 같은 존재의 자리에 절대로 도전할 수 없는, 그래서 한낱 풀과 다를 바 없이 주변에서 불어오는 바람에 의해 흔들리는 존재이다.

10. 『소크라테스 이전 철학자들의 단편 선집』, 김인곤 외 옮김, 서울: 아 카넷, 2005.

---

(13) "시선으로서의 타자는 오직 나의 '초월이 초월된 것'일 뿐이다."(447쪽) "… 시선 가운데서 나의 가능성의 죽음은 나로 하여금 타자의 자유를 체험하도록 요구한다. 나의 가능성의 죽음은 오직 그의 자유 한가운데서 이루어진다. 나는 나 자신에게 접근할 수 없으며 더욱이 타자의 자유 한가운데로 내던져지고 초월된 나 자신으로서 있다."(459쪽) "결코 주관이 되는 일이 없이 영원히 '대상'으로서만 있는 것으로는, 죽은 자들만이 있을 뿐이다. … … 죽는다는 것은 어떤 타자를 향해 주관으로서의 자기를 나타내는 모든 가능성을 잃는 일이기 때문이다."(500쪽) [이 따온글 가운데 일부 표현은 문맥에 맞추어 고침] 장-폴 사르트르, 『존재와 무』, 정소성 옮김, 서울: 동서문화사, 1994.

IX

나는 누구의 아바타인가?

IX

나는 누구의 아바타인가?

1.

아바타는 그가 대표하는 한 주체에 의해 조종당하는 가상의 존재이다.[1] 그러나 아바타를 조종하는 자유의지의 주체 그는 누구인가? 그 자신도 역시 아바타이기를 거부할 수 있을까? 스스로 움직이는 자유의 주체인 것처럼 행세하며 가상의 아바타를 조종하는 그 자신도, 자신보다 높은 단계의 존재가 강제하는 조건들에 의해 조종당하고 있는 또 하나의 아바타인 것이다. (130629)

2.

세상에 몸을 드러냈다가 다시 사라져가는 것이 결코 자의(自意)에 의한 것이 아니라면, 어떤 현실의 존재가 또한 아바타이기를 거부할 수 있겠는가? 인생의 행로 자체가 자의에 따르는 것이 아님을 뼈저리게 경험한 1950년대 한국전쟁 통과 세대에게 다음과 같은 노랫말은 평생 잊을 수 없는 화두와 같은 것이다.

인생은 나그네길

어디서 왔다가 어디로 가는가

구름이 흘러가듯 떠돌다 가는 길에

정일랑 두지 말자 미련일랑 두지 말자

인생은 나그네길

구름이 흘러가듯 정처 없이 흘러서 간다.[2]

그렇다면 나는 누구의 아바타인가? 나의 안에서 아니면 나의 한계 밖에서 움직이는 어떤 존재의 아바타인가? 나는 나의 영혼의,[3] 나의 유전의,[4] 나의 영원의 기억의,[5] 그리고 예측할 수 없는 미래를 향해 흘러가는 이 모든 것의 여정을 가리키는 나의 x, 아니 다시 이 모든 것의 마지막 심판자로서 움직이는 X[6]의 아바타이다. 나는 나의 x의 오늘의 분신이며 현재진행형 아바타이다. 그러니까 한 아바타는, 그의 안에 내재하면서 또한 그의 한계를 초월하며 나아가는 그의 x가 머물고 있는 현재의 임시 처소다. (130703)

3.

따라서 아바타들의 만남에서 서로의 공통분모를 찾는 것은 쉬운 일이 아니다.[7] 세상을 이해하고 대응하는 태도에서도, 도덕과 심미의 관점에서도, 아바타들은 각각 그의 안에 고유하게 지니고 있는 내재성—곧 그 비롯하는 때를 알 수 없는 그의 유일 고유한 기억체계 x와 그로부터 분출하는 상상의 파격—으로 말미암아 일치보다는 불일치를 자주 연출한다. 그러므로 선택의 자유가 배제된 대부분의 우연한 환경에서 아바타들의 만남은 피상의 관계로 겉돌기가 일쑤다.

아바타들 각각의 깊은 속에는 그의 고유한 영원의 기억과 무한 상상으로 움직이는 내재성이 있지만, 밖으로부터 덧씌워지는 '페르소나'(persona)[8], 아니면 일본문화권에서 서로의 관계가 매끄럽게 흐르도록 촉매 구실을 하는 이른바 '다테마에'(建前)[9] 같은 것으로 포장한 아바타로서 움직이며 살고 있다. 사람들이 자주 호소하며 말하는 문명과 관습과 도덕이라는 것은 아바타들의 '페르소나' 아니면 '다테마에'를 소속 공동체의 요청에 맞도록 유지시키고 통제하기 위해 만들어낸 발명품들이다.

그러나 아바타들이 어쩔 수 없이 견뎌온 이 '페르소나' 또는 '다테마에'를 벗어던지며 각자의 진정한 내재성을 바탕으로 해서 만날 때, 헤라클레이토스의 이른바 일치와 불일치가 함께 군무(群舞)하는 '통일적 대립' 또는 '통일적 다양성'이라는 사회적 관계로서 공동체가 이루어진다. 이렇게 통일적 대립 또는 다양성이라는 사회적 관계 안에서 각각의 내재성에 따라 움직이는 아바타들에게 부딪혀오는 문제는, 내재성과 내재성, 때로는 내재성과 초월성 사이에 공통의 분모 또는 공통의 척도를 찾을 수 없다는 데에 있다.[10] 내재성과 내재성, 때로는 내재성과 초월성 사이에 깊이 있는 공통의 척도가 부재하는 상황에서는, '페르소나', '다테마에', 관습, 도덕규범, 그 밖의 모든 가능한 사회화 과정 같은 대안의 해법들이 있다고 해도, 그것들이 각각의 유일 고유한 내재성 곧 영원의 한 조각 분신인 개체성으로서 움직이는 아바타들 사이의 모순과 긴장 관계를 근본적으로 해소해주는 것은 아니다.

4.

따라서 개체존재들 각각에게 유일 고유하게 주어지는 내재성의 가능한 실현을 x와 $\neg x$에서, 그리고 그 내재성의 한계 지양 아니면 초월의 방향을 $X(\ )$ 곧 $X(x\&\neg x)$ 또는 $X(x\&\Rightarrow x)$에서 찾아야 하는 과제가 그들에게 주어진다. 유일 고유한 내재성의 실현과 그 한계초월을 위하여, 개체존재들은 각각의 절해고도에서 평화롭게 안주하기보다는 그로부터 끊임없이 탈출을 시도해야 하는, 그래서 피동도 능동도 아닌 영원의 흐름 곧 우주의 척도(cosmic measure)를 따라 움직이는 아바타가 된다. (131004)

1. 아바타(Avatar)는 가상의 존재로서만 있는 것은 아니다. 아바타를 지어
   내고 움직이는 현실의 존재 또한 그 자신보다 높은 단계의 존재에 의
   해 제시되는 조건에 따라 움직이는 아바타라고 볼 수 있다. 아바타라
   는 개념 자체가 고대의 인도에서 이루어진 경전『바가바드기타』에서
   비롯한다. 그 보기로 말하면, 지상에서 수행해야 할 사명을 띠고 인간
   의 형상을 입고 나타나는 신의 사자가 아바타이다.[1]

   현실의 존재로서 움직이는 인간 아바타는 누구 또는 어디로부터 현실
   가운데로 보내지는가? 현실 세계로 보내진 아바타는 그를 보낸 자의
   끊임없는 지시 또는 암시를 받기 때문에, 그가 놓인 현실 사회에서 압
   력으로 다가오는 합의된 관습 또는 일치 관계를 거부하며 움직이려는
   성향을 지닐 수 있다.[2] 아바타는 그를 보낸 자로부터 결코 분리될 수
   없는 관계를 유지하며 움직인다. 이는 현실의 개체존재들이 각각에게
   유전된, 그러나 그 비롯하는 때를 확인할 수 없을 만큼 오래된 개체성
   을 보존하며 실현하기 위하여 환경으로부터 밀려오는 압력에 저항하

따온글

(1) "아바타는 내려온 자 곧 보내진 자를 뜻한다. … … 아바타의 목적은 새로운
세계, 새로운 달마세계를 여는 것이다."(IV-7) "신이 인간 세상에 내려 보낸 아바
타인 크리슈나는 인간 영혼이 도달해야 할 존재의 상태를 열어 보인다."(IV-9)
The Bhagavadgita, 2nd ed. trans. & notes by S. Radhakrishnan, London: George
Allen & Unwin, 1949.

(2) "아바타는 하나의 [도구와 같은] 대행자이다. …… 아바타의 가장 중요한 역
할은 그 개인의 정체성을 사회적 합의와 일치라는 구태의연한 관계로부터 해방
시키는 것이다." Gregory Little, "A manifesto for avatars," *Intertexts, Special Issue:
Webs of Discourse: The Intertextuality of Science Studies*, Vol. 3, no. 2 (1999).

는 성향을 지닌 것과 같다고 볼 수 있다.

그를 보낸 자에 대하여 긴장관계를 유지하며 움직이는 한 주인공 아바타로서 제이크 설리가 드러내는 적응과 변화의 모양을 2009년의 영화『아바타』가 보여준다. 그는 아바타로서는 나비족의 언어와 문화와 전사의 무술을 익히며, 아바타로서의 역할을 벗어나면 지구의 자원개발본부에다 나비족의 내부 정보를 제공하는 두 갈래의 삶을 진행시키다가, 나중에는 그를 보낸 자의 지시를 거부하며 아바타로서 덧씌워진 역할을 그의 진정한 사명으로 받아들이는 나비족의 전사가 된다.[3]

2. 1965년에 KBS 라디오에서 시작한 연속 드라마 〈하숙생〉의 주제가로 최희준(1936~)이 노래함.

인생은 그렇다면 다만 껍데기로 왔다가 껍데기로 가는 아바타의 몸짓에 지나지 않는가? 니체와 프로이드와 게오르그 그로데크는 대체로 하나의 계통을 이루는 다음과 같은 생각을 공통적으로 보여주고 있다. 세상에 몸을 드러내 마치 자유로운 주체인 것처럼 움직이는 모든 존재가 각각 그 안에서 꿈틀거리는, 그러나 그 정체와 한계를 파악할 수 없

---

(3) "제이크는⋯ 두 갈래의 삶을 살기 시작한다. 그는 자신의 아바타와 연결되어 있을 때는 나비족의 언어, 풍부한 문화, 종교를 배우는 학생이다. ⋯⋯ 자원개발본부에 있는 인간 육체로 돌아왔을 때는 나비족에 대한 ⋯ 정보를 제공하는 정보원이다." Melissa R. Plaufcan, *"Avatar," Journal of Feminist Family Therapy*, Vol. 22, no. 4 (2010). "제이크는 차츰 자신의 아바타를 자신의 참된 자아로 여기게 된다. ⋯⋯ 부분적으로 그의 인간적 특성이 ⋯ 나비족 아바타라는 새로운 정체성으로 그의 본질이 대체되어 갔기 때문이다. ⋯ 인간적 특성을 잃고 뭔가 다른 특성, 곧 예전보다 더 나은 듯한 정체성이 탄생하게 된 것이다." G. Owen Schaefer, "Review of James Cameron's *Avatar*," *The American Journal of Bioethics*, Vol. 10, no. 2 (2010).

는 힘의 흐름 바로 '그것'의 아바타라는 생각이다. '그것'을 니체는 그 것의 독일 낱말에 해당하는 'es'라 하였는데, '그것'조차도 주어를 내세워 판단하는 문법의 습관에서 비롯하는 가상일뿐이라고 했다.(4)

프로이드는 그의 번역자들이 'es'와 같은 뜻을 지닌 라틴 낱말 'id'를 써서 그렇게 널리 알려지기는 했으나 그의 저서에서 역시 'das Es'라는 낱말을 가지고 무의식의 힘을 가리켰다.(5) 그러나 같은 시대의 동료 정신분석가였던 그로데크는 결코 프로이드의 'das Es'를 받아들이지 않았다.(6) 프로이드는 'das Es' 또는 'id'를 합리적인 해석 또는 분석의 대

(4) "주어 '나'는 '생각한다'라는 술어의 조건이라고 말하는 것은 사실의 왜곡이다. 그것이 생각한다.(Es denkt.) 그러나 이 '그것'이 바로 저 오래되고 유명한 '나'라고 하는 것은, 부드럽게 말해도 하나의 가정에 지나지 않거나 하나의 주장일 뿐이고, 무엇보다도 아무런 '직접적인 확실성'을 지닌 것이 아니다. … … 여기서 사람들은 문법적 습관에 따라서 '사고(思考)는 하나의 활동이고 모든 활동에는 활동하는 하나의 어떤 것이 있고, 따라서 [주체가] …'라고 추론한다."(§ 17) 프리드리히 니체, 『선악의 저편: 미래 철학의 서곡』, 강영계 옮김, 서울: 지식을만드는지식, 2009.

(5) "그로데크는, 우리들이 자아라고 부르는 것은 본질적으로 그 삶을 피동적으로 실행하며 따라서 우리들은 알 수 없고 통제할 수 없는 힘에 의해 '[피동적으로] 사는' 것이라고 지칠 줄 모르고 주장하는 사람이다. … … 나는 … 그로데크를 따라 정신의 다른 [지각, 전의식, 자아와는 다른] 부분—이 속에서 … 그것은 마치 '무의식'이나 '이드'(id = das Es)처럼 행동한다—을 주목해 봄으로써 문제를 고찰해 볼 것을 제안한다." "그로데크는 니체를 본보기로 따른 것이 틀림없다. 니체는 우리들의 본성 속에 있는, 인성을 결여하고 자연의 법칙에 따르는 그런 부분에 대해 문법적인 대명사 그것[das Es]을 습관적으로 사용했다. [그러나 니체가 문법적인 대명사 그것[das Es]에 대해 걸고 있는 문제는 프로이트의 이해와는 전혀 다른 측면에 관여하고 있다—풀이하는 자의 첨가]"(109쪽) [번역 글 일부를 고쳐 씀] 지그문트 프로이트, "자아와 이드," 『쾌락 원칙을 넘어서』, 박찬부 옮김, 서울: 열린책들, 1997.

상으로 취급했을 뿐만 아니라, 자아(ego)와 초자아(super-ego)에 의해 어느 정도 조절 또는 통제 가능한 대상으로 생각했기 때문이다.

그로데크에게 '그것'(das Es)은 합리적인 해석과 통제 아래에 놓일 수 있는 '대상'이 아니다. '그것'은 도대체 우리들의 대상이 될 수가 없다. '그것'은 우리들의 삶과 행위 일체를 일으키고 움직이는 절대의 주체다운 역량을 행사하는 것이다. 그래서 그로데크에 따르면, "나는 살고 있다"라고 말할 수 있는 것이 아니라 "'그것'이 인간[나]의 삶을 살고 있다"라고 말해야 한다.(7) 그러니까 나는 나의 삶과 행위 일체를 일으키며 조정해가고 있는 '그것'의 아바타에 다름 아닌 것이다. 문제는 우리 모두를 한낱 아바타로 부리고 있는 '그것'이 무엇이냐? 하는 것이다.

3. 아바타로서 움직이는 존재에 다름 아닌 '나'의 안에서 꿈틀거리는 '그

---

(6) "프로이드의 '무의식'은 내가 '그것(Es 또는 It)'으로써 뜻하고자 하는 바와는 다른 것이다. [프로이드의 무의식은] 어떤 순간에 또는 의식의 어떤 발전 단계에서 의식 가운데에 있다가 그 후에 의식에서 사라진 것만을 포함한다. …… 무의식은 두뇌의 존재를 전제한다. 그러나 그와 달리 [그로데크의] '그것'(Es 또는 It)은 두뇌를 그리고 생명에 속하는 그 밖의 모든 것을 만들어내는 것이다.(p. 213) Georg Groddeck, ***Exploring the unconscious***, trans. V. M. E. Collins, New York: Funk & Wagnalls Co., n.d.

(7) "나는 인간이 미지의 것에 의해 움직인다고 본다. 그의 내부에는 [독일어로] 'Es' 또는 [영어로] 'It'라고 하는 '그것', 다시 말해 인간 자신이 행하는 일과 그에게 일어나는 일 모두를 지배하는 어떤 불가사의한 힘이 있는 것이다. "나는 살고 있다"라는 판단은 오직 [제한된] 조건 아래에서만 옳으며, "인간[나]의 삶을 '그것'이 살아가고 있다"라고 하는 근본 원리의 아주 작고 피상적인 부분만을 표현하고 있을 뿐이다."(p. 11) Georg Groddeck, ***The book of the IT***, trans. V. M. E. Collins, New York: Vintage Books, 1923, 1949.

것'의 한 가지 모양 또는 현상은 나의 영혼이다. 영혼은 그러니까 알 수 없는 '그것' x의 현상이며 피상(皮相)이다. 각각의 존재 안의 깊은 데서 '그것'에 의해 일어나는 영혼의 꿈틀거림을 직감하는 때가 자주 있는 것은 아니다. 그렇다면 언제 우리는 한 사람이 밖으로 드러내는 그의 모든 성향과 행위 배후에서 그에게 고유하게 살아서 움직이는 그의 영혼을 직접 볼 수 있는가?

아리스토텔레스는 하나의 식물 또는 동물로 하여금 그렇게 살아있도록 그 안에서 꿈틀거리는 그것을 영혼이라고 보았다. 영혼은 그러니까 생명이라는 유기적 복합체 가운데서 발현되어 나타나는 어떤 비물질적 부산물이 아니다. 오히려 생명의 유기적 복합체가 그렇게 조직 유지되도록 그 유기체를 도구로 삼아 그 가운데서 꿈틀거리는 어떤 원리 또는 목표가 영혼이라고 아리스토텔레스는 말한다.[8]

아리스토텔레스와 마찬가지로 라이프니츠에게도 영혼은 다만 몸에서 발현되는 부속물로서 움직이는 것이 아니다. 그렇다고 몸에서 분리하여 움직이는 영혼도 없다. 그러니까 영혼은 그것이 소속하여 있는 몸을 통해서 한계를 알 수 없는 자연 또는 우주를 반영하며 자체의 관점을 표현, 대표하고 있는 행위자이다. 그리하여 알렉산더의 영혼 가운데에는 그에게 일어났던 모든 일들의 흔적, 그에게 일어날 모든 일들의 징표, 심지어 우주에서 일어나는 모든 일들의 흔적과 징조까지도

---

(8) "영혼은 살아있는 몸의 원인이자 제1 원리이다. … … 살아있는 생명체들 속에서 영혼은 그것들이 살아가는 목적을 제공하며, 이것은 자연에 일치하는 것이다. 모든 자연의 생명체들은 영혼의 도구이기 때문이다. 그리고 이것은 동물의 몸에서나 식물의 몸에서나 마찬가지이다."(415b9-20) Aristotle, *On the soul, parva naturalia, on breath*, trans. W. S. Hett, Cambridge, MA: Harvard University Press, 1936, 1957.

각인되어 있는데, 그러나 신만이 그것을 모두 인식할 수 있다고 라이프니츠는 말하였다.[9]

그러나 영혼이 한 개체존재에 소속해 있다고 해서 아리스토텔레스, 라이프니츠가 말하는 대로 그 개체성에 의해 제한되거나 정의될 수 있는 것은 아니다. 자연을 이루고 있는 물질성분들은 수십억 년의 과거이력을 기억하지 못하며 다만 현재의 성향으로서만 압축하고 있듯이, 영혼도 그 비롯하는 때를 거슬러 올라갈 수 없을 만큼 까마득한 과거의 이력을 다만 현재의 개체성으로서만 압축하고 있는 것이다. 헤라클레이토스는 이렇게 말했다. "그대는 가면서 모든 길을 다 밟아보아도 [영]혼의 한계를 찾을 수 없을 것이다."[10] 그렇게 각자의 영혼은 그 뿌리를 찾아 거슬러 올라가면 영원의 기억으로 소급해서 수렴되며, 그것이 소속해 있는 개체 존재의 한계를 초월하여 움직이는 x의 부분이 되어가는 것이다.

4. 리처드 도킨스는 생명의 역사를 시간을 따라 흐르는 DNA 또는 유전 정보의 강에 비유한다. 그 유전 정보의 강은 장구한 지질학적 시간을 타고 하나하나의 개체생명 그리고 개체생명을 이루는 하나하나의 세포 가운데를 통과해 간다.[11] 고생물학자 니얼 슈빈에 따르면, 팔과 손

---

(9) "그러므로 사물들 사이의 관계를 올바르게 고찰한다면, 알렉산더의 영혼 가운데에는 전 생애에 걸쳐 그에게 일어났던 모든 일들의 흔적, 앞으로 그에게 일어날 모든 일들의 징표, 심지어 우주에서 일어나는 모든 일들의 흔적까지도 각인되어 있다고 말할 수 있다. 다만 신 이외에는 아무도 이 모든 것을 인식할 수 없다."(§ 8) *Discourse on metaphysics*, excerpted in *Leibniz: philosophical writings*, trans. M. Morris & G. H. R. Parkinson, London: J. M. Dent & Sons, 1973.

(10) "헤라클레이토스,"(DK22B45) 『소크라테스 이전 철학자들의 단편 선집』, 김인곤 외 옮김, 서울: 아카넷, 2005.

가락, 다리와 발가락은 수억 년을 가로질러 올라가서 보면 상어가 대양을 가르며 헤엄치던 지느러미의 모양과 기능을 유전의 기억에 의지해 인류에게서 재현하는 상상과 변형에 다름 아니다. 그 기억과 상상 활동은 지느러미와 팔과 손가락, 또는 지느러미와 다리와 발가락이 간직한 공통의 기본 성분들, 곧 모든 개체생명들을 관통하며 흐르는 유전 정보로 말미암은 것이다.[12]

따라서 모든 생명의 종 안에서 수백만 년, 수십억 년의 과거 이력을 기억하며 흐르는 공통 성분으로서의 유전 정보는, 개체생명 가운데서 꿈틀거리며 그것을 아바타로 움직이게 하는 '그것' x의 또 한 가지 현상 또는 피상이라고 이해할 수 있다.

---

(11) "… 그것[DNA의 강]은 시간을 통과해 흐르는 것이지 공간을 통과해 가는 것이 아니다. 그것은 정보의 강이다. 그것은 신체들을 구성하는 데 필요한 추상적 지시사항들로 이루어지는 강이다 …. 그 정보는 신체들을 통과하면서 그것들에 영향력을 행사한다 …."(p. 4) "짧은 시간대를 두고 보면, 유전자들은 개체의 몸들 안에 자리 잡고서 [각 유전자는 하나의] 몸을 공유하는 다른 유전자들과 일시적으로 좀 더 가까운 동반자 관계를 맺는다. … … 살아남기 위해서 각각의 유전자는 동일한 종—동일한 강—에 소속하는 다른 유전자들과 잘 협력해서 일하지 않으면 안 된다."(p. 5) Richard Dawkins, *River out of eden*, New York: Basic Books, 1995.

(12) "지느러미든 팔다리든 모든 부속지(appendages)들은 비슷한 종류의 유전자들로부터 만들어진다. … … 이것이 의미하는 바는 진화상의 큰 변형(지느러미가 팔다리로 이행한 것)이 곧 새로운 DNA의 출현에 의한 것이 아니라는 점이다. 이런 변형의 대부분은 상어 지느러미의 발생에 관여했던 옛날의 유전자들이 손가락과 발가락이 달린 팔다리를 만드는 새로운 과정에 관여함으로써 이루어진 것이다."(p. 58) Neil Shubin, *Your inner fish: a journey into the 3.5-billion-year history of the human body*, New York: Vintage Books, 2008, 2009.

5. 원시의 미생물에서 비롯하는 생명의 진화 과정을 추적해온 린 마굴리스는 생명의 본질은 일종의 기억이라고 말한다. 한 개체생명의 현재 가운데에는 그것이 겪어온 과거의 모든 이력이 기억으로 응축하여 있기 때문이다. 생명이 온갖 환경 변화에서도 살아남을 수 있는 것은 과거로부터의 흐름을 현재 가운데에 보존하려고 하는 기억의 보수 성향에 말미암은 것이라고 그는 말한다.[13] 이렇게 보존되는 기억은 의식의 형태로 주어지는 것이 아니다. 한 개체생명이 응축해 가지고 있는 수백만 년, 수십억 년의 기억은 의식 가운데에 보존되어 있을 수가 없다. 그런 기억의 대부분은 아무리 노력을 해도 의식 가운데로 불러낼 수 없는 것이다. 생명의 유전 체계로서 또는 유기적 복합체계로서 간직하고 있는 기억은 생명이 출현한 때로부터 겪어온 이력을 요약 압축하고 있는 것이다.[14]

마찬가지로 현재에 관찰되는 자연의 규칙 또는 법칙이라는 것조차 빅뱅 이후에 무한히 반복된 자연 발생의 습관이 응축된 일종의 기억이라고 말하는 이론가도 있다.[15] 우리들의 몸을 이루고 있는 가장 작은 입자들 또한 우주가 태초로부터 거쳐 온 역사를 간직하고 있는 것이다. 그 가장 작은 입자들은 수십억 년을 통과해 오늘에 이르렀고 현재에는 우리들의 몸을 이루고 움직이는 일에 참여하다가 다시금 다른 것들의

---

(13) "… 생명의 본질이란 현재 속에 과거를 물리적으로 보존하는 일종의 기억이다. 지금도 존재하는 산소를 싫어하는 박테리아들은, 과거 그들이 출현했던 세계에 산소가 대기 중에 없었다는 사실을 알려주는 것이다. 발아를 위해서 저온 처리를 요구하는 종자는 과거에도 추운 겨울이 있었음을 알려주는 것이다. 달리 말하면, 생명이란 극단으로 보수적이라는 것이다. 어떤 수준에서도—개체생물, 종, 총체적인 생물군 어떤 수준에서도 생명은 그의 과거를 보존하기 위하여 상당한 에너지를 소비한다."(68쪽) [번역 글 일부를 고쳐 씀] 린 마굴리스, 도리언 세이건, 『마이크로코스모스: 40억 년의 미생물 진화』, 홍욱희 옮김, 서울: 범양사, 1987.

탄생과 소멸 과정에 참여하게 될 것이다.[16]

그러므로 현재는 과거의 기억에 다름 아니며, 현재 가운데에 과거의

---

(14) "풍족했던 시기들은 별안간 끝나고 우리 조상들이 먹을 것들을 구하기 어려운 궁핍의 시간들로 이어지곤 했을 것이다. 제임스 닐[James V. Neel, "Diabetes mellitus a 'thrifty' genotype rendered detrimental by 'progress'?" *The American Journal Human Genetics*, 14: 352-353 (1962)]은 이와 같은 풍요와 기근의 반복이 우리들의 유전자와 질병에 표식을 남겼다는 가설을 제시했다. … … 이런 맥락에서 지방 축적은 매우 유용한 전략이 되었다. … 나중에 쓰기 위해 일부를 예컨대 지방으로 저장하는 것이다. … 하지만 이 전략은 식량을 풍족하게 얻을 수 있는 환경에서는 [당뇨 같은] 실망스런 결과를 가져왔다 …."(p. 187) Neil Shubin, *Your inner fish: a journey into 3.5-billion-year history the human body*, New York: Vintage Books, 2009.

(15) "물론 기억이란 것이 꼭 의식을 동반할 필요는 없다 …. 우리는 어떻게 수영하고 글을 쓰고 자전거를 타는지 기억하지만, 이런 습관의 기억을 의식하지는 않는다."(p. 160) "자연의 진화하는 규칙들이 초월적인 법칙들에 의해 지배되는 것이 아니라면, 그것들은 습관들에 더 가깝지 않겠는가? … … 그 규칙들 모두가 영원한 법칙들로서 미리 주어져 있는 것은 아니다 …. 습관들은 자연 가운데서 (within) 발전한다. 그것들은 이미 만들어져서 세계에 덧씌워진 것이 아니다."(p. 13) Rupert Sheldrake, *The presence of the past: morphic resonance & the habits of nature*, Rochester, Vermont: Park Street Press, 1988, 1995.

(16) "우리들 몸의 가장 작은 부분들은 우주 그 자체만큼이나 긴 역사를 가지고 있다. … … 하나하나의 은하, 별, 또는 하나의 인간은 모든 것들의 탄생과 소멸을 거쳐서 광활하게 펼쳐진 시간과 공간을 가로질러 온 입자들의 일시적인 소유주(temporary owner)이다. 우리들을 만들고 있는 입자들은 수십억 년의 우주를 여행해 온 것이며, 이 입자들은 우리들과 우리들의 행성이 사라진 이후에도 오랫동안 또 다른 세계들의 부분을 이루게 될 것이다."(p. 33) Neil Shubin, *The universe within: discovering the common history of rocks, planets, and people*, New York: Pantheon Books, 2013.

이력이 어떤 특정한 모양으로 요약 압축되어 있는 것이다. 그럼에도 우리들 가운데에 압축해 가지고 있는 끝없는 과거의 기억을 거슬러 올라가 회복시켜 볼 수 있는 능력이 우리들에게는 없다. 다만 우리들은 실존하는 현재 상태 가운데서 영원의 기억을 더듬어 상상하며 그것을 한 순간의 극히 제한된 모양으로 재현할 수 있을 뿐이다. 그렇게 우리들은 다만 아주 드물게 찾아오는 현재의 한 순간에서 아주 제한된 모양으로 영원의 기억을 만난다.[17]

그래서 「전도서」의 필자는 이렇게 말하였다. "하느님은 사람의 마음 가운데에 영원을 사모하는 마음을 주셨다."(「전도서」 3:11) '현재'의 한계를 넘어 끝없이 거슬러 올라가는 영원의 기억을 몸과 영혼으로 간직하고 있으면서도, 우리들은 그것을 순간의 상상으로 음미하며 다만 아주 제한된 모양으로 현재에 재현할 수 있을 뿐, 그것의 뿌리인 영원의 기억 자체를 온전히 회복시켜 대면해 볼 수가 없는 맹목의 존재들이다. 영원의 기억은 각각의 개체생명 가운데에 내재하면서 그 개체로서의 한계를 초월하는 미지의 변수 x로서 움직이는 것이기 때문이다.

6. 사르트르는 반성 이전의 의식에 대하여, 그 자신의 몸은 물론이고 그 자신의 자아라고 일컫는 것조차 세상에 놓여 있는 사물들과 같은 한낱 대상일 뿐이라고 말한다. 타인의 자아이건 나의 자아이건 모두 각각의

---

(17) "우리들이 통과해온 과거의 신비로움은 그 과거가 우리들 삶의 매 순간마다 존재하면서도 존재하지 않는다는 것입니다. …… 우리들 몸의 세포 하나하나에서, 우리들 얼굴의 모든 생김새에서, 우리들 영혼의 순간순간에서 과거는 현재하는 것입니다."(p. 127) "시간을 따라 나타나는 '현재'가 '영원의 현재'라는 것을 모든 사람들이 그리고 아무도 언제나 의식하는 것은 아닙니다. 그러나 때때로 영원의 현재성이 우리들의 의식 안에 강력하게 파고들어 그 영원의 확실성을 각인시켜 주고 있습니다 …."(p. 131) Paul Tillich, *The eternal now*, New York: Charles Scribner's Sons, 1963.

의식 밖에 놓여 있는 대상 곧 타자로 취급되는 것이다. 사르트르가 자아를, 자기 자신을 한낱 타자와 같은 것으로 볼 수 있었다는 것은 하나의 놀라운 발견이다.[18] 사르트르에게 자아라는 것은, 어디로부터 솟아오르는 것인지 알 수 없는(*ex nihilo*) 의식의 자발적 행위가 만들어낸 작품 곧 아바타와 같은 것이다. 세상에 몸을 드러내 움직이는 자아란 그러므로 그 바탕을 알 수 없는 의식 아래에서 움직이는 x의 아바타이거나, 아니면 각각의 몸이 그 안에 간직한 영원의 한 단위 기억체계 x의 아바타로 볼 수 있는 것이다.

사르트르의 의식은 그러니까 나의 자아 가운데에 기거하면서 일어나는 현상이 아니다. 나의 의식은 나의 자아 밖에서 움직이는 그 뿌리를 알 수 없는 x이다. 의식은 어디로부터 비롯하는 것인지 알 수 없는 '그것' x의 자발성이다. x의 자발성으로서 의식은 그 뿌리로 내려가 닿을 수 없는, 그래서 확인할 만한 아무것도 없는 데서 일어나는 존재의 마지막 원천이다.[19]

그런데 의식은 과연 아무것도 없는 데서 홀연히 일어나는 자발성 발작일까? 그것은 사르트르의 기발한 가상(假想)일 뿐이다.

---

(18) "우리는 여기서 자아(ego)란 형식적으로 또는 실질적으로 의식 안에 존재하는 것이 아님을 보여주고자 한다. 그것은 [의식의] 밖에, 곧 세계 안에 있는 것이다. 그것은 타인의 자아와 마찬가지로 [의식 밖의] 세계에 존재하는 것이다." (p. 31) "전차를 타려고 쫓아 달려가고 있을 때, … 거기에 '나'[자아]라는 것은 없다. '따라가 잡고자 하는 전차에 대한'(*of the streetcar-having-to-be-overtaken*) … 의식이 있[을 뿐이]다. 사실상 그때에 나는 대상들의 세계에 빠져 있는 것이다. … [거기서] 나는 사라져버렸다. 나는 나 자신을 무화(無化)해 버린 것이다."(pp. 48-49) Jean-Paul Sartre, ***The transcendence of the ego***, trans. F. Williams & R. Kirkpatrick, New York: Farrar, The Noonday Press, 1957.

사실, 의식과 그의 무한 가능한 상상은, 모든 존재하는 것들 아래에 숨겨져 있어서 우리들이 다시 회복해 볼 수 없게 된 영원의 기억, 그것의 닿을 수 없는 뿌리 x에서 비롯하는 것이라고 볼 수 있다. 그러니까 사르트르의 자아는 사르트르의 의식의 뿌리, 그 알 수 없는 뿌리 x의 아바타일 뿐이다. 세상의 다른 사물들과 함께 한낱 대상 또는 타자로 전락한 그의 자아 존재는 그것을 언제나 새로 만들며 움직이는 그의 의식의 뿌리, 그의 영원의 기억, 그의 x 또는 그의 초월의 뿌리 X의 아바타라고 볼 수밖에 없는 것이다.

게오르그 그로데크의 그것 'das Es'는, 그의 주장에 따르면 프로이트의 분석 가능한 정신의 부분으로서의 무의식과는 다른 것이다. 그로데크의 'das Es', 결코 분석 가능한 대상으로 취급할 수 없는 '그것'은 우리들의 삶과 세계를 지배하며 이끌어가는 미지의 주체이다.[20] 그러므로 '그것'은 그것이 비롯하는 뿌리를 따라가 잡음으로써 분석할 수 있는 어떤 대상이 아니다. '그것'은 니체가 일찍이 이해한 것처럼 인도유럽

---

(19) "이렇게 우리들의 의식적인 삶을 이루는 순간순간은 '아무것도 없는 데서' (ex nihilo) 창조되는 것으로서 우리들에게 다가온다. … 이 지칠 줄 모르는 존재의 분출은 우리들이 창조해내는 것이 아니다. 이 과정에서 인간은 자신으로부터 끊임없이 빠져나와 자신을 넘어서 언제나 예기치 않은 풍요로움으로[지칠 줄 모르고 분출함으로] 압도당하는 인상을 받는다."(pp. 98-99) Jean-Paul Sartre, *The transcendence of the ego*, trans. F. Williams & R. Kirkpatrick. New York: Farrar, The Noonday Press, 1957.

(20) "이 '나'라는 것은 단지 '그것'(das Es)이 낳은 산물일 뿐이다. 몸짓, 목소리, 동작, 생각하기, 일으켜 세우기, 몸을 세워 걷기, 병에 걸림, 춤추기가 모두 '그것'의 산물인 것과 같다. … … [그러나] '그것' 자체에 대하여 우리들은 아무것도 알지 못한다."(p. 240) Georg Groddeck, *The book of the IT*, trans. V. M. E. Collins, New York: Vintage Books, 1923, 1949.

어의 주어 개념에 대한 분석에 의해서 '나'라고 하는 자아 개념을 비롯한 모든 형이상학적 실체 개념을 해체한 뒤에도 남아있는 마지막 잔해와도 같은 것이다. 사르트르가 실존주의자로서 자아라는 형이상학적 실체를 해체하기에 앞서, 이미 니체는 행위 주체로서의 자아를 문법의 주어 개념에 대한 논리 분석에 의해 해체해 버린 것이다.[4][21]

그렇다면 사르트르가 말하는 의식, 어디로부터 솟아오르는지 그 바탕을 알 수 없는 그래서 '무(無)'에 다름없는 의식은, 그로데크가 말하는 의식 현상 아래에서 꿈틀거리는 알 수 없는 '그것'에 다름 아닌 것이다. 의식 아래에 숨겨진 무의식이라는 것은 그로데크에 따르면 더 이상 의식의 것이 아닐 뿐만 아니라 합리적으로 분석 이해할 수 있는 '대상'이 아니다. 그로데크의 '그것'은 그 뿌리를 알 수 없는 아낙시만드로스의 이른바 무한정성(apeiron)과 같은 데로 빠져 들어가는 어떤 것이다. 프로이트가 분석 또는 해석을 일삼았던 무의식이라는 대상은 그러니까 그로데크가 니체에게서 빌려 가리키고 있는 더 이상 분석할 수 없고 통제할 수없는 주체로서 '그것'(das Es)에 다름없는 것이다.

세상과 세상에 몸을 드러내 있는 것들의 존재양식과 운명을 지배하고 있는 것은 끝까지 따져 들어가면 미지의 '그것'으로 가리킬 수밖에 없다. 따라서 세상에 몸을 드러내 있는 것들의 삶에서 최고의 지혜는, 확

---

(21) "인도, 그리스, 그리고 독일의 철학적 사유들 사이의 두드러진 유사성은 쉽게 설명할 수 있다. 언어의 친밀 관계가 있는 데서는 그들 공통의 문법철학으로 말미암아 … 철학 체계들의 유사한 발전과 계승이 이루어지게끔 하는 미리 준비되어 있는 모든 것들을 피하는 것이 전혀 불가능하다. … 주어의 개념이 가장 발달돼 있지 않은 우랄알타이 계통의 철학자들은 필경 세계를 다르게 들여다 볼 것이며 인도와 독일 사람들 그리고 무슬림들과는 다른 길을 걷는다는 것이 드러날 것이다."(§ 20) F. Nietzsche, ***Beyond good and evil***, trans. R. J. Hollingdale, Penguin Books, 1973.

실하다고 믿는 '기지'의 사실 또는 현실 가운데서 '미지'의 그것이 언제나 x로서 움직이고 있다는 것을 잊지 않는 데에 있다. '그것'은 세상에 몸을 드러낸 존재 가운데에 내재해 있으면서도 그 몸의 경계를 초월해 있어서, 그것이 펼쳐갈 미래의 여정은 영원한 미지의 변수 x로 남아있기 때문이다.

인류가 까마득하게 오래된 조상으로부터 물려받는 유전 또는 유산(inheritance)에 대하여 설명하고 있는 저자 셰론 몰렘은 그 책의 한 마디에서 다음과 같이 말하고 있다. "우리들은 모두 'X-Men'이다."[22] 우리들의 오늘에 이르기까지 존재했었던 모든 선조들 각각의 세대가 쌓아온 무한 경험과 변이(mutation)들의 특이한 조합에 의해 우리들 각자의 현재가 이루어지는 것이라고 보기 때문이다. 그러나 우리들의 선조들이 쌓아온 경험과 변이들을 소급해 끝없이 올라가며 추적하는 것은 불가능하다. 그래서 우리들은 모두 우리들의 현재에 이르기까지 쌓여온 미지의 선행 조건들을 각자가 특이하게 조합해 가지고 있는 'X-Men'이라고 일컫는 것이다.

7. 아바타로서 개체존재들이 하나의 원칙에 의해 묶이는 집단을 이루기 어려운 것은 그들 사이에서 공통의 척도(common measure)를 찾기 어렵기 때문이다. 개체존재로서 '모나드'의 특성을 말하는 17세기의 철학

---

(22) "'우리들은 모두 X-Men이다.' …… [아주 옛날] 사람들이 긴 여행을 한 것처럼 그들의 유전자들도 여행을 해왔다. 실로 우리들은 모두 유전자들에 업혀온 이주자들이다."(p. 141) "[그 이주 과정에서] 우리들이 부모들로부터 각각 다양하고도 특이한 유전자들의 조합을 물려받았다. 그리고 우리가 물려받은 유전자들은 또한 우리 선조들 모두가 쌓아온 경험들에 의해 형성된 것이기도 하다." (p. 146) Sharon Moalem, *Inheritance: how our genes change our lives & our lives change our genes*, New York: Grand Central Publishing, 2014.

자 라이프니츠에 따르면, 세상에 나타난 모나드들은 각각의 놓여 있는 처지 또는 관점으로 우주를 반영하며 표현하기 때문에 그들 사이에서 찾을 수 있는 동일한 두 개체가 없을 뿐만 아니라 하나의 우주도 없다. 우리들은 제각각의 관점으로 만들어진 다른 우주, 다른 세계에서 살고 있는 것이다.[23]

20세기의 심리학자 칼 융도 집단 무의식에 매몰되기를 거부하는 개체성 또는 개체화를 추구하는 의식에 대하여 말하였다. 그는 집단 무의식 가운데서 개체성과 개체화의 의식은 무자비하게 묵살되는 경향이 있다고 보고 이를 비판하는 견해를 피력하고 있다. 그는 "무의식 가운데의 모든 것은 차별화[개체화]되어 있지 않다"고 말한다.[24]

그러나 우리는 무의식에 잠겨 있는 대부분의 자연 상태에도 무성한 개체화의 경향이 있음을 본다. 원시의 자연 상태에서도 개체화의 진동이 팽배하고 있다. 그리고 이 개체화의 진동은, 아리스토텔레스가 말하는

---

(23) "그리고 하나의 동일한 마을도 다른 지점에서 보면 전혀 다르게 보이듯이, 그 관점들에 따라 수많은 조망들로 나타나므로, … 그만큼 다른 많은 우주들이 존재하는 것이다. 그러나 이 우주들은 하나하나의 모나드가 각기 다른 관점에서 본 단일한 우주에 대한 [다른] 조망들일 뿐이다."(§ 57) G. W. Leibniz, *G. W. Leibniz's Monadology: an edition for students*, trans. Nicholas Rescher, Pittsburgh: University of Pittsburgh Press, 1991.

(24) "자신을 집단 정신과 동일시하게 되면 그[개인]는 자기 무의식의 요구를 아무런 의심 없이 타인에게 강요하려고 할 것이다. 왜냐하면 집단 정신과의 동일화는 항상 보편타당성의 느낌—'신 같은 느낌'(godlikeness)—을 불러일으킴으로써, 자기 동료들의 개별 정신이 가진 모든 차이들을 완전히 묵살하게 되기 때문이다. … … 이러한 개체성의 무시는 명백히 단 하나인 그 개인을 질식하게 만든다." ((240) p. 152) C. G. Jung, *Two essays on analytical psychology*, 2nd ed., trans. R. F. C. Hull, Princeton: Princeton University Press, 1966.

식물과 동물에서도, 라이프니츠가 말하는 자연의 모든 '모나드'에서도 그들 각각의 고유한 영혼 내지 지각의 태동을 암시하고 있는 것이다.[8][9]

그러니까 개체화는 자연 상태에서 일어나는 일반의 경향이며, 그렇게 출현하는 개체존재들은 각각의 안에 그의 영혼, 그의 유전, 그의 영원의 기억, 그리고 이 모든 것의 마지막까지의 여정을 암시하는 그의 x 곧 각각의 유일 고유한 내재성을 품고 있는 것이다. 이렇게 각각에게 유일 고유한 내재성이 주어졌기 때문에, 그리고 각각이 추구하는 그의 한계 초월 곧 $\neg x$와 $X(\ )$의 계기와 양식이 다르기 때문에, 그들 사이에서 통분가능성 곧 공통의 척도를 찾기가 어려운 것이다.

8. 우리들은 모두 끝없이 소급해 올라가는 각자의 선조들이 쌓아온 경험과 변이들의 특이하고 유일한 조합체들이다. 그렇게 우리들은 각각 특이하며 유일한 개체존재들이므로 서로의 다름에 대해 그리고 기존의 체제질서에 대해 적응하는 노력을 평생을 통해 시도해야 한다.[25] 이러한 적응의 시도 가운데서 각자는 자신의 특이성 또는 유일성을 다스리는 통과의례 곧 '페르소나' 또는 '다테마에'를 구축하며 발휘해야 하는 것이다.

---

(25) "자신이 늘 외롭다고 느낀 적이 있나요? 애써 어울리고 정상적이려고 하지만 다만 다르다는 이유로 거부당한 적이 있나요? … … 그렇다면 당신도 아마 새로운 X-Men, 제1급(First Class)일 것입니다. … … 우리 돌연변이들은 서로 공통점이 별로 없습니다 …. … … 하지만 우리들이 모두 다르고 특이하다 해도 역시 인간이죠. 그래서 우리들은 모두[똑같이] 돌연변이가 아닐까요?" Nikola Danaylov, "X-Men First Class: transhumanism for the masses or aren't we all mutants?" *singularityweblog.com/x-men-first-class-transhumanism-for-the-masses-or-aren't-we-all-mutants/*

9. 현실의 존재로서 아바타는 그의 뒤에 머물 수밖에 없는 숨은 시나리오를 실현하기 위하여 움직인다. 그렇게 뒤에 머물 수밖에 없는 시나리오를 가지고 움직이는 아바타는 그럼에도 세계를 향하여 당대의 제도와 관습, 도덕과 이념이 요구하는 '페르소나'[(26)] 또는 '다테마에'[(27)] 같은 가림막을 선택해야 한다. 아바타에게 그런 가림막은 현실의 공간에서 필수이다. 다만 그 가림막의 종류는 다양해서 때로는 선택이 허용된다. 가림막으로서 '페르소나'는 한 개인의 고유한 인격 또는 자격으로 나타나지만, 실제로는 그가 소속한 집단 또는 사회에서 요구하는 어떤 역할을 대행하고 있는 것이라고 정신분석가 칼 융은 설명한다.

그러므로 사람이 그의 깊은 속에서 움직이는 개체성 또는 개성을 가라앉히며 그의 '페르소나'에 과도하게 일치해서 생각하거나 행동하는 것

---

(26) "집단 정신의 이런 임의적 면모를 … 나는 '페르소나'라고 부른다. … 원래 페르소나는 배우가 무대에서 맡은 역할을 대표하기 위해 쓰는 가면을 의미했다. …… 그 이름이 암시하듯이 그것은 집단 정신을 숨기는 가면, 곧 개체성을 연출하는 하나의 가면이다 …."((245) p. 157) "페르소나에 의해서 한 사람은 이런저런 사람으로 보이려 하거나 그런 하나의 마스크 뒤에 숨기도 하며, 또는 일정한 페르소나를 하나의 방어벽으로서 구축하기까지 한다."((269) p. 174) C. G. Jung, **Two essays on analytical psychology**, 2nd ed., trans. R. F. C. Hull, Princeton: Princeton University Press, 1966.

(27) "오늘날에도 일본인의 사회생활에서는 '다테마에'(建前)가 압도적으로 우위를 차지하고 있으며 '혼네'(本音)는 억제된 저류(底流)인 것이다. … … 그래서 다른 사람을 향해서 '다테마에'로, 다시 말해서 겉으로 '본의 아니게'라는 말을 할 때 마음속에는 진짜 '혼네'가 따로 있다. '다테마에'의 사회적 강제력이 강하면 강할수록 그에 비례해서 '혼네' 의식도 강해져서 깜빡 '혼네'를 '말해버릴지도 모른다'라는 두려움과 어디까지나 '다테마에'에 복종하는 자신의 모습에 초조함을 느끼게 된다. 사회적 변혁기에는 '다테마에'가 무너지고 '혼네'가 분출하는 법이다." (241쪽) 미나미 히로시, 『일본적 自我』, 서정완 옮김, 서울: 소화, 1996.

은 건강한 삶에 위기를 가져올 수 있다고 그는 말한다. 그의 생각에 따르면 한 사람의 개체성은 집단 또는 사회에 의해 덧씌워지는 '페르소나' 뒤에 숨어 있을 것이 아니라 오히려 현실 가운데서 성숙하도록 실현하며 표현해야 하는 것이다. 일본 문화권 안에서 사람들의 속생각을 가리키는 '혼네'(本音)를 뒤로 하며 밖으로 표현하는 '다테마에'(建前)란 타인에 대한 예의로서 나타나는 것이 아닐까? 그것은 속생각 또는 '혼네'를 드러냈을 때에 상대에게 무례를 하거나 불편을 끼치는 언행을 피하려는 태도를 나타낸다. 속생각이나 '혼네'를 드러낼 수 없는 한, 대안으로서의 '다테마에'는 많은 경우에 개체존재들의 속생각을 가리는 막에 다름 아닌 것이다.

문명과 관습과 도덕이 요구하는 행위가 왜 아바타의 가림막이 될 수 있는가? 그것은 아바타가 개체존재로서 그의 깊은 속에 가지고 있는 속생각 또는 진정성의 표현을 보류할 수밖에 없도록 통제하기 때문이다. 속생각 또는 진정성 밖에서 요구된 태도와 행위는 언제나 아직 몸에 익혀지지 않은 타자성일 수밖에 없다. 그렇게 요구된 태도와 행위는 나의 영혼, 나의 유전, 나의 영원의 기억, 그리고 어떤 하나의 존재양식으로도 대표할 수 없는 나의 x의 끊임없는 점검의 대상이 된다. 그것은 나 자신이 선택하여 실행한 행위와 존재양식조차도 이미 나에게서 떠나 밖으로 표현되어 있는 것이므로 반성과 점검의 대상이 되는 것과 같다. 그렇게 소속 공동체에 의해 제도와 관습, 도덕과 이념으로 끊임없이 세뇌당하는 사항들은 '페르소나' 또는 '다테마에'로 덧씌워지는 것임에도 때로는 당위와 양심으로 내면화되어 각각의 영혼과 기억과 x를 일시적으로 움직일 수 있다.

그러나 '페르소나' 또는 '다테마에'를 통해 요구되는 제도와 관습, 도덕과 이념, 그리고 그것들이 내면화된 당위와 양심조차도 나의 영혼, 나의 유전, 나의 영원의 기억, 나의 x를 항상 지배할 수는 없다. 그러므로 우리들은 한 개체존재인 아바타를 중심으로 움직이는 안과 밖의 상호관계를 다음과 같이 정리해 볼 수 있다.

'페르소나' 또는 '다테마에'를 만들어내는 집단의식 또는 사회규범(아바타에게 요구하는 통분 가능한 언행과 규범) ⇌ 아바타 (통분 가능한 외래의 것과 통분 불가능한 내재의 것의 교차점) ⇌ 영혼, 영원의 기억, x (통분 불가능한 미지의 모든 내재 가능성들)

한 개체존재 안에서 꿈틀거리는 내재성 또는 개체성을 정의하는 가장 보편적인 특성은 '통분 불가능성'이다. 그렇게 각각의 통분 불가능한 내재성과 내재성이 만나서 하나의 집단 또는 공동체가 이루어진다. 그 가운데는 통분의 척도에 강렬하게 반발하는 아바타가 있고 그것을 열렬하게 내면화하는 아바타가 있다. 그리고 하나의 아바타에게도 통분의 척도에 강렬하게 반발하는 때가 있고 그것을 열렬하게 내면화할 때가 따로 있다.

아바타 배후에서 움직이던 진정한 개체성이 그 가림막을 벗고 나타나도 그의 정체성 곧 그의 영혼, 그의 영원의 기억, 그의 x는 여전히 그 자신에게도, 그리고 그 밖의 누구에게도, 그 전모가 알려질 수 없는 것이다. 그렇게 세상에 몸을 드러내 움직이는 것들은 모두 자신도 다 알 수 없는 각자의 개체성을 그 안에 품고 안팎으로 일어나는 관계에 대응하며 움직이는 아바타로서 항상 적응과 변화를 모색하며 실험한다. 아바타가 그 자신도 다 알 수 없는 진정성 또는 개체성을 자신의 깊은 속에 품고 있을 수밖에 없는 문제점에 대하여, 칸트가 말하는 물자체 x처럼 그 핵심을 적절하게 대변하고 있는 것은 없다. 그럼에도 칸트의 물자체 x는 그가 말하는 선험적 제약 조건의 통제 아래에 놓여 있는 것이기에, 그가 속에 간직하고 있는 내재성을 표현할 기회가 영원히 차단된 침묵의 방에서 나올 수가 없다.[28]

나는 나의 영혼, 나의 유전, 나의 영원의 기억, 나의 x에 의해서 불려나
온 사자(使者) 곧 아바타이며 분신이라고 말할 때 그 '나'는 누구이며
어디에 있는가? 그것을 가리켜 말하기는 어렵다. '나'가 나의 뿌리에서
누구인지 그리고 어디에 있는지 가리키며 정의하는 것이 전혀 불가능
하다. 나의 뿌리로 내려갔을 때 그 '나'는, 평소에 타자라고 또는 천적
이라고 생각하던 '그대'와 분간하기 어려운 하나가 되어 있을지도 모
른다.

10. 아바타는 관계를 피할 수도 벗어날 수도 없는 개체존재이다. 그렇다
면 그는 어떤 관계에 묶여 있는가? 그는 현실의 소속 집단 또는 공동
체로부터 밀고 들어오는 요청에 따라 '페르소나' 아니면 '다테마에' 같
은 것으로 행동하거나, 때로는 그것을 내면화해서 자신의 진정한 부분
으로 삼아 실행하기도 한다. 또한 아바타는 자신도 정체를 알 수 없고
통제할 수도 없는 그의 영혼, 그의 유전, 그의 영원의 기억, 그의 x로부
터 암시 또는 지시해 오는 바에 따라 움직이며 살고 있다. 아바타의 존
재양식 또는 행동양식을 암시하거나 지시하는 그의 영혼, 그의 영원의
기억, 그의 x는 그의 존재 가운데에 내재하면서 동시에 그 존재의 한
계를 초월하는 관계에 의존하는 것이다. 그러므로 아바타의 존재론과
신학에서 그리고 사회학에서조차, 각각의 존재에게 다가와 그의 일생
의 운명을 엮어가는 '내재하면서 초월하는' 이중주(二重奏)의 관계를

---

(28) "… 아바타는 그 아바타를 만들고 조종하는 실제 인물과는 뭔가 다른 특성
을 드러낸다고 흔히 이해되곤 한다. 이는 실제 사물[인물] 자체에 대한 접근은 결
코 실현될 수도 확인될 수도 없다는 의미이다. … … 그런 점에서 칸트는 그의 플
라톤적인 선배보다 훨씬 더 아바타의 상황을 잘 이해한 것으로 보이며, 온라인상
의 정체성 위기에 대한 기록 자료들이 이 점을 입증한다." David J. Gunkel, "The
real problem: avatars, metaphysics and online social interaction," **New Media &
Society**, Vol. 12, no. 1. 127-141. (2010)

배제할 수 없다.

오늘의 철학자들은 아리스토텔레스의 '제1 철학'이란 바로 그의 형이
상학이라고 이해하기도 하고[29] 드물게는 그의 윤리학이라고 제시
하기도 한다.[30] 그들 가운데 에마뉘엘 레비나스는 단연 윤리학을 제
1 철학이라고 주장한다.[31] 아리스토텔레스가 말하는 제1 실체로서의
'소크라테스' 또는 그가 자신을 대표하는 주어 대명사 '나'는 과연 술어
자리에 놓일 수 없는 것일까? 세상에 몸을 드러낸 한 개체존재 그것은
참으로 제1 실체라고 할 만한가? '소크라테스'는 그 비롯하는 시점을
소급해 잡을 수 없는 소크라테스의 영혼, 소크라테스의 유전, 소크라

---

(29) "… 그러나 변치 않는 실체가 있다면, 이것을 탐구하는 학문은 자연학에 앞
서는 학문일 것이며 제1 철학일 것이다 …."(1026a) "우리는 이제 실체의 본성
을 대략 이렇게 말할 수 있다―그것은 어떤 주어의 술어가 될 수 없는 것이면서
다른 사물들을 술어로 삼는 것이다."(1029a) Aristotle, ***Metaphysics Books I-IX***,
trans. Hugh Tredennick, Cambridge, MA: Harvard University Press, 1933.

(30) "[따라서] 윤리학이 제1 철학일 것이다. 왜냐하면 윤리학은 존재와 직관
적 인식의 순서에서 가장 앞서 있는 [사항에] 관여하기 때문이다. 말하자면 그
것은 검토되거나 심지어 의식되지 않은 [단계에서] 언제나 이미 다른 모든 탐구
들, 특히 '지혜의 학문'이라는 탐구의 바탕[출발점]이 되고 있다."(p. 51) Claudia
Baracchi, ***Aristotle's ethics as first philosophy***, Cambridge: Cambridge University
Press, 2008.

(31) "타인을 대속(代贖)하는 입장에 스스로 서고 [자기] 주체성의 무한 투항을
해야 하는 것은 한 인질의 책무이다."(p. 84) Emmanuel Levinas, "Ethics as first
philosophy," ***The Levinas reader***, ed. Sean Hand, Oxford: Blackwell Publishing,
1989, 2005. "서양철학은 아주 흔하게―타자를 동일자로 환원하는―존재론
이었다 …."(p. 43) "도덕론은 철학의 한 분과가 아니라 제1 철학이다."(p. 304)
Emmanuel Levinas, ***Totality and infinity***, trans. Alphonso Lingis, Pittsburgh:
Duquesne University Press, n.d.

테스의 영원의 기억, 그리고 소크라테스의 x가 한 시점(時点)에서 표현하는 분신 또는 아바타로서 세상에 등장한 것이다.

어떤 x의 한 시점에 등장한 아바타로서의 한 개체존재 그가 다름 아닌 '소크라테스'인 것이다. 어떤 x의 한 시점에 등장한 아바타 '소크라테스' 그는 불변의 제1 실체일 수 없으며, 그가 자신을 대표하는 주어 대명사 '나' 또한 영원한 주어 자리를 지키며 그 자리에 있는 것도 아니다. 그러므로 한 개체존재에 대하여 그것을 실체로서 이해하며 그 속성들을 분석하는 담론 곧 아리스토텔레스의 형이상학을 제1 철학이라고 단정하는 데는 어려움이 있다.

그렇다면 윤리학을 제1 철학이라고 말할 수 있을까? 레비나스가 말하는 '타자의 부름'에 자신의 주체성을 투항하며 타자의 필요를 대행하는 그는, 그의 안에 지닌 영혼, 그의 영원의 기억, 그 자신의 x를 과연 잠시라도 포기할 수 있는 것일까? 자기 안에서 움직이는 미지의 x가 던지는 그물에서 벗어날 수 있을까? 한 개체존재 안에서 움직이는 영혼, 유전, 영원의 기억, 미지의 x는 내재하여 있으면서 그 비롯하는 지점에 결코 닿을 수 없는 초월의 경계로 들어가 있는 것이다. 영혼과 유전과 영원의 기억과 x로 대표하는 그것이 내재하여 있는 것이라고 해서, 소크라테스와 플라톤의 생각을 따라 그것을 상기함으로써 회복하거나, 공동체의 최선을 위하여 그것을 통제 또는 조종의 대상으로 삼을 수 있는 것은 아니다.

x로 대표하는 그것은 내재하면서 초월하여 있는 이중주(二重奏)의 관계를 현실 가운데서 연출하는 것이다. 레비나스는 데카르트의 신(神) 관념을 빌려서 말하기를, 초월하는 것은 관념으로서만 우리 가운데에 내재할 뿐이라고 하였다. 레비나스는 초월하는 타자를 내재하는 실재성으로 품고 있는 개체존재 x의 이중성을 상상할 수 없었다. 말하자면

내재하면서 초월하는 미지의 '그것' x를 상상할 수 없었으므로, 오직 초월하여 밖에 있는 타자에게 자기의 주체성(subjectivity)을 투항하는 행위(subjection)의 담론인 윤리학에서, 전통의 존재론에 빠져 실종되어 버린 초월하는 타자의 복권을 시도했고, 거기서 제1 철학의 가능성을 보았다.

그러나 'x의 존재론'은 내재하면서 초월하는 이중의 관계에서 제1 철학에 대한 자리다툼을 종식시킬 가능한 길을 가리키고 있는 것이다. 아바타의 존재론, 아바타의 사회학, 아바타의 신학, 그리고 그 밖의 어떤 학문들 사이에서도 제1 철학에 대한 자리다툼이 벌어질 가능성은 없다. 아바타의 존재론, 사회학, 신학은 각각 x, $X(x \& \neg x)$, $X(x \& \longleftarrow x)$ 라는 관계에 의해 대표할 수 있으므로, 그 어느 분야에서나 영원 보편의 매체로서 일하는 x 또는 X 자체가 각각 역할하는 분야에 따라 다르게 연출하는, 그러나 언제나 '내재하면서 초월하는' 이중의 관계를 표현하는 것이다. 말하자면, '내재하면서 초월하는' 이중주의 연출을 대표하는 x 또는 X에 대한 담론 곧 x의 존재론 그것이야말로 제1 철학이라고 부를 만할 것이다.

X

x의 존재론

X

x의 존재론[*]

특히 가에로 밀려난 존재들의 한계해법에 대하여[1]

1.

사람들은 그들의 한계를 지양하며 다가가려는 가능 현실의 시나리오를 가지고 일생의 운명을 엮어간다. 세상에 몸을 드러냄으로 한계 지어진 존재 x는[2] 자체의 한계가 지양되는 세 가지의 해법이 있는데, 그 세 가지는 Xx, $\neg x$, 그리고 $X(x\&\neg x)$이다. 플라톤[3], 카프카[4], 그리고 「전도서」의 필자[5]가 그 각각의 한 가지 특수한 해법을 실험하고 있다. 그럼에도 그들이 남긴 특수와 우연으로 가득한 해법의 언어들을 망각하고 넘어서지 않으면, 모든 개체존재 x가 실행하는 한계 지양의 순수 형식 Xx, $\neg x$, 그리고 $X(x\&\neg x)$가 가리키는 경계에 이를 수 없다. 지금 세상에 실현된 온갖 다양한 특수와 우연의 현실들 안에서 움직이는 그것들의 순수형식을 직관하는 데에 x의 존재론이 추구하는 한 경지가 있다. (120415)

2.

사람들이 생각하고 시도하는 것은 가능한 최선을 향해 던지는 그물 또는 시나리오에 다름 아니다. 철학자들이 던지는 그물과 시나리오 또한 가능한 최선 또는 절대를 지향하는 그들의 이념, 인간적인 체계에 지나지 않는 것이다. 철학자들은 절대를 향한 열망과 회의주의에 시달린다. 그러나 초월하는 절대를 향한 수직 상승이 불가능한 그들은 어떤 노력에도 불구하고 모두 다만 비교와 통분이 가능한 세계 Xx 곧 수평 위의 체계에 갇힌다. 세상 가운데서 한계 지어진 몸으로 있으면서 초월하는 절대를 향해 비교와 통분의 논리를 구사할 수 있는 자는 없기 때문이다.

그래서 오히려 사람들은 그들이 던지는 그물 또는 시나리오를 향해 수직으로 찔러 들어오는 절대의 격파 $X(x\&\Longrightarrow x)$ 또는 $X(\ )$[6]를 경험한다. 절대의 격파, 때로는 회복할 수 없는 이런 꺾임의 경험을 피할 수 있는 생명은 없다. 이렇게 격파의 형식으로 부수며 들어오는 수직의 진리를, 인간이 구축하는 수평 위의 체계로 수렴하는 것은 불가능하다. 수직의 진리는 수평 위의 체계를 무너뜨리며 '다시 세우기'를 요구한다. 니체가 말하는 '영원의 회귀'는 수평 위에서 끝없이 헤쳐모이기를 반복하는 전통의 해법에 다름 아닌 것이다.[7] 그러니까 니체와 그에 열광하는 20세기의 철학자들은 다만 플라톤에서, 다시 데카르트에서, 그리고 이미 공자와 노자에서 각각 우연하게 비롯한 비교와 분석, 통분과 통치의 해법 Xx라는 수평 위의 관계식을 연습하며 반복하고 있었던 것이다. (120429)

3.

한 개체존재에서 그의 고유한 내재성으로 지니고 있는 영원의 기억에 대하여 그의 무한한 상상이 일으키는 관계는, '지금 여기'에 결박되어 있는 현실의 개체존재 x에 대하여 거부하거나 지양하는 파격의 몸짓 $\neg x$[8]에 의해 이루어지는 것이다. 우주의 강물처럼 흐르는 영원의 기억에서 그것의 끝없는 변형에 다름 아닌 상상이 떠오르며, 떠오르는 상상은 현재의 체제를 향해 파격의 모양으로 다가온다. 그렇게 다가와서 '영원한 기억의 변신'에 다름 아닌 재현[9]을 시도하는 것이다. 재현은 그렇게 언제나 끊임없이 새로운 현재를 낳는다. 그러므로 현재는 영원한 기억의 재현이다. 영원한 기억의 재현으로서 현재를 풀이할 때, 칸트에서 포스트모더니스트들에 이르기까지, 그리고 그 밖의 철학자들이 빠져 있던 오랜 관념론의 역사는 끝난다. (120430)

4.

그렇다면 모든 상상은 기억에서 비롯하는가? 모든 상상은 남김없이 기억으로 환원되는가? 상상은 기억에서 비롯하더라도 기억의 통제를 받는 것은 아니다. 선조들로부터 후손들이 비롯하지만 후손들로부터 다시금 분출하는 상상과 행위까지 선조들이 통제할 수 없는 것과 같다. 상상과 그로 말미암은 학습과 행위는 그것들을 일으키는 성분들끼리의 분열과 조합의 법칙 또는 질서를 만들어간다. 그렇게 기억에서 분출하는 상상과 그의 행위를 일으키는 변화무상한 분열과 조합의 모든 양식을 기억이 통제할 수 있는 것은 아니다. 그렇다면, 한 개체존재 x가 분출하며 실현해가는 기억이든 상상이든 그것이 반전에 반전을 거듭하며 만들어가는 역사의 법칙과 그 운명의 결과를 어떤 유한의 존재가 미리 결정할 수 있겠는가?[10] (121022)

5.

사람들이 세계를 향해 던지는 그물과 시나리오는, 그들 각자 가운데에 개체성으로 내재하는 고유한 영원의 기억과 무한의 상상으로 말미암아 일어나는 것이며, 그렇게 주어지는 그들 자신의 한계를 초월하는 절대를 향해 던지는 질문이며 모험이다. 던져진 질문과 모험 그리고 그로부터 되돌아오는 응답과 결과는 내재성과 초월성이 만나서 겨루는 대화이며, 그러한 대화들로 엮여지는 시나리오들로 해서 온갖 투쟁과 창조의 역사가 펼쳐지고 있다. (120501)

6.

영원의 기억과 무한의 상상에 다름 아닌 내재성 x와 $\neg x$에 대해 그 한계 밖에서 심판자로 움직이는 초월성 $X(x\&\neg x)$ 또는 $X(\ )$가 있다. 따라서 초월성이란, 내재성의 재현으로서 '현재'에 펼쳐진 공존과 통분, 알력(軋轢)과 긴장의 체제 Xx 또는 $X(x\&\neg x)$에 대해서 심판자로 작용하는 것이다. 그렇게 해서 주어지는 결과로서 현재는 그것을 향해 언제나 다시금 일어나 다가오는 내재성과 초월성의 종속변수이다. Xx로 대표되는 '현재'라는 공존과 통분의 체제는, 그 가에로 밀려난 내재성과 초월성으로 말미암아 항상 다시 지양되며 반전하는 역사를 통과한다. 그렇게 지금 여기에 한계 지어져 있는 한 개체존재 x는 그것을 향해 다가오는 지양과 반전의 관계양식 곧 $\neg x$와 $X(\quad)$에 의해 그의 운명이 결정되는 것이다. (120428)

7.

철학자들은 전체와 부분의 관계에 대한 어떤 견해를 말한다. 그들은 전체를 아우르는 체계와 그 성분들, 공동체와 개체존재들 사이에서 통분의 논리적 관계 나아가 공존의 도덕적 관계를 찾는다. 그러한 관계 안에 들어가는 성분들, 개체존재들은 전체 체계 또는 공동체에 결박된 부분들로서 제약 정의되는 것이다. 성분들, 개체존재들은 다만 그렇게 결박하는 체제의 부분들로서 정의될 수 있는가? 그러나 우리들은 우주를 가득 메우고 있는 성분들 또는 개체존재들 각각이 궁극적으로 어떤 정체성을 지닌 것인지 모른다.[11] 적어도 한 개체생명으로서 등장한 존재는 그의 내재성 가운데에 고유한 영원의 기억과 그로부터 분출하는 무한의 상상을 품고 있기 때문이다. 아니면, 그러한 내재성을 품고 있는 개체존재들을 모아서 전체 범위를 구성하며 정의할 수 있는가? 부분들을 모아서 무한에 다름없는 전체를 구성하는 것이 논리적으로 불가능하다는 것을 이해한 지 오래되었다.[12]

전체에 대해 어떤 질서를 부과함으로써 통분 통치체제 Xx 또는 그것의 확장형인 $X(x \& \neg x)$를 지상에 실현하면, 언제나 다시금 그 한계 밖에서 그것을 향해 수직으로 부수며 들어오는 초월의 관계 $X(\ )$ 또는 $X(x\&\neg x)$에 의해 격파당할 것이며, 다른 한쪽으로는 그 부분으로서 개체존재들 또한 각각의 내재성에 따라 그렇게 부과된 전체질서나 체계를 거부하며 대안의 존재 가능성을 향해 자신을 지양하는 $\neg x$라는 파격의 반란을 일으킬 것이다. 한 개체존재는 어떤 공존의 질서 Xx 또는 $X(x\&\neg x)$에 소속하는 부분 x로서 순응하거나 적응하며 행동할 수 있다. 그럼에도 다만 결박된 부분이기를 거부하며, 다시금 탈주하는 자체의 고유한 시나리오를 추구하는 존재 $\neg x$로서 움직이는 영원한 내재성향을 결코 포기하는 것은 아니다.[13]

각각 다른 고유의 내재성을 품고 있는 성분들로서 공존하는 개체존재들도, 그리고 개체존재들을 한계 밖에서 격파해 들어오는 초월의 질서도 그 정체성과 행태를 미리 규정할 수 없으므로, 그것들 사이의 관계는 미지의 변수들인 'x와 $\neg x$'의 관계 그리고 이 관계의 변수들과 그것들을 향해 다가오는 초월의 변수 $X(\ )$와의 관계로 이해할 수밖에 없다. 그렇게 우리들은 영원으로 이어져서 그 끝을 따라가 잡을 수 없는 x와 $\neg x$가 엮여가는 관계양식들을 현실 가운데에 실현한다. 그리고 그런 수평적인 관계에 참여하는 유한의 존재들을 초월하여 수직으로 격파해 들어오는 절대의 힘 $X(\ )$를 거부할 수 있는 자는 없다. 그렇게 한계 지어진 존재들을 향해 끝없이 다시 초월하기를 그치지 않으면서도 결코 자신의 정체를 드러내지 않는 그것 $X(\ )$ 또는 X에 대하여, 그리고 영원의 기억과 무한의 상상이라는 내재성을 지니면서도 언제나 '현재'에 한계 지어진 몸으로 존재하는 것들 x와 $\neg x$에 대하여, 우리들은 영원한 불가지론자일 수밖에 없다.

이 모든 것들의 핵심으로서 움직이는 x와 X는 어떤 일상의 개념에 의한 어떤 특칭도 거부하는 침묵의 미니멀리스트다. 실로 우리들 자신이 각각 영원의 한 조각 분신에 다름 아닌 미지 무언의 미니멀리스트로서 움직이고 있는 것이다.[14] (120502)

8.

왜 지금 모든 철학의 오랜 전통에 대하여 파산 선고를 유도하고 있는가? 지금까지의 철학은 이른바 도시혁명(urban revolution)을 거친 고대 문명과 함께 일어나 기껏 5천 년, 6천 년의 경험과 사색을 통과하며 세련된 결과물이다. 그러나 인류는 모든 다른 생명의 존재들과 함께 수십만 년, 더 거슬러 올라가 수십억 년을 거치며 연마해 온 기억과 상상을 다만 순간의 현재로서만 재현해가고 있는 것이다. 그렇게 시작을 알 수 없는 흐름들이 누적되어 격렬해지는 가운데서 개체 생명들이 헤쳐온 운명의 실전(實戰) 과정에 대하여, 철학의 전통들이 개발해온 통분과 통치 또는 쟁의(爭議)와 집체(集體)와 같은 관계양식 곧 인공(人工)의 Xx가 이제는 그 유일한 생존 결정권을 잃어버린 것이다.[15]

생명을 가진 모든 존재들의 실전 과정은 $\neg x$와 $X(\ )$로 대표되는 온갖 한계 지양의 형식으로 굴곡진 경험에 의해 점철되어 가고 있다. Xx라는 수평의 논리만으로는, 가에로 밀려나 숨을 죽이고 있다가 예고 없이 닥쳐와서 운명의 흐름을 바꿔놓는 한계 지양 또는 한계 격파의 과정을 이해할 수도 감당할 수도 없다. 한 개체존재 x는 그 안에 이미 수십만 년 아니면 수십억 년 동안에 경험한 한계 지양의 끝없는 기억들을 내장하고 있으며, 모든 가능한 상상의 시나리오들을 동원하여 끊임없이 새로운 현재를 재현해 가고 있는 것이다. 'x의 존재론'은 세상에 몸을 드러내는 생명의 존재들이 영원히 반복하고 있는 재현과 지양 또는 초월의 과정들을 대표하는 '네비게이터'(navigator)에 다름 아닌 것이다. (120630)

9.

미지의 영토로 밀려나 가에서 숨을 죽이고 있는 그것이 무엇이든 '그것'의 동의를 얻기까지,[16] 현재의 중심을 장악하고 있는 통분, 통치의 체제 Xx는 끊임없이 다시 흔들리며 스러져갈 것이다. 가에로 밀려나 숨을 죽이고 있는 무언의 미니멀리스트 x 또는 $\neg x$ 또는 $X(\ )$는 인간을 포함한 유한의 존재들이 판단하고 행동하기만을 기다리는 이른바 말없이 순종하는 물자체가 아니다. 그렇게, 밀려난 그것이 잠복해 있는 침묵의 미니멀리스트 영토에서 칸트가 일찍이 시도했으나 아직도 이루지 못한 진정한 코페르니쿠스의 혁명이 완료될 것이다.[17] (120720)

참으로 칸트는 지금까지 역사에 등장했던 모든 철학자들을 대변한다. '너는 잠자코 있어. 내가 말할 거야!' 그러나 과연 세상에 어떤 존재가 잠자코 있을까? 하나의 물체조차 사람들이 알 수 없는 그 자체의 숨긴 성향과 행사하고자 하는 역량을 가지고 있을 텐데!

「전도서」는 어째서 으뜸가는 철학의 교과서인가? 그것은 하느님이 하실 일에 대하여, 그리고 사람들이 세상에서 겪을 일에 대하여 우리들이 앞서서 말할 수 있는 것은 아무것도 없다는 것을 알려준다. 우리들이 나서서 '대하여' 말하려고 하는 궁극의 그것은 언제나 숨어서 일하는 무언의 주체 미니멀리스트이기 때문이다. (160908)

* 『철학논집』 제31권(서강대학교 철학연구소, 2012년 11월)에 실렸던 이 글은, 2012년 9월 28일 서강대학교 철학연구소에서 기획한 프로젝트("이 땅에서 철학하기")에 따라 발표했던 초안으로서, 그때의 인쇄과정에서 발생한 기호 표기의 오류를 바로잡고 미비했던 몇 가지 표현들을 보완하고 고쳐서 여기에 옮겨 놓은 것이다.

비존재에 다름없는 상태에서 긴 몽상에 잠겨있던 필자로 하여금 세상에 나와 발표할 수 있도록 격려해 준 오래전 한 강의실의 동반 정재현 교수에게, 그리고 아주 오래전의 연수 동문으로 암스테르담 자유대학과 북경대학에서 각각 다른 시기에 함께 했던 강영안 교수와 최진석 교수에게, 그분들이 이끄는 철학연구소 프로젝트에 부름 받아 이루어진 토론과 재회의 시간들을 기억하며 감사드린다.

1. 왜 이들은 가에로 밀려나게 되었는가? 그들은 세상의 일들을 지배하며 결정하는 가운데의 자리에 출현했다가 그 시대가 지나감에 따라 결정권을 잃고 가에로 밀려난 것이다. 그렇게 처음에 가운데의 자리에 결정권을 가지고 출현했던 것은 신들의 소리였다. 수메르의 옛날 한 격언은 이렇게 말한다. "즉각 행동하라. 그러면 너의 신을 기쁘게 할 것이다." 신의 소리 또는 그의 명령을 듣고 생각을 하거나 망설이지 말 것을 권고하는 것이다. 그 권고는 사사로이 손익을 따져보는 생각의 개입, 각자의 내면에 지닌 의식의 존재를 인정하지 않는 것이다.[1] 그 신들은 절대 초월의 자리에서 세상의 일과 사람들의 행위와 운명에 대한 결정권을 행사했다. 고대 중국의 은(殷)에서도 나라와 그 통치자들은 모든 행사 여부를 결정함에서 무소불능(無所不能)의 신(神)에게 물었고, 그의 응답으로 내려진 명령에 따랐던 세세한 기록들이 십만 편

(片)에 이르는 갑골문 자료들에 남아있다.[(2)]

그러나 시대의 흐름을 따라 세상의 일과 그 운명의 결정권은 무소불능하던 신으로부터 떠나가 버렸다. 그렇게 신에게서 그의 자의(恣意)에 다름없는 결정권을 쟁취해 간 존재는 두 방면으로 나타났다. 그 하나는 개개인의 내면세계에서 일어나는 의식과 상상의 움직임이었고, 다른 하나는 국가와 같은 집단체제의 질서와 그 이념의 필요에 의해 등장한 탁월한 통치자 또는 철학자들의 규범체계였다. 신들은 인간의 내면세계에서 분분하게 일어나는 사사로운 계산을 금지시켰었다. 그러나 생명을 향해서 언제나 다가오는 변화무상한 사태, 그 불확실성에 대응하며 발휘해온 오랜 기억과 상상 가운데에 깊어진 내면세계 곧 의식이 드디어 출현하는 것은 자연의 흐름에 따라 이루어진 성취였다. 변화무상한 사태, 그 불확실성에 대응하는 전략과 계산을 위하여 그러한 외부 사태로부터 완전히 격리된 내부 공간, 곧 연결과 조합이 한없

따온글 ────────

(1) "즉각 행동하라, 그러면 너의 신을 기쁘게 할 것이다.(Proverb I: 145. Edmund Gordon, *Sumerian proverbs*, Philadelphia: University Museum, 1959) …… [말하는 마음과 듣고 복종하는 마음이 분리되어 있는] 이원제(bicameral, 二院制)의 시대에는 … 어떠한 사적인 야망도, 사적인 원한도, 사적인 좌절도, 그 밖의 어떤 사적인 것도 없었다. 왜냐하면 이원제의 인간들에게는 혼자만이 따로 있는 내부 '공간'이 없었고, 내밀한 관계에 있는 '나' 같은 것도 없었기 때문이다. 모든 주도권은 신의 목소리에 달려 있었다."(pp. 204-205) Julian Jaynes, *The origin of consciousness in the breakdown of the bicameral mind*, Boston: Houghton Mifflin, 1976.

(2) "殷代的國君, 活著稱「王」, 死後才可以稱「帝」. 那時人們心目中的「帝」, 還是至高無上的「神」…. 帝的權力, 可以令風, 令雨, 降禍, 降旱, 降食, 降若, 授佑, 授年, 作威作福, 無所不能 …."(417쪽) "殷人對於日常生活中, 所遭遇的一切事情, 都要透過占卜, 來作取捨興廢的結定. 那就是說, 無論個人的生活起居, 或國家的行政措施, 都由神的意志, 來作最後的決定."(419쪽) 張秉權, 『甲骨文與甲骨學』, 臺北: 國立編譯館, 1988.

이 유연한 의식이라는 사사로운 공간이 필요했을 것이다.

그렇게 쟁취한 내부 공간은 밖에서 밀려오는 위협적인 사태로부터 자체의 영역을 격리 단절함으로써 그 안전과 자유를 확보할 수 있었다. 그렇게 각자의 내부 공간에서 발현하는 기억과 상상의 비밀스런 과정에서 깊이 침착되는 의식은 그 밖의 세계와의 통분 불가능한 그리고 양도 불가능한 개체성을 갖추게 되었다. 그러므로 카프카는 자기가 그 자신의 뿌리인 유대 민족에 대해서, 그리고 그 가운데서 성장한 자기 자신의 정체성에 대해서까지도 공유하는 것이 없다고 말했던 것이다.(3)

그렇게 자기가 소속해 있는 세계로부터 완전히 단절된, 그래서 자기가 소속한 세계에 대하여 어떤 공통의 척도(common measure) 또는 통분 가능성도 없는 별도의 공간으로서의 사유 세계 또는 의식을 발견하고 확보하기까지는 생명이 거쳐 온 수백만 년, 수억 년의 투쟁이 있었던 것이다. 그러한 오랜 투쟁의 역사 끝에 드디어 데카르트는 자기 존재의 확실한 증거를, 모든 물리적 수반현상을 제거한 다음에도 여전히 따로 남아있는 '사유'라는 자유로운 공간에서 찾았고,(4) 나아가서 사르트르는 자기 자신의 존재조차도 모든 다른 사물과 함께 외부 세계로 축출해 버린, 그래서 남은 것이 무(無)에 다름없으나 오히려 모든 가능한 존재를 일으켜 분출해 내는 순수 의식을 발견하게 된 것이다.(5)

왜 신들은 인간의 내면에서 일어나는 사사로운 생각들의 자유를 금지시켰는가? 왜 그러한 신들이 지배하는 시대가 마감되어 가는 고대문

---

(3) "내가 유태인들과 무엇을 공유하고 있느냐고? 나는 나 자신에 대해서조차 어떤 공통점을 갖고 있지 않다."(8 January, 1914) Franz Kafka, ***Diaries 1910-1923***, ed. Max Brod, New York: Schocken Books, 1976.

명의 발상지에서 철학자들의 시대가 시작하고 있는가? 고대의 중국과 그리스에서 우후죽순처럼 등장한 수많은 철학자들은 모두 신들의 지배를 대체하는 세계질서와 규범체계들을 각각의 모양으로 제창하고 있다. 철학자들이 제창하는 세계질서와 규범체계는 무엇을 위한 것인가? 그것들은 신을 대신하여, 인간의 내면에서 들끓어 오르는 사사로운 계산과 상상 그리고 그에 따르는 착각을 통제하며 관리하는 대책에 다름 아니다. 철학자들의 세계질서와 규범체계라는 것은 그러니까 개개인들이 내면에 품고 있는 다른 생각과 상상들에 대하여 그리고 그로 말미암아 일어나는 분열과 대립에 대하여 통분(commensuration)과 통치의 대안으로 제시하고 있는 것이다. 그렇다면 그러한 통분 통치의 논리체계는 과연 현실의 세계질서와 인간 운명을 결정하는 진리의 체계인가? 현실의 세계질서와 인간의 운명에 대하여 그 마지막 결정권을 철학자들의 진리가 대행할 수 있는가? 플라톤이 제시하는 통분 통치의 체제 곧 이데아의 체계는 허구의 동굴에 갇혀있는 자들이 탈출하여 발견하게 되는 진리의 세계인가?

---

(4) "나는 있다, 나는 존재한다: 이것은 확실하다. 그러나 얼마 동안인가? 물론 내가 생각하고 있는 동안만이다. 왜냐하면 내가 생각하기를 그치자마자 그에 따라 나는 존재하기를 그칠 것이기 때문이다. 지금 나는 필연적으로 참인 것 외에는 아무것도 받아들이지 않고 있다. 따라서 나는 정확하게 말해서 오직 사유하는 한(限) 존재하는 것일 뿐이다 ….''(Meditation II) *Rene Descartes: the essential writings*, trans. John Blom, New York: Harper Torchbooks, 1977.

(5) "… 선험적 의식이란 비인격적인 자발성을 말한다. 그것은 순간마다 자신의 존재를 결정하며, 우리들은 그 이전의 것은 아무것도 상상할 수 없다. 따라서 우리들의 의식적 삶을 이루는 모든 순간들은 '무로부터'(*ex nihilo*) 창조된 것임이 드러난다. … 이렇게 지칠 줄 모르는 존재의 창조에서 우리[자아]들은 그 창조자가 아니다.''(pp. 98-99) Jean-Paul Sartre, *The transcendence of the ego*, trans. F. Williams & R. Kirkpatrick, New York: The Noonday Press, 1957.

사람들에게서 개체성과 그에 따르는 대안의 선택들을 박탈해가고 있는 현대문명, 현대국가의 한 경향을 상징하는 영상물 〈매트릭스〉(Warner Bros, 1999)는 플라톤이 말하는 동굴 안의 허상 세계와 같은 것인가?[(6)] 의 514a, 515b, [(7)] 아니면, 플라톤의 통분 통치체제 곧 이데아의 체계 자체가 〈매트릭스〉라고 볼 수 있는 것은 아닌가?[(6)]의 514a, 543b, [(7)] 플라톤의 전통을 따라 철학자들이 각각 다른 모양으로 제창하는 통분 통치체제는 밖을 향하여 폐쇄적이며 안을 향하여 통제적인 만큼 〈매트릭스〉와 다름이 없다고 볼 수 있다. 〈매트릭스〉도 철학자들의 통분 통치체제도 모두 인공적인(artificial) 논리의 산물이기 때문에, 자연의 질서 가운데서 개체생명들이 겪으며 실현해가는 운명의 현실—「플라톤의 동굴과 〈매트릭스〉」의 필자가 말하는—'dystopia'에서 멀리 떠난 이상향 또는 공상물에 지나지 않을 것이다.[(6)(7)(8)] 그렇다면 인공의 논리 Xx에 의한 통분 통치체제인 〈매트릭스〉를 닮아가는 현대문명, 현대국가에서

---

(6) "지하의 동굴 같은 곳에서 살고 있는 사람들을 상상해보게 …."(514a) "그때 그 동굴에 갇혀있는 자들은 모든 면에서 오로지 인공적인 대상들의 그림자들만을 현실이라고 생각할 걸세. - 그야 전적으로 그럴 수밖에 없겠지요, 하고 그는 말했다."(515c) "열 살이 넘은 모든 주민들은 … … 그들 부모들의 관행과 습관에 전염되지 않도록 떼어 놓을 것이며 …."(541a) "통치자들이 임명되면, 그들은 군인들을 인도하여 그들의 거처에 입주시키는데 … 이 거처들은 누군가의 사유물이 아니며 모두가 공유하는 것일세 …."(543b) Plato, ***Republic***, trans. Paul Shorey. In ***The collected dialogues of Plato***, eds. E. Hamilton & H. Cairns, New York: Pantheon Books, 1961, 1966.

(7) "[모피어스:] 매트릭스는 하나의 시스템이야, 네오. … … 이 사람들 역시 시스템의 일부이지. … … 그리고 많은 사람들이 시스템을 지키기 위해 싸우려 들만큼 시스템에 익숙해 있고 다른 희망이 없이 거기에 의존해 있지." "[모피어스:] 매트릭스는 컴퓨터가 만든 꿈의 세계일세. 우리들을 통제하여 인간 존재로 하여금 컴퓨터가 만든 세계의 부분으로 바뀌어 들어가도록 말이야." ***The Matrix*** (Warner Bros, 1999) *http://www.imdb.com/title/tt0133093/quotes*

'가에로 밀려난' 이들은 누구인가? 그들은 다만 가에로 밀려나 침묵하고 있을 뿐인가? 그러나 자연과 그로 비롯하는 역사의 격렬한 흐름 가운데서 반전의 변화를 거듭하는 인간의 운명에 대하여 마지막 결정권을 가진 자는 어떤 존재인가?(풀이말 16 보기)

2. 세상에 몸을 드러내 있음으로 해서 한계 지어진 존재를 왜 x라 하는가? 세상에 몸을 드러내 있는 어떤 것도 그것의 흐름을 따라 가거나 거슬러 올라가거나 해서 그 끝을 잡아 무엇이라고 단정할 수 없기 때문이다. 처음에서 마지막에 이르는 무한의 단계 가운데 어느 한 지점에서 우리가 확인할 수 있는 것은 어떤 하나의 보기 a 아니면 b 아니면 c 아니면 다른 어떤 하나일 수밖에 없기 때문에, 이 모두는 변수 x로 대표할 수밖에 없다. 그리고 우리들은 그 x의 마지막 정체를 판단할 수 없다. 그것이 '있음'일지 '없음'일지조차 말할 수 없다. 세상에 몸을 드러내 있는 그것의 처음과 마지막을 확인할 수 있는 방법이 없기 때문이다.

그리고 세상에 몸을 드러내 있음으로 해서 현실에 결박되어 있는 상태 x는 그것을 거부하는 내재성향으로서 기억과 상상 그리고 그로 비롯하는 행위를 품고 있는데, 이렇게 x에게 있는 무한한 그 밖으로의 일탈 가능성을 $\neg x$라는 변수로 대표할 수 있다. 그리고 x 또는 $\neg x$의 실현과정과 그 운명을 최종적으로 결정하는 모든 가상의 법칙 또는 질서

---

(8) "현실 세계는 깊은 디스토피아(dystopia) 상황이다. 반면 매트릭스 내부에서 이뤄지는 삶들의 내용은 이런 현실과는 거의 대부분 동떨어진 정신적 상태로서 주어진다."(pp. 249-250) "… 네오가 빨간 알약을 삼키자, 이 알약은 매트릭스 내부에 건설된 세계의 견고함에 대한 그의 지각을 빠르게 바꾸기 시작한다." (p. 254) John Partridge, "Plato's cave and the Matrix," **Philosophers explore the Matrix**, ed. C. Grau, Oxford: Oxford University Press, 2005.

또한 무한한 잉여의 시나리오를 연출하는 것은 변수 X로 대표할 수 있다. 그 변수 X는 Xx라는 통분의 관계식 가운데에도 있지만, 초월하는 자 곧 결코 다스려지지 않을 절대의 역량에 의한 격파(擊破)의 관계식 $X(x\&\neg x)$ 가운데서도 움직이고 있다. 그러니까 우리들은 x 또는 $\neg x$ 또는 X 각각이 마지막에 보여줄 행태와 그 정체를 알 수가 없다. 그러므로 우리들은 고대의 소피스트 레온티니의 고르기아스를 따라 이렇게 말할 수 있다. "'있다'고 할 만한 것이 없다. '있다'고 하더라도 우리들은 그것을 알 수 없다. 알 수 있더라도 그것을 옆의 사람에게 전달할 수 없다."[(9)]

아리스토텔레스는 이런저런 범주를 술어로 매길 수 있는 대상을 가리켜 '있음'이라고 말한다. 그런데 과연 범주 또는 술어를 매기기에 앞서 놓인 대상 그것을 어떻게 '있음' 또는 '무엇'이라고 말할 수 있는가? 그것은 끝까지 따져 들어가면 아리스토텔레스 자신이 인정했듯이 아무것도 아닌 이른바 질료 밖에 다른 것일 수 없다.[(10)의 1029a] 그렇다면 그

---

(9) "비존재에 관하여'(*On the non-existent*)라는 제목이 붙어 있는 글에서 … [고르기아스는] 3개의 연속된 논제들을 제시하고 있다. 가장 먼저 첫째로는 아무것도 존재하지 않는다; 둘째로는 무엇인가가 있다고 하더라도 그것은 사람에게 알려질 수 없다; 셋째로는 그것을 알 수 있더라도 결코 옆 사람에게 전달하거나 설명할 수 없다."(p. 42) "*Gorgias*: B. Fragments," trans. G. Kennedy, *The older sophists*, ed. R. Kent Sprague, Columbia, South Carolina: University of South Carolina Press, 1972. "… 만일 '존재'(being)를 어떤 식으로든 무슨 특질이나 자질 또는 속성과 결부시킨다면, 그것의 '존재성'(beingness)은 오염되거나 변질되거나 침해된다. '존재'에 어떤 변화가 생겼다는 것은 그것이 그 자체가 아닌 다른 무엇인가로 있게 되었다는 뜻이다. … 그것은 더 이상 '존재'가 아니다. … … 그[고르기아스]의 단편은 우리로 하여금 어쩔 수 없이 [존재에 대한] 무지를 받아들이도록 초대하고 있는 것이 분명하다."(p. 94) H. D. Rankin, *Sophists, Socratics and cynics*, Totowa, New Jersey: Barnes & Noble Books, 1983.

것은 범주들 또는 형상들에 의해서 그 성격과 행태가 결정되기를 기다리는 다만 수동의 상태에 있는 것인가? 그런 것이 아닐 수 있다. 그것은 범주들이나 어떤 이성의 형식들에 의해서 그의 성격과 행태가 결정되는 대상이기를 거부하는 미지의 행위자일 수 있는 것이다. 그것을 쇼펜하우어는 세상의 모든 것들 안에 잠재해서 스스로 움직이는 '의지' 자체 또는 그 표현으로 보았다.[11] 적어도 그것은 그 자체의 성격과 행태의 결정권을 범주들이나 인간이 매기는 이런저런 형식들에게 결코 양도하지 않는 성향이 있다. 그것은 오히려 세상에 몸을 드러내 있는 모든 것들을 향하여 그 자신의 결정권을 끊임없이 행사하는 숨어있는 주체라고 인정할 수밖에 없다.(풀이말 16 보기)

---

(10) "그러나 일단 길이, 넓이, 깊이를 제거하고 나면, 우리들이 볼 수 있는 것은 아무것도 없다. … 내가 질료라고 말하는 것은 그 자체로는 어떤 특정한 사물도 아니며 … 존재를 규정하는 범주들 가운데 그 어떤 것으로도 가리킬 수 없는 것이다. … 따라서 이 궁극적 기체(基體)[질료]는 그 자체로는 그 어떤 것도 아니며, … 그 밖의 다른 것도 아니다."(1029a) "그러나 '비존재'는 경우에 따라 범주들만큼이나 여러 의미들을 가질 뿐만 아니라, 그 밖에 거짓된 것과 가능태 역시 '비존재'라고 불린다. 그리고 후자인 가능태로부터 생성이 일어나는 것이다. 사람은 사람이 아닌 그러나 잠재적으로 사람인 것에서 생성되며, 흰색은 흰색이 아닌 그러나 잠재적으로 흰색인 것에서 생성되는 것이다 …."(1089a) Aristotle, **Metaphysics X-XIV**, trans. Hugh Tredennick, Cambridge, MA: Harvard University Press, 1935.

(11) "그러나 의지는 객관적으로 파악되거나 그 자체로 지각될 수 없으며, 언제나 '표상'이라는 조건들 아래서만 파악될 수 있을 뿐이다 …. 이러한 조건들이 갖춰지면 의지는 즉시 그 자신을 몸으로, 곧 형태와 성질이라는 옷을 입은 질료로서 드러낸다 …. 그런 옷을 입지 않은 질료는 다만 물자체 곧 의지 자체일 것이다."(p. 309) Arthur Schopenhauer, **The world as will and representation**, trans. E. F. J. Payne, Clinton, MA: The Falcon's Wing Press, 1958.

그렇게 자체의 결정권을 양도하지 않는 자는 세상에 자기 자체를 결코 드러내지 않으므로 그것을 미지의 변수 x 또는 X로서만 대표할 수밖에 없는 것이며, 우리들이 인식하는 세계 안에서는 '있지-않음'에 다름없는 것이다. 그것은 고르기아스가 말하는 '있지-않음'이라는 경지와 같은 것일지도 모른다. 그런데 아리스토텔레스는 '있지-않음'의 보기로 '태어날 잠재성으로서의 인간의 있지-않음'을 가리키고 있다.[10] 의 1089a 그렇다면 '잠재성으로서의 있지-않음'이란 반드시 태어날 인간이나 나타날 어떤 다른 사물에게만 해당하는 것은 아니다. '잠재성으로서의 있지-않음'은 앞으로 드러날 무한히 많은 것들을 포함할 수 있는 것이다. 그렇다면 '잠재성으로서의 있지-않음'이란 실은 결코 '무엇'이라고 할 수 없는, 세상에는 '없는 것'에 다름 아니다. 그러니까 그것은 모든 것을 드러나게 하는, 그러나 자체는 어떤 이름이나 특칭도 거부하는 변수 x 또는 X에 다름 아닌 것이다. 이렇게 무한정, 무특칭의 변수로서 x 또는 X를 말하는 나는 그러므로 고르기아스의 명제에 반대할 이유가 전혀 없다. "아무것도 없다. 있다고 하더라도 우리들은 그것을 알 수 없다. 알 수 있더라도 그것을 옆의 사람에게 전달할 수 없다."

세상 가운데에서 그 몸이 한계 지어진 존재 x란 인간 존재뿐만 아니라 분자생물학에서 말하는 개체생명 일반을 가리킨다. 그 x는 라이프니츠에 따르면 우주 안에 몸을 드러낸 모든 개체존재 '모나드'를 가리킨다. 적어도 현재에 실증되고 있는 것은, 세포들 또는 세포의 단위 성분들 또는 바이러스들조차 각각 위기에 처한 자신의 운명을 타개하는 한계 해법으로서 변이 또는 변종에 의한 시나리오 실현을 시도한다는 것이다. 한 개체생명을 이루는 유전자들이 각각 이기적이든 이기적이 아니든, 그리고 그 결과가 모두에게 유익하든 유익하지 아니하든, 낮은 단계의 독립 개체로서 그 자체의 내재성향을 따라 움직일 수 있는 가능성을 갖는다고 보는 생물학적 설명이 있다.[12]

3. "플라톤은 현실 앞에서 겁쟁이였다. 그래서 그는 관념의 세계로 도피했다." 니체는 『우상들의 황혼』(X-2)에서 이렇게 말했다. 어째서 그렇게 말할 수 있는가? 플라톤은 Xx라는 하나의 한계 해법을 유일하게 절대화해서 그 다음에 오는 모든 철학자들을 겁쟁이로 길들인 교사로 남아있기 때문이다. Xx의 해법을 전공한 철학자들로는 플라톤 말고도 아리스토텔레스와 공자와 노자, 그리고 그들이 일으킨 철학의 전통을 이어온 숱한 인물들을 들 수 있다. 이미 소크라테스 이전 개척시대에 쌍벽을 이룬 철학자 헤라클레이토스와 파르메니데스도,[13] 그리고 고대 중국에서 희귀한 논리사상을 대표하는 명가(名家) 공손룡조차[14] 모두 통분(commesuration)과 통치(government)를 위한 체계 Xx를 각각

---

(12) "아마도 가장 놀라운 사실은 이런 유전체의 무정부상태에도 불구하고 [그것을 품고 있는] 개체는 여전히 살아남는다는 것이다. … … 과거의 진화과정이, 극단으로 이기적인[자기본위적인] 유전자들의 진화를 저지한 유전체들과 유전체계들을 선호했기 때문에 극단으로 이기적인 행동이 드물어진 것이 아닌가 하는 쪽으로 최근의 논점이 옮겨가고 있다."(pp. 183-184) M. Majerus, et al., ***Evolution: the four billion year war***, Edinburgh Gate, Harlow: Longman, 1996.

(13) "헤라클레이토스에 따르면 대립하는 것들 사이의 '투쟁은 정의로운 것이다.' (Diels-Kranz 80) 끝없이 어두운 밤에 대하여 낮이, 한없이 차가워지는 겨울에 대하여 여름이 다툼을 벌이지 않는다면 어두운 밤과 차가워진 겨울만이 세상을 잡게 된다. 다툼이 있음으로써 밤과 겨울의 부당한 자리에 심판이 내려지고 정의로운 배당이 낮과 여름에 돌아갈 것이다."(146쪽) "파르메니데스의 우주와 도시에서는 모두 하나로 묶여 '있음'이라는 굴레 안에 놓이므로 불평등의 차별 곧 정의롭지 않음이란 있을 수 없다. 있음 안에서 '모두 같은 것'이며 있음에 대하여 '모두 같은 거리에 있기' 때문이다. … 파르메니데스는 오래전부터 희랍시민들이 집요하게 추구해 온 '모두 같음' 또는 평등으로서의 정의 곧 '$\iota\sigma o\nu o\mu\iota a$'를 형이상학적으로 논리적으로 표현한 최초의 철학자다."(151-152쪽) 박동환, "先秦 및 희랍철학 밖에서: 철학사 비판 2; 類들의 正體爭議와 그 논리—동일보존, 모순배제," 『안티호모에렉투스』, 제1판, 2001; 제2판, 고양: 사월의책, 2017.

우연하고도 독특한 모양으로 추구했다.

그러나 이들 가운데 어떤 철학자도 Xx라는 일반 관계식 안에서 자신의 특수한 지역문화의 성격과 행태를 체계화했을 뿐이다. 다시 말해 전체 체제와 개체존재, 공동체 질서와 개인의 관계를 Aa 아니면 Bb 아니면 Cc와 같은 식으로, Xx의 관계식을 우연한 현실 가운데에 특화했던 것이다. 그렇게 철학자들은 그들이 소속한 특수한 지역문화 가운데서 현실에 존재하는 특수한 개체존재들 a, b, c를 포섭 관통하는 한 국지적인 보편 질서, 곧 통분과 통치를 위한 체계 A 또는 B 또는 C를 모색했던 것이다. 그러나 이렇게 우연하게 만난 지역문화의 통분, 통치체계에 국한된 논의는 모든 가능한 경우의 보편성을 추구하는 탐구 결과라고 볼 수는 없다. 그들의 공통점은 전체와 부분, 공동체와 개인 구성원 사이에서 어떤 지역문화에 국한된 통분과 통치를 도모하는 하나의 특수한 관계 체계를 찾고, 그것을 존재론과 인식론, 정치학과 도덕론으로 일반화했다는 데에 있다.

고대 그리스철학사는 당대 시인들의 이성 불신과 광기의 전통을 극

─────────────

(14) "『老子』는 그 81 토막의 章 가운데 7 토막의 章에서 '不爭'의 處身治世法을 역설하고 있다. …… 그는 '不尙賢 使民不爭'으로 시작된 토막글을 '爲無爲 卽無不治'(『老子』 3章)로 끝맺는다. 이는 부쟁과 무위로써 다스림으로 이루어지지 않음이 없음을 역설하는 것이다."(118-119쪽) "類를 달리하는 것들이 서로 간섭하거나 섞이지 않고 각자 분리되어 독립의 자리를 지키는 데서 전체의 집체질서가 이루어지는 것이다. 이로써 공손룡이 추구한 離派의 正名方法은 先秦전통의 集體不爭이라는 표에서 떠나지 않고 있음을 보여준다. 공손룡이 그리는 국가에서도 君臣은 서로 겨루고 다툼으로 '兩明'하지 아니하고 '反而對' '獨而正'에 의해 부쟁의 집체를 지향하고 있음을 보여준다."(135쪽) 박동환, "先秦 및 희랍철학 밖에서: 철학사 비판 2; 集體不爭의 표," 『안티호모에렉투스』, 제1판, 2001; 제2판, 고양: 사월의책, 2017.

복 지양하려는 파르메니데스와 플라톤 나아가 소피스트들이 줄기차게 펼친 합리정신으로 통분, 통치를 위한 논리적 관계 체계를 구축하는 과정에서 완성되어갔다고 볼 수 있다.[15] 현대의 중국철학자들도 하(夏), 은(殷), 주(周) 시대에서 춘추전국 시대에 이르는 사이에 점복(占卜)과 이른바 천명(天命)에 의한 통치를 지양하고 합리적인 문제해결(또 하나의 통분, 통치의 관계 체계)의 정신을 일으켜서 철학 사상이 발달하게 되었다고 설명하고 있다.[16] 원시의 고대에서 현대에 이르기까지 생각이 뛰어난 제사장과 통치자들 그리고 세계 관통의 야망을 지닌 철학자들은 언제나 그들이 소속한 지역에 국한된 통분, 통치의 체계를 찾았고 그것을 사람들에게 설득시켰다. 그들은 모두 사람들이 꿈꾸는 일탈의 길을 막기 위해 심화하는 내재성향과 현실 부정의 초월지향성을 평면 위의 현실 체제로 수렴 통제하는 논리적 전략을 동원했다. 그렇게 통분, 통치의 일반 논리 Xx를 한 우연한 지역문화에 국한되게 특

---

(15) "이 연구는 … 그 다음 시기에 찾아온 결정적 전환에 대해 다루려고 한다. 그 전환이란 연극[비극]에서 철학으로의 이행인데, 이것은 에우리피데스의 마지막 희곡에서 뚜렷하게 전해지고 있다."(p. 396) "아이스킬로스는 여전히 초인간적인 힘들과 신들의 정의에 대한 믿음에 의해 지배를 받았고 또 보호를 받았지만, … 에우리피데스[작품 속]의 인간은 불확실하고 혼란한 세상에 홀로 서있다 …. 이것은 하나의 발전으로, 통제된 상태가 일반적으로 완화되었음을 곧지성에 의해 얻어진 자유를 반영하는 것이기도 했다. 소피스트들이 이런 계몽을 가져왔으며 그때 에우리피데스는 이들에게서 영향을 받은 것이다."(pp. 400-401) Bruno Snell, "From tragedy to philosophy: Iphigenia in Aulis," *Oxford readings in Greek tragedy*, ed. E. Segal, Oxford: Oxford University Press, 1983.

(16) "觀乎夏商, 殷周之際, 一有失德, 天命卽轉向他人, 於是而有天命靡常'的觀念. 更以合理的精神投射於天命//之上, 而又有天命不可知, 不可信賴的思想."(25-26쪽) "… 通過周初文獻所看出的, … 是易傳所說的'憂患'意識 …… 所以憂患意識, 乃人類精神開始直接對事物發生責任感的表現, 也卽是精神上開始有了人地自覺的表現."(20-21쪽) 徐復觀, 『中國人性論史:先秦篇』, 臺北: 臺灣商務印書館, 1969, 1994.

정함으로 현실체제의 안정과 질식에 기여했다.

4. 카프카가 현실의 자기 존재 x를 결박하고 있는 외부 세계에 대해 회피 또는 거부 행위를 취함으로써 보여준 내재성향 곧 $\neg x$라는 관계식은, 카프카 청년기에 관한 가장 믿을 만한 전기 작가 클라우스 바겐바흐의 설명에 따르면 다음과 같은 것이다.[17] 말하자면 카프카의 널리 알려진 작품 「변신」에서 주인공 그레고르가 어느 날 잠에서 깨었을 때 하나의 벌레로 변신해 있는 것은, 수용하기를 거부하는 현실에 대한 그 자신의 깊은 내재성향에서 우러나는 반응이라는 것이다. 외부 세계에 대한 그의 거부 반응은 그 이유를 거슬러 가보면 결국 그가 놓여있는 현실이 이해할 수도 수용할 수도 없게 오직 그 자체의 무관심한 법칙에 따라 움직이고 있다는 데서 출발한다. 그래서 그의 작품들의 이야기는, 그 자체의 법칙에 따라 움직이는 현실 사태 곧 어떤 소통 또는 통분의 관계도 찾을 수 없는 상황에 빠져 있는 주인공이 끝없는 저항 또는 탈출을 온갖 방법으로 시도하는 줄거리로서 진행한다. 소설 『소송』(Der Prozeß)의 이야기도 그렇게 시작하고 끝맺는 줄거리로서 전개된다.[18] 부모와의 관계에서조차 소통과 공감의 길을 찾을 수 없었던 정신의 분열 상태를 그가 남긴 일기에서 확인할 수 있다.[19] (풀이말 8에서 다시 풀이)

5. 현실의 개체존재 x가 어떤 변화와 탈출 $\neg x$를 시도하더라도 오히려 그것을 격파하며 넘쳐 들어오는 초월의 관계식 $X(x\&\neg x)$에 대해서는

---

(17) "이러한 내적 상태는 「변신」에서 더욱 분명히 드러난다. … … 「변신」에서 그레고르 잠자는 (「시골에서의 결혼식 준비」에서 주인공으로 나오는) 라반이 단지 꿈꾸기만 한 일―침대에 누워서 한 거대한 곤충이 됨으로써 세상의 요구들로부터 도망치는 상상―을 문자 그대로 실행하고 있다."(p. 96) Klaus Wagenbach, *Kafka*, trans. E. Osers, Cambridge, MA: Harvard University Press, 2003.

「전도서」또는「잠언」의 필자가 생생한 경험을 들어 설명하고 있다. 그는 「잠언」에서 이렇게 말하였다. "사람의 마음에는 많은 계획이 있어도 오직 여호와의 뜻이 완전히 서리라."(19:21) 같은 생각을 「전도서」에서는 이렇게 말한다. "내가 돌이켜 해 아래서 보니 빠른 경주자라고 선착하는 것이 아니며 유력자라고 전쟁에 승리하는 것이 아니며 지혜자라고 식물을 얻는 것이 아니며 명철자라고 재물을 얻는 것이 아니며 기능자라고 은총을 입는 것이 아니니 이는 시기와 우연이 이 모든 자에게 임함이라."(9:11) "또 사람에게 영원을 사모하는 마음을 주셨느니라. 그러나 하나님의 하시는 일의 시종을 측량할 수 없게 하셨도다." (3:11) *http://cyberspacei.com/jesusi/light/bib/old_testament.htm*

---

(18) "누군가 요제프 K를 중상한 것이 틀림없다. 무슨 잘못한 일도 없는데 어느 날 아침 그가 체포되었기 때문이다. …… 어쩐지 이상하기도 하고 배도 고프고 해서 벨을 울렸다. 곧 노크하는 소리가 나더니 이 집에서는 그때까지 본 적이 없는 어떤 남자가 들어왔다. …… '누구시지요?' K는 이렇게 묻고 침대에서 반쯤 몸을 일으켰다. 그러나 남자는 마치 방안에 나타난 자기를 두말 말고 맞이하라는 듯이 K가 묻는 말에는 귀도 기울이지 않고 제멋대로 이렇게 말했다. '벨을 울렸나?' "한 번도 얼굴을 보이지 않은 재판관은 어디 있느냐? 결국 내가 보지 못한 상급 재판소는 어디 있느냐? … 그러나 한 남자의 손이 K의 목을 억누르고 다른 남자는 칼로 K의 심장을 찌르더니 그것을 두 번이나 계속하였다. 눈이 흐려졌지만 K는 두 남자가 마주 보고 바로 자기들 눈앞에서 최후의 결말을 노리는 것을 알았다. '개새끼!' K는 말했다. 그가 죽은 뒤에는 모욕만이 남은 것 같았다." 프란츠 카프카, "심판(Der Prozeß)," 『성/심판/변신』, 김정진, 박종서 옮김, 서울: 동서문화사, 1987.

(19) "… 어머니는 나를 이해하지 못한다고 말했다. 물론 이해하지 못하실 거라고 나는 대꾸했다. …… 다시 어머니는 말했다. '그럼 너를 이해하는 사람은 아무도 없구나. 나 역시 너에게는 이방인일 테고, 너의 아버지도 마찬가지고. ……' 나는 말했다. '그럼은요, 두 분은 모두 나에게 이방인들이죠. 우리들은 다만 핏줄로만 연결돼 있어요. …'."(pp. 228-229) F. Kafka, ***Diaries 1910-1923***, ed. Max Brod. New York: Shocken Books, 1948, 1976.

그런데 인간이 측량할 수 없다는 '영원'이란, 히브리어 성경 주석가들에 따르면, '어둠' 또는 '무지' 또는 '감추어져 있음'을 뜻하기도 하고 또 다른 뜻으로는 '지속하는 긴 기간'을 가리키기도 한다.(롤랜드 머피, 『전도서』, 김귀탁 옮김, 서울: 솔로몬, 2008, 162쪽과 170-171쪽. 그리고 *http://bible. org/netbible/ecc3_notes.htm#314*) 또 다른 히브리어 성경 연구가인 토를라이프 보만에 따르면, 영원은 '한계가 없는 지속하는 시간'이다. 그렇다면 '한계가 없는 지속하는 시간'이라는 것은 플라톤을 비롯한 그리스 전통의 철학자들이 생각하는 영원 곧 '시간을 초월하여 움직이지 않고 있는 저편'을 뜻하는 것이 아니다.[20] 히브리 전통에서 영원에 해당하는 어떤 것이 있다면, 그것은 한계 지어진 존재로부터 단절된 저편에 다만 머물러 있는 것이 아니다. 한계가 없는 그것은 세상에 있는 것들의 한계를 깨뜨리며 넘어오기도 하고 또는 세상에 있는 것들이 그들의 한계를 넘어서 한계가 없는 그것을 향해 다가가기를 시도하기도 하는 그런 관계에 의해 서로 연결되어 있는 것이다. 그렇다면 「전도서」에서 말하는 영원 또는 그것의 초월성은 한계 지어진 것이 한계가 없는 것

---

(20) "경계가 없다는 것은 다음과 같이 쉽게 경험하며 생각까지 해 볼 수도 있다. 시각적인 지각은 가장 선명한 상태에서 차츰 모든 방향으로 그 선명함이 줄어서 지각불가능 상태로 끝난다. …… 아이빈트 베르크그라프(Eivind Berggrav)는 무한성 또는 경계 없음의 개념 대신 '경계를 넘어 나아가는 경향'이라는 개념을 시도했다.[*Der Durchbruch der Religion im menschlichen Seelenleben*. Goettingen: Vandenhoeck & Ruprecht, 1929] …… 유럽인들의 특이성은 경계를 넘는 데에 있는 것이 아니라 … 그것을 '만드는 데'에 있다. …… '경계를 만듦으로써 그는 자신이 주인이 된다.' 종교적인 사람은 자기 자신이나 타인이 만든 경계 안에 머물러 있으려 하지 않는다—무의지적으로 경계 너머를 지향한다—이렇게 말한 점에서, 베르크그라프는 의심의 여지없이 옳다. 종교적인 천성을 지닌 사람은 무한하고 영원한 세계를 자신의 고향으로 여기며 살아간다."(pp. 160-161) Thorleif Boman, *Hebrew thought compared with Greek*, trans. J. L. Moreau, New York: W. W. Norton & Co., 1960.

에 대해, 또는 한계가 없는 것이 한계 지어진 것에 대해 관계하는 데서
겪게 되는 경험의 형식 곧 $X(x\&{=\!=}x)$로서 대표할 수 있는 것이다.(풀이
말 6에서 다시 풀이)

중국의 고전 문학에서도 그런 격파 또는 초월의 관계식이 충분히 인식
되어 있었다는 것을 다음과 같은 이야기에서 확인할 수 있다. 제갈공
명은 숙적인 사마의를 계곡으로 끌어들여 화공 습격을 가함으로 필승
을 다짐할 수 있었다. 그러나 맑은 날씨에 갑자기 폭우가 내려 적들이
구사일생으로 탈출하는 바람에 승리의 기회를 놓치고 말았다. 제갈공
명은 허탈한 마음으로 다음과 같이 말하였다. "謀事在人, 成事在天, 不
可强也."(일은 사람이 꾸며도 하늘이 허락하지 않으면 이룰 수 없다. 어찌 억지
로 할 수 있겠는가.) 羅貫中, 『三國演義』.

6. 왜 초월하는 절대를 향해서는 공통의 척도 곧 비교와 통분의 관계를
   열 수 없는가? 신학자 칼 바르트에 따르면, 초월하는 존재는 한계 지어
   진 존재에게 소통과 대화의 상대가 아니기 때문이다. 초월하는 존재는
   소통과 인식의 대상으로 접근할 수 없는, 그러니까 어떤 의미로든 대
   상이 될 수 없는 절대의 주체이다.[21] 또한 칼 바르트는 비교와 통분의
   관계를 허락하지 않는, 곧 「전도서」의 필자가 말하는 것과 같은 일방
   적으로 부수며 들어오는 격파 또는 초월의 관계 $X(x\&{=\!=}x)$를 다음과

---

(21) "신과의 모든 친교는 가로막혀 있다. 우리들이 다른 피조물들과 나누는 것과
같은 종류의 친교, 그대가 나에 의해 그것(It) 또는 그이(He)로 바뀔 수 있고 나는
이로써 그것 또는 그이에 대한 처리의 힘을 얻게 되는 그런 친교는 신에 대해 막
혀 있다. … … 계시의 주체는 결코 분해할 수 없는 주체로 머물러 있는 그런 주체
이다. 우리는 이 주체의 배후를 볼 수 없다. 그는 대상이 될 수 없다 (… 그에 맞서
서 나의 자아를 주장할 수 있는 그런 대상이 아니다)." (p. 438) Karl Barth, *The doctrine
of the word of God (Prolegomena to Church Dogmatics, being Vol. I, Part I)*, trans. G. T.
Thomson, New York: Charles Scribner's Sons, 1936.

같이 설명하고 있다.[22] 그 또 하나의 설명 사례로서, 예수의 제자들을 체포하는 임무를 띠고 다마스쿠스로 가는 길에서 강렬한 빛의 세례를 받고 눈이 먼 바울이 예수를 섬기기로 회심한 사건(「사도행전」9:1-31)을 생각할 수 있다.

「전도서」의 필자나 칼 바르트 같은 신학자만이 $X(x$&$\longrightarrow x)$로 대표되는 격파 또는 초월의 사례들에 대하여 말하고 있는가? 그렇지는 않다. 20세기의 수학과 과학의 철학자 버트런드 러셀은 이렇게 말한 적이 있다. "우주는 어떤 통일성이나 연속성도 없는, 그리고 어떤 일관성이나 규칙성 또는 가정에서 아이들을 가르치는 한 여교사가 좋아할 만한 어떤 성향도 없는 점들(spots)과 비약들(jumps)로 이루어진다."(Bertrand Russell, *Scientific outlook*, New York: W. W. Norton, 1962, p. 95) 왜 자연과 세상의 흐름에서 러셀이 말하는 단절과 비약을 배제할 수 없는가? 어떤 법칙의 연속성 또는 일관성에 대해서도 그 밖에서 부수며 들어오는 격파의 순간이 쉼 없이 다가오기 때문이다. 그렇다면, 자연의 법칙과 우주의 질서라는 것은 인간이 만들어낸 허구의 시나리오, 허구의 믿음에 가까운 것이다. 19세기와 20세기에 원시문화를 연구했던 프랑스의 인류학자 뤼시앙 레비-브륄과 클로드 레비-스트로스가 말하는 원시의 사람들도, 고대에서 현대에 이르기까지의 철학자들도 이런저런 허구의 시나리오, 허구의 믿음에 빠져있는 사람들이다. 그들은 모두 세계를 지배하는 어떤 법칙과 질서를 믿거나 탐구하는 사람들이다. 원시의

---

(22) "우리들이 사용한 표현들로는 무엇보다도 유명한 말로 '완전히 다른 존재'(the wholly other)가 있다. 그는 우리들을 향해 '위로부터 수직으로' 가로질러 내려오는 존재이다. 그에 못지않게 유명한 표현으로는 신과 인간 사이의 '무한한 질적 차이'가 있는데, 진공, 수학적인 점, 그리고 탄젠트(접선)로서 인간은 오직 이 [무한소에 가까운 순간] 안에서 신과 만날 수 있다."(p. 42) Karl Barth, *The humanity of God*, Atlanta: John Knox Press, 1960.

사람들이라고 해서 자연과 우주를 지배하는 정교한 법칙이나 질서에 도달하는 어떤 비교와 통분의 방법에 무지했던 것은 아니다. 오히려 그들은 어떤 규칙성이나 질서에 대한 완고한 믿음 때문에 우연과 비약이 지배하는 세계를 상상조차 할 수 없다고 말하는 통계이론가도 있다.(V. V. Nalimov, *Faces of science*, Philadelphia: ISP Press, 1981, pp. 90~92)

그러니까 세상의 흐름이 단절과 점들, 우연과 비약들의 모음으로 보이지 않는 것은 생명의 존재가 끝을 알 수 없는 세계를 향해 끊임없이 던지는 그물과 시나리오, 기대와 희망 때문이다. 그러나 그렇게 그물과 시나리오를 던지는 유한의 존재에게 무한계의 질서 X는 비약과 단절 때로는 좌절로 다가올 수 있다. 하나의 생명의 흐름에서 있을 수 있는 최초의 놀라운 비약은 부모와의 만남이며, 회복할 수 없는 최후의 단절 또는 좌절은 일생의 마감이다. 비약과 단절로 점철되는 생명의 최소한의 경험 규칙은 쉼 없이 다가오는 한계격파 또는 한계 초월의 관계 곧 $X(x\&\Longrightarrow x)$이다.

스티븐 굴드를 비롯한 몇몇 고생물학자들은 종(species)의 출현과 소멸을 종의 점진적 변이와 적자(the fitter) 생존에 의해 설명하는 다윈 이후의 고전적 진화론을 비판한다. 수백만 년, 수억 년을 거치며 예측할 수 없이 일어나는 종의 분기(cladogenesis)와 지구 환경의 급격한 변화에 의한 생존 조건들의 단절과 비약이 종의 출현과 소멸 과정을 지배해 왔다고 그들은 설명한다. 그러니까 수백만 년 또는 수만 년 동안 계속되는 종들의 생명형태 또는 운명을 좌우하는 것은 다만 자체 내적으로 지닌 유전 체계의 변이와 적자생존이 아니라 지질학적 증거에서 추정할 수 있는 것과 같은, 예측할 수 없이 추가되는 생존 조건들의 급격한 변화와 그에 따르는 종의 우연한 분기라는 것이다.[23] 그러한 증거는 『종의 기원』을 쓴 찰스 다윈 자신도 의문으로 인정한 고생대와 이후의 지층에서 발굴되는 화석의 연대기가 보여주는 생명형태의 단절 또는 비약에 숨겨져 있다. 그러니까 고(古)생물의 화석연대기에 나타나는 단절과 비약은, 점진적 진화론자들이 아직 발견되지 않았을 뿐이라고 보는 이른바 'missing link'가 아니라 정직한 지질학적 증거이다.[24] 굴드에 따르면, 결국 종의 출현 또는 소멸의 역사는 종이 지니는 내재 조건의 점진적 변이에 의해서라기보다는 지구 환경의 급격한 변화와 종의 우연한 분기 같은 예측 불가능한 단절과 비약의 변수에 의하여 이루어져온 것이다.[25] 그렇다면, 종의 운명과 그 존재양식을 향해 다가

---

(23) "따라서 화석 기록을 볼 때 우리는 하나의 조상-후손 관계 안에서 두 종 사이에 점진적인 분화가 일어났을 거라고 기대해서는 안 된다." "화석 기록에 있는 많은 단절들은 진실이다. 이것들은 불완전한 기록의 파편들이 아니라 그렇게 진화가 일어난 방식을 말해준다." "진화를 … 자연스럽고 질서 있는 모양으로 전개되는 [점진적인] 과정으로 보기는 매우 어렵다. 이제 우리는 다른 관점을 제시한다. 하나의 종 또는 더 확대해서 한 공동체의 정상(norm) [흐름]은 안정성이다. [그러니까] 종의 분화는 정상적 평형 상태에 있는 시스템을 단락[단절] 짓는 (punctuate) 드물고 험난한 사건이다. … 이 사건은 살아있는 생명과 화석 형태들의 놀라운 배열을 만들어낼 만큼 아주 비범한 것이다." Niles Eldredge & Stephen J. Gould, "Punctuated equilibria: an alternative to phyletic gradualism," *Models in paleobiology*, ed. T. J. M. Schopf, San Francisco: Freeman, Cooper & Co., 1972.

(24) "대량 멸종(그 가운데 일부는 운석 충돌과 큰 지각 변동 때문이었는데)은 우리가 상상했던 것보다 더 빠르고 격렬하고 상이하고 빈번하게 일어난 것으로 보는데, 이제는 이 사건들도 생명사의 패턴을 만드는 별도의 인과적 요소로서 간주해야 한다. 이런 우발적인 사건들이 일어나지 않았다면, 생명은 오늘날과는 근본적으로 달라졌을 것이다 …. … 공룡들은 여전히 척추동물 세계를 지배했을 것이고, (인간 성취의 한 정점인) 고생물학도 존재하지 않았을 것이다." Stephen J. Gould, "A task for paleobiology at the threshold of majority," *Paleobiology*, vol. 21, no. 1 (1995). "하지만 오늘날의 과학은 비결정성, 역사적 우발성, 혼돈, 단절(punctuation)의 개념을 가지고 점진적이고 발전적이며 예측가능하게 하는 결정론의 확신을 전반적으로 대체해 놓았다." Stephen J. Gould & Niles Eldredge, "Punctuated equilibrium comes of age," *Nature*, vol. 366 (18 Nov. 1993).

오는 조건들의 돌연한 변화와 단절 또는 그에 따르는 자체 지양의 전개과정을 $X(x\&\neg x)$라는 관계식으로 대표할 수 있다.

단절과 비약의 형식으로 넘쳐 들어오는 격파 또는 자체 지양의 관계 $X(x\&\neg x)$에서 ( ) 안에 있는 것은 그 밖에서 넘쳐 들어오는 질서 X에 전적으로 종속되는 것이다. 우주 안에서 모든 있는 것들을 한 점의 거대한 중력장으로 삼키는 '빅 크런치'(big crunch) 또는 바다로부터 넘쳐 들어오는 쓰나미 같은 충격의 질서 X에 대하여 ( ) 안에 있는 x와 $\neg x$는 그것들이 실현하려고 하는 어떤 관통 또는 공통의 척도, 어떤 일관성의 논리도 유지할 수 없다. 그러므로 한계 격파 또는 초월을 대표하는 관계식 $X(x\&\neg x)$는 극단의 지점까지 가면 ( ) 안의 어떤 것도 전혀 그 자체로 남기지 않는 격파의 형식 $X(\ )$로 다가오는 것이다.

이처럼 비교와 통분의 논리로 접근할 수 없는 격파와 초월의 '그것'이, 한계 지어진 존재가 던지는 질문과 가설 그리고 실험에 대해 반응하는 양식에는 일정한 법칙이 없을 뿐만 아니라 어떤 일관성도 없다. 그러므로 현대의 과학이론과 고대로부터 내려오는 신화는, 미지의 그것 X를 향해 유한의 존재 x가 던지는 질문과 가설, 실험과 시나리오에서 얻은 반응이라는 점에서 서로 다를 바가 없다. 어떤 가설의 시나리오 또는 해법도 대안이 없는 유일한 것일 수가 없다. 그러므로 하나의 경

---

(25) "우리들이 중단된 평형(punctuated equilibrium)에 관한 이론을 제안하기 전에 대부분의 고생물학자들은 진화의 대부분이 한 계통의 점진적 변화 양식(anagenetic mode)에 의해 진행한다고 가정하였다. 단일 생물군이 시간의 흐름 가운데서 지속적인 변이를 일으킨다는 것이다."(p. 775) "… 하지만 새로운 종들이 대개 (심지어 자주) 점진적인 변이에 의해 발생한다는 전제는 경험적 근거가 없는 것으로서, … … 엘드리지와 나는 대다수의 종들이 분할(splitting)에 의해 발생한다고 주장한 바 있다 …."(p. 776) Stephen Gould, *The structure of evolutionary theory*, Cambridge, MA: Harvard University Press, 2002.

험 사실에 대한 서로 모순되는 설명들은 모두 같은 과학이론으로서의 자격을 얻을 수 있다고 폴 파이어아벤트는 주장한다. 그는 대립하는 이론들 사이의 통분불가능성(incommensurability)이란 개념("Explanation, reduction and empiricism," H. Feigl & G. Maxwell, eds., *Minnesota studies in the philosophy of science*, vol. 3., Minneapolis: University of Minnesota Press, 1962)을 20세기 과학이론에 도입하였다.[26] 그렇다면, 세상을 주름잡고 있는 서로 모순되는 온갖 설명들 곧 통분 불가능한 이론들은 초월의 그것 X에 대하여 무엇을 말해 주는가? 아무것도 말해 주는 것이 없다. 초월의 그것 X는 우리들이 던지는 가설과 시나리오들, 설명과 이론들에 대하여 언제나 다시금 격파의 관계 $X($ $)$로 다가오기 때문이다.

7. 니체는 고대로부터 내려오는 철학의 전통에 대하여 어떤 새로운 흐름을 이룰 만한 혁명을 일으킨 바가 없다. 그러한 일을 이루기에는 그는 고대 문명과 함께 탄생한 철인들로부터 이어져 온 전통의 해법에 대한 충분한 반성의식을 지니고 있지 못하였다. 존재하는 것들의 영원 회귀에 대한 그의 발상 자체가 다음의 따온 글에서 보이는 것처럼,[27] 플라톤에서 그리고 다시 데카르트에서 비롯하는 분석과 지양, 비교와 통분의 논리 곧 Xx의 관계식에 대한 또 하나의 특수 재현 양식에 다름 아니다. 그렇다고 해서 니체의 Xx 곧 영원회귀가 플라톤이나 데카르트의 Xx와 같은 수준의 협소한 비교와 통분 곧 주관주의(subjectivism) 논

----

(26) "… 지식이란 진리를 향한 점진적인 접근으로 이루어지는 것이 아니다. 그것은 상호공존 불가능한 대안들 곧 저마다의 유일한 이론, 저마다의 동화(童話), 저마다의 신화가 부분으로 흘러들어가서 항상 증가하는 바다와 같은 것이다." (p. 21) "그러므로 우리들이 행하는 비판의 첫째 단계는 … [소속] 서클 바깥으로 나가서 한 새로운 개념 체계를 발명하거나 … 아니면 과학 바깥 곧 종교, 신화 이론, 무자격자들의 아이디어 또는 미친 인간들의 횡설수설로부터 그러한 개념 체계를 수입하는 것이다."(pp. 52-53) Paul Feyerabend, *Against method*, 3rd ed., London: Verso, 1993.

리에 갇혀 있었던 것은 아니다. 그는 개체존재의 지양에서 생명의 황홀한 일체성으로 나아갈 뿐 아니라 '권력에의 의지'로써 모든 생명활동과 도덕 행위를 이해하며 분해하기 때문이다.[28] 그러나 개체성을 지양하며 일체성으로 들어가는 존재의 경지는, 역시 분석과 지양, 비교와 통분의 잠재 논리에 의지하며 그 연장선 위에서 이루어지는 것이다. 플로티노스가 말하는 일자와의 합일의 경지도, 장자가 말하는 망각으로 만물과 일체가 되는 경지도, 분석과 지양, 비교와 통분의 논리 전통 위에서 이루어지는 한 극점에 다름 아닌 것이다.

---

(27) "모든 것은 가고, 모든 것은 돌아온다. 존재의 바퀴는 영원히 구른다. 모든 것은 죽고, 모든 것은 새롭게 꽃핀다. 존재의 햇수는 영원히 달린다. 모든 것은 끊어지고, 모든 것은 새로이 이어진다. … 모든 것은 헤어지고, 모든 것은 다시 만난다. 존재의 고리는 영원히 자신에게 충실하다." "내가 얽혀 들어가 있는 인과의 사슬은 되풀이될 것이다—그것이 다시 나를 창조할 것이다! 나 자신이 영원회귀를 이루는 원인들의 부분이기 때문이다." (Part III. Convalescent) Friedrich Nietzsche, *Thus spoke Zarathustra*, trans. R. J. Hollingdale, Penguin Books, 1969.

(28) "… 도취된 실재로서 그것은 개개의 단위를 존중하지 않고 오히려 개체를 소멸시키며 신비로운 일체감에 의해 그를 구원하려고 한다."(sec. 2) "… 사람과 사람 사이에 놓인 틈새들은 사라지며 자연의 심장 한 가운데로 돌아가도록 이끄는 압도적인 일체감에 몰입한다."(sec. 7) Friedrich Nietzsche, *The birth of tragedy & …* , trans. Walter Kaufmann, New York: Vintage Books, 1967. "어떤 사람들도 평가하는 일 없이는 살아갈 수 없다. … 어떤 사람들에게 선으로 보이는 대부분의 것이 다른 사람들에게는 수치와 불명예로 보인다는 것을 나는 발견했다." (Part I. Of the thousand and one goals) "살아있는 피조물을 볼 때마다 나는 권력 의지를 발견했다. … 작은 자는 더 큰 자에게 굴복한다. … 이처럼 가장 큰 자도 권력의 지분을 얻기 위해 굴복한다. … … 보라, 나뭇잎이 떨어지고 소멸하는 곳, 그곳에서 생명이 권력을 얻기 위해! 자신을 희생한다. … … 살아있는 피조물은 많은 것들을 생명 자체보다 더 높이 평가한다."(Part II. Of self-overcoming) Friedrich Nietzsche, *Thus spoke Zarathustra*, trans. R. J. Hollingdale, Penguin Books, 1969.

8. 카프카는 '지금 여기'라는 순간의 현실에 대응하는—시간 밖에—영원한 '저편'이 있다고 말한 적이 있다.[(29)] 그러나 그 영원의 저편이 지금 여기의 순간을 향해 어떻게 움직이는지에 대해서는 말하지 않고 있다. 다만 그는 지금 여기에 결박된 현실의 체제를 거부하는 내재성향 곧 —x의 존재양식만을 탐구할 뿐이다. 그의 단편들 「시골에서의 결혼식 준비」와 「변신」에서처럼 갑충으로의 이탈에 의해 현실의 결박 상태를 거부하며 탈출하는 파격(破格)의 시나리오 또는 그런 존재양식을 끊임없이 실험한다. 그렇게 그는 작가로서의 삶을 꿈같은 내면의 탐구에서 찾으며 그 밖의 현실을 밀어내 버렸다.[(30)] 한 카프카 연구가도 현실 세계에 대한 카프카의 극단적 거부를 마찬가지로 지적한 바 있다.[(31)]

---

(29) "순간순간에는 시간 밖에서 무엇인가 그것에 대응하는 것이 있다. [그러나] 지금 여기 있는 이 세계는 '저편'[에 있는 어떤 것]으로 이어질 수 있는 게 아니다. 왜냐하면 '저편'은 영원의 것이기 때문이다. 따라서 그것[저편의 영원]은 지금 여기의 세계와 시간적인 접촉을 할 수 없다."(p. 31) Franz Kafka, *The blue octavo notebooks*, ed. Max Brod; trans. E. Kaiser & E. Wilkins, Cambridge: Exact Change, 1991.

(30) "작가가 나의 운명일 것이라고 하는 이유는 아주 간단하다. 나의 꿈같은 내면의 삶을 묘사하는 나의 감각이 그 밖의 모든 일들을 뒷전으로 밀어내 버렸다. 나의 [현실의] 삶은 두려워할 만큼 위축되어 있다. 다른 어떤 것도 나를 만족시킬 수 없을 것이다."(p. 302) F. Kafka, *Diaries 1910~1923*, ed. Max Brod, New York: Shoecken Books, 1948, 1976.

(31) "고통과 죽음에 대한 카프카의 (일기의 많은 문장들 그리고 처형대 위에 누워 있는 사형수에 대해 느끼는 집행인의 부러움에서 볼 수 있는 것과 같은) 탐구는 세계와 이 세계에서 벌어지는 모든 일들에 대한 수용이 아닌 근본적 거부를 뜻하는 것이다." Walter Sokel, "Review of *Franz Kafka* by Ronald Gray," *Comparative Literature*, vol. 29, no. 3 (1977), pp. 262-264.

그럼에도 어떤 평론가는, 카프카가 그의 작품들에서 추구한 것이 마치 온갖 부조화를 일으키는 문제의 개체존재를 세계의 보편 의지에로 지양 소멸시키는 데 있었던 것처럼 설명하기도 한다. 그리하여 개체존재가 어떻게 보편 의지에 대해 자기 지양의 관계를 갖는가를 모색한 카프카의 동기를 설명하는 데서도 비교와 통분의 전통 논리를 그저 답습하기만 했던 쇼펜하우어 때로는 니체의 철학을 동원하기도 한다.[32] 그러나 기존의 어떤 중국철학 및 서구철학의 체계에서도 카프카의 작품들에서 움직이는 주인공의 동기 $\neg x$라는 존재양식을 지지해 주는 사례는 찾기 어렵다. 오히려 카프카는 공동체에 대한 조화롭고 안정된 소속을 거부하면서까지 고립의 모험 또는 위험을 무릅쓰며 현실 세계에서 소외된 내면의 자아 곧 $\neg x$에서 우러나오는 파격의 가치와 사명을 외롭게 추구하는 인간형을 자신의 작품들에서 찾고 있다고 한 평론가는 말하고 있다.[33]

정신분석의 개척자 지그문트 프로이트도 현실의 한 개체존재 x를 향해 숨을 죽이고 쉼 없이 움직이는 무의식 곧 내재성향 $\neg x$의 온갖 유희를 탐색하는 데에 일생을 바쳤다. 현실의 개체존재 'ego' 곧 x를 향

---

(32) "비록 카프카처럼 서로 화해할 수 없는 극단의 양극성에 의해 저주받은 작가가 [이전에는] 없었다고 하더라도, 「소송」이나 「변신」 또는 「유형지에서」를 쓸 때 최초의 기본 계획은 모호함이 전혀 없는 쇼펜하우어[의 사상]라고 하는 것이 옳다. 개인으로 '존재한다'는 것은, 존재하지 않음의 평화 아니면 적어도 개인으로 존재하지 않음의 평화를 침해하는 유죄 행위이다."(p. 34) "'부조리'(absurdity)의 잔치, 이것이 카프카의 일차적인 주제이다. 그것은 유죄로부터 벗어나려는 불가능한 욕망, 이를테면 유죄 판결을 받는 아들, [벌레로] 변신한 세일즈맨, 추방당한 조카, [아무 근거 없이] 기소된 은행원, 초대받지 않은 토지측량사, 배고픈 예술가 또는 먹을 것을 찾는 개들에 대한 모든 이야기들이 실행에 옮겨지고 난 다음 이 모든 개별화의 [잔치]에서 초월하고자 하는 욕망이다."(p. 45) Eric Heller, *Kafka*, London: Fontana/Collins, 1974.

해 움직이는 내재성 ⌐x 곧 'Id'가 발휘하는 관계를 그는 생전에 출판한 마지막 저서에서 다음과 같이 정리했다.(34) 그렇게 현실의 개체존재 x를 향해 움직이는 숨은 내재성향 ⌐x란 그가 고유하게 지니는 영원의 기억과 상상에 다름 아닌 것이다.

프로이드가 말하는 무의식은 그 자신이 그렇게 이해하고 있듯이 개체생명의 내재성으로서의 기억이다. 내재성으로서의 기억이란 그 바탕을 보면 개체발생(ontogenesis) 과정에서 발현되는 종의 유전체계이기도 하다. 프로이드는 그것을 "계통발생의 기원"(phylogenetic origin) "고래(古來)의 유산"(archaic heritage)이라는 개념으로 이해했다.(34) 그러나

---

(33) "카프카의 작품들에서 추위, 겨울풍경, 극북(極北) 지방 등은 인간적인 유대관계—가족, 사회, 사랑—로부터 철수하여 고립된 자아, 곧 은둔의 금욕적 생활방식을 대표한다. 카프카는 이러한 자아와 그의 생활방식을 자신의 글에 없어서는 안 될 조건으로 생각했다. 그의 소설에서 추위, 겨울, 극북과 같은 풍경은 소설 속 자아를 향하여 가정생활이라는 유대를 끊으라고 호소하는 것이다. 그렇게 소외, 불확실, 고향상실[상황] 가운데로 들어감으로써 모든 안전지대를 벗어나 심각한 위험과 모험에 노출된 고독한 실존[상황]으로 뛰어들기를 촉구한다."(pp. 109-110) Walter Sokel, *The myth of power and the self: essays on Franz Kafka*, Detroit: Wayne State University Press, 2002.

(34) "어린 시절의 정신적 트라우마가 남긴 인상들은 … 억압에 의해서 '이드'(Id)로 잠입해 들어간다. 이러한 기억의 잔재들은 무의식으로 들어간 이드에서 작동한다. … 개인의 정신적 삶에는 그 자신이 경험한 것뿐만 아니라 태어날 때 이미 지니고 있는 계통발생에서 유래하는 부분들 곧 오래된 유산도 살아있다. … … 그렇게 전해진 것은 모든 생명의 존재들이 지니고 있는 어떤 성향들로서 존재한다. 말하자면 그것은 어떤 발달 방향을 따르고 어떤 흥분, 인상, 자극에 대해 특정한 방식으로 반응하는 능력과 경향 속에 잠재해 있는 것이다. 이런 방면에서 보이는 개인적 차이들을 우리들의 오래된 유산[유전]이 간직하고 있음을 경험으로 확인하고 있다."(p. 125) Sigmund Freud, *Moses and monotheism*, trans. Katherine Jones, New York: Vintage Books, 1939, 1967.

그렇게 유전체계는 생명의 과거 이력을 기억할 뿐만 아니라 그 연장선 위에서 미래를 바라보며 상상하는 것이라고 한 생물학자는 말한다.(35) 그러니까 상상이란 한 개체존재의 고유한 영원의 기억의 연장선 위에서, 결박되어 있는 현재를 지양하며 미래를 향해 던지는 시나리오 곧 ㄱx로 표현되는 것이다.

따라서 상상의 움직임은 기억과 함께 개체존재의 몸에 저장되어 있는 내재성의 표현이다. 기억과 상상에 대한 앙리 베르그송과 장 폴 사르트르의 관념론적 이해를 다시 고쳐 생각하게 하는 가장 깊이 있는 철학자는 'hylomorphism'(질료-형상론)으로 모든 것의 움직임과 변화를 설명한 아리스토텔레스다. 아리스토텔레스에서 상상은 생명에 내재하는 활동이며 기억의 연장선 위에서 이루어지는 것이다.(36) 아리스토텔레스는 사고능력이 없는 생물체에서도 상상이 있음으로 해서 욕망실현의 시나리오가 움직일 수 있는 것이라고 보고 있다.(37) 그러나 사

---

(35) "유전체계와 면역체계는 종과 개체라는 각각의 과거를 기록하는 기억의 역할을 한다. 그러나 한 살아있는 유기체는 유기체들의 끊어짐이 없는 사슬에서 단지 마지막 [연결]고리로만 존재하는 것이 아니다. 생명은 과거를 기억해내기만 하는 것이 아니라 앞을 내다보기도 하는 계속적인 과정이다."(p. 54) "우리들의 상상은 가능한 것들에 대한 항상 변화하는 그림을 우리 앞에 보여준다. … … 우리들은 다가오는 다음 순간이 없이 우리 자신들을 이해할 수 없다."(p. 67) Francois Jacob, *The possible and the actual*, New York: Pantheon Books, 1982.

(36) "이러한 활동[상상]은 판단과 같은 종류의 사고 작용이 아님이 분명하다. 왜냐하면 상상은 우리들이 원할 때마다 우리들 자신의 [자유로운] 능력 안에서 가능하기 때문이다(이를테면 우리들은 마음에 떠오르는 이미지들을 사용해서 기억술을 실행할 때처럼 그림을 상기하는 것이 가능하다). 그러나 의견을 만들어낼[판단할] 때 우리들은 [상상에서처럼] 자유롭지 않다 …."(427b) Aristotle, *On the soul*, trans. J. A. Smith. in *The basic works of Aristotle*, ed. Richard McKeon, New York: The Modern Library, 1941, 1947, 2001.

르트르에 따르면, 아무 것도 없는 상태의 의식 곧 '무'(nothingness)에서 비롯하는 상상이라는 것은 오직 인간에게만 가능한 것이다. 그는 상상에 선행하는 것은 아무것도 없다고 주장함으로써 언제나 현재의 결박된 상태를 거부하거나 이탈하며 새로운 존재를 일으킬 수 있는 절대의 자유를 역설하였다.[38]

그러나 아무것도 없는 데서(*ex nihilo*) 일어나는 것을 상상이라 하는가? 그것은 17세기의 존 로크가 아무것도 모르는 갓난아이의 상태 곧 백지(*tabla rasa*)에서 경험에 의해 지식이 이루어지는 것으로 본 오류에 다름 아닌 것이다. 상상이라는 것은 오래된 기억으로부터 일어나는 변이 현상에 다름 아니라는 견해는 아리스토텔레스에서 현대생물학에 이르기까지 여러 차례 수정을 거치며 이어지고 있는 생각이다.[37][39] 상상이란 모든 개체생명에게 주어진 영원의 기억에서 무한 변이를 빚어내며 재현시키는 자연의 능력이다. 숲속에서 숨을 죽이며 잠복해 있는 사자는 들소들의 무리가 가까이 오기를 기다리며 포획을 상상한다. 가까이 오기를 기다리며 포획을 상상하는 능력이란 무수히 반복하며 축적된 태고의 기억에서 분출하는 변이 현상으로서 재현되는 것이 아닌

---

(37) "… 인간은 자주 지식을 배반하는 그들의 상상을 따르는데, [실로] 인간이 아닌 생명의 존재 안에는 사고나 계산 능력은 없이 상상만이 움직이고 있다."(433a) Aristotle, ***On the soul, Parva naturalia, On breath***, trans. W. S. Hett, Cambridge, MA: Harvard University Press, 1936, 1957.

(38) "… 선험적 의식이란 비인격적인 자발성이다. 그것은 순간순간마다 자신의 존재를 결정하는데, 우리들은 그 앞에 있는 아무것도 상상할 수 없다. 이렇게 우리들의 의식적인 삶의 순간순간은 '아무것도 없는 데서'(*ex nihilo*) 만들어진 것임이 드러난다. 그것은 새로운 '배치'(arrangement)가 아니라 새로운 존재[출현]이다."(pp. 98-99) Jean-Paul Sartre, ***The transcendence of the ego***, trans. F. Williams & R. Kirkpatrick, New York: The Noonday Press, 1957.

가. 긴 겨울을 견뎌낸 목련은 물이 오른 가지에서 봉우리를 내밀며 기다리는 따스한 봄날을 상상하는 것이 아닐까? 모든 개체생명들이 그 몸에 장착한 영원의 기억 가운데서 무한 변이하는 시나리오를 따라 탈주를 상상한다.

그렇다면 왜 상상은 모든 개체존재에서 다른 모양, 다른 방향으로 일어나는 것일까? 모두가 공유하는 영원의 기억은 각각 다른 개체의 내재성 가운데에 유일 고유하게 한계 지어짐으로써 다른 모양, 다른 방향으로 그 상상의 시나리오를 연출하는 것이다. 각각의 개체발생(ontogeny) 과정은 같은 계통발생(phylogeny) 과정에 속하면서도 서로 다른 개체성을 발현시킨다. 그리고 하나의 개체발생 과정 안에서 공통의 유전 청사진을 가지는 세포들은 각각의 동일한 내재성 가운데서 각각의 고유한 다른 시나리오를 상상한다.(39) 이렇게 동일한 청사진을 가진 개체 세포들이 다양한 형태와 기능을 발현하는 과정은, 동일한 영원의 기억이 각각의 개체존재 가운데서 그 개체의 고유하고 유일한 상상의 시나리오를 발현하는 과정과 같은 것이라고 볼 수 있다.

---

(39) "그러면 어떻게 단일한 공통의 청사진에서 그러한 다양성이 나올 수 있을까? … … 세포들이 가지고 있는 복잡한 종합 계획에는 각각의 세포가 사용하는 양보다 훨씬 많은 정보가 담겨있다는 것이다. 인체의 개별 세포들은 종합 청사진의 일부만을 선택적으로 참조하며, 가지고 있는 거대한 규모의 도서관에서 특정 정보만을 꺼내서 읽는다. … … 배아의 한쪽 구석에 있는 어떤 세포는 헤모글로빈에 관한 유전 정보를 읽고 적혈구가 된다. 다른 곳에 있는 어떤 세포는 소화 효소에 관련된 정보를 참조한 뒤 췌장의 일부를 이룬다. 또 다른 세포는 전기 신호를 발산하는 방법에 관한 정보를 읽고 뇌의 일부가 된다. 배아의 개별 세포는 … 또 다른 중요한 결정을 내려야 한다. 그것은 언제 성장하고 분열하며 언제 성장을 멈춰야 하는가에 대한 결정인데 이때에도 세포는 물론 유전 청사진을 참조한다."(18-19쪽) 로버트 와인버그, 『세포의 반란』, 조혜성, 안성민 옮김, 서울: 사이언스북스, 2005.

9. 멜랑콜리 담론의 역사에서 다시 비상을 꿈꾸는 김동규 박사는 그의 메모(12.8.18)에서 오래된 철학사에 뿌리를 둔 재현의 뜻에 대하여 다음과 같은 질문을 던지고 있다. "서구 미학사의 문맥에서는 재현보다는 흔적에 더 가까워 보입니다. … 무한을 재현한다는 것이 이해되지 않습니다. 무한 자체가 아니라 무한의 미소한 부분, 그것도 복원 불가능한 흔적만을 재현할 수 있겠죠. 재현이라는 말 자체가 인식을 함축하고 있다면 무한을 인식한다는 말이 되는데, 신비주의자가 아니고서야 그렇게 말하기 어려운 것 아닐까요? … 재현이라는 용어를 사용함으로써 인간의 인식 틀로 무한을 가두는 행위처럼 보입니다."

여기서 '영원의 재현'이라는 것은 생물학적으로 확인된 개체생명을 통해 일어나는 계통발생 과정을 가리킨다. 이 같은 재현으로서의 개체생명을 x의 존재론에서는 '영원의 한 단위 기억체계'라고 부른다. 칸트의 인식론적 불가지론으로는 이렇게 개체존재 가운데서 일어나는 영원의 기억의 재현 현상을 이해할 수 없다.

현재라는 것은 영원의 기억을 재현함으로 나타나는 영원의 변신이라고 이해할 때, 영원한 것 자체를 온전하게 복원한다는 것을 뜻하는 것은 아니다. 현재는 영원의 변신이지만, 그럼에도 아니 그렇기 때문에 영원 자체로부터 분리되어 있는 것이 아니다. 그래서 현대 미학이나 포스트모더니즘에서 말하는 재현 불가능성으로는 x의 존재론에서 말하는 재현을 이해할 수 없다. 현재 가운데서 영원의 기억이 움직이며 재현되지 않고서는 다음 순간의 현재는 있을 수 없는 것이다. 따라서 재현으로서의 현재를 부정하는 포스트모더니스트들 그리고 그 원조에 다름없는 칸트는 모두 관념론자들임에 틀림없다.

나는 다음과 같은 해명(12.8.21)을 김 박사에게 보냈다. "『구약』「전도서」의 필자가 말하는 다음 선언을 기억하고 있습니다. "하늘 아래 새

것이 있을 리 없다. '보아라, 여기 새로운 것이 있구나!' 하더라도 믿지 말라. 그런 일은 우리가 나기 오래전에 이미 있었던 일이다."(1:9-10) 「전도서」의 이 말에서, 그리고 니체의 영원 회귀에서도,[27][28] 생물학자들이 말하는 계통발생과 개체발생의 관계[34][35]에서도, 라이프니츠의 모나드 안에서 이루어지는 무한의 재현(representation)에서도, 아인슈타인의 $E=mc^2$에서도, 그리고 스티븐 호킹의 'big bang' 이론에서도, 세상에 몸을 드러낸 모든 것들 곧 현재를 영원의—영원의 기억과 그로 비롯하는 상상[학습과 기투]에 다름 아닌—재현이라고 보는 데에는 어떤 이의를 보이지 않고 있는 것 같습니다."

10. 그러므로 사르트르처럼 상상과 의식의 행위가 '무로부터'(*ex nihilo*) 분출한다고 말할 수도 있을 것이다.[38] 그럼에도 그러한 사르트르의 주장을 가지고 유물론을 배격하며 단순한 관념론을 지지할 수 있는 것도 아니다. 여전히 모든 상상과 그 행위는 영원의 기억에서 비롯하는 것이기 때문이다.

11. 궁극의 개체 성분에 대하여 원자론을 지지하던 갈릴레오, 데카르트 같은 과학자 철학자들을 일찍이 당대의 파스칼은 이렇게 비판했다. "만물의 각 부분은 모두 서로 어떤 관계나 연결을 유지하고 있어서 그 하나를 알기 위해 다른 부분과 전체를 고려하지 않으면 안 된다고 나는 생각한다. …… 그러므로 전체를 알지 못하고 부분을 아는 것이 불가능하며 부분을 세밀히 알지 못하고 전체를 아는 것도 불가능하다고 나는 생각한다."(§72) 블레즈 파스칼, 『팡세』, 최현, 이정림 옮김, 서울: 범우사, 1985.

12. 전체에 대한 일반화 또는 검증 가능한 보편성 진술이 불가능하다는 이론을 내놓은 과학철학자 또는 논리학자들이 있다.[40][41] 그리고 이러한 이론들은 전칭명제의 특칭명제에 대한 포함관계를 전제하는 아

리스토텔레스의 논리학에 대한 현대 논리학의 비판 수정안에 바탕을 두고 있다고 볼 수 있다.

13. 하나의 집단 가운데서 어떤 개체성분이 전체 질서에 일치하지 않는, 말하자면 개체성분 자체의 내재성향에 따르는 행동이 한 개체생명 안의 세포들에서 또는 한 세포 안의 미토콘드리아들에서 일어날 수 있다고 분자생물학자들은 보고한다.[42] 그리하여 하나의 공동체를 이루는 개인과 개인 사이에서뿐만 아니라 한 개체생명을 이루는 성분 세포들 또는 유전자들 사이에서도 때로는 위태로운 분열과 협상과정이 일어날 수 있다고 한다. 대립과 격론이 늘 벌어지는 한 국가의 의회에서처럼.[43]

14. 세상에 몸을 드러내 한계 지어져 있는 것들은 각각 영원의 분리할 수

---

(40) "나의 제안은 검증가능성(verifiability)과 반증가능성(falsifiability)의 비대칭성에 근거한 것이다 …. … 왜냐하면 그것들[전칭명제들]은 결코 특칭명제들로부터 도출될 수 없으며, 오히려 특칭명제들에 의해 반박될 수만 있기 때문이다. 따라서 고전 논리학의 후건 부정식(modus tollens)에 의지해서 특칭명제의 참/거짓에 따라 전칭명제의 거짓을 주장하는 것은 … 가능하다."(p. 41) "이러한 논의의 한 가지 결과는, 무한한 우주에서 (동어반복의 명제가 아닌) 어떤 보편의 법칙이 성립할 수 있는 개연성은 제로(0)라는 것이다."(p. 363) Karl Popper, *The logic of scientific discovery*, New York: Harper & Row, 1965.

(41) "푸앵카레와 러셀의 진단은 대단히 일반적인 것이다. 전체에 대한 일반화를 할 때마다 우리들은 그 전체를 이루고 있는 모든 실체들을 가정한다. 따라서 우리들이 한 실체를 정의하려고 할 때 이 실체가 속해 있는 전체를 일반화한다면, 우리들은 지금 정의하려는 실체를 암묵적으로 전제하는 것이 된다. 이는 악순환에 빠져드는 것이라고 푸앵카레와 러셀은 주장한다." "Predicative and impredicative definitions," *Internet Encyclopedia of Philosophy*, *http://www.iep.utm.edu/*

없는 부분이므로, 그 경계를 일회적으로 결정할 수도 없고 그 마지막 모양과 정체도 예정하거나 정의할 수 없다. 그것들은 영원을 상징하는 변수의 이런저런 우연한 특수 사례들로 세상에 나타나며, 그러므로 오직 무한 또는 영원으로 이어지는 관계들에 의해서만 주어진다. 특히 한국 사람들은 많은 대화 상황에서 주어 또는 주제어 그리고 때로는 목적어를 생략하는데, 그것은 그들이 가리키며 언급하고 있는 그것이 지니게 될 미래의 정체성이 딱히 어떤 관계 속에서 어떤 모양으로 드러날지 단정하기를 미루기 때문이라고 볼 수 있다.[54][57] 우리들과 함께 모든 생명은 이미 헤라클레이토스가 말한 대로 쉼 없는 변화의 흐름 가운데서 무한에 가까운 타자들과의 조화와 대립의 관계를 통과하는 것이므로, 그 타자들과의 경계를 미리 일회적으로 어디에다 그을 수 없는 것이다.

세상에 몸을 드러내 존재하는 모든 것들이 어떤 특칭도 거부하는 절대 침묵의 미니멀리스트 x 또는 X로 말미암아 움직이는 아바타들이기

---

(42) "협업을 이상적인 상태로 보는 것은 한 개체를 구성하는 다양한 이기적 실체들 사이에서 벌어지는 갈등에 대해 합당한 중요성을 부여치 않는 일이며, 특히나 그런 세포들이나 세포들 속의 미토콘드리아들에 대해 중요성을 인정하지 않는 일이다."(p. 198) "겉으로 보기에 건강해 보이는 개체들 속에서까지도 여전히 불일치의 동향을, 곧 한 개체의 통일성은 어렵게 얻어지는 것이며 또한 너무 쉽게 잃는 것임을 상기시켜주는 동향을 확인할 수 있다."(p. 199) Nick Lane, *Power, sex, suicide: mitochondria and the meaning of life*, Oxford: Oxford University Press, 2005.

(43) "… 유전체의 어떤 부분도 그리 오랫동안 지나치게 이기적일 수 없다. 왜냐하면 유전체의 나머지 부분의 [상대적] 크기에 의한 자연선택이 곧바로 지나친 이기주의를 제압할 것이기 때문이다. 유전체의 나머지 부분이 '유전자들의 의회'로서 역할을 함으로써 [유전자들의] 쟁의를 해결한다."(p. 184) M. Majerus, et al., *Evolution: the four billion year war*, Edinburgh Gate, Harlow: Longman, 1996.

때문이다.

15. 철학은 생명의 실전 과정에서 사람들이 실현하려는 운명의 시나리오를 찾는 데에 참고할 만한 나침반 또는 레이더 같은 수준의 '네비게이터'(navigator)로서 구실을 하는 것이다. x의 존재론과 그에 따르는 Xx, $\neg x$ 그리고 $X(\;)$라는 관계식 역시 세상에 있음으로 해서 한계 지어진 모든 생명의 존재들에게 그러한 '네비게이터'로서의 구실을 할 수 있기를 기대하는 것이다. 철학자는 사람들을 대신하여 이미 정해놓은 관점이나 도덕 나아가 어떤 이념을 지시하거나 명령할 수 있는 자리에 있지 않다. 그렇게 지시하거나 명령하는 자는 한 무리를 이끄는 우두머리이거나 야전사령관일 수는 있어도 철학자일 수는 없다.

16. 미지의 영토 곧 가에로 밀려난 '그것'의 동의를 확인하는 것은 어느 시점에서 누구도 다할 수 없는 일이다. 이렇게 세상에 몸을 드러낸 것들은 언제나 유한의 존재일 수밖에 없으며, 따라서 무한을 향해 무엇의 보편성을 확인받을 수 있는 길이 없는 것이다. 절대의 또는 제1의 보편성은 누구도 도달할 수 있는 목표가 아니다. 도대체 누가 무한을 향해 보편의 진리, 보편의 무엇을 주장할 수 있겠는가?

17. 가에로 밀려난 그들이 들어앉은 미지의 영토로부터 불어올 코페르니쿠스 스타일의 혁명은 어떤 것인가? 아리스토텔레스에서 칸트에 이르기까지 질료에 대하여 형상이, 물자체에 대하여 이성의 법칙이 우월한 결정권을 행사해 왔다. 질료와 물자체는 아리스토텔레스와 칸트에 따르면 다만 침묵하는, 그러므로 알 수 없는 어떤 것으로 머물러 있는 것이다. 그것들은 세계를 지배하는 법칙 또는 체제질서에서 주소가 없는 미지의 주변지대로 밀려나 침묵하며 휴식하는 상태에 있다. 그것들은 영원의 형상이나 이성의 법칙에 의해 운명이 결정되고 다만 그에게 순종하는 대상으로서 안주하고 있을 뿐이다. 과연 질료와 물자체라는 것

은 그처럼 다만 결정되기를 기다리는 한낱 '대상'으로 머물러 있을 뿐인가? 그것들이 더 이상 침묵하며 순종하기를 거부하는 '주체'로 일어설 가능성은 없는가?

아리스토텔레스는 사람은 사람으로부터, 음악가는 음악가로부터, 건강은 건강으로부터, 집은 집으로부터 만들어지는 것이라고 말한다.[44] 사람의 형상 또는 음악가의 형상을 이미 지니고 있기 때문에 사람은 사람으로 그리고 음악가는 음악가로 태어날 수 있다는 것이다. 마찬가지로 건강은 의사가 가지고 있는 건강의 형상에 의해 건강하지 않은 자가 건강을 찾을 수 있게 되며, 건축가가 가지고 있는 집의 형상에 따라 여기저기에 흩어져 있는 목재와 흙과 돌이 모여 집이 만들어지는 것이다. 그러므로 사람과 음악가가 태어나는 데는 반드시 사람의 뼈와 살이 될 질료 성분이 공급되어야 하고 음악가로 훈련 받을 인재가 있어야 하는데, 이러한 질료에 앞서 그 질료 부분을 어떤 모양으로 완성시켜가는 설계도로서 사람의 형상 또는 음악가의 형상이 앞서 있어야 한다.[45] 아리스토텔레스 자신이 말하듯이, 자연의 부분인 몸에 대하여 그것을 도구로 사용하여 어떤 방향으로 움직이도록 영혼이 행사하

---

(44) "따라서 건강은 건강으로부터, 집은 집으로부터, 그러니까 물질적인 것은 비물질적인 것으로부터["질료를 가진 것은 질료를 갖지 않은 것으로부터" Aristotle, *Metaphysics: Bks VII-X*, trans. Montgomery Furth, Indianapolis: Hackett Pub. Co., 1985 보기] 생겨난다. 왜냐하면 의학 속에 건강의 형상이 존재하고 건축술 속에 집의 형상이 존재하기 때문이다. … … 그러므로 사람들이 흔히 이야기하듯이, 이전에 아무것도 존재하지 않는다면 어떤 것도 생겨날 수가 없다."(1032b) "… 가능한 것이 실재하는 것이 될 때는 언제나 실재하는 존재의 작용에 의해 그렇게 되는 것이다. 사람은 사람으로부터, 음악가는 음악가로부터 만들어진다. 언제나 한 첫 번째 원동자가 있으며, 이 원동자가 실재하는 것이다."(1049b24-26) Aristotle, *Metaphysics*, trans. Richard Hope, Ann Arbor: The University of Michigan Press, 1960.

는 관계[(46)]는, 질료에 대하여 그것을 지배하며 통제하는 형상이 발휘하는 우월한 관계와 같은 것이다. 그렇다면 몸에 앞서서 이미 어떤 모양의 영혼이, 질료에 앞서서 이미 완성된 설계도로서 형상이 준비되어 있는 것인가? 아리스토텔레스 연구가 마사 누스바움[(47)]과 조너선 리어[(48)]는 그 물음에 긍정으로 해답하고 있다.

아리스토텔레스의 질료와 형상은 플라톤의 소박한 사실주의에 빠져 있다. 아리스토텔레스에 따르면, 형상이란 가공되지 않은 질료적 성분에 주어지는 자연의 질서이다. 그러나 칸트에 따르면, 형상이라고 할 만한 것은 자연에 소속한 특성이 아니고 인간 이성이 고유하게 갖추

---

(45) "그러므로 형상, 또는 지각된 대상 속에 있는 꼴[형상]을 우리가 무엇으로 부르건 간에 그것은 만들어진 것이 아니며, … [대상의] 내적 본성도 결코 만들어진 것이 아니다. …… [예를 들면] 청동 공(球)은 청동과 '공'으로부터 이루어지는 것인데 이는 누군가 이 질료[청동] 안에 형상[공]을 집어넣었고, 그렇게 한 결과로 청동 공이 된 것이다."(1033b) Aristotle, **Metaphysics**, trans. Richard Hope, Ann Arbor: The University of Michigan Press, 1960.

(46) "… 모든 자연의 몸들은 영혼의 도구이다. 이것은 동물의 몸에서나 식물의 몸에서나 마찬가지이다. 이것은 [동물의 몸도 식물의 몸도] 영혼을 위하여 존재한다는 것을 보여준다."(415b18-19) Aristotle, **On the soul, parva naturalia, on breath**, trans. W. S. Hett, Cambridge, MA: Harvard University Press, 1936, 1937.

(47) "형상은 질료와 달리, 같은 X로 있는 한 그 동일성을 유지한다. 그래서 우리들로 하여금 복합적인 실체들을 [언제나 같은 것으로] 식별할 수 있게 하는 것은 형상이지 질료가 아니다. 사자의 질료[몸]는 먹이를 소화하고 찌꺼기를 배출함에 따라 끊임없이 변해간다. 그럼에도 이 특정한 사자가 존재하는 한, [변함없이] 유지되고 있는 것은 이 사자의 형상임에 틀림없다."(pp. 68-69) Martha Craven Nussbaum, **Aristotle's De Motu Animalium**, Princeton: Princeton University Press, 1978.

고 있는 특성이며, 질료(matter) 또는 물자체 같은 성분은 이미 인간 이성이 갖추고 있는 법칙 또는 형상에 의해 가공되는 대상이다. 이성의 법칙 또는 형상이 가해지기 이전의 질료 곧 물자체는 미지의 어떤 대상일 뿐이라고 칸트는 말한다.[49] 그러니까 우리가 자연이라고 말하는 것은 실은 인간 이성이 이미 선천적으로 가지고 있는 시간과 공간이라는 감성의 형식, 그리고 전건과 후건, 원인과 결과, 실체와 속성과 같은 추론 또는 판단에 사용되는 범주에 의해 이미 가공 세련된 현상에 관한 지식이다.[50] 그리하여 자연의 현상 또는 자연의 법칙이라고 하는 것은 인간이 갖추고 있는 감성의 형식과 판단의 범주 곧 순수이성의 법칙에 의해 결정되는 것이다.[51] 그래서 아리스토텔레스와 칸트에 따르면, 질료 또는 물자체는 언제나 이미 마련되어 있는 순수 이념으로서의 형상 또는 순수이성의 법칙에 의해 그의 행태와 정체성을 부여받을 수밖에 없는 것이다. 그렇게 형상과 순수이성의 법칙에게 세계 질

---

(48) "17세기 이래로 서구의 과학은 형상을 우주의 기본 조직으로 보는 입장에서 꾸준히 멀어져왔다. 우리들이 물질의 모든 성질들을 이해하게 된다면, 형상은 이 성질들에서 발현되어 나오는 것임을 알게 될 거라고 생각했다."(p. 20) "만약 형상이 자연에 속해 있는 하나의 기본 힘이라면, 그것의 전개와 발현은 물질에서 일어나는 필연적 과정에 말미암은 것일 수 없을 것이다. … … 이것이 사실이라면, 물질은 형상에게 지시를 내리는 것이리라. 그러나 아리스토텔레스의 관점에서는 이런 관계가 거의 정반대이다. 형상이 질료를 지배한다."(p. 43) Jonathan Lear, *Aristotle: the desire to understand*, Cambridge: Cambridge University Press, 1988.

(49) "그러나 질료는 단지 바깥으로 나타난 현상일 뿐이며 그[질료]의 바탕은 우리들이 매길 수 있는 어떤 술어에 의해서도 인식될 수 없다."(A359) "그러므로 질료는 … (그 자체가 알려져 있지 않은) 대상들의 현상이 드러내는 성질을 의미할 뿐이며, 그런 대상들의 표상들이란 것도 … 단지 사고하는 주관에 속해 있는 것일 뿐이다."(A385) I. Kant, *Critique of pure reason*, trans. N. K. Smith, New York: St. Martin's Press, 1929, 1965.

서와 자연 법칙의 결정권이 주어져 있다. 질료와 물자체라는 것은 그러한 순수 형상 또는 순수이성의 결정권에 대해 다만 침묵하며 복종하는 한낱 대상의 자리에 머물러 있는 것이다.

여기서 일어나는 의문은 다음과 같은 것이다. 과연 질료 또는 물자체라고 하는 것은 다만 침묵하며 복종하는 존재인가? 질료와 물자체는 다만 순수 형상과 순수이성의 결정을 기다리는 알 수 없는 어떤 '대상'일 뿐인가? 철학이라는 영토 안에서 우월한 자리를 차지한 인간의 이성과 사변에 의하여 미지의 주변지대로 쫓겨난 질료와 물자체는 과연 침묵하고 복종하기만 하는가? 그러나 그것이 질료이든 물자체이든 그 미지의 영토를 인간의 이성과 사변에 의해 굴복 침묵시킬 수 있다고 생각하는 것은 한낱 착각에 지나지 않는 것이다. 그것은 침묵하며 복종하는 대상이기를 거부하며 오히려 스스로 결정하는 주체로서 그리

----

(50) "이제 물자체는 단순한 관계들에 의해서는 인식될 수 없다. 그러므로 우리들은 이렇게 결론지을 수 있을 것이다. 곧 외적 감각이 우리에게 전달하는 것은 단순한 관계 외에 아무것도 아니기 때문에, 이 감각은 대상이 주관에 대해 갖는 관계만을 그 표상 안에 포함하고 있을 뿐 대상 그 자체의 내적 속성들은 포함할 수 없다."(B67) "이제 나는 이렇게 주장한다. 범주들이란 … 가능한 경험에서 이루어지는 사고의 조건들에 다름 아니고, 시간과 공간 역시 그 경험을 위한 직관의 조건들일 뿐이라고.(A111) I. Kant, *Critique of pure reason*, trans. N. K. Smith, New York: St. Martin's Press, 1929, 1965.

(51) "지성(Verstand, understanding) 자체가 자연 법칙들의 원천이요 따라서 자연의 형식적 통일성의 원천이라는 말이 설령 과장되고 불합리하게 들릴지라도, 이 주장은 옳다 …. … … 그러나 모든 경험 법칙들은 다만 지성의 순수한 법칙들의 특수한 규정들일 뿐이며, 이 지성의 법칙들 아래에서 그리고 그것의 규범에 따라서 비로소 경험 법칙들도 가능해지는 것이다. 이런 지성의 법칙들을 통해서 현상들은 질서 있는 모양을 갖추게 되는 것이다."(A127-128) I. Kant, *Critique of pure reason*, trans. N. K. Smith, New York: St. Martin's Press, 1929, 1965.

고 나아가 최후의 결정권자로 움직일 수도 있는 것이다. 미지의 영토에 머물러 있는 그것은 절대로 인간의 이성과 사변의 대상일 수가 없을 것이다. 그리고 대상일 수 없는 그것은 이성과 사변의 한계를 초월해 있는 것이므로 오히려 세상에 있는 모든 것을 미지의 영토 가운데로 함몰시키는 힘 $X(\ )$로 움직일 수 있다.[21][52] 때로는 그 끝을 거슬러 올라갈 수 없는 영원한 기억으로서의 내재성이 발현하는 파격행위 $\neg x$로도 움직일 수 있는 것이다.

—

서구철학사에서 범주론을 창시한 대표적인 철학자는 아리스토텔레스와 칸트이다. 그들의 범주론은 서구 언어가 문장의 필수 성분인 주어와 술어로써 판단을 구성하는 데서 비롯하는 것이다. 판단의 술어가되는 것은 그 적용의 경계가 뚜렷하며, 따라서 그러한 술어를 받는 주어 또한 그 정체가 뚜렷하게 지시될 수 있는 것이다. 바꾸어 말하면 주어의 정체가 뚜렷하게 지시될 수 있기 때문에 주어 자리에 있는 그것의 인칭, 수, 성이 술어가 갖추어야 할 모양 곧 형태변화를 지배하며 결정할 수 있다. 그렇게 주어의 정체가 뚜렷하기 때문에 술어의 경계가뚜렷하게 매겨질 수 있고, 술어의 경계가 뚜렷하기 때문에 주어 자리에 있는 그것의 정체가 뚜렷하게 지시되는 것이다. 주어의 인칭, 수, 성에 따라 술어가 형태변화를 겪음에도 여전히 그것의 경계가 뚜렷하기때문에 경계가 뚜렷한 술어의 포섭 범위와 유형에 따라 범주의 체계가

---

(52) "… [이는] 결코 대상이 될 수 없는 주체[절대자] 앞에서 내가 [한낱] 대상[으로 전락하게]됨의 자각이다. … 나는 절대자 안에서 나의 대상됨의 상태를 깨달으며 그것을 실체화[고착화]한다. 신의 지위에 따라서 나는 대상으로서 물화(物化)를 겪는다."(p. 385) Jean-Paul Sartre, ***Being and nothingness***, trans. Hazel Barnes, New York: Washington Square Press, 1966.

세워질 수 있었다.

그러나 주어가 생략될 수 있을 뿐만 아니라 주어의 인칭, 수, 성에 따라 술어가 형태변화를 일으키지 않는 한어(漢語)에서는 고립어로서의 한자가 갖는 특성 때문에 그 경계가 뚜렷한 술어의 포섭 범위와 유형에 따라 범주론이 체계화될 수 있었고 따라서 음양(陰陽)의 대대(對待)에서 64괘에 이르기까지 만들어지는 역(易)의 형이상학적 체계가 완성될 수 있었다.[53]

한국말에서는 주어 곧 임자말이라는 것이 한 문장이나 판단의 필수 성분이 아니며 생략될 수도 있기 때문에, 술어를 매길 주어 자리에 있는 그것의 정체가 뚜렷하게 미리 결정될 수 없는 것이다. 이렇게 임자말의 정체가 지배적인 자리에 있지 않아서 그것에 매겨야 하는 풀이말 또한 그 경계를 미리 긋지 않고 마디들의 조합에 의해 임자말의 정체를 잡아가는 전략이 사용된다. 이러한 특성 때문에 한국말에서는 주어–술어의 판단형식에 따르는 서구 스타일의 고전 형식논리가 발상되기 어려웠을 뿐만 아니라 현대의 술어논리의 성립의 계기 또한 주어질 수 없었다고 볼 수밖에 없다.

––––––––––––––––

(53) "갑골문을 포함하는 대부분의 고대 한어 문장은 서구 문법의 전통에서 요구하는 완전한 문장의 조건들을 갖춘 것이 아니다. 한어(漢語)의 문장 또는 그 성분들은 일반적으로 그것이 소속한 문맥 또는 실제 상황에 대한 반구관계에 의해서 해석하는 것이 원칙이다. 문장 성분들 사이의 수, 격, 성, 인칭, 시제의 내적 일치라는 서구 문장 구성법의 원칙이 모순배제의 정합주의[에 따르는 것이]라면 한어의 문장 구성법을 지배하는 원칙은 집체(集體)반구(反求)의 정합주의에 [따르는] 對待 또는 無待 같은 轉化의 논리[에 의해] 착상된 것으로 볼 수 있다."("古代漢語와 原始反求: ⅱ. 原始生態로서의 反求─殷代甲骨卜辭에서") 박동환, 『안티호모에렉투스』, 제1판, 2001; 제2판, 고양: 사월의책, 2017.

한국말에서 많은 경우에 생략해도 괜찮은 임자말 자리에 상정되어 있는 존재 x는, 그 자신에게 매겨지는 무한 변이가 가능한 마디들의 조합 곧 풀이말 X에 의해 묘사된다. 따라서 한국말에서는 임자말 곧 주어보다는 풀이말 곧 술어가 문장의 필수 요소이며 문장의 뜻하는 바를 결정하게 된다.[54][55] 영어와 그 밖의 여러 서구어에서 문장의 필수 성분으로서 주어는 특화해서 지시 가능한 어떤 것 a 또는 b로 대표할 수 있고, 따라서 그것이 요구하는 술어는 a 또는 b를 포섭하는—또는 주

---

(54) "조선어에서 주어가 술어를 문법적으로 지배하는 경우란 없다. 영어나 로어의 경우에는 주어가 문법적으로나 구조적으로 술어를 지배하는 문장의 구조적 중심으로 되며 술어는 인칭, 수, 성 등 형태상으로 주어의 지배를 받으면서 구조-문법적으로 주어에 종속되어 있다. 그러나 조선어에서 주어와 술어의 호상관계는 외국어의 경우와 다르다. 조선어에서 술어는 구조-문법적으로 가장 중요한 문장 성분으로서 문장의 맨 끝자리에 놓이며 주어까지 포함한 다른 성분들을 그에 종속시키는 항구적인 주도적 성분으로 된다. … … 조선어에서 주어는 문장구성의 필수적 요소가 아니다. 만약 주어가 문장구성의 필수적 요소라고 한다면 주어 없는 문장은 모두 불완전문이 될 것이다. … 그러나 조선어에서 주어 없는 문장은 그 사용빈도에 있어서 절대적이며 또한 주어가 없다고 해서 전형적인 문장구성을 방해하는 일이 없다."(86-87쪽) 김영황, 『문화어문장론』, 평양: 김일성종합대학출판사, 1983.

(55) "사실 그들의 사유는 발견이라기보다는 오히려 재인식이며, 상기이며, 영혼의 먼 시원의 고향으로 돌아가는 것이다. … … (주어 개념이 거의 발달하지 않은) 우랄알타이 언어권에 속하는 철학자들은 아마도 인도-게르만족이나 무슬림들과는 다르게 '세계를 들여다 볼' 것이며 다른 길들을 걸어갈 것이다."(§ 20) Friedrich Nietzsche, ***Beyond good and evil***, trans. R. J. Hollingdale, Penguin Books, 1973. "'사물' '이 동일한 사물', 주체, 속성, 행위, 대상, 실체, 형상 … 따위를 만들어낸 것은 우리들이다. 세계가 우리에게 논리적으로 보이는 것은 바로 우리가 세계를 논리적으로 만들었기 때문이다."(§ 521) Friedrich Nietzsche, ***The will to power***, trans. W. Kaufmann & R. J. Hollingdale, New York: Vintage Books, 1967, 1968.

어의 고유한—유(類)를 나타내는 F 또는 G로 대표할 수 있다. 그러나 주어의 지배적 기능을 제거한 현대 술어논리에서도 a, b로 대표하는 대상은 술어 F, G에 의하여 그 경계가 결정적으로 주어지며 그렇게 포섭되는 대상의 정체를 묘사할 수 있게 된다. 그래서 20세기 초를 앞뒤로 해서 나타난 니체와 러셀은 각기 전혀 다른 철학사조의 맥락에 소속있었음에도 불구하고, 그들이 공유하는 인도유럽어에서의 주어의 지배적 기능 때문에 개체 대상의 실체성 또는 주체(subject) 존재의 정체성을 상정하며 탐구하는 허구의 형이상학이 서구에서 탄생하게 되었다고 반성하며 비판하였다.[55][56]

한국말에서는 임자말이 생략될 수 있는데, 그렇다 하더라도 무한 변이가 가능한 마디들의 조합으로 이루어지는 풀이말[57][54]에 의해 임자말 없는 문장도 마무리가 될 수 있다. 그렇게 변이 가능한 풀이말의 마무리 역할 때문에 임자말 자리에 놓인 그것의 정체성과 경계 역시 미완결 상태로 유보된 채 하나의 문장 또는 판단이 이루어질 수 있는 것이다. 그리고 이렇게 무한 변이가 가능한 마디들의 조합에 의해, 임자

---

(56) "주어-술어의 논리는 실체-속성의 형이상학과 같은 한 사례이다. 그 두 가지 가운데 어느 것도 아리안계가 아닌(non-Aryan) 언어를 사용하는 사람들에 의해 발명될 수 있을지 의문스럽다. 그런 것들은 중국에서는 착실될 법한 것이 아니라는 것이 확실하다 …. [이하의 부분은 정확한 의미를 살리기 위해 번역하지 않음] Again, it is natural … to suppose that a proper name[한 고유명사] which can be used significantly stands for a single entity; we suppose that there is a certain more or less persistent being called 'Socrates', because the same name is applied to a series of occurrences which we are led to regard as appearances of this one being. As language grows more abstract, a new set of entities come into philosophy, namely, those represented by abstract words—the universals."(pp. 330-331) Bertrand Russell, "Logical atomism," *Logic and knowledge*, ed. Robert C. Marsh, London: George Allen & Unwin, 1956, 1977.

말 자리에 놓인 존재 x는 그 정체성과 경계 주변에 잠복해 있는 미지의 변수에 대해 열려있는 상태로 놓일 수 있는 것이다. 세상에 몸을 드러내 있는 임자말 자리의 그것 x의 정체성과 경계에 작용할 수 있는 미지의 변수들은 x의 내재성과 초월성에서 비롯하는 것으로서, 그 각각을 $\neg x$와 $X(\ )$로 대표할 수 있다. 이는 서구 전통에서처럼 주어 자리에 있는 그것이 이미 지닌 정체성에 의하여 그 주어에 매겨지는 술어의 뚜렷한 경계 곧 유(類) 또는 범주가 결정되어버리는 문장의 논리와는 전혀 다른 것이다. 이렇게 서구 전통의 논리에는, 주어 자리에 놓인 그것 x에 작용할 미지의 변수 $\neg x$와 $X(\ )$의 무한 변이를 반영하는 술어 마디들의 조합이 연출하는 개방성 또는 자유가 없다.

한국말에서 임자말에 대한 풀이말의 논리적 관계는 노버트 위너가 1961년에 발표한 '사이버네틱스'(cybernetics)의 '되먹임'(feedback) 개념[58]을 빌려서 설명할 수 있다. 말하자면 임자말 자리에 있는 그것의 아

---

(57) "월성분 없앰: 임자말은 들을이의 지장이 없을 때에는 밖으로 나타나지 않는 경우가 있으나, 말할이의 마음속에는 항상 숨어 있는 것이다. … … 그리고 상황에 따라서는 다른 성분들도 속으로 숨어버리는 현상은 흔히 볼 수 있는 일이다. … '너 어디 사니?'에 대한 답으로서 말한 '계동.', '넌 이름이 뭐냐?'에 대한 되물음으로 말한 '내 이름?' 따위는 풀이말이 없어진 것이다. 풀이말은 월의 중심이 되는 성분이므로 이것이 없어진 월은 특히 '모자라는 월'이라 한다."(262쪽) "우리말의 풀이씨 활용은 많은 말본의 관념을 나타내도록 되어 있다. 이를테면 '그분이 가셨겠습니다.'란 월에서 '가셨겠습니다'는 뿌리 '가'에 가지인 '으시' '겠' '습'과 '니다'가 붙어서 한마디를 만들고 있는데, 이로 말미암아, 이 말의 주체인 '그분'을 말할이가 높이는 일, 이 움직임이 이미 끝났음, 그 끝났음을 추측하는 일, 말할이가 이 말의 들을이를 높이고 있는 일, 그리고 말할이는 들을이에게 자기의 뜻을 베푸는 데 그친다는 것(대답을 요구하거나 들을이의 행동을 요구하거나 하지 않음) 따위, 많은 말본의 관념을 나타내고 있다. 영어 같은 말에서는 한 형태적 짜임새 안에 이렇게 많은 말본의 관념이 포함되는 일이 없다."(188쪽) 허웅, 『국어학: 우리말의 오늘, 어제』, 서울: 샘문화사, 1983, 1993.

직 뚜렷하지 않은 정체를 묘사하기 위하여, 그것으로부터 오는 되먹임 또는 감에 따라 마디들의 조합을 만들어 풀이말을 매기는 것이다. 한국말에서 임자말 자리에 놓인 그것 x의 정체와 그것에 매겨질 풀이말의 경계를 미리 결정하지 않는 문장구조의 이유에는, 임자말 자리의 그것 x의 주변에 언제나 미지의 변수 $\neg x$와 $X(\ )$가 잠복하여 있다는 계산이 있다. 그렇다면, 한국말에서 "주어가 술어를 지배하는 경우란 없다"[54]라고 단정할 수 있는가? 풀이말이 그 마디들의 조합으로 임자말에 대해 여러 가지 지배적 기능을 할 수 있더라도[57] 그 기능은 임자말 자리에 있는 그것 x의 주변에서 움직이는 미지의 변수 $\neg x$와 $X(\ )$에 의해 오히려 지배받는다고 볼 수도 있는 것이다.

아일랜드에서 서울 근교의 작은 마을로 파견되어 온 한 선교사 신부는 가정부로 일하는 아줌마의 이해할 수 없는 어법에 대하여 말하고 있다. 아줌마는 집에서 쓰는 수건의 행방과 식탁에 차린 수프의 상태를 자기가 책임져야 함에도, 수건과 수프 자체의 알 수 없는 행태("그러게 말이에요. 수건들이 다 어디로 갔죠?")와 특성("그게 왜 뜨거워지질 않았죠? 불 위에 있을 만큼 있었는데요.")에다가 책임을 떠넘기는 듯이 말을 한다는 것이다.[59] 사물의 알 수 없는 행태와 특성에 일의 책임과 결과를

---

(58) "또 다른 환자가 들어온다. … … 그에게 담배 하나를 권한다. 그는 담배를 잡으려고 손을 저으면서 그것을 지나쳐갈 것이다. 다음에는 다른 방향으로 지나치며 똑같이 소용없는 시도를 할 것이고 … 그의 동작은 소용없는 발작 진동으로 끝날 것이다."(p. 95) "인간의 몸에서 손이나 손가락의 동작은 수많은 관절들로 이루어진 하나의 시스템으로 가능하게 되는 것이다. 이것은 모든 관절들이 산출하는 벡터(vector)들의 조합에 따라오는 결과물이다. 일반적으로 이와 같은 복잡한 조합의 시스템은 [수많은 관절들의 진동과 조합에 의한 것이어서] 단일한 되먹임(feedback)에 의해 안정을 찾을 수 있는 것이 아니다."(p. 107) Nobert Wiener, *Cybernetics: or control and communication in the animal and the machine*, 2nd ed., Cambridge, MA: MIT Press, 1948, 1961.

떠넘기는 데에는 한국 사람들이 쓰는 임자말의 생략 가능성과 이에 대응하여 변이가 자유로운 마디들의 조합으로 이루는 풀이말의 개방성이 한 가닥 기여하고 있는 것이다. 한국 사람들은 서구 또는 미국문화권의 사람들에 비하여 개개인의 주체성보다는 그들 사이의 관계에 의존하여 생각하고 행동하는 경향이 짙다고 많은 사회심리학자들이 말한다.[60] 이는 적어도 개인 독립의 삶과 그에 따르는 행동패턴이 서구에서처럼 주어 지배형의 어법에 압축되어 있고, 관계 의존의 삶과 그

---

(59) "내가 '아주머니'에게 왜 집에 수건이 하나도 없냐고 물으면, 아주머니는 "그러게 말이에요, 수건이 모두 어디로 갔지?"라면서 마치 수건들이 우리 둘에 대해 음모라도 꾸민 듯이 대답하는 것이다. 또 어떤 때는 차가운 수프를 갖다 주고는 수프를 탓하는 투로 말하기도 한다. "이게 왜 뜨거워지질 않았지? 불 위에 있을 만큼 있었는데." 이것이 [나의] 불평을 회피하는 괜찮은 방법이라는 점을 제쳐놓고 보면, 이는 한낱 물질적인 대상들이 마치 자신들의 삶과 의지라도 가진 듯이 대하는 보기 드문 존중의 태도를 보이는 것이다. 현대 세계에는 이 같은 존중의 여지가 남아있지 않다. … … 우리 아주머니가 셰익스피어를 읽었다면 이렇게 말했을 것이다. "호레이쇼, 하늘과 땅 사이에는 자네의 철학으로 상상하는 것보다 훨씬 많은 일들이 있다네."(William Shakespeare, *Hamlet*, Act 1)" Hugh MacMahon, "Deference to the unknown," *The scrutable oriental*, Seoul: Sejong Corporation, 1975.

(60) "어떤 문화에서는 명확한 경계가 안정감과 편안함을 주는 반면, 다른 문화에서는 다소 모호한 경계를 유발할 수도 있는 관계성이 … 편안함을 준다. 감정 자체는 범문화적 보편성을 가진다고 할 수 있지만 그 감정에 영향을 끼치는 '최적의 거리'에는 문화적 차이가 있다는 것이다."(34쪽) "타인과 흉허물 없이 지내는 한국인들의 경계를, 서양인의 기준으로 보면, 관계중독이 될 위험이 높은 것처럼 보인다. … … 한국인들은 일가친척이 옹기종기 모여 사는 마을에 있는 '커다란 한옥'의 일원으로 태어난다. 서양의 관점에서 보면 '우리가 남이가?'의 우리됨(we-ness)에서 비롯된 모호한 경계와 관계는 문제가 있는 것처럼 보인다. 자신의 경계를 지키지 못하고 관계에 의존하거나 중독이 되리라고 보기 때문이다."(51쪽) 권수영, 『한국인의 관계심리학』, 파주: 살림출판사, 2007.

에 따르는 행동패턴이 한국에서처럼 술어 지배형의 어법으로 압축되어 있는 것으로 이해한다면 상당히 객관성이 있는 문화비교 또는 분류라고 볼 수 있다. 그러나 주어 지배형의 어법을 모국어로 하는 사람들이라 해도 생존 조건의 변화에 따라서는 관계 의존의 패턴으로 살거나 생각할 수 있으며, 마찬가지로 술어 지배형의 어법을 모국어로 하는 사람들도 개인 독립의 패턴으로 삶과 세계인식을 개척해 나갈 수 있는 것이다. 어법의 규칙은 사람들 사이에서 역사적으로 공유하는 성분을 따라 간단한 형식으로 압축 확일화되어 이루어지는 것인데, 개인적인 삶과 세계인식의 패턴은 각자의 타고난 성향과 놓인 처지 또는 환경에 따라 각각 유일 고유하게 개척해 갈 수 있는 것이기 때문이다.

—

붓다의 생각을 잉태한 인도의 전통에서는 무아(selflessness)로써,[61] 예수와 그를 따르는 제자들은 영생으로[62] 거듭남을 말하였다. 자연 가운데서 태어난 개체생명은 한 뭉치의 물질 체계 또는 아리스토텔레스

---

(61) "신과 합일을 이루고 진리를 알고 있는 사람은 '내가 하는 일은 아무 것도 없다'고 생각한다."(V-8) "미숙한 이해력 탓에 자신을 '단독의 행위자'로 보는 고집스런 사람, 그는 진실을 보지 못하는 사람이다."(XVIII-16) *The Bhagavadgita*, 2nd ed., trans. S. Radhakrishnan, London: George Allen & Unwin, 1948, 1976.

(62) "예수께서 대답하여 말씀하셨다. '진실로 네게 이르노니 사람이 거듭나지 않으면 하느님 나라를 볼 수 없다.' 그러자 니고데모가 묻기를 '사람이 늙었는데 어떻게 날 수 있습니까? 어머니 모태에 재차 들어가서 태어날 수야 없지 않습니까?' 하였다."(*John* 3:3-4) "… 너희가 거듭난 것은 살아서 머물러 있을 하느님의 말씀에 의한 것이다. 왜냐하면 '모든 인간은 풀과 같고 그 모든 영광은 들판의 꽃과 같으니, 풀은 마르고 꽃은 떨어질지언정 주의 말씀만은 영원토록 남아있기' 때문이다."(*1 Peter* 1:23-25)

가 말하는 한 덩어리 무형의 질료에 다름 아니다. 그러한 한 뭉치의 미미한 자연 존재로서 일생을 통과하는 가운데 그의 존속과 실현을 가로막는 갖가지 운명의 한계를 넘으며 지양되는 상태로 나아가는 것이다. 한 덩어리 자연의 부분으로서 지니는 한계를 지양하며 거듭나기 위하여 무엇을 바라보며 생각하는가? 일생의 타고난 한계를 지양하며 죽음으로 다가가야 하는 존재로서 그는 태어남을 축하하기보다는 한계를 지양하며 다가가는 마지막 그 날을 기억하며 기념해야 할 것이다. 거듭나는 자가 한계를 지양하며 바라보는 세계는 끝까지 추적해 닿을 수 없는 '미답(未踏)의 영토', '모든 것들이 자신을 불사르며 들어가는 세계'이다.

거듭난다는 것은 현실을 지배하는 법칙 밖에서 태동하는 잉여의 가능한 질서—그것이 무(things that are not)[63]이든, 무아[61]이든, 또는 영원의 저편[62]이든 간에—그 가운데서 현실에서 추구하는 가치와 존재를 다시 평가하는 것이다. 그러니까 거듭남이란 어떤 종교의 전유물이 아니다. 그것은 일상에서 지지하는 가치와 세계관의 전환, 곧 코페르니쿠스 스타일의 혁명에 따르는 새로운 존재의 길이다. 아리스토텔레스

---

(63) "역사 가운데서 신이 불완전하게 존재하는 것들(약한 것들, 어리석은 것들, 멸시당하는 것들)을 사용하여 어떻게 완전하게 존재하는 것들을 물리치는지 제시하고 있다 …. '존재하지 않는 것들'에서 일어나는 창조의 무한한 가능성은 모든 존재하는 것들에 대한 하나의 위협으로서 다가온다."(pp. 217-218) Reinhold Niebuhr, *Beyond tragedy*, New York: Charles Scribner's Sons, 1951.

"그러나 하느님은 지혜 있는 자들을 부끄럽게 하려고 세상의 어리석은 것들을 택하셨으며, 강한 것들을 부끄럽게 하려고 세상의 약한 것들을 택하셨습니다. 하느님은 이 세상의 낮은 것들과 무시당하는 것들 곧 없는 것들을 택하여 있는 것들을 폐하시니, 이는 아무도 하느님 앞에서 자랑하지 못하게 하기 위해서입니다."(*1 Corinthians* 1:27-29)

는 그의 형이상학에서 존재를 존재 밖에서 흔들며 위협하는 잉여의 변수를 배제한 채 다만 각각의 가능태인 질료에서 현실태인 형상으로 나아가는 발전의 양상을 명상하는 데에서 그쳤다. 그는 각각의 존재가 질료의 상태에서 그것이 지향하는 목표로서 형상을 실현하며 나아가는 일관된 과정에 집중했고, 그 과정을 깨뜨리는 잉여의 가능성을 향해 끊임없이 격파당하며 거듭나는 길을 열지 않았다. x의 존재론에서 Xx, 그리고 특히 $\neg x$와 $X(\ )$라는 한계 지양의 형식들은 각각의 생명이 지향하는 목표로서의 형상 또는 이념 자체가 격파당하며 거듭남으로 통과하는 단계들을 대표하는 것이다.

거듭남에 대하여 말한 철학자로서 니체를 들 수 있다. 그는 모든 가치들을 다시 평가하는 일에 대하여 말하였다. 그는 '영원회귀'와 '권력 의지'와 '초인'이라는 개념을 가지고 무리에 속해 있는 자들의 저속한 도덕관념을 비판한다.[27][28] 이로부터 그는 주체로서의 자아와 이기주의와 평등을 향한 개인주의를 지양하며 자유로운 정신으로서의 초인(Übermensch)으로 거듭나기를 강조한다. 그가 말하는 영원회귀와 권력의지와 초인 정신은 무리들 가운데서 이루어지는 일상의 삶에서 타자와 대립하는 자아 존재 그리고 선과 악을 구별하는 가치관을 타파하며 지양하게 하는 바탕이 되는 것이다. 그럼에도 이렇게 초인의 경지에 진입해서 이루는 모든 가치들의 재평가와 영원회귀는 플라톤이나 노자가 말하는 완전한 치자(治者)가 지향하는 통분, 통치의 체제 Xx와 다름이 없다. 그러나 초인과 완전한 치자가 지향하는 통분 체제와 통치권으로의 진입을 거부하며 가에 머무르는 구성원 또는 성분을 대표하는 $\neg x$와 $X(\ )$ 곧 파격과 격파라는 거듭남의 행위가 있다. 그런 거듭남의 행위가 가에서 일어나는 것은, $\neg x$와 $X(\ )$로 대표하는 잉여의 모든 가능성 곧 내재성과 초월성을 모두 흡수 환원할 수 있는 완벽한 체제란 지상에 없기 때문이다. 니체는 바로 이것, 개체존재들에게 각각 다른 모양으로 다가오는 잉여의 무한 가능성을 간과했다. 무리와 거기서 빼어난 초인을 구별하면서도 영원회귀, 권력 의지라는 보편의 질서 Xx에 모든 위대한 개체존재들의 행위를 획일적으로 종속시켜 버렸다.

맑스는 의식에 대한 존재, 생산관계에 대한 생산양식, 자본에 대한 노동의 우월한 결정권을 주장한다. 그는 이 우월한 결정권에 의하여 모든 이데올로기에 숨겨진 허위의식, 잉여가치를 착취하는 생산관계, 자본주의 체제에 대한 프롤레타리아의 혁명이 가능하다고 보았다.[64] 그러나 맑스가 제시하는 혁명은 일회적이며 획일적이어서 어느 지점에서 자본에 대한 노동의 결정권 또는 프롤레타리아의 혁명이 완성되고 정지하는 상태를 상정한다. 어떤 혁명이 일회적, 획일적으로 일어나는가? 혁명의 과정에서 그리고 혁명에 의하여 언제나 그 중심에 놓이는 자들과 주변으로 밀려나는 자들, 평가를 하는 자들과 평가를 받는 자들로 나뉠 수밖에 없다. 그러나 누가 누구를 영원히 평가할 수 있으며 누가 그의 평가에 의해 누구를 영원히 밀어낼 수 있는가? 영원히 가운데를 차지하고 있는 자도 영원히 가에로 밀려나 있는 자도 없다. 가운데 자리와 가의 자리는 역사와 자연의 흐름 가운데서 반전에 반전을 거듭하는 것이다. 반전에 반전을 거듭하는 가운데서 사람들은 그리고 모든 생명은 비로소 원숙한 존재로 '거듭날' 것이다. 그렇게 가운데 자리와 가의 자리가 반전을 거듭하는 투쟁 가운데서 비로소 언제나 생

---

(64) "물질적 삶의 생산 양식이 사회적, 정치적, 정신적 삶의 과정 전반을 결정하는 조건들이다. 인간의 의식이 그의 존재를 결정하는 것이 아니라, 거꾸로 그의 [사회적] 존재가 그의 의식을 결정하는 것이다."(Preface to *A critique of political economy*) "우리는 앞에서 노동계급에 의한 혁명의 첫 걸음은 프롤레타리아트를 지배계급의 지위로 끌어올리는 것, 민주주의의 싸움에서 승리하는 것임을 보았다." "지배계급을 공산주의 혁명 앞에서 떨게 하라. 프롤레타리아들이 잃을 것은 사슬밖에 없다."(*The communist manifesto*) *Karl Marx: selected writings*, ed. David McLellan, Oxford: Oxford University Press, 1977.

길 수밖에 없는 밀려난 자들의 억울함이 정의롭게 보상될 수 있다. 그러므로 헤라클레이토스는 일찍이 이렇게 말하였다. "투쟁은 정의다." (Diels-Kranz 80) 그렇다면 미지의 영토에 다름없는 가에서 숨을 죽이고 기다리는 한계해법 $\neg x$와 $X(\ )$가 기존 체제의 해법 Xx에 가로 막혔던 영원의 비전을 열 수 있을 것이다.

니체와 맑스는 투쟁하는 개체존재들에게 한 보편의 해법을 제시하고 있는가? 그들이 제시하는 보편의 해법 곧 Xx는 여전히 그 체제에 동의 합류할 수 없는 개체존재들을 잉여지대로 추방한다. 그들이 제시한 Xx는 언제나 추방된 예외자들을 만들어내는 임의의 보편성 곧 제2의 보편성을 지닐 뿐이다. 실은 인간이, 아니면 생명의 존재가 만들어내는 체제에서 완벽한 곧 제1의 보편성은 기대할 수 있는 것이 아니다. 그러나 적어도 가에로 밀려난 모든 예외자들에게, 그리고 모든 존재하는 것들에게는 결국에 불가피하게, 열려있는 가능한 제1의 보편성이 파격과 격파라는 임시의 이름을 가진 영원의 한계해법 또는 한계 초월의 해법 $\neg x$와 $X(\ )$ 가운데서 떠오를 것이다. '더 이상 격파 또는 초월당하지 않음'으로 정의 할 수 있는 제1의 보편성이 세상에 몸을 드러낸 모든 존재의 한계 밖에서 피할 수 없게 압도해 오는 것이다.

영원의 매체 '제1 언어'에 대하여

XI
영원의 매체 '제1 언어'에 대하여[1]

1.

사람들은 그리고 철학자들조차 일상언어 체계에 담긴 유(類)의 개념들 또는 술어들에 의해, 혼돈 가운데서 헤매는 사물들에 어떤 질서를 매긴다. 그렇게 사물들을 대상화해서 그것들에 질서를 매기고, 그 성분들 곧 개체존재들의 위상을 부여하거나 정의한다. 이것이 고대 그리스의 플라톤과 아리스토텔레스, 중국의 공자와 노자에게서 각각 다른 모양으로 시작된 전통 곧 쟁의(爭議)의 논리와 그 사회체제,[2] 집체(集體)의 언어와 그 사회체제[3] 가운데서 실행해온 문제 해결과 삶의 방법이다.

그러나 사물들 또는 존재하는 것들을 대상화하고 그것들에게 그럴듯한 유(類) 또는 술어들을 매겨서 그 위상을 부여하거나 정의할 수 있는 권리와 능력이 우리들에게 있는가? 모든 사물들, 모든 존재하는 것들은 영원의 부분이며 영원의 현재이다. 그것들은 그들 안에 품고 있는 내재성 곧 영원의 기억으로부터 폭발하는 자체 지양, 자체 반전의 힘으로 그것들에게 매겨진 모든 유들, 모든 정의들, 모든 정체성들을 언제라도 취소할 수 있다. 그러므로 다만 x로 대표할 수밖에 없는 모든 존재하는 것들은 어떤 정의, 어떤 정체성을 매길 수 있는 '대상'이 아니다. 이 세상에 '무엇'이라고 정의하거나 그것에 어떤 이름을 마음대로 매길 수 있는 것은 아무것도 없다. 그렇게 정의할 수도 이름 매길 수도 없는 그것들은 각각 그의 안에 간직한 영원의 기억 x를 $\neg x$라는 상상의 관계식에 따라 폭발시킴으로써, 쉼 없는 자체 지양과 파격을 쏟아내는 영원한 변신의 주체가 된다.

그런데 고대 그리스의 철인들에서 비롯하는 쟁의의 논리와 사회체제, 그리고 고대 중국의 철인들에게서 정착된 집체의 언어와 사회체제가 지탱해온 전통들이 하나의 세계사 가운데로 합류하며 비교되는 21세기에 와서는, 그 모두가 다만 제각각 특이하고 우연한 문화 환경의 산물들에 다름 아닌 것들로 판명되기에 이르렀다. 그들의 전통 가운데서 철학자들이 추구해온 것은 더 이상 보편의 진리일 수 없게 된 것이다. 철학자들이 주장하던 보편의 진리라는 것은 제각각 그들이 소속한 특이하고 우연한 지역문화와 언어를 매체로 하여 이루어진 것에 지나지 않는 것이기 때문이다. (130212)

2.

17세기의 데카르트는 말했다. "[나는] 생각한다. 그러므로 [생각하는] 나는 존재한다." 그가 이렇게 말할 수 있었던 것은, 모든 의심할 만한 것들을 의심하며 반성하는 데카르트의 생각 곧 그의 의식 가운데에 확인되는 자아가 존재했기 때문이다.⁴ 그러나 20세기 사르트르의 의식 가운데에는 자아라고 할 만한 것이 없었다. 사르트르에 따르면, 의식과 달리 자아라는 것은 의식 밖의 세계를 가득 채운 모든 사물들 곧 모든 대상들과 같은 종류의 것이다.⁵ 사르트르의 의식에 대하여 그의 자아는 또 하나의 타자 곧 대상일 뿐이다. 자아는 의식 밖에 놓여 있는 하나의 대상이다. 자아를 이렇게 밖으로 던져버린 사르트르의 순수 의식은 세계로부터 밀려오는 타자에 다름없는 자아와 그 밖에 타성에 젖어버린 모든 사물들로부터 해방된 절대의 자유, 상상의 자유를 확보할 수 있었다.

그러나 현실 세계 밖으로 해방된 순수 의식이 그 절대의 자유, 상상의 자유를 가지고 방황할 때, 그에게 다가온 사물들의 존재가 그 자체의 이름이나 특성이나 어떤 필연의 법칙을 잃고 한 바탕의 혼돈으로 빠져 들어가는 상황을 사르트르는 『구토』에서 다음과 같이 묘사하고 있다.

> "존재가 갑자기 탈을 벗은 것이다. … … 뿌리며, 공원 울타리며, 의자며, 풀밭의 듬성듬성한 잔디며, 모든 것이 사라졌다. 사물의 다양성, 그것들의 [이름과] 개성은 하나의 외관, 하나의 껍데기에 불과했다. 그 껍데기가 녹은 것이다."(234쪽) "존재란 단순히 '거기에 있다'는 것이다. … … 그러나 결코 그것을 '연역'할 수는 없다. … … 그들[철학자들]은 필연적이며 자기 원인이 됨직한 것을 생각해 냄으로써 우연성을 극복하려고 했다. 그런데 … 우연성은 지워 버릴 수 있는 가상이나 외관이 아니라 절대다."(242쪽)⁶

이 절대 우연의 존재들에 대하여 어떤 그 고유의 이름을 매길 수 있 겠는가? 물, 불, 물질, 이데아, 권력의지 아니면 도(道)나 이(理) 또 는 기(氣)라는 이름을 매길 수 있는가? 뜰 앞에 서 있는 나무에 대하 여 '이것은 나무다'라고 하여보라. 그는 '나는 나무가 아니다'라고 항 의할 것이다. 창공을 달려가는 바람을 향하여 '저것은 바람이다'라고 하여보라. 그는 '나는 바람이 아니다'라고 외칠 것이다.[7] 세상에 몸 을 드러내 있는 그것들은 시작을 알 수 없는 영원의 흐름에서 비롯 한 한 조각 한 조각의 분신 곧 영원의 현재들이다.[8] 그 현재들은 모 두 그것들이 간직한 영원한 변수 x의 한 순간이 드러내 보여주는 우 연한 이름의 존재들이기 때문이다. 나무, 바람, 이데아, 권력의지, 도, 이, 기라는 것들은 그러니까 영원의 분신, 영원의 현재들을 뿜어내는 변수 x 또는 X가 임의의 한 순간에 우연으로 허용하는 이름들이며 개성들이며 특성들이며 관계들이다. 그런 이름들을 가진 개성과 특 성과 관계들이 존재한다는 것은 애초에 그런 것들이 없던 세상에서 부딪치는 절대의 우연일 뿐이다.

사르트르는 의식 안에서 이런저런 이름과 특성과 관계를 지니며 기 거하고 있던 모든 존재들, 곧 '자아'를 비롯한 모든 사물들을 밖으로 축출해 버렸다. 밖으로 쫓겨난 세상의 존재들과 사물들은 어떤 이 름, 어떤 특성, 어떤 관계를 가질 수 있을까? 의식이 그 습관의 틀을 벗어나 상상의 자유를 가지고 방황할 때 세상에 존재하는 것들과 그 밖의 사물들은 참으로 무엇일까? 칸트는 그것들을 알 수 없는 '물자 체' 또는 x라고 할 것이다.[9] 사르트르는 그것들을 어떤 이름도 없는 것, 그들의 개성이나 존재의 이유 또는 필연성을 갖고 있지 않은, 그냥 존재하는 것이라고 했다. 그에 따르면 그것들은 다만 '거기에 있을 뿐인 것'이다. 그것들은 모든 가능한 이름이나 개성이나 존재의 이유 또는 필연성을 잃어버린 x일 뿐이다. 사르트르의 의식 밖으로 쫓겨난 모든 존재하는 것들은 다만 x로 가리킬 수밖에 없는 것이다.

그렇다면 그것들은 다만 x일 뿐인가? 영원으로부터 시작하여 끝없이 흐르는 변수 x들로 가득한 세계에다 다양한 특성과 이름들을 지닌 모든 것들을 누가 만들어내는가? 사르트르가 말하는 것처럼 절대의 자유, 상상의 자유를 가진 의식이 '아무것도 없는 데서'(*ex nihilo*)[10] 그런 다양한 이름을 가진 존재들을 만들어내는가? 그 존재들은 한계가 없을 것 같은 상상의 자유를 가진 의식이 아무것도 없는 데서 분출하는 완전한 창작 행위에 의해 등장하는 것인가? 사르트르를 따라 그렇게 주장하는 것은, 그 비롯하는 데를 망각한 의식과 상상의 지나친 오만일 것이다. 과연 의식과 상상은 사르트르 자신의 생각에서처럼 사물들이 존재하는 세계에서 추방당해 '아무것도 없는 백지 상태에서'[11] 움직이는 것일까? 의식과 상상은 아무것도 없는 백지 상태에로 추방당함으로 해서 절대의 자유를 얻는가? 그러나 의식과 상상이 끝없는 자유를 행사할 수 있는 것은 그것이 아무것도 없는 백지 상태로 추방되었기 때문이라고 볼 수는 없다. 의식이 행사하는 자유, 그 상상의 자유를 대표하는 $\neg x$는, 의식의 현재에서 사라진 까마득한 영원의 과거로부터 끝없는 변신을 거듭하며 재현하는 변수[12] x 곧 '영원의 기억'[13]에서 비롯하는 것이다. 무한의 상상 $\neg x$는 영원의 기억 x에 말미암은 것이다. 상상의 끝없는 자유는 현재의 몸 가운데서 움직이는 영원의 기억으로 말미암아 분

출하는 재현의 현상이다. (130116)

3.

하나의 존재는 오직 그가 품은 영원의 기억 가운데에서 비로소 현재
를 넘어 실현 가능한 미래를 향해 상상의 자유를 발휘할 수 있는 것
이다. 그는 이렇게 자신이 품은 영원의 기억 가운데서 현재를 지양
시킬 미래를 상상하며 기투(project)한다. 하나의 생명체가 자신의 물
리적 지양 이를테면 죽음을 향해 나아가려고 하는 본능을 가지고 있
는 것도, 그 자신이 떠나온 한때의 '안락한 또는 긴장이 해소된'[14] 무
생물 상태의 기억에서 말미암았을 것이라고 프로이드는 제안하고
있다. 그는 그의 원숙기에 들어서 내놓은 저서『쾌락 원칙을 넘어서』
에서, 태어나기에 앞서 있던 상태의 까마득한 기억에서 비롯하는 것
에 다름 아닌 '죽음의 본능'에 대하여 다음과 같은 설명을 하고 있다.

"[생명체의] 목표는 '옛' 상태, 곧 과거 어느 시점에서 생명체가 떨어
져 나[온 그리고] 지금까지 [전개되어] 온 [우회로를 따라] 거슬러 돌
아가려고 하는 그 처음의 상태에 있음이 틀림없다. 만약 우리가 살아
있는 모든 것은 '내적인' 이유로 해서 죽는다는―다시 한 번 무기물
이 된다는―것을 하나의 예외 없는 진리로 받아들인다면, 우리는 '모
든 생명체의 목표는 죽음이다'라고 말하고 또한 뒤를 돌아보면서 '무
생물체가 생물체보다 먼저 존재했었다'라고 말하지 않을 수 없다."(53
쪽)[15]

그럼에도 어떻게 한 생명체의 목표가 죽음일 수 있는가? 최선을 다하는 것이 곧 피 말리는 살육과 경쟁의 관계로 엮이어가는 삶에서는 어떻게 해도 헤어날 수 없는 수렁으로 빠져 들어갈 뿐이기에, 존재 이탈의 꿈을 떨칠 수 없는 때가 있다. 이제 막 시작한 삶의 초보자가 다음과 같은 존재 이탈의 꿈을 말하고 있다.

"을의 생명을 갑이 좌우하고 병의 생명을 을이 좌우한다. 그리고 아무의 생명도 좌우하지 않는 자는 없거니와 아무에게도 좌우되지 않는 자도 없다. 모든 자연의 존재는 강약의 얽힘으로 이어지는 고리에 묶여 있다."(0090) "세상에서 엮여지는 먹이사슬. 그들은 각각 살아남기 위하여 싸워야 한다. … '왜 우리들은 서로 싸우도록 지어졌습니까?' … 이해할 수 없는 지은이의 도덕원칙."(0091)[16]

왜 현재의 지양이나 존재의 이탈을 생각하는 영원의 기억 가운데에서 '죽음의 본능'만이 움직이겠는가? 고생물학자들은 종의 계통발생(phylogeny)을 따라, 그리고 우주이론가들은 '빅뱅'(bigbang) 가설에 의해, 현재로 몸을 드러내 있는 모든 것들 안에서 이미 사라져 까마득한, 그럼에도 여전히 살아 움직이는 과거 억 년 아니면 수십억 년에 걸쳐 압축된 정보와 기억에 대하여 말하고 있다.[17] 무릇 자체 지양 또는 존재 이탈이라는 것은, 현재로서 존재하는 것을 향해서 쉼없이 다가오는 영원의 기억으로 말미암아 상상하는 것을 기투함으로써 새로운 현재로 나아가는 행위이다. 그러니까 새로운 현재를 상상하며 실현할 수 있게 하는 것은, 현재의 저편으로 추방당해 몸을 숨긴 그늘에서 꿈틀거리는 영원의 기억이다. 그렇게 세상에 몸을 드러내는 것들은, 영원의 기억에서 비롯하는 영원의 한 조각 분신이며 영원의 재현으로서의 현재들이다. (130118)

4.

카프카는 유대인 가정에 태어나 독일어문화권 가운데서 교육받으며 성장했다. 그는 현실적으로는 독일어문화권에 적응해 성장함으로 해서 자신이 태생적으로 소속하는 유대 전통과 정서에 뿌리를 내리지 못하고 있었다. 그래서 그는 독일어로 이루어지는 자기의 창작 행위에 대해 깊은 회의에 빠져 있었다. 독일어를 빌려서 이루어지는 그의 창작 행위는 자기가 놓여있는 일상 세계에 친밀하게 뿌리를 내리지 못한 건조한 표현을 매체로서 연마하게 했으며, 그 소재는 밖의 현실에 소속하지 않은 자기 내면의 꿈같은 세계에서 찾지 않으면 안 되었다.[18] 그렇게 카프카는 고향을 잃은 유대인으로서 자기 고유 언어의 상실을 의식하는 데에 그치지 않고, 밖의 현실을 향해 소통하며 공유하는 매체 또는 소재 자체의 부재(不在)를 통감하는 데까지 이르는 극단의 분열 또는 격리 내향성을 보여주고 있다.[19] 그는 자신의 소속감 또는 정체성의 부재를 다음과 같이 표현한 적이 있다.

> "내가 유대인들과 무엇을 공유하고 있느냐고? 나는 나 자신에 대해서 조차 어떤 공통점을 갖고 있지 않다."[20]

그는 자신이 의지할 수 있는, 아니면 자기를 표현해 줄 수 있는 어떤 매체도 현실 가운데서 찾을 수 없는 고립 상태에 이른 것이다. 그는 그가 빌려 쓰고 있는 독일어뿐만 아니라 소통과 공유의 매체로서 언어 자체가 작동하지 않는 격리 상태에 놓여 있었다. 한 지붕 아래서 매일의 삶을 같이 하는 가족 구성원에 대해서조차 그는 대화와 소통이 불가능한 관계에 있었음을 토로한 일기를 볼 수 있다.

> "… 어머니는 나를 이해하지 못한다고 말했다. 물론 이해하지 못하실 거라고 나는 대꾸했다. … … 다시 어머니는 말했다. '그럼 너를 이해하는 사람은 아무도 없구나. 나 역시 너에게는 이방인일 테고, 너의 아버지도 마찬가지고. … …' 나는 말했다. '그럼은요, 두 분은 모두 나에게 이방인들이죠. 우리들은 다만 핏줄로만 연결돼 있어요. …'"21

왜 카프카는 가족, 사회, 결혼 같은 모든 유대 관계에서 자기 자신을 격리시켜 나갈 수밖에 없었는가? 왜 스스로 자기를 모든 관계로부터 소외시킴으로써 자신으로부터 어떤 소속감 또는 정체성을 박탈해 버렸는가?22 그것은 그가 밖의 현실을 향해 자기의 내밀한 속의 진실을 건넬 수 있는 소통과 통분의 매체 또는 소재를 찾을 수 없었던 데서 비롯하는 것으로 볼 수 있다. 그가 작가로서 실현하고자 하는 세계는 그의 몸이 소속해 있는 밖의 현실 세계 가운데에 있을 수 있는 것이 아니라, 현실 세계로부터 추방당한 그의 영혼 내부에서 움직이는 꿈같은 세계에 있기 때문이다. 그는 작가로서 겪는 삶의 운명에 대하여 이렇게 말했다.

> "나의 꿈같은 내면의 삶을 묘사하는 나의 감각이 그 밖의 모든 일들을 뒷전으로 밀어내 버렸다. 나의 [현실의] 삶은 두려워할 만큼 위축되

어 있다."[23]

카프카의 내면에 웅크리고 있는 자아의 매체로서 그가 쓰고 있는 언어의 부적합함을 카프카 연구가인 월터 소켈은 이렇게 대변하고 있다. "이 언어의 가면은 결코 그의 자아의 진정한 표현이 될 수 없다. 낱말들이, 그것들이 전달하려는 것과는 영원히 다른 진실 위에 자의적으로 덮어 씌워지고 있다."(p. 87)[24] 그러므로 그는 현실 세계를 향해서 쓰이는 지시(reference)와 모방(mimesis)의 매체로서의 언어, 불완전한 때로는 불가능한 소통과 통분의 매체로서의 언어, 사물들을 포장하는 껍데기로서의 언어를 가지고, 그의 꿈같은 내면의 삶을 표현할 수 없었다. 그렇게 그는 현실 세계로부터 추방당한 자신의 내면의 삶을 대표해 줄 만한 대안의 언어가 어떤 모양일 수 있는가 하는 물음을 남기고 있는 것이다.[25] 그렇게 현실로부터 단절되고 추방당해 깊은 내면에 숨어있는 존재의 언어와 행위는 어떤 모양으로 대표할 수 있는가? (130120)

5.

한 민족의 언어가 다른 민족에 대해 제국주의와 그 통치의 도구로 쓰일 수 있다. 뿐만 아니라 모든 일상의 언어들이 각각 전달과 통치의 수단이며, 더 나아가 자연을 통제하며 조작하는 인공(人工)의 기술이다. 일상의 말로써 이루어지는 대화와 소통은 일방적 전달과 통제의 목적에 기여하기는 쉽지만, 격차와 단절을 해소함으로써 가능한 통분과 공유를 실현하기는 어렵다. 언어는 상대 또는 대상과 함께 공유하는 것, 공감할 수 있는 것을 찾기 위한 도구로 쓰이기보다는, 상대 아니면 대상을 향한 설득과 전달, 통제와 방어의 도구로 자주 쓰인다. 언어란 자연의 진상과 인간의 의도를 포장하고 통제하는, 사르트르의 이른바 '껍데기'와 같은 것이다. 우리들의 일상언어는 실상(實相)의 지시와 모방, 소통과 공감의 매체로서 기능하기보다는, 다만 우연하게 사로잡힌 우리들의 의도에 따라 실상을 포장하고 고착시키는 인공의 껍데기 구실을 하고 있는 것이다. 이러한 인공의 껍데기를 벗겨낸 자연의 실상을 전달하는 언어는 어떤 모양으로 우리에게 다가올까?

그렇다면 껍데기에 다름 아닌 언어의 허구성 또는 자의성을 배제하고 그것을 편견 없는 중립 매체로 작동시키기 위하여 20세기의 실증주의 논리학자들이 제안했던 인공언어(artificial language)의 복귀를 주장해야 하는가? 그러나 그 인공언어 또한 다른 인공언어 곧 일상언어의 문법 위에 세워진 것이다. 그들이 논리학을 구축하는 기본 조작의 틀로 끌어들인 인공언어, 이를테면 $\forall$(every), $\exists$(some), $\land$(and), $\lor$(or), ~(not), $\supset$(if-then) 같은 것들은 모두 일상언어의 문법 곧 인공의 개념들에서 빌려온 것이다. 이러한 인공(人工)의 개념과 논리를 폐기하면, 그 아래에 어떤 불가피한 '존재의 언어' 또는 '자연의 언어'가 남을까? 사르트르가 말하는 '껍데기로서의 언어' 또는 그것을 뒤집어쓴 사물들의 겉모양을 벗겨내면 그 자리에 무엇이 남는가? 그 자리에 남아서 움직이는 것들을 무엇으로 대표해야 하는가? 껍데기와 겉모양을 잃어버린 각각의 존재 양식 아래의 깊은 속을 흐르는 영원의 변수 x가, 그리고 그것들을 향해서 절대의 명령처럼 다가오는 초월의 변수 X가, 대안의 언어로 남을 것이다.

의식 가운데서 구름처럼 떠오르는 영상들, 뿌리도 알 수 없게 마음대로 자라나는 생각과 상상들, 감으로 다가오는 느낌들, 그런 것들을 다 말로 표현할 수 있을까? 언어와 영상들, 언어와 상상들, 언어와 느낌들은 도대체 서로 일치할 수 있는 어떤 공통의 척도를 가지고 있는가? 카프카에게서처럼 깊은 속에서 꿈틀거리는 상상의 영토는 다 밖으로 표현할 수 있는 것일까? 현실 세계로부터 추방당한 의식의 영토, 그 안에서 무한의 상상을 따라 변신을 거듭하는 그것을 $\neg x$라는 대안 밖에 무엇으로 대표할 수 있겠는가? 쉼 없는 자체 지양과 무한의 상상에 다름없는 $\neg x$가 순간순간의 현재로 그 모습을 드러내게 하는 영원의 기억을 x라는 변수 아닌 무엇으로 대표할 수 있겠는가? (130121)

6.

서로 일치가 불가능한, 그럼에도 하나의 같은 영토에 소속할 수밖에 없는 x와 그것을 대체하거나 지양하려는 $\neg x$의 동거양식에 대한 담론으로서 최소한의 사회학(minimal sociology)이 이루어진다. 세상에 있는 것들은 어떻게 공존하고 있는가? 모든 가능한 일상의 매체를 동원해서 교류와 대화를 해도 결국에 일치가 불가능한 존재들이 '$x\&\neg x$'라는 관계로 협상하며 동거하고 있다. '$x\&\neg x$'는, 함께 하나의 질서를 이루고 있음에도 서로 일치하지 않는 존재들의 관계를 대표한다. 이 관계에 참여하는 존재들은 그 시작을 거슬러 올라가 잡을 수 없는 서로 다른 조합의 기억과 상상에 의해 움직이는 개체존재들일 수도 있고, 그런 개체존재들 내부에서 일어나는 기억과 상상 자체, 그로부터 다시 싹트는 주장들과 시나리오들일 수도 있다. 그러니까 한 개체존재 안에서도 서로 분열하며 대립하는 기억과 상상들, 주장과 시나리오들이 발생한다. 그렇게 불일치의 관계는 하나의 몸 안에서도 하나의 마음 안에서도 항상 일어난다.[26] 그러므로 세상에서 일어나는 타자와의 대립은 자기 안에 숨어있는 타자와의 대립이 재현된 것일 수 있다. 그렇게 '서로 불일치하는 것들이 하나의 질서 안에서 겨루는' 관계에 대하여 헤라클레이토스는 많은 사례들을 들어 설명하였다.[27] 그는 이렇게 말했다.

> "그것이 어떻게 자신과 불화하면서도 그 자신과 일치하는지를 사람들은 이해하지 못한다. 그것은 마치 활과 뤼라의 경우처럼, 반대로 당기는 조화이다."(D-K 51)[28]

그는 서로 불화하며 일치하는 또는 일치하며 불화하는 것들의 관계를 지배하는 자를 '로고스'라고 일컬었다. 오늘의 우리들은 '로고스'라는 일상언어에 의한 개념을 벗겨내고 그 '일치와 불일치' 곧 $(x\&\neg x)$의 관계를 지배하고 있는 그것을 다만 X라는 변수로 가리킬 수밖에 없다. 우리들 가운데 누가 이제 와서 그 X에다가 이의가 불가능한 하나의 큰 이름, 이를테면 이데아, 절대이성, 도(道), 기(氣) 같은 이름을 매길 수 있겠는가? 그러므로 헤라클레이토스의 긴장하는 질서의 관계는 $X(x\&\neg x)$로 대표할 수밖에 없다. 현재를 고착시키려는 어떤 자의에 의해서도 통제가 불가능한 상상과 지양의 동력 $\neg x$

가 영원의 기억을 간직한 x 안에서 항상 움직이고 있다. 그렇다면 불일치하는 것들의 관계는 헤라클레이토스의 밤과 낮, 남과 여, 활의 몸(틀)과 시위, 삶과 죽음에서처럼 평면 위에서 일어나는 대등한 것들 사이의 긴장 관계가 아니다. 헤라클레이토스는 불일치하며 겨루는 것들의 실상이 결국은 영원의 기억을 간직한 x와 무한의 상상과 지양의 능력으로서 $\neg x$ 사이의 관계, 곧 숨어있는 영원의 기억과 현재로 재현되어 나타나는 상상과 지양의 힘이 서로 겨루며 엮어가는 역사의 운동이라는 이해에 이르지는 못하였다.

헤라클레이토스의 관계식은 다른 한편으로 '우리들은 하나다'라고 말하는 통일론자의 주장을 대표하기도 한다. '우리들은 하나다'라고 말하는 이들의 세계에서 그들은 서로 불일치하여 있음에도 결국에 하나의 질서로 귀속할 수밖에 없는,[29] 그래서 모두 같은 운명의 존재들로 동거한다. 그들은 모두 '불일치함에도 하나'일 수밖에 없도록 한계 지어진 존재들의 동거 양식 $X(x \& \neg x)$에 동의할 수밖에 없다.[30] 그들은 몸을 세상에 드러냈을 때 모두 홀로 설 수 없는, 철저하게 유한한 존재들이다. 홀로 설 수 없는 개체존재들은 그들이 소속할 수밖에 없는 하나의 질서 가운데서 한계 지어져 서로 불일치하는 긴장 관계로 만난다. 그들은 그런 긴장 관계의 전체 판도를 지배하는 자 X의 질서 안의 부분으로 비로소 거듭난다.[31] 그들은 그들이 소속할 수밖에 없는 하나의 질서에 기꺼이 동의하는가?

고생물학자 스티븐 굴드가 설명하는 '평형[안정]이 중단된 [상태]'(punctuated equilibrium)에서처럼 지상의 모든 생명의 종들에게 예고 없이 닥치는 격변사태,[32] 어느 민족 집단의 역사 가운데에서도 일어나는 전쟁과 그에 따르는 참혹한 재난,[33] 그리고 유한의 존재가 예측 불가능하게 겪을 수밖에 없는 칼 바르트의 이른바 절대 결정권자의 심판[34]이 그러하듯이, 서로 분열하며 겨루는 존재들이 모두 같이 굴복할 수밖에 없도록 덮쳐오는 모양 $X(x\&\!=\!x)$를 대신할 수 있는 일상언어의 표현은 없다. 생명의 종이 예고 없이 겪는 격변사태, 피할 수 없게 닥친 전쟁, 유한의 존재가 받을 수밖에 없는 결국의 심판 같은 사건들을 무차별하게 $X(x\&\!=\!x)$로 대표한다면, 일상에서 우리들이 차별화하는 특수 분야의 언어들을 폐기해야 하는가? 나는 다만 일상의 삶에서 이루어지는 특수 분야들에 따르는 차별화와 그로부터 발생하는 다양한 범주들과 판단 형식들이 제2의 언어임을 말하고 있는 것이다. 그렇다면 제2의 언어로써 덮어씌워지는 껍데기를 벗어던지고, 영원을 관통해서 흐르며 일하는 매체로서 제1의 언어는 과연 어떤 모양으로 우리에게 다가오는 것인가? (121229)

7.

왜 세상에 만차억별의 다른 이름으로 몸을 드러내 있는 것들을 하나의 변수 x로 대표하는가? x라는 변수는 세상에 '현재'로서 나타나는 모든 것들에게 일상의 이름으로 매겨지는 불변의 정체성에 대한 회의주의를 대표하는 것이다. 한 사람의 미시사 자료 모음에 실린 다음과 같은 기록이 있다.[35]

'약속한 모임에 나갈 수 없게 하는 집안일이 생긴다면 부득이 그 이유를 최소한으로 줄여서라도 알리지 않으면 안 될 때가 있다. 그래서 어느 날 안사람의 반복된 병원에서의 검사들과 유동적인 면담 날짜로 말미암아 모임에 나갈 수 없을지도 모른다는 사정을 미리 알리지 않으면 안 되었다. 그런데 다행히 막상 그 날에는 자유로울 수 있어서 모임에 나가게 되었다. 모임에서 한 분은 '어디가 아픈 겁니까?' 이렇게 찔러 질문을 하여 왔다. "아… 그냥 보통 여성에게 있을 수 있는 질환이에요." 이렇게 이미 지난 일에 대한 설명을 피하며 다른 화제로 옮겨갈 수 있었다. 그리고 자리를 옮겨 차를 마시며 그동안에 있었던 세상의 사건들과 일상의 이야기들을 교환하며 즐거운 시간을 보내다가 헤어지는 시간이 되었다. 그런데 한 분은 가는 길이 같아서 잠시 동행하였다. 그분은 그 사이에도 다시 이야기를 꺼내며 위로의 말을 간곡히 하였다. "요즘의 의술은 하루가 다르게 발달하고 있어서 자궁암 같은 것은 염려할 필요가 없습니다. 평상심을 지키며 상황을 잘 이겨 내세요." 내가 전달한 최소한의 정보가 그분의 상상에서 전혀 다른 질환으로 재구성되어 있었다.'

언제나 제한된 정보에 의지할 수밖에 없는 어떤 사건과 사태의 진상에 대한 판단과 이름 매기기는, 그 사건과 사태 아래에서 움직이는 근본 원인과 그것이 가져올 뜻밖의 귀결을 확인할 길이 없으므로 변수 x로서 접근하는 것이 상책이다. 모든 가능한 '현재'로서 주어질 것들을 대표하는 x 자체가, 언제나 x 아래에서 x를 향해 움직이는 지양과 반전의 변수 $\neg x$에 대해 불일치하며 겨루는 가운데 변화하는 것이기 때문이다. x와 $\neg x$는 서로 불일치하며 겨루는 가운데 헤라클레이토스의 관계 $X(x \& \neg x)$를 만들어내고, 그렇게 불일치하며 치열하게 겨루는 것들조차 모두 결국에는 생명의 역사와 자연의 재난과 초월하는 자의 심판에서처럼 절대 결정권자의 개입 곧 $X(x\&\Longrightarrow x)$ 에 굴복할 수밖에 없는 때가 온다.

그러나 이 절대의 결정권을 행사하는 존재를 세상에 나타나는 어떤 우연한 하나의 절대 권력 또는 특정 종교나 자연의 과정이 대표하는 절대 위력으로 특칭할 수는 없는 것이다. X이든 x이든 그것은 일상언어에 의한 어떤 이런저런 특칭도 거부하며 단일한 우주의 척도로서 움직이는 절대 무언의 미니멀리스트이다. 그렇게 영원의 기억 또는 영원의 현재를 대표하는 x, 무한의 상상에 의한 지양과 반전의 시나리오들을 대표하는 $\neg x$, 불일치해 있음에도 하나일 수밖에 없는 동거 양식 $X(x\&\neg x)$, 이 모든 유한의 존재들이 예측 불가능하게 겪는 절대 결정권자의 재단 $X(x\&\Longrightarrow x)$는 최소한의 언어(minimal language) 곧 제1 언어로서, 모든 일상언어 곧 제2 언어 아래에서 움직이며 현실 세계를 구축하는 우주의 척도이다. (130203)

8.

생명의 종이 겪는 격변 시대의 단락(punctuation)과 절대 결정권자의 심판 같은 것을 대표하는 $X(x\&\Longrightarrow x)$의 X와, 불일치하며 일치함 또는 일치하며 불일치함을 대표하는 $X(x\&\neg x)$의 X, 그리고 포섭과 통분의 관계를 가리키는 Xx의 X, 이 세 가지는 서로 어떻게 다른가? 다를 뿐인가? 세상에 몸을 드러낸 개체존재들을 대표하는 변수 x 가 그 자신을 긴장시키는 반성의 변수 $\neg x$와 함께 시간을 통과하는 과정에서 부딪히며 굴복할 수밖에 없는 꺾임 또는 심판을 모두 독립 변수 X로 대표한다. X는 '$x\&\!\!=\!\!\neg x$'에 대하여 일방적으로 결정 지배하는 경우의 변수이며, '$x\&\neg x$' 또는 'x'와 '$\neg x$'에 대하여 대립과 협상의 과정을 거치며 결정하는 경우의 변수이다. 그럼에도 X는 '$x\&\!\!=\!\!x$', '$x\&\neg x$', 'x', '$\neg x$' 모두에 대하여 지양하며 심판하는 결국의 독립 변수로서 일하는 것이다. (121230)

풀이말

1. 『사회와 철학』제 26집(사회와 철학 연구회, 2013년 10월)에 실렸던 이 글은, 2013년 5월 25일 사회와철학연구회 모임에서 발표한 "x의 존재론을 다시 풀이함: 영원의 매체 '제1 언어'에 대하여"를 다시 정리한 것이다. 이 글은 본디 그 이전의 발표글 "x의 존재론: 특히 가에로 밀려난 이들의 한계해법에 대하여"(『철학논집』31권, 서강대학교 철학연구소, 2012년 11월)를 두 가지 이유로 해서 다시 풀이해 쓴 것이다.

첫째는 x의 존재론을 제1 언어(제2 언어와 구별되는)의 창안 과제로서 새롭게 이해했기 때문이고, 둘째는 먼저 발표한 글에서 사용했던 기호들의 뜻하는 바를 제1 언어의 구축이라는 목적에 비추어 다시 설명할 필요가 있었기 때문이다.

사회철학 또는 사회이론 전공자로서 출발했으나 현재 전혀 다른 방향으로 확장된 문제의식을 가지고 있는 필자에게 제한 없이 자유로운 주제의 발표를 할 수 있도록 뜻밖의 제안을 열어준 나의 오랜 철학의 친구 김상환 교수(서울대)에게, 그리고 이를 뒤에서 계획하며 구체화시켜 준 사회와철학연구회 대표 권용혁 교수(울산대)에게, 그분들이 지닌 학문의 여유로운 금도에 대하여 깊은 감사와 경의를 드리는 바이다.

2. 쟁의의 논리와 그에 따르는 사회체제로서 무엇을 가리키는가? 쟁의의 논리란, 논쟁이나 토론에서 각자 자기의 주장이 옳다는 것을 증명하고 정당화하기 위해 동원하는 논리적 방법 또는 절차를 가리킨다. 그렇다면 어떤 방법 또는 절차에 의하여 자기의 주장하는 명제를 정당화하는가? 그 방법은, 주장하는 명제 곧 결론에 대하여 그것을 포섭하는 명제 곧 전제들을 찾는 데에 있다. 이러한 방법으로서 아리스토텔레스는

삼단논법을 제시하고 있다.[1] 정당화해야 할 명제 곧 결론을 포섭하는 전제들이 될 만한 명제들을 찾는 절차[2]는, 거슬러 올라가면 플라톤의 후기 방법 곧 분석과 종합의 절차에서 나오는 것이다. 말하자면, 포섭의 범위가 넓은 높은 단계의 개념을 포섭의 범위가 좁은 낮은 단계의 개념들로 나누는 과정 또는 그 역으로 모으는 과정을 보면, 포섭의 범위가 넓은 높은 단계의 개념들이 전제의 명제들에 참여하고, 포섭의 범위가 좁은 낮은 단계의 개념들이 결론의 명제에 참여하는 구조가 드러나는 것이다. 그렇게 해서 포괄의 범위가 넓은 높은 단계의 개념들로 이루어지는 전제를 발견하면, 포괄의 범위가 좁은 낮은 단계의 개념들로 이루어지는 결론을 도출하며 증명 또는 정당화할 수 있는 것

따온글 ─────────

(1) "삼단논증 구축의 동기는 [전제들로부터 결론을 도출해 내는 데 있지 않고] 주어진 문제의 결론에 대하여 그것을 증명해 줄 전제들을 찾는 데 있다. 그렇다면, 전제들을 제시해서 결론의 필연성을 정당화[할 뿐만 아니라, 나아가 그] 결론의 명제를 … 옹호 또는 방어하는 심리적 또는 정치적 동기가 개입함으로써 비로소 일어나는 구조와 절차가 삼단논법이다. … … 여기에 이르면 아리스토텔레스의 삼단논법이, 아낙시만드로스로부터 시작하는 정의(正義)의 척도에 대한 초기 철학자들의 탐구가 … 논리 형이상학적 분석을 거치며 이루어내는 쟁의의 해법이 가장 순수하게 집약된 표현이라는 결론에서 빠져 나갈 수 없다. … … 아리스토텔레스의 삼단논법은 희랍의 시민과 지성이 이어간 긴 쟁의의 역사를 종결하는 상징이다."(161쪽) 박동환, 『안티호모에렉투스』, 제1판, 2001; 제2판, 고양: 사월의책, 2017.

(2) "질문하는 자의 마음 가운데서 보면, 삼단논법의 발견을 이끌었던 사고의 방향은 전제에서 결론으로 나가는 삼단논법 자체의 순서와는 반대이다. 다시 말해 질문하는 자는 … 결론에서 전제로 역행하고 있는 것이다."(p. 14) "우리들은 플라톤의 후기 저작들에 나오는 일부 문장들에서 그가 사실상 정신적 훈련의 개념을 창안한 자임을 알 수 있다."(p. 17) "… 논리학이란 우리들이 대화중에 서로 상대방을 설득하려고 [사람들 사이의 대화, 논쟁, 논증에서 생각들을 교환]할 때 일어나는 [절차]에 대한 학문으로서 착상된 것이다."(p. 19) Ernst Kapp, *Greek foundations of traditional logic*, New York: AMS Press, 1967.

이다.

이러한 플라톤과 아리스토텔레스에 의한 논증 구조의 발견은 다시 거슬러 올라가면, 이미 고대 그리스의 자연철학자들에 의해 정의(justice)와 정당화(justification)의 논리와 그 형이상학적 배경에 대한 탐구가 축적되어 왔다는 것을 확인할 수 있다. 그러니까 쟁의의 논리와 정당화 과정에 의해 이루어지는 사회체제라는 문제의식이, 고대 그리스의 도시국가를 이루었던 지성과 시민 가운데서 일찍이 잉태하고 있었다고 볼 수 있다.

3. 집체의 언어와 사회체제로서 무엇을 가리키는가? 집체의 언어란, 문장을 구성하는 성분들이 불변의 고유한 품사 기능을 갖지 않고 그것들이 전체 문맥 가운데서 놓이는 자리에 따라 그 기능을 획득한다는 것이다. 한어(漢語)에서는 문장의 성분들 각각에게 고유한 기능에 따르는 형태 변화가 주어지지 않는다. 따라서 문장 성분들 각각의 품사 기능은 문장이 뜻하려는 상황 전체에 의해서 배당되는 것이다.[3][4] 그러나 이러한 문장구성 방법 또는 품사론이 그것을 사용하는 사람들의 사회체제 모양을 결정한다고 말할 수는 없다. 오히려 이렇게 질문을 해야 한다. 한어를 지배하는 문장구성 방법과 품사론은 한족(漢族)의 어떠한 사고와 생활 습관으로부터 오는 것일까?

---

(3) "… 명사가 동사 같은 기능을 수행하기도 하고 마찬가지로 동사와 형용사도 통사론적 문맥 또는 의미론적 문맥에 따라서 명사나 부사 같은 기능을 지닐 수도 있는 것이다. 때로 어떤 사람은 상고 중국어에는 품사 분류가 적용될 수 없으며 각 낱말들은 단순히 문장 중의 위치에 따라 그들의 기능이 정해질 따름이라는 견해를 지니고 있다."(126쪽) 제리 노먼, 『중국언어학총론』, 전광진 옮김, 서울: 東文選, 1996.

문장 성분들 각각이 그 고유한 품사 기능을 갖지 않는다는 특성은 그러한 어법을 형성하며 구사해온 한족의 오랜 생활 습관 곧 집체주의 철학에 말미암은 것으로 볼 수 있다. 한족의 역사 전통을 좌우해온 유가, 도가, 묵가 또는 명가 사이의 현격한 사상적 차이에도 불구하고 그들은 모두 개인주의 논리나 개인주의 존재론을 허용하지 않는, 집체주의 질서 구축의 방법을 추구하고 있다.[5]

4. 데카르트는 자아가 존재한다는 사실을 증명하려고 하였다. 그는 적어도 생각을 하고 있는 동안은 생각을 하는 존재가 있을 것이고 그 존재가 바로 자아라고 주장하고 있다. 따라서 생각하기를 멈추는 순간, 생각하는 존재 곧 자아도 사라진다고 인정한다. 그렇게 생각하고 의심하

---

(4) "受了印歐語語法觀念的束縛, 看不見漢語自己的特点, 不知道漢語的名詞,動詞,形容詞都是'多功能的', 不象印歐語那樣, 一種詞類只gen一種句法成分對應."(7쪽) "漢語詞類沒有這種形式標記, 不管放在什麼語法位置上, 形式都一樣, 這就造成了詞類多功能的現象."(9쪽) "在沒有形態或是形態不豊富的語言裏, 就好象大家都穿一樣的衣服. 要確定他們的身分就不能根據服裝的式樣而要根據他們從事的工作(功能)"(12쪽) 朱德熙, 『語法答問』, 北京: 商務印書館, 1985.

(5) "노자와 공자와 묵자는 그들 사이의 가까이 할 수 없는 이념적 차이에도 불구하고 부쟁(不爭)의 집체 실현을 목표로서 지향하는 바와 같은 시대의 문제와 상황을 공유한다. 그들은 은주(殷周) 시대로부터 내려오는 정치와 도덕의 전통이념 그리고 부동한 유(類) 곧 상반대립자들 사이의 소통과 화해의 매체로서 한어(漢語)라는 천년의 유산을 공유하면서 부쟁(不爭)의 집체를 이룰 수 있는 새 시대의 준거표를 다투어 모색하는 것이다."(122쪽) "유(類)를 달리하는 것들이 서로 간섭하거나 섞이지 않고 각각 분리되어 독자의 자리를 지키는 데서 전체의 집체 질서가 이루어지는 것이다. 이로써 공손룡이 추구한 이파(離派)의 정명(正名) 방법은 [역시] 선진(先秦)전통의 집체부쟁이라는 표준에서 떠나지 않고 있음을 보여준다."(135쪽) 박동환, 『안티호모에렉투스』, 제1판, 2001; 제2판, 고양: 사월의책, 2017.

는 의식의 상태에 자아의 존재가 달려있으므로 자아가 존재하기 위하여 장소라든가 그 밖의 어떤 물질 성분도 필요로 하지 않는다고 말할 수 있었다. 그렇게 데카르트는 20세기의 사르트르가 어떤 물질 성분 또는 사물의 존재 밖에서 움직이는 무에 다름없는 의식의 존재를 발견하는 데에 기여했다.[6]

생각하고 의심하는 상상의 활동이 어떻게 자유롭고 자의(恣意)에 가까울 수 있는가? 데카르트와 사르트르가 생각하는 대로 어떤 물리적 객관적 조건에도 의존하지 않기 때문인가? 아니면, 각각의 개체존재 안에 숨겨져 있는 무한에 가까운 기억의 저장량 곧 영원의 기억 때문이 아닐까?

5. 사르트르에게 의식이라고 하는 것이 있다는 것은 확실하다. 그리고 의식은 언제나 무엇인가를 대상으로 하여 움직이는 것이다. 그러나 의식의 대상으로 떠오르는 그것은 의식 밖에 있는 것이다. 세상에 있는 모든 것들은 의식 밖에 있는 대상으로 존재하기 때문에 그것들을 대상으로 하는 의식 자체는 비어있음 곧 없음의 상태다. 그러니까 자아라고 하는 것조차 실은 아무것도 없이 비어있는 의식 밖에 있는 대상이며, 그래서 자기의 자아라고 하는 것은 또 하나의 타자일 뿐이다.[7]

---

(6) "나는 [생각하고] 있다, 나는 존재한다: 이것은 확실하다. 그렇다면 얼마 동안? 물론 내가 생각하고 있는 동안만이다. 왜냐하면 만약 내가 생각하기를 그친다면 아마도 그때 나는 존재하기를 완전히 그칠 것이기 때문이다."(*Meditations concerning first philosophy*, 2nd Part) "나는 온전한 본질 또는 본성이 오직 생각하는 실체이며, [따라서] 나는 존재하기 위하여 어떤 장소도 필요치 않고, 어떤 물질적인 것에도 의존하지 않는 그런 실체임을 알았다."(*Discourse concerning method*, 4th Part) Rene Descartes, *The essential writings*, trans. John Blom, Harper Torchbooks, 1977.

6. 장-폴 사르트르,『구토』, 강명희 옮김, 서울: 하서출판사, 2008.

7. "의식은 그 같음이 지지되는 지평으로 사물들을 눕힌다. …… [그러나] 임시의 이탈자로서 세상에 등장한 의식이 '바로 이것이다'라고 그의 같음으로 눕힐 수 있는 사물은 세상에 없다. 사물들을 같음의 지평으로 눕히려는 의식은 말한다. '이것은 나무다.' … '이것은 바람이다.' 그러나 그것들은 모두 거부하는 몸짓을 한다. '나는 나무가 아니다.' … '나는 바람이 아니다.'"(47쪽) 박동환,『동양의 논리는 어디에 있는가』, 제1판, 1993; 제2판, 고양: 사월의책, 2017.

사르트르는『구토』에서 사물들에 대하여 그 존재 이유나 개성뿐만 아니라 그 이름조차 매기는 것을 불가능하게 하는 상황을 다음과 같이 묘사하고 있다. "나는 중얼댄다. 이것은 의자야. 그러나 말이 내 입술에 남아있어 물건 위에까지 가서 자리 잡기를 거부한다. 그 물건은 있는 그대로다. …… 그것은 의자가 아니다. …… 사물들은 명명된 그들의 이름으로부터 해방되었다. …… 그것들을 의자라고 부른다든가 또는 무엇이든 그것에 대해서 이름을 붙이려는 것은 바보짓이다. 나는 이름 붙일 수 없는 '사물들'의 한복판에 있다. …… 그것들은 강요하지 않는다. 거기에 있을 뿐이다."(231-232쪽) 장-폴 사르트르,『구토』, 강명희 옮김, 서울: 하서출판사, 2008.

8. 영원의 분신, 영원의 현재란 무엇인가? 여기에 서있는 이 나무, 창공을

---

(7) "의식은 그 자신을 산출하고 '나'를 마주한다. 그 '나'를 지향하며 '나'와 재결합한다."(pp. 92-93) "그러나 '나'라는 것이 [의식 바깥으로] 초월해 있는 것이라면, 그 '나'는 세계의 모든 부침하는 것들 가운데에 소속하는 것이다."(p. 104) J.-P. Sartre, *The transcendence of the ego*, trans. F. Williams & R. Kirkpatrick, New York: Farrr, Straus & Giroux, 1957.

날아가는 저 바람, 나의 몸, 그리고 이데아, 권력의지, 도, 이, 기라는 것들은, 세계에 실현 가능한 무한의 시나리오들을 간직하고 있는 영원의 흐름 곧 영원의 기억이라는 변수가 한 임의의 순간에 우연으로 때로는 필연으로 얻는 개체성과 이름들(나의 몸, 나무, 바람)이며 성향과 관계들 (이데아, 권력의지, 도, 이)이다.

9. 칸트의 의식이 그 상상의 형식 곧 경험에 앞서는 순수 감성과 이성의 기능을 발휘하지 않는다면, 우리에게 주어지는 사물들에 대하여 무엇을 말할 수 있겠는가? 칸트는, 그가 말하는 선험적 감성과 이성의 표상 형식들이 적용되기에 앞서 있는 그것들은 다만 물자체 또는 알 수 없는 x일 뿐이라고 말한다.[8]

10. 의식은 아무것도 없는 데서 끝없는 창조 행위를 분출해낼 수 있다고 사르트르는 생각한다. 의식은 그가 상상하며 실현하는 존재 상태의 절대 원천이다. 의식은 순간마다 어떤 것에도 구애됨이 없이 그의 새로운 존재 상태를 결정한다고 사르트르는 주장한다.[9] 그것은 '나'라고

---

(8) "그러나 이 현상들은 사물들 자체가 아니라 다만 표상들일 뿐이다. 다시 말해서 이 표상들은 그것들의 대상을 가지고 있는데, 이 대상 자체는 우리에게 직관될 수 없는 것이며, 따라서 비(非)경험적인 것 곧 선험적인[경험 너머의] 대상 x 라는 것이다."(A109) Immanuel Kant, *Critique of pure reason*, trans. Norman K. Smith, New York: St. Martin's Press, 1965.

(9) "그것[의식]은 매순간마다 자신의 존재를 결정한다. 의식이 있기 전에 있는 아무것도 생각할 수 없다. 따라서 의식의 삶은 매순간 무로부터(*ex nihilo*) 창조된 것임을 우리들에게 보여준다."(pp. 98-99) "이 절대의 의식, '나'의 밖으로 던져버려진 의식은 더 이상 어떤 주관[주체성]도 갖지 않는다. … 이것이야말로 존재의 제1 조건이며 절대적 원천이다."(p. 106) J.-P. Sartre, *The transcendence of the ego*, trans. F. Williams & R. Kirkpatrick, New York: Farrr, Straus & Giroux, 1957.

하는 존재로부터도 해방된 순수 의식으로서 존재의 절대 원천이다.

11. 의식은 나를 포함하는 모든 사물들의 밖으로 추방당함으로 해서 절대의 자유를 얻게 된다고 사르트르는 말하고 있다.[10] 세계로부터, 과거로부터, 그리고 나 자신으로부터도 추방당함으로써 의식의 존재로서 그는 자신이 원하지 않음에도 절대 자유로운 상태에 놓일 수밖에 없다. 그렇게 나 안에는 아무것도 없기 때문에, 따라서 나는 아무것도 아니기 때문에, 아무것도 아닌 그는 이처럼 추방당하고 박탈당한 상태에서 절대의 자유를 얻는다.

12. 그렇게 기억에서 사라진 까마득한 과거로부터 끝없는 변신을 거듭하며 흐르는 변수 x는 어떤 모양으로 현실 가운데에 재현되는가? 그 설명을 고생물학자들에게서 들을 수 있다. 고생물학자 니얼 슈빈은 동일한 뿌리를 가진 유전분자 DNA가 상어의 수중 생활에서는 비늘과 지느러미로 나타났다가 육상 생활로 옮긴 포유류에게서는 손가락과 발가락을 가진 팔과 다리로 변형하여 나타난다고 설명하고 있다.[11][12]

13. 기억에서 사라진 까마득한 과거로부터 변신을 거듭하며 흐르는 변수 x는 그 x 아래에서 x를 끊임없이 반성하며 지양하려는 숨은 변수 $\neg x$의 뿌리에 다름 아닌 '영원의 기억'에 의해 자신을 다시금 변신하여 다음 단계의 현재로 재현하는 것이다. 그러한 반성과 지양, 변신과 재현

(10) "내부에, 아무것도 없음, 한 숨의 연기조차. 내부라는 것은 없고 아무것도 없다. 나 자신: 없음. '나는 자유롭다'라고 그는 자신에게 말했다. … … 나는 아무것도 아니다. 나에겐 아무것도 없다. … 아무것도 나를 붙잡을 수 없으며 나를 빨아들일 수 없다. 세상 바깥으로, 과거의 바깥으로, 나 자신의 바깥으로: 자유는 추방이며, 나는 자유롭도록 저주받았다."(pp. 280-281) J.-P. Sartre, *The reprieve*, trans. Eric Sutton, New York: Bantam Books, 1960.

과정을 추동해 나아가는 성분들이 수십억 년을 가로지르는 한결같은 흐름들을 이어가는 가운데 은하계의 별들과 생명체들이 일어나고 사라져가는 것이라고 니얼 슈빈은 말하고 있다.[(13)]

14. 어떻게 하나의 생명체가 자신의 물리적 지양 곧 죽음을 스스로 추구하는 경향을 지닐 수 있는가? 본능의 수준에서 움직인다고 생각되는 죽음에의 충동이 어디서 유래하는지에 대해 그 깊은 동기를 프로이드가 설명하고 있다.[(14)]

---

(11) "무엇이 어류들로 하여금 물을 벗어나거나 물가에서 살게 하였을까? 이렇게 생각해보자. 3억 7,500만 년 전의 강 흐름들을 타고 헤엄치던 어류들은 모두 어떤 종류의 포식자였다. … … 이 고대의 강 흐름들에서 헤엄쳐보고 싶은가? 그곳은 물고기가 물고기를 잡아먹는 세상이었다고 해도 과언이 아니다. 이런 상황에서 성공적으로 살아남는 전략이란 뻔하다. 몸집을 불리거나, 무장하거나, 아니면 아예 물을 떠나는 것이다. 우리의 먼 조상들은 싸움을 피하려고 했을 것이다. … … 틱타알릭(Tiktaalik, 사지가 달린 어류)에서 양서류를 거쳐 포유류에 이르기까지 한 가지 사실이 분명해진다. 우리가 가진 상박부, 하박부, 나아가 손목과 손의 골격을 갖추고 있던 고생대의 생물체는 또한 비늘과 지느러미도 가지고 있었다는 것이다. 그 생물체는 어류였다."(p. 41) Neil Shubin, *Your inner fish: a journey into the 3.5-billion-year history of the human body*, New York: Vintage Books, 2009.

(12) "지느러미든 팔다리든 모든 부속지(附屬肢)들은 같은 종류의 유전자들로부터 만들어진다. 이런 사실은 우리가 살펴본 문제 … 곧 물고기의 지느러미가 육상동물의 팔다리로 이행했다는 데에 어떤 의미를 주는가? 이것이 의미하는 바는 진화상의 큰 변형(지느러미가 팔다리로 이행한 것)이 곧 새로운 DNA의 출현에 의한 것이 아니라는 점이다. 이런 변형의 대부분은 상어 지느러미의 발생에 관여했던 옛날의 유전자들이 손가락과 발가락이 달린 팔다리를 만드는 새로운 과정에 관여함으로써 이루어진 것이다."(p. 58) Neil Shubin, *Your inner fish: a journey into the 3.5-billion-year history of the human body*, New York: Vintage Books, 2009.

15. 지그문트 프로이드,『쾌락원칙을 넘어서』, 박찬부 옮김. 서울: 열린책들, 1997.

생물체가 있기에 앞서 무생물체가 있었다는 프로이드의 착안은 현대 고생물학자 니얼 슈빈의 '몸 안에 있는 우주'라는 설명 체계와 일치한다.[11][12] 몸 안에 저장되어 있는 기억은 태초로부터 겪어온 우주 안에서 격변하는 사건들의 경험 축약에 다름 아니다. 그 기억은 어느 때보다도 긴장된 생명의 투쟁과정에서 생명의 출현 이전의 보다 안정된 상태로 회귀하고자 하는 본능을 간직하고 있을 뿐만 아니라 자연의 모든 구성분자들의 성향들과 그것들의 관계양식을 축약 저장하고 있다고 말할 수 있다.

---

(13) "우리들 몸의 가장 작은 부분들은 우주 그 자체만큼이나 장구한 역사를 가지고 있다. 에너지가 물질로 전환하던 태초에 빅뱅에 이어서 곧바로 수소 원자들이 출현하였고, 다시 그것들이 서로 결합하여 별과 초신성들을 이루는 더 큰 원자들을 만들어갔다. … … 하나하나의 은하, 별, 또는 인간은 모든 것들의 탄생과 소멸을 거쳐서 광활하게 펼쳐진 시간과 공간을 가로질러 온 입자들의 일시적인 소유주(temporary owner)이다. 우리들을 만들고 있는 입자들은 수십억 년의 우주를 여행해 온 것이며, 이 입자들은 우리들과 우리들의 행성이 사라진 다음에도 또 다른 세계들의 부분을 이루게 될 것이다."(p. 33) Neil Shubin, ***The universe within: discovering the common history of rocks, planets, and people***, New York: Pantheon Books, 2013.

(14) "정신생활 및 신경생활 전반의 지배적인 경향은 자극 때문에 생긴 내적 긴장을 줄이거나 일정한 상태로 유지하는 것, 혹은 그것을 제거하는 것이다. (이것이 바바라 로우의 용어를 빌리자면 '열반 원칙'(Nirwanaprinzip)이다.) 이러한 경향은 쾌락 원칙 속에서 발견된다. 우리가 이 사실을 인정하는 것, 그것이 죽음 본능의 존재를 믿는 가장 강력한 이유 중의 하나다."(78쪽) 지그문트 프로이드,『쾌락원칙을 넘어서』, 박찬부 옮김, 서울: 열린책들, 1997.

16. 박동환, 『서양의 논리, 동양의 마음』, 제1판, 1987; 제2판, 고양: 사월 의책, 2017.

17. 세상에 몸을 드러내 있는 모든 것들 안에서 살아 움직이는 억 년 아니면 수십억 년의 기억이란 유전분자로서의 DNA에만 있는 것이 아니다.(15) 자연의 모든 구성분자들 또한 'time capsule'처럼 그 안에 우주의 역사와 함께 겪어온 태초로부터의 사건 경험을 간직하고 있는 무한에 가까운 정보의 체계들이다.(16)

18. 그 자신의 성장과 교육과정의 매체였으며 문학 창작의 도구였던 언어가 그가 소속하는 민족의 언어가 아니라는 자각에 부딪혔을 때, 독일어는 갑자기 카프카에게 안심하고 자기의 몸을 담글 수 없는 외국

---

(15) "… 유전자들은 그 자체가 지구상의 생명이 간직하고 있는 고대의 기억들이다. … … 우리는 다음 세 종류의 정보 없이는 손가락 하나도 들 수 없다. 첫째는 바로 이 순간의 감각으로부터 얻는 정보이다. 둘째는 과거의 감각으로부터 얻어둔 정보이다. 셋째는 지구상에 생명이 시작된 이후로 우리 조상들이 획득해온 정보[기억]이다. 특히 마지막 것은 유전자들 자체에 의해 재현되는 정보이기도 하다. … … 그리고 지구상에서 생명체들이 35억 년에 걸쳐 축적해온 모든 발견들 가운데서도 기억[정보] 자체를 저장하는 장치는 가장 중요한 것들 가운데 하나다."(p. 132) Jonathan Weiner, *Time, love, memory: a great biologist and his quest for the origins of behavior*, New York: Vintage Books, 2000.

(16) "암석들과 몸들은 일종의 타임캡슐로서, 그것들을 만든 거대한 사건들의 각인(signature)을 간직하고 있다. 우리들의 몸을 구성하는 분자들은 태양계의 먼 시작에서 일어났던 별들의 사건들로부터 온 것이다. 지구의 대기에 일어났던 변화는 우리들의 세포들과 신진대사 장치 전반에 새겨져 있다. 산맥의 융기, 행성 궤도들의 변화, 지구 자체에서 일어났던 대변혁들은 우리들의 몸과 마음 그리고 우리들 주변의 세계를 지각하는 방식에 각인되어 있다."(p. 14) Neil Shubin, *The universe within*, New York: Pantheon Books, 2013.

어가 되어 버린 것이다. 그 자신과 그의 언어 사이에는 소통할 수 없는 간격이 생겼으며 남에게서 훔친 '독일어'를 자기 언어로 사용하고 있다는 느낌을 떨쳐 버릴 수 없게 되었다.[17] 그가 훔쳐서 쓰고 있는 독일어는 땅에 뿌리를 내리지도 충분히 숨을 쉬지도 못하면서 익혀져서 따뜻함이 없는 빈혈 상태의 외국어와 같은 것이었다. 그가 사용하는 언어는 다만 최소한의 사회생활을 영위하는 데에 필요한 중립지대의 공용어에 지나지 않았던 것이다.[18]

이러한 회의와 딜레마에 빠져버린 카프카는 그 자신의 문학이 뿌리내려야 할 안전한 곳, 말하자면 그의 작품 세계를 포용하며 안주할 수 있

---

(17) "그는 그의 문학 활동의 가장 중요한 도구에 대한 안전한 확신을 영원히 잃게 되었다. 그러자 독일어는 그에게 의심 없이 편안함을 주는 고국이 아닌 외국 땅이 되어버렸으며, 그곳에서 그는 참을성 있게 받아들여진 손님[이라는 자격] 이외에 기대할 수 있는 것이 아무것도 없었다. … … 유대인이 독일어로 글을 쓴다는 것은 잘 쓰건 못 쓰건 "누군가의 재산을 가로챈 것으로서, 그것은 대가를 치르고 얻은 게 아니라 훔친 것이었다. … … 그와 그의 언어 사이에는 진정한 친밀함이 없이 도둑과 그가 훔친 물건 사이의 미심쩍은 관계만이 있을 뿐이었다."[Letter to Brod, June 1921, *Letters to friends, family and editors*, Schocken Books, 1977, p. 288]"(pp. 150-151) Marthe Robert, *As lonely as Kafka*, trans. R. Manheim, New York: Schocken Books, 1986.

(18) "카프카에 대해 특기할만한 점은 그가 사실상 '모어'(mother tongue)라는 것을 가지지 않았다는 사실이다. 모어의 의미가 어머니의 언어, 어린 시절의 애정, 함께 공유하는 문화 공동체에 대한 소속감을 뜻하는 것이라면 말이다. 그의 부모는 날 때부터 그에게 독일어로 말했고 그가 글로 쓰는 언어도 독일어였지만, 카프카에 따르면 독일어는 그에게 '학습한 또는 서류상의 언어'였으며, '국가에서 쓰는 관료의 언어이자 상거래에 쓰이는 언어'였다. … … 그의 독일어는 타인들의 언어였다 …." Claire Kramsch, "Multilingual, like Franz Kafka," *International Journal of Multilingualism*, Vol. 5, no. 4, 2008.

게 하는 새로운 매체, 새로운 세계를 찾지 않으면 안 되었다. 자기가 놓여있는 현실에 소속할 수 없었던 내면의 꿈같은 세계에서 현실을 향해 느끼는 소외와 분열 감정을 카프카는 자신의 일기에 남기곤 했다.[19] 현실에 뿌리를 내리지 않은 고립상태와 그에 따르는 건조한 문어체는 그의 작품에도 반영되고 있다. 현실에서는 일어날 법하지 않은 변신이 단편 「시골에서의 결혼식 준비」와 「변신」에서 일어나며, 현실에서 부르는 이름 같지 않은 이름을 가진 주인공 'K.'가 소설 「소송」과 「성」에 등장한다.

19. 그의 작품이 그리고 있는 세계에서 주인공들은 모두 서로 무엇을 공유하거나 소통하는 관계를 이루지 못하는 상황에 처해 있다. 그것은 그가 밖의 현실을 향해 자기의 내밀한 속의 진실을 건넬 수 있는 소통 또는 통분의 매체를 찾을 수 없었던 데서 말미암은 것으로 볼 수 있다.[20] 그의 단편 또는 소설의 주인공들은 고립하여 있으며 세상의 타인과는 공유할 수 없는, 자기 홀로 생각한 바에 따라 움직이는 존재들이다. 그는 그의 내면에 품고 있는 꿈같은 세계를 표현하는 것이 작가로서 지니는 그의 운명이며 사명이라고 말하였다.[21] 그는 이야기의 주요한 흐름을 묘사하는 언어에서 세상에 실재하는 사물들을 지시하는(referential) 묘사 또는 모방(mimesis)의 기능을 제거하였다.[22]

---

(19) "… 나의 처지는 대략 이러하다. 대부분의 방면에서 의존해 사는 존재인 나는 모든 일들에서 독립과 자유를 무한히 갈망하고 있다. … … 하지만 나는 나의 부모에게서 태어나서 나의 부모에게 그리고 나의 여동생에게 혈연으로 묶여 있다. … 때때로 이 혈연의 끈은 내 증오의 표적이 된다. 집에 더블 침대가 놓여 있는 광경은 … 구토를 일으킬 정도로 나를 역겹게 하며, 내 속을 뒤집어놓는다 …." (8 October, 1916) Franz Kafka, *Diaries 1910~1923*, ed. Max Brod, New York: Schocken Books, 1975.

왜 그는 그의 이야기에 쓰이는 언어에서 현실에 대한 지시 또는 모방 기능을 박탈할 수밖에 없는가? 그가 그리려는 세계는 현실의 몸과 그 몸이 놓여있는 환경이 아니라 그의 영혼 내부에서 꿈틀거리는 꿈같은 세계 곧 현실로부터 추방당한 정신세계이기 때문이다. 그의 작품 세계는 현실에서 엮어지고 있는 모든 유대 관계들을 끊고 들어앉은 깊은 내면의 파격과 상상의 세계 곧 —x로 대표되는 세계이다. 그는 언어의

---

(20) "카프카는 17세 때 기억의 긴밀하고 내부적인 측면을 전달하는 과제를 맡기에는 낱말들이 적합하지 않다는 데 대해 참을 수 없음을 호소한 적이 있다. … … 친구 오스카 폴락에게 쓴 초기 편지들에서 그는 언어에 의해 진정한 소통이 가능한지에 대해 깊은 환멸을 표시하고 있다. 일반화와 개념적 소통의 도구로서 언어의 본성은 근본적으로 사적이고 내밀한 진실들을 표현하는 데 문제를 일으킨다는 것이다." ("Kafka's poetics of the inner self," p. 65) Walter H. Sokel, *The myth of power and the self: essays on Franz Kafka*, Detroit: Wayne State University Press, 2002.

(21) "나의 꿈같은 내면의 삶을 묘사하는 나의 감각이 그 밖의 모든 일들을 뒷전으로 밀어내 버렸다. 나의 [현실의] 삶은 두려워할 만큼 위축되어 있다. [그러나] 그 밖의 아무것도 나를 만족시킬 수 없다."(6 August, 1914) Franz Kafka, *Diaries 1910~1923*, ed. Max Brod, New York: Schocken Books, 1975.

(22) "카프카는 삶에 의존해서 이루어지는, 그래서 단지 지시의 특성에 의해 실행하는 글쓰기를 배격한다. 그것은 실재라고 하는 일차적이고 자율적인 활동들에 기생해서 이루어지는 것이다. … … 그 반대편 축에는 세속의 삶에 대한 깊은 혐오감, 육신으로부터의 초월과 완전한 해방에 대한 갈망이 있다. … … 결국 우리들의 감각 너머에 있는 실재를 암시하는 데 쓰일 수 있는 언어의 한 가지 측면이 남는다. … … 이러한 정신주의 관점은 지시와 모방이론이 유도하는 노예상태로부터 문학을 해방시킨다. … … [그렇다면] 언어—말하자면 지시 기능이 아닌 단지 암시 기능을 가진 특수한 종류의 언어—는 인간 존재로 하여금 눈에 보이지 않는 참된 세계를 어렴풋이 알아채도록 하는 수단이다." ("Language and truth in the two worlds of Franz Kafka," pp. 91-92) Walter H. Sokel, *The myth of power and the self: essays on Franz Kafka*, Detroit: Wayne State University Press, 2002.

현실 지시와 모방 기능 또는 현실을 향한 소통과 통분 매체로서의 기능을 포기하고 언어의 암시 기능(allusive function)을 끌어들였다.[22][23] 그렇게 함으로써 그는 빌려온 독일어를 사용하는 정착할 데 없는 유대인 작가로서 현실 지시와 모방 또는 소통과 통분 매체로서의 언어, 사물들을 포장하는 껍데기로서의 언어를 포기하는 데에까지 이른 것이다.

20. (8 January, 1914) Franz Kafka, ***Diaries 1910~1923***, ed. Max Brod, New York: Schocken Books, 1975.

21. (15 August, 1913) Franz Kafka, ***Diaries 1910~1923***, ed. Max Brod, New York: Schocken Books, 1975.

22. 펠리체 바우어와의 두 차례의 약혼과 두 차례의 파혼을 할 수밖에 없었던 카프카 내면의 깊은 이유는 무엇인가? 그리고 이미 그의 친구와 결혼한 밀레나 예젠스카와의 열정의 관계는 무엇을 카프카에 대해 말해 주고 있는가? 그의 단편들 「변신」, 「선고」, 「소송」에서 각각의 주인공은 현실 애착의 길을 포기하며 죽음을 자의(自意)에 의해 맞이하는

---

(23) "카프카의 작품들에서 추위, 겨울풍경, 극북(極北) 지방 등은 인간적인 유대관계—가족, 사회, 사랑—로부터 철수하여 은둔한 자아, 곧 수도승과 같은 금욕적 생활방식을 상징한다. 카프카 자신은 이것을 자신의 글쓰기에 없어서는 안될 요소로 생각했다. 그의 소설에서 추위, 겨울, 극북과 같은 풍경은 소설 속의 자아에 대하여 가정생활과 이어진 유대를 포기하라고 하는 부름이다. 그렇게 함으로써 소외, 불확실, 고향상실을 향해, 모든 안전막이 제거되고 심각한 모험과 위험에 노출된 고독한 실존상태로 과감하게 나아가는 것이다."("Symbol, allegory, existential sign: three approaches to Kafka," pp. 109-110) Walter H. Sokel, ***The myth of power and the self: essays on Franz Kafka***, Detroit: Wayne State University Press, 2002.

길을 간다. 거기에 작가로서 카프카 자신이 선택할 수밖에 없었던 독신의 삶과 고독한 영혼의 길이 있다.

23. (6 August, 1914) Franz Kafka, ***Diaries 1910~1923***, ed. Max Brod, New York: Schocken Books, 1975.

그의 꿈같은 내면의 생각을 묘사하는 일밖에 다른 어떤 일도 그를 만족시킬 수 없기 때문에 그의 일상의 삶은 두려울 만큼 황폐해지고 있다고 말하고 있다. 카프카가 그 자신이 놓여있는 현실 세계에 대해 느끼는 소외와 분열의 감정은 그의 일기와 작품 가운데에 가장 자주 나타나는 주제의 하나다.

24. Walter H. Sokel, ***The myth of power and the self: essays on Franz Kafka***, Detroit: Wayne State University Press, 2002.

월터 소켈은 카프카가 당면하고 있는 걸림돌 같은 표현 매체로서의 언어를 '가면'이라고 이해하고 있다. 언어라는 가면은 결코 그의 자아의 진정한 표현 매체가 될 수 없다고 생각하는 카프카는 그의 작품에서 언어를 어떤 용도로 쓰고 있는가? 그에 따르면 언어는 현상계 너머에 있는 것들에 대해서 지시하거나 모방하는 매체로서가 아니라 다만 암시와 비유의 매체로서 쓰일 수 있을 뿐이다. 왜냐하면 언어는 사물들이 다만 현상계 안에서 드러내 보여주는 피상의 성질과 관계들을 묘사하는 데에만 관여할 뿐이기 때문이다.[24]

25. 독일어를 빌려 쓰는 주변의 소수자인 카프카의 언어뿐만 아니라 주인을 자처하는 자의 언어 또한 본래의 영토에서 쫓겨나 대안의 영토에 있는 것임을 들뢰즈와 가타리는 그들의 카프카 문학론에서 말하고 있다.[25] 그들의 이론에서 우리들은 모두 자기 고유의 언어에 대하여 주

변을 떠도는 유목민에 지나지 않는다. 그러므로 그들은 카프카와 함께 우리들이 쓰는 일상언어의 대안은 무엇인가를 스스로 묻기를 촉구하고 있는 것이라고 볼 수 있다. 그들에 따르면, 우리들 모두의 일상언어 자체가 본래의 주인에게서 빼앗아 임시로 점령한 영토(territorialized territory)에 다름 아닌 것이다.

26. 서로 분열하여 대립하는 힘들의 관계는 하나의 마음 안에서도[26] 하나의 몸 안에서도[27] 일어난다. 어떤 뇌과학자와 세포생물학자들은 이렇게 마음과 몸 안에서 일어나는 대립하는 힘들의 관계를, 민주주의가 실행되는 한 나라의 의회에서 대립하는 주장과 대안들 사이의 치열한 논쟁과 투쟁을 거치며 결과를 이끌어내는 과정에 비유하여 설명하기

---

(24) "현상계 바깥에 있는 모든 것에 대하여 언어는 다만 암시로 쓰일 수 있을 뿐 상대적으로 가깝게라도 접근조차 할 수 없다. 왜냐하면 언어는 현상계에 대응해서 오로지 그 성질과 관계들에만 관심을 가지기 때문이다."(1917. 12. 8; "Reflections on sin, suffering, hope, and the true way," § 57) Franz Kafka, *The blue octavo notebooks*, trans. E. Kaiser & E. Wilkins, Cambridge: Exact Change, 1991.

(25) "프라하의 독일어는 이방인과 소수사용자들만이 쓰는 탈영토화된 (deterritorialized) 언어이다. (이것은 또 다른 맥락에서 미국 흑인들이 영어를 가지고 하는 말에도 적용할 수 있다.)"(p. 17) "오늘날 얼마나 많은 사람들이 자기들의 것이 아닌 언어 안에서 살아가고 있는가? 아니면, 얼마나 많은 사람들이 더 이상 또는 아직도 자기들의 언어를 알지 못한 채 그들이 섬길 수밖에 없는 주류 언어를 근근이 쓰고 있을까? 이것은 이민자들이 처한 문제이자 특히 그들의 자녀들이 처해 있는 문제, 소수자들의 문제, 소수자들 문학의 문제이며, 또한 우리들 모두의 문제이기도 하다. …… 어떻게 자신들의 언어에 대하여 유목민과 이민자와 집시가 되었는가? …… 풍부하거나 빈약하거나 각각의 언어는 입과 혀와 치아를 [임시] 영토화함으로써 이루어진 것이다."(p. 19) Gilles Deleuze & Felix Guattari, ***Kafka: toward a minor literature***, trans. D. Polan, Minneapolis: University of Minnesota Press, 1986.

도 한다. 한 암 연구가는 몸 안의 한 세포가 유전자 손상을 입고 미친 듯이 행동할 때 그것을 고칠 것인지 아니면 투항을 해서 스스로 죽게 할 것인지 삶과 죽음 사이에서 결정을 하게 하는 장치가 있다고 말하고 있다. 하나의 세포 안에서 삶과 죽음이라는 반대의 힘이 서로 겨루며 결과를 만들어내는 과정이 이루어지고 있다는 것이다.[28]

---

(26) "민주주의 체제에서 당파들은 같은 사안에 대하여 다른 의견들을 내세운다―그리고 이 과정의 중요한 부분은 국가라는 배의 조종간을 잡기 위한 다툼이다. 뇌는 대의민주주의와 비슷하다. [하나의] 뇌는 서로 다른 선택지들을 놓고 비교 경쟁하는 다수의 중첩된 전문가들로 이루어져 있다. … 우리들의 뇌는 넓어서 그 안에 다수[전문가들 또는 무리]를 수용하고 있다. 그리고 이 다수는 만성적인 다툼에 얽혀있다." David Eagleman, *Incognito: the secret lives of the brain*, New York: Pantheon Books, 2011.

(27) "유전체(genome)의 어떤 부분도 그리 오랫동안 지나치게 이기적일 수는 없다. 왜냐하면 그 비중에서 다수인 유전체의 나머지 부분에 의한 자연선택이 곧바로 지나친 이기주의를 제압할 것이기 때문이다. 게놈의 나머지 다수가 '유전자들의 의회'(parliament of genes)로 역할을 해서 다툼을 해소할 것이다. … … 지나치게 이기적인 유전자들의 역작용을 개선하는 메커니즘을 진화시키지 못한 종들은 그저 멸종에 이르는 수밖에 없었을 것이다."(p.184) Michael Majerus, W. Amos & G. Hurst, *Evolution: the four billion year war*, Addison Wesley Longman Ltd., 1996.

(28) "한 세포가 세포자살(apoptosis)을 할지 말지는 몇 개의 중앙통제자들, 주로 p53 항암유전자의 영향을 받는다. p53 유전자는 … 삶과 죽음의 심판자, 곧 세포의 건강을 모니터하면서 세포의 기능이 손상을 입거나 미친 듯이 행동할 때 죽음의 경고를 보내는 상시 감독관으로 일한다. … … 세포들은 그것들이 입은 유전자의 손상에 대해 두 가지로 반응한다. 수선 장치를 이용하여 손상된 것을 수선하거나 … 아니면 그만 타월을 던지고 세포죽음이라는 프로그램으로 들어가거나 하는 것이다."(p.126) Robert A. Weinberg, *One renegade cell: how cancer begins*, New York: Basic Books, 1998.

27. '불일치하는 것들의 일치' 또는 '일치하는 것들의 불일치'를 말하는 헤라클레이토스의 동거 관계를, 모순배제와 동일 법칙을 확신하는 플라톤, 아리스토텔레스로부터 비롯하는 서구의 철학 전통에서 받아들이는 일은 거의 없다.[29][30] 헤라클레이토스가 말하는 것들 가운데 받아들이지 않는 것은 없다고 선언하는 헤겔의 철학조차 여전히 모순배제와 동일 법칙을 떠나 있다고 말할 수 없다. 자기 이전의 서구 철학의 전통을 거부한 니체 또한 헤라클레이토스의 '대립하는 것들의 통일성' 곧 '불일치의 일치'를 지지하지만, 과연 그의 '권력에의 의지' 또는 '영원 회귀'라는 원리 가운데에서 헤라클레이토스처럼 모순배제와 동일 법칙을 거부한 상태의 실재를 이해하고 있는지는 확실하지 않다.

그들은 모두 분열 대립하는 것들의 결국의 화해와 통일을 그들의 철학 체계의 바탕에 깔고 있다. 그렇기 때문에 헤라클레이토스를 과연 서구

---

(29) "… 헤라클레이토스는 '활이나 뤼라의 조화가 그러하듯이 자신과 불화하는 것이 조화를 이룬다'는 신비로운 언설로 우리를 이해시키려 했다네. 물론 불화하고 있는 것을 조화라고 하거나 아직 불화하고 있는 것들로부터 조화가 생겨난다고 말하는 것은 불합리한 것이지. … 확실히 고음과 저음이 아직 불화를 일으키고 있을 때는 그것들의 조화가 이루어졌다고 할 수 없다네. 왜냐하면 조화는 화음이요, 화음은 일종의 공감인데, 서로 불화하고 있는 것들 사이의 공감은 불화가 지속되는 동안은 불가능하기 때문이지."(187a-187b) Plato, **Symposium**, trans. Michael Joyce, **The collected dialogues of Plato**, eds. E. Hamilton & H. Cairns, New York: Pantheon Books, 1963.

(30) "누군가가 헤라클레이토스의 말을 떠올리기라도 하듯이, 같은 사물이 ~이면서 ~아니라고 생각하는 것은 불가능하다 …. 또한 서로 반대되는 속성들이 동시에 같은 실체(주어)에 속하는 것이 불가능하다면, … … 한 사람이 같은 사물에 대하여 동시에 ~이면서 ~아니라고 생각하는 것도 불가능하다 …."(IV. iii. 10-11) Aristotle, **Metaphysics I-IX**, trans. Hugh Tredennick, Cambridge, MA: Harvard University Press, 1933.

전통의 철학자로 이해할 수 있느냐 하는 의문을 제기할 수 있는 것이다.[31][32] 헤라클레이토스는 '하나의 조화를 이루는 체계 가운데서도 여전히 서로 대립하는 것들이 겨루고 있는 관계'에 대해 많은 사례들을 들어 풀이하였다.[33] 당겨진 활과 시위가 반대로 달리는 힘들 사이에서 그리고 현악기가 울리는 높은 소리와 낮은 소리 사이에서 불일치하는 힘들이 겨룸으로 해서, 화살이 차질 없이 정곡을 향해 달리며 조화로운 음악이 울려 퍼지는 것이다.

28. 탈레스, 그 밖의 이들,『소크라테스 이전 철학자들의 단편 선집』, 김인곤, 그 밖의 이들 옮김, 서울: 아카넷, 2005.

---

(31) "조로아스터 교도들이 불에 신성을 부여한 것은 잘 알려져 있다. 불을 끄는 것은 죄이다. … 불은 기도를 바칠 수 있는 하나의 신이다. … … 페르시아인들은 신에게 무엇을 제물로 바치든 간에 가장 먼저 불에게 기도를 올린다."(p. 171) "세상의 다른 부분들은 불이 아니라 하더라도 역시 불의 생생하게 타오르는 흐름을 유지한다. 불은 겉으로는 광활하게 나뉘어 있는 우주의 구역들을 [내적으로] 이어준다. 이것은 헤라클레이토스가 가졌던 생각의 핵심이기도 하다 …."(pp. 172-173) M. L. West, *Early greek philosophy and the Orient*, Oxford: Oxford University Press, 1971, 2002.

(32) "불은 언제나 다른 것, 흐름 속에서 언제나 변화하는 것이다. 불의 타자성은 뿔뿔이 흩어진 채로 흐트러뜨리고 있는 하나이다. 불에 유일한 통일성은 모든 것들을 삼기고 태워버림으로써 연기로 만드는 힘을 원천으로 삼고 있는 것이다. 불은 사물들이 소멸해감을, 따라서 그것들이 결국의 친족임을 명백하게 보여준다."(p. 83) "헤라클레이토스의 로고스는 아리스토텔레스의 로고스의 선구자이다. 플라톤과 아리스토텔레스가 생각했던 고대 그리스의 로고스는 오늘의 시대에 이르기까지 이성, 논리, 근거의 형식으로 서양 사상 전반에 널리 퍼져있다. 그러나 헤라클레이토스의 로고스는 불, 곧 모순들의 덩어리이다. 그것은 모든 것이기도 하며 모든 것이 아니기도 하다."(p. 83) Ruben Berezdivin, "Fire and logos: the speech of fire and its contradictions," *Heraclitean fragments*, eds. J. Sallis & K. Maly, University, Alabama: The University of Alabama Press, 1980.

그리스철학 연구가 G. S. 커크는 헤라클레이토스가 말하는 불일치의 일치 또는 일치의 불일치 관계에 대하여 서로 밀면서 당기는 관계로 풀이하였다.[34]

29. 그러니까 헤라클레이토스의 관계식에 따르는 사회학은 인간들의 공존관계에만 적용되는 것이 아니다. 생명과 의지를 가지고 움직이는 모든 구성원들 사이에서도 헤라클레이토스의 동거 관계 $X(x\&\neg x)$가 발생한다. 뇌과학자 이글먼은 마음 가운데서 꿈틀거리는 수많은 선택지들 사이에서,[26] 그리고 진화생물학자들은 한 몸을 이루는 유전자들 사이에서[27] 대결과 협력이라는 동거의 역학 관계가 일어나고 있다고 말한다. 의식 가운데에서 그리고 몸 안에서 그의 성분들이 벌이는 분

---

(33) "그것이 어떻게 자신과 불화하면서도 그 자신과 일치하는지를 사람들은 이해하지 못한다. 그것은 마치 활과 뤼라의 경우처럼, 반대로 당기는 조화이다." (Diels-Kranz 51) "헤시오도스는 많은 사람들의 스승이다. 사람들은 그가 아주 많은 것을 안다고 알고 있지만, 그는 낮과 밤을 알지 못했다. 그것은 하나이다." (D-K 57) "죽지 않는 것들은 죽는 것이며, 죽는 것들은 죽지 않는 것이다. 다른 것의 죽음을 살며, 다른 것의 삶에서 죽는다."(D-K 62) "전쟁은 모두의 것이고 투쟁이 정의라는 것을, 그리고 모든 것들은 투쟁과 함께 생겨난다는 것을 이해해야 한다."(D-K 80) Charles H. Kahn, *The art and thought of Heracleitos: an edition of the fragments with translation and commentary*, Cambridge: Cambridge University Press, 1981.

(34) "자신과 불화하는 상태에서 어떻게 그 자신과 일치하는지 사람들은 이해하지 못한다 …."(p. 201) "활이나 뤼라에서 몸통과 줄 사이에 존재하는 두 방향의 긴장은, (자신과) 불화하는 어떤 것이 그 자신과 일치를 이루는 두 방향[의 긴장]과 비슷하다. 더 구체화해서 말하면, 어떤 것이 멀리 떨어져 있음에도 동시에 서로 일치해가는 경향과 비슷한 것이다."(p. 216) "… 대립의 쌍을 이루는 각각은 하나인 동시에 둘이다. 함께 가면서도 멀어져간다."(p. 217) G. S. Kirk, *Heraclitus: the cosmic fragments*, Cambridge: Cambridge University Press, 1954.

열과 협력의 관계는 한 국가의 의회 안에서 이루어지는 분열과 협력의
역학 관계와 같은 것이라고 보는 것이다. 이 모든 성분들 또는 구성원
들 사이에서 헤라클레이토스의 동거 관계 곧 최소한의 사회학(minimal
sociology)이 이루어지고 있다.

30. 헤라클레이토스의 동거 관계를 '불일치의 일치' 또는 '일치의 불
    일치'로 이해함으로써 현대 사회학에서 오래 대립하여 온 합의
    설(consensus theory)[35]과 갈등설(conflict theory) 또는 강제설(coercion
    theory)[36]을 한 통일적 관계 상황의 양면으로 풀이하는 길이 열릴 수

---

(35) "계약에 의한 합의는 오로지 제한된 목적과 제한된 시간 안에서만 사람들
을 통합시킬 뿐이다. …… [그러나] 복잡다단하게 벌어지는 개인들의 이익추
구 행위는 계약 당사자들의 직접적이고 개인적인 동기들과는 무관하게 규칙들
의 틀 안에서 이루어진다. 이런 사실을 개인주의자들은 전혀 깨닫지도 제대로
평가하지도 않는다. … … 공리주의자들, 그 가운데서도 특히 경제학자들이 염
두에 두는 행위라는 것들도 실은 규칙들의 체계라 할 수 있는 질서의 틀 안에서
만 이루어질 수 있는 것이다. 이런 질서의 틀이 없다면 [사회는 언제든] 전쟁 상
태로 와해하고 말 것이다."(Talcott Parsons, *The structure of social action*, Free Press,
1949) "The non-contractual elements in contract," ***Modern sociology: introductory
readings***, ed. Peter Worsley, Penguin Books, 1970, pp. 311-316.

(36) "따라서 사회 통합이 부분적으로 가치 체계들에 좌우된다는 점을 인정한다
면, 사회 질서에는 권력 투쟁과 권력 균형에 의해 결정되는 하부구조 또한 있는
것이다." "우리는 또한 체제에 속한 행위자들이 추구하는 목표들 가운데 일부는
마구잡이로 선택된 목표임을 인정할 필요가 있다. … 그리고 목표들 사이에 실
제 갈등이 빚어지면, 서로에 대한 행위자들의 행동은 공유 규범에 준하여 결정되
는 것이 아니라, 어떻게 하면 자신의 이익에 부합하도록 타인의 행위를 강제하는
데 성공할 수 있는가에 의해 결정될 수도 있다. 그렇다면 권력은 사회 체제들의
연구에서 결정적인 변수가 된다." [그러므로] 사회 체제란 가치 합의에 의해 조
직된 것이라기보다는 오히려 그 중심에 갈등 상황을 내포한 것이라고 생각해야
할 것이다. 그러한 갈등 상황은 시장에서의 평화로운 흥정과 공공연한 폭력의 양

있다. 그리고 헤라클레이토스의 동거 관계를 이렇게 풀이하며 기꺼이 받아들이게 하는 것은 지성의 설득이 아니라 몸으로 오래 세련시키며 터득한 감 또는 감정의 판단이라고 볼 수 있다. 그렇게 논리적 사고과 정을 넘어서 이루어지는 판단과 동의를 가능하게 하는 몸의 감(somatic marker) 또는 감정을 안토니오 다마지오는 자신의 가설[37]과 사례[38]에 의해 설명하고 있다.

31. 그렇게 절대 결정권자의 시선을 따라 현재를 바라보는 경지에 이른

극단 사이 어느 지점에 놓여 있는 것이다."(John Rex, ***Key problems in sociological theory***, Routledge & Kegan Paul, 1961) "Power, conflict, values and change," ***Modern sociology: introductory readings***, ed. Peter Worsley, Penguin Books, 1970, pp. 110-114, 129-134.

(37) "[몸의 감 또는] 신체의 점검자(somatic markers)라는 것은 내부 선호체계가 통제를 하고 외부 환경조건들이 영향을 미치는 가운데 경험에 의해 획득된다. 여기서 외부 환경조건들에는 유기체가 반응해야 하는 존재들과 사건들만 포함되는 것이 아니라 사회적 관습과 윤리적 규칙들도 들어간다. 내부 선호체계의 신경 바탕은, 주로 유기체의 생존을 지키기 위해 마련되어 있는 선천적인 제어 성향들로 이루어져 있다."(p. 179) Antonio Damasio, ***Descartes' error: emotion, reason, and the human brain***, Penguin Books. 2005.

(38) "나는 그 환자와 다음번 내원 날짜를 언제로 잡을지에 대해 의논하고 있었다. 나는 두 날짜를 제시했는데, 둘 다 다음 달이었으며 며칠 간격으로 떨어진 날짜들이었다. 환자는 약속노트를 꺼내더니 달력을 살펴보기 시작했다. … … 반시간이 족히 지나도록 환자는 두 날짜에 각각 찬성하거나 반대하는 이유를 열거했다. 앞의 날짜는 이미 잡혀있는 다른 약속들과 너무 가깝고 날씨 상태도 알 수 없고, … … [환자는] 두 선택지들과 그로부터 얻을 수 있는 결과들을 끝없이 요약하며 무익한 비교를 거듭했다. … 마침내 우리는 그에게 조용히 말했다. 두 번째 날에 내원해 달라고. 그의 반응 또한 마찬가지로 차분했고 즉각적이었다. 그는 간단하게 대답했다. '좋아요.'"(pp. 193-194) Antonio Damasio, ***Descartes' error: emotion, reason, and the human brain***, Penguin Books. 2005.

사람들이 하는 간절한 소원의 행위를 이른바 '기도'라고 할 만하다. 예수는 그의 마지막이 다가오는 시간에 이러한 기도를 남겼다. "나의 아버지, 가능하다면 이 잔을 제게서 비켜 주소서. 그러나 제가 뜻하는 대로가 아니고 당신이 뜻하시는 대로 하소서."(마태 26:39) 『200주년 신약성서 주해』, 200주년신약성서번역위원회 엮음, 왜관: 분도출판사, 2001.

현재의 행위 또는 행위자 자신을 스스로 돌이켜 바라보며 그 너머의 경계로 지양시켜 나아가는 거듭남의 행위에 대한 논리적 해명을 인도의 고전 『바가바드기타』에서 볼 수 있다. "행동하는 것만이 그대의 권리이며 그 결실에 대한 아무 [권리]도 없다. 행동의 결실이 그대의 동기가 되지 않게 하라. 그렇다고 무위(inaction)의 유혹도 그대 안에 머물지 않게 하라."(II-47) "신과 합일을 이루고 진리를 알고 있는 사람은 '내가 하는 일은 아무것도 없다'고 생각한다."(V-8) "해방된 사람은 자신이 하는 일을 보편적 정신의 도구라고 생각하며, 우주의 질서를 수행하기 위해 일한다."(XVIII-17) *The Bhagavadgita*, trans. S. Radhakrishnan, London: George Allen & Unwin, 1949.

32. 수백만 년, 수천만 년을 거치는 동안 같은 종류의 모든 생명에게 닥칠 수 있는 격변시대의 단락을 엘드리지와 굴드는 'punctuated equilibrium'(평형[안정]이 중단된 상태)이라는 개념으로 요약했다. Niles Eldredge & Stephen J. Gould, "Punctuated equilibria: an alternative to phyletic gradualism," *Models in paleobiology*, ed. T. J. M. Schopf, San Francisco: Freeman, Cooper & Co., 1972.

33. 조선시대의 병자호란을 기록하고 있는 『산성일기』에서 조선의 왕이 청의 황제 앞에서 무릎을 꿇고 머리를 땅에 조아릴 수밖에 없었던 막다른 나라와 그 백성들이 겪을 수밖에 없었던 굴욕과 재난에 대한 묘

사를 볼 수 있다. 작자 미상, 『산성일기』, 김광순 옮김, 파주: 서해문집, 2004.

34. 결코 대상으로 인식하거나 상대할 수 없는, 그래서 다만 복종할 수밖에 없는 절대의 결정권자 신의 재단을 나타내는 관계 $X(x\&{=\!\!=}x)$를, 그 밖의 자연 또는 역사의 한계상황에서 겪을 수밖에 없는 운명의 결정권자에 대한 피동(겪음)의 관계(풀이말 32, 33 보기)를 포함하여, 칼 바르트의 관계식(이 책 X장의 따온글 (21) (22) 보기)이라고 부를 수 있다. Karl Barth, *The doctrine of the word of God (Prolegomena to Church Dogmatics, being Vol. I, Part I)*, trans. G. T. Thomson, New York: Charles Scribner's Sons, 1936. (특히 438쪽 참고)

35. 한 미시사 연구자의 자료 모음에서 빌린 메모를 변형시켜 옮김. 미시사(micro-history)는 거시사(macro-history)의 심층에 깔려있는 삶의 실상을 분석하는 관점으로 기여할 수 있는데,[39][40] 다시 'x의 존재론'은 미시사의 자료로 주어지는 삶의 기록에 대해 더 깊은 심층 바탕에서 움직이는 영원의 변수들을 분석하는 방법으로 일할 수 있다. 거시사의 담론에서 주변으로 추방당한 미시사의 자료로 주어지는 삶의 세세한 실상은 그러니까 미시사에서가 아니라 x의 존재론에서 비로소 그 측정할 수 없는 바탕에서 움직이는 변수들을 분석할 수 있게 된다.

x의 존재론은 통계 숫자나 피상의 보고 자료로 취급되는 거시사의 구

---

(39) "미시사는 전통적인 거시적 관점의 사회사에 대항하는 전선을 형성하게 된다. 거시적 사회사의 관점에서 볼 때 하층민은 '목소리가 없는' 사람들이다. 따라서 그들은 통계 숫자나 익명으로만 파악되는 존재다."(33쪽) 위르겐 슐룸봄, "미시사-거시사: 토론을 시작하며," 『미시사와 거시사』, 위르겐 슐룸봄 엮음, 백승종 외 옮김, 서울: 궁리출판, 2001.

성분자로서의 하나의 사건과 사태 또는 개체존재 x를, 그 밖으로 드러나지 않는 바탕에서 움직이는 반성, 지양, 반전의 심층 변수 $\neg x$에 의존하여 있는 변수로서 이해하게 하는 것이다. 이러한 관점은 모순 관계로 파편화된 역사의 불일치 현상들을 이론적인 의도에 따라 마치 일관하는 정합 체계의 부분들로 사회학자와 역사가들이 조작하는 것을 경계하는 방법으로 기여할 수 있다. x의 존재론은 미시사의 관점에서 더 나아가, 거시사 그리고 사회학의 정합적인 설명 체계를 불일치하는 것들의 동거 양식 $X(x \& \neg x)$로, 그리고 끝내 모두 결코 인식과 협상의 대상으로서 상대할 수 없는 절대 결정권자가 재단하는 거대 질서의 부분들로 지양되어가는 모양 $X(x \& \longrightarrow x)$로 대체하는 길을 열어 준다.

---

(40) "사회의 일관성을 강조하는 기능주의적 태도와는 반대로, 미시사가들은 규범 체계의 모순에 관심을 모아왔으므로 관점들의 파편화, 모순, 복수성에 파고듦으로써 모든 체계를 유동적이고 열려있는 것으로 보고 있음을 지적하지 않을 수 없다. … … 이는 모든 체계들의 복합적인 불일치가 열어놓은 간극과 공간들을 보여주는 가장 미세하고 국지적인 행동들을 강조한다는 점에서 진정으로 관점의 뒤집기라 할 수 있다. … 발리섬 문화 일반을 그것이 지닌 모든 부정합성과 더불어 해석하는 한 수단으로서 닭싸움 자체가 갖고 있는 사회적으로 파편화된 복수적 의미들을 고찰하는 것보다, 닭싸움의 의미를 발리섬 문화의 정연한 체계라는 맥락 속에서 고찰하는 것이 결국에는 더 기능주의적이다."(81쪽) 죠바니 레비, "미시사에 대하여," 『미시사란 무엇인가』, 곽차섭 엮음, 서울: 푸른역사, 2000.

다시 돌이켜 보니 1

모든 존재의 핵심에는
불확실성이 있다

다시 돌이켜 보니 1

모든 존재의 핵심에는 불확실성이 있다

1.

확률에 관한 여러 이론가들의 이야기들을 엮어놓은 책『확률이 바로 삶의 지침이다』가운데에 다음과 같은 건강 지침의 합리성을 검토하는 한 논문이 있다.

"흡연은 폐암을 일으킨다."[1]

이 지침은 어느 만큼의 정당성을 가질까? 그리고 이 지침은 어떤 근거에서 나왔을까?

20세기의 가장 뛰어난 논리학자들 가운데 한 사람인 철학자 버트런드 러셀(1872~1970)은 87세 되는 해에 한 인터뷰에서, 그의 오랜 흡연이 생명을 단축시킨다고 생각하지 않느냐는 질문에 이렇게 답하고 있다. '70년 동안 담배를 피웠지만 별로 그런 것 같지는 않다'고 일단 말한 다음, 잠깐 머뭇거리더니 '실은 흡연이 나의 생명을 상당

기간 연장시켜 주었다'고 회고한다. 한번은 비행기의 흡연석에 탔는데—담배를 못 피우면 죽을 것 같다는 사정을 승무원에게 말해서—, 아니나 다를까 그때 마침 일어난 추락 사고에서 비(非)흡연석 부분이 바다에 떨어져서 거기에 탄 승객들은 빠져나올 수 없었고, 육지에 가까이 떨어진 흡연석 승객들은 뒷문으로 탈출해서 헤엄치는 동안에 배가 다가와 살아남을 수 있었다는 것이다.[2] (150828)

2.

그래서 한 확률이론가는 이렇게 예측이 전혀 불가능한 경우를 포함하는 보다 거시적인 불확실성 개념을 다음과 같이 제시하고 있다.

> "확률은 불확실성 개념에 대한 연구를 논리화하는 것이다. 눈먼 우연의 결과는 어디서나 나타난다. 생물학적으로 우리들은 모두 부모가 가지고 있는 유전자들의 무작위 조합의 결과이다. 기름 탱크의 조난, 화산 폭발, 쓰나미, 지진과 같은 재난이, 그리고 로또 당첨과 같은 행운이 사람들의 삶에 무작위로 극적인 변화를 일으킨다."(p. 1)[3]

평생 줄담배를 피우며 살았어도 폐암은커녕 호흡계통 질환에 한 번도 안 걸린 사람은 많다. 역시 줄담배를 피웠던 러셀 또한 그러했다. 그렇다고 해서 흡연이 수명을 연장시켜 준 경우의 확률을 계산하는 방법이 있을까? 긴 수명을 보장하는 것은 무엇인가? 그런 예측처럼 불확실한 것은 없다.

1956년에 알프레드 히치콕 감독이 제작한 영화 〈나는 비밀을 알고 있다〉(The man who knew too much)에서 도리스 데이가 불러서 널리 알려진 스페인어 제목의 노래 "케 세라 세라"에는 다음과 같은 구절이 있다.

> "내가 아직 어린 소녀였을 때 / 나는 엄마한테 물어봤죠 / 나는 커서 무엇이 될 거냐고 / 나는 예뻐질까요, 나는 부자가 될까요? / 엄마는 이렇게 말했어요 / 케 세라 세라 / 무엇이든 될 것이 될 거야(whatever will be, will be) / 미래는 우리가 볼 수 있는 것이 아니란다."**4**

이 노래를 처음 들었을 때 하루 종일 울었노라고 한 젊은 미국인 엄마가 유튜브에 올린 글을 본 적이 있다. 아무도 자기 아이의 미래가 어떻게 될지 보장해 줄 수도 알 수도 없기 때문이라고. 그런 예상처럼 불확실한 것은 없기 때문이라고. (150829)

3.

세상에 몸을 드러내 있는 모든 것들 속으로 들어가서 그것들의 운명과 역사의 흐름을 결정하는 불확실성에 대하여 「전도서」의 필자처럼 철두철미하게 사색을 펼쳤던 이는 일찍이 없었던 것 같다. 그는 이렇게 말하였다.

> "착한 사람은 착하게 살다가 망하는데 나쁜 사람은 못되게 살면서도 고이 늙어가더구나."(7:15) "발이 빠르다고 달음박질에 우승하는 것

도 아니고 힘이 세다고 싸움에서 이기는 것도 아니며…. 모두들 그물에 든 물고기 같고 덫에 치인 새와 같은 신세라, 갑자기 액운이 닥치면 벗어날 길이 없다."(9:11-12)

"하느님께서 사람에게 역사의 수수께끼를 풀고 싶은 마음을 주셨지만, 하느님께서 어떻게 일을 시작하여 어떻게 일을 끝내실지 아는 사람은 하나도 없다는 것을 나는 알았다."(3:11)[5]

이렇게 외치는 「전도서」의 필자가 살고 있는 세상에서 불확실성의 늪으로 빠져 들어가지 않는 어떤 불변의 법칙도 어떤 절대의 진리도 없다. 이 불확실성의 늪 가운데서는 어떤 존재의 미래에 대한 확률 계산조차 의미가 없다. 그런 확률 계산의 불가능성을 당대의 뛰어난 수학자이며 논리학자였던 버트런드 러셀 자신이 그의 몸으로써 증언하고 있는 것이다. 70년 동안 줄담배를 피웠어도 아무 탈이 없었을 뿐만 아니라 오히려 그랬기 때문에 생명이 연장되었다고. 그렇다면 불확실성을 그 품속에 안고 있는 모든 존재하는 것들에 대하여 어떤 철학과 과학과 신학이 가능할까? 그 해답을 'x의 존재론'에서 시험해 본 것이다. (150901)

1. 그 원문의 문맥은 다음과 같다. "The aim of this paper is to explicate causal generalizations such as: 'Smoking causes lung cancer.'"(p. 206) Christopher Hitchcock, "Causal generalizations and good advice," *Probability is the very guide of life*, eds. Henry E. Kyburg, Jr. & Mariam Thalos, Chicago & La Salle: Open Court, 2003.

2. 이 일화는 버트런드 러셀이 1959년에 BBC에서 존 프리먼(John Freeman)이라는 당시의 정치가이면서 언론 분야에 종사했던 논객의 질문에 응답하는 형식으로 이루어진 아래와 같은 인터뷰의 녹음 부분을 옮긴 것이다.[1]

3. John Haigh, *Probability: a very short introduction*, Oxford: Oxford University Press, 2012.

4. 1956년의 영화 *The man who knew too much*에서 도리스 데이가 부른 노래 가사의 한 부분은 아래와 같다.

따온글 ───────

(1) "I was in an airplane, and the man was getting a seat for me, and I said, 'Get me a seat in the smoking part, because if I can't smoke I shall die.' And sure enough, there was an accident, a bad accident, and all the people in the non-smoking part were drowned. All the people in the smoking part jumped into the Norwegian fjord where we landed and were saved, so that I owe my life to smoking." "Bertrand Russell: face to face interview (BBC, 1959)," *https://www.youtube.com/watch?v=1bZv3pSaLtY*

When I was just a little girl,

I asked my mother.

"What will I be?

Will I be pretty? Will I be rich?"

Here's what she said to me.

"Que sera, sera,

Whatever will be, will be ⋯ ⋯"

"Doris Day: Que sera, sera (lyrics)," *https://www.youtube.com/watch?v=CcWbZUgymkw* in the 1956 film "The man who knew too much," *https://en.wikipedia.org/wiki/The_Man_Who_Knew_Too_Much_(1956_film)*

5. 『공동번역 성서』, 서울: 대한성서공회, 1977.

다시 돌이켜 보니 2

기억과 상상 그리고
한계초월에 대하여

기억과 상상 그리고 한계초월에 대하여

1.

집에서 기르는 동물들은 그들에게 늘 먹이를 주는 주인이 나타나면 즐거운 식사를 기대하며 모여든다. 그렇게 병아리들은 매일 아침 즐거운 기대를 안고 주인을 향해 바쁜 걸음으로 달려온다. 그런데 그렇게 수없는 날이 지난 어느 날 아침에는 주인이 나타나 모이를 주는 척하더니 한 마리를 잡아 그의 목을 비트는 것이다.[1] 그날은 바로 그 자신이 주인의 즐거운 식사에 초대될 운명의 날이다.

개미는 비가 올 때를 미리 알며 대처한다고 개미의 생태를 지켜본 관찰자들이 말하고 있다.[2] 그런데 그는 햇볕 쨍쨍한 어느 날 먹이를 찾아 나서는 길에 그의 앞을 지나던 사람의 발밑에 깔린다. 그것이 그의 최후의 날이다. 걸어가는 사람의 궤적을 그의 감각과 상상에 의해 미리 계산할 수 있을까? 그는 자신의 운명을 좌우하는 일상의 조건들에 어떻게 대처하고 있을까?[3]

자신의 운명을 좌우하는 조건들이 가져올 결과를 진작에 예측할 수
없기는 사람도 마찬가지다. 불확실한 미래에 대하여 생명의 존재들
은 대개 어떤 준비를 하고 있을까? 기대와 예측을 수없이 배반당했
고 때로는 기대 이상의 보상을 받기도 했던 그 자신의, 그의 조상의,
그리고 그의 조상의 조상들의 경험을 어떤 방법으로 기억하며, 다시
그 기억을 가지고 어떻게 예측 불가능한 미래에 대처하며 사는 것일
까? (150908)

2.

한 생명의 존재가 그의 조상의 조상들의 반복된 공포의 경험을 어떤
방법으로 기억하며 그 같은 상황에 어떻게 반응하는지를 뇌신경 과
학자 조지프 르두는 다음과 같이 설명하고 있다.

> "실험실의 쥐들은 여러 세대를 거쳐 번식하는 동안 고양이와 단절되
> 어 살았기 때문에 고양이를 한 번도 본 적이 없는데도, 고양이와 처음
> 맞닥뜨리는 순간 죽은 듯이 얼어붙는다. 이것은 타고난 본성이 작용
> 한 것이다. 왜냐하면 그 쥐는 고양이가 위험하다는 것을 경험을 통해
> 배울 기회가 없었기 때문이다."(p. 23) [4]

그 타고난 본성이란 조상의, 조상의 조상들의 경험을 집약해서 저장
하고 있는 기억이다. 고양이 앞에서 죽은 듯이 꼼짝 않는 쥐의 반응
은 그러니까 과거 그의 조상들이 셀 수 없이 반복해서 겪은 공포의
경험을 집약해서 남겨준 기억이다.

이렇게 고양이를 난생 처음 본 쥐가 즉각적으로 나타내는 공포의 반응은, 다른 뇌신경 과학자에 따르면, 유전 프로그램의 고착된 부분으로부터 일어나는 반응이다. 말하자면 쥐가 나타내는 즉각 반응은 이른바 '고착된 행동 패턴'(Fixed Action Pattern)이다. 대개 여러 종의 동물들이 함께 살고 있는 험악한 환경에서 '고착된 행동 패턴'은 특히 상대적인 약자에게 필수의 생존 방법이라고 그는 말한다.

> "예측의 능력은 동물의 왕국에서 긴요한 것이다. 그의 생명은 자주 이 능력에 달려 있다." "[이를테면 위협적인 포식자가 나타났을 때 즉각] 도망치는 것과 같은 고착된 행동 패턴(FAP)은 태어나자마자 작동하게끔 이미 장착되어 있는 것이다. … … 살아남기 위해서 즉각적으로 필요한 뛰는 기능을 개체발생(ontogeny) 단계에서 새로이 학습해야 한다면 그것은 너무 치명적인 문제가 된다. 그래서 계통발생(phylogeny)의 유전 프로그램 가운데 [즉각] 뛰기와 같은 고착된 행동 패턴을, [한 사례로] 규칙적인 호흡 기능과 함께, 미리 장전시켜 놓는 것이다."(p. 180)**5** (150916)

3.

생명의 유전 체계에는 이렇게 고착된, 말하자면 '닫혀있는' 행동 프로그램이 있고, 이와는 별도로 '열려있는' 프로그램이 있다고 분자생물학자 프랑수아 자코브는 말하고 있다. 이를테면 시시각각으로 변화하는 밖의 상황에 대한 여러 가능한 반응들 가운데서 선택할 수 있는 어느 정도의 자유가 허용되고 있다는 것이다.

"유전 프로그램 가운데서 '열려 있는 부분'이 맡고 있는 중요한 역할은 그것이 진화의 방향을 제시하는 데 있다. 자극에 대한 반응의 역량이 커질수록, 반응의 종류를 선택함에서 유기체가 갖는 자유의 폭도 증가한다. 인간의 경우 선택할 수 있는 반응의 수[종류]는 매우 커서, 철학자들이 소중하게 여기는 '자유의지'를 말할 수 있을 정도가 되는 것이다."(p. 317)[6]

그렇다면 분자생물학 이론가 자코브가 생명 진화의 방향을 결정할 수 있는 구실을 한다고 생각하는 유전 프로그램의 열린 부분은 어디에다 그의 자유가 가능한 공간을 만들어 넣을 수 있는가? 그것은 밖의 세계로부터 투영된 가상의 그림을 내면의 공간에 재현함으로써 가능하게 되는 것이다. (150917)

4.

밖의 세계로부터 단절된 내면의 공간에 떠오르는 그림을 뇌신경세포의 이론가 로돌포 지나스는 '이미지'(image)라고 부른다. 이렇게 내면의 공간에 떠오르는 이미지는 밖의 실재로부터 해방된, 또는 밖의 세계에는 존재하지 않는 기하학 또는 추상화와 같은 것이라고 말한다.

"우리들의 눈은 밖의 세계로부터 반사되어오는 광전자들을 가지고 이미지를 만든다. 이미지란 무엇인가? 이미지는 실재의 단순화[된 그림]이다. …… 뇌는 서로 협력하는 체계들의 집합체로서, 그것은 밖의 세계에는 존재하지 않는 추상화된 기하학[적 구조]를 인지한다. …… 나는 한 닫혀 있는 체계이다. 그러나 유아적 존재(solipsist)는 아니다. 내가 유아적 존재일 수 없는 것은, 밖의 세계의 특성들을 내면화하도록 진화에 의해 내가 구조화된 방식 때문이다."(pp. 108, 109)[7]

밖의 세계의 내면화된 그림, 그것이 이미지이다. 뱀은 인간이 볼 수 없는 적외선을 가지고 밖의 세계 모양을 그의 내면에 떠올릴 것이다. 그러나 내면화된 밖의 세계는, 정작 밖의 세계에는 존재하지 않는 것이다. 밖의 세계로부터 해방된 공간에서 이루어진 추상적 그림일 뿐이기 때문이다. (150918)

5.

이렇게 하여 우리들은 밖의 실재로부터 해방된, 또는 추상화된 그림 곧 이미지(image)를 떠올리는 것이 가능하게 된다. 이것이 상상(imagination)이라는 것이다. 그래서 밖에서 펼쳐지는 실재를 떠나서야 비로소 가능한 가설의 시나리오가 내면의 공간에서 만들어질 수 있는 것이고, 이른바 상상의 행위가 일어날 수 있는 것이다.

이렇게 내면의 공간에서 이미지를 떠올리는 상상의 행위는 현실에 안주하려는 자에게 다음과 같은 문제를 일으킨다. 첫째, 상상의 행위는 밖의 세계로부터 단절된 내면의 세계에서 이루어지므로 온갖 현실 이탈과 병적 환상을 일으킬 수 있다. 아마도 수많은 천재와 몽상가들이 온갖 현실 이탈과 병적 환상을 즐기거나 그것에 시달리는 원인이 여기에 있다. 둘째, 밖의 실재를 전적으로 부정하는 영상 또는 시나리오를 창조할 수도 있다. 예술가들은 그런 영상 또는 시나리오의 창조자들이다.

셋째, 대안의 가능한 시나리오를 기투(project)하는 행위로써 문제 해결의 기상천외한 출구를 만들어갈 수도 있다. 이를테면 병마는 귀신의 분노에 의해서가 아니라 박테리아 또는 바이러스 수준의 미생물의 생명 활동에 말미암은 것으로 보는 것이다. 또는 코페르니쿠스를 따르는 혁명의 이론가들이 그랬듯이 인간이 진화의 정점에 있다는 자기 중심의 시간관을 폐기하며 영겁의 흐름 가운데 한 시간대를 통과하는 부분의 존재라고 하는 자각으로 새로운 우주의 시나리오를 사람들의 내면의 공간에다 떠올려 보여줄 수도 있는 것이다.

생명의 존재 안에 저장된 기억의 체계에는 그러니까 고착된 '닫혀 있는' 행위 패턴이 있고, 이와는 별도로 '열려 있는' 행위 패턴 곧 밖의 세계로부터 해방된 내면의 세계에서 대안으로 가능한 시나리오를 만들어내는 상상의 기능이 장전되어 있다. 생명의 발현 수준이 높아질수록 이렇게 열려 있는 행위 패턴에 보다 넓은 선택의 폭과 독자의 이미지 구성 곧 시나리오 창조의 능력이 주어지는 것으로 볼 수 있다. 생명의 보편적인 발현 과정 가운데서 일어나는 이 시나리오 창조의 능력이 소수의 소설가와 발명가, 소수의 정치가와 기업가, 소수의 이론가와 철학자에게 주어지는 것이다. (150919)

6.

그렇다면 이렇게 뛰어난 시나리오 창조의 능력 곧 상상력에 대하여 그 밖의 실재 세계는 다만 칸트가 막연하게 가정했던 '물자체'처럼 사람들이 그의 이름과 특성을 매기기를 기다리며 침묵만 하고 있을까? 상상의 시나리오를 포함하는 모든 가능한 현재 탈출의 행위 ¬x, 그리고 그런 모든 상상의 가능성을 품고 있는 개체존재들 각각의 기억 체계 x는 그 시작과 끝을 확인할 수 없는 미지의 시나리오 $X(\ )$를 향해 한낱 작은 조각들로 흘러 들어가는 것이다. 20세기 이후의 고생물학과 우주론 그리고 고대의 「전도서」는 $X(\ )$가 펼쳐가는 알 수 없는 드라마의 향방을 추적하며 상상한다. 여기서 20세기의 인류학자 클로드 레비스트로스가 남긴 성찰의 단언을 되새길 필요가 있다.

> "세계가 시작하였을 때 인류는 존재하지 않았고 세계가 끝날 때에도 인류는 존재하지 않을 것이다."

x의 존재론 안에서 권면할 만한 인류의 도덕과 이념의 대강은 어디에 그 바탕을 둘 것인가? 영겁의 시간 흐름 가운데서 천재일우(千載一遇: 한 고전 해설가에 따르면 $1/10^{47}$)의 확률로 나타나는 인간 개체성을 거치며 실현 가능한 시나리오는 어떤 수준의 도덕과 이념의 안내를 요구하는가?

태초의 역사는 어떤 이름으로도 불리기를 거부하는, 아니면 도대체 어떤 대상이기를 거부하는 알 수 없는 절대의 주체 $X(\ )$로 시작하였고, 이 태초로부터 거쳐 온 시간의 기억들을 담은 모든 존재하는 것들 x가 그로부터 분출하는 모든 가능한 상상의 시나리오들 $\neg x$를 모험하며 그들에게 주어진 각각의 짧은 시간대를 통과해 가고 있는 것이다. 모든 존재하는 것들이 거쳐 가는 운명의 과정은 영원의 흐름이 반복하는 기억과 상상과 한계초월이라는 세 가지 단면 또는 패턴 $x,\ \neg x,\ X(\ )$에 달려있는 것으로 풀이할 수 있다. 이것이 x의 존재론의 과제이다. (150921)

1. 연역적 추론은 결론을 증명할 수 있으며 따라서 그 결론은 필연성을 갖는다. 이와는 달리 귀납적 추론은 그 결론을 증명해 주지·않으며 따라서 그 결론은 필연성을 보장하지 않는다. 오늘 아침까지 태양은 어김없이 떠올랐다고 하더라도, 그리고 태양이 이 규칙을 어긴 적이 없다고 역사가들이 장담하여 주더라도, 그러나 내일도 태양이 반드시 떠오른다는 기대(expectation)의 필연성을 믿게 해줄 만한 어떤 논리적 근거도 없다고 러셀은 설명하고 있다.(Bertrand Russell, *The problems of philosophy*, Oxford University Press, 1959, p. 35) 그러므로 병아리에게든 또 누구에게든 수없이 반복된 자연의 규칙이 내일도 작동하리라고 그 필연성을 보장해 주는 어떤 근거도 이 세상에 없는 것이다.

   이렇게 모든 생명을 가진 존재가 그의 행위에서 기대하고 예상하는 바의 필연성을 보장해 주는 아무것도 없다면, 이 미래의 불확실성에 대한 그의 대책은 무엇일까? 기대하고 예상하는 것이 어긋날 수 있는 미래에 대해서 아니면 기대와 예상을 수없이 배반당한 그 자신의 그리고 그의 조상의 그리고 조상의 조상들의 경험을 어떤 방법으로 저장하며 그의 미래에 대처하고 있는 것일까?

2. 개미가 비가 올 때를 예감하여 대비하는 것은 기억과 상상의 프로그램이 그의 몸에 장착되어 있기 때문일까? 호주의 한 고등학교 생물학 교사가 한 학생과 그의 가족이 관찰한 바를 가지고 질문을 하고 있다. 이에 한 개미 생태 연구가는 답하고 있다. 수백만 년 동안 그 장소에 살아온 개미 조상들의 후손들은 그곳에서 감지되는 빛의 조도나 낮의 길이의 변화에 따르는 계절의 일 년 리듬에 적응하여 있기 때문에 그런 예감과 대비를 하는 것 같다고 설명한다.[1] 기후 변화에 대응하는

개미의 행위 패턴은 그의 조상들이 전해 준 유전 프로그램 곧 기억과 상상의 장치를 실행하고 있는 것이 아닐까?(줄기글 3과 4 마디의 설명과 따온글 보기)

3. (0002) 박동환, 『서양의 논리, 동양의 마음』, 제1판, 1987; 제2판, 고양: 사월의책, 2017.

4. 조지프 르두, 『시냅스와 자아: 신경세포의 연결방식이 어떻게 자아를 결정하는가?』, 강봉균 옮김, 파주: 소소, 2005; Joseph LeDoux, *Synaptic self: how our brains become who we are*, London: Penguin Books, 2002.

실험실에서 자란 쥐뿐만 아니라 모든 생명의 존재는 태어나자마자 즉 각적으로 필요한, 그리고 생명이 다할 때까지 계속 사용해야 하는 기능들을 유전이라는 기억의 체계로서 장착하고 나오는 것이다. 이렇게 태어날 때 이미 장착하고 있는 기억의 체계가 어떻게 이루어진 것인지

따온글 ─────

(1) "저는 오스트레일리아에 있는 한 고등학교에서 가르치고 있습니다. … 제 학생 하나가 자기 가족과 함께 관찰한 바로는, 개미들이 장마(rains)가 언제 올지에 대해 '실제로 장마가 오기 전 몇 주 또는 심지어 한 달을 앞서서' 아는 것처럼 보인다는 겁니다. 개미들이 먹을 것을 비축하고 개미집 둘레에 둑을 쌓기 시작하는 것을 보면 그렇다는 거지요. … … 저의 첫 번째 질문은 이렇습니다. 개미들이 장마가 온다는 것을 그렇게 일찍 아는 것이 가능한가요? 두 번째는, 만일 그렇다면 그것이 어떻게 가능한가요? 하는 것입니다. … ─ Max 씀." "조상 대대로 같은 장소에서 수백만 년 살아온 어떤 유기체들은 연간 변화하는 계절의 리듬에 적응해 있습니다. … … 많은 동물들과 식물들이 빛의 조도(light levels)나 낮의 길이(광주기)에 본능적으로 반응합니다. … ─ Jess Czekanski-Moir & the AntAsk Team." "Can ants predict rain? Max, Gold Coast, Austrialia," *http://www.antweb. org/antblog/2012/11/can-ants-predict-rain-max-gold-coast-australia.html*

를 한 관찰자가 요약하고 있다.[2]

5. 로돌포 지나스의 책 원문[3]에서 요약 의역하였음. 어미의 자궁에서 금방 빠져나온 야생의 송아지는 멀리서 기다리고 있던 사자가 다가오면 즉각 뛴다. 물론 그런 반응은 소용이 없다. 그러나 조금만 더 자라면 그에게 장전된 이 '고착된 행동 패턴'(FAP)은 포식자가 다가올 때 즉각 뛰게 함으로써 많은 경우에 그의 생명을 연장시켜 줄 것이다.

6. Francois Jacob, ***The logic of life: a history of heredity***, trans. B. E. Spillmann, Princeton, NJ: Princeton University Press, 1973.

---

(2) "넓은 의미에서 보면, 유전자는 지구에 살고 있는 생물들이 조상으로부터 물려받은 기억이다. … … 진화는 학습이다. 개체가 뇌에 학습을 저장하고, 사회가 학습을 책에 저장하는 방법으로, 종(species)은 학습을 염색체에 저장한다. … … 그리고 살아있는 것들이 지구상에서 35억 년을 살면서 터득한 모든 발견들 가운데서 기억의 저장 장치는 가장 중요한 하나의 발견이다."(p. 132) Jonathan Weiner, ***Time, love, memory: a great biologist and his quest for the origins of behavior***, New York: Vintage Books, 2000. (참고:『초파리의 기억』, 조경희 옮김, 파주: 이끌리오, 2006. 193쪽.)

(3) "The ability to predict is critical in the animal kingdom—a creature's life often depends upon it."(p. 22) "… the brutal realities of life in the wild highlights a few specific and salient points. … we see that the FAP(Fast Action Pattern) of running (walking, gait, etc.) is very much in place, prewired and functional, at birth. … … Running is simply too critical to survival for this animal to have to learn and embed its functionality de novo during ontogeny, generation after generation. Phylogeny has put this FAP into place in the same way as the calf begins breathing regularly at birth."(p. 180) Rodolfo R. Llinas, ***i of the vortex: from neurons to self***, Cambridge, MA: The MIT Press, 2001.

7. Rodolfo R. Llinas, *i of the vortex: from neurons to self*, Cambridge, MA: The MIT Press, 2001.

다시 돌이켜 보니 3

한계 밖에서 움직이는
마지막 심판자에 대하여

한계 밖에서 움직이는 마지막 심판자에 대하여

1.

어느 날 TV 채널을 검색하다가 영국 런던에 있는 어느 병원의 응급실 장면이 떠올랐다. 거기에 70대로 보이는 한 건장한 노인이 이동침대에 누워 있다. 한 의사가 다가오더니, 그에게 이러이러한 수술조치를 해야 하는데 아주 드물지만 생명에 위험이 올 수 있다고 설명하고 난 다음 그래도 수술을 하겠느냐고 환자 자신의 동의를 구하는 절차를 밟고 있었다. 그 노인은 긴장하면서도 약간 여유로운 농담조로 이렇게 답했다.

"좋소! 이것 하나만은 기억해 주시오. 누구든지 천국을 가고 싶어 하지만 죽기는 싫어한다는 것을!"

여러 의과대학과 연구기관에서 소아과 면역학을 연구한 교수였으며 생명에 관한 에세이들로 많은 생각을 남긴 루이스 토마스 (1913~1993)는 그 자신과 비슷하게 의사였으며 기발한 명상록을 남긴 17세기의 토마스 브라운(1605~1682)의 말을 가지고 다음과 같은 설명을 시작하고 있다.

> "'살아있다고 하는 오랜 습관이 우리들로 하여금 죽음을 기피하게 만든다'고 토마스 브라운이 말하였다. 이 습관이 오늘에 와서는 하나의 중독이 되었다. 우리들은 살아있음에 낚여 있다 …. 우리들은 그것을 포기하는 것을 생각할 수 없다."(p. 56)[1]

이어서 루이스 토마스 교수는 죽음에 임박한 한 입원 환자의 이야기를 소개하고 있다.

> "죽음에 다가가는 한 나이 든 여인의 호소하는 바에 따르면, 고통스럽고 스트레스 받는 유일한 부분은 죽어가는 흐름이 자꾸 중단된다는 것이다. 몇 차례나 산소공급을 유지하고 전해질 용액을 회복시키는 관행적인 치료 조치를 할 때마다 다시 살아 돌아오는 괴롭힘을 당하고 있다는 것이다. 그녀는 그의 죽어가는 길을 간섭하는 조치를 심하게 거부하고 있었다."(p. 60)[2]

왜 그녀는 그의 죽어가는 길을 가로막는 조치에 반발하는 것일까? 한 개체생명은 그 자체의 종말에 대해 언제나 거부반응을 보이는가? 생명의 존재는 항상 자연의 부분으로 움직이면서 역시 자연의 부분으로 다가오는 한 종말의 단계는 왜 거부하는 것일까? (150926)

2.

프로이드는 그의 원숙한 단계에 쓴 저서 『쾌락 원칙을 넘어서』에서 그의 손자가 발견한 놀이에 대한 보고를 하고 있다. 그 아이는 엄마가 외출한 동안 참기 어려운 공백을 달래려는 듯 열심히 한 작은 물체를 침대 밑의 구석으로 집어 던졌다가 찾아오고 다시 던졌다가 찾아오는 놀이를 되풀이하고 있었다. 프로이드는 그 아이의 놀이를 다음과 같이 풀이하고 있다.

> "그 아이는 아마도 그의 어머니가 사라지는 것을 기분 좋은 것으로 생각하거나 심지어 무관심한 상태로 느꼈을 리는 없다. …… 어머니의 사라짐은 즐겁게 돌아올 것에 대한 필수적 예비조치로서 연출되어야 하고 따라서 놀이의 진정한 목적은 바로 후자 곧 어머니의 즐거운 귀환에 있었다고 말할 수도 있으리라. …… 처음에 그는 수동적인 상황에 있었다. 그는 그 경험에 의해서 압도되었던 것이다. 그것이 즐거운 것은 아니었지만 놀이로 그것을 반복함으로써 그는 능동적인 위치를 차지하게 되었다."(21-22쪽)[3]

아이는 그렇게 견디기 어려운 상실감을 달래며 재회를 다짐하는 연습으로 마음을 다스리고 있었던 것이다. 어른들은 그만큼의 상실감 때로는 패배감을 어떻게 다스리며 자신의 마음을 다질까? 어른들은 그들이 겪은 불쾌한 아니면 고통스러운 경험을 왜 잊지 못하고 되새기는 것일까? 그들이 겪은 경험을 마음 가운데에 다시 연출해서 무엇을 하려는 것인가? (150927)

3.

프로이드는 다시 어른들이 불쾌하거나 고통스러운 경험을 되새기는 방법으로 '비극'과 같은 예술적 재현이 있다는 것을 상기시키고 있다.

"어른들에 의해서 수행되는 예술적 놀이와 예술적 모방은—이것은 어린이들의 경우와는 달리 관객을 목표로 하는데—관객들에게 가장 고통스러운 경험을 피할 수 있게 해주지는 않지만, 예컨대 비극에서처럼, 관객은 그러한 경험을 고도의 즐거움으로 받아들일 수 있다는 사실도 기억해 둘 만한 사항으로 덧붙이고 싶다. 이것은, 심지어 쾌락원칙이 지배적인 상황에서도 그 자체로는 불쾌한 경험을 마음속에서 상기해 보고 작업할[승화시킬 만한?] 주제로 만들기에 충분한 수단과 방법이 존재한다는 설득력 있는 증거이다."(24쪽)[4]

치명적이고 고통스러운 그러나 겪을 수밖에 없는 삶의 과정이 예술적 재현에서뿐만 아니라 역사의 기록에서도 철학적인 질문에서도 되새기며 다스려질 수 있는 것이다. 겪을 수밖에 없는 그러나 해답이 없는 고통과 의문 또는 질문이 성숙한 단계의 예술과 역사와 철학에서 되새겨지며 또한 다스려지고 있다.

17세기 조선의 한 역사기록자는 당시의 임금 인조가 청의 군대에 쫓겨 남한산성으로 피신했다가 결국에 청의 장수 황제 홍타이지 앞에 나아가 무릎을 꿇고 이마에 피가 나도록 항복의 절을 하기까지의 역대에 드문 치욕의 사건을 남기고 있다. 그때 승리자인 청의 명을 받들어 세워졌다는 치욕스러운 항복의 고백인 삼전도비에 새겨져 있는 요지의 해석은 다음과 같다.

"대청 숭덕원년 겨울 12월에 황제가 우리가 화친을 어겼다 하시며 크게 노하시어 바로 두드려 동녘으로 오셨다. 가히 항거할 자가 없는 까닭에 …. 그러하거늘 황제가 죽이지 않기를 위엄으로 삼고 오직 덕을 피기를 먼저 하셨다. 그리하여 일찍이 칙서를 내리어 잘 타일러 이르기를, '오면 너를 완전케 하고 오지 않으면 치리라.' 하셨다. …… 이에 우리 과군(寡君)이 문무 여러 신하들을 모아 이르기를, '… 내가 사리에 어둡고 분별치 못하여 스스로 하늘이 치는 것을 재촉하여 만백성이 어육(魚肉)됨이 내 한 사람의 죄이다. 황제가 오히려 마구 치지 않고 글로써 잘 타이르니 내 어찌 공경히 받들어 위로는 종사를 완전케 하고 아래로는 목숨을 보전케 하지 않겠느냐!' 하셨다. …… 한강 상류 삼밭 남쪽은 곧 황제가 머무시던 곳으로 단이 있으니 … 단을 더 높이고 크게 하며 돌을 베어 비를 세워 길고 오래도록 두리라. …"
(104-105쪽)[5]

철학자들은 그럼에도 문명 세계와 함께 등장한 이후 거의 언제나 마치 모든 문제의 해답을 내놓을 수 있는 자들처럼 자처하는 경향이 있어 왔다. 철학자는 문제의 해결사인가? 도대체 야만의 상태에서 벗어났다고 자부하는 문명 이후의 철학자들은 가능성에 대한 믿음에 갇혀 자신의 절대 한계에 대한 인식을 망각하고 있다. (150928)

4.

오늘에 이르기까지 지구 위의 생물들이 겪은 아니면 겪고 있는 여섯 차례의 대규모 멸종[6] 가운데 이미 시작된 현재의 멸종 위기에 대하여 보고하고 있는 엘리자베스 콜버트는 한계를 망각한 현대 인류의 도전 정신에 대하여 심각한 경고를 보내고 있다. 현대 인류는 애초에 어떻게 지구 위에 있는 모든 대륙으로 퍼져 살게 되었을까? 그들은 육지가 보이지 않는 대양을 향해 아무 정보도 없이 노를 저어 나아갔는데, 아마도 많은 사람들이 어떤 육지에 닿기도 전에 바다 가운데서 사라졌을 것이다. 지금은 저 우주 공간을 향해 끝이 없는 모험 여행을 시도한다. 인류는 무엇을 위하여 그런 모험을 하려고 할까? 엘리자베스 콜버트가 풀이하고 있는 고생물유전학(paleogenetics) 연구자 슈앙테 패보(Svante Pääbo)의 가설에 따르면, 이전 단계의 인류 네안데르탈의 것과는 다른 변이된 유전자 서열을 가지고 있기 때문에 현대 인류는 그런 미친 짓에 다름 아닌 멈출 수 없는 모험심과 창의성으로 행동하고 있다는 것이다. 그래서 콜버트는 다음과 같은 경고를 결론으로 삼고 있다.

> "인류가 기호와 상징들에 의해 자연의 세계를 표현하기 시작하자마자 그는 그 자연의 한계를 넘어서 밖으로 밀고 나간 것이다. …… 이러한 사고방식 배후의 논리[메시지]는 다음과 같은 것이다: [자연스러운] 진화의 제약 조건들로부터 자신을 해방시켰음에도 인류는 여전히 지구의 생물학적 그리고 지구화학적 체계에 의존해 살고 있다."
> (pp. 266-267)[7]

문명의 시작과 함께 동서의 철학자들이 구축해온 기호와 상징들의 체계로서 그들의 범주들과 범주들에 의한 추론체계는, 자연과 그로 비롯하는 사물들을 이해하는 데서 나아가 자연과 사물들로 하여금 최대의 효율로 생산을 하도록 조작 관리하는 데까지 이르고 있다. 자연과 사물들이 기호와 상징들, 범주들과 추론체계가 조작하고 통제하는 방향을 따라 움직이고 있는 것일까? 아니면 그들이 조작하고 통제하는 범위와 한계 밖에서 거부와 위기의 신호를 보내고 있는 것은 아닌가? 그들의 범주들과 추론체계는 고대로부터 전해 오는 비극을 닮은 인간의 역사에 대하여, 그리고 자연으로부터 예고 없이 닥쳐오는 뜻밖의 재난들에 대하여 어떤 경계의식(警戒意識)[8]이라도 전하고 있는가? (150929)

5.

고대 그리스 철학의 시작을 야심차게 새로 풀이하려는 한 저자는 그의 철학자들을 가리켜 "Les Maîtres de vérité" 곧 '진리의 거장들'이라고 하였다. 이 철학적 모험의 여명기에 나타난 '진리의 거장들'이 후세에 남긴 최초의 발상에 대하여 그는 다음과 같이 요약하고 있다.

"언어에 대한 [그들의] 사유는 두 갈래의 주요 노선을 따라 세련되기 시작하였다: 하나는 사회적인 관계의 도구로서, 하나는 실재를 인식하는 도구로서."(p. 106) "한 쪽으로 그들은 말이 실재에 대하여 행사하는 힘의 문제를 탐구했고 …. 다른 쪽으로 말이 다른 사람들에 대하여 행사하는 힘의 문제를 공식화했다 …."(p. 88)[9]

이 진리의 거장들은 그들의 말로써 만들어내는 범주들과 추론체계에 의해 자연을 이해하며 통제할 수 있을 뿐만 아니라, 같은 말의 체계에 의해 사람들의 생각과 행동을 이해하고 설득하며 지배할 수 있다고 생각하기 시작한 것이다. 말하자면 자연과 사람에게 일어나는 모든 문제들을 그들의 범주들과 추론체계 안에서 통제 지배하며 해답할 수 있다고 하는 생각에 빠진 것이다.

과연 자연과 사람으로 말미암은 사건과 문제가 철학자들의 범주들과 추론체계 안으로 들어갈 수 있을까?[10] 자연과 사람이 일으키며 겪는 존재의 사태들 곧 그것들의 마지막 결과를 결정하는 자는 어디에 어떤 모양으로 있는가? 햄릿은 죽은 아버지의 유령을 만나 뜻밖의 이야기를 들은 다음 그런 사실을 믿지 못하는 호레이쇼에게 이렇게 말한다.

> "호레이쇼! 하늘과 땅에는 자네의 철학으로 상상할 수 있는 것보다 많은 것들이 있다네."

세상의 사건과 문제의 현실은 언제나 철학자 아니 사람이 상상하는 체계 밖에서 움직이는 것이다. 어떤 어부의 그물로도 바다의 모든 어류를 잡을 수 있는 것은 아니다. 모든 방면에서 탐구는 해결할 수 없는 문제에 부딪친다. 해결할 수 없는 문제로 나아가는 것이 철학자 아니 모든 사람이 부딪치는 운명이다. 철학자는 마지막까지 남아 있는 해답 없는 문제를 따라가며 질문을 품는 자이다.

어느 방면에서도 마지막에는 해답할 수 없는 질문에 부딪칠 수밖에 없으며, 그렇게 누구든지 철학자가 된다. 철학자와 일상의 사람 누구든지 그가 부딪치는 마지막 질문은 아무도 해답할 수 없는 그리고 아무도 알 수 없는 한계 밖의 심판자 $X(\ )$에 관한 것이다. 그 한계 밖의 심판자로부터 들려오는 소리에 귀를 기울이며 그렇게 다가오는 거부할 수 없는 운명을 x의 존재론 안에서, 프로이드의 손자가 그랬듯이, 되새기며 거듭나는 길을 찾아야 하는 것이다.[11] (151002)

6.

왜 x의 존재론을 철학사의 오랜 전통에 다가오고 있는 또 한 차례의 혁명이라 하는가? 고대 문명과 함께 등장한 철학자들은 어디서나 신화의 시대를 마감하며 이른바 인문주의 세계관을 개척하였는데, 이는 위태롭기 짝이 없는 미완의 혁명이었다. 그들은 자연과 사람이라는 영원에 말미암은 실재를 우연한 문화의 시공간 틀에 묶인 범주들과 추론체계 곧 인간 본위의 척도를 가지고 이해하고 통제하려는 생각으로 일관해 왔기 때문이다. "만물이 다 나에게 갖추어져 있다." (풀이말 8 보기) 이렇게 호언한 맹자의 인간 척도에 대해 햄릿은 다시 무어라고 대꾸할까? 칸트가 상상했던 물자체 x란 무엇인가? 그가 생각해낸 감성의 형식과 판단의 범주라는 이성의 질서가 매겨지기를 조용히 기다리는 침묵의 대상인가? 그것은 도대체 인간 이성이 만들어낸 질서를 매길 수 있는 '대상'이 아니다. 그것은 모든 탐구자의 집요한 질문에도 마지막 판단을 숨기며 자신의 시나리오를 따라 움직이는 '주체' $X(\ )$다. 언제나 마지막 판단은 인간의 몫이 아니다. 마지막 판결을 끝까지 숨기며 펼쳐가는 영원의 시나리오에 초대된 이슬 같은 운명의 존재[12] 그대의 이름은 인간이다. (131005)

1. Lewis Thomas, *The lives of a cell: notes of a biology watcher*, New York: Bantam Books, 1974, 1989.

2. Lewis Thomas, 같은 책.

3. 지그문트 프로이트, 『쾌락 원칙을 넘어서』, 박찬부 옮김, 서울: 열린책들, 1997.

4. 지그문트 프로이트, 같은 책.

5. 작자 미상, 『산성일기: 인조, 청 황제에게 세 번 절하다』, 김광순 옮김, 파주: 서해문집, 2004.

6. 고생물학자들의 거의 일치된 견해에 따르면, 38억 년 전 지구 위에 생명이 출현한 이후에 지금까지 다섯 차례의 대멸종 재난이 일어났는데, 그 마지막은 6,600만 년 전에 약 9.6킬로미터 너비의 소행성이 지구에 충돌했을 때라고 한다. 공룡을 비롯한 75퍼센트 가량의 동식물 종들이 이때에 사라졌다고 추정하고 있다. 이렇게 대대적인 멸종 사건이 일어나게 되는 것은 소행성과의 충돌로 폭발하는 분진에 의해 태양광이 차단됨으로써 달라진 조악한 환경에서 왜소하고 질긴 생명만이 살아남을 수 있기 때문이다. 그런 다음 다시 다양한 생명의 종들이 출현하기까지는 500만 년에서 1000만 년, 더 심각한 대멸종 다음에는 1500만 년에서 3000만 년이 걸린다고 추산하고 있다.

   그런데 지금 21세기 안에 다가올 것으로 예상하고 있는 대멸종의 원인은 천체를 떠도는 행성과의 충돌과 같은 자연으로부터 오는 재난이 아니라, 현대 인류가 향유하고 있는 지구 자원의 한계를 초과하는 소비지향의 양식에 말미암은 것이다. 지금까지 지구에 일어난 대멸종 사건들은 다섯 차례였는데 이제 다가오고 있는 여섯째의 대멸종은 인류가 향유하는 삶의 양식이 원인이며, 인류 자신도 이 여섯째의 대멸종 과정에서 다른 많은 종들과 함께 사라질 것이라고 경고하고 있다.

지금 막 태어나고 있는 우리 다음세대 아이들이 예상 수명으로 100년을 사는 동안 반드시 겪게 될 자연과 사람의 문제에 대하여 철학자는 무슨 이야기를 해야 할까? 여전히 고대 그리스철학자들을 '진리의 거장'으로 부르거나 아니면 고대 중국철학자들을 천인합일에 의한 '도통의 완성자'라고 부르며 만족할 수 있을까? 철학은 인문학적 소양을 쌓는 고매한 학문이라는 몽상으로 대중을 마취시키는 일을 계속할 것인가?

7. Elizabeth Kolbert, *The sixth extinction: an unnatural history*, New York: Henry Holt & Co., 2014.

8. 여기서 말하는 경계인식은 중국전통에서 말하는 우환의식과 어떻게 다른가? 고대중국철학사를 통관하는 가운데서 우환의식(憂患意識)을 역대 철인들의 주요 사상으로 설명하는 역사가들이 있다. 그들은 다음의 고사(故事)를 설명의 출발점으로 한다. 통치의 질서가 문란해가는 은(殷)나라 마지막 주왕(紂王)의 폭정 아래에서 제후로 있던 주(周) 문왕이 고심숙고하며 지은 것으로 전해지는 역(易)의 해설서「계사전」(繫辭傳)에는 다음과 같은 구절이 있다. "易之興也 其於中古乎? 作易者 其有憂患乎?"(역이 이루어진 것은 중고시대가 아니겠는가? 역을 지은이는 어떤 우환이 있어서였을까?) 여기서 역사가들은 중국전통의 우환의식이 시작하는 것으로 본다.

특히『中國人性論史』를 집필한 20세기의 쉬푸관(徐復觀)은 우환의식을 중국철학 전통의 핵심 사상으로 풀이하고 있다. 그에 따르면 우환의식은 원시종교의 동기가 되는 공포와 절망에서 비롯하는 것이 아니다. 우환의식은 길흉성패에서 행위 당사자의 응분의 책임이 있다고 하는 자각(自覺)의 정신에 다름 아니다. 이는 말하자면 위로 향하던 것이 아래로 내려오며 밖으로 향하던 것이 안으로 거두어들여지는 발전을 하게 된 것이라는 것이다.[1]

이러한 자각의 정신에 의해서 쉬푸관은 맹자와 장자를 관통해 흐르고 있는 중국전통의 우환의식을 확인하고 있다. 맹자는「진심」상편(「盡心 上」)에서 이렇게 말하고 있다. "마음을 다해서 궁구하면 본성을 알며 본성을 알면 하늘을 알게 된다. …… 만물이 다 나에게 갖추어져 있다." 그리고 장자는「제물론」에서 이렇게 말한다. "천지가 나와 함께 생긴 것이고 만물은 나와 더불어 하나를 이룬다. 이미 하나가 되었는데 이 밖에 무슨 말을 하겠는가!"[2] 이는 구원자를 찾아 위로 그리고 밖으로 향하던 원시종교의 의타적인 성향을 인성 또는 자아 중심의 탐구로 발전해 나아가게 한 전통의 흐름을 우환의식에 귀일시키고 있는 것이다.

따온글 ─────

(1) "憂患意識, 不同於作爲原始宗敎動機的恐怖絶望. …… 在這種遠見[憂患意識]中, 主要發現了"吉凶成敗與當事者行爲的密切關係, 及當事者在行爲上所應負的責任. …… 所以憂患意識, 乃人類精神開始直接對事物發生責任感的表現, 也卽是精神上開始有了人地自覺的表現."(20-21쪽) "中國文化發展的性格, 是從上向下落, 從外向內收的性格."(163쪽) 徐復觀,『中國人性論史』, 臺北: 臺灣商務印書館, 1965, 1994.

(2) "孟子曰盡其心者, 知其性也. 知其性, 則知天矣. …… 孟子曰萬物皆備於我矣."(『孟子』「盡心 上」) "天地與我並生, 而萬物與我爲一, 旣已爲一矣, 且得有言乎!"(『莊子』「齊物論」)

그러나 경계의식은 위 그리고 밖을 향해 인간 자신의 한계 조건들을 탐구하는 데 게을리 하지 않는 우주의 척도(cosmic measure)에 주의를 기울이는 태도이다. 따라서 경계의식은 모든 생명의 존재가 그 안에 장착하고 있는 수억 년 기억의 부분이며, 이것은 원시종교가 추구하는 동기 아니면 우환의식이라는 것과는 거리가 먼 것이다.

9. Marcel Detienne, *The masters of truth in archaic Greece*, trans. Janet Lloyd, New York: Zone Books, 1996.

10. 죽을 수도 있는 모험 같은 수술을 받기로 동의하는 환자, 오래 살아 있는 것이 습관이 되어 알 수 없는 곳으로 돌아가는 죽음이 두려운 사람들, 엄마를 기다리며 불안한 마음을 놀이로 달래는 어린아이, 예술적 모방으로서 '비극'을 감상하며 다짐하는 유한 존재의 운명, 예측할 수 없게 닥쳐오는 급변 사태 앞에 선 나라의 백성과 생명의 종족 모두에게 철학자는 어떤 설명과 해답을 줄 수 있는가?

자연과 사람이 통과하는 유한 존재의 상태들 곧 그들의 이슬 같은 운명은 철학자들이 구축하는 어떤 범주들과 추론체계 안에서 이루어진다고 볼 수 있는가? 그들의 범주들과 추론체계가 선진시대 중국이나 고대 그리스에서 발생한 과정을 역으로 추적해 보면 그것들은 모두 인간중심의 척도(homeocentric measure) 곧 신화의 세계 인식을 거부한 인문주의 정신에서 비롯하는 것으로 밝혀지고 있다. (V장 "존재하는 모든 것들을 인간으로부터 해방시켜라" 그리고 XI장 "영원의 매체 '제1 언어'에 대하여" 보기)

"호레이쇼! 하늘과 땅에는 자네의 철학으로 상상할 수 있는 것보다 많은 것들이 있다네." 이는 자연과 사람에게 일어나는 사건들은 역대의 철학자들이 생각하는 범주들과 추론체계 밖에서 넘쳐 들어온다는 오래된 경험과 문제의식으로부터 들려오는 증언이라고 볼 수 있는 것이다. 태초로부터 지금까지 세상에 존재하는 모든 것들이 통과해 가는 단계들 곧 그들의 운명은 아무도 예측할 수도 이해할 수도 없지만 모든 일의 마지막 심판자 $X($ $)$에 달려 있다고 인정하지 않을 수 없다.

11. 프로이드의 손자보다는 더 많은 것을 경험하고 관찰한 노련한 경지에서 「전도서」의 필자는 사람들이 뜻하는 대로 되지 않는 하늘 아래 만사를 되새기면서 최고의 심판자에 대한 그의 심경을 돌이켜 보며 가다듬고 있다.

12. 한 사람이 이슬 같은 운명의 존재라고 해서 다른 누군가가 마음대로 그를 판단하거나 가르칠 수 있는 대상으로 취급할 수 있는 것은 아니다. 한 사람은 그가 참여하고 있는 영원한 시나리오의 부름을 받고 나온 하나의 특별한 존재이다. 그의 존재의 뿌리는 그렇게 영원한 시나리오 가운데에 깊이 자리 잡고 있어서 현재의 무엇으로도 환원불가능한 주체임에 틀림없다. 그에게 붙여지는 이름과 성질들은 그의 일시적인 현상에 잠시 덧씌워지는 껍데기에 지나지 않는 것이다. 한 사람은 우리들이 알고 있는 어떤 기지의 범주들과 추론체계로도 환원할 수 없는 영원의 시나리오 가운데서 쉬지 않고 활동하는 미지의 주체이다.

칸트는 '사람을 수단으로서가 아니라 목적으로 대우하라'고 그의 『도덕의 형이상학을 위한 기초』에서 권고하였다. 더 나아가 x의 존재론에서 사람은 스스로 쉬지 않고 활동하는 주체이며, 따라서 결코 하나의 대상으로 접근할 수 있는 존재가 아니다. 자연에서 움직이는 모든 생명 또한 마찬가지로 단순한 물리적 대상으로 이해할 수 있는 존재가 아니다.

'열 길 물속은 알아도 한 길 사람의 속은 모른다'고 흔히들 말한다. 이는 사람을 기하학적 공간의 척도를 가지고 관찰할 때 하는 말이다. 그리고 그 사람이 스스로 마음에 숨기고 있을 수 있는 속사정을 두고 하는 말이다. 그러나 영원의 긴 시간 가운데서 그는 누구인가? 그는 어떤 존재로서 시작하였는가? 그는 결국에 어떤 존재로 되어갈까? 아무도 그를 하나의 대상으로 놓고 판단할 수 있는 기억과 예견의 자격을 가지고 있지 않다고 말할 수밖에 없다. 사람은 하나의 대상이 아니다. 그는 그의 최선을 다하여 영원의 시간을 향해 쉬지 않고 나아가는 미지의 주체다. 따라서 사람에 대한 마지막 판단 또한 사람의 몫이 아니다.

개체생명 x에 대한
미시분석과 거시분석 연습

개체생명 x에 대한 미시분석과 거시분석 연습

'알파고'도 인간도 마지막 승부는 격파당한 다음 수에 달려있다

1.

개체생명 x가 영원의 한 단위 기억체계로서 시작하는 일생을 순서대로 정리하면, 영원의 기억 x ⇨ 상상의 파격 $\neg x$ ⇨ 한계 격파 또는 한계초월 $X(\ )$와 같다. 이렇게 반복하는 일생의 순서는 한 생명의 종이 출현해서 모든 가능한 파격의 변이를 연출하다가 한계초월 또는 멸종에 이르는 과정에 대한 거시분석에 일치하는 것이다. (160320)

2.

상상에서 일어나는 파격의 행위는 지금은 일일이 기억할 수 없는 과거에 겪은 격파 $X(\ )$의 경험에 대응하는 예행연습이다.[1] 상상의 파격행위가 영원의 기억에 저장된 격파의 경험에 말미암은 것이라면, 삶에서 반복하는 일생의 순서 x ⇨ $\neg x$ ⇨ $X(\ )$는 실은 격파의 경험 $X(\ )$ ⇨ 영원의 기억 x ⇨ 상상의 파격 $\neg x$라는 태초의 순서[2]에

서 비롯하는 것으로 볼 수 있다. 태초의 순서는 영원의 한 단위 기억 체계 곧 개체생명 x의 내재성 구축 과정에 대한 미시분석에서 소급 추정된 격파의 경험에서 시작하는 것이다. 그리고 태초의 순서는 만물을 일으키는 빅뱅 이전에 빅크런치(big crunch)라는 격파의 사건을 소급 추정하는 시원분석에 일치한다. (160321)

3.

인류 지혜의 임시 매체인 상상력은 격파의 경험을 기억에서 점검하며 그 최선의 대응 가능성[3]을 찾아야 하는 과제를 안고 있다. 그렇게 격파의 기억을 태초의 순서에 따라 인류 최선의 지혜로 용해하고 있는 상상의 전략을 다음과 같은 한 담론의 요약에서 음미할 수 있다.

> "… … 지혜로운 사람은 마음이 초상집에 있고 어리석은 사람은 마음이 잔칫집에 있다."(「전도서」7:2-4)[4]

(160322)

1. 이세돌 9단은 구글 딥마인드(Deep Mind)에서 개발한 인공지능 바둑 프로그램 알파고(AlphaGo)와의 4번째 대국에 임할 때 그 이전 3차례의 대국에서 격파당한 경험을 기억에 떠올리며 파격적인 상상으로써 대응을 했다. 이 4번째 대국을 관전 분석한 한 평자는 이세돌이 알파고의 데이터베이스를 뛰어넘는 엉뚱한 수를 던짐으로써 파격의 대응을 했다고 말한다. 그리고 수많은 영어권 관전자들 가운데 댓글 이름 'jballanc'라는 이는 알파고도 똑같이 기발한 수로 나올 수 있기 때문에 서로 파격의 대응으로 맞서는 게임이 전개될 것이라고 내다봤다.[1]

한 개체존재의 일생에서 파격의 행위 $\neg x$라는 것은 기억 x에 입력 저장되어 있는 격파 $X(\ )$의 경험을 다시금 떠올리며 가능한 최선의 대응

따온글 ─────────

(1) "알파고가 인간 바둑에서 볼 수 없는 수를 구사하자 4국에서 이 9단도 평범함을 거부한 수를 뒀다. …… 알파고는 엄청난 연산능력으로 최선의 수를 찾는 기계다. 지금까지의 기보는 이미 알파고에 입력돼 있기 때문에 이세돌 9단이 어디에 둘지 파악이 된다. 따라서 알파고를 … 이기려면 4국에서처럼 이 9단이 이전에 두지 않았던 창의적인 수를 두면 된다. 알파고의 데이터베이스에 없는 엉뚱한 수다."(신효령, 2016년 3월 14일) *http://www.newsis.com/ar_detail/view.html?ar_id=NISX20160313_0013954673*

"가장 큰 의문은 알파고가 얼마만큼 창의적일 수 있을까 하는 점이다. …… 알파고는 기발한 수를 둘 수 있을까? 그럴 수 있다면, 다른 바둑기사들이 그에 맞서서 자기들 유의 창의성을 대국에서 발휘하듯이 알파고도 그럴 수 있을까? …… 내 생각은 … 인공지능이 인간을 이길 만큼 반상의 공간이 충분히 넓다는 것이다 …. 그렇다면 인간 또한 인공지능의 유도에 따라 반상의 새 영역에 들어가 인공지능을 이길 수 있을 거라고 기대한다."(jballanc) "Lee Sedol beats Alphago in game 4"(gogameguru.com) *https://news.ycombinator.com/item?id=11276798*

을 하고자 하는 상상의 전략이다.

2. 여기서 태초의 순서라는 것은 일생이 시작하는 시점에 개체생명에게 주어진 기억에 저장되어 있는 것을 분석하는 데서 얻는 것이다. 개체생명 안에 저장되어 있는 것은 생물학자들에 따르면 수백만 년 심지어 수십억 년을 거쳐 온 과거의 흔적 곧 그동안의 기억이다. 유전 프로그램이라고도 불리는 기억의 체계 가운데서도 필수적으로 갖추어져야 하는 것은 자신의 생명을 위협할 수 있는 것들에 대한 경계동작 또는 거부반응이다. 경계동작 또는 거부반응은 자신의 안을 향해서도 밖을 향해서도 일어난다.

그러한 반응과 동작은 어디로부터 일어나는 것인가? 각 개체생명에게 주어진 기억의 체계 x로부터이다. 각각의 x는 영원의 한 단위 기억체계이다. 그 기억체계에는 그것이 현재에 이르기까지 겪었던 온갖 격파의 경험들이 압축 저장되어 있다. 그러니까 한 개체생명이 태어날 때 이미 경계동작 또는 거부반응의 능력을 장착하고 있는 그는 백만 년 또는 억 년 동안 겪어온 격파의 경험들을 압축 저장하고 있는 것이다. 따라서 백만 년 억 년 동안 겪어온 격파 $X(\ )$의 경험에서 비롯하는 태초의 순서는 $X(\ ) \Rightarrow x \Rightarrow \neg x$로 대표하며, 태어난 순간의 한 단위 기억체계 x로 시작해서 죽음에 이르기까지 끊임없이 반복하는 일생의 순서는 $x \Rightarrow \neg x \Rightarrow X(\ )$로 대표할 수 있다.

태초의 순서는 한 단위 기억체계 x의 내재성에 대한 미시분석에 따라 발견되는 것이며, 일생의 순서는 한 단위 기억체계가 세상에 몸을 드러낸 이후 죽음 $X(\ )$에 이르기까지 끊임없이 반복하는 격파과 격파 곧 자기초월의 과정에 대한 거시분석을 요약하는 것이다. 거시분석은 한 단위 기억체계 곧 개체생명 x가 영원의 시간의 부분이 되어가는 자기초월의 과정을, 미시분석은 영원의 시간이 한 단위 기억체계 곧 개체생명 x의 부분으로 되어가는 내면화 과정을 보여준다. 이렇게 생명의 기억체계에 대한 거시분석과 미시분석은 영원의 시간을 통과하는 생명의 일생과 그 태초의 시작을 이해하는 데 기여하는 것이다.

거시분석과 미시분석 과정에서 고대불교의 연기(緣起)와 무아(無我), 플라톤의 영혼의 전생(前生)과 상기(想起), 니체의 영원회귀(永遠回歸)와 같은 관념들이 하나의 시간대 곧 우주의 척도 가운데로 함몰하는 것을 볼 수 있다. 철학사의 전통에서 말하는 존재론의 과제는 한 단위 기억체계 곧 개체생명 x에 대한 거시분석과 미시분석의 과정으로 이렇게 용해되는 것이다. 이처럼 영원의 한 단위 기억체계 곧 개체생명에 대한 거시분석과 미시분석은 x의 존재론을 받쳐주는 기본 방법이 된다.

3. 스티븐 호킹을 비롯한 여러 수학자, 물리학자, 인공지능이론가들은 인공지능의 발달이 가져올 결과에 대해 그리 낙관적인 전망을 하지 않는다. 그들은 인공지능이 미래에 인간이 감당할 수 없을 만큼 위협적인 결과를 인류의 문명과 인류 전체에 가져올 수 있다는 견해를 조심스럽게 내놓고 있다. 인류의 상상에 의한 대응 가능성에는 한계가 있기 때문이다. 말하자면 그 대응 가능성을 모색하는 장으로서 인간의 상상 영역에 떠올릴 수 있는 경우의 수에 비해 인공지능 AI가 연산할 수 있는 경우의 수는 '물리적으로' 비교할 수 없이 무한하다.[2] 미래에 다가오는 격파의 위기에 대응하는 능력에 있어 도대체 인간과 생명 일반은 절대적으로 제한되어 있다고 보는 것이다. 그리고 물리적으로 제한 없는 AI의 연산능력 가운데에는 인류의 안전한 미래를 보장할 만한 장치를 기대할 수 있는 어떤 근거도 없다.

또한 무한에 다름없는 경우의 수를 연산할 수 있는 인공지능에는 인류가 겪는 다양한 도덕적 상황에 대한 심사숙고 내지 재량(裁量)의 판별력, 더 나아가 개개인에 따라 만차억별로 나타나는 취향과 심미적 판단을 가능하게 하는 대안의 감성능력이 현재까지는 전혀 없다. 여기서 격파를 겪은 다음에 실행하는 상상과 선택에서 인공지능의 존재와 개체생명 인간은 질적으로 전혀 다른 길을 가야하는 운명에 이를 수 있다.(풀이말 4 보기)

4. 인류가 가질 수 있는 지혜란, 영원의 기억이든 얼마 전의 기억이든 그 기억에 저장되어 있는 격파의 경험들을 상상에 떠올리며 경계하는 태도로 대응의 전략을 찾는 데 있다. 「전도서」를 비롯한 인류의 기록 유산들 가운데에는 격파의 경험을 깊이 반추하며 그로부터 이끌어낸 상상의 전략 곧 지혜의 금언들이 있다. 노자는 "있는 것과 없는 것은 서로 생겨나게 한다"(『老子』 2)거나 "있는 것은 없는 것에서 생겨난다"

---

(2) "구글 알파고 AI에 대한 이세돌 9단의 4 대 1 패배는 기술이 인간에 대해 승리를 구가해온 일련의 과정 가운데 가장 최근 벌어진 일에 지나지 않는다. … … AI는 전 공간에 걸쳐 인간이 생각할 수 없는 방식으로 가능한 행마와 전략들을 탐색한다. … … 기계는 인간의 경험이나 기대에 묶여있지 않다. AI가 전혀 예상치 못한 행동을 하는 것을 보기 전에는 우리들이 가능한 수들을 고려함에 있어 제한된 시야를 지니고 있다는 것을 깨닫지조차 못한다. AI는 인간 상상력의 한계를 어렵지 않게 넘어선다." (Jonathan Tapsen, "Google's historic win over Go world champion proves AI can be 'unpredictable and immoral' leading expert warns," Mail Online, *Daily Mail*, Mar. 23rd 2016) *http://www.dailymail.co.uk/sciencetech/article-3499288/Google-s- historic-win-world-champion-proves-AI-unpredictable-immoral-leading-expert-warns.html*

"인공지능이 이뤄낼 수 있는 일에는 근본적으로 한계가 없으며, 그 입자[성분]들이 인간 두뇌의 입자[뉴런]들의 배열보다 훨씬 나은 연산을 수행하도록 조직되는 것을 막을 수 있는 어떤 물리 법칙도 없다." Stephen Hawking, "On the threat of Artificial Intelligence," (Oct. 8, 2015) *http://genius.com/Stephen-hawking-on-the-threat-of-artificial-intelligence-annotated*

(『老子』40)고 하였고, 바울은 "하느님께서 세상의 천한 것들과 멸시 받는 것들 곧 없는 것들을 택하시고 있는 것들을 없애고자 하시니 아무도 그 앞에서 자랑할 수 없게 하려 하심이다"(「고린도전서」1:28-29)라고 하였다.

이는 모두 뼈아픈 격파의 경험들을 오래 동안 되새기며 얻은 겸허의 지혜임에 틀림없다. 지금 인류가 추정할 수 있고 상상할 수 있는 격파 경험들의 정도와 양(量)은 수백만 년, 수십억 년에 걸쳐 있는 것이다. 철학자가 발휘하는 상상의 지혜는 이만한 정도와 양에 대응하는 것이어야 한다. 한 인간에 대한 마지막 평가는 격파를 겪은 다음에 수행하는 상상의 전략과 선택의 수준에 달려있다.

질문과 응답 1

최세만/김귀룡/김동규/나종석/박동환

최세만/김귀룡/김동규/나종석/박동환

아래의 대화는 2010년 2월 20일 최세만(충북대, 현대 영미철학), 김귀룡(충북대, 서양 고대철학), 김동규(연세대, 예술철학), 나종석(연세대, 사회철학), 박동환이 한 자리에 모여 약 5시간 가까이 주고받은 질문과 응답의 내용에서 'x의 존재론'을 이해하는 데 기초자료가 될 만한 부분을 발췌한 것이다. 발췌는 이 모임을 기획한 연세대학교 국학연구원에서 발행하는 『東方學志』(151집, 2010년 9월)에 실렸던 「가에로의 끝없는 탈주―박동환의 철학적 문제」에 주로 근거해서 이루어졌다.

나의 내면의 성향을 가장 깊이 이해하는 최세만 교수는 2010년 이 모임에서 x의 존재론이 구체화되기에 앞서 내가 해결해야 할 문제점들에 대하여, 그리고 Xx라는 관계식에 대하여 공략의 각도를 옮겨가며 뜻밖의 질문들을 쉼 없이 쏟아냈다. 무엇인가 알 수 없는 결과를 향해 모험을 하고 있는 나에게 그렇게 길을 잡아 줄 동행친구가 있는 것은 잊을 수 없는 지극히 감사한 혜택이다. 김귀룡 교수는 이전부터 일관되게 개체존재가 x의 존재론에서 얻는 위상과 특성에 대하여, 김동규 교수는 큰 X와 작은 x의 사례와 해석에 대하여, 나종석 교수는 철학 연구와 한국학 전통의 평가에 대하여 내가 설명해야 할 문제점들을 집중적으로 추궁해왔는데, 그때 나는 만족스러운 대답을 내놓기에는 아직 미비한 단계에 있었고 그래서 대강으로 반응을 할 수밖에 없었으며, 그렇게라도 각론을 더 시도하기에는 밤이 깊어갈 때까지도 나 스스로 판단력을 회복하여 길을 찾는 데에 힘이 미치지 못하였다. 그러므로 그때 모임의 후반에 이루어진 세 분의 질문들에 대한 나의 흐지부지한 답변들을 이 발췌에 들이지 못하는 유감을 양해해 주시기를 부탁드린다.

여기에 등장하는 x의 존재론을 구축하는 벽돌 같은 부분들을 만드는 동안 나의 지적 환경은 한국교원대학교에서 철학 또는 윤리교육을 전공하는 청년학자들이 이루어낸 강의실 분위기였다. 2003년에서 2012년까지 새로움을 향한 열정이 넘쳤던 그 분위기에서 비로소 나는 어떤 영역에도 갇혀있지 않은 상상의 실험들을 할 수 있었는데, 이러한 실험들은 전적으로 이 학교 중진 교수 김진근 박사가 마련해 준 터전에서 이루어진 것이었다. 내가 북경대학교에 방문학자로 있는 동안 연수 동문이기도 했던 김 교수에게, 그때로부터 나의 갈지자처럼 걷는 공부의 길을 이해하며 협력해준 그의 넓은 도량에 대하여 깊은 감사를 드리는 바이다. (160706)

최세만: 늦은 감이 있긴 하지만, 지금이라도 선생님이랑 대화의 기회를 갖게 되어 다행스럽게 생각합니다. 궁금한 점들이 많긴 하지만, 선생님의 개인적인 삶의 여정과 철학 사상, 이 두 가지를 중심으로 질문을 드리고 싶습니다. 그 외에 후학들에게 하고 싶으신 말씀도 들었으면 좋겠습니다. 평생을 매진해 오신 철학적 사유과정을 짧은 시간 동안이나마 선생님의 육성을 통해 정리해보는 것도 큰 의미가 있다고 생각되기 때문에, 두 번째 질문에 중점을 두도록 하겠습니다. 그럼 먼저 개인적인 삶의 여정에 관해서 간단하게 몇 가지 질문을 해 보겠습니다.

…… ……

최세만: 개인적인 삶의 여정에 관해서 특별히 기억나는 것이 있으시면, 그러니까 출생, 소년시절, 청년시절에 기억나는 일들, 그리고 그 이후에 일상에서 느끼신 점이라든가 ….

박동환: 여기서 말할 만한 일상의 삶이라는 게 별로 없구요. 그동안 공부하면서 경험했던 일들을 얘기하면 되겠군요. 그러니까 과거를 돌이켜 볼 때, 현재의 상태에 깊은 영향을 끼친 일들로는 아마, 우리 세대가 다 그렇겠지마는, 1945년 일제 통치로부터의 해방이라는 것과, 1950년 한국전쟁이라는 것이 가장 컸던 것 같습니다. 1950년에

일어난 전쟁 가운데서 어떤 경험을 했냐면, 서울이 집이었는데, 전쟁 난 다음에 피난해서 정착한 곳이 어디냐 하면, 다른 많은 이들은 대구나 부산 같은 데 가서, 그런 도시에 개설된 전시 임시 학교를 다닐 수 있었잖아요. 우리는 계룡산 근처로 갔어요. 충청도 시골이에요. 그래서 학교 다닐 기회가 없었어요. 그때 4년 동안 학교를 안 다녔어요. 그 전까지는 서울에서 중학교를 1학년 다니다 말았습니다. 피난 간 시골에서 여러 계층의 분들을 만날 수 있어요. 그런데 그때 나이가 어렸지마는, 그래도 나이 좀 든 청년들이 다행히 상대해줬기 때문에, 자극을 받아가지고 독학이라는 걸 하기 시작했다고요. 그러니까 그렇게 나로 하여금 정상적인 교육과정을 통과한 분들과 다른 길을 걸을 수밖에 없도록 한 게 뭐냐 하면, 4년을 독학이라는 걸 하면서 혼자 지냈기 때문에, 아마도 거기서 다른 공부의 동기가 잡혔던 것 같아요. 그때는 이런저런 사정으로 학교로 복귀할 수 없는 청년들이 독학을 했습니다. 변호사 시험 보기 위해서, 의사 시험 보기 위해서 독학을 했어요. 그때 내가 만난 청년들이란 지금 기억으론 20대 후반에서 30대 정도 된 분들이었던 것 같은데, 그때 처음에는 변호사 시험 준비한다고(웃음) 그래서 그 방면 책을 구해다가 공부했어요. 그런데 얼마만큼 하다가 바뀌었어요. 아버지가 하도 말리는 바람에. 그거 하지 말고 의사가 되는 준비를 하는 게 어떻겠나 하셔서요 …. 그래서 공부하던 책을 전부 다 사법고시 볼 사람한테 넘기고, 다시 의학방면 독서를 시작했다고요. … …

… …

그런데 철학을 어떻게 만나게 됐느냐 하면 …, 의학방면 독서를 하면서도 그때는 전시상태라서, 중학교 과정도 제대로 완료하지 못한 처지임에도 고등학교에 입학해서라도 자기 공부를 따로 계속할 수밖에 없었는데, 그 학교에 마침 평양 의학전문학교를 나온 분이 피난와가지고 개업도 할 수 없고 하니까 생물학 선생님을 하셨다고요. 고등학교에서 그분이 생물학 가르치는 게 굉장히 재밌더라구요. 의학공부에 관해서는 그때 연희대학교와 합치기 전의 세브란스 의과대학에 다니던 이에게 부탁해서 얻은, 석이경(石履慶?)이라고 하는 분이 독학자를 위해서 쓴 의학전문서가 있었어요. 의사시험 준비를 위해 공부하는 그런 책을 구해다 읽으면서, 그 선생님의 생물학 강의를 들으니까, 뜻밖에 생물학이 재밌더라구요. 그런데 생물학을 좀 더 공부하려고 하니까 화학 분자식이 나와요. 화학 분자식을 이해 못하면 어렵겠더라고. 그래서 화학을, 마침 고등학교니까 화학 과목이 있잖아요. 그래서 화학 선생님한테 화학 열심히 공부하고, 화학하다 보니까 물리학이 없으면 알 수 없는 데에 부딪치고 하니까 … 물리학을 하려면 수학이 없으면 학습 불가능하고, 그래서 수학을 공부할 수밖에 없더라구요. 지금도 어느 정도 그렇게 옮겨 다니는 습관이 남아있어요. 필요한 부분이 있으면 그냥 그리로 옮겨서 공부하는 스타일이에요. 훨씬 후의 이야기이지만, 중국에 갔을 때 어떻게 갑골문이라는 것을 공부하게 됐느냐 하면, 필요하면 유치한 수준에서라도 그냥 시작하는 거예요. 그렇게 필요에 따라서 옮기고 또 옮기니까, 주변에서는 야 그거 뭐 하루에 세 번도 바꾼다는 거야. 거 이름이 뭐지? 조변석개니 뭐 하여튼. 그렇게 해가지고는 아무 것도 안된다 이거야. 그런 핀잔을 많이 들었어요. 뭐 아무 것도 안 되지, 그렇게 하면. 그래 하여튼 간에 그런 계통을 밟아 가다 보니까, 가장 기본적인 것이 없으면 의학 공부고 생물학 공부고 이루어질 수가 없겠더라고요. 그걸 깨달았어요.

그래서 이과 공부의 바탕이라고 하는 수학을 열심히 하는데, 그때는 전쟁 직후라 교과서가 다양하지 않아서, 일본에서 들어온 수학교재를 번역해가지고 쓴 일도 있는데, 그런 참고서로 돌아다니는 어떤 책 가운데 해석기하학 부분을 보니까 데카르트라는 사람의 사진이 나와 있고, 데카르트의 말이 사진 아래에 소개돼 있는데, "철학은 (?) 만학의 여왕이다"라고 하더라고요. 거기에 딱 걸린 거야. 데카르트의 그런 말을 통해서 철학에 들어온 거예요. 그런데 데카르트의 해석기하학, 그 방법이 참 좋더라고요. 해석기하학에서는 어떤 대상이든지 그것을 구성하고 있는 성분들로 나누어서 보는 거 아닙니까. 어떤 그림이 있으면 그 그림을 어떤 방정식에 따르는 점들의 집합으로 보는 거 아닙니까. 원(圓)이라는 것은 어떤 한 점에서 같은 거리에 있는 점들의 집합이라든가, 이런 식으로. 그런데 그렇게 자꾸 기본적인 것이 뭐냐 해서 바탕으로 내려가 보니까, 그게 없으면 안 되는 그런 게 있더라고요. 의학공부라고 하는 것도 그런 바탕이 없으면 못 하잖아요. 그런데 말입니다, 수학도 보니까 거기에 나오는 문제를 풀려고 하면 어떤 건 하루 종일 잡고 있어도 안 풀리잖아. 무슨 어떤 정해진 해법이 있는 거 아니잖아요. 수학도 기본적인 것 같지가 않더라고요. 그래서 철학이라는 학문을 들여다봐야겠다 … 그렇게 된 거죠. 그런데 철학을 누가 가르쳐주나? 철학을 공부하겠다고 그러면 집에서 무슨 터무니없는 소리인가 이 전쟁터에 … 큰일 나지요.

그래 서점에 가가지고 철학책을 샀는데, 그때는 뭐 지금 철학책들과
는 너무 다르죠. 시대가 그랬구요. 한치진, 이재훈, 김준섭 선생님 이
런 분들과 안호상 박사, 그런 분들이 쓴 책이 있었어요. 그런 분들의
논리학 책도 있었고. … … 그런 분들이 쓴 책들을 보니까, 철학이 지
금 연구되고 있는 학문인지를 잘 모르겠더라고요. 왜냐면, 철학은 날
로 발전하는 현대사회에서 점점 소외되고 있는 학문이다, 이렇게 얘
기가 되고 있었어요. 그래도 하고 싶더라구요. 그러니까 철학이라는
것을 지금 사람들이 연구하고 있는 학문인가 의심스러운 상태에서
관심을 갖기 시작했어요. 서울에 있는 친구한테 편지를 썼어요. 서울
에서 철학과가 어디에 있으며 거기서 어떤 과목들을 가르치는지, 이
런 사정을 알아보려구요. 그런데 『思想界』라는 계간지가 그때 있었
는데, 거기에 실린 연희대학교 신학과에 계시던 김하태 교수님의 글
을 읽었어요. 제목이 「현대 미국철학계의 동향」(?)인가 그런 글이 실
려 있었는데 그걸 읽어봤다고. 그 글에 보면 철학자는 이제 나날이
발전하는 세계를 떠나 생각하거나 살면 안 되고, 현대생활에 맞도록
대응하며 살아야 한다고요. 그러면서 현대생활에 대응하는 그런 철
학을 찾아야 한다, 지금 남아있는 기억으로는 그런 내용 같았어요.
그러니까 '아, 철학이 지금 살아있는 학문이구나.'

그래서 그때 이름으로는 연희대학교에 가고 싶다하는 꿈을 갖게 된
거죠. … 그런데 마침 그때 연희대학교에서는 무시험 입학제를 하더
라고요. … 내신으로만 신입생을 선발했던 연대를 그렇게 해서 무시

험으로 들어왔어요. 그런데 입학시험 대신에 면접시험을 봐야 하니까, 그때 누가 계셨냐 하면 면접관으로 왼쪽으로부터 조우현 선생님, 정석해 선생님, 김형석 선생님, 그리고 기억나지 않는 또 한 분, 이렇게 계셨는데, 정석해 선생님이 과장이셨던 것 같아요. 그때 정 선생님이 그러시더라고요. "집에 돈이 있나?" (좌중 웃음)

나종석: 그게 오래된 얘기군요. (웃음)

박동환: 그게 너무 뜻밖이었다고요. 철학이라는 건 그냥 맨주먹으로 하는 줄 알았는데, 적어도 머리만 있으면 될 것 같았는데, 그렇게 질문하시더라고요. 아주 오래 지난 다음에야, 아 그 말씀이 왜냐? 철학을 하려면 밥 먹는 걱정을 해서는 안 되니까, 어디서 누가 도와주든지 아니면 집에 돈이 있든지, 그래야 네가 할 수 있다는 얘기라고요. 원체 모두 살기가 어려웠던 시대였으니까. 대답은 얼버무렸던 거 같아요 …. 그렇게 해서 철학과에 입학하게 된 것이고 ….

최세만: 그 이후에 학교를 졸업하신 다음엔 유학을 갔다오셔가지고, 다시 모교에서 강의를 하시게 됐는데, 어떤 계기로 유학을 가시게 됐는지, 또 돌아오셔서 강의를 하면서 기억에 남는 것들은 없으신지 …?

박동환: 어떤 계기로요?

최세만: 교수가 되어야겠다 그래서 가신 건지, 아니면 다른 동기가

있었는지 ….

박동환: 그것도 다른 시대의 이야기예요. 그때 정석해 선생님의 강의가 가장 쉬웠어요. 그런데 인간적으로는 제일 무섭고 제일 어렵다고 하는 분인데 나에게는 왜 쉬웠느냐면, 그분이 서양에서 공부하신 것을 그대로 전해 주시는 거예요. 텍스트들도 그대로고. 그리고 자신이 거기서 직접 체험하신 것으로 설명을 하시기 때문에, 소개하시는 내용이 실감으로 다가왔어요.

그러나 내가 정 선생님의 의도에 대해서 의문이 난 게, 그때 참 새롭기도 하고 흥미를 가지고 들었던 강의들 가운데 하나는 학부 시절의 과학철학 시간이었어요. 3학년 땐가 들었는데, 한스 라이헨바흐의 *The Rise of Scientific Philosophy*라는 책이 있어요. 그 책에서 시간과 공간의 개념, 인과법칙, 이런 걸 다뤘어요. 그러니까 현대 논리실증주의자들이 수학과 물리학을 토대로 해서, 갈릴레오로부터 내려오는 현대과학의 기본개념들을 리뷰하는 거란 말이에요. 그러면 과학과 다른, 반대로 나가는 사상이 접촉될 것 같지 않았는데, 그 과학철학 시간에 하이데거의 『형이상학이란 무엇인가』를, 그때 최동희 선생의 번역판으로 읽었어요. 거기에 그런 얘기가 있어요. 과학에서 탐구하는 모든 존재에 대해서도 의문을 제기하는 거다. 존재 아닌 무(無)에 대해 생각해 봐야 한다. 무가, 말하자면 존재의 바탕이라는 이야기가 거기에 나오더라고. 그러니까 그 책은 무에 대한 얘기야. 무에 대해서 어떻게 인식하느냐 하는 문제를 다루는데, 무? 무는 논리적으로 따져 인식하는 게 아니라 'Stimmung', 기분으로 파악하는 것이다 하니까 전혀 뜻밖이죠. 당시 과학철학에 관심을 갖는 입장에서 보면 말입니다.

그런데 선생님께, 워낙 무서운 분이라, 라이헨바흐의 과학철학 체계에 대해 하이데거의 무의 기분이 어떤 연관이 있는 것인지, 그 질문을 못했어요. 도대체 왜 과학철학 시간에 그 양립할 수 없는 개념을 들여와 어떻게 연결하실 건지, 그것을 직접 여쭤보질 못했다고. 그런데 선생님에게 또 한 가지 여쭤보지 못한 것은, 선생님이 정년 되시기 전까지 항상 형이상학이나 논리학이나 인식론 같은 것을 강의하셨다고요. 인식론은 주로 칸트의『순수이성비판』을 영어판으로 읽히셨는데, 선생님이 얼마나 성미가 급하셨는지,『순수이성비판』해석을 하잖아 애들이. 해석을 하다가 막히거나 얼버무리면 뭐 그냥 곧바로, 뭘 하고 들어왔느냐고 야단을 치신다고.

하여튼 그런 순수이론 철학을 주로 강의하셨는데, 그런데 1960년에 일어난 4·19 학생혁명 때 보니까, 교수집단 데모에서 제일 앞장선 분이야. 정 선생님 양옆에는 "학생의 피에 보답하라"는 플래카드를 든 두 분 교수가 걸어가구요. 그때의 사진에 맨 앞에서 때로는 그 뒤에서 걸어가는 정석해 교수가 보인다구요. 그때 학생들이 "정 영감께서 때를 만났다!" 이렇게 무서운 선생님 뒤에서 속으로는 자랑스럽게 수군거리곤 했다구요. 잘못됐다고 생각하는 일에는 불같이 나서는 분이니까. 그런데 나는 기질이 다르거든. 4·19 때 따라다니긴 했지만 데모를 앞장서서 할 용기도 없고 기질도 아니고. 그런데 선생님은 강의실에만 들어오면 야단치신다고. 당신들은 뭐하는 거냐고. 왜 나가서 싸우지 않고 이렇게 앉아있는가. 그런데 나는 선생님의 강의는 하나도 안 빠지고 들었기 때문에, 묻고 싶은 거거든. 도대체 선생님의 철학, 그건 순수철학 아닙니까, 칸트니 베르그송이니 하이데거니 라이헨바흐니, 모두 순수 이론철학이라고. '그럼 그 순수 이론철학하고 선생님의 사회 참여, 데모하고는 어떻게 연결되는 겁니까?' 철학자라면 대개 어떤 정치철학이나 윤리학의 입장을 반영하는 행동을 할 것 같은데, 선생님은 우리한테 강의하시는 이론철학을 어떻게 당신의 정치적 실천으로 연결하시는 건지, 이걸 정말 몇 년을 두고 여쭤보고 싶었는데, 끝까지 여쭤보지 못했다고요! 은퇴하신 다음에도 감히 …. 그렇게 정석해 선생님은, 철학은 해답이 돌아오지 않아도 혼자서 질문을 거듭하는 행위라는 격률을 나에게 남겨준 최고의 스승이십니다.

나종석: 두 가지 질문을 여쭤보지 못하셨군요. (웃음)

박동환: 어, 나에게 과제로 남겨진 거라구요. 철학을 학습으로서만 하는 게 아니고, 물론 실천 행동으로 사회에 참여하진 않지마는, 1945년 일제로부터의 해방과 1950년 한국전쟁이라는 상상 밖의 현실을 경험한 자에게는 아직 끝나지 않은 철학적 과제가 남은 거죠. 그 시대의 체험이 나에게 어떤 역사관, 존재론, 운명관으로 다가오는 것인지 하는 과제가 남아있는 겁니다. 얼마나 그것이 빠져나오기 어려운 문제의 수렁이었는지, 지금 공부하는 분들은 실감할 수 없는 겁니다. 하여튼 그러한 역사의 급변 사태를 통과하면서 겪은 체험과 그 후에 철학 교수님들이 강의하는 순수철학이란 게 나는 어떻게든

연결되어야 한다고 생각했어요. 지금까지도 …. 중국철학도 공부해 보려고 했고 그리고 서양철학 전통도 열심히 답습해서 공부하려고 했지만, 내가 체험한 수십 년 동안의 역사라는 게, 또 그 이전의 한국사도, 가령 늘 내 생각에서 지울 수 없는 것은 임진란 때도 어려웠겠지만 특히 병자란, 그때 조선의 왕이 다른 나라의 장수에게 머리가 땅에 부딪쳐 피가 나오도록 절을 했다는데, 그러고서도 어떻게 왕노릇을 계속했는지, 나는 그런 역사의 소용돌이 가운데서 그 답답한 척화파(斥和派)와 주화파(主和派)의 논쟁 말고 어떤 철학을 가졌어야 하는지 그게 궁금하다 이겁니다. 그런 참혹한 역사 체험이 그 후의 조선철학사에 도대체 어떤 변화를 가져왔는지 그것이 궁금하다이거죠.

뭐 하여튼 간에 1950년에 전쟁이 일어나기 직전까지, 그때 서울서 살았는데, 당시 이승만 대통령의 정부에서 국방장관은 늘 뭐라고 얘기했냐면, 명령이 내려지기만 하면 북으로 진격을 해서 점심은 평양에서 먹고 저녁은 신의주에 가서 먹는다고, 입버릇처럼 호언장담했었다고요. 그러다가 6월 25일 일요일이었는데, 그날 밤부터인가 포성(砲聲)이 들리기 시작했는데 서울에서 비는 억수처럼 쏟아지고 그리고 포성은 점점 가까워지고 있었는데 … 여전히 방송이 나오더라고요. 시민들은 염려하지 말라고, 국군이 인민군을 막아 용맹하게 격퇴시키고 있으니까. 그런데도 포성은 점점 가까워지더니, 우리는 동대문 근처에 살았었는데, 사흘 만에 인민해방군이 서울로 들어왔다고. … … 그렇게 거짓말 방송을 하는 가운데 사흘 만에 서울이 함락이 됐다고. 인민해방군의 천하가 됐다고. 그리고 그렇게 되기 직전까지도 방송이 나왔다고. 국민들은 안심하고, 국군이 인민군에 맞서 싸워서 격퇴시키고 있으니까 …. 이미 인민군은 미아리 고개를 넘어오고 있는데. 그럼 그이는 어디에 있었느냐면, 수원에 가 있었다고 그러더라고, 나중에 들으니까. 한강을 건너 수원에 가서 방송을 한 거래요. 서울 시민들 안심하라고. … … 아마 그때 너무 급하게 사태가 돌아가서 요직에 있던 많은 사람들도 피신을 못했을 거예요. 그래가지고 삼일 만에 인민군 천하가 됐는데, 며칠 있으니까 연락이 오더라고. 모이라고, 학교에 가서. 뭐 했느냐 하면은, 미 제국주의자 물러가라고 데모했습니다. 중학생들이 모여 인민공화국기 들고 서울 시내를 돌며 … 종로 거리를 거쳐 남대문까지 갔다가 다시 동대문 운동장에 모여가지고 시위를 했다고. 미 제국주의자는 물러가라고. 그때는 서울 인구가 얼마 안 됐어요. 100만이라고 그러던가. 그때 서울에 있던 시민들이 배고파서 굶어죽은 어린애들, 채소만 먹어서 채독 걸려 죽은 어른들이 많았어요. … 그때 서울 시민들은 독 안에 든 쥐와 같았어요. 꼼짝할 수가 없었어요. 쌀이나 먹을거리를 얻으려고 시골 가는 길에는 때 없이 쏟아지는 미군 비행기의 폭격 때문에. 서울에는 먹을 것이 없었어요.

그렇게 인민공화국기 들고 데모하며 그러다가 3개월이 지나니까 … 당시에 서울에 살던 사람들의 고통이란 말로 표현하기 어려워요. 이런저런 이유로 지하실에 숨어 지내고 밤중에 피해 다니고, 굶어죽고 그런 사람 많았어요. 그렇게 지난 3개월 만에 다시 국군과 유엔군이 서울로 돌아왔는데 그게 9·28 수복이라는 거죠. 인민군은 대구를 함락시키려고 낙동강 건너편에서 전력투구를 하는데, 옆구리를 찌르며 인천으로 기습 상륙작전을 했잖아요. 그러니까 또 학교에서 나오라고 해서 모였을 거 아닙니까. 학교에서 모여가지고 태극기 들고 국군 환영 만세를 불렀다고. 3개월 사이에 또다시 다른 국기를 들게 된 거지요.

14세 소년이 이러한 경험 다음에 가질 수 있는 국가에 대한 개념이 어떤 것일 수 있는지 생각해 보세요. 그러니까 사람마다 다 인간 개인의 운명에 대해 관심이 있다고 그러지만, 나는 운명을 더 확장해서 한 철학자가 가질 수 있는 역사관이라는 게 뭐냐? 이렇게 묻는 겁니다. 국가니 이념이니 그런 게, 풀처럼 땅에 박혀 사는 보통사람들에게 뭐이 중요한 겁니까? 그렇게 걷잡을 수 없이 엎치락뒤치락 난리치는 역사를 경험하고 난 다음에, 역사에 대해서 운명에 대해서 어떻게 생각을 해야 되는 건지는, 머리로만 생각한 단순한 철학 가지고는 해답할 수 없는 거라고. 헤겔의 역사철학이니 맑스의 유물변증법이니 그런 단순한 이념으로는 아무 해답도 안 나오는 거라고요. 풀처럼 태어난 곳에서 생명을 유지할 수밖에 없는 사람들의 처지에서는. 그렇게 천하가 바뀌고 또 바뀌는 시대에 그때그때 새로운 국가에 대한 맹세를 하고 … 그런 일들을 되풀이할 수밖에 없는 거죠.

하여튼, 그러한 소년기의 시대 체험을 통과해서 철학이란 문으로 들어왔기 때문에 단순히 과학철학만 한다든가, 아니면 그때 선생님들이 가르치시는 대로 형이상학이나 인식론이나 논리학 같은 것만 할 수가 없었고, 그런 것을 공부하면서도 나는 어떤 대안을 말할 수 있겠는가를 생각해 보게 되는 겁니다. 내가 그래서 지금까지도 논리학의 문제에 관심 갖는 이유가, 논리학이나 형이상학이나 그렇게 철학의 가장 바탕이 되는 차원에서, 예측할 수 없게 닥쳐오는 파국의 시대 현실을 어떻게 소화하며 대응하는 관점을 끌어낼 수 있겠는가, 그게 남겨진 과제인 거죠. 그럼 우리들이 체험한 그러한 현실은 …, 뭐 1, 2차 세계대전이 있었을 때 독일 사람들이나 프랑스 사람들이나 다 비슷한 경험을 했다고는 하지만, 우리는 그이들보다 또 다른 역사 조건들 아래에서 다른 체험을 했다고 보기 때문에 그이들과 같은 철학을 갖는다는 것이 불가능하다고 보는 겁니다. 그렇다면 그렇게 체험한 자가 그냥 중국 전통의 무슨 철학이다 서양의 무슨 철학이다 이렇게 답습만 해 가지고서야 철학을 한다고 발언할 수 없는 거 아닌가 …. 그러면 어떤 꽤 수준이 높다고 자처하는 지식인들은 의심하며 말하기를 한국의 무슨 철학자가 나와서 어떤 주장을 해봤자 소용이 없는 거지, 누가 알아주겠는가? 듣기나 하겠는가? 그게 다 몇 백 년, 몇 천 년 자기 체험을 가지고 자기 생각을 해 보지 않은 조선 사람, 한국 사람들의 타성에서 나오는 말입니다.

그렇게 자기 체험의 토대를 중요하게 여기면서 왜 미국은 갔었냐고 묻는 분이 있습니다. 미국을 왜 갔겠어요? 그때는 유학하는 사람들이 가져갈 수 있는 돈이 얼마냐, 박정희 정권이 들어선 초기였어요, 그때 얼마 쯤 될 거 같아요? (웃음)

나종석: 그런 제한도 있었습니까?

일동:　　지금도 있죠.

박동환: 그때 50불이었어요. …… 그래 거기서 펠로쉽이라는 걸 받질 않으면 못 가는 거예요. 그런데 그때 실은 대학원 석사과정을 마치고 모두들 할 일이 없었어요. 학교나 일반 직장이라는 것이 그렇게 인적 수요가 없었어요. 유학을 떠날 때 정말 돌아와서 교수를 하고 싶다는 생각을 할 수가 없었죠. 그러나 그때 나는 철학 공부를 하면서 몹시 궁금한 게 있었어요. 미국 사람들이나 유럽 사람들 그러니까 서양 사람들은 어떤 일상의 생활을 하기에 그런 철학을 만들어 내나, 하는 것이 가장 궁금했어요. 그 당시 내가 공부하는 철학들을 머리로는 이해해도 몸으로 실감할 수는 없었던 겁니다. 그래서 그런 삶과 철학의 관계를 이해하는 데에 가장 적절한 모델이 되는 것이 프래그머티즘이라고 생각했는데, 그것이 미국 사람들의 역사에서, 그 개척자들의 문제 해결과정에서 나왔다고 하니까, 그것이 궁금했었어요. 공부하던 남일리노이 대학에 존 듀이 센터가 있었죠. 그이들의 삶과 철학이 어떻게 연결되는지. 그 연결점을 직접 관찰할 수 있을 테니까 …. 그래서 가서 봤더니 ……

그런데 가보니, 과학철학이나 논리학은 할 수가 없었어요. 너무 백그라운드가 미비하다는 것이 드러났어요. 첫째는, 수학이나 논리학을 더 공부해야 했어요. 그렇지 않으면 2급, 3급의 공부밖에 못해. 오리지널한 공부를 못해요. 둘째는, 그때 당시는 미국 사회가 막 급격하게 변할 때였어요. 미국에서 격렬한 문화혁명이라는 것이 있었던 겁니다. 비슷한 시기에 중국에서는 다른 의미의 문화혁명, 모택동이 일으킨 홍위병들의 문화혁명이 있었지만 말입니다. 미국에서는 젊은 히피들이 주도해서 일으킨 문화혁명이 있었다고요. 기성세대의 가치와 교육에 대한 거부, 자발적 빈곤(voluntary poverty) 같은 것이 구호였어요. 한국을 떠날 때는, 미국 가면 매일 면도해야 되고, 머리 이발은 한 달에 한 번 아니면 두 번 하고, 넥타이 매야 하고 … 그러나 갔더니, 그게 아니야! 정말 거지처럼 하고 다녀요 학생들이. 그냥 장발에다가 수염에다가 그렇게 하고 다니더라고. 완전히 잘못된 정보를 갖고 간 거예요. 그런 문화혁명 가운데서 걔들과 어울리면서 거의 생활을 비슷하게 했다고 봐야지. 그때 여기 학교에 노스웨스턴대학교에서 학위하고 오신 물리학과 안세희 교수가 계셨는데, 교환교수로 그 학교에 오셔 강의하셨는데, 석사학위 위한 논문을 쓸 때 물리학에 관련해서 조언을 해주셨던 인연도 있었고 해서 나를 몇 차례 보고 가셨다고요. 귀국하셔서, 미국에 가서 보니 박동환이가 많이 변했다고 철학과에 알리셨다는 얘기를 후에 들었어요. (웃음)

김동규: 어떻게 변했다구요?

최세만: 그러니까 뭐, 히피나 이렇게 …. (웃음)

박동환: 그전에 알던 그런 아이가 아니라고요. (웃음) 아마 그래서, 편지는 처음 한 두 차례하고 안했으니까, 그런 식으로 사는 모양이다, 이렇게 된 거죠. 그런 문화혁명의 폭풍 가운데서, 그리고 본래 철학에 대해 갖고 있는 거리감도 심각하고, 과학철학은 고사하고 철학 자체에서 점점 멀어져 간 겁니다. 서구식 문화혁명의 세례를 받은 겁니다. 그렇게 철학이란 소용이 없는 게 됐고, 논문도 방향을 틀어서, 말하자면 그 후에 정책결정(decision making), 경영학, 외교 전

략, 이런 걸 공부했어요. 그때 마침 미국 사회과학 계열에서 갈등해소(conflict resolution)라는 하나의 종합 이론이 형성되고 있었어요. 그걸 전문으로 하는 이론가들의 학회도 있었고 저널도 있었고. 남북한 갈등에서 비롯하는 것 밖에도 한국 사회에는 언제나 해결할 수 없는 끝없는 갈등들이 있잖습니까. 그런 문제의식도 작용하고 해서 외교전략이니 결정과정에 대한 분석이니 정책과학이니 이런 분야에 관심이 불타고 있었죠. 그러니까 철학 자체는 까맣게 잊고 있었어요. 정말 철학에서 찾을 수 있는 어떤 의미도 느낄 수 없었기 때문에 졸업논문도 그런 방면으로 썼구요. 졸업논문을 쓰면 등록을 합니다. 취직을 하기 위해서도 그렇고, 논문 등록을 해요. 거기다가 행정학 분야로 등록을 했어요. 나중엔 후회를 했지만. 철학에 대해서 아주 심한 경멸의 거리감을 느껴서요 …. 내 논문은 행정학 분야라고 등록했다구요. 그때 정책과학의 문제는 행정학과에서 많이 다뤘거든요.

그렇게 지내다가 귀국한 다음 그런 변화의 사정을 대강 짐작하시는 철학과 조우현 선생님이 틈이 날 때마다, 자네 같은 주제에, 주제라는 낱말은 안 쓰셨지만, 의미는 그렇죠. 자네 같은 성격에 철학 아니면 뭘 하려고 그랬냐고 계속 물으시는 거야. 대답을 못한다고. 왜? 감히 그때 철학에 대해 속마음 돌아가는 것을 어떻게 털어놔요. 귀국해서 그렇게 1, 2년 다시 2, 3년 지나면서 결국에 다시 철학으로 돌아오지 않으면 안 되는 그런 문제의 수렁으로 빠지게 되죠. 다른 데로 빠져 나갈 기회를 못 얻었어요. 귀국해서 왜 다시 순수철학에 발을 들여 놓게 됐는가? 처음엔 사회철학, 정치철학, 그런 방면을 강의하면서, 책을 내거나 논문을 쓸 때마다 철학을 여러 차례 그만두려고 했던 그런 마음으로 이 글을 썼다고 말하곤 했죠. … 그러니까 지금도 철학을 애기하지만, 자기가 몸담고 있는 철학에 대한, 미안합니다, 경멸감을 몸으로 느끼면서 하는 거예요. 그런 느낌이, 몸속에 박힌 소년기에 겪은 체험과 어떻게 연결되는가, 하는 질문이 지금까지 나를 붙들고 있는 거죠.

최세만: 그럼 철학의 무용성이라고 하면 철학이 어떤 실제적인 역할을 해야 된다고, 현실에 실제적인 도구가 돼야 한다고 보시는 입장이신가요?

박동환: 그렇게 오해될 수 있는 여지가 있는 거죠. 그럼 그러한 순수철학과 현실 세계의 관계는 어떤 건지, 현실 역사와의 관계는 어떤 건지, 개인적으로 말하면 자기 운명과의 관계는 어떤 건지, 이것이 서로 연결되고 반영되어야 한다고 보는 거죠. 그럼 너는 왜 방구석에만 앉아 있어? 현실에 대해서 아니면 역사에 대해서, 어떤 운동에 대해서 참여하는 태도는 갖지 않고 방관만 하고 있는가, 그렇게 추궁을 할 수 있을 거예요. 그러면 철학의 무용성, 무의미를 어떻게 정의할 것이냐 하는 문제에 걸리는 겁니다. 그 무용성의 문제란 그러니까 자기가 쓰는 논리학이, 자기가 말하는 존재론이나 역사철학이, 또 서양철학의 그러한 이론들이, 중국철학의 그러한 사변들이, 지금 우리들의 시장바닥에서 아니면 개판처럼 돌아가는 정치에서 또는 한 사람이 겪는 생명의 위기에서 아니면 보다 거시적으로 본 우주와의 관계에서 어떤 태도와 해석을 제시할 수 있는 거냐 아니냐, 이런 문제의식을 가리키는 겁니다. 이렇게 무용성이라는 문제에 대한 나

의 접근 방식이 있고, 다른 한쪽에는 한국 지식인들 사이에서 그렇게 이해되듯이, 정석해 선생님께서 하신 것처럼, 이론적으로야 어찌 됐든 현실 참여의 행위로써 접근하는 길이 있다고 봅니다. 나는 내가 할 수 있는 방법으로 철학의 무용성에 대한 반응을 하고 있는 겁니다.

최세만: 그러면 이제 얘기가 자연스럽게 선생님의 개인적인 삶의 여정에서 선생님의 철학으로 옮겨오게 됐는데요. 미리 좀 말씀하셨지만 지금까지 선생님의 어떤 철학의 여정을 보면 몇 번의 굴곡이 있는 것 같거든요. 대학원 시절에는 칸트의『순수이성비판』에 관한 논문을 쓰셨고, 미국유학 시절에는 지금 말씀하셨듯이 정책과학에 가까운 논문으로 학위를 하셨구요. 귀국 후 얼마 안 돼서는 어떤 이유로든지 순수철학의 문제로 생각을 바꾸셔가지고 그 다음에 몇 권의 저서를 출간하셨거든요.『사회 철학의 기초』라는 책은 아마 미국유학 시절의 생각을 정리하신 것 같구요. 그 다음에 돌아오셔서 초기의 생각을 정리하신 게『서양의 논리, 동양의 마음』인 것 같고, 그 후에『동양의 논리는 어디에 있는가』,『안티호모에렉투스』이런 책들을 출간하셨거든요. 그러면 이제 책을 내실 때마다 어떤 계기라고 할까요? 어떤 변화 때문에 조금씩, 물론 그 속에 어떤 일관성은 있겠지만, 어떤 계기로 조금씩 다른 저술을 하시게 됐는지, 거기에 대해서 좀 말씀해주세요.

박동환: 전부다 한꺼번에? (좌중 웃음) 그러나 돌이켜 보면 한 가지 흐름이죠. 전혀 이해가 안 될지 몰라서 변명하는 것은요, 칸트에 대

해서 쓴 게 아니고, 그때 석사논문이라는 게. 정석해 선생님이 칸트에 대한 강의를 많이 하셨고, 그래서 칸트에 대해서 거리를 매기는 그런 입장에서 쓴 거죠. 그때 내가 관심을 가진 게 사회학이었어요. 심리학이나 생물학 같은 것도 관심이 있었는데, 정확하게 말하면, 지식사회학에 관심이 있었어요. 사회학적 분석이라는 관점을 가지고 사람들의 삶과 생각을 그들이 놓여있는 사회적 소속 또는 환경이 결정하는 것으로 보는, 그런 지식사회학에 관심을 갖고 있었어요. 지식이라는 게, 인간의 관념이라는 게, 인간의 이념이라든지 가치관이라든지 종교라든지 철학 자체까지도, 그것을 가진 자의 사회적 소속에서 어떤 결정을 받는지가 연구과제이거든요. 지식사회학을 공부하려는데, 당시에 그 자료를 구할 수가 없는 거예요. 정 선생님께 여쭤봐도. 에밀 뒤르켐 같은 프랑스 사회학자의 예를 들어 조금 말씀해 주실 수 있었어요. 그런데 관심은 없으셨어요. 원체 철학적으로는 주지주의적인 분이거든요. 다른 선생님들께 지식사회학에 대해 여쭤봐도 아무도 모르는 거예요. 그런 시대였습니다. 그래서 나는 그냥 주먹구구식으로 약간의 생물학과 심리학의 지식을 가지고 칸트의 이른바 선험적인 범주 개념을 해체해 보려는 거였어요. 그래서 이미 그때 칸트로부터 벗어나기 시작하는, 말하자면 인간의 관념, 인간의 논리, 인간의 사고라고 하는 게 외부 조건에 의한 어떤 피(被)결정성을 갖고 있는지, 그런 관점과 문제의식을 가졌기 때문에 어떤 순수철학의 관점에도 발을 담그지 못하는 입장이었어요. … 그러니까 일반적으로 철학전공자들이 각기 어떤 한 철학자나 그 사상에 자기의 관점을 그렇게 쉽게 의탁하는 게 너무나 이상한 거예요. 어떻게 그렇게 할 수 있는지.

미국에서 어떤 원로 교수가 철학의 덕목에 대해 이야기하는 걸 들었어요. 플라톤과 아리스토텔레스와 비트겐슈타인을 강의하는 교수인데, 그분이 세 가지 덕목을 설명하더라고요. 하나는, 그때는 분석철학이 지배적이었던 때예요, clarity, 명석해야 한다. 글을 쓴다면 자신의 철학이나 사상을 그림처럼 보여주어야 한다. 하나는 depth, 깊이. 또 하나는 originality, 새로운 것, 독창적인 것. 그 이야기를 들은 다음에는 늘 생각하지요. 내가 어떤 기왕의 철학에도 발을 담글 수 없다면, 내가 생각하는 철학은 어떤 기준 덕목에 맞춰야 하는지를. 그런데 나에게는 점점 그런 것들이 중요한 게 아니다, 이렇게 결론이 난 겁니다.

나는 한국에 태어난 자이기 때문에, 어떤 독립한 철학사를 갖지 못한 계통에 속하기 때문에, 나의 기준은 다를 수밖에 없다, 이렇게 생각한 겁니다. 나에게는 제4의 덕목, 그러니까 그 세 개의 덕목보다 더 중요한 철학적 덕목은 'independence'다, 이렇게 된 겁니다. 독립이다. 나에게는 독립할 수 있는 철학적 바탕을 찾는 것이 급선무인 겁니다. 독창성이니 깊이니 명석성이니 그런 것들보다 더 중요한 게 있다. 물론 앞의 세 가지 덕목을 기준으로 본다면 하이데거나 사르트르도 불합격하는 점이 있지만, 하여튼 역사상 일찍이 한 번도 자체의 삶에서 철학의 역사를 만들어낸 적이 없는 무리에 속한 자로서 내가 모색하는 철학이 갖추어야 하는 덕목은 독립이라고. 그럼 내가 어떻게 해야 독립하겠는가. 내가 칸트나 사르트르나 프로이드나 헤라클레이토스를 만나 깊은 영향을 받았다고 해서, 또는 한때 중국에 가서 공자의 논어에도, 노자에도 경도되어 보고 했지마는, 그건 전혀 나의 어떤 바탕이 될 수 없는 거다. 내가 구축해 가는 삶과 생각에서 어떤 구석의 벽돌 같은 부분이 될 수 있을 뿐이지.

1945년에 일제로부터 해방이 되고 독립을 했다고 그러는데, 독립은 무슨 독립이야. 한국사회에서 가장 독립하지 못한 멘털리티를 갖고 있는 사람들이 학자 집단이죠. 한국에서 경제가 돌아가는 것을 보고 '매판 자본'이다 말하기도 하고, 국제정치를 보며 '굴욕 외교'다 말하기도 하지만, 그렇게 비판하는 이들은 누구인가? 깨어있는 지식인? 우리들 가운데 자기의 사상과 철학이 매판도 아니고 굴욕도 아닌 독자의 바탕을 갖고 있는 자가 누구인가? 외교를 하고 경제를 운영하는 자는 그래도 자기가 소속한 집단의 관점과 이해관계에서 결정하겠죠. 그러면 학자들은? 가장 독립의 기반이 없는 집단이다, 제 정신을 못 차리는 집단이다. 그래서 늘 이렇게 말하죠. 세종 임금만한 철학자가 없었다는 것이 한국철학사의 치명적인 문제다. … 어떻게 임금 가운데 그의 생각에서 신하보다도 뛰어난, 앞선 인물이 있었는지 나는 그게 경이롭다고요.

그런데 한국 말본을 생각하면 머리에 떠오르는 분이 최현배 선생님이라고요. … 해방 이전에 이미 완성하신 아주 두꺼운 『우리말본』을 보면, 정말 새롭고 독자적인 면에 놀라요. … 그 후에 우리 문법학계라든가 국어학계가 미국의 영향을 너무 받아가지고 아무 변화 없이 오늘의 문법체계에 이르게 되었는데, 그것이 나에게는 큰 문제로 다가오는 겁니다. 중국에 머무를 때 보니까 거기서도 여기 주시경 선생께서 한글 체계를 개척하던 같은 시기에, 그러니까 20세기에 들어서며 한어(漢語) 어법(語法)이라는 것을 현대화하기 위해서 프랑스 같은 서양에서 공부하고 온 이들이 새 문법을 만들었더라고요. 그런데 계속 시비가 있는 걸 보았어요. 이거는 한자(漢字)를 쓰고 있는 중국어에는 안 맞는 문법이다, 이렇게 시비가 있는 거예요. 한국에는? … 중국에 있는 동안 북한의 영향을 받고 있는 연변의 조선족 학자들을 만나보니까 그런 의식이 있더라구요. 북한의 문법책에는 그런 문제의식이 담겨 있습니다. 어떻게 한국말이 중국의 말과 다른지 그 차이점을 얘기하더라구요. 또 서양의 말 영어와는 어떻게 다른지. 차라리 그것이 내가 새로운 철학의 논리적 틀로 한국 사람들의 말본을 생각할 때 참고할 만하더라고요.

… … (휴식)

박동환: 이른바 한국철학사라고 부르는 전통을 가지고는 현대 세계에서 요구하는 한국철학을 찾을 수 없고, 세종임금이 중국의 글자체계에서 벗어나기 위해 시도한 창안을 모범으로 삼는다면, 세계철학사를 향해서 던질 수 있는 다른 타입의 존재론과 역사철학, 또는 사회학을 실험해 볼 수 있지 않겠는가, 하는 생각을 하게 된 거죠. 한국철학의 새로운 출발점을 찾으려고 할 때 가장 주요한 참고사항 하나는 한국 사람들이 쓰고 있는 말의 형식 곧 그 판단 형식입니다. 20세기, 21세기 한국에서 미래를 향한 철학을 생각하는 자에게 그 바탕의 틀로는 말밖에 남아있는 것이 없다는 게 무슨 뜻인가? 음식이 남아있죠. 한국 사람들이 먹는 음식이 중국 사람들이 먹는 음식과 전혀 다르죠. 중국에 가서 중국 음식을 먹으면서 어떻게 우리 조상님

들이 중국과 조선이 같은 문화권에 동거하는 것으로 생각할 수 있었는지, 그 근거가 상상이 잘 안 됐습니다. 음악과 미술과 공예에서도 뚜렷이 다르다고 그러죠. 그렇게 한국 사람들의 감각적 특성이 아직도 독특하게 남아있어요.

그런데 한국 사람들의 생각 틀은 어디에 남아있는가? 외국에 가서 가령 한국학 강의하는 분들을 만나잖아요. 내가 철학한다니까, 중국이나 일본의 것과는 다른 한국 사람들의 고유한 철학과 사상은 뭐냐고 묻는 겁니다. 주변 나라의 철학과 다른 한국철학 고유의 특징은 어떻게 소개하면 되냐고요. 그냥 중국과 일본 사이에 끼어 있는 역사에서 비롯하는 흐름이 아니냐 하면, 그분들의 질문에 대응하기에는 별로 독자의 것이 아닌 겁니다. 그래 나는 아직 한국 사람들이 독립이 안됐다, 이렇게 생각하게 된 겁니다. 많은 방면에서 독립을 했다지만 한국에서 학자나 지식인으로 자처하는 생각한다는 집단이 가장 독립이 안 됐다, 어떤 독립의 바탕조차 마련하지 못했다, 이렇게 볼 수밖에 없지 않나 생각되는 겁니다.

최세만: 얘기가 조금 뒤로 돌아가는 것일 수도 있는데, 선생님은 그전부터도 노자(老子)나 선(禪)불교 같은 동양 철학에도 관심을 가지고 있으셨던 걸로 알지만 그래도 주로 서양철학을 연구해오셨는데요, 50이 넘으신 이후에 중국의 선진(先秦) 철학 전반을 집중적으로 연구하기 시작하셨거든요. 그런데 이제 말씀을 듣고 보니까, 결국 한국철학을 모색하기 위한 과정으로 그렇게 돌아서 접근하며 ….

박동환: 거기에 단서가 있습니다. 한국철학이라는 이름을 붙이면 너무 과거 전통에다가 맥을 잇는 걸로 들리고 좁아지는 면이 있고요, 그리고 한국철학이라는 낱말에 대해서도 너무 오해가 많아요. 대안으로 말하자면, 세계를 향해서 한국 사람들이 말할 수 있는 고유한 패턴이 뭐냐 하는 거죠. 더 정확하게 말하면, 한국 사람들 고유의 것이라기보다는 서양철학사나 중국철학사를 읽고 난 다음에 거기서 독립해 나올 수 있는 자의 생각, 그 바탕은 무엇인가 하는 거죠.

최세만: 그럼 뭐 자생 철학이라고 할까요? (웃음)

박동환: 아니, 그것도 진부한 낱말 같아요. 나를 여태까지 지배해 온 서양과 중국 전통에서 독립해 설 수 있을 만한 바탕을 확보하는 데에서 '자생'이란 너무 우물 안의 담론처럼 들립니다. 그 이른바 '3표의 철학'이라는 것도 중국전통이나 서양전통에 대한 단순한 대안으로 들릴지는 모르지만, 제가 말하는 것을 보면, 오만인지는 모르지만, 그것이 향하는 목표는 서양철학이나 중국철학에서 사용하는 기본 범주 또는 개념들이 어떻게 3표에서 말하는 기본 틀에서 파생하는 것인지를 말하고 싶은 겁니다. 말하자면, 서양철학사나 중국철학사를 읽고 난 다음 거기서 빠져나와 독립한 바탕을 가지고 서양의 것이나 중국의 것을 파생하는 산물로 만들려는 겁니다.

최세만: 예, 그런데 이제 조금 정리를 해서 여쭤보기 위해서, 먼저는 서양철학을 연구해 오시다가 동양철학으로 관심을 전환하게 된 계기가 있으셨는지, 그것부터 일단 말씀해주시죠.

박동환: 제가 그때 50이 지나면서, 중국철학을 하는 분들 또는 '한국 철학'이라고 하는 것을 하는 분들에게서 듣고 싶었던 이야기가 있었어요. 세계의 판도 안에서, 아니면 적어도 서양철학에 비추어 볼 때, 중국철학이나 한국철학이라는 것이 무엇으로 그 고유한 특징을 말할 수 있는지, 그걸 논리적으로 설명해 줄 수 있는 분이 없나 하는 막연한 기대를 하고 있어요. 그런 비교 설명을 누군가 해 줄 수 있었다면 내가 중국철학을 직접 공부해 보겠다던가, 중국에 가서 그곳 철학자들이 자기들의 철학을 어떻게 설명하는지 직접 들어보겠다는 생각을 안 했을 거예요. 그때가 어느 시대냐 하면, 박정희 정권 아래서 한국적 민주주의의 필요성에 대한 논의를 중심으로 해서 철학을 비롯한 각 방면의 한국학 발굴을 위한 적극적인 지원을 하기 시작했어요. 그래서 한국학 연구에 매달리는 인구가 늘어나기 시작했고, 따라서 한국철학이나 중국철학이라는 것이 서양 문화와 사상에 대항하거나 배척하는 목적에서 이해되는 경향이 강해서, 그 자체의 고유한 정신과 패턴을 보다 객관적으로 이해하거나 설명하기가 어려웠다고 봅니다.

다시 말하자면 한국철학도 중국철학도 20세기 이후로는 너무 자기 방어적 틀에 갇혀서 자기비판이나 자기해체라는 발전 단계는 꿈에도 생각할 수 없는 겁니다.

최세만: 아, 그러니까 선생님이 모색하시는 독자의 생각이, 그런 통속적인 '한국철학'으로 오해될 소지를 꺼리시는군요.

박동환: 그렇다고 볼 수 있죠. 그런데 그것보다도 더 중요한 문제는, 중국의 전통이라는 게 한국사를 최소한 몇 백 년 동안 지배했고 한국도 그 영향을 절대적으로 받았기 때문에, 내가 서양철학만 이해하거나 섭렵해가지고서는 독립할 만한 어떤 입지를 찾는다는 것이 불가능하다는 걸 느꼈어요. 중국 전통의 정신이 뭔지를 알아야겠더라고요. 그래서 그때 중국에 가보고 싶다 하게 된 동기는, 중국 사람들이 자기 역사를, 중국철학사를 어떻게 다시 서술하고 있는지를 확인하고 싶었어요. 그게 공부의 방향을 전환하게 만든 동기가 됐어요. 뭐냐면 공산주의 정권이 들어서면서 자기들의 전통을, 중국철학사를 완전히 새로이 해석했잖아요. 공자, 노자에 대한 평가를 다시하고, 철학사를 다시 썼다구요. 그 전에 이미 일가를 이루었던 펑여우란(馮友蘭, 1894~1990) 같은 철학자도 그의 중국철학사를 다시 수정해 쓸 수밖에 없었다구요. 그게 궁금하더라고요. 그이들은 지금 20세기에 와서 자기들의 전통과 철학을 어떻게 다시 보고 있는지, 그걸 봐야만 나도 내가 소속한 조선사에 독자적인 철학사는 없지마는, 여태까지 그들 나름의 역사를 살아온 한국 사람들의 생각 틀을, 생각의 역사를 어떻게 다시 평가해야 할지 이야기할 수 있겠더라고요. 그래서 공산주의, 사회주의 관점에서 중국 전통의 철학사를 어떻게 새로 이해하는지 그 사례에 대한 관심이 많았어요.

그래서 새로운 공부를 시작하게 됐어요. 그때 연세대 안에 있는 외국어학당에서 중국어를 공부했어요. 그때는 중국과 수교가 이루어지기 전이었는데 마침 중국 북경에서 온 중국어과 진춘지(金椿姬) 교수에게서 중국어를 배웠고, 그분을 통해서 소개받은 북경대학 교수가 마련해 준 초청장으로 중국에 갈 수 있었어요. 그 전에도 단체 연수단에 끼어서 중국 여러 도시를 돌아 봤었는데 정말 좋은 인상을 받았어요. 그때는 지금 중국의 현실과 달라서 교수들도 다 인민복을 입고 있었고, 공부밖에 할 것이 없는 순수한 분들에게서 무척 감명을 받았습니다. 그 후로는 좀 혼란스럽죠. 교수도 수입의 정도와 같은 것에 관심을 가지게 되고 ….

그런데 중국어, 아니 한어(漢語)를 공부하다 보니까 그 어법의 계통이 독특하더라고요. 영어와도 다르고 한국어와도 전혀 다르다는 깊은 인상을 받았어요. 그런데 한어를 그런 비교 의식을 가지고 공부하는 가운데 한어, 중국어가 지닌 특별한 어법의 논리적 구조가 중국철학이 보여주는 어떤 고유한 특징을 그대로 대표하는 면이 있더라 그겁니다. 중국철학의 어떤 논리 구조가 한어 어법에 집약되어 있는 그런 점을 발견할 수 있었어요. 그러니까 한국에서 중국철학하는 분들이 그런 종류의 얘기를 나에게 해줄 수 있었다면 내가 굳이 그 어려운 중국 유학을 나이 먹어 갈 이유가 없었을지도 모르죠.

중국에 가서 다시 현대 한어 공부를 하는 사이에 만난 어떤 교수가 너의 관심을 근본적으로 캐려면 고대 한어를, 그리고 갑골문을 해야 된다고 그러더라고요. 한어의 뿌리 되는 형식과 거기에 함축돼 있는 사상은 공자나 노자 이전의 시대 곧 은대(殷代)의 고대 한어 곧 갑골문 자료를 가지고 공부해 보는 게 어떠냐 … 그런 제안을 받았어요. 고대 한어를 가르치는 교수를 소개받았고, 다시 얼마 후에 갑골문을 북경대학교 한어과에서 강의하는 교수를 소개 받았어요. 그러니까 갑골문과 고대 한어 자체에 대한 관심보다도, 선진(先秦)시대의 노자나 공자가 그러한 철학사상을 갖게 되기까지의 중국 사람들의 역사와 원시 사상이 기록된 갑골문 자료들에 관심이 있었던 겁니다.

그런데 중국에 가면 고고학을 하는 이들로부터 나오는 논어나 도덕경이 성립하기 이전의 역사에 대한 글이나 자료들을 만날 수 있죠. 공자나 노자가 최초의 철학자가 아니라고 생각할 수 있게 하는 자료 같은 거 말입니다. 공자가 늘 언급했던 주공(周公)의 덕치(德治) 사상이라든가, 또 노자의 사상은 그가 주나라의 사관(史官)으로서 은대(殷代) 주대(周代)를 거치며 집약된 지혜의 사상을 전수 받은 것에 다름 아니라던가, 그런 이야기들이 있는 겁니다. 그렇게 철학사 이전에 형성된 그들의 역사와 전통을 거쳐서 중국철학의 어떤 기본 틀을 찾고 싶었던 거죠. 그렇게 관심의 전환이 이루어진 건데, 갑골문으로 기록된 자료에는 철학이 있기 전에 당대의 정권을 쥔 집단에서 이루어진 생활과 철학의 기본 틀이 침착돼 있는 걸 보는 겁니다. 그런 걸 이야기하다 보면, 그럼 서양철학사와 그것을 만들어낸 사람들의 생활사 사이에도 상관관계가 있을 거라고 짐작하게 되는 거죠. 서양 철학자들도, 왜 고대 그리스 이전의 역사로 자꾸 올라가느냐 하면, 그들의 철학 또한 그 이전에 이미 엄청나게 긴 역사를 펼쳐온 이집트나 메소포타미아 같은 주변 문명권 사람들의 경험과 사색의 뿌리를 무시하고 이해할 수 없기 때문이죠. 이미 니체와 러셀이 20세기 초에, 또는 전에, 서구 전통의 존재론과 형이상학이 인도-유럽어계통의 오래된 발상을 반영하고 있다고 깨닫게 됐습니다. 그래서 그 같은 반성 가운데서 서구 형이상학이나 존재론을 비롯한 다른 분야들의 문제의식 자체가 수정되지 않았습니까?

그럼 중국 사람들도 그렇게 자기 전통의 근본을 반성 비판할 법한
데, 중국에서 그런 정도의 비판과 전환점이 이루어지리라고 기대하
기는 어려운 점이 있습니다. 아직 멀었어요, 아직. 왜? 20세기, 21세
기의 중국은 너무 수세적인 입장에 놓여 있는 겁니다. 자기 것을 찾
고 자기 것을 보호하는 데 급급하지. 그런 점에서 한국 철학계에서
도 자기 전통 자체를 해체하거나 고발한다는 것은 기대하기 어려운
겁니다. 서양의 철학과 그 지적 전통에서처럼 치열한 자기비판, 자기
해체를 할 여유가 없는 겁니다. 그런 모델을 찾으려고 해도 여기에
는 없는 거죠.

그럼 어떤 철학사의 고유한 전통도 배경에 갖고 있지 않은 내 처지
에서 볼 때, 한국에서 철학한다는 사람들은 뭐지? 어떤 철학사의 전
통을 배경으로 나갈 수 있는 거지? 나는 정말 어떤 중국 철학자나 서
양 철학자나 또는 과거 어떤 조선 철학자의 생각 틀을, 20세기, 21세
기를 사는 나의 철학의 바탕으로 할 수도 또 하고 싶지도 않은 겁니
다. 그래서 적수공권으로 싸우는 겁니다. 나는 솔직히 중국 문화, 서
양 문화로부터 모든 영향을 받았어요. 그러나 내가 정말 바탕에서부
터 우러나오는 한국 사람들의 기질과 그들의 체험을 대변하려면 그
것을 어디서 찾아야죠? 한국 사람들이 그동안 외부로부터 받아온
문화적 철학적 영향 안에서는 찾기가 어렵거든요. 그 모든 영향 가
운데서 살았음에도 불구하고, 그래도 아직 한국 사람들에게 남아있
는 그들의 철학적 자산은 그들이 쓰고 있는 말과 글밖에 없어요. 말

하자면 한국말본 밖에 없어요. 그리고는, 한국 사람들에게 남아있는 특성을 간직하고 있는 것이 각각의 생명이다. 어떤 철학사의 전통에도 소속하기를 거부한 다음, 내게 철학적 자산으로 남아있는 것은 수만 년, 수억 년의 기억을 압축하고 있는 나의 몸과 그리고 천 년 또는 그 이상 생명의 실현 또는 표현양식을 압축하고 있는 한국 말본이라고 생각하는 겁니다. 물론 그 말본을 무엇으로 잡느냐 하는 문제가 있습니다.

최세만: 방금 전에 중국에 가서 중국철학을 공부하게 된 계기에 대해서 질문해 봤습니다. 그 다음에는 중국철학에 대한 연구 결과하고, 그 이전의 서양철학에 대한 연구 결과를 소위 '3표의 철학'으로 정리를 해 주셨거든요. 그래서 저희가 보더라도 그 이전에는 선생님이 모색하시는 자기 철학이라는 것을 서양철학의 텍스트를 읽으면서 거기에 대한 안티테제로, 단편적으로 제시하거나 이런 식으로 이해가 됐는데, 그 이후에는 전체를 체계적으로 하신다는 느낌을 받았거든요. 그래서 저희가 보기에 3표 철학은 선생님 개인적으로 보자면 어느 정도 발전한 사상의 결실인 것 같고, 또 우리나라의 철학계에 비추어 봐도 최초의 한국적인 실험 철학이라고 많은 사람들이 평가를 하고 있거든요.

박동환: 누가 그렇게 얘기합니까? (웃음)

최세만: 선생님 철학을 아는 사람들은 다 그렇게 이야기합니다. (좌중 웃음)

박동환: 누가 그렇게 인정하는지 모르겠네. (웃음)

최세만: 그래서 이 3표 철학을 구상하시게 된 과정, 내용, 의의, 그 다음에 그것은 한국어의 구조와도 관련이 돼있을 텐데요, 그걸 종합해서 말씀을 해주시죠.

박동환: 요점은 이거예요. 오늘 토론 주제로 드린 원고도 근래 한두 달 사이에 정리하고 있는 생각이거든요. 그 전 것들은 아직 체계 완성이 안 돼 가지고, 쓴 것들이 실험적일 뿐이에요. 그래서 며칠 동안의 메모를 거기다가 종합해 봤는데, 지금 3표 철학 생각하는 시기는 좀 지났기 때문에, 그 변화의 전개 선상에서 보면 이렇게 정리할 수 있어요. 전투가 벌어지고 있는 두 방면으로 말이죠.

한쪽으로는, 다른 계통의 철학사들을 정리해야 되거든요. …… 이것은 나 개인의 문제가 아니라, 지금 한국 사람들에게는, 중국의 절대적 영향권에서도 벗어나고 또 어떤 서양 사상의 절대 영향도 안 받고, 적어도 어떤 방향으로 나가도 사문난적으로 몰릴 가능성이 없어서, 비로소 그래도 자유로운 21세기 한국에서 어떤 간섭도 받지 않고 독립한 바탕 위에서 철학이 이루어지려면, 무엇을 바탕에 깔아야 하는가 하는 문제를 생각할 수 있게 된 겁니다. 그렇다면 중국철학사의 전통이나 서양철학사의 전통에 대해서 요약 정리할 수 있는 큰 틀을 마련해야 되겠죠. 이러한 틀 안에서 볼 때 당신들의 철학 전통은 이러한 종류의 것이다, 그렇게 한 다음에 비로소 거기서 빠져나올 수 있잖아요. 이것이 바로 3표의 철학에서 시도했던 절차였어요.

우리들이 과거의 뛰어난 훌륭한 분들보다—조선시대의 기라성 같은 유학자들이나 신라, 고려시대의 고명한 불가들이나 세종 임금이나 최현배 선생님보다 지금 시대적으로 유리한 처지에 있는 것은, 21세기 이 시점에서 세계사와 현시대의 판도 전체를 바라보면서 자신의 독립한 입지를 구축할 수 있게 됐다 이겁니다. ……

다른 한쪽으로는 모든 가지들을 쳐버린 핵 개념이나 보편의 응용성을 발휘하는 방법을 가지고 접근할 수 있어요. BC 5세기쯤에서 숱한 그리스 철학자들이 등장을 했는데, 그게 그냥 난데없이 나온 게 아니고 그 이전까지 주변 지역 메소포타미아, 이집트 같은 데서 다양한 문명과 사상들이 이루어졌었죠. 그땐 천문 관측 또는 토지 측량이 국가 통치와 도시 계획에 필요했을 테죠. 그렇게 이루어진 주변 문명의 성취와 업적들 위에서 그리스 사람들의 기하학의 엄밀한 체계와 다양한 자연철학들이 등장했다고 봐야겠죠. 탈레스의 위대한 물의 지배 이론이라든가, 아낙시만드로스의 무한정과 대립자 개념, 피타고라스의 수(數) 비례 개념, 헤라클레이토스의 불과 모순 개념, 그렇게 세상에서 처음 듣는 이론 체계들이 다 주변의 성취와 업적들 위에서 발상이 됐다고요. 그런데 그때 그리스 사람들의 기적 같은 발명이 뭐냐면, 20세기의 역사가 아놀드 토인비를 비롯한 많은 역시가들이 감탄하는 것이, 주변의 성취와 업적들을 다만 보존적 보수적으로 받아들인 것이 아니고, 그들의 시민 정치의 과정에서 일어난 논쟁의 절차와 그것으로 세련된 이론 탐구의 정신을 가지고 추상화 또는 체계화라는 방법의 개념을 창출해 냈다는 데에 그들의 세계사적 기여가 있는 거 아닙니까? 주변의 문명권들에서는 일찍이 볼 수 없었던 이론의 정신, 방법의 개념을 만들어낸 것이죠.

말하자면 그들에게 전해진 수천 년의 업적과 성취들을 새로운 이론의 방법으로 정리했다고 볼 수도 있고 청소해 버렸다고 볼 수도 있습니다. 내가 한국에 태어난 철학하는 자로서 이 시점에서 시도하는 것은, 바로 그때 그리스의 천재들이 실행했던 것과 같은 이전의 성취와 업적들에 대한 정리와 청소의 방법을 찾는 것이라고 볼 수도 있습니다. 한국 사람들이 가지고 있는 천재성을, 세계 사람들이 해온 것들을 복제하거나 암기하거나 영어 배운다고 조기유학 같은 거하는 데만 쓰지 말고, 더러는 지금까지의 업적과 성취들을 새로 정리하고 청소하는 방법을 생각해 볼 수는 없겠는가 하는 겁니다. 여하튼 그렇게 고대 그리스의 천재들은 그들의 자연학과 철학 가운데서 그 이전의 문명들이 보여주지 못 한 순수이론(theoria)의 정신과 그러한 정신의 구현에 다름 아닌 국가와 개인의 균형관계가 싹트게 했다고 볼 수 있죠.

그런데 또 한 번 그런 발명의 시대가 있었는데, 17세기의 데카르트는 자기 이전의 스콜라 철학 전통을 어떻게 정리 청소해야 하는지를 보여준 철학자거든요. 그렇죠? 데카르트가 당시의 학교에서 배운 건 스콜라 전통의 철학이죠. 그런데 그걸 어떻게 정리할 수 있겠는가, 그냥 한 칼에 정리하는 방법을 생각해낸 거라고요. 그래서 데카르트를 이해하려면, 물론 철학사적으로 이해하려면 그 이전 스콜라 철학의 전통과 연결해야 가능하겠지만, 새로운 시대의 핵 개념과 방법으로서 데카르트 철학을 이해한다면, 스콜라 철학자들의 진부한 논쟁들을 다시 복습하거나 학습할 필요가 없게 된 겁니다. 차라리 해석기하학의 방법을 공부한다든가 아니면 당대의 물리학을 공부한다든가 하면 돼요. 그것이 정리하고 청소하는 방법이라고 봐요. 한 시대에 주어진 영향들과 전통들을 어떻게 자기 시점에서 정리하며 대체하느냐 하는 게 문제예요. 그렇다면 세계에서 파도처럼 밀려오는 모든 사상과 철학이라는 것들에 대해서 한국의 학자라는 이들이, 어떤 입장에 서야 하느냐 하는 문제가 여기에 있는 거죠. 모두 어떤 구석에 박혀 있는 전공자, 전문가가 돼서는 한국철학의 미래가 없다, 이렇게 보는 겁니다. 데카르트와 헤라클레이토스와 노자의 전공이 뭡니까?

그러면 어떻게 해야 되겠느냐. 고대 그리스의 철학자들과 데카르트에게서 무엇을 배울 수 있는가. 가장 작아야 가장 많은 것을 포섭할 수 있잖아요. (미소) 그걸 수학이나 물리학에서 배울 수 있어요. 가령, 빅뱅 이전에 뭐가 있었죠? 물리학자들이 말하는 입자도 법칙도 없었다고요. 그리고 아무리 복잡한 구조를 가진 생명체도, 인간조차도, 아무리 유일한 특성을 가지고 복잡한 정신활동을 하고 있는 존재도, 하나의 세포에서 시작한다고요. 물질의 형태로 나타나기 이전의 어떤 모양으로 압축된 정보죠. 지금 와서 도가니 유가니 그리고 그 이후에 여러 갈래로 전개된 중국철학의 발전과정이나, 서양철학에서 소크라테스 이전부터 현대철학에 이르기까지 내려오는 과정들 전체에 대한 정리와 청소를 하지 않고, 그런 배경 정리가 없이, 이것이 '우리 철학이다' '한국철학이다!' 하면 세상에서 그 독립성과 보편성을 어떻게 이해할 수 있겠어요. 그래서 내가 '자생 철학'이나 '한국철학'이라는 이름을 공유하기를 거부하는 겁니다. 한국철학이 아니고, 희망적으로 말한다면, 이것을 말해서 어떻게 세계철학사의 갈래들을 정리하며 거기서 다른 것으로는 대체할 수 없는 나의 한 자리를 얻을 수 있겠는가 하는 문제의식이 있는 겁니다.

말하자면 어떤 한 아르키메데스의 원점(Archimedean point)을 잡아야, 중국철학사의 갈래로 이러이러한 철학자가 있고 서양철학사의 갈래로 이러저러한 철학자가 있다, 그렇게 정리할 수 있지 않겠나, 지금까지 있었던 모든 계통의 철학들이 다 한 아르키메데스 원점에서 갈라져 나가는 파생 현상들로 정리 청소할 수 있지 않겠나, 이렇게 말할 수 있는 한 원점을 발견해야 하지 않겠나, 이렇게 생각하는 거죠. 무엇으로써 그 아르키메데스 원점을 잡을 수 있을까요?

그래서 오늘 원고에 드린 것처럼, 임시 가설로 그 하나의 원점으로 Xx를 제시했습니다. 20세기의 수리논리학자들이 끊임없이 전통 논리학자나 철학자들에게서 공격을 받을 때, 말하자면 왜 당신들은 그렇게 무의미한 기호를 쓰느냐 비판할 때, 스콜라 철학의 시대에도 문제됐던 것이지만, 기호를 쓰는 이유는 일상언어의 개념들이 전달하는 의미가 언제나 특정 문화 의존적이며 일반성이 없기 때문이다, 그래서 너무 특수하고 자의적인 해석을 낳기 때문이다 이렇게 말하죠. 마찬가지로 Xx의 X와 x는 가장 근본적인 것에 대한 모든 특수하고 자의적인 해석 곧 자의적인 이름 붙이기를 거부하는 겁니다. 그래서 X와 x를 가지면 모든 갈래로 파생해 나간 세계의 체계들을 압축할 수 있다, 이겁니다. X와 x를 가지고 실험하는 게 뭐냐면, 그것으로 기왕의 모든 철학자들이 말했던 근본의 실재라고 하는 것들을 다 대체하겠다는 겁니다. 무한, 무, 전체, 부분, 개체, 실체, 자아, 타자, 경계, 관계, 이런 게 모두 다 거기에서 파생하는 걸로 보는 겁니다.

가령 이데아라든가, 절대 이성이라든가, 존재와 무라든가, 물질과 정신이라든가 이런 거 아무리 얘기해도, 그 당시일 뿐이지 시간이 지나면 다른 천재들이 나와서 이전의 모든 것들을 상대화시켜버리고 다시 대안의 개념들을 내놓는 일로 역사가 반복하고 있죠. …… 서구의 역사에서 철학자들은 언제나 당대의 업데이트된 과학을 참고했고 그런 과학과 경쟁도 했죠. …… 그래서 말하자면 개체가 무한에 대해 갖는 관계, 또는 도대체 개체존재란 무엇이냐, 전체라는 것은 무엇이냐, 자아와 타자의 경계는 어디에 있는가, 이렇게 많은 전통의 개념들이 20세기를 통과하면서 도전을 받으며 흔들리게 됐죠. 그건 논리학자들에 의해서 비판됐고, 생물학자와 물리화학자들의 설명 가운데서 해체됐고, 그러니까 젊은 사람들한테 내가 그러잖아, "이봐, 철학사에 너무 매달리면 철학자가 될 수 없어요. 철학책을 읽는다고 철학자가 되는 거 아니야!"

개체가 하나의 분자인가 세포인가 박테리아인가? 인간도 세포와 박테리아의 집합으로 이루어진 한 개체인데. 한 개체존재로서 하나의 박테리아와 하나의 세포와 하나의 인간과 그리고 언제나 생명을 공유하는 하나의 종(species) 집단이 어떻게 다른 것인가? 그리고 이 모든 하나의 개체 또는 집단 안에서 그 성분들 사이에 얼마나 많은 투쟁이 일어나고 있는지, 투쟁이 잘못 나가면 내부에서 질병과 내분이 생기는 거고, 투쟁이 질서로 바뀌면 잠시 건강과 평화가 오는 거고. 그렇다면 개체는 어디까지인가? 타자는 누구인가? 그럼 하나의 개체라는 건 언제부터 언제까지 존재하는 것인가? 오늘의 생물학자들은 개체존재라는 것을 언제부터 언제까지 지속하는 것으로 봐야 하는지, 삶과 죽음의 경계 또는 자아와 타자의 경계를 어디에 놓아야 하는지, 그런 질문을 일으키고 있는 거죠. 철학자들이 겨우 천 년, 이천 년의 생각 변화를 답답하게 만지작거리는 사이에 생물학자들은 생명 또는 그의 운명을 만 년, 억 년을 단위로 생각하고 있다고요.

… … 바다를 바라보며 떠올리는 생각, 그 물 분자들과 끝없이 이어지는 파도 사이에 이루어지는 관계, 하나의 분자와 끝없이 일어나는 파도의 관계를 Xx로 이해할 수 있습니다. 개체존재란 무엇인가, 억의 사람들이 있으면 그들 각자가 억 가운데의 한 개체성과 억 가운데의 한 관점을 가지고 있는 거 아닙니까. 그 하나의 관점이나 개체성이 불멸하는 영원의 흐름에 대해 어떤 관계를 갖고 있나, 이 문제에 집중해 생각할 때 나에게 남아있는 유일한 철학자는 헤라클레이토스예요. 어떻게 그때 그렇게 생각했는지 …. "소멸하는 것들은 불멸하는 것의 삶 가운데서 죽고, 불멸하는 것은 소멸하는 것들의 죽음을 산다."(D-K 22B62) 물론 헤라클레이토스의 많은 다른 말들은 당시 문화적인 한계 가운데서 이루어진 것이지만, 모든 철학자의 말들을 말소해도 그는 나에게 마지막 화두 하나를 남긴 것 같군요.

나종석: 동서양 철학사에서 헤라클레이토스만 살아남았습니다.

김동규: 그는 불사조가 됐군요. (웃음)

박동환: 아, 그리고 잊어버리기 전에 … 프로이드와 사르트르를 최근에 다시 봤거든요. 프로이드에게서 얻은 주제는 '기억'인데, 그러나 그 기억이라는 것이 단지 우리 의식 가운데에 있는 기억이 아니고, 또 프로이드가 말하는 무의식 가운데 있는 기억도 아니고, 그것은 만 년, 억 년을 단위로 해서 올라가는 기억이에요. 말하자면 태초로부터 만 년, 억 년을 거치며 쌓여온 기억입니다. 한 개체의 몸이라는 게 그렇게 이루어졌고, 몸을 이루는 성분과 특성들도 그런 기억의 압축이죠. 물리학자들은 기억이란 말을 싫어하죠, 그이들에게는 기억이 아니라 법칙이겠지만, 그러나 빅뱅 이후에 입자들이 생기고 그것들의 운동과 함께 법칙들이 생겼겠죠. 자연의 법칙이란 자연이 반복하는 행위가 지금까지 쌓여 경화된 습관 곧 기억이라고 볼 수 있거든요. 자연의 생명, 개체생명들은 각각 그 다른 형태와 기능 가운데에 만 년, 억 년의 반복된 습관 곧 기억을 압축하고 있는 것으로 볼 수 있죠. 그래서 유전형질이 간직하고 있는 정보 그것이 압축된 기억이죠. 한 사람의 개성이, 누구에게는 까다롭게 나타나고 누구에게는 서글서글하게 나타나고 그렇게 타고나는 특성들이, 억년의 생명이 겪으며 축적한 기억들을 재현하고 있는 거 아닙니까. 개체생명을 실현하는 특성들은 그렇게 축적되고 압축된 억 년의 기억을 현재의 조건에 따라 하나하나의 개체를 매체로 하여 재현하고 있는 거죠.

상상에 대해서는 사르트르에게서 얻은 바가 많지만, 그러나 상상의 활동을 모든 개체생명이 각각 높고 낮은 다른 정도로 간직하고 있는 활동 능력이다, 말하자면 동물에게도 있고 식물에게도 있고 태초로부터 적어도 한 개체생명에게 상상의 능력이 갖추어지지 않은 경우는 없다, 이렇게 보는 겁니다. 그런데 사르트르는 물론 거의 모든 철학자들이, 그리고 거의 모든 생각하는 사람들이 상상력을 인간에게만 고유한 능력으로 본다는 게 저에게는 불편한 상식입니다. 어찌 인간에게만 상상의 능력이 있다고 주장할 수 있는가? 왜? 모든 개체생명이란 수억 년 축적된 생명의 기억을 현재의 조건에 따라 재현시키며 나타나는 것이라면, 각 개체생명이 그 안에 압축하고 있는 기억, 그것이 유전 정보이든 그 밖의 어떤 특성이든 그런 과거를 다만 반복 재현하는 데 그치는 걸까요? 개체생명이 그 일생을 통과하며 치열하게 벌이는 생존 활동에서 다만 그가 지닌 유전 정보라는 기억을 반복 재현하기만 하는 걸까요? 기억의 단순한 반복 재현으로는 어떤 개체생명도 다만 얼마 동안조차 살아남을 수 없을 겁니다. 모든 형태의 생명이 그 일생을 살아남는 데에는 기억된 정보의 반복 재현만으로는 불가능하고 거기에 반드시, 그 수준과 모양이야 천차만별이겠지만, 그것이 발휘할 수 있는 재조합(recombination) 또는 자유 연상(free association)이라는 상상의 능력이 따라야 할 것이라고 보는 겁니다. 기억된 정보의 무한한 성분들을 가지고 재조합 또는 재연결하는 행위 그것을 상상이라고 봅니다. 그래서 기억과 상상은 한 개체생명 안에서 서로 배척하는 관계일 수도 있고 협조하는 관계일 수도 있다, 이렇게 볼 수 있습니다. 기억과 상상, 반복과 탈출 또는 지양(surpass), 이것은 한 개체생명이 일생을 살아가는 방법이죠. 가령 화학의 성분들이 자연 가운데서 움직이는 모양을 보면, 어떤 원자가 어떤 원자와 결합하거나 다시 분리해서 어디로 갈지, 이렇게 결정하는 과정에서조차 각 원자가 타고난 기억으로서의 성질과 그것이 발휘할 수 있는 재조합으로서의 상상으로써 끝없는 결합과 분리를 결정해 나간다고 볼 수도 있지 않겠습니까? 심지어 결합과 분리 과정에서 기억은 감시하며 상상은 탈출하려는 성향으로 작용하지 않을까요? 지나친 상상입니까?

어떤 세포가 어떤 세포와 만나서 한 새로운 개체생명을 이루는지, 또는 미토콘드리아가 어떤 박테리아 안에 들어가 공생 관계를 이룰지, 그것은 그것이 지닌 유전이라는 기억체계와 그리고 그것이 연합해야 할 대상에 대한 결단 곧 상상이 움직여야 가능한 일이라고 보는 겁니다. 여기서도 기억은 경계하거나 감시하는 성향으로서, 상상은 모색하거나 탈출하려는 성향으로서 움직인다고 볼 수 있는 거죠. 두 종류의 미생물이 수억 년에 걸쳐 서로 잡아먹고 먹히다가 나중에는 공존하는 방법을 찾았는데, 그 관계를 구축할 수 있었던 것은 기억과 상상, 경계와 모색 또는 감시와 탈출이라는 상보의 성향들이 타협적으로 움직인 때문이겠죠. 인류만이 기억과 상상을 발휘해서 문제를 해결하고 살아간다고 보는 것은 편협한 자기중심주의 세계관이다, 이렇게 생각하는 겁니다. 인간만이 창조적으로 문제를 해결하고 다른 것들은 그저 과거의 기억을 반복할 뿐이다, 이렇게 보는 것은 어처구니없는 독선입니다. 세상에 있는 모든 것들은 그것들이 의식할 수 없는 영원의 기억과 그리고 엄청난 상상을 발휘하지 않으면 이렇게 무한히 반복되는 우주의 파노라마에 참여할 수가 없겠죠. 왜 어떤 것과 어떤 것이 한 쪽으로는 싸우면서 한 쪽으로는 어울리는지, 애초에 왜 서로 다른 미생물들이 모여 다세포 생물이 됐는지, 단순한 기억의 반복으로 그런 일이 일어날 수 있는지, 그런 의문이 있는 겁니다.

한 그루의 나무는 언제 싹을 트고 어떤 방향으로 가지들을 뻗어 나갈까요? 동면을 끝낸 나무는 봄을 기억하며 상상하고 있지 않을까요? 나무가 싹을 틀 때 봄을 상상하고 있는 거죠. 제가 그래서 글 마지막에다 뱀의 얘기를 썼죠. 어느 날 우연히 본 BBC 다큐멘터리에서 한 뱀의 긴 여정을 보여주더라고요. 그 뱀이 자기 처소에 침입한 다른 뱀과 한참 싸우더라고. 그러다가 힘이 달리니까 쫓겨난 겁니다. 자기 짝도 빼앗기고 도망칠 수밖에 없었어요. 도망치면서 산과 들을 돌고 돌다가 어디쯤 가서는 자리를 잡더라고. 바위로 둘러싸인 굴 같은 데 들어가 잠시 있다가 다시 나오더란 말입니다. 나오더니 몸을 높이 세워 주변을 두리번거리며 한참 관찰하더라고. 뭘 보는 거야? 공격받았던 경험을 기억으로 되살리며, 그 놈이 또 나타나지 않을까, 여기는 그런 적들로부터 안전한가 상상해 보는 거지. 또 그런 힘센 놈이 나타나 공격해 오면 어떡하지. 모든 생명의 경계 동작은 기억과 상상이 결합한 양가(兩價) 행위 아닙니까? 언제 다시 있을지 모를 공격과 위기에 대한 경계와 대비, 그것은 기억과 상상에 의한 거죠.

최세만: 그런데 조금 전에 기억의 재현이 상상이라고 하셨나요?

박동환: 아, 기억의 재현에는 상상이 참여하는 것이다, 이렇게 보는

겁니다.

최세만: 그 재현이 무슨 의미인지 잘 파악이 안돼서요.

박동환: 사람이 지금 가지고 있는 어떤 능력을 발휘하잖아요. 타고난 기억 곧 능력의 발휘와 결과가 재현이죠. 그 능력이란 몸에 압축되어 있는 기억에 다름 아니죠. 생물학에서는 그걸 유전 프로그램이라고 말하겠죠. 그 능력 또는 기억을 세상에다 실현 곧 재현하려면, 현재의 조건들에 대응해서 예상하는 상상이 발휘돼야 하는 거죠. 말하자면 지금 가지고 있는 것을 어떤 가능한 방향으로 던질지, 외적으로 주어지는 조건들에 어떻게 조준 대응할지, 거기에 상상을 동원하겠죠. 이 과정에서 기억과 상상은 감시와 탈출, 경계와 모색의 관계로 엮이고 있는 겁니다.

최세만: 기억에 없는 새로운 요소가 상상 아닙니까?

박동환: 그렇게 보이는 측면도 있겠죠. 그런데 그게 상상에 대한 통속적인 관념일 수 있어요. 과연 상상이 기억에 없는 요소인지, 기억과 상상은 그것들이 다 생명의 흐름에 참여하는 부분들의 특징들이므로 딱 분리되는 것은 아니다, 이렇게 봅니다. 상상이란 기억된 어떤 생명의 능력일 수 있는데, 다만 기억이라는 것 그 대부분이 고정된 형태로 저장된 것이라면, 상상이란 그 고정된 끈을 풀어버릴 수 있는, 그래서 탈출을 할 수 있게 해주는 그런 열린 활동이다, 이렇게 보는 거죠. 기억은 반복하는 보수 성향으로 움직이지만 상상은 그런

반복과 보수에서 탈출 지양(surpass)하는 운동이다, 이렇게 보면 됩니다. 그걸 드린 글에다 대강 썼어요. 말하자면, 유전 프로그램이라는 기억의 체계 안에서 경계하며 예상하는 바가 아무것도 없겠느냐, 유전 프로그램이라는 기억체계에는 그 기억체계 밖의 상황의 미결정성에 대한 예상이 들어있다, 이렇게 보는 거죠. 그러니까 그 기억체계의 어떤 부분은 고착된 행동 패턴으로 주어져 있고 어떤 부분은 변화하는 상황과 조건에 대응해서 움직이게끔 열려있는 것이죠. 이것이 모든 생명에게 갖추어진 지속과 적응과 변화의 능력 아닙니까?

최세만: 그게 중요할 것 같은데요, 상상이 기억의 제약을 받느냐, 아니면 받지 않는 부분도 있느냐 하는 게 상당히 결정적으로 중요할 것 같은데, 왜냐하면 상상의 가능성은 기억에 제약된다고 할 것 같으면, 그건 완전히 이제 아리스토텔레스의 가능태와 현실태의 이론을 답습하는 ….

박동환: 그래서 기억과 상상의 관계를 감시와 탈출의 관계라고 보는 이유가 있는 겁니다. 상상이 기억으로 제약될 수 있죠. 상상이 무제한적으로 날뛰지 않는 이유는 그것이 기억에 의해서 제약 또는 감시를 받기 때문이죠. 아마도 생물학자들은 그렇게 말하고 싶을 거예요. 기억 가운데에 상상의 능력이 있는 걸로. 밖에 있는 대상의 인지와 그런 타자성에 대한 공감적 인지 같은 행위는 모두 생명의 기억체계에 포함된 상상의 능력에 따르는 것이라고 이미 많은 생물학자 또는 인지심리학자들이 인정하고 있는 겁니다.

그러나 나는 이 점에서 사르트르를 부분적으로 따르고 있는데, 아무리 기억된 프로그램이라지만, 창조적 행위로서의 상상의 능력이라는 것이 타고난 기능이라고 하지만, 언제나 무조건 탈출의 가능성도 보유하고 있다 이거죠. 상상의 활동이란 어떤 제약에서도 벗어나는, 그것이 기억의 제약이든 유전 특성의 제약이든 조건 없는 탈출을 감행할 수 있는, 그래서 현실에 주어진 조건을 무시할 수 있는, 사르트르의 표현으로는 무화(無化)할 수 있는 마지막 가능성을 보유하고 있다, 이렇게 볼 수 있습니다. 적어도 사르트르에 따르면 인간에게는 말입니다. 무모한 짓 하는 놈도 있으니까. 무모한 짓도 할 수 있으니까, 인간은. 모든 관행에, 때로는 자기 생명에 어긋나게 감행할 수도 있으니까. 그래서 인간의 발달 단계라는 것은 기억의 감시를 적극적으로 탈출하는, 거부하는, 이런 단계까지도 온 것이라고 보고, 사르트르는 아마도 그런 발전 단계에서 인간의 상상력이 어느 정도로 발휘되는지 가장 극단의 사례를 보여주고 있다, 이렇게 이해할 수 있죠. 그러나 사르트르는 너무 극단으로 흘러서 상상이라는 것이 기억의 감시를 언제나 전적으로 거부할 수 있는 것으로 본 것은 자연의 궁극적 감시체계로서의 기억이 갖는 억 년의 압력 또는 통제력을 간과한 거다, 나는 이렇게 평가하고 있습니다.

최세만: 그런데 아까 김귀룡 교수와도 논의해 봤지만, 사르트르에게도 한계상황이란 게 있어서 어느 정도 제약조건을 설정해 놨다, 이렇게 볼 수도 있고 ….

박동환: 다만, 존재 자체, 즉자 존재와의 관계 또는 타인과의 관계에

의해 한계를 피할 수 없는 상황이 벌어질 수 있겠죠. 그렇지만 사르트르가 현상학적 심리학에 관한 초기 이론에서, 그리고 『존재와 무』의 처음 부분에서 의식과 상상은 내 앞에 닥친 어떤 현실, 있는 것 자체를 무화(無化)하는 능력을 발휘한다고 강조합니다. 가장 놀라운 무(無) 또는 무화(無化)의 가능성을 발명한 철학자다, 이렇게 볼 수 있습니다.

최세만: 그런데 그 말씀을 하시는 게 개체의 존재론에 관련된 것이잖아요.

박동환: 기억은 만물의 것이니까. 기억과 그 탈출의 가능성을 개체에다가 ….

최세만: 그러니까 우리가 경험적인 실재라고 할 수 있는 …, 우리가 무엇으로 볼 수 있으려면 개체화되어야지 '무엇'으로 볼 수 있는 거 아니겠습니까? 그런 의미에서 … 선생님이 Xx라는 관계에 대해 쓰신 가운데서도 기억과 상상이 개체생명의 두 가지 조건이라고 하신 걸로 알고 있거든요.

박동환: 자연 안에서 그것의 성분들이 일으키는 관계 또는 그 한계 조건에 Xx를 적용하는 이유가, 작은 x가 어떤 종류의 개체존재냐, 그 개체의 한계는 어디까지 개방되어 있는 것이냐, 하는 유동성을 언제나 안고 있으므로 그래서 개체존재는 그 정체성과 경계가 미결정 상태인 x이고, 다시 개체존재의 한계 조건으로서 큰 X의 정체성

도, 이데아의 이데아도 아니고 부동의 원동자도 아니고 절대 이념도 아니고 태극도 아닌 무엇이라고 딱히 특칭할 수 없는 것이므로 역시 미결정의 결정권자 X라고 하는 겁니다.

최세만: 그렇게 말씀하시는 건 그 개체가 뚜렷한 규정성이 없기 때문에 어떤 종류의 개체라고 말할 수 없다고 하시는 거 아닙니까?

박동환: 그렇기도 하고, 작은 x라는 것이 어디에 경계를 두고 있는 것인지, 또는 큰 X라는 것이 개체라고 상정하는 x를 어떤 초월의 관계로써 만나고 있는 건지, 그런 문제를 생각해야 하는 겁니다.

김귀룡: 작은 x가 큰 X에 대하여 질문을 던지는 주체일 수 있나요? 초월하는 큰 X에 대해 작은 x는 한 종속적인 임시의 주체라면 말입니다.

박동환: 작은 x라는 것은 Xx라는 자연 또는 영원의 관계체계에 빠져 있습니다. 작은 x라는 한 임시의 주체는 그 자신을 넘쳐 다가오는 미지의 큰 X에 대해 질문을 던질 수는 있어도 그것은 역시 그 뿌리가 큰 X에 빠져 있는 한 작은 x가 품고 있는 어떤 관계 상황의 표현이겠죠. 미지의 큰 X에 던지는 질문이라는 것은, 대양에서 하나의 물분자가 끝없이 이어지는 파도 속을 헤쳐 가듯이, 현재의 한 개체존재가 영원의 기억이라는 끝없는 강의 흐름 가운데서 헤엄을 치는 것과 같은 관계 행위가 아닐까요? 그것이 질문이든 상상이든 심지어 어떤 실험 행위이든 말입니다. 철학자들은 그들의 질문과 상상이 영

원의 비밀을 낚을 수 있는 진리의 그물이기를 바라겠지만 말입니다.

그렇다고 해서 한 개체존재에게서 그의 고유한 개체성 또는 그의 유일한 관점의 소유주로서 갖는 자격을 탈취할 수는 없다고 봅니다. 그의 유일성 또는 고유성의 근거는 그의 x가 영원의 한 단위 기억체계이기 때문에 그것은 다만 허구일 뿐이다 이렇게 말할 수는 없는 것 같군요. 작은 x도 영원의 흐름 X 가운데를 통과하는 한 조각의 기억체계이니까요.

최세만: 아까 이 자리에 오면서 김귀룡 선생과 나눈 얘기가 뭐냐면, 선생님이 이번에 보내신 「Xx에 대하여」라는 글에서 개체의 위상이라고 할까요. 개체의 존재양식이라고 할까, 그런 것이 그 이전하고 변했느냐 안 변했느냐를 가지고 의견이 조금 갈렸었거든요? 김귀룡 선생은 좀 변했다, 변한 것 같다 하는 거고, 제가 생각하기에는 변하지 않고 더 구체화된 것 같다는 것이었거든요. 어떤 편이신지?

박동환: 어느 정도 수정됐겠죠. 그러나 변함없는 것은 개체에 대해서 구체화된 생각을 가지면서도 역시 어떤 정체성을 매기는 것이 불가능하다는 쪽입니다. Xx에서 매겨진 개체의 위상이 미지의 바탕에서 결정되기 때문에, 개체존재가 미지의 바탕에 대해 유지하는 관계 또는 경계가 언제나 다시 고쳐질 수밖에 없는 개방 상태에 놓이게 되는 거죠. 한 개체존재가 그 밖의 개체들과 유지하는 관계, 그리고 무한 또는 영원의 것과 만나서 무너지며 다시 세워야 하는 경계가 항상 닫혀 있으면서 열려 있는 거 아닙니까? 그래서 그 관계와 경

계를 언제나 고쳐가는 것이 인생이며 역사라고 보는 겁니다.

인간뿐만 아니라 모든 개체생명의 일생을, 그리고 일생이 끝나 다른 일생으로 넘어가는 과정까지를 포함해서 볼 때, 한 개체생명의 일생이라는 것은 끝없는 경계 고침을 수행하는 과정에 다름 아닌 것이다, 이렇게 이해하는 거죠. 삶과 죽음 그리고 죽음 다음의 어떤 모양의 삶 또한 언제나 경계 고침이라는 수행 과정이죠. 그렇게 한 개체생명이 그 밖의 무한의 것들과 대화하고 협상하며 투쟁하는 과정 곧 경계 고침의 관계식을 Xx로 대표할 수 있죠. Xx라는 관계식이 개체 존재로서의 인간에게 불안으로 다가올까요? 각자에게 고유한 개체성과 유일한 관점 그리고 무한 또는 영원으로의 연장성을 보장하지 않습니까? '만물이 나와 함께 하나가 된다'라고 말하는 장자와 세계를 무화(無化)하는 실존의 절대 자유를 말하는 사르트르 사이에 전혀 모순이 없는 것 같군요.

최세만: 그런데 큰 X와 작은 x의 관계에 대하여 그 기호 자체로 보면 현대논리학에서 말하는 주술 구조를 형상화한 것으로 보이거든요.

박동환: 그렇게 이해할 수도 있겠죠. 또 그렇게 이해하는 게 우선 하나의 접근 방법일 수도 있습니다. 그러나 그 관계라는 것이 주술 관계에 한정되는 것인지, 그건 x와 X라는 미지의 변수 범위를 제한해서 그 관계식이 뜻하는 바를 축소하는 것일 수 있죠. 말하자면, 이런 관계식에 이르기까지 네 개의 사례 항목들에다가 Xx의 관계를 매겼듯이, 그 관계식이 우주 안에서 일어나는 모든 개체 성분들에 대해

그것들의 한계 밖에서 다가오는 초월하는 것의 관계를 가리킬 수 있기 때문에, 그걸 단순한 주술 관계로 한정하는 것은 현대논리학에서 말하는 것과 같은 형식적인 해석이 되겠죠. 그렇다면, 현대논리학의 기술이 Xx가 가리키려고 하는 무한과 그 성분들 또는 영원의 시간과 현재 사이에서 이루어지는 관계의 다양한 실상을 이해하는 데 방해를 하게 됩니다. 다시, 망망대해에서 하나의 물 분자가 끝없이 이어지는 파도에 대해 이루는 관계를 생각해 보면 좋을 것 같군요.

최세만: 그런데 선생님께서 그 관계를 처음에 제시하고 설명하실 때, 한국어의 구조에 관한 얘기부터 하셨는데, 그때 한국어의 특징은 주어가 필수적으로 적시되는 것이 아니고 술어에 의해서 간접적으로 추정되거나 묘사되는 것일 뿐이다 이렇게 쓰셨는데요 ….

박동환: 예. 그래요. 주어가 이름받기를 거부하는 걸로 이해했죠. 그 문제를 생각하는 가운데 받은 힌트로서, 때로는 서양 사람들이 한국 사람들을 보는 측면에 흥미로운 점이 많더라구요. 책 제목이, ***The Scrutable Oriental***이라고 하는 책을 쓴 분인데, 70년대에 아일랜드에서 한국에 파견된 신부님이에요. 화양리라는 서울 주변에서 봉사하던 분인가 봐요. 그런데 그분이 쓴 아티클 가운데 하나가 "Deference to the unknown"이라는 제목으로 실렸었는데, '미지의 것들'(the unknown)에다가 책임을 전가(轉嫁)하는 한국 아줌마의 태도에 대해 쓴 거였어요. 자기 숙소에 와서 일하는 아줌마가 있는데, 어느 날 화장실에 수건이 없길래, "수건이 없네요!" 말하니까, 아줌마의 답이 "아니, 수건이 어디로 갔지?" 그런데, 서양 사람인 그의 생각

에는 수건을 자기가 빨아가지고 어디 다른 데다 놓았으니까 없겠지 아니면 안 빨았거나, 그런데도 아줌마는 수건이 어디로 갔지? 그런다는 거야. …… 그러니까 그 신부 이야기는, '아 … 그야말로 책임을 회피하는 굉장히 좋은 방법이구나!' 이렇게 생각할 수밖에 없대요. 행위 주체로서 아줌마 자신이 져야 할 책임이, 자기 책임이 아니잖아. 수건이 어디 갔는지 내가 어떻게 알아. (웃음) …… 그런 아줌마의 표현에서 신부는 한국 사람들의 사고방식에 대한 어떤 아이디어를 얻은 거예요. 말하자면 한국 사람들이 말하는 방법을 보니까, 궁극적으로 책임의 주체 또는 원인이 되는 것에 대한 명백한 지시가 없더라, 이렇게 본 거지요. 그래서 미지의 것들에다가 결과의 마지막 책임을 전가하는, 탓을 돌리는 것으로 보이는구나.

그래서 한국 사람들이 쓰는 말에서는 그렇게 책임의 주체 또는 행위의 주체를 담아야 할 주어의 자리가 비워질 수도 있는 것이다, 그런 해석을 할 수 있는 거죠. 그런데 오랫동안 미국 문법학자들의 문장론의 절대적 영향을 받고 있는 한국 문법학자들에 의해서, 그리고 국어선생님들에 의해서, 주어 자리에 있는 것이 지고 있는 의미가 자꾸 바뀌고 있는 거예요. 중국에 가 봐도 그렇더라고요. 공산권에서는 스탈린, 모택동, 김일성 같은 이들이 언어학에 관한 교시까지도 하잖아요. 스탈린도 언어학 논문을 썼더라고요. 자기가 썼는지는 모르지만. 모택동이 제시한 한어(漢語) 표현법에 대한 교시를 보면, 중국인들이 주어를 빼먹고 말하는 습관 때문에 늘 표현이 무책임하고 흐리멍덩하다, 고쳐야 한다, 이렇게 교시하고 있어요. 일리 있는 지적이기도 하지만 한어의 표현에 잠재돼 있는 중국인들의 사고와 철학의 뿌리 깊은 의미에 대한 이해와 반성은 인식하지 못하는 거죠. 우리도 마찬가지로 영어와 그 밖의 서양 문화가 지배하는 세상에 살다 보니까 자꾸 원인과 책임 주체를 명시하는 주어를 강조하게 되는데, 그것까지는 바람직하지만, 그러는 가운데서 자기들의 삶에 깊이 뿌리내린 사물 사건에 대한 이해 방식, 세계에 대한 고유한 판단 형식을 스스로 돌이켜 보고 그 철학적 그리고 과학적 의미를 발견하는 기회를 영영 망각해 버리게 되는 겁니다. … …

하지만 철학하는 사람으로선 분명 한국 사람들의 판단 형식과 그에 따르는 세계관, 한국 사람들이 이 시점에서 세계를 향해 말할 수 있는 대안의 존재론, 논리학, 사회학, 역사철학, 더 나아가 신학이 어떤 모양을 갖출 수 있는지, 아무도 걱정하지 않는 게 오늘의 문제의식으로 다가오는 겁니다. 서양 사람들이나 중국 사람들의 도덕규범과 판단형식에 따라, 또는 그 사람들의 사회학과 정치철학에 따라 살 수 없는 한국 사람들을 책망만 할 게 아니란 말입니다. 우리들이 항상 밖에서 수입한 이념들과 우리들의 역사적 체험들이 너무 떨어져 있기 때문에 수습하거나 설명할 수 없이 혼란한 상황이 각 방면에서 벌어지고 있는 거죠. 정석해 선생님께서 강의하신 독일철학, 프랑스 철학, 과학철학이 선생님께서 고치려고 참여하신 한국 사회의 현실에서 얼마나 떨어져 있는 것인지 그 간격을 검토해야 할 단계가 되었는데, 조선의 학풍이라는 것이 원체 수백 년 동안 중국의 전통에 일방적으로 지배 받아온 역사이다 보니 지금도 대국의 철학과 그 학풍 앞에서 오금을 못 펴는 거죠. 지금은 서양 전통에 스트로를 대고 빌려온 철학사의 명맥을 유지하고 있는 거 아닙니까?

최세만: 그런데 앞에서 말씀하신 걸 보면, 중국철학을 보니까 그것은 중국어 언어구조 속에 들어있고, 서양철학도 결국은 서양 언어구조하고 관련된 게 아니냐 하셨잖아요. 그렇게 보면 선생님의 Xx라는 것은 한국어의 구조를 반영하고 있다고 보시는 거니까, 그게 중국 사람이나 서양 사람들이 보기에는 한국 사람의 철학이 될 거 아니에요?

박동환: 그렇게 보일 수도 있겠죠.

최세만: 예, 보편철학이라고 하지 않겠죠.

박동환: 그런데 말입니다. 과거 적어도 수백 년 동안 중국에서 온 철학사상을 우리 선각자들이 공부하면서 그게 보편의 진리다 라고 생각하고 그에 따르는 통치이념과 도덕규범을 일반 백성들에게 주입시킨 거 아닙니까. 또 근래에는 현대 정치학, 경제학, 교육학, 철학을 서양에서 들여와 이것이 보편의 진리다 하며 모두 따라 학습하고 있잖아요. 그리고 많은 철학자들이, 진리는 보편적이어야 한다 라고 주장하잖아요. 그럼 어떤 게 보편적인 거냐 하는 겁니다. 그 보편적이라고 주장하는 것들을 다 파생적인 것으로 만들어버릴 아르키메데스 원점으로 Xx를 말하고 있는 겁니다. 그리고 Xx의 관계를 가장 가깝게 대표하는 것이 한국 사람들의 말본 곧 그 판단 형식이다, 이런 생각을 이번에 드린 글에서 약간 쓴 겁니다.(이 책 Ⅱ장 "『기본동물학』과 「전도서」와 한국말본" 보기) 그래서 Xx를 가지고 이렇게 말하는 겁니다. 보편의 진리란 인간의 입으로 말할 수 있는 게 아니다. 모두

주변 존재로서 미지의 중심을 향해 질문과 실험을 할 뿐이다. 그렇게 모두 평등한 주변존재다. 어떤 철학이나 도덕규범이나 통치이념을 가지고, 그게 고대 그리스 철학에 뿌리를 두는 것이든 고대 중국의 선진 철학에 뿌리를 두는 것이든, 무슨 보편의 진리인 것처럼 단정하지 말자.

최세만: 그러니까 제가 말씀드린 건, 한국 사람들만이 말할 수 있는 철학에서 빠져나왔다고 하는 건, 제가 조금 잘못 이해한 것 같은데, 한국어의 판단 구조가 가장 보편적인 존재론을 반영하고 있더라, 하는 것을 발견하셨다는 그런 거죠?

박동환: 그렇게 이해될 수 있겠죠. 그러나 한국 사람들이 갖고 있는 판단 형식이 상징하는 것을 풀이하여 보니까, 당신들이 말하는 보편의 진리라는 것이 서구전통의 것이든 중국전통의 것이든 제국주의 통치이념에서 파생하는 것일 뿐이다. 이렇게 되는 거죠. 그런데 말입니다 … 세계 사람들이 말하는 보편의 진리를 대체해 줄 Xx라는 것이, 한국에 파견되어 왔던 신부가 발견했던 것처럼, 궁극적으로 마지막 판단을 미지의 어떤 것으로 전가할 수밖에 없는 인간과 생명 일반의 한계를 대표하는 것이라는 겁니다.(이 책 IV장의 줄기글 4(160919) 보기) 그러니까 Xx라는 것이 한국 사람들의 말본에 조회를 할 수 있는 측면도 가졌겠지만, 한발 물러서서 모든 제국주의 또는 통치체제의 중심에서 밀려난 모든 사람들과 함께, 주변 존재로서 겪는 역사 체험에 근거한다고 보아야 합니다. 제가 늘 이야기하죠. 주변 존재가 동의할 수 없는 어떤 것도 보편의 진리가 아니라고.

[그런데 주변 존재가 동의를 하더라도 결국 임시의 합의로서 Xx에 도달하는 겁니다. 이것은 근본적이 아닌 제2의 보편성에 지나지 않는 거죠. 왜냐하면 인공의 Xx라는 것은 어떤 특정 집단 안의 구성원들 사이에서 이루어진 일시적인 동의 또는 합의일 뿐이니까요. 일시적인 동의와 합의 밖에서 각각 쉬지 않고 따로 움직이는 x와 X는 그 정체와 행태를 확인 예측할 수 없는 영원한 미지의 존재를 대표합니다.

x와 X는 일상언어에 의한 어떤 특칭도 거부하는 절대 미니멀리스트라고 이해할 수 있습니다. 이 절대 미니멀리스트의 동의와 합의를 확인해서 얻을 수 있는 보편성은 인간적으로 도달 불가능하기 때문에 이것을 제1의 보편성이라고 가정해 놓을 수 있습니다. 한국말에서 임자말을 생략하고 풀이말의 변화무상한 마디들의 조합을 언제나 마지막으로 보류해서 그 귀결을 미지의 존재 x 또는 X에다 전가할 수밖에 없는 이유가 있는 겁니다. 바로 이러한 한국말의 관행에서 제1의 보편성에 대한 막연한 인식이 작동하고 있다고 볼 수 있습니다. (160722)]

(이하 생략)

질문과 응답 2

박동수/박동환

질문과 응답 2
박동수/박동환

박동수 선생과의 질문과 응답은 나의 제의에 의해 이루어진 것이었다. 언어학을 전공한 청년 연구자로서 어떤 철학의 유파에 기욺이 없이 열린 대화를 진행할 수 있다고 생각했기 때문이다. 지금까지 몇 차례에 걸쳐 아마도 철학전공자에게는 기대하기 어려웠을 어떤 특정 전제에도 기울지 않은 질문들로 x의 존재론 해명에 최적의 기회를 마련해 준 박동수 선생에게 감사한 마음을 지니게 되었다. 만약 어떤 청년 철학전공자에게서 질문을 받았다면 그것은 대개 그가 전공하는 어떤 계통이나 유파의 철학자들을 배경으로 한 특수 관점들에서 헤어날 수 없는 토론의 수렁으로 빠져 들어갈 수밖에 없었을 것이다.("질문과 응답 3" 보기) 몇 차례로 주어진 질문들이 나에게 특별히 감사하게 다가왔던 것은 언어학 전공에서 갖추어진 인류 보편의 한 척도를 가지고 x의 존재론이 해답해야 하는 중요한 시험의 기회를 열어준 데에 대한 것이다.

특히 아래에 실린 질문과 응답 가운데 4번째의 질문을 다시 검토하면서 나는 이미 내놓았던 답변을 근본적으로 고칠 수밖에 없었는데,(160424) 이는 내가 해답으로 내놓은 설명이 박 선생의 기대에 크게 미달함을 깨닫는 기회가 되었다. 그것은 x, $\neg x$, $X(\ )$라는 관계식들이 x의 존재론에서 무엇을 대표하고 있느냐 하는 뜻밖의 질문이었는데, 이는 나에게 저 세 가지 움직이는 모양의 그림들에 대한 해석기하학 또는 미분학적 해석을 요구하는 과제로 다가왔다. 저러한 기호의 등장과 위상에 대하여 언어학에서 익힌 박 선생의 예리한 감각을 투사하는 그 질문은, '존재하는 것들 또는 그런 사건들이 움직이는 모양의 그림으로서 제시된 제1 언어'(이 책 "머리말"의 마디 2와 V장 "존재하는 모든 것들을 인간으로부터 해방시켜라"의 마디 7, 8 보기)에 대한 나 자신의 생각을 점검하는 불가결한 절차가 되었다고 생각한다. (160428)

박동수: 『x의 존재론』에서도, 이전에 출판된 『안티호모에렉투스』에서도, 서양철학이나 중국철학 전통을 지나치게 단순화해서 평가한다는 느낌을 주고 있습니다. 인도유럽어 계열에 속하는 철학적 사유의 큰 흐름 안에는 오랜 역사를 배경으로 이루어진 히브리적 사유의 전통도 있고, 그 밖에 고대 그리스에서 비롯하는 서양철학 전통에서는 미지의 x에 끊임없이 직면하면서 자기 갱신의 지적 투쟁을 해온

많은 시도들이 있지 않았습니까?

박동환: 많은 분들이 히브리 전통을 크게 분류해서 서양의 지적 전통에 포함시켜 이해하려고 하는 경향이 있습니다. 그러나 "『기본동물학』과 「전도서」와 한국말본"이라는 글에서 풀이했듯이 「전도서」는 당시의 천하를 휩쓸고 있는 헬레니즘이라는 그리스 문화와 사상에 강력하게 저항하며 히브리 전통의 신앙과 세계관을 지키려고 벌이는 자기 갱신의 투쟁을 보여주고 있는 겁니다. 특히 히브리 전통의 시간관과 인간관은 그리스 철학자들이 발전시켜온 시간관과 인간관, 그리고 특히 인과관계 또는 실재와 현상의 관계 같은 범주체계를 전적으로 배격하고 있는 것입니다. 여기에 다시 추가해야 할 참고 사항은 많은 분석가들이 히브리어가 속한 셈어족을 이른바 아프리카–아시아 계통(Afro-Asiatic language family)으로 편입시키고 있다는 사실입니다.

서양철학 또는 중국철학 전통을 '지나치게 단순화해서' 이해하는 느낌을 준다는 질문에 대한 답변을 해야겠습니다. 역사는 언제나 원근법에 의해 정리 지양되어 간다고 말할 수 있습니다. '현재'라는 것은 기억해낼 수도 소급해 올라가 볼 수도 없는 과거, 말하자면 그런 '기억'의 누적 현상으로 주어진 거라고 볼 수 있습니다. 니얼 슈빈(Neil Shubin)이라고 하는 고생물학자에 따르면 인류가 지금 긴요하게 사용하고 있는 팔과 다리는 이전에 대양을 헤엄쳐 다니던 어류의 지느러미가 변형된 모양과 기능이라고 합니다.(***Your inner fish***, 2009) 지느러미를 가지고 겪은 무한에 가까운 경험들을 현재의 인류는 팔과 다리의 모양과 기능 가운데에 요약한 유전의 기억으로 가지고 있습니다. 그 사이에 지느러미 또는 팔과 다리의 모양과 기능이 통과했을 모든 경험과 모험들을 그대로 재구성할 수도 없고 지금 그렇게 할 필요도 없습니다.

우리들은 앞으로 나아가기 위하여 어떤 모양으로 과거를 요약하며 그 요약한 기억을 바탕으로 한 어떤 새로운 시나리오로써 미래를 향해 자신을 던져야 할지 상상하며 결정해야 하는 과제를 안고 있습니다. 이를테면 집체부쟁(集體不爭)과 정체쟁의(正體爭議)는 우리들이 받침대로 해서 딛고 나아가야 하는 20세기까지의 서구철학사와 중국철학사를 요약한 기억에 해당하는 겁니다. 그렇다면 왜 그 밖의 전통들에 속하는 철학사는 미래를 위한 당신의 기억 체계에서 배제해야 하는가? 이렇게 나에게 묻는다면, 21세기에서 보는 현재의 전략적 상황에 대하여 오랜 시간이 걸리는 이야기를 펴야 할 겁니다.

한동안 나는 그 문제에 관련한 여러 가지 논의방안을 추구해 왔습니다. 서구철학사의 시작을 일구어낸 고대 그리스 철인들의 논리와 담론 구성의 양식을 정체쟁의로 이해했습니다. 그 정체쟁의의 패러다임 안에서 이끌어낸 전형적인 논리가 플라톤과 아리스토텔레스로 비롯하는 분석적인 연역법 곧 삼단논법과 같은 것인데, 이 논리는 전제하고 있는 공리(axiom)와 정의(definition)에 의해 풀려나오는 연역의 결론들 범위 밖에서 들어오는 것은 허용하지 않는 패턴에 의한 폐쇄형 논리입니다. 서구 전통의 논리 전형은 엄밀 추론, 연역 논리 같은 내재 함축이라는 폐쇄 배타의 논리인데, 이렇게 엄밀한 폐쇄형 논리를 가지고 어떻게 그들이 상호 비판과 자기 해체를 허용하는 개방 사회, 그렇게 자기 해체를 딛고 나아가는 역사를 만들어낼 수 있었는가? 서로 폐쇄형 논리를 실행하며 엄밀성에 집착함으로써 결국에 함께 상호 비판과 상호 해체를 허용할 수밖에 없는 개방 사회로, 그래서 자기 해체를 딛고 오히려 포용하는 단계로 나아가는 역사를 만들 수 있었다고 봅니다. 서구의 전통을 이끌어온 일급의 정치가들이나 개혁의 이론가들을 보면 각각 개인적으로는 어떤 모순에 부딪쳐도 그것을 수정하며 포용해서라도 일관된 과정으로 자신의 관점과 주장을 집요하게 방어하며 추진하는 사람들입니다.

그와는 반대로 애초에 개방적인 사유에 의해 모든 것을 포용하는 세계관을 패러다임으로 하는 전통이 있습니다. "모든 것(만물)이 나에게 갖추어져 있다."(『孟子』「盡心」上) "만물이 나와 함께 하나가 된다."(『莊子』「齊物論」) 이런 기본 태도를 바탕으로 세워지는 관점에 서서 보면 더 이상 받아들일 것이 없게 되고, 이렇게 천지도통(天地道通)의 경지에 이른 성현을 따라 생각하고 살아간다면 결과적으로는 폐쇄적인 사회체제가 이루어져서, 더 이상 밖으로부터 들어오는 어떤 충격이나 도전이 있더라도 자기 체계를 스스로 수정하거나 자기 해체를 해야 할 이유와 계기가 없게 되는 겁니다. 그래서 천지도통, 천인합일(天人合一)과 같은 개방 논리로 시작해서 폐쇄 사회 곧 밖에서 주어지는 어떤 것에 의해서도 자기 해체의 계기가 만들어지지 않는 역사 가운데서 폐쇄 체제를 내내 패러다임으로 해서 세계를 이해하며 자족 안일의 삶을 살게 되는 것이라고 볼 수 있습니다.

아마도 어떤 사람이나 어떤 철학자도 그의 일생에서 미지의 x 또는 X를 직면하는 경험을 피할 수 없을 겁니다. 그럼에도 그들은 끊임없이 그 x 또는 X에 부딪혀 깨어지는 도전을 받더라도 그것을 언제나 자신이 소속한 역사 또는 그 체제의 패러다임 가운데서 다시금 복구하는 언어 또는 범주체계 안으로 소화해 버린다는 데에 문제가 있습니다. 물론 서양철학사에서도 중국철학사에서도 미지의 x 또는 X에 대한 집요한 탐구가 이루어졌는데, 문제는 그들이 모두 그들 각각의 일상언어 또는 범주체계에서 빌려온 특칭들을 가지고 x 또는 X를 잡을 수 있다는 허상에 빠져버리곤 했다는 겁니다.

칸트는 유일하게 미지의 x 또는 X에 어떤 특칭을 매기기를 거부했습니다. 그런데 그는 그 미지의 x를 선험적인 범주들에 의해 통제할 수 있거나 적어도 일방적으로 판단할 수 있다고 생각하는 허구 안에 다시 사로 잡혔습니다. x도 X도 인간의 어떤 개념적 특칭을 거부하고 그것 자체의 운동 궤적을 따라 움직이는 것인데 말입니다. 일상의 언어체계 또는 범주체계 밖에서 움직이는 영원의 기억 x와 그 기억에 말미암은 모든 가능한 상상의 프로젝트, 그리고 그런 한계 밖으로부터 닥쳐오는 마지막 심판자 $X($ $)$는 제3표의 철학이 직시 또는 직관하려고 하는 마지막 미지의 경계라고 볼 수 있습니다.

그러나 이러한 제3표의 패러다임을 이해하든 거부하든 관계없이 세상에 몸을 드러내 존재하는 것들은 모두 피할 수 없게 그들의 한계 밖으로부터 다가오는 격파의 과정을 일상의 삶에서 겪으며 수행하고 있습니다. 뿐만 아니라 21세기에 와서 어떤 전통의 철학사도 더 이상 그대로 연장되어 나아갈 수 없는 해체 국면에 들어섰다고 본다면, 이제 철학이라는 인류의 프로젝트는 자연의 존재양식 가운데 하나로 또는 수십억 년 또는 수백만 년을 거쳐 온 생명사의 부분으로 합류할 수밖에 없다고 생각하고 있습니다. 세상에 몸을 드러내 존재하는 모든 것들이 그가 소속한 영원의 흐름 안에서 그것을 통제할 수도 예측할 수도 없는 종속 변수들로서 자신을 인정하는 운명의 시나리오를 그리는 것, 그것이 x의 존재론에 주어진 한 과제라고 볼 수 있습니다. (151022)

박동수: 그렇다면 기존의 철학사에 소속해서 사유해온 철학자들은 인류 자신이 거대한 시간의 흐름 가운데로 말려들어 가고 있는 종속 변수로서 주변 존재라는 운명을 자각하지 못한 한계를 드러냈다고 보입니다. x의 존재론은 인류가 다 이해할 수도 통제할 수도 없는 거대한 자연 또는 우주의 흐름 가운데서 처음부터 끝까지 그 흐름에 의존하여 있는 순간의 존재 곧 주변 존재로서의 운명을 자각하게 하는 이른바 '빅히스토리'(Big History)를 제시하는 것 같습니다. x의 존재론을 이렇게 이해해도 되겠습니까? x의 존재론은 '빅히스토리'의 프로젝트와 같은 프로젝트인가요?

박동환: 지금 '빅히스토리'라고 불리고 있는 프로젝트는 그렇게 새로운 아이디어라고 볼 수는 없습니다. 그러한 거대한 시간의 흐름 가운데서 역사와 자연의 사건들을 조명하고 분석하는 관점은 20세기 이전에도 자연과 인문 분야의 여러 이론가들에 의해 시험되어 왔습니다. 다만 최근의 '빅히스토리'라는 이름을 가진 프로젝트는 마이

크로소프트의 창업자인 빌 게이츠(Bill Gates)의 후원을 받아 데이비드 크리스천(David Christian)이라는 역사학 교수가 오랫동안 발전시켜온 강의안을 토대로 2011년에 내놓은 고등학교 나아가 대학학부 수준의 교양과목입니다. 다만 그것이 예전에는 역사학이라는 것을 2, 3천 년 아니면 기껏 6천 년의 인류문명사에 국한하여 이야기하던 상식과 통념을 깨뜨렸다는 데에 큰 의미가 있다고 할 수 있겠습니다. 그래서 역사라는 것을 빅뱅(Big Bang)이 일어난 다음, 별들과 은하계 그리고 태양계와 그 안에 지구가 나타나고, 다시 지구 위에 생명체가 나타나서 그 가운데서 인류와 그의 문명사가 이루어져온 과정을 하나의 거대한 역사로 엮어놓은 것이죠.

말하자면 '빅히스토리'는 인류의 근시적 역사의식을 우주의 역사라는 거시적인 시간대로 흡수 편입시킨 데에 큰 기여를 하였다고 볼 수 있습니다. 그렇게 인간으로 하여금 거대한 우주의 역사에서 자신이 차지하는 자리와 구실이 얼마나 왜소한 것인가를 깨닫게 함으로써 겸허의 지혜를 터득하는 기회를 줄 수도 있습니다. 그러나 어떤 이에게는 마지막에 등장한 인류의 문명사에서 무의미한 맹목의 우주 진화사의 정점에 올라서 있다는 자만심을 가지게 할 수도 있는 겁니다. 그러니까 '빅히스토리'라는 거시적인 시간대를 정리해낸 역사가에게서 성숙한 철학적 성찰이 이루어지리라고 기대하기에 아직 이른 감이 있는 단계입니다.

x의 존재론은 우주의 거시적인 시간대 또는 영원에 다름없는 시간의 기억을 그의 가장 미시적 단위로 등장하는 개체존재 또는 개체생

명 안으로 집어넣으려는 프로젝트를 가지고 있다고 말할 수 있습니다. 인간성을 포함하는 모든 개체생명에다가 거시적 시간대 곧 영원의 기억과 그로 말미암은 필수의 생명활동으로서 학습과 모험 그 밖의 모든 유형의 상상행위를 투입해서 그 안에서 움직이도록 하려는 것이죠.

그러한 뜻을 가장 직접으로 표현하는 제목으로 말하자면 "현재 안에서 움직이는 영원의 기억"(이 책 Ⅵ장)일 것입니다. 이러한 표현 가운데에는 '그러므로 인간의 척도를 버려라'라고 하는 명제가 포함되어 있습니다. 말하자면 한 개체존재 또는 개체생명 가운데서 우주의 척도(영원의 기억 x와 무한의 상상 $\neg x$와 그의 한계 격파 또는 한계 초월 $X(\ )$)가 움직이게 함으로써 자연스럽게 인간의 척도를 벗어난 시간관과 운명관 또는 역사관을 가질 수 있게 이끌어 가려는 것입니다. 지금 내 안에서 그 끝을 확인할 수 없는 영원의 기억과 무한의 상상이 움직이고 있다면 현재의 '나'라는 개체존재 그는 누구인가?

인간의 척도에 매몰되어 버린 근시안의 전통 철학사에 등장하는 자아관, 시간관, 운명관을 거시적인 시간대 곧 우주의 척도 안에서 재고하도록 유도하고자 오래전에 시도해 본 적이 있습니다. 2001년에 "고생태학(paleoecology)으로 함몰하는 철학사"(『안티호모에렉투스』)라는 제목으로, 그리고 1993년에도 "호모에렉투스의 돌도끼에 얽힌 철학사"(『동양의 논리는 어디에 있는가?』)라는 제목으로 철학자들의 시간관 곧 인간의 척도를 경계하는 글을 발표했었습니다. 어떤 철학자도 반응하지 않더라구요. (160130)

박동수: x의 존재론은 "말할 수 없는 것에 대해서는 침묵해야 한다" 고 보는 비트겐슈타인의 반(反)철학적 태도와는 달리, 미지의 x를 이론화하려는 '철학'입니다. 그래서 세상만사의 '불변의 핵심'을 찾고 그것을 표현할 수 있는 '직관의 매체'를 모색합니다. 그런데 이것은 기존 동서양 철학사를 넘어서고자 하면서도 '철학'이라는 특수한 형태의 역사적 '사유 구조' 자체를 벗어나지는 못한 것이 아닐까요? '오염된 일상언어'를 벗어나 제1 언어를 지향한다고 하지만, 불변의 구조를 찾으려는 형이상학적 태도와 철학적 욕망 자체는 이전의 철학들과 동일한 것으로 보입니다. 다시 말해, 기지의 것을 벗어나는 미지의 x를 고려해야 한다는 근본 관점에는 충분히 공감할 수 있으나, 이러한 미지의 x가 지닌 불변의 구조를 몇 가지 관계식으로 표현하려는 시도는 결국 미지의 x를 또다시 환원주의적 구조 속으로 몰아넣는 것이 아닐까요?[1]

박동환: 여러 날이 지난 오늘 다시 위의 질문을 자세히 들여다봤습니다. "말할 수 없는 것에 대해서는 침묵해야 한다"고 말하는 비트겐슈타인의 견해가 왜 반(反)철학적 태도인지 그것을 수용하기 어려웠습니다. 중국 전통의 선가(禪家)에서도 언어를 폐기하고 침묵과 행위로써 뜻하는 바를 전달합니다. 그들의 언어 폐기와 침묵과 그 대안의 행위는 모두 깊은 철학적 동기를 가질 뿐만 아니라 그 자체가 하나의 철저한 철학적 태도인데 말입니다. 그리고 위의 질문은 x의 존재론이 품고 있는 환원주의에 대해 있을 수 있는 일부 현대철학자들의 비판적 견해를 대변하고 있습니다.

그런데 말입니다. 비트겐슈타인과 선가들은 침묵으로써 언어를 폐기한 다음, 그 자리에 여전히 사라지지 않고 남아있는 현실 또는 현상계에 대한 형이상학적 의문조차 포기했습니다. 그것은 물론 그들 이전의 철학자들이 수행한 모든 형이상학적 탐구가 언어의 허구들에 의한 놀이에 지나지 않는다는 것을 깨달았기 때문일 것입니다. 현실 또는 현상 너머의 실재와 그 실체 탐구가 그들의 끝없이 변화무상한 언어 곧 온갖 개념들과 범주들의 놀이에 불과하다는 것입니다.

여기까지 x의 존재론이 동행합니다. 그러나 기왕의 모든 형이상학적 탐구를 폐기한다고 해서 그들이 끈질기게 찾아서 마지않던 현실 또는 현상 너머의 세계가 사라져버리겠습니까? 언어를 폐기하면 언어로써 잡으려고 했던 그것도 사라져 버릴까요? 모든 언어의 유희를 폐기했을 때 여전히 남아서 움직이며 모든 것의 운명을 결정하는 그럼에도 누구에게도 잡히지 않는 '그것'을 x로써 가리키고 있습니다. 세상에 몸을 드러내 있는 모든 것이 x로써 일어나고 x로 회귀 환원할 수밖에 없는 운명의 실상에 대한 형이상학적 탐구를 'x의 존재론'이라고 합니다. 또는 'x의 환원론'이라고 할 수도 있습니다.

그런데 x의 환원론은 지금까지 동서의 철학사와 서구과학사에 등장했던 어떤 환원주의와도 일치하는 바가 없습니다. (160223)

일생을 태어남과 죽음 사이의 과정으로 또는 생로병사로 요약해서 이해하는 모든 사람들이 결국의 회귀를 받아들이는 환원주의자들입니다. 실은 경험하고 관찰하는 현실 또는 현상을 어떤 모양으로 파악하고 처리하든 그것은 환원주의의 실천행위입니다. 관찰하고 경험하는 자의 특정한 시각 또는 관점으로 조작하는 환원행위이거든요. 한 개체생명은 그의 생명 존속을 위한 필요조건들을 무한히 복잡한 자연계 또는 현상계에서 추출해내는 철저한 환원주의를 실천해야 합니다. 그렇다면 어떤 행위 또는 사고방식을 환원주의가 아니다 라고 판정하는 것이 무척 어려워지는 상황에 놓이게 되는 겁니다. 따라서 남은 문제는 어떤 종류의 환원주의를 자신의 길로 잡느냐 하는 것일 수 있습니다.

그렇다면 환원주의를 완전히 벗어난 어떤 이론이 있을 수 있을까 하는 의문이 듭니다. 자신의 초기 생각인 형식논리의 분석 방법을 포기했던 후기 비트겐슈타인의 일상언어 분석이라는 활동을 환원주의가 아니라고, 반(反)환원주의라고 보는 많은 철학자들이 있었습니다. 그러나 이렇게 20세기의 이른바 반(反)환원주의를 주도했던 또 다른 학파인 현상학과 해석학을 포함해서 이들 모두를 역시 새로운 모양의 환원주의를 실천한 데에 지나지 않는다고 볼 수도 있습니다. 이들은 그동안 철학자들이 그들의 설명 근거로 전제했던 자연의 실재 성분 또는 그 성질들 아니면 역사의 법칙 또는 실체로서의 자아존재 같은 형이상학적 가설에 호소하지 않고서, 직접관찰 또는 직관 가능한 현상들 아니면 일상어의 다양한 규칙과 그 사례들로써 세계를 이해하고 구성할 수 있다는 견해를 공유하고 있습니다. 이것 또한 세계를 직접관찰 또는 직관 가능한 현상들 또는 일상의 다양한 규칙과 그 사례들로써 이해하고 구성하려는 또 하나의 환원주의로 볼 수 있습니다. 오히려 더 철저한 환원주의라고 판정할 수 있습니다. 왜냐하면 세계에 대하여 어떤 미지의 성분 또는 어떤 가설적인 것도 남기지 않는, 그런 것이 완벽하게 배제된 직접관찰 또는 직관 또는 일상의 다양한 규칙과 그 사례들의 범위 안에서 세계를 구축하려는 배타적 피상주의 인식론에 바탕을 두기 때문입니다.

x의 존재론에서는 과거 철학사에서 이런저런 특칭들을 가지고 등장했던 이데아, 형상, 실체, 권력의지, 본체, 태극, 기(氣)라는 궁극의 실재들을 일상언어에서 빌려온 범주체계에 의존하는 환원주의의 허구들이라고 이해하고 있습니다. 그래서 현대와 그 이전에 등장했던 다양한 반(反)환원주의와 전통적인 환원주의가 모두 환원주의의 일종에 지나지 않는 것으로 보게 되는 겁니다.

그러면 x의 존재론은 환원주의가 아니란 말인가? x의 존재론은 이런저런 특칭(特稱)들을 가지고 등장했던 모든 특정의 실재들을 폐기하는 새로운 형이상학을 시도하고 있습니다. 이 새로운 형이상학에서 발견한 가설의 실재는 어떤 특칭도 매길 수 없는, 실은 어떤 특칭도 거부하는 x 또는 X라는 것입니다. 세상에 몸을 드러낸 모든 것의 불가피한 회귀방향을 x 또는 X로써 가리키고 있는 환원주의라고 볼 수 있습니다.

모든 존재하는 것들이 인식론적으로 또는 형이상학적으로 마지막에 회귀하는 처소는 어떤 특칭도 거부하는 x 또는 X라는 것입니다. 바로 이 점에서 x의 존재론은 모든 과거의 환원주의와 다른 길을 가고 있습니다. 과거의 환원주의는 모든 미지의 것들을 가능한 한 기지의 것 또는 특칭 가능한 어떤 궁극의 것으로 환원시키려는 동기를 가지고 움직였습니다. 이를 환원주의 제2로 가리킬 수 있습니다. x의 존재론은 모든 기지의 것들이 미지의 것 또는 어떤 특칭도 거부하는 x 아니면 X로 빠져 들어갈 수밖에 없는, 말하자면 모든 기왕의 환원주의자들의 방향을 역행하는 흐름을 타고 있습니다. 이를 환원주의 제1로 가리키겠습니다.

그렇다면 x, $\neg x$, $X($ $)$라는 관계구조가 여전히 같은 형이상학, 같은 환원주의의 동기를 가지고 움직인다고 말할 수 있을까요? x, $\neg x$, $X($ $)$가 지향 또는 회귀하고 있는 마지막 그곳에는 인간이 그의 언어 또는 어떤 명칭을 가지고 잡을 수 있는 아무것도 없습니다. 미지의 영역으로 빠져 들어가지 않는 인간의 행위와 진리가 있습니까? 그러니까 어떤 특칭도 거부하는 x 아니면 X라는 영역으로의 회귀를 말하는 환원주의를 거부할 수 있는 능력과 이유가 인간에게는 없다고 보는 겁니다. 여기에 환원주의 제1의 필연성이 있습니다. (160206)

'x의 존재론'에서 x는 그의 구체화된 모든 임시의 가능한 모양들을 대표하는 것이지만, 한편으로는 '영원의 한 단위 기억체계' 또는 물리적으로 더 수준을 낮추어 구체화하면 한 개체생명에게서 고유하게 조합된 유전체계를 가리키는 것이므로, 그리고 때로는 그 개체존재는 절해고도에 비유될 만큼 유일성을 갖는 것이어서 그 x로부터 기왕의 철학 전통에서 말하는 어떤 우주론을 유도해낼 만한 가능성이 없습니다. 17, 18세기의 수학자 철학자인 라이프니츠가 x의 뜻하는 바를 이해했다면 그것을 다음과 같이 묘사할 수 있었을 것입니다.

> "하나의 동일한 마을도 다른 지점에서 바라보면 전혀 다르게 보이듯이 … 그 만큼 많은 다른 우주들이 존재하는 것처럼 보이는 것이다. 그러나 이 우주들은 하나하나의 모나드[개체존재]가 각기 다른 관점에서 바라본 단일한 우주에 대한 다른 조망들일 뿐이다."(§57)[2]

물론 이렇게 말하는 그의 모나드 이론 곧 개체존재론이 함축하고 있는 것 또한 합리주의자의 우주론, 아니 정확히 말하면 자기 관념으로서의 우주론일 수 있습니다. 그러나 x의 존재론은 세상에 몸을 드러낸 모든 개체존재들이 거부할 수 없게 다가오는 미지의 영역으로 회귀해 들어가는 마지막 과정을 $X(\ )$ 또는 $X(x\&\!\!=\!\!x)$로 대표하고 있습니다. 우주론이라는 것이 만약 인간의 사유영역에서 이루어질 수 있는 것이라면, 그것은 이렇게 모든 개체존재들의 각기 다른 관점과 힘을 초월해서 격파해 들어오는 마지막 운명 결정권자의 행위 영역을 가리키는 것으로 볼 수 있습니다.(풀이말 3 보기)

$\neg x$로 대표하는 무한의 상상이라는 것은 x라는 영원의 한 단위 기억체계에서 발현 가능한 모든 행위이므로, 모방, 재현, 공감, 인식, 학습, 예측, 적응, 모험, 그 밖의 모든 종류의 실현 행위 또는 프로젝트(project)를 포함하고 있습니다. 이는 일반심리학 또는 영혼론과는 거리가 먼 것 같습니다. 영혼이라는 것은 상상의 영역 $\neg x$가 아닌 영원의 기억 x의 심층에서 움직이는 것으로 보아야 하지 않을까 생각되는군요.

x와 x 또는 x와 $\neg x$가 공존하는 한 현실의 장에서 만날 때 어떤 종류의 사회학이 성립할 수 있을 것입니다. 그렇지만 x와 x 또는 x와 $\neg x$가 만나는 현실의 장은 자연과 역사라는 시공간에 소속하며, 자연과 역사라는 시공간에서 x와 $\neg x$에게 다가오는 운명의 마지막 결정권자는 그 개체존재들의 존재양식을 초월하는 힘이기 때문에, 역시 $X(\ )$의 한 가지 곧 $X(x \& \neg x)$로 대표하기도 합니다. 이 관계식은 19세기 프랑스의 사회학자 에밀 뒤르켐(Emile Durkheim)이 증명하려고 했던, 개개인의 심리적 상태를 초월해 움직이는 사회라는 자체의 고유한 실재(réalité sociale *sui generis*)의 역학을 대표하는 것이라고 볼 수 있습니다.

그러니까 $X(\ )$로 대표하는 모든 것을 반드시 초월의 주체 곧 신이라고 일컬을 수 있는지 의문입니다. $X(\ )$가 기왕의 어떤 종교를 배경으로 이루어지는 신학 안에서 하나의 특칭을 갖는 초월의 존재와 일치할 수 있는지도 의문입니다. 더구나 자연신학에서 말하듯이 인간에게 주어진 자연성 가운데서 초월적인 존재에 접근할 수 있다는 믿음은 미지의 불가역적 결정권을 대표하는 $X(\ )$와는 거리가 먼 것 같군요. 그뿐 아니라 $X(\ )$는 자연과 역사 가운데에 몸을 드러낸 모든 존재양식의 것들에게 예고 없이 닥쳐와서 격파하는 모든 종류의 초월의 힘을 가리키는 것이어서 반드시 어떤 신학으로 귀결시키는 것은 속단입니다. 다만 $X(\ )$가 선택할 수 있는 현실적 표현 가운데 한 가지로서 어떤 종류의 신학이 이루어질 수는 있다고 봅니다.

자연과 역사 가운데서 움직이는 모든 개체존재들을 향해서 그 한계를 여지없이 격파하는 초월의 힘 $X($ $)$를 가리키는 마지막의 관계를 $X(x\&\Longrightarrow x)$로 대표할 수 있습니다. 그 초월의 힘이 모든 개체존재들에게 다가오는 운명의 관계식 $X(x\&\Longrightarrow x)$의 한 가지 현실적 표현양식을 신학이라고 부를 수 있습니다. 그러나 그 운명의 관계식은 자연의 이변에 의해 일어나는 생명의 멸종사건을 가리킬 수도 있습니다. 그리고 이 같은 운명의 관계식은 빅뱅에서 빅크런치(big crunch)[3]에 빠져드는 과정을 그리는 우주적 사건일 수도 있습니다. 이는 모두 마지막 심판자 $X($ $)$가 행사하는 힘의 영역 안에서 일어나는 일입니다. (160207)

이처럼 17, 18세기 서구 합리주의 철학에서 이끌어낸 이른바 특수 형이상학의 대상들 곧 불멸의 영혼, 자연신학, 우주론과 x의 존재론은 전혀 다른 환원주의 원칙들 위에 세워져 있습니다. 이런 차이점을 확실히 하기 위해 x의 존재론은 기왕의 어떤 형이상학의 체계와도 공유할 수 없는 두 개의 환원주의 원칙을 제시하고 있습니다.

첫째는 x의 존재론에서 가리키는 마지막 궁극의 실재는 어떤 일상 언어에 의해 매겨지는 특칭도 거부하는 미니멀리스트 x 또는 X라는 것입니다. 영혼과 물질이라는 실체도, 보편자 이데아나 개체존재도, 자아나 그를 초월하는 존재로서 제일 원인이나 부동의 원동자라는 것도, 태극이나 기(氣)라는 것도 궁극의 실재일 수 없는 것은, 그런 것들 모두가 배경으로 하는 그들 각각의 다른 일상어를 빌려서 이런 저런 개념으로 특칭했던 문화적 구조물이기 때문입니다. x의 존재론에서는 어떤 일상의 언어나 개념을 빌리지 않고 오직 제1 언어 곧

x, ㄱx, $X($)로써만, 어떤 일상의 개념적 특칭도 거부하는 궁극의 실재가 세상에 몸을 드러낸 모든 것들에게 행사하는 척도를 가리킬 수 있습니다. 그리고 x, ㄱx, $X($)는 그것들이 움직이는 모양의 그림들을 대표하고 있습니다. 둘째의 환원주의 원칙은 세상에 몸을 드러낸 모든 것들 그리고 기왕의 철학자들이 궁극의 실재라고 이름 붙였던 모든 것들은 결국에 미지의 x 또는 X로 회귀한다는 것입니다. (160210)

박동수: 앞의 질문의 초점은 '환원주의'라기보다는 '구조'에 맞춰져 있었습니다. 답변에 쓰신 'x, ㄱx, $X($)라는 관계구조'가 다른 기존의 철학적 관점과 같거나 유사하지 않는가 하는 것입니다. x, ㄱx, $X($)로 x의 존재론을 요약한다면, 이는 비록 일상언어로 표현하지는 않았으나 결국에는 하나의 구조적 형식을 표현하신 것이라 할 수 있습니다(저는 여기서 '항'이 되는 x 자체에는 초점을 맞추지 않고 있습니다). 만약 그러하다면, 이것이 '세계의 구조' 혹은 '인식론적 구조'라면, 만약 그것이 세계의 구조적 형식을 직관한 것이고 그러한 직관이 '박동환'이라는 철학자 개인이 아니라 모든 개체존재에게 허락된 것이라면, 기존 철학자들 또한 비록 다른 형식으로나마 그러한 구조적 형식을 표현해냈어야 했다는 것입니다.

다시 말해 앞서 말씀드린 바 있는 특수 형이상학의 내적 구분의 세부 내용이 중요한 것이 아니라, 그러한 방식으로 '삼원적 구조'를 구분해냈다는 사실이 더 중요하다는 것입니다. 어째서 관계구조는 (일종의 변증법적인) 그러한 삼원적 구조를 띠는가 하는 점이 의문이며,

이런 점에서 보자면, 삼원적 구조(한편에서는 일원론적이며, 다른 한편에서는 삼원론적인)라는 면에서는 기존 철학과 'x의 존재론'이 제시하는 관계식 간에 확연한 차이가 있다고는 할 수 없다는 것입니다.

박동환: 순서를 바꾸어 결론부터 말하면 x, $\neg x$, $X(\ )$라는 관계식들은 형이상학 전통에서 등장하는 세계의 구조도 아니고, 인식론에서 이루어지는 주관과 객관의 관계식 같은 것도 아닌 겁니다. 그 관계식들은 영원의 흐름이 '현재'의 부분으로 들어가며 일으키는 내재성 구축의 활동으로서 x와 $\neg x$이며, 동시에 현재가 그 영원한 흐름의 부분이 되어가는 한계 격파 또는 한계 초월의 운명으로서 $X(\ )$입니다. 말하자면 영원이 현재를 통과하며 동시에 현재가 영원으로 들어가며 일으키는 파도 또는 파동의 순간 단면도들에 지나지 않는 것이죠. 그러니까 그 순간 단면도들은 현재에 몸을 드러낸 모든 개체 존재들 안으로 우주의 척도인 영원의 흐름이 들어와 역사(役事)하다가 탈피 초월하는 모양의 그림들로 이해할 수 있습니다. 이 영원의 흐름이 일으키는 한결같은 파도 또는 파동의 다른 모양들 자체에 근원성이 없기에 3원(元)이니 2원(元)이니 하는 구조를 씌우는 것이 적합하지 않은 것 같습니다.

그런데 박 선생께서는 x, $\neg x$, $X(\ )$라는 관계식들이 그러한 영원의 순간 단면도 또는 우주의 척도라기보다는 역시 이를테면 칸트가 말하는 '인간의 인식론적 범주 틀에 불과하지 않은가?' 아니면 '그런 관계식들은 전통 철학의 인식론이나 형이상학의 패턴과 무엇이 다른가?' 하는 의문을 품고 있는 것 같습니다.

칸트는 단절 있는 이원론을 주장했습니다. 물자체와 현상계 또는 물자체와 선험적인 인식의 틀이라는 두 영역 사이에 어떤 교류 관계도 없다고 보았습니다. 아리스토텔레스가 말하는 사물 서술의 범주를 또한 일상의 판단행위의 부분인 술어 또는 일반 개념에서 발췌된 구조이어서, 그것의 적용 대상인 주어 또는 개체존재 안에 있다고 상정된 제일 실체라는 것과는 별도로 밖에서 주어진 것입니다.

그런데 문제는 3가지 모양을 띠는 3개의 관계식 $x, \neg x, X(\ )$를, 그것들을 관통하는 영원의 흐름 x 또는 X로부터 떼어내서 이해할 수 없다는 데 있습니다. 그런 관계식으로 정지시켜 잡을 수 있는 구조는 사실상 존재하지 않으며 오직 x 또는 X의 내재적/초월적 활동 또는 파동만이 있기 때문입니다. x 또는 X는 현상계에 몸을 드러내 존재하는 모든 것들을 아바타로 삼아서 통제하고 움직이며 또한 그것들과 '피드백'으로 교신하는 행위자로 볼 수 있습니다. x는 현상계에 존재하는 것들 곧 아바타들 안에서 움직이며 그 자신의 모습은 영원히 드러내지 않는 미지의 움직임을 대표하고 있습니다. 그래서 이렇게 이해할 수 있습니다. 영원의 미지로서 x와 영원의 미지를 품고 있는 아바타 x는 한결 같은 영원의 흐름으로 엮여있는 미지의 속과 기지의 겉이라고 말입니다.

현재로서 몸을 드러낸 아바타 가운데를 영원의 기억이 내재성과 초월성으로서 역사(役事)하며 통과하고 있습니다. 따라서 현상계의 아바타와 그 안에서 역사하는 존재는 동일한 영원의 흐름의 겉과 속으로서 한 결로 움직이는 파동을 엮어가고 있는 겁니다. 그러니까 실은 현재의 순간마다 일어나는 모든 관계 구조를 관통하는 영원의 흐름인 우주의 척도 x 또는 X가 이끌어가는 연장선 위에서 일어났다가 스러져가는 파도 또는 파동의 다른 순간들의 모양이 있을 뿐입니다. 그래서 그 하나의 흐름 아래에서 보면 관계식으로 고정시킬 수 있는 어떤 구조도 없다고 보는 거죠.

그래서 x 그리고 x로부터 일어나서 부딪히며 사라져가는 파도 또는 파동 같은 사건들의 계열로서 $\neg x$와 $X(\ )$라는 것은 영원이라는 미지의 흐름이 일으켰다가 다시 거두어가는 연장선 위의 순간의 모양들을 그리는 단면도들에 지나지 않는 것입니다. 이렇게 세상에 몸을 드러낸 모든 것들이 통과하는 영원의 흐름 가운데서 일어나는 순간의 단면도들로서 $x, \neg x, X(\ )$는 칸트나 아리스토텔레스 또는 노자 같은 철학자들이 실재계를 드러내고 묘사하기 위하여 동원했던 형이상학적인 범주들에 의한 관계 구조 같은 것일 수가 없습니다. 다시 말해 $x, \neg x, X(\ )$라는 순간 단면도를 물체의 운동 궤도를 따라 변화하는 순간속도 $\lim_{\Delta t \to 0} \frac{\Delta s}{\Delta t}$ 에 비유할 수 있습니다.[4] 이 순간속도 역시 영원의 흐름에서 일어나는 파도 또는 파동의 순간 단면도라고 볼 수 있습니다. 순간속도가 지속하는 운동의 매 순간 다른 속도를 보여주듯이, $x, \neg x, X(\ )$라는 순간 단면들은 지속하는 영원의 시시각각에서 다른 모양의 파동을 보여줄 것입니다. 영원의 흐름에서 포착한 순간속도도 순간 단면도 그것들이 입고 있는 파도 또는 파동의 모양을 묘사해서 일상의 개념이나 범주로 묘사할 수 있을 것입니다. 그러나 그 묘사는 일상언어를 벗어나서는 그의 인식을 전달할 수 없는, 다만 인간에게 잡힌 영원의 피상(皮相)일 뿐일 것입니다. 그리고 그 피상의 맨 아래에 흐르는 x든 X든 그것은 역시 어떤 특칭도 거부하는 미지의 흐름이며 파동이기 때문에, 그 어떤 순간의 단면에다가 어떤 형이상학적 범주나 인식론적 관계 틀을 만들어 어떤 이름으로 특칭한다는 행위 자체가 역시 피상의 그림 그리기에 지나지 않을 것입니다. (160424)

박동수: x의 존재론은 '알 수 있는 것을 안다'고 하는 기존 철학적 관점과 달리, '알 수 없는 것을 모른다는 점을 안다'고 하는 것처럼 보입니다. 비유하자면, 기존 철학들이 오직 불빛이 있는 곳에서 눈에 보이는 것만을 탐색해왔다면, x의 존재론은 정작 중요한 것은 불빛이 없는 곳에 있고 눈에 보이지 않는다고 말합니다. 그런데 이러한 미지의 것을 탐색하는 x의 존재론은 증명 가능한 보편적인 철학일 수 있습니까? x의 존재론이 제1 언어를 안다고 말할 때, 이것이 제1 언어인지 아닌지는 증명 불가능한 것이 아닙니까? 오히려 그것은 리처드 로티가 말하는 것처럼 한 개인의 마지막 어휘(final vocabulary), 사적인 이론, 사적인 진리로 보입니다. 왜냐하면 그러한 사유가 공적인 사회에 보편적으로 받아들여질 수 있는지는 미지수이며, 그러한 철학적 이론 자체가 보편적이고 필연적인 증명 가능한 제1 언어라기보다는 단지 '우연한 언어'에 지나지 않는다고 말할 수도 있기 때문입니다.

박동환: 빛이 닿지 않는 데에 숨어서 움직이는 x에 주의를 집중하고 있는 것이 사실입니다. 그러나 동시에 빛이 가득한 현상계에 드러난 x가 한 운명의 개체존재로서 통과하는 과정에서 실현된 세 단

면의 모양들을 간추려서 x, $\neg x$, $X(\ )$로써 그리고 있는 것입니다. 그러니까 영원의 '한 단위 기억체계'로서 x와 그것이 실현하는 상상의 프로젝트로서 $\neg x$, 그리고 x와 $\neg x$라는 기억과 상상의 프로젝트가 부딪히며 겪는 한계 격파 또는 한계 초월로서 $X(\ )$라는 것은 굳이 어떤 경험적 검증을 요청할 정도로 어둠에 가려져 있는 것은 아닌 겁니다. 그렇게 빛이 가득한 현상계에 출현해서 다시 빛이 가려진 영원의 흐름으로 사라지기까지의 운명의 순간순간 단면들을 그리는 x, $\neg x$, $X(\ )$를, 마치 사람들은 이해할 수 없는 가려진 세계에서만 통하는 언어로 보기도 어려운 것 같습니다. 사실 제1 언어라고 하는 x, $\neg x$, $X(\ )$는 세상에 몸을 드러낸 개체생명들이 모두 각각의 일생에서 겪는 운명의 실전 과정을 대표하고 있는 겁니다. 이런 운명의 실전과정으로서 x, $\neg x$, $X(\ )$는 누구든지 직접적으로 겪으며 통과하는 절차이므로 더 이상 드러내 검증할 만한 거리도 없는 것으로 보입니다.

그런데 빛이 닿지 않는 데에 숨어서 움직이는 것도, 빛이 가득한 현상계에 드러난 것도 모두 x로써 가리킨다면 이는 모순행위가 아닌가? 라고 문제를 제기할 수도 있을 것입니다. 현상계에 몸을 드러낸 것들도, 현상계에 몸을 드러낸 것들을 움직이는 숨은 실재계의 것도 그 뿌리로 거슬러 올라가면 잡을 수 있는 어떤 것이 아니기 때문에, 결국에 현상계와 실재계가 공유할 수밖에 없는 한 가지 x로 모두 함께 회귀하게 되는 겁니다. 현상계에 몸을 드러낸 아바타도, 아바타를 그 안에서 움직이는 실재의 존재도, 똑같이 x 또는 X라는 미지의 뿌리로 회귀하기는 마찬가지니까요. 그래서 존재하는 모든 것들이 x

또는 X로 회귀해 들어가는 미지의 영역에 x의 존재론 자체가 근거하고 있습니다. 영원의 기억을 품고 있는 끝없는 흐름이 겉으로 드러난 현재 가운데에 잠시 머물다가 다시 무한 계열로 이어지는 미래의 현재들을 통과하며 그의 여정을 이어갈 것입니다.

현상계에 몸을 드러낸 아바타도 아바타를 그 안에서 움직이는 실재의 존재도 똑같이 x라는 미지의 뿌리로 회귀할 수밖에 없는 운명의 방향을 다음과 같은 논리적 설명의 단계로 나타낸 20세기의 뛰어난 과학이론가 칼 포퍼의 견해가 있습니다.

> "과학적 설명이란 미지의 것을 기지의 것으로 환원하는 것이라고 흔히들 말한다. 순수과학에 대하여 이것처럼 진실에서 멀리 떠난 것은 없다. 과학적 설명이란 그와 반대로 기지의 것을 미지의 것으로 환원하는 것이라고 무리 없이 말할 수 있다. 순수과학에서 … 설명이란 언제나 가설들을 더 높은 단계의 보편성을 갖는 다른[경험적인 검증 가능성에서 더 먼] 가설들로 논리적으로 환원하는 것이다."(p. 63)[5]

이렇게 검증 또는 증명가능한 필연성 또는 보편성은 엄밀 과학의 이론에 대해서조차 요구할 수 없는, 그래서 면제될 수밖에 없는—말하자면 궁극의 이론적 프로젝트에서 면제된 사항이라고 볼 수 있습니다. 현상계와 실재계에 있는 모든 것들이 회귀하는 x에 대하여 x의 존재론에서 제시할 수 있는 증명은 다시금 증명할 수 없는 더 높은 궁극의 x에 호소해야 하는, 그래서 역시 언제나 같은 x에로의 끝없는 회귀 곧 환원주의 제1이라는 운명의 보편적 불가피성에 부딪히는 겁니다. 이 운명의 보편적 불가피성 그것이 모든 증명이 궁극의 단계에서 만나는 상황입니다. (160219)

박동수: x의 존재론이 함의하는 범위 안에 윤리도덕의 문제를 포함시킨다면 어떤 대안을 제시할 수 있을지 의문이 듭니다. x의 존재론 안에서도 인간에게 시시각각으로 다가오는 윤리도덕의 문제에 대한 어떤 관심을 가질 수 있는 것입니까?

박동환: 헤라클레이토스나 노자 같은 초기의 철인들은 인간 도덕의 문제에 대해 따로 발언하지 않았고 그런 담론의 가지를 마련해 놓지도 않았던 것 같습니다. 다만 그들의 이야기에는 도덕과 그 밖의 지엽 문제들에 대한 실마리가 함축되어 있다고 볼 수는 있습니다. 그 후로는 철학적 담론 형식이 분야별로 지엽화되어 왔습니다. 그러나 철학자는 분과학들에 대한 담론에 집중하는 자가 아니라고 생각합니다.

도덕 문제에 관한 개인적인 소견은 있지만, 그것을 공적인 담론으로 만들어 구체화하더라도 그것이 보편성을 가지고 모든 사람들에게 호소할 수 있는 것은 아닐 것이라고 하는 생각이 있습니다. 적어도 인류가 보편적으로 수용할 만한 도덕률을 철학자에게 요구할 수 있는 것인가? 그것이 가능한 일인가? 더 나아가 정말로 인간은 보편의 도덕을 요구할 자격이 있는가? 이런 의문이 나의 앞을 가로막고 있습니다.

x의 존재론을 바탕에 놓았을 때 설파할 수 있는 도덕이란 어떤 모양의 것일까? 보기로 다음과 같은 질문을 가지고 출발하면 어떤 도덕의 목록들이 나올까요? '왜 자연은 먹고 먹히는 힘의 관계로 얽여져 있을까?' '왜 나는 살아있는 존재의 섭취에 의해서만 살아 갈 수 있는가?'(『서양의 논리 동양의 마음』(0090) 보기) 자연의 생명들은 이렇게 각각의 존재 권리를 주장할 수밖에 없는 처지에 놓이기 때문에 서로 대립하는 관계로 얽히고 있습니다. 여기서 자연의 생명들이 주장하는 '존재의 권리'에 대한 도덕률이라는 것이 과연 어떤 보편성을 지닐 수 있을까 하는 근본적인 의문에 부딪힙니다. 아마도 인간이 설계하는 도덕률들을 다른 생명의 종들이 거부할 것입니다. 그리고 어떤 특정 집단의 사람들 사이에서 통용되는 어떤 특정의 도덕률이 그 밖의 사람들 사이에서도 받아들여지리라는 아무 보장도 없는 겁니다. 말하자면 사람들이 흔히 주장하는 도덕률의 보편성을 어떻게 보장받을 수 있는가 하는 심각한 의문이 일어나는 겁니다. 사람들이 세우는 어떤 특정의 도덕률도 근본적인 곧 제1의 보편성은커녕 어떤 특정 집단 안의 구성원들이 요구하는 제2의 보편성 기준에도 이르지 못하고 그 정당성이 붕괴할 가능성이 있는 것입니다. (이 책 "머리말"의 풀이말 6 보기)

나는 이 같은 존재의 권리에 대한 근본적인 질문들을 나 자신에게 던질 때마다 불편함과 양심의 문제에 걸려서 그 방면으로는 더 이상 진행을 할 수가 없었습니다. x의 존재론의 연장선 위에 자연스럽게 등장하는 신학 가운데서도 그런 질문에 대한 답을 찾을 수 없다는 것이 근본 문제로 다가오는 겁니다. x라는 존재의 유지 또는 x로서 나타난 것의 존재의 권리라는 근본 문제를 외면한 채 어떤 도덕의 문제를 논의할 수 있겠는가? 그러나 아닙니다. 그런 질문 자체가 내가 명심해야 하는 제1의 도덕률일 수 있습니다.

이런 질문에 대한 우회적이 아닌 직설적인 해답을 누구에게서도 아직 찾지를 못했습니다. 세계에 관한 완전히 새로운 체계를, 모든 기존의 것들을 파괴한 마당에다 세우기를 시도했던 데카르트조차 도덕에 관해서는 과거로부터 내려오는 관습과 규범들에 양도할 수밖에 없었던 태도를 이해하지만, 나 개인으로서는 소속한 지역문화권의 많은 관습과 규범들에 끊임없이 반기를 들 수밖에 없는 속마음의 투쟁이 있습니다.

20세기 중국의 소설가 루쉰은 『광인일기』에서 인의도덕(仁義道德)이라는 것이 관습과 규범들로 경화될 때 저지르게 되는 횡포를 혹독하게 풍자하고 있습니다. 이 세상에서 언제나 어떤 지역과 문화에 놓여 있을 수밖에 없는 사람들을 괴롭히는 수많은 관습과 규범들 사이의 충돌을 바라보거나 실지로 겪으면서 '이것은 유전자들의 대리전쟁이다.' 이렇게 외칠 때가 있습니다. 어떤 관습이나 규범들을 가지고 사람들을 제재하려는 도덕주의자들의 대리전쟁에 대하여 위에 말한 제1의 도덕률이 어떤 해법을 보여줄 수 있을지 모색해야 할 과제로 남아있습니다.

아마도 제1의 도덕률에 가장 근접한 덕목을 이렇게 표현할 수 있을 것 같군요. 그것은 x에 다름없는 개체성(individuality)의 '자연보호와 독선금지'일 것입니다. 이제야 왜 내가 지금까지 윤리학이나 도덕의 문제에 대하여, 그리고 이념들의 대립에 대하여 어떤 평가도 하기를 보류했었는지 스스로 이해하게 되었습니다. 세상에 떠돌고 있는 거의 모든 도덕 이념적 선언들이 x의 존재론을 가지고 허용할 수 있는 '개체성의 자연보호와 독선금지'에 위배되기 때문이었던 같군요. 박 선생께서 제기한 질문이 나에게 가장 어려운 도덕 이념에 대한 입장을 비로소 반성하며 정리하게 해준 데 대해 감사하게 생각합니다. (151023)

이렇게 돌이켜 보고 나니 『x의 존재론』 안에 들어와 있는 "삼켜도 삼키는 자의 것이 되는 것은 아니다", "존재하는 모든 것들을 인간으로부터 해방시켜라", "가에로 밀려난 존재들의 한계해법에 대하여" 같은 논의 주제들이 바로 '개체성의 자연보호와 독선금지'라는 도덕 이념의 무의식적 전제에 뿌리를 두고 있는 것으로 이해할 수 있게 됐습니다. (160901)

박동수: 다른 한편으로 보자면, x의 존재론은 일종의 '겸허의 철학'을 지향하지만, 철학의 (사회적) 역할에 대한 겸허한 성찰은 없는 것처럼 보이기도 합니다. 인간의 지위에 대해 겸허히 성찰하는 철학이 필요할 뿐 아니라, 철학 자체의 한계, 이론적 사유의 한계, 그 사회적 역할에 대한 겸허한 성찰이 있어야 하는 것이 아닐까요? 대체 철학이란 무엇이고, 어떤 쓸모가 있는 것입니까?

박동환: 철학 자체의 한계는 철학하는 존재 자신에 대한 한계의식

을 통감하면서 이미 깊이 인식되어 있는 것으로 볼 수 있습니다. 그러나 이론적 사유의 한계가 그것이 수행하는 사회적 역할 또는 그런 역량에 의해서, 그리고 나아가 이론은 실천에 의해서 반드시 비판 완성되어야 한다는 일반인들의 주장에 대해서는 심각한 토론이 따를 수 있습니다. 과연 이론은 반드시 사회적 실천에 봉사해야 하는가? 또는 이론은 실천 또는 당대의 사회적 요청이라는 맥락 가운데서 평가되어야 하는가? 이 과제에 대하여 고대 그리스와 고대 중국의 전통은 확연히 다른 접근법으로 다른 기여를 해온 바가 있습니다. 이론과 실천은 불가분리의 관계를 가져야 한다고 하는 의식이 중국의 지성사를 지배해 왔습니다. 그 절대적 영향권 안에서 발전해온 한국과 동아시아 전통에서도 철학자 또는 지성인이라는 이들은 오늘에 이르기까지 이론과 실천의 불가분리라는 요청의 지배를 받고 있습니다.

테오리아(theoria)와 프락시스(praxis)의 분리를 격렬하게 비판한 맑스의 혁명실천론(***Thesen über Feurbach***, 1845; ***Die Deutsche Ideologie***, 1846)의 유행이 그 발상지인 서구에서 오래전에 사라진 다음에도 중국을 비롯한 동아시아 세계에서 오래 동안 머물렀던 원인을 이론과 실천의 관계에 대한 두 사상의 친화성에서 찾을 수 있습니다. 중국 공산당 정권을 수립하는 데 절대적인 기여를 했던 모택동도 『실천론』(1937)이라는 저술을 남겼을 뿐만 아니라, 그가 주도했던 문화혁명의 소용돌이에서는 교수, 과학자, 예술가들을 농촌과 공장으로 하방(下放)시켜 노동으로써 실천적인 학습을 하도록 강요했던 적이 있습니다. 그들과 그들의 절대적인 영향 하에 있는 한국의 지성인들도 이론과 실천의 불가분리를 강조하며 신봉하는 경향에 짙게 물들어 있습니다.

그러나 그들에게는, 이론이란 곧 진리가 아니며 하나의 잠정적인 가설이며 자유로운 상상의 프로젝트라는 인식이 전혀 없다는 데에 치명적인 문제가 있습니다. 유클리드가 완성한 순수 기하학의 이론(증명)체계는 고대 그리스에서 발전했습니다. 그 주변에서 수천 년 앞서서 찬란한 문명을 이루었던 고대 이집트와 메소포타미아나 심지어 고대 중국에도 지형 측정과 천문 관측의 실제적 또는 정치적 필요에 봉사하는 정교한 기하학이 없었던 것이 아니라고 역사가들은 말합니다. 그러나 실제의 용도와 별도로 이루어진 순수 이론체계로서의 기하학은 오직 고대 그리스에서만 가능한 것이었습니다. 고대 그리스인들의 그러한 정신과 방법을 토대로 해서 실용성을 떠난 순수 이론으로서 엄밀한 논리학의 체계 또한 같은 전통의 아리스토텔레스에 의해서 완성될 수 있었습니다.

뿐만 아니라 그러한 엄밀 논리의 추론체계에 의하여 그리고 오직 그러한 이론의 정신과 방법을 이어받은 서구 세계에서만 인간의 직접 관찰과 일상의 실천 범위 밖에 놓인 미시세계와 거시세계에 관한 모든 방면의 실증과학들이 이루어질 수 있었습니다. 이러한 순수 논리와 이론과학이 현대사회 또는 인류의 복지에 기여하는 단계에 이르러서는, 이론이 반드시 실천에 의해서 또는 당대 사회의 요청에 의해서 평가되어야 한다는 당위는 성립하지 않는 것 같습니다.

순수이론 또는 순수철학의 정신에 투철했던 코페르니쿠스에서 아인슈타인에 이르기까지, 데카르트에서 20세기 해체주의자들에 이르기까지 그러한 지적 전통을 이어온 과학자들과 철학자들이 시대의 흐름을 근본적으로 대표하며 선구적으로 추진해서 보다 자유롭고 해방된 현대 세계를 이끌어내는 데 누구보다도 기여했다는 사실을 기억할 필요가 있습니다. 사회적 요청과 평가가 이론적 상상과 그 프로젝트를 과도하게 통제함으로써 그 사회 성원들의 자유로운 사유와 행위가 고사하는 폐쇄적인 사회체제로 빠져 들어간 역사의 사례들이 허다하거든요. 사회적 요청과 평가 그리고 이론적 사유의 한계와 철학적 사유 자체의 쓸모 같은 척도는 그러므로 그 실천적 함의로부터 자유로운 해방을 필요로 한다고 볼 수 있습니다. 철학자는 시대의 노예가 아니라 개척자일 수 있기 때문입니다. 여기서 이론과 실천의 근시적 관계에 매몰되었던 중국적 전통에서 독특하게 자유로웠던 장자가 혜자와의 토론(『莊子』「雜篇」 26)에서 주장했던 '쓸데없는 것의 쓰임'(無用之爲用)의 깊은 뜻을 음미해 볼 필요가 있습니다. (160218)

더 나아가 x의 존재론은 지난 수천 년 동안 우후죽순처럼 도처에서 일어난 계통과 유파들 간의 의미 없는 논쟁으로 이어져 온 철학의 시대를 지질학적 시간대로 집어넣었을 때 새로이 떠오르는 존재들의 핵심 주제가 무엇인지를 상상하며 찾고 있습니다. 이것이 앞으로 태어날 인류에게 그리고 모든 생명의 존재에게 다가올 철학의 새로운 과제라고 생각하기 때문입니다. 그리고 이것이 그들의 철학이 대개 현재에 매몰되어 있는 사람들의 이해범위나 그들의 요청에 의해 평가 좌우되기를 거부하는 배경이라고 볼 수 있습니다.
(160222)

1. 이런 관점에서 바라보면 x의 관계식은 그 표현 방식은 달라도 17~18세기 대륙 합리론자들의 특수 형이상학 구분법과 '구조적으로' 일치하는 것으로도 보입니다.[(1)] 영원의 기억 x와 그 개체존재적 재현 x가 '우주론'이라면, 무한의 상상 $\neg x$는 '이성적 심리학' 즉 '영혼론'으로, 그리고 초월의 주체 $X(\ )$는 일종의 '자연신학'으로 해석될 수도 있다는 것입니다.

2. G. W. Leibniz, ***Monadology*** in ***Leibniz: philosophical writings***, ed. G. H. R. Parkinson, London: J. M. Dent & Sons, 1973.

3. $X(x \& \neg x)$라는 운명의 관계식은 한 우주 이론가의 해설에서도 볼 수 있다.[(2)]

따온글 ————————

(1) "첫째, 우리는 존재를 그냥 존재라는 관점에서 탐구할 수 있다. 이 관점은 우리가 존재를 탐구하는 가장 일반적인 관점을 나타내므로, 이 관점에서 존재를 탐구하는 형이상학 분과를 '일반 형이상학'이라고 한다. 그러나 합리론자들은 우리가 존재를 더욱 세분화된 여러 관점에서도 탐구할 수 있다고 주장한다. 이렇게 할 경우, 우리는 합리론자들이 '특수 형이상학'이라고 부른 학문의 하부 분과들을 탐구하는 것이다. 그래서 우리는 변화하는 사물들 속에서 발견되는 것으로서의 존재를 탐구할 수 있다. 즉 우리는 변화함이라는 관점에서 존재를 탐구할 수 있다. 이렇게 할 때 우리는 '우주론'에 종사하게 되는 것이다. 또 우리는 우리와 같은 합리적 존재자들 안에서 발견되는 것으로서 존재를 탐구할 수 있다. 존재를 이러한 관점에서 탐구한다는 것은 합리론자들이 '이성적 심리학'이라고 부른 특수 형이상학 내의 한 분야에 종사하는 것이다. 마지막으로 우리는 신 안에서 드러나는 것으로서 존재를 탐구할 수 있다. 이러한 관점에서 존재를 탐구하는 것은 '자연신학'의 분야에 종사하는 것이다."(21-22쪽) 마이클 루, 『형이상학 강의: 전통 형이상학에 대한 분석적 탐구』, 박제철 옮김, 서울: 아카넷, 2010.

4. (36-37쪽) 오가미 마사시, 와다 스미오, 『수학으로 풀어보는 물리의 법칙』, 임정 옮김, 서울: 이지북, 2005.

5. Karl Popper, *Conjectures and refutations: the growth of scientific knowledge*, New York: Harper & Row, 1968.

---

(2) "블랙홀은 어떤 종류의 물질이 그 안에 빨려들었는지에 대한 아무런 기억 [정보]도 가지고 있지 않다. 물질의 모든 속성들은 그 전체 질량과 전체 각운동 량(angular momentum)을 제외하고는 다 말살된다. 물질이 어떤 입자 또는 반입 자로 이루어졌는지(다시 말해 그것이 물질인지 반물질인지)의 정보조차 사라지는 것이다."(p. 75) "궁극적으로 우주의 모든 물질과 복사에너지는 이른바 '빅크런 치'[사태]에서 무한한, 거의 무한에 가까운 밀도로 압축된 공간으로 붕괴해 들 어갈 것이다."(p. 113) J. N. Islam, *The ultimate fate of the universe*, Cambridge: Cambridge University Press, 1983.

질문과 응답 3

이창재/박동환

질문과 응답 3

이창재/박동환

2016년 3월 9일에서 15일까지 서울에서 열린 구글 딥마인드(Deep Mind)의 알파고(AlphaGo)와 이세돌 9단 사이의 다섯 차례 대국에 대한 세계적인 관심과 논평을 보면서 나는 'x의 존재론'이 말하고자 하는 바를 다시 점검 정리했는데, 그것이 앞에 실린 "마지막 한 마디— 개체생명 x에 대한 미시분석과 거시분석 연습"이었다.

그 전후로 나는 '프로이드 정신분석연구소' 소장 이창재 박사의 거듭된 제안에 따라 질문과 응답을 주고받았는데 그것을 아래에 여섯 차례로 묶어놓았다. 이 박사는 미국 시카고 대학에서 정신분석으로 박사후(postdoc) 연수를 마친 다음 20년 가까이 정신분석 방면에서 쌓은 연구와 오랜 임상경험의 배경을 가지고, 내가 여기서 실험하고 있는 'x의 존재론' 곧 철학적 존재분석의 추상적 이론으로는 정신분석 과정에 들어오는 클라이언트들뿐만 아니라 무언가 위로의 한마디를 듣고자 하는 보통사람들에게 어떤 도움도 깨달음도 줄 수 없을 것이라고 거듭해 지적해왔다. 그때마다 나는 한 철학자가 추구하는 바가 한 정신분석가가 감당해야 하는 클라이언트들의 필요에는 상응할 수 없는 차이점을 가진다고 설득하는 데 힘을 기울였다. 그래도 그렇게 해서는 나의 철학이 그들에게 아무런 의미가 없을 것이라는 경고가 여전했기에, 나는 다시 마지막 차례의 답변(160331, 160409)에서 x의 존재론이 실험하고 있는 개체실존 x에 대한 미시분석과 거시분석 곧 존재분석의 뜻을 정리하면서, 한 철학자의 사유 영역과 존재 이유가 한 정신분석가의 그것과 같이 할 수 없는 이유를 구체적으로 제시하였다.

나는 이 박사가 'x의 존재론'을 읽지 않은 시점에서, 아니면 그것이 어떤 철학적 실험을 하고 있는지 아직 확인해 보지 않은 단계에서, 무엇을 토대로 하여 나에게 소통의 대화를 하자고 제안해 왔었는지 이해하지 못했었다. 아마도 그때의 감으로는 정신분석과 철학 또는 x의 존재론의 대중적 실용성 또는 대중적 호소력을 가지고 경합을 해보자는 제안이었던 것 같다. 그러나 이 박사가 그 후 다시 밝힌 바에 따르면(161012), 제안의 첫째 의도는 '진리'에 대해 정신분석과 철학 가운데 어떤 학문의 언어가 '진실'을 보다 온전히 드러낼 수 있는지 비교해볼 필요가 있다는 것이었다. 그리고 인간의 마음을 깨우치며 두드리는 호소력 또는 효율성의 비교는 오히려 둘째 의도에 해당하는 것이었다.

이에 대해 나는 나의 철학적 이해력을 다하여 다음과 같이 다시 정리해 본다면 이 박사의 진심이 담긴 의도에 응답하는 것일지도 모르겠다. 먼저 정리를 위해 앞서야 하는 사항은, 진리와 그 언어의 문제를 가지고 정신분석과 철학 특히 'x의 존재론'을 서로 맞대놓고 비교하기란 시작부터 어려운 점이 있다는 것이다. 아래의 질문과 응답 과정에서 여러 차례 언급하고 있지만, 정신분석과 철학이라는 전공 영역이 각각 그 담론에서 호소하는 상대, 그것이 인간일 수도 있고 때로는 그 밖의 자연 또는 초월의 실재일 수도 있는 그런 상대가 다르다는 데에 비교의 어려움이 잠복해 있다. 여기서는 세 가지만 추려서 그 어려움의 이해를 구하고자 한다. 물론 이러한 정리는 이 박사의 제안 가운데 들어있는 문제의 핵심인 진리와 그것을 표현하는 언어에 대하여 x의 존재론이 모색하는 철학적인 분석과 그 관점을 밝히기 위한 것이기도 하다.

첫째로 정신분석은 한 인간이 일생을 통과하며 실현하는 두 가지의 존재 양태 곧 무의식과 의식 활동 사이에서 일어나는 온갖 특수 문제들을 전공 영역으로 하는데, 'x의 존재론'은 한 개체존재가 영원의 시간 가운데서 비존재(무)에서 존재로, 존재에서 존재 초월의 경계로, 다시 역으로 초월의 경계에서 존재로, 그리고 존재에서 비존재(무)로 이행하며 겪는 관계의 역학을 이해하려고 한다.(이 책 Ⅵ장 "현재 안에서 움직이는 영원의 기억"과 "마지막 한 마디—개체생명 x에 대한 미시분석과 거시분석 연습" 보기) 이렇게 존재와 존재이탈 또는 존재 초월 사이의 경계에서 세계를 이해하려는 x의 존재론은, 우선적으로 인간 본위의 진리 이해와 그 매체로서 일상언어 체계에 갇혀 있는 모든 전통의 철학과 인간학 또는 정신분석의 담론을 떠난 마당에다 새로운 토대를 구축하려는 목표를 가지고 있다.(이 책 Ⅺ장 "영원

의 매체 제1 언어에 대하여" 보기)

둘째로 '진리'라는 것은 궁극적으로 한 개체존재에게 또는 한 클라이언트의 정신 상태와 사례들에 초점을 맞추어 결정할 수 있는 것이 아니라 영원의 시간에 비추어서 더 이상 격파당하지 않을 만한 또는 초월당하지 않을 만한 절대의 곧 제1의 보편성을 기준으로 삼아야 하는 것으로 본다.(이 책 X장 "x의 존재론"의 풀이말 17과 "찾아보기—개념 '보편성 제1'" 보기) 이러한 보편성은 인간이 현재에서 도달할 수 없는 경계에다 기준을 두는 것이어서, 이렇게 나아간 단계의 보편성과 그 진리관이 정신분석 전공자에게는 관심의 대상이 아닐 가능성이 충분히 있는 것이다.

셋째로 21세기 오늘에 이르러 진리를 논의할 때 그 마지막 전달 매체로서 과연 문화와 관례에 따라 쓰임을 달리하는 일상언어와 그의 범주들을 사용할 수 있는가 하는 질문에 대한 대안의 해답을 기다려야 하는 단계에 있다고 볼 수 있다. 그 보기로서 실증과학의 인식론과 그의 언어 그리고 전통철학의 진리론과 그의 언어에 대하여 x의 존재론을 가지고 전반에 걸친 대안의 해답을 완성하기까지에 거쳐 가야 하는 길이 멀기 때문이다.(이 책 XI장 "영원의 매체 '제1 언어'에 대하여" 보기) (161015)

그럼에도 나는 이 박사가 일부 철학의 편향성에 대해 던지는 무용론 또는 무의미론에서 감사해야 할 한 깨달음을 얻었다. 바로 이 박사가 시행하고 있는 정신분석과 나의 존재분석이 동일한 바탕 위에서 이루어질 수 있는 가능성을 발견하게 된 것이다. 그래서 나는 앞에 말한 마지막 차례의 답변(160409) 가운데서 현재 세상에 시행되고 있는 정신분석이 개체실존 x에 대한 존재분석을 바탕에 놓는다면 그 정신분석을 현대과학의 수준으로 업데이트하는 데에 기여할 수 있을 것이라고 제안하고 있다. 이 무슨 역설의 제안인가? 철학자가 추구하는 사유 영역과 존재 이유가 정신분석가의 그것과 다르다고 말하면서 존재분석을 정신분석의 바탕으로 제시하다니. 아마도 정신분석을 한국에서 시행하고 있는 분들 가운데 이 박사는 존재분석의 철학적 토대를 이해 포섭할 수 있는 배경과 깊은 자기체험을 겸비하고 있다고 믿기 때문이다. 그가 프로이드의 정신분석에 심취하기에 앞서 자기변화의 꿈을 향해 정진하던 청년 철학도의 모험정신을 다시 한 번 발휘하시기를 기대하고 있다.

—

'x의 존재론'에 대한 또 하나의 정리

이 박사의 질문들 가운데 나에게 깊은 여운으로 남아있는 한 마디가 있다. "당신이 말하는 걸 경험해 봤어?" 누가 이렇게 물었을 때 무슨 답변을 하겠느냐는 것이었다. 서양철학사와 중국철학사를 공부하던 청년시절에 내가 전공할 만한 어떤 한 철학자도 찾을 수 없었던 이유 가운데에 그 답변이 있다. 폐허와 다름없는 여기 변방지대에서

1930년대 후반 어린 시절부터 내가 겪으며 반추해온 현실 체험의 깊이를 넘어 더 나아가 말하는 고대와 현대의 어떤 철학자도 만날 수 없었다는 사실로 답변을 하고 있는 것이다.

이제 그 답변을 이렇게 바꾸어 정리하고 싶다. 세상에 몸을 드러낸 모든 개체실존 x가 통과할 수밖에 없는 한계초월 또는 한계격파 $X(\ )$의 보편성 곧 제1의(절대) 보편성은(풀이말 7 보기) 기왕의 어떤 철학자의 담론에서보다『구약』의 한 편인「전도서」의 필자가 전하는 시대의 체험과 사색에서 가장 실감나게 음미할 수 있을 것이라고. 페르시아의 왕들과 알렉산더와 그 휘하의 장군들이 몇 세기에 걸쳐 차례로 휩쓸고 지나간 길목에 놓였던 BCE 3, 4세기 예루살렘에서「전도서」가 전하는 시대의 의문들과 사색이, 지금 다시 한 번 동서의 세력이 충돌하는 CE 20, 21세기 여기 한 길목에서 'x의 존재론'이 품고 있는 질문들과 사변으로 재현되고 있는 것이 아닐까?

그런데 문제는 이러한 시대의 체험을 직접 통과하지 않고서는「전도서」가 뜻하는 바도, x의 존재분석이 뜻하는 바도 주어진 대로 이해할 수 없을 것이라는 데 있다. 시대를 뛰어넘어 공감을 이룬다는 것이 얼마나 어려운 일인가! 이것 또한 내가 지금까지 실험해 온 개체실존 x에 대한 존재분석이 배경으로 하는 체험이 무엇인지 '태초의 순서'를 따라("마지막 한 마디─개체생명 x에 대한 미시분석과 거시분석 연습" 보기) 상상해 보시기를 청하는 마지막 한 마디가 될 것이다. (160822)

이창재: 다양한 부류의 일반인을 상대로 그들의 마음을 공명시키는 무언가를 전달하는 비법, … … 단번에 일반인의 마음을 끌어당길 깊은 고뇌를 헤치며 터득한 근원적인 지혜의 소리를 제도에 의해 보호받아온 대학교수 집단으로 구성된 철학계에서 찾기 어렵습니다. … … 선생님께 묻습니다. 잡다한 욕심을 내려놓고 행해진 철학자의 의심, 그 철학자의 순수 사변은 과연 무의식에 응고된 정서와 불안 그런 것들에 관계없이 이루어지는 객관성, 탈-개인성을 지닌 것일까요? (151123)

박동환: 대체 객관성 아니면 탈-개인성이란 어떤 유한의 존재도 도달할 수 있는 경계가 아닌 것으로 보입니다. 모든 유한의 존재는 그가 놓여있는 관점에서 그 끝을 확인할 수 없는 우주를, 아니면 그 자신을 초월하는 경계를 바라보기 때문일 것입니다. 그가 정리하고 있는 우주관 또는 자아관의 객관성 또는 탈-개인성이란 결국에 그의 관점에 비쳐진 우주 또는 자기일 수밖에 없을 테니까요.

'x의 존재론'에서 x라고 불리는 한 개체존재 또한 그 과거의 끝 또는 미래의 끝을 확인할 수 없는 영원의 기억을 담고 있는 것임에도 역시 무한의 관점들 가운데 하나의 관점을 벗어날 수 없을 것입니다. 빅뱅 이후 가벼운 원소들에서 무거운 원소들이 합성되고 다시 단순한 생명들이 출현하고, 수십억 년이 지난 다음 다시 수십만 년 동안 온갖 종류의 상상 활동에 다름 아닌 적응과 모험, 인식과 학습의 경로를 통과해 온 까마득한 기억들, 그래서 모두 잊어버린 그 기억들의 결과가 하나의 관점으로 모인 것을 개체존재 x로 보고 있습니다. 따라서 영원의 기억을 지니고 있는 x의 내재성 곧 그의 정체성을 그 뿌리에서 확인할 방법이 없을 것입니다.

한 개체존재 x는 그 자신도 그리고 어떤 정신분석가도 거슬러 올라가 확인해 볼 수 없는 영원의 기억이라는 무의식에 잠겨있는 겁니다. x의 존재론에서 x는 태초로부터 겪은 모든 사건들의 경험을 압축해 가지고 있음에도 그 뿌리로 소급해 올라가 분석하거나 해석할 수 있는 대상이 아니니까요. 수학자나 과학자들 그리고 특히 정신분석가들은 x라는 미지의 존재 또는 사건을 분석하고 탐구해서 기지의 영역으로 끌어낼 수 있다고 하는 믿음을 갖고 있는 것 같습니다.

무의식이란 그러므로 각 개체존재가 그의 깊은 속에 저장하고 있는 영원의 기억과 그로 말미암은 무한 상상의 부분일 수밖에 없습니다. 물론 여기서 기억뿐만 아니라 상상조차 의식의 영역에서 이루어지는 움직임이 아닌 것으로 봅니다. 기억은 물론 상상도 무의식에 잠긴 자연의 부분이니까요. 그 뿌리가 어떤 분석과 탐구에도 불구하고 대부분이 의식 또는 인식의 영역에 드러나지 않는 기억과 상상의 활동을 각각 x와 $\neg x$로 대표해서 그 움직이는 모양을 그리고 있습니다. 무의식이 곧 과거에 겪은 사건들의 진실을 그대로 간직하고 있을까요? 우리들 각자의 기억과 상상 또는 무의식이 과거에 겪은 사건들의 경험을 어떻게 편집하고 재구성한 것인지를 확인하는 많은

실험들의 보고서를 읽을 수 있습니다.[1]

그러니까 각자가 고유한 방식으로 편집하고 재구성한 영원의 기억과 무한의 상상 곧 각자의 개체성의 역량 안에서 어떤 이는 기독교, 어떤 이는 불교, 어떤 이는 유교, 어떤 이는 명상, 어떤 이는 신비주의, 어떤 이는 정신분석, 어떤 이는 보편의 진리라고 믿는 하나의 철학을 선택할 것입니다. 어떤 이에게서는 무의식의 응고된 정서가 아닌 자유로운 상상이 움직일 것이며, 어떤 이에게는 마음의 불안이 아닌 몸의 편안함이 있을 것입니다. 존재의 마지막 불안으로 다가오는 죽음조차 어떤 이에게는 잠깐이라도 망각하고 싶은 상상일 테지만, 어떤 이에게는 몸에 얽힌 사슬로부터의 완전한 해방일 것입니다.[2]

그렇다면 우리들은 각각의 고유한 관점 또는 하나밖에 없는 개체성을 어떤 매개에 의해서 벗어나며 하나의 큰 모임을 이룰 수 있을까요? 벗어나더라도 각자의 제한된 관점들의 협상으로 이루어지는 모임 곧 '우리'라고 하는 또 하나의 유한한 관점에 다시 빠지게 될 것입니다. 그럼 다시 '우리'라는 유한의 관점을 탈피하기 위한 여러 가지 상상과 시도를 할 텐데, 그 결과 어떤 성공을 이루었는지 그 사례가 세상에 없는 것 같습니다. 더 이상 격파 또는 초월당하지 않을 객관성 또는 탈-개인성의 심판을 우리들 가운데 누가 할 수 있겠습니까? (151129)

이창재: 선생님. 질문이 있습니다.

"당신은 과연 자신이 말하는 것을 체험해 봤어?"

이런 물음을 누군가가 던질 때 밀려나지 않을 체험의 무게가 필요합니다.

미셸 푸코는 당대에 금기시되던 동성애 관계를 실제 체험하면서 계보학 관점에서 기독교 중심적인 기존 관념을 뒤집는 『성의 역사』를 썼습니다. 그 대가로 그는 에이즈에 걸렸고, 죽음의 문턱에서도 자신의 행위와 이론에 대해 후회가 없다는 말을 남겼습니다.

자크 데리다는 마약을 먹고서 정상적 지각이 아닌 세상, '의미' 밖의 세상에 대해 나름 능동적 체험을 시도했습니다. 그 결과 명성에 흠이 나긴 했지만, 세상의 비난들에 대해 씩 웃어넘길 학자의 자부심과 무게를 보였습니다. 프랑스 지성인들은 푸코와 데리다의 행위에 대해, 그들 자신의 이론과 부합하는 행동이었기에 비난하지 않고 존중해 주는 듯 보입니다.

니체는 누이와 근친상간의 경험을 한 것으로 해석되기도 합니다. 이미 상징계의 의미 경계, 규범을 벗어난 상태에서, 세상이 어떻게 지각되었는지에 대해 … 그의 책에 서술해 놓고 있습니다.

불가의 선사들은 선정(禪定) 체험에서 탈-일상적 지각을 구도자끼리 상호 교류하며, 일종의 인간적 환상인 의미 일반에 대한 분별지 각을 내려놓은 결과에 대해 나름의 체험 기록을 갖고 있습니다. 가령 '악공'(惡空) '진공'(眞空) 개념으로서, 현대 정신분석의 관점으로 보면, 자아강도가 약한 사람이 무분별, 무경계 상태를 시도하면 자유로운 경지에 도달하는 것이 아닌 엄청난 불안이 밀려오고, 그것을 방어하려는 극한의 방어기제인 '분열'이 작동되어 일종의 정신증 상태인 악공에 빠지게 되며, 반면에 자아강도가 높은 사람이 분별활동을 내려놓은 상태에서 존재의 또 다른 실상을 접하면 세속의 의미 분별이 일종의 가상임을 체득하고, 그 결과로 의미 분별세계에서 받은 수치와 욕망 좌절로 인한 상처 감정을 정화하게 됩니다.

"백척간두에서 한 걸음 더 내디뎌라"라는 불가 선사의 말 역시 체험에서 나온 것입니다. 그래서 선생님께 조심스럽게 묻는 것입니다. "선생님의 x의 존재론은 어떤 구체적인 x 체험에 근거한 것입니까?" 이 물음에 답하시는 과정에서 철학자의 배경지식 없이도 '일반 사람들과 소통할 수 있는 열쇠'가 선생님께 주어질 수 있다고 생각합니다. (151130)

박동환: 'x의 존재론'에서 개체존재의 모든 내재성과 초월성을 오직 x, $\neg x$ 그리고 $X(\ )$로써만 대표하는 이유가 바로 그분들 곧 포스트모던이나 선사들이 겪었던 의미체계 와해 다음의 수순에서 발생하는 것입니다. 기왕의 철학자들이 사용하던 모든 범주들과 그 추론체계를 폐기할 때 그들이 추구하는 모든 의미체계는 붕괴되며, 그 폐허에서 다가오는 순수 현실의 체험 그것의 최소한의 모양을 x, $\neg x$

그리고 $X(\quad)$로 대표하는 것입니다. 그분들이 의미체계 붕괴를 겪은 단계에서 다시 한 걸음 나아간 대안으로 등장하는 것이 x 존재론입니다. 그러니까 모든 의미체계가 사라진 폐허에서 다가온 모양의 순수체험 그것을 x 존재론의 바탕으로 하고 있습니다.

나는 한국전쟁과 이후의 혼란이 한창이던 10대의 소년기에 주변의 생활인들에게서 이런 말들을 들으며 자랐습니다. "이 세상에서 나는 악밖에 남은 것이 없다." "나는 인생대학을 졸업했다." 나로서는 70대에 들어서 참고의 필요가 발생하기까지 소설을 읽은 적이 없습니다. 읽을 수가 없었습니다. 어렸을 때부터 들어온 인생의 험로를 거친 사람들의 모험담과 자신이 겪은 시대의 체험과 상상으로 가득 찬 몸이어서 더 이상 여담에 지나지 않는 소설의 뻔한 가설과 전개를 읽을 수도 읽을 필요도 없었던 겁니다. 인생의 닻을 내리고 살 현실의 질서가 존재하지 않던 그 시대 사람들의 체감을 그 후에 유행하던 다음과 같은 노랫말이 반사해 주고 있습니다.

"… 어디서 왔다가 어디로 가는가 / 구름이 흘러가듯 떠돌다 가는… / 인생은 나그네 길 / 구름이 흘러가듯 정처 없이 흘러서간다."
(〈하숙생〉 1965년 최희준 노래, 김석야 작사, 김호길 작곡)

닻을 내릴 데가 없는 급류 함몰과 극적 탈출에 다름 아닌 일상의 삶을 모두 같이했던 시대의 감각을 나는 가끔 이런 질문들로 대변합니다.

"날이 시퍼런 도끼에 몸뚱이와 팔이 잘리는 나무가 되어 보았는가? 식칼에 아가미가 잘리고 껍질이 벗겨지는 도미가 되어 보았는가? 먹잇감을 물고 공중을 날아가는 어미가 포수의 총에 맞아 땅에 떨어지면 둥지에서 기다리는 새끼들은 어떻게 될까?"

여기서 모든 의미체계는 와해되고 생명 존망의 위기가 있을 뿐입니다. 이러한 존망의 위기감을 몸에 지니고 말할 수 있는 존재론과 역사철학과 도덕이 어떤 모양일 수 있겠는가? 이것이 한 철학자에게 다가오는 질문입니다. 자신의 존망의 위기를 몰고 오는, 그러나 정체를 알 수 없는 x 또는 X 앞에서 당장 대책 없는 한 생명의 존재에게 무슨 의미체계, 무슨 추론, 무슨 생각이 필요하겠습니까? 세상에 던져진 그의 몸에 저장된 모든 기억과 그에 말미암은 온갖 모양의 상상과 다시 예측할 수 없게 닥쳐오는 격파의 사건들 곧 x와 $\neg x$와 $X(\ )$가 그의 운명을 결정할 것입니다. 만약 누구든지 개체생명들 각각에게 주어진 유일 고유한 실현 가능성으로서 x와 $\neg x$를, 그리고 예고 없이 닥쳐오는 위기의 사건으로서 $X(\ )$를 이해한다면, 그 밖의 다른 언어로써 이루어지는 분별과 추론들은 모두 소설 같은 관념의 유희 곧 뜬금없이 만들어낸 가설과 기교에 다름 아닌 전개에 지나지 않게 되는 겁니다.

나는 오늘 이른바 철학을 일삼는 사람들의 머리에 어떤 필요가 있기에 일상을 잠깐 탈출해 얻은 광기의 체험에서 기발하게 끌어낸 포스트모더니즘과 때로는 선가의 산사 한담들에 그이들이 열광하는지 이해가 미치지 않습니다. 그들이 통과한 시대와 제각기 개인적으로 겪은 체험에는 많은 차이가 있어 그럴 것이라고 이해할 수는 있습니다. 어떤 수준에서 의미체계의 와해를 경험했는지에 따라 그들의 철학이 사용하는 언어가 다를 것입니다.

20세기를 통과하며 겪은 의미체계의 와해라는 것은 서구사람들에 비해서 비(非)서구사람들에게, 열강에 속했던 자들보다는 그들에게 휘둘리며 우왕좌왕한 약소집단에 속했던 자들에게, 어떤 유파의 전통과 고전에 아직도 매달려 있는 자들보다는 모든 유파의 전통과 고전을 오래전에 버릴 수밖에 없었던 자들에게 더 심각하게 인식하는 기회가 주어졌을 겁니다. 우왕좌왕할 수밖에 없었던 비(非)서구세계 풍랑의 한 구석에서 20세기 격전지를 통과하며 모든 의미체계 붕괴를 겪은 다음 나에게 남은 것이 모든 가능한 특칭들을 말소해버린 바로 x라는 겁니다. (151203)

그러니까 25세기 동안 가꾸어 온 철학의 체계들과 근대사회에서 번창하기 시작한 창작소설들은 어떤 면에서 닮은꼴이라고 봅니다. 뜬금없이 만들어낸 가설과 기교에 다름 아닌 전개로 이루어지는 창작과 유희에서 그렇습니다. 모든 창작과 유희 그런 가면들을 집어던지고 나면, 때로는 하루의 일상에서 살아남기 위한 몸부림에서 때로는 피할 수 없는 죽음으로 향하는 길에서 직면하며 돌파하는 위기의 국면들이 남을 뿐입니다. 나는 그렇게 영원의 시간을 통과하며 몸밖에 남은 것이 없는 자로서 때로는 그의 생명 가운데서 때로는 그의 생명 너머에서 다가와 겪을 수밖에 없는 위기의 체험과 사건의 세 가지 국면 또는 단면을 일상의 모든 특칭들을 폐기한 x와 $\neg x$와 $X(\ )$

로 대표하려는 겁니다.

그들을 삼키려고 다가오는 뱀 앞에서 어미를 기다리는 새끼들은 무엇을 생각할까요? 몸뚱이와 팔이 잘리면서 나무는 무엇을 생각할까요? 그들은 소설 같은 가설의 이야기를 생각하지 않을 겁니다. 아무생각도, 화두 좌선 같은 것도 하지 않을 겁니다. 그때 그들의 몸에 장착될 철학은 무엇을 탐구하는 학문이 아닐 겁니다. 푸코, 데리다, 니체 그리고 선사들은 예고 없이 닥쳐오는 위기의 현장을 일탈하여 창작이나 유희를 서재에서 아니면 산사에서 하고 있는 것으로 보입니다. 현장을 일탈한 가운데서 잠깐 다가온 광기와 각오에서 만난 그것은 생존 현실에서 돌파하는 모험과 실전의 존재양식으로서 x 같은 것이 아닌 것 같습니다. 과연 그들이 백척간두에서 몸으로 위기를 돌파하고 있는 것일까요? (151205)

이창재: "날이 시퍼런 도끼에 몸뚱이와 팔이 잘리는 나무가 되어 보았는가? 식칼에 아가미가 잘리고 껍질이 벗겨지는 도미가 되어 보았는가?" 일상의 사람들에겐 인간중심주의 환상이 방어기제로 작동하기에 이 물음들이 머리에서 차단되어 뷔페에서 포식을 향유하지요. … 사자가 동물을 잡아먹을 때 먹잇감에 동정하거나 공감하면 생존에 부적절하듯이 자기 생존에 부적절한 지각이나 물음들은 모두 머리에서 방어기제에 의해 의식 밖으로 처리되지요.

"나는 오늘 이른바 철학을 일삼는 사람들의 머리에 어떤 필요가 있기에 일상을 잠깐 탈출해 얻은 광기의 체험에서 기발하게 끌어낸 포스트모더니즘과 때로는 선가의 산사 한담들에 그이들이 열광하는 지 이해가 가지 않습니다." 이 정리들은 뭔가 단순하고 애매합니다. 하루에 한 끼 식사만 하고 3년 동안 선방에 머물며 '화두선'을 계속 하는 생활을 하는 사례가 몇 년 전에 소개된 적이 있습니다. 적지 않은 사람이 정신이 돌기도 한다는 그 힘든 과정을 지원하는 자들이 불가에 여전히 있는 이유를 생각해 보았습니다.

그것은 불안과 공포 때문입니다. 저도 대학시절에 불안증이 있었습니다. 그래 평생 불안을 없애준다는 희망이 있는 곳이면 기꺼이 몰입하고 싶었기에, 스스로 유폐되는 수행과정에 지원하는 자들의 마음에 썩 공명되어 있었습니다. 불안이 동굴 참선 생활을 계속하도록 만들었는데, 나름 생명을 내건 '몸으로 하는 실천'이기에 그걸 '선가의 산사 한담'으로 표현하는 건 타당치 않아 보입니다.

그리고 현대 서양철학의 여러 흐름들은 19세기말 천민자본주의의 혹독한 부조리 체험, 1차, 2차 세계대전의 참화를 겪은 다음에 나타 났기에, 나름 뒤집히고 갈리는 위기 속에서 태어난 그들의 실존상황의 표현으로 보입니다. 예를 들면 실존주의, 분석철학, 구조주의, 해체주의, 생의 철학 같은 것들입니다. 니체, 프로이드, 맑스도 그렇고, 예술 방면에서도 다다이즘, 초현실주의, 개념예술, 추상표현주의, 미니멀리즘, 극사실주의 같은 것은 불안하고 혹독한 현실과 건조하고 무의미한 현실에 저항 대처하는 차원에서 생성된 것으로 보입니다. 세계대전의 참상을 겪은 다음 30여 년 간 해골 그림만 반복해서 그린 폴란드의 벡신스키(Zdzisław Beksiński)도 떠오릅니다. 그의 그림은 외상후 스트레스 장애를 반영합니다.

그리고 누구도 주목하지 않고 친구가 되어주지 않았던 고독의 화신 반 고흐에게 그림은 생사 분별을 넘어선 '실존의 뿜어짐'으로 보여집니다. 광인이 된 후 자살 직전까지 고흐에게 그림 그리기는 생존 활동 자체로 보여 집니다. 마크 로스코(Mark Rothko)와 같은 많은 예술가들이 심혈의 작품을 만들어낸 다음 자살한 것을 보면 그들의 활동이 한가한 정신성에서 나왔다고 보기 어렵습니다. 정신분석은 '도저히 개인의지로 해소되지 않는 만성적인 고통, 불안, 위기'를 토대로 형성된 학문입니다. (151207)

박동환: "몸뚱이와 팔이 잘리는 나무가 되어 보았는가? 아가미가 잘리고 껍질이 벗겨지는 도미가 되어 보았는가?" 여기서 나무와 도미의 처지를 이해하는 데서 그 관계가 역전된 것 같습니다. 나무의 팔과 몸뚱이를 자르고 도미의 아가미와 껍질에 칼질하는 우리들 이른바 갑(甲)의 횡포에 대한 물음이 아닙니다. 그렇게 당하는 나무와 도미와 같은 을(乙)의 운명을 통과할 수밖에 없는 사람들이 가질 수 있는 철학은 어떤 것인가? 하는 물음입니다.

그런 을의 일은 나에게 일어나지 않을 거라는 일상의 막연한 기대 또는 안일한 불감증이 우리들에게 있습니다. 그럼에도 나에게 그런 일이 닥쳐올 수 있다는 희미한 가능성을 떨쳐 버릴 수 없는 이유는 무엇일까요? 아주 먼 옛날에 을일 수밖에 없었던 원시 생명으로서 겪은 공포의 기억이 지워지지 않았기 때문일 겁니다. 이것이 이미

의식에서 까맣게 사라진 '태초의 기억' '태초의 순서'에 말미암은 것으로 보는 겁니다.

사람들이 각각 그의 깊은 속에 간직하고 있는 불안과 공포 아니면 불확실성의 가장 오래된 뿌리는 어디에 있을까요? 모든 생명의 존재에 깊이 뿌리박힌 영원의 기억일 겁니다. 그 영원의 기억 가운데에는 그의 생명이 소속했던 계통에 때 없이 닥쳤던 멸종사건들이 있을 수도 있고, 아니면 더 오래전의 빅크런치(Big Crunch)라는 우주적 사건이 숨겨져 있을 수도 있습니다. 그래서 일상의 사람들과 함께 철학자들도 불확실성 또는 불규칙성에 대한 거부감을 가지고 있는 것 같습니다. 그러나 한 인류학자는 불규칙성 또는 불확실성을 배제하려는 인간적인 그리고 과학적인 동기를 다음과 같이 경계하고 있습니다.

> "반복하는 패턴들은 반복하지 않는 사건들과 더불어 시간[의 흐름]을 이룬다는 점이 강조되어야 한다. 그럼에도 그 [반복하지 않는 사건들의] 중요성은 발굴되지 않은 채로 남아있다. 인류학의 문헌에서 반복하지 않는 사건들에 대한 관심이 크지 않은 이유들의 하나는 일반화를 위해 반복적 사건들의 규칙성을 분리해 내려는 분석 작업에 있다. 규칙성 또는 패턴 인식에 목표를 둘 때 반복에 의한 순환성은 구조화된 정밀성이라는 환각을 가져다준다."(p. 275)[3]

문명의 역사가 시작된 다음부터 불확실성, 나아가 알 수 없는 것 곧 미지의 영역을 제거하거나 통제하려는 철학자들과 과학자들의 집요한 탐구가 이어져 왔습니다. 서구에서는 고대 그리스의 철인 파르메니데스의 '없음을 배제한 있음'에서 플라톤의 '영원불변의 이데아'에 이르기까지, 그리고 고대 중국에서는 노자의 '하지 않음으로써하지 않음이 없음'에서 이탁오(李卓吾)의 '어린아이의 마음에 천하의 진리가 갖추어져 있음'에 이르기까지 이미 미지의 것 또는 불확실성 제거의 철학적인 바탕이 완료되었다고 볼 수 있습니다. 일상의사람들도 첨단에 선 과학자들도 불확실한 것과 알 수 없는 것 곧 미지에 대한 거부감을 몸에 지니고 있는 것이 사실입니다.

현대철학의 흐름에서는 현상 너머의 실재 또는 실체에 대한 형이상학적 탐구를 폐기했음에도 여전히 현상학과 구조주의와 해체주의와 논리실증주의에서도, 그리고 자아의 실재를 부정한 불교 전통의선가에서도 불확실한 것과 알 수 없는 것 곧 미지 그리고 나아가 불안의 영역을 제거하거나 통제하려는 오랜 탐구의 노선을 답습하고있습니다. 쇼펜하우어의 영향을 받아 불교의 무아를 이해했던 니체도 디오니소스의 황홀경 가운데서 그리고 영원회귀와 권력의지로써 개체 실존의 불안 또는 불확실성을 해소해 버리려는 동기를 가지고 있었던 것으로 보입니다. 이들은 모두 유한의 생명에서는 실현불가능한 완결된 해답, 실행 불가능한 해답의 논리라는 환각을 좇아가고 있는 겁니다.

그들은 불안과 공포의 배경에서 움직이는 불확실성과 불규칙성 그리고 초월의 경계에 놓인 알 수 없는 것 미지를, 모든 생명의 존재가운명적으로 안고 있는 영원의 기억의 부분으로 받아들이기를 두려

위하고 있습니다. 그들은 모두 고대로부터 흐르는 인류의 편의주의 성향을 따라 불확실한 것과 알 수 없는 것 나아가 불안의 그림자를 소거하고 통제해서 안주를 지향하는 '해답의 논리'에 빠져 있는 겁니다. 인류는 그럼에도 불확실한 것과 알 수 없는 것과 그로 말미암은 불안에 대한 완결된 해답, 불안의 완전한 소멸과 통제를 이루어 낸 적이 없습니다.

불확실한 것과 알 수 없는 것에서 비롯하는 불안을 자신의 본질로 품고 있는 존재 x는 언제나 질문을 던지며 생각하고 행동할 수밖에 없는 존재입니다. 아닙니다. 그에게 모든 생각과 행위는 언제나 질문입니다. 실험도 모험도 결국에 자연과 역사를 향한 질문일 수밖에 없습니다. 그는 불확실한 것과 알 수 없는 것과 때로는 불안이 비롯하는 그곳 x 아니면 X를 향해 질문에 다름없는 생각과 행위, 실험과 모험을 조준해 던지는 그 가운데로 그의 일생이 통과해가고 있습니다.

그러니까 x의 존재론의 x에게는 수학 방정식에 등장하는 x에 대해서처럼 완전한 해답이 주어질 수가 없습니다. x를 향해서 끝없는 질문을 던지더라도 언제나 다만 임시의 응답을 받을 수밖에 없기 때문입니다. 소크라테스는 메논에게 "당신이 알고 있다는 '아레테'(탁월성 또는 덕)라는 게 무엇이요?"라고 집요하게 묻고 다시 물어서 이러한 대답을 얻어냅니다.

"나의 마음과 입술이 마비돼 버렸습니다. 당신에게 대답할 말이 없군요. 하지만 지금까지 나는 수백 차례나 '아레테'에 대해서 말해 왔고 그것도 수많은 청중들 앞에서 아주 훌륭하게 해왔다고 생각했는데 말입니다."(『메논』 80a-b)

이렇게 실토를 하는 메논에게 소크라테스는 다음과 같이 말합니다.

"나 자신이 그 답을 알고 있으면서 다른 사람들을 혼란스럽게 만들려고 하는 건 아닙니다. 나 자신이 겪는 혼란을 가지고 사람들을 감염시키고 있는 겁니다. '아레테' 그것이 무엇인지 나도 모르거든요."(『메논』 80c)

자신이 정말 모르고 있는 '그것'이 무엇인지 끊임없이 질문했던 소크라테스의 속생각을 과연 그의 제자 플라톤은 이해했다고 볼 수 있을까요? 영원불변의 이데아를 만들어내고 그것들을 가지고 사물들의 실재를 완벽하게 정의할 수 있다고 생각했던 플라톤, 불확실한 것과 알 수 없는 것을 참을 수 없었던 플라톤은 그 자신의 '해답의 논리'를 가지고, x를 향해 끝없이 이어갔던 소크라테스의 '질문의 논리'를 뭉개버린 것으로 볼 수 있습니다. 그래서 '소크라테스에서 플라톤으로' 흘러간 철학의 역사를 '플라톤에서 소크라테스로' 역전시키기를 희망하는 철학자들도 더러 있습니다.[4]

x의 존재론에서 바라볼 때, 질문의 논리에서 해답의 논리로 넘어간 철학사를 다시 거꾸로 돌려놓아야 마땅한 사례는 중국철학사에도 있습니다. 『논어』에 보면 공자의 가르침에 대해서 제자 자공(子貢)

이 다음과 같이 말합니다.

> "선생님이 인성(性)과 천도(天道)에 대해 말씀하시는 것을 들을 수
> 가 없습니다."(『논어』 5:12)

공자는 추상개념에 의해 일반화하거나 정의내리기를 멀리했습니다.
그의 주장이 이른바 '정명론'(正名論)으로 알려져 있음에도 그는 예
(禮)와 인(仁)과 효(孝) 같은 주요 덕목에 대해서조차 사례와 맥락을
떠나서는 말하지 않으려고 했습니다. 왜 그랬을까요?

그는 질문의 논리 또는 반구(反求)의 태도로써 사례와 상황에 따라
대처할 응답을 구했기 때문이었습니다. 그의 반구의 태도란 향하여
던져진 질문으로부터 반사되어 오는 신호로써 자기의 응답 또는 행
위를 조절하는 것입니다. 그러나 그로부터의 신호 또는 응답을 일반
화해서 그 본래의 실재와 정체를 규명하거나 완결된 해답을 만들 수
는 없다고 보는 겁니다. 그렇게 완결된 해답을 찾는 것은 완고한 신
념의 체계를 낳는 해답의 논리이기 때문입니다.[5] 그래서 공자의 일
상의 태도는 다음과 같았다고 제자가 보고하고 있습니다.

> "공자께서 네 가지를 끊었으니 사사로운 뜻(意)을 갖지 않았고 기필
> 코 하려는 바(必)가 없었고 고집하는 바(固)가 없었고 자기를 내세우
> 지(我)를 않았다."(『논어』 9:4)

실로 인성과 천도에 대한 명쾌한 해답을 얻으려면, 공자의 『논어』가

아니라 공자의 이른바 정명론을 더욱 발전시켰다고 볼 수 있는 『맹자』의 '진심(盡心) 지성(知性) 지천(知天)'의 장을 들여다보면 됩니다. 거기서 맹자는 다음과 같이 말합니다. "그[자기]의 마음(心)을 다하는 것은 그의 성(性)을 아는 것이고, 그의 성(性)을 알면 곧 하늘(天)을 알게 되는 것이다."(『맹자』「盡心 上」) 그런데 과연 맹자는 공자의 반구(反求) 태도 곧 질문의 논리를 이해했던 것일까요?[6]

x 또는 X를 향한 탐구의 태도를 가지고 질문의 논리[7]를 모처럼 개시했던 공자와 소크라테스의 시초를 그 다음 역사에 등장하는 철학자들이, 그리고 특히 현대에 이르러서는 현상계 너머의 실재에 대한 형이상학적 탐구를 포기하면서까지 제각기 완결되고 폐쇄된 관념의 체계와 해답의 논리로 대체하는 흐름을 만들어서 더욱 인류의 지향하는 바를 완고한 신념의 허구들 가운데로 빠뜨려 놓았다고 볼 수 있습니다.

불확실한 것과 알 수 없는 것과 불안을 일으키는 그것은 모든 생명의 존재가 그의 몸 깊은 곳에 품고 있는 기억과 체험에 뿌리를 내리고 있다고 이해할 수 있습니다. 불안을 일으키는 그것이 불확실한 것이든 알 수 없는 것이든 그것 x는 생명과 함께 주어진 영원의 기억과 체험에 심어져 있는 것인데, 그것을 임기응변으로라면 몰라도 뿌리째 제거하거나 통제하기를 시도하는 것은 자기 생명 자체를 거부하는 행위에 다름 아닌 것입니다. 불확실한 것과 알 수 없는 것과 불안을 일으키는 것으로서 x를 생명의 실상이며 자신의 뿌리라고 이해할 수 있다면, 그것은 더 이상 그에게 제거해야 할 또는 제거할 수

있는 그런 것일 수 없다고 봅니다. (151220)

이창재: "불교의 무아를 이해했던 니체도 디오니소스의 황홀경 가운데서 그리고 영원회귀와 권력의지로써 개체 실존의 불안 또는 불확실성을 해소해 버리려는 동기를 가지고 있었다고 생각합니다."

이렇게 니체를 해석하시는 선생님의 'x의 존재론'도 전형적 불안 대처 모델로 보여집니다.

"플라톤은 그 자신의 '해답의 논리'를 가지고, x를 향해 끝없이 이어갔던 소크라테스의 '질문의 논리'를 뭉개버린 것으로 볼 수 있습니다. 실로 '소크라테스에서 플라톤으로' 흘러간 철학의 역사를 '플라톤에서 소크라테스로' 역전시키기를 희망하는 철학자들도 더러 있습니다."

질문의 논리 대 해답의 논리라는 대비가 선명하고 인상적입니다. 젊은 시절의 저는 '해답의 논리'를 추구했습니다. 중년과 장년기까지도 그랬을 겁니다. 정신분석은 '나름의 현실적 해답의 논리'를 제공하기에, 불안을 호소하는 사람에게 늘 뭔가를 줄 수 있기에, 마음이 적절히 든든해지게 하는 것입니다.

그러나 해답의 논리가 없이 질문의 논리만 일반인들에게 밀어붙여 보세요. 누가 그런 사람과 관계하고 싶겠습니까? 소크라테스가 많은 사람들에게 미움을 사서 사형을 당하게 된 원인들 가운데 하나는 그의 그런 방법에 있었을 겁니다. 불안을 해소해주기보다 안정된 신념을 깨뜨려서 불안을 가중시켰기에 말입니다. 여기에도 '적절한 불안' 대 '과잉 불안'의 구별이 필요합니다. '과잉 불안'을 유발하는 자는 제거하고 싶은 증오의 대상이 될 수밖에 없습니다.

'적절한 불안'과 결핍이 곧 인류의 생활에 욕망을 일으키고 욕동을 일으키는 동인이기 때문입니다. 목표로서는 완벽한 불안해소를 지향한다 하지만, 불안이 너무 없으면 어떤 욕망도 활성화되지 못하는 무기력 상태가 되기 때문입니다.

'죽은 아버지'의 힘을 들어보셨어요? 살아있는 아버지는 결코 완전할 수 없지요. 그러나 '죽은 아버지'는 살아있는 자식에게 영원한 추억의 대상으로 우상화되고 동일시되어 마음속에서 죽을 때까지 위력을 발휘합니다. 그것이 '종교'와 '각 국가에서 숭배하는 위대한 인물'이 주는 해답의 힘에 해당합니다.

시대환경에 따라 때로는 완고한 신념의 허구가 필요하기도 하고, 때로는 느슨해진 신념의 의미체가 필요하기도 하고, 때로는 질문과 탐구의 태도가 필요하기도 한 것이 정신분석학이 보는 불연속적으로 변화하는 존재의 환경에 대한 생존본능의 반응 아닌가요?

사회와 대중을 위해 '해답의 논리'를 전면에 내세우는 것이고, 실제로 전문가들 사이에서는 탐구와 질문의 반구행위를 지속한 것으로 보입니다. 불가에서는 이것을 '속제'(俗諦)와 '진제'(眞諦)로 구분하고, 세속 중생이 추구해야 하는 수행과정과 대화법 대 수도승의 추구하는 진리 방편으로서의 대화법을 구분하지요.

세속의 삶을 살면서 '스스로 성찰하는 능력이 부재하거나 자기성찰보다 힘 있는 이상적 대상의 말씀을 받아먹음(introjection)으로써 마음의 평화를 얻을 수 있는 사람들에게 수도자의 깨달음 중심의 태도를 요구하면, 정신건강에 탈이 나기 때문입니다. 두 유형의 논리를 조화롭게 응용하는 것이 필요함을 불가는 오랜 경험을 거쳐 알게 된 것으로 추정됩니다.(151220)

박동환: 철학자들이나 과학자들이나 그들의 역사가 시작된 이후 항상 현상의 근거설명이라는 이론적 전략을 택해 왔습니다. 그것은 관찰한 현상을 보고 아니면 경험한 현실을 놓고 왜? 어떻게? 라는 물음을 던지며 그것에 합당한 설명을 찾는 행위 아닐까요? 합당한 설명을 찾으려고 할 때 고대 전통의 철학자들은 주로 관찰한 현상 또는 경험한 현실에 대응시킬 만한 원인 또는 근거로서 때로는 이데아, 실체, 초월자 유일신, 모나드, 물자체, 의지 같은 것을, 때로는 천명, 도, 태극, 음양, 이기(理氣), 심(心), 동심(童心) 같은 것을 내세웠습니다.

현대에 와서는 대개 현상과 현실에 대응할 만한 형이상학적 실재나 실체 탐구를 포기하고 현상과 현실 자체만을 설명할 만한 규칙성 또는 필연의 법칙성을 찾는 겁니다. 현상학과 구조주의, 언어분석과 해체주의, 논리실증주의 같은 경향의 철학이 그 대표적인 사례들입니다. 그래서 20세기의 많은 철학자들은 대개 현상의 근거설명이 아니라 현상의 규칙화 아니면 피상(皮相)의 일반화를 시도했다고 볼 수 있습니다.

그런데 철학자들이 관찰하는 현상과 경험하는 현실이 각각 얼마나 특이하고 다양하기에 그것들을 설명하는 원인과 근거들 또는 규칙과 법칙들이 이렇게 각양각색일까요? 그것은 각자가 이 세계에서 각각 다른 현상과 다른 현실을 접하며 경험하기 때문이라고 볼 수 있는데, 그렇다면 서로 다른 그래서 자기만의 세계관이나 철학을 가질 수밖에 없는 것이 아니겠습니까?

실로 모든 철학자들이 주장하는 진리나 존재 이해를 검토해 보면 어느 두 철학자에게서도 서로 전적으로 공감하는 견해들을 찾기 어렵거든요. 하긴 철학적 사유라는 것은 누구를 따라서 하거나 누구와 같이 하는 것이 아니니까요. 물론 그들 각각의 다른 가설과 추론의 모양은 그가 타고난 개체성에 장전돼 있는 기억과 상상 그리고 그에게 다가온 우연한 상황과 경험에 의해서 결정되었을 겁니다. 그는 일생을 통과하며 스스로 다시금 자기 자신에게 질문을 던지면서 끊임없이 그의 답안을 돌이켜보고 고쳐나갔을 것입니다. 어떤 과감하고 솔직한 철학자는 또 하나의 우연한 기회와 발상에 부딪히면 그의 지난날의 답안 전체를 폐기하며 새로운 답안을 제출하기도 합니다.

만약 모든 철학자들에게서 이루어지는 각기 다르고 유일한 발상의 현장에 들어가서 모두가 공유하는 어떤 의미 있는 패턴을 찾을 수 있다면, 그것은 질문과 응답의 관계구조일 수 있습니다. 자기 자신과 벌이는 질문과 응답 아니면 대화를 공유하는 상대와 펼쳐가는 질문과 응답의 관계, 말하자면 언제나 선행하는 질문의 논리 그것이 철학적 사유가 통과해가는 절차이며 방법이라고 볼 수 있습니다.

그런데 만약 어떤 철학자의 이른바 한 특정한 해답이라고 할 만한 그런 철학이 있다고 하더라도 말입니다 … 하나의 좀비와 같은 존재가 아니라면 어느 누가 그 철학의 답안을 따라서 생각하고 행동하며 살 수 있겠습니까? 모두가 유일하고 고유한 개체성을 지니며, 모두에게 다가오는 기회와 경험이 각각 특이한데, 어떻게 기성제품처럼 이미 결정돼 있는 답안에 의지하여 그 자신의 문제를 풀 수 있겠습니까? 새끼 곰에게 물고기 잡는 법을 가르쳐 주려는 듯한 시범행동을 자리를 옮겨가며 보여주는 어미 곰을 본 적이 있습니다. (151222)

x의 존재론이 전형적인 불안 대처 모델로 보인다구요? 불확실성, 불규칙성, 우연성, 그 밖의 알 수 없는 모든 것 곧 미지의 우주에 둘러싸여 있음을 인식하면서 그럼에도 여전히 일반화할 수 없는 유일무이한 개체성 안에서 불안을 느끼지 않을 수 있다면, 그것은 다행스러운 부수 효과일 수 있습니다. 그런데 다른 한편으로 이 박사는 질문의 논리에 너무 기울어지는 자에게 다가올 위기에 대해 경고를 하고 있군요. 절박한 현실에서 해답을 요구하는 일상의 사람들을 향해 소크라테스 모양으로 질문의 논리를 고집하며 추궁만을 하다보면 박해나 고발을 당할 수 있다고 말입니다. 그래서 다음과 같이 말하는 게 더 정확한 실토가 될 것 같습니다.

지금까지 역사에서 이루어진 어떤 절대의 보편성도 필연성도 없는 인간 본위의 철학체계들과 그에 영향 받은 모든 인간 이해 또는 정신분석이 공유하는 존재론적 전제들을 폐기시키려는 목표를 x의 존재론이 갖고 있다고 말입니다. (151224)

이창재: 인간중심주의 관점을 내려놓으면, '실재'가 참 지금과 매우 다르게 우주 차원의 거시 언어로 인식된다는 걸 몇몇 학자들이 이미 알고 있었을 겁니다. 그런데 문제는 그 다음이지요. 영화 〈매트릭스〉가 던진 화두는 여전히 유효합니다. 큰 깨달음을 추구해온 소수 인간에게는 우주 언어가 선호될 수 있어도, 환상과 인식의 균형 있는 조화 속에서 현상의 삶을 향유해온 다수 사람들에게는 그것이 결코 선호될 수 없다는 점입니다. 하루 종일 먹는 기쁨으로 사는 사람, 성의 쾌락으로 사는 사람, 권력욕으로 사는 사람, 의지할 만한 힘 있고 안전한 대상을 찾아 그 대상을 '내면으로 삼키는 행위'에 의해 불안을 진정시키는 사람 등등에게 "존재하는 모든 것을 인간으로부터 해방시켜라" "삼켜도 삼키는 자의 것이 되는 것은 아니다"는 말은 결코 수용되기 어려운 특정인의 '특수 명제'로 평가절하될 것입니다.

x만을 거론하면 대중에게 쉽게 이해되지 않고, 특정 명제를 표현하는 순간 다수 반대자의 저항을 사게 되는 이 난제를 풀어내야 하는 부담이 선생님께 여전히 남게 되는 것 같습니다. (160103)

박동환: 여전히 이 박사는 '대중에게 호소할 수 없음'을 문제 삼고 있습니다. x의 존재론은 정신분석과는 달리 직접적으로 정신 문제

를 지닌 클라이언트나 대중에게 호소하는(이창재 박사 질문 (160408) 보기) 메시지가 아닙니다. 오히려 x의 존재론은 오늘날 대중에게 호소하는 인간본위의 진리와 그 언어체계를 폐기하려는 목표를 가지고 있습니다.("질문과 응답 3 '머리말 (161015)'" 보기) 이 점에서 x의 존재론과 정신분석은 그 목표하는 문제 해결의 차원을 전혀 달리하고 있습니다.

그러나 '인간 중심의 척도를 버려라.' '인간으로부터 해방시켜라.' 이 메시지가 큰 깨달음을 얻은 소수자에게만 받아들여질 수 있다구요? 오히려 소수자로부터 제외된 일상의 다수자에게 전하는 메시지일 수 있습니다. 맑스와 프로이드 그리고 예수가 인류에게 던진 메시지가 무엇인지를 생각해 보세요. 인간이 만들어낸 체제와 관념이 오히려 다수의 인간들을 세뇌시키고 지배 또는 착취하는 그런 족쇄로부터 풀려나 자유를 얻게 하려는 데에 있지 않았습니까? 아마 붓다와 노자에게서도 많은 사람들이 같은 해방과 자유의 메시지를 발견할 것입니다. 인류는 아주 오랜 옛날로부터 그들이 임의로 만들어낸 일상의 관습과 도덕 때로는 공공의 선(善)이라는 명목으로 사람들을 제재하거나 괴롭히는 일을 얼마나 많이 해왔습니까. 정신분석과 정신의학 분야에서조차 그들은 정상과 비정상의 행동을 자의적으로 구분 규정해서 많은 일상의 사람들을 오히려 사회로부터 격리시키는 장애를 가져다준다고 비판받기도 합니다.(Thomas Szasz, "Psychiatric classification as a strategy of personal constraint," *Ideology and insanity*, New York: Syracuse University Press, 1970, 1991)

인류를 제외한 자연의 생명들은 차라리 제도와 관념 조작의 능력을 갖추지 못했기에 저러한 허구의 척도들에 의해 다수의 동족 또는 동류를 조직적으로 세뇌시켜서 지배하는 것과 같은 행동은 하지 않거든요. 그렇게 이루어져 온 인류의 역사를 돌이켜 볼 때 붓다와 노자, 맑스와 예수는 아직도 살아있는 구원의 메신저라고 볼 수 있습니다.

그들은 모두 인간이 만들어낸 허구의 척도들로부터 인간 자신이 해방되고 자유를 얻을 수 있도록 그들 각각의 시대 환경에 따라 다른 모양의 메시지를 던지고 있습니다. 이렇게 각각의 다른 시대에 던져졌던 다른 모양의 메시지들이 하나의 생활공간으로 모인 21세기의 시야 안에서 이제 새로운 시대의 질문이 떠오르고 있습니다. 말하자면 붓다와 예수의 단순하고 순수하던 메시지조차 다시금 후세의 변론가들이 구축한 허구의 개념과 범주들에 의해 사람들에게 해방과 자유의 메시지로서보다는 세뇌와 지배의 척도로서 전락해버린 부분이 더 많다고 여겨지는 겁니다. 그래서 붓다와 노자, 맑스와 예수가 각기 다른 모양의 특수한 메시지를 가지고 배격한 허구의 인간 척도를 대체할 수 있는 보편의 대안 척도는 무엇일까 하는 시대의 질문이 떠오르는 겁니다.

여기서 실존하는 모든 개체생명들의 운명과 그들이 소속하는 역사를 좌우하는 보편의 척도로서 영원의 기억과 무한 상상 그리고 한계 초월이라는 존재양식이 대안으로 등장하는 겁니다. 그 존재양식의 세 가지 단면을 각각 x, $\neg x$, $X(\ )$로서 대표하고 이를 'x의 존재론'이라고 합니다. 생명을 가진 어떤 개체존재도 기억과 상상의 활동으로써 자신을 실현하며, 다시 한계초월을 겪음으로써 그에게 주어진 시간과 운명의 과정을 통과해 가고 있는 겁니다. 깨달음을 얻은 소수자이든 일상의 다수자이든 한 개체존재 x는 예외 없이 한결같은 보편의 척도 곧 그러한 시간과 운명의 과정을 통과해 가고 있습니다. (160114)

한 개체생명의 내재성은 영원의 기억 x와 그로 말미암은 무한 상상 ⌐x를 포함하는데, 정상 또는 비정상(파격)의 모든 가능한 행동과 생각들이 거기서 발현하는 것으로 볼 수 있습니다. 그리고 한 개체생명의 초월성 X( )라는 것은 그가 원하든 원하지 아니하든 그의 한계가 격파 또는 초월 당함으로써 겪는 모든 가능한 운명의 사건들을 포함하는데, 그 하나의 사건을 죽음으로 이해할 수 있습니다. 그러니까 x의 존재론이 대표하는 철학이라는 것은 자연학과 구별하는 인문학일 수도 없고 인간 본위의 시간척도를 가지고 이해하거나 설명할 수 있는 영역도 아닌 것입니다.

아리스토텔레스는 당대의 자연에 관한 지식을 섭렵하며 대표해서 그의 형이상학 또는 개체존재론을 개척했습니다. 17세기의 데카르트와 라이프니츠는 해석기하학과 미적분이론을 개척하고 당대의 물리학과 생물학을 섭렵하고 대표해서 자아의 형이상학 또는 개체 모나드론을 제시했습니다. 20세기 전후로 나타난 니체와 러셀 그리고 베르그송을 비롯한 수많은 철학자들 역시 당대의 물리학과 수학 또는 생물학을 섭렵하고 대표해서 영원회귀와 논리적 원자론과 약동하는 생명의 형이상학 같은 것을 제시했지요. x의 존재론이 자라

온 바탕에는 지금까지 자연의 모든 격동기들을 통과해온 장구한 생명의 과정을 미시적/거시적으로 분석하는 가운데 이루어진 유전(heredity)의 분자생물학과 그런 역사현상의 장기적 패턴에 대한 고생물학의 생명관이 한 부분으로 깔려 있습니다.

x의 존재론은 모든 전통의 철학사에 등장하는 특정한 개념과 범주들의 체계를 폐기하며 대체하려는 뜻을 담고 있습니다. 모든 개념과 범주들의 체계가 폐기될 수밖에 없는 21세기 공터에다가 실존하는 모든 개체생명들이 통과하는 순간순간의 단면들 x, $\neg x$, $X(\ )$라는 보편의 시간척도를 대체해 놓으려는 것이죠.("질문과 응답 2 ─ 박동수/박동환"의 (160424) 보기) x의 존재론은 어떤 철학사의 전통이나 계통에도 예속하지 않은 무중력 상태 그런 역사의 공터에서 떠오르는 시대의 질문인 동시에 보다 많은 사람들에게 해방과 자유의 새로운 가능성을 열어놓는 메시지가 될 수 있지 않나 생각하는 겁니다. (160116)

이창재: 노년이란? … … 주변의 칠십, 팔십 세 된 분들을 보면 죽음 욕동 에너지가 육체와 정신 내부에서 이미 발현되어서 그런지 대개 잘 먹고 자고 배설하고 자식 생각하는 것 혹은 병이나 불안 같은 것이 없이 그날그날 편히 보내는 것 외에 삶의 특별한 목표가 없어 보입니다. 60세 이후 사망까지의 인생은 어떤 것인지 … 한 말씀 들을 수 있을까요? (160330)

병, 파산, 배우자 상실 등등의 불안 상태에서는 누군가로부터 뭔가 위로받고 싶어 하는데, 그럴 때 그분들에게 선생님의 말씀이 어떻게 받아들여질지 상상이 잘 안 됩니다. … … 선생님의 답안을 보고 삶에 엄습한 고통 증상의 깊은 의미를 깨닫고 증상에서 해방되고 싶어 하는 클라이언트뿐만 아니라 일반대중이 그들의 과정불안을 잠재우는 '정서적 깨달음'에 도달할지는 미지수로 보입니다. … … 인간의 '정서에 침투해 제압-응집하거나 위로하는 은유어'를 써서 인상적으로 전달해야 깊은 울림이 있을 것 같습니다. (160408)

박동환: 노년이란 … 영원을 자기 안으로 길들여 온 지금까지의 내재성구축(미시분석의 대상) 과정을 다시 역으로 자기를 영원의 부분으로 환원시켜가는 한계초월(거시분석의 대상) 과정으로 이해할 수 있지 않을까 생각합니다.("마지막 한 마디―개체생명 x에 대한 미시분석과 거시분석 연습" 보기)

그러니까 영원의 부분으로 회귀하는 한계초월의 (또는 한계를 격파당하는) 과정에서 자기를 무엇과 동일시하느냐에 따라 불안함을 느낄 수도 있지만, 그래도 견딜 만하게 불안하거나 아주 평안함을 느낄 수도 있겠습니다. 소크라테스와 프로이드가 각각 그들의 말년에 말했던 죽음의 이해가 그런 과정의 사례입니다. 프로이드는 말년의 저서에서 죽음을, 생명을 지키기 위한 세포물리적 차원의 투쟁에서 벗어나 평정한 휴식으로 들어가는 과정으로 이해했습니다.(『쾌락원칙을 넘어서』보기) 예수는 그의 죽음으로써 한계초월의 과정을 가장 높은 차원으로 올려놓았습니다. 죽음이라고 불리는 이 한계초월의 과정은, 개체생명의 내재성구축 과정만큼이나, 각자의 실존적 자각과 선택에 따라 다양하게 이해되며 진행될 것입니다.

이것이 x의 존재론이 말하는 존재분석 곧 생명의 존재 x에 대한 미시분석과 거시분석이 가리키는 포인트의 하나입니다. 실은 지금 그분들은 어떻든 나름대로 잘 먹고 자고 편안하게 지내거나 아니면 일상의 고통과 불안을 안고 별다른 목표의식 없이 다만 시간의 흐름을 따라 영원의 어떤 부분으로 회귀하는 한계초월의 과정을 통과하고 있는 것으로 볼 수 있습니다. 그러나 그들 각자는 고유의 정신권이 있으므로 그런대로 즐길 만하다고 주장할 수도 있는데, 그럼에도 역시 각자에게는 한계초월의 과정을 자각하며 무엇으로 동일시해야 할지에 대한 선택과 공부가 과제로 남습니다. (160331)

여기서 정신분석가와 철학자는 가는 길을 달리하는 것 같습니다. 정신분석가는 그의 클라이언트와 동행하면서 그의 고통과 불안을 무엇과 동일시해서 해소할 수 있을지 제시해야 하는 고행에 가까운 일을 감당해야 하겠지요. 철학자는 이 박사께서 끊임없이 일상인들에게는 요구할 수 없다고 지적하는, 끝이 없는 때로는 해답 없는 질문의 길을 따라가게 되어 있습니다. 소크라테스도 공자도 붓다도 그랬고, 특히 예수는 고뇌에 찬 그 자신의 마지막 운명의 시간에 그랬던 것 같습니다. 그럼에도 철학자는 또 하나의 다른 개체 실존 x의 고유한 성향과 선택, 그의 고통과 불안을 따라 공감 동행하는 일까지 하는 것 같지는 않습니다.

철학자는 정신분석가보다 대개 공감지수가 낮아서인지 그런 실존의 고통과 불안을 뒤로하며 보다 냉혹한 질문들이 폭주하는 사유영역을 개척하는 일을 업으로 하고 있습니다. 한 철학자의 질문들이란 클라이언트의 정서적 고통과 불안을 위로하는 데에 주요 목표를 두고 있지 않기 때문입니다.

그럼에도 만약 정신분석이 개체실존 x의 내재성구축 과정에 대한 미시분석과 그 x의 한계초월 과정에 대한 거시분석을 포섭할 수 있다면, 프로이드가 생명과학의 한 분과전공자로서 개척했던 정신분석의 영역 [8,9]을 더 넓혀서 현대과학의 수준으로 업데이트하는 데에 기여할 수도 있지 않을까 하는 희망이 있는 겁니다. 그렇게 정신분석의 바탕에 존재분석을 대입할 수 있다면, 거의 모든 사람들이 겪는 일상의 고통과 불안 그리고 출생에서 죽음에 이르기까지의 일생에 보다 객관적으로 또는 미시적/거시적으로 접근하는 보편의 한 정신과학을 개척할 수도 있지 않을까요? 이것이 개체실존 x에 대한 분석과정에서 가끔 떠오르는 질문이기도 합니다.

물론 개체실존이 통과하는 과정들에 대한 질문을 생각하는 한 철학자에게 반성해야 할 부분—해답을 찾아 동행하는 공감의 연습이 필요한 부분이 있습니다. 20세기를 대표하는 한 논리학자이며 철학자였던 버트런드 러셀은 대강 다음과 같은 뜻을 전하는 말을 한 적이 있습니다.

'확실성이 없이도 어떻게 [불안으로] 와해되지 않고 살 수 있는지를 가르치는 것이 이 시대의 철학이 그것을 공부하는 사람들을 위하여

할 수 있는 주요한 일이다.'[10]

역시 공감지수가 그리 높지 않았던 것으로 보이는(Katharine Tait, *My father Bertrand Russell*, Bristol, England: Thoemmes Press, 1975, 1996. 보기) 러셀은 사는 동안 거의 파탄에 가까운 사생활을 되풀이해 겪으면서도 흔들림이 없는 철학자로서 98세의 일생을 향유했습니다. 그래서 말입니다. 이를테면 앞의 사례에 해당하는 분들이 겪는 일상의 고통과 불안에 공감하며 동행하는 일을 업으로 하지는 않더라도, 철학이라는 것은 인류의 문명이 시작한 이래 개체실존의 운명을 그 자신을 초월해 흐르는 영원의 시간에 투영(거시분석)함으로써, 또는 개체존재의 무한한 다양성을 최소한의 물리적/정신적 내재 성분들에 의해 분석(미시분석)함으로써 사유영역과 존재사명을 확장해 온 역사를 가지고 있습니다. 그러므로 적어도 2,500년 동안 온갖 시대의 변화를 겪으며 펼쳐져 온 철학자의 사유영역과 존재이유가, 19세기말에 등장해 현재까지 100년 남짓 급속히 발전해 온 정신분석가의 그것과는 다른 흐름 가운데에 있을 수 있습니다.

오늘날 일상의 교양인들이 이름을 들어 알고 있는 아리스토텔레스나 노자가 설명하고 있는 철학의 진수를 당대의 몇 사람이나 이해할 수 있었겠습니까?("질문과 응답 2―박동수/박동환"의 마지막 답변 (160218), (160222) 보기) 아인슈타인의 상대성이론이 발표된 다음 초기에는 단 세 사람만이 그리고 좀 지나서는 단 아홉 사람만이 그것을 이해할 수 있다는 소문들이 물리학자, 수학자들 사이에 돌아다녔습니다.[11] 그렇다고 나는 정신분석의 현장에서 실전에 임하고 있는 이 박사님의 경고에 깔려있는 이해방식을 흔한 포퓰리즘으로 보지는 않습니다.

이 박사님의 이해방식은 철학자의 문제의식과 존재이유가 일반인들 또는 인간 모두의 정서적 필요를 만족시키는 데에 봉사해야 하는 것처럼 전제하고 있습니다. 그러나 철학은 그것이 출현한 이후 일상인들 또는 고통에서 벗어나고 싶어 하는 인간 일반의 정서적 필요와 존재이유에 의해 공감 공유될 수 없었음에도 불구하고, 지금까지 끊어진 적이 없는 명맥을 유지하며 그 고유의 질문들과 존재이유를 항상 새롭게 해 왔습니다. 철학의 질문들과 존재이유가 그동안 수많은 변천을 겪으면서 그때마다 극히 제한된 소수자에게만 이해될 수밖에 없었더라도 말입니다.

탐구의 최전선에 이제 막 떠오르는 진리는 그것을 이해하고 공감하는 이들의 수에 의해 그 값과 성패가 결정되는 것은 아니니까요. 오히려 때로는 보다 많은 이들이 당장에 공감하고 공유할 수 있는 것이라면 그것은 아마도 한 철학자가 지금 심혈을 기울여 찾고 있는 깨달음이 아닐 확률이 높아 보입니다.

특히 x의 존재론은 그것이 정서적 필요이든 어떤 심리적 고통이든 그것의 해법을 인간 본위의 문제의식과 존재이유를 떠나서 모색하려는 목표를 가지고 있습니다. 인간 본위의 세계관과 그런 철학의 모든 체계들을 떠나서 잡은 새로운 존재의 경계 x에서 오히려 인간 문제의 근본 이해와 해법을 찾을 수 있으리라고 생각하기 때문입니

다.(이 책 X장 "x의 존재론: 특히 가에로 밀려난 존재들의 한계해법에 대하여" 보기)

이 지점에 와서 보니 한 정신분석가와 한 철학자는 같은 목표를 가지고 같은 일을 하는 것은 아닌 것 같아 보입니다. '그렇다면 당신이 말하는 x의 존재론이란 어떤 질문을 품으며 무엇을 위하여 있는 것인가?' 이 물음이 다시금 나에게 다가와 자신을 돌아보게 하는군요. (160409)

1. 한 뇌신경과학자는 "기억의 정확성과 부정확성의 생물학적 근거들"이라는 논문에서 다음과 같이 말하고 있다. "[기억의] 고착화(consolidation)가 뜻하는 바는 기억이 학습을 하는 순간에 고정되는 것이 아니라 시간이 지나면서 바뀌고 다시 조직화된다는 것이다."(p. 198) Larry R. Squire, "Biological foundations of accuracy and inaccuracy in memory," *Memory distortion: how minds, brains, and societies reconstruct the past*, ed. D. L. Schacter, Cambridge, MA: Harvard University Press, 1995, 1997.

2. 주낙현 성공회 신부는 죽음에 대한 신앙인의 태도를 사도 바울의 다음과 같은 외침으로 이해한다. "죽음아, 네 승리는 어디 갔느냐? 죽음아, 네 독침은 어디 있느냐?"(「고린도전서」 15:55) 따라서 예수의 죽음을 이렇게 풀이하고 있다. "십자가에 처형된 예수의 죽음은 죽음이 아니다. 오히려 그것은 죽임과 죽음의 세력에 대한 사망 선고이다. 신앙인은 이 역설 안에서 사는 사람이다." 주 신부는 역시 성공회 사제이며 시인이었던 존 던(John Donne 1572~1631)의 "죽음아, 뽐내지 마라"("Death, Be Not Proud," Holy Sonnet 10, *Songs and Sonnets*, 1633)라는 시를 다음과 같이 번역해 소개한다. (*http://viamedia.or.kr/2013/03/29/1913*)

"죽음아, 뽐내지 마라. 어떤 이들은 너를 일컬어
힘 있고 무섭다고 하지만, 너는 그렇지 못하니
네가 무너뜨렸다고 생각하는 그들은
죽지 않았으니. 이 불쌍한 죽음아, 너는 나도 죽일 수 없느니.
안식과 잠을 볼지라도 그것은 너의 환영일 뿐이며
거기에선 오히려 더 많은 기쁨이 흘러나오나

가장 선한 사람이 너를 따라 먼저 갈지라도
그들의 몸과 뼈는 안식을 누리고, 그들의 영혼은 구원을 얻느니.
너는 운명과 우연과 왕들과 절망하는 이들의 노예이니
독약과 전쟁과 병마에 깃들인 것.
아편이나 마법으로도 우리를 잠들게 할 수 있으리니
너의 일격보다 더 나으니, 네가 뽐낼 까닭이 무엇인가?
그 짧은 잠은 지나가고, 우리는 영원히 깨어나리니
더는 죽음이 없으리, 죽음아, 그때에 네가 정녕 죽으리."

3. Karen Szala-Meneok, ***Time and contingency: temporal organization in Southern Labrador***, Ph.D. Dissertation, Ontario, Canada: McMaster University, 1992. p. 275.

4. 소크라테스의 영향에서 벗어난 중년 이후의 플라톤은 그가 추구하는 지식을 완성하기 위하여 당시의 수학 곧 기하학에서 하는 것과 같은 증명에 호소한다. 그 증명의 형식에 따르면 그의 스승 소크라테스는 결코 주장한 적이 없는 보편적이고 필연적인 진리에 관한 지식 곧 불변하는 영원의 진리에 도달할 수 있다고 믿은 것이다. 그래서 "소크라테스에서 플라톤으로"라는 한 편의 글에서 한스 마이어호프는 오히려 역으로 '플라톤에서 소크라테스로'라는 대안의 흐름이 있음을 제시한다.[1]

5. "사람의 운명에 관여하는 가장 주요한 변수는 [내재하는 것이든 초월하는 것이든] 사람으로부터 오는 것이든 자연으로부터 오는 것이든 모두 타자[미지]의 영역에 숨겨져 있다."(100쪽) 박동환, "古代漢語와 原始反求: 철학사 비판 1,"『안티호모에렉투스』, 제1판, 2001; 제2판, 고양: 사월의책, 2017.

6. "그는 의문과 祈求를 던지며 그것이 전해질 미지의 영주 [　]를 향하여 두려운 마음으로 자기 자신을 조정한다. 殷代의 貞人도 은의 殘黨을 토벌하고 禮敎德治를 주장한 주공도 주공을 꿈에서 그리던 공자도 난세의 처신을 숙고한 노자도 모두 미지의 영토를 향하여 근신하며 자신의 임무를 찾았다. …… 이런 上古의 원시반구의 전통에 비추어 본다면 "萬物皆備於我"(『孟子』「盡心 上」), "萬物與我爲一"(『莊子』「齊物論」), "心卽[天]理"(『傳習錄 上』3)로써 미지의 영토를 축소해 간 道通의 철인들 그리고 최고의 존재인 神의 정체를 추적하여 상향추론을 하거나 '나는 누구인가?'라고 자기 실체를 묻고 찾은 서구의 철인들은 각기 소속한 도시 문명이라는 '논리적' 한계 곧 '해답의 논리'에 그들의 탐구와 반구행위를 굴복시킨 것이다."(98-99쪽) 박동환, "古代漢語와 原始反求: 철학사 비판 1," 『안티호모에렉투스』, 제1판, 2001; 고양: 사월의책, 2017.

7. "다른 하나는 태고로부터 변함없이 펼쳐져 왔을 생명형태로서 탐구행위 가운데 … '물음의 논리'로 대표되는 [제]3 표의 세계인식과 모임형식이 있다. 이 물음의 논리는 도시문명 가운데서 완성된 해답의 논리보다 원시적이지만 오히려 영원한 생명의 탐구행위로 이어져 온 것이

---

(1) "플라톤의 타입은 철학사에서 지배적인 전통이 되어왔다. …… [그러나] 소크라테스 타입의 철학적 사유로 돌아가려는 움직임도 있다. 다시 말해서, '플라톤에서 소크라테스로'라는 반동의 움직임이 최근의 철학에 나타난 것이다." Hans Meyerhoff, "From Socrates to Plato," *The critical spirit: essays in honor of Herbert Marcuse*, eds. Kurt Wolff & Barrington Moore, Boston: Beacon Press, 1967. p. 196.

그럼에도 '플라톤에서 소크라테스로'의 길이, 마이어호프가 제시한 사례의 키르케고르나 니체, 알프레드 화이트헤드나 존 듀이 같은 철학자들에 의해서 다시금 소크라테스의 질문의 논리가 충분히 이해된 바탕 위에서 이루어졌다고 할 만한 것인지는 의문스러운 것이다.

다."(9쪽) 박동환, "초판의 머리말(해제)," 『안티호모에렉투스』, 제1판, 2001; 제2판, 고양: 사월의책, 2017.

여기서 말하는 질문의 논리 또는 물음의 논리가 해답의 논리에 대해 갖는 전략적 차별은 어디에 있는가? 물음의 논리는 그에 대응하는 해답의 완료를 기대하거나 보장하지 않는 데 강조가 있다. 하나의 물음에 대해 주어지는 해답은 언제나 일회적인 것이며 그것의 일반화는 보장되는 것이 아니다.

그리고 하나의 물음이 궁극에 가서 만나는 것은 언제나 어떤 일반화도 어떤 특칭도 거부하는 x 또는 X이다. 따라서 물음 또는 탐구의 어떤 시점에서도 완료된 해답 또는 완전한 곧 절대의(제1의) 보편성은 주어지는 것이 아니다. 고대의 동서 철학자들에게서 발상된 범주들과 그 추론체계들은 모두 허구의 완료된 해답 또는 허구의 보편성으로 인도하는 착각을 오늘에 이르기까지 대중화하고 있다.

생명의 가장 오래된 탐구 형식은 물음이었을 것이다. 그리고 그 물음이 구체화된 가장 단순한 표현은 찔러보거나 냄새를 맡아보는 것이었다. 생물학자들이 말하는 유전프로그램 가운데에는 이렇게 오래된 물음의 양식과 그로부터 얻은 응답들이 축적되는 사이에 이루어진 기억의 체계가 포함되어 있으리라고 본다. 한 개체생명은 그러니까 어느 시점에서도 아직 완료될 수 없는 질문과 응답의 축적으로 이루어진 기억의 체계에 의존할 수밖에 없다. 100년 남짓한 이력을 가진 정신분석학과 함께 기껏해야 3,000년 아니면 6,000년 정도에 걸쳐있는 모든 철학자들의 체계는 아직도 너무나 유치한 단계의 질문과 응답 체계에 지나지 않을 뿐이다. 인간이 물음의 논리를 아무리 연장해서 해답의 체계를 세련시켜 가더라도 그것은 여전히 생명이 간직하고 있는 영원의 기억체계가 진행하는 가운데서 평가 조정되어야 하는 수준에 머물러 있는 것이다.

고대의 동서 철학자들에게서 발상된 모든 범주들과 그 추론체계들의 바탕에서 움직이는 해답의 논리는 실은 그보다 비할 수 없이 오래된 질문의 논리가 펼쳐가는 탐구과정에 섬광처럼 잠깐잠깐 일어나는 단면에 지나지 않는 것이다. 철학자들이 제시하는 모든 해답의 체계들은 이후에 현실의 역사에서 검증 받아야 하는 가설들이며 그래서 그 검증에서 주어질 결과 곧 응답을 기다리는 질문들이다. 말하자면 탐구의 과정에서 일어나는 의문의 가설과 그것의 검증을 위한 모험과 행동 자체가 모두 자연과 역사를 향해 던지는 물음들이다. 하나의 생명은 태어나 찔러보기나 냄새맡아보기와 같은 유치한 단계를 거치며 쉼 없는 질문을 던져 그의 일생이 통과하는 그때그때의 해답을 만들어낸다. 이렇게 얻은 어떤 해답이든 그것은 쉼 없이 이어가는 긴 일생의 질문 과정에 잠깐잠깐 일회적으로 주어지는 휴식이다.

해답은 휴식이며 질문은 노동인가? 질문도 해답도 끝없이 교차하며 이어지는 과정으로서 생명의 즐거운 유희이다. (160822)

8. 미국정신분석학회(American Psychoanalytic Association)에서는 정신분석의 분야가 대학의 심리학과 정규과정에서 소외되어 가는 추세에 대하여 그 학회 소속의 두 교수 레드먼드와 슐먼이 조사 보고하였는데,[2] 이를 비롯한 자료들을 모아 뉴욕타임스의 한 전문기자 패트리시아 코헨이 요약 정리한 바 있다.[3]

9. 동물학, 해부학, 생리학의 세부 영역에 관한 논문들을 발표하면서 시작한 프로이드의 정신분석 개척과정에 대해서는 프로이드의 전기적 자료들을 가지고 심리학자 프랭크 설러웨이가 자신의 방대한 저서에서 상세히 서술한 바 있다. 설러웨이는 프로이드가 정신분석을 하나

의 독립 영역으로 만들기까지 집중적으로 연구했던 생물학적 토대를 그 자신이 스스로 은폐하려는 의도를 가지고 있었던 것으로 해석하고 있다. 그럼에도 설러웨이는 프로이드를 '마음의 생물학자'라고 부르고 있다.[(4)]

10. "생생한 희망과 공포 앞에서 느끼는 불확실성은 고통스러운 것이다. 그러나 그것[불확실성]은 동화 같은 위안이 없이 살아가야 하는 사람들이 감내해야 하는 것이기도 하다. 확실성이 없이도 어떻게 와해되지 않고 살 수 있는지를 가르치는 일, 이 시대의 철학이 그것을 공부

---

(2) "정신분석의 사조들에 대한 교육이 상위 150개 대학 학부에 얼마나 보급되어 있는지 알아보기 위해서 소프트웨어에 기반한 조사를 실시하였다 ···. 그 결과 정신분석의 사조들은 대부분의 ··· 대학 커리큘럼 곳곳에 들어있었지만, 전반적으로 ··· 심리학과들에 보다는 다른 학과들에 정신분석의 사조들을 소개하는 과정이 더 많은 것으로 드러났다." "··· 정신분석 및 정신분석의 사조들은 ··· 심리과학 (the science of psychology)이라는 학문에 더 이상 활발하게 기여하는 것으로 보이지 않는다 ···. ··· 정신분석은 심리학의 주류에서 수명을 다한 죽은 분야이다 ···."(pp. 573-582) J. Redmond & M. Shulman, "Access to psychoanalytic ideas in American undergraduate institutions," *Journal of the American Psychoanalytic Association*, vol. 56, no. 2(June 2008).

(3) "미국정신분석학회의 최근 보고서에 따르면, 정신분석—또는 정신분석을 목적으로 하는 연구—은 문학, 영화, 역사 그리고 그 밖의 다른 인문학 분야에서는 여전히 활기를 띠고 있지만, 심리학과와 심리학 교과서에서는 수명을 다한 죽은 분야로 취급하고 있다. '현재진행중인 운동이거나 지금 살아서 발전하는 과정'이라기보다는 하나의 역사적 유물로 취급하고 있다." Patricia Cohen, "Freud is widely taught at universities, except in the psychology department," *New York Times*, Nov. 25, 2007. *http://www. nytimes.com/2007/11/25/weekinreview/25cohen. html*

하는 사람들을 위해 여전히 할 수 있는 주요한 일이다."(p. xiv) Bertrand Russell, *A history of Western philosophy*, New York: Simon & Schuster, 1945.

11. '세상에서 단 세 사람만이 상대성이론을 이해할 수 있었다'는 일화는 1919년 11월 6일 영국 런던왕립학회 모임이 끝나갈 때 쯤 두 사람 사이에 있었던 한 대화 장면에서 비롯한 것이라는 회고가 있다.[5]

---

(4) "한 생물학자로서 그 자신의 학문 경력을 시작하면서 그[프로이드]는 동물학, 해부학, 생리학 분야에서 뛰어난 빈의 최고 학자들과 함께 연구함으로써 자신의 과학적 견해를 이루었다. 따라서 정신분석가로서 그가 이룬 이 주요 발견의 시기(1890~1905)에 프로이드가 인간을 생물학적 존재로 자리매김하는 것이 매우 자연스러웠던 것이다 …. 하지만 그는 또한 극히 모호한 태도를 보였다 …. 실로, 그가 드디어 일단 심리학과 생물학의 혁명적인 종합을 이루어낸 다음에, 그는 생물학적 측면을 적극적으로 덮어버리려고 하였다 …."(p. 4) Frank J. Sulloway, *Freud: biologist of the mind*, Cambridge, MA: Harvard University Press, 1979, 1992.

(5) "[아서] 에딩턴(Arthur Eddington)은 그 일을 이렇게 회고했다. 모임이 파하던 즈음에 상대성이론에 관한 초기의 책들을 쓴 저자들 가운데 한 사람인 루트비히 실버슈타인(Ludwig Siberstein)이 그에게 다가가 이렇게 말했다. "에딩턴 교수님, 당신은 세상에서 일반상대성이론을 이해하는 세 사람 가운데 한 분이 틀림없군요." 에딩턴이 대답 없이 머뭇거리자 실버스타인은 "너무 겸손하지 마세요, 에딩턴 교수님."이라고 했다. 그러자 에딩턴은 이렇게 대꾸했다. "아닙니다, 저는 그 세 번째 사람이 누구인지 생각하는 중입니다!"" S. Chandrasekhar, "Verifying the theory of relativity," *Royal Society of London*, vol. 30, no. 2(Jan., 1976), pp. 249-260.

해석과 재구(再構) 1

김동규/박동환

미래의 멜랑콜리 *

김동규 (연세대)

김상봉보다 정도는 덜하지만, 박동환 철학에도 서양철학의 흔적은 진하게 남아 있다. 특히 동양적 전통을 비판하며 '개체의 독립성'을 강조할 때 그러하다. 두 철학자 모두 일찌감치 서양철학을 연구하며 그 속에서 선선히 동의할 수 없는 점을 부여잡고서 서양의 한계를 밝히고자 했지만, 그렇게 대결하는 와중에 닮게 되었던 것 같다. 사실 이것은 한 개인의 무능력과 부주의의 문제는 아니다. 누구든 서양철학을 공부한 사람이라면 피할 수 없는 운명일 것이다. 아니, 서양의 한가운데 이미 들어와버린 우리 모두의 운명일 것이다.

---

* 김동규 박사는 그의 저서 『멜랑콜리아―서양문화의 근원적 파토스』(파주: 문학동네, 2014)의 8장 2절, 3절, 5절에서 박동환의 발표글들에 대한 정리와 풀이를 하고 있는데, 그 가운데 5절에서 "x의 존재론―특히 가에로 밀려난 이들의 한계해법에 대하여"(『철학논집』, 제31집, 서강대학교 철학연구소, 2012)에 대해 풀이한 것 (283-289쪽)을 여기에 옮겨 놓은 것임.

머리말에서 밝힌 미토콘드리아의 지혜에 따르면, 문제는 '흔적의 제거'가 아니라 '창조적인 공생'이다. 이 공생에는 호혜적 협력이란 의미 이외에도 적대적 투쟁, 동화 및 이화, 적응, 합병이라는 의미까지 내포되어 있으며, 특히 몸의 융합, 곧 '혁신적인 변용'이라는 계기가 주도적으로 작동한다. 서로 다른 두 개체가 변용되어 이전에는 없던 새로운 '공동체적 개체'라는 새로운 몸을 형성한다. 그것이 바로 공생을 통한 새로운 발생이다. 요컨대 '공생발생'(Symbiogenesis)에서의 핵심 관건은 **자기와 타자의 창조적인 변용**이다.

그렇다면 미래의 멜랑콜리는 어떤 변용 과정을 겪게 될 것인가? 먼 미래에 서양적 멜랑콜리는 어떻게 보편성을 확보하며 새롭게 재정립될 수 있을까? 멜랑콜리가 사라지지 않는다는 전제하에서, 동서를 아우르는 멜랑콜리는 어떤 구체적인 모습으로 도래할까?

솔직히 이런 물음들의 '융단폭격'에 여전히 나는 무력하기만 하다. 그렇다고 침묵할 수만은 없기에, 여기서는 간단하나마 박동환 철학을 해석하는 가운데 이 물음들에 응답해보고자 한다. 이후 제3부에서 우리 시 속에 등장하는 멜랑콜리의 변용 과정을 좀더 구체적으로 살펴볼 것이다. 비유컨대 미래의 멜랑콜리라는 건축물을 두루 살펴보기 위해서, 먼저 철학의 설계도면을 들여다보고, 이후 시적 상상력을 통한 3차원 시뮬레이션을 조감할 것이다.

박동환 철학은 진행중이다. 그는 3표론(정체쟁의 · 집체부쟁 · 붙음살이) 이후에도 줄곧 미래의 철학을 구상중에 있다. 지금까지 그는 완성되거나 완료된 철학, 박제화된 철학을 거부하고, 진행형의 철학, 살아 꿈틀대는 철학을 견지해왔다. 현재도 그는 각고의 노력으로 새로운 철학 개념들을 창안하고, 이전에 자신이 만들었던 개념들을 새롭게 다듬거나 폐기처분하고 있다. 최근 들어 그의 모험적인 사유 실험은 현재가 아닌 미래를 겨냥하고 있는 것으로 보인다. 동서를 횡단하는 철학, 미래 세대가 거주할 수 있는 철학에 관심이 있는 사람은 특히 박동환의 최근 글을 참조해야 한다.[1] 만일 멜랑콜리가 미래에도 살아남는다면, 박동환 철학을 통해 달라진 모습을 짐작해볼 수 있을 것이다.

이미 3표론에서 박동환은 '서양'과 '동양' 그리고 '우리'(문명의 주변자)의 삶의 방식 또는 사유방식을 분별해냈다. 정체쟁의(1표), 집체부쟁(2표), 붙음살이(3표)가 그것이다. 박동환은 도시문명 체제에서 나온 1표와 2표보다는 자연 생태에 가까운 3표가 더 끈질긴 생명력을 가지고 있으며, 미래 철학이 3표를 중심으로 재편되어야 함을 암시한다. 최근 발표된 글에서는 이런 암시가 구체적인 내용으로 뒷받침되면서 논의의 수준이 더욱 심화된다. 즉 그는 표(表)의 구분이 더 이상 의미를 갖지 못하는 미래 철학의 비전을 직접 보이려 한다. 사

---

(1) 박동환의 최근 글로는 「x의 존재론―특히 가에로 밀려난 이들의 한계해법에 대하여」, 『철학논집』, 서강대학교 철학연구소, 제31집, 2012. 「x의 존재론을 다시 풀이함―영원의 매체 '제1언어'에 대하여」, 『사회와 철학』, 사회와철학연구회, 제26집, 2013 참조. 두 글의 내용은 크게 차이나지 않으며, 나는 본문에서 2012년 발표된 글을 주로 참조했다. 왜냐하면 그 글에 유독 '파격'과 '격파'라는 중요 개념어가 등장하기 때문이다.

후적으로 해석해보자면, 마지막 종착지처럼 보였던 그의 3표론은 미래 철학의 비전을 위한 준비 작업이었던 셈이다.

x의 존재론. 이것이 현재까지 박동환이 정리한 미래 철학의 간결한 표제다. 이 소문자 x는 개체를 뜻한다. 여기서의 개체는 세포 수준에서 공동체 수준에 이르기까지 다양한 수준의 몸[體]을 가지고 있는 것, 즉 "한계지워진 존재"[2]의 전 영역을 아우른다. 세상에 몸을 드러낸 모든 것은 크고 작은 수준에서 개체가 될 수 있다. 그런데 이 개체는 더 이상 '나눌 수 없는 것'(individual)이라든지, 자기정체성을 가진 실체가 아니다. 자기정체성은 "조건부 임시의 동일자"[3]에 불과하다. 박동환이 개체를 미지수 x로 표현한 이유 가운데 하나가 바로 여기에 있다. 여기서 서양 멜랑콜리의 핵심어인 견고한 '자기'는 조건부 동일자로 변경된다. 임시로 자기정체성을 가지고 있더라도 이내 미지의 x에 빠지기 때문에, 서양식 멜랑콜리가 안착할 수 있는 자기-존재론적 지평은 사라진다. 더 이상 전통적인 멜랑콜리의 모습 그대로는 존립할 수 없다.

개체 x가 세상에 나와서 살아가는 방식, 개체의 한계를 지양하는 방법에는 크게 세 가지가 있다. 박동환은 "한계 지양의 순수 형식"을 간결하게 다음과 같은 기호로 표현한다. Xx, $\neg x$, $X(\ \ )$.[4] 세 기호의 공통점은 미지의 엑스로 구성되어 있다는 점이다. 미지의 엑스로

---

(2) 박동환, 「x의 존재론—특히 가에로 밀려난 이들의 한계해법에 대하여」, 245쪽.
(3) 박동환, 『안티호모에렉투스』, 41쪽.

한계해법을 표현한 것은 이 세 가지가 순수 형식이면서도, "모든 특수와 우연 안에서" 작동하도록 구상했기 때문이다. 즉 박동환은 특수와 우연을 배제하지 않는 형식을 이런 미지의 기호로 표현한 것이다. 유한자가 취할 수 있는 한계 지양의 모든 형식이 세 개의 범주로 압축된다. 이처럼 간단명료하게 압축될 수 있는 것은 미지를 뜻하는 기호 덕택이다. 미지를 적극 수용한 대가로 한계 지양의 틀을 포착한 형국이다.

1) Xx : 대문자 X는 개체 x를 포섭하는 일반자 또는 개별 사례를 설명해주는 법칙을 뜻한다. 철학자를 비롯하여 문명사회 대부분의 사람들이 세상과 만나는 방식이 바로 Xx이다. 이것은 개별자(x)를 일반자(X)로 포섭하며 인식하는 방식(Xx)이다. 서양의 지성인들은 X의 자리에 이데아부터 유전자까지 다양한 내용을 담았으며, 동양 철

---

(4) 이 세 가지는 3표와는 다른 의미와 맥락을 가지고 있다. 즉 3표가 서양(그리스), 동양(중국), 문명의 주변(한국)을 분별하는 도식이었다면, Xx, $\neg x$, $X(\ )$은 동서고금의 모든 인간, 특히 동서양의 차이가 무의미해진 미래 세대까지 염두에 두고 그들이 개체로서 한계를 풀어내는 세 종류의 해법을 가리킨다. 박동환은 Xx, $\neg x$, $X(\ )$를 서술하는 과정에서 사례를 들고 있는데, 이 부분에는 약간 오해의 소지가 남아 있다. 첫째, Xx, $\neg x$, $X(\ )$의 대표적인 사례로서 플라톤, 카프카, 「전도서」의 필자가 꼽히는데, 이들 모두 서양의 사례들이라는 점, 둘째, 이 사례들은 각기 철학, 예술, 종교(헤겔이 절대정신의 영역으로 설정했던 분야)의 해법으로 해석될 소지가 있다. 이런 사례 선정은 박동환 철학의 서양적 흔적이 확인되는 지점이면서, 그리하여 박동환 철학의 독창성에 흠을 낼 수 있는 지점이다. 하지만 사례는 결국 사례일 뿐이다. 사례를 통해 가리키고자 한 사태에 시선을 옮긴다면, 더 이상 사례를 세밀하게 들여다볼 이유는 없다. 박동환, 「x의 존재론―특히 가에로 밀려난 이들의 한계해법에 대하여」, 245쪽 이하 참조.

학자들도 도(道)나 리(理)와 기(氣) 같은 것들을 염두에 두었다. 이런 것들을 망라하는 Xx는 '설명하고 인식하고 이해하는 모든 방식'을 총칭하는 말이다. 이 형식을 통해 펼쳐지는 세계는 "비교와 통분이 가능한 세계"[5]다. 어떤 식으로든 도시문명을 이루고 사는 이들은 Xx의 방식으로 세계를 만난다. 그런데 박동환이 대문자 X를 쓴 까닭은 (기존에 찾아낸) 일반자라는 것 역시 소문자 x처럼 임시의 조건부 동일자에 불과하기 때문이다. 개체들을 지배한다고 참칭하는 일반법칙은 특정한 조건하에서만 유효할 뿐, 그것 역시 언젠가 미지의 심연 X로 맥없이 사라질 운명이다. 그러므로 임시적으로 Xx라는 인식의 틀을 사용할 수 있으나, 그 방법만으로는 세계의 진면목을 온전히 경험할 수 없다.

2) $\neg x$: 박동환은 이 기호를 '네버 엑스'(never x)라고 읽는다. 이것은 세계를 만나는 두 번째 방식이다. 어떤 상위의 일반자 혹은 법칙을 통해 개체 x를 규정하려는 Xx와는 달리, 이것은 개체 x의 일탈과 거부행위를 통해 확보되는 보편의 지평이다. 박동환에 따르면, $\neg x$가 가능한 것은 개체 x가 이미 세계의 '마디'이기 때문이다. "마디가 되며 마디로 하는" 개체에게는 '기억'과 '상상'이 있는데, 그 둘은 임시로 할당된 자기, 특정한 X에 의해 규정된 자기를 깨트리는 일종의 다이너마이트이다. 한마디로 $\neg x$는 "현실에 결박되어 있는 상태 x를 거부하는 모든 내재 가능성"[6]이다. 그리고 그 내재 가능성

---

(5) 박동환, 「x의 존재론—특히 가에로 밀려난 이들의 한계해법에 대하여」, 246쪽.
(6) 같은 글, 254쪽.

의 원천이 바로 기억과 상상이다. 그러나 기억과 상상이 동일한 것은 아니다. 박동환이 생각하는 기억과 상상의 관계는 다음 한마디로 요약된다. "상상은 기억에서 비롯하더라도 기억의 통제를 받는 것은 아니다."[7] 자식이 부모에서 나왔지만, 부모의 통제를 벗어나는 것처럼.

박동환의 기억은 우주의 역사를 담고 있는 기억이다. 말하자면 그것은 단순히 의식 수준의 기억만이 아니라, 몸의 기억, 면역학에서 거론되는 세포 수준의 기억, 심지어 분자 수준으로 내려가는 유전체의 기억, 원소들에 담긴 빅뱅의 기억, 종국에는 '영원의 기억'으로까지 소급된다. 상상 역시 거대한 스케일로 해석되기는 마찬가지다. 박동환의 상상은 "영원한 기억에서 무한 변이를 빚어내며 재현시키는 자연의 능력"[8]이다. 이런 수준까지 기억하고 상상할 수 있다면, 기존의 자기와는 전혀 다른 자기로 변신할 수 있을 것이다. 특정 일반자 X로는 도저히 설명되지 않는 $\neg x$, 일반자 X에 포박되기는커녕 도리어 일반자를 거부하고 조롱하듯 탈주해가는 이것을 박동환은 '파격'이라 부른다. "파격의 반란"[9]이라 부른다.

외견상 $\neg x$는 서양 전통의 창조적인 멜랑콜리커와 매우 친근해 보인다. 사회적 통념, 기존 체제, 유행 사조 등과 충돌하고 갈등하다가

---

(7) 같은 글, 247쪽.
(8) 같은 글, 272쪽.
(9) 같은 글, 248쪽.

결국 어떤 파격을 이룬다는 점에서 그렇다. 하지만 둘은 '자기'에 대한 이해에 있어서 현격하게 다르다. 서양인들은 매우 파격적인 개체 x를 고집하다가 멜랑콜리커가 되었다. 시류에 휩싸이지 않고 자기를 집요하게 포기하지 않음으로써 우연히 파격을 이룬 셈이다. 하지만 미래의 파격, $\lnot x$는 자기를 고집하지 않는다. 오히려 스스로를 철저히 내려놓는다. 이런 $\lnot x$는 다만 영원의 기억 속에 잠길 뿐이다. 무한의 상상에 말려들 뿐이다. 그럼으로써 현행 질서는 물론이거니와 자기 자신으로부터도 점차 멀어져간다. 동시에 지금까지의 그 어떤 파격(멜랑콜리커의 파격)보다 더 파격적인 창작을 해낼 가능성이 열린다. $\lnot x$는 한갓 2,500년의 서양사가 아니라 호모 에렉투스와 수억, 수백억 년의 기억에 젖줄을 대고 있기 때문이다.

3) $X(\ )$: 마지막으로 박동환은 세계를 만나는 세 번째 방식을 $X(\ )$라고 명명한다. 이것은 첫 번째 Xx, 두 번째 $\lnot x$의 해법조차도 철저히 무력하게 만드는 사건을 지칭한다. 그래서 박동환은 $X(x, \lnot x)$ 혹은 $X(x\&\lnot x)$라고 $X(\ )$를 적기도 한다. 적어도 앞의 두 길은 개체 x가 간접적으로나마 세계에 접근하는 방식이라면, 세 번째 길은 두 길이 모두 막힌 상황을 암시한다. 혹은 개체가 세계로 접근하다기보다 세계가 개체에 엄습하는 형국이다. 어떤 지혜와 노력으로도 어찌해볼 수 없는 상황, 공들여 쌓은 인위적인 기획들이 한꺼번에 무너지는 사건, 인간의 자기중심주의를 단숨에 깨트리는 파국과 대격변, 그것이 바로 $X(\ )$다.[10] 이것도 하나의 만남이라면 만남이다. 아니 오히려 이것이야말로 존재와의 직접적인 만남일 수 있다. 근본적으로 꾸밀 수 없는 만남, 어찌해볼 수 없는 만남, 불시의 만남, 피할 수 없

는 만남. 박동환은 이런 만남을 '격파'라고 명명한다. 이것은 개체 x 와 그의 기억과 상상($\neg x$)마저 모두 미지의 X의 괄호 속으로 함몰되는 사건을 뜻한다.

그런데 이 격파가 과연 하나의 만남, 하나의 해법이 될 수 있을까? 완벽하게 수동적으로 엄습해오는 격파의 사건을 어떻게 해법이라 말할 수 있을까? 모든 한계지워진 것들은 결국 미지의 힘에 의해 격파당한다.[11] 그것은 누구도 피할 수 없다. 그러나 이마저도 일종의 (궁극적인) 만남이라면, 격파를 수용하는 지혜가 요구될 것이다. 아쉽게도 박동환은 이 지혜를 자세하게 풀어놓지는 않으며, 단지 암시하고만 있다. 아마도 지혜의 첫 단추는 격파 역시 한계 지양의 길이라는 자각일 것이다. 이런 자각 이후에도 많은 지혜가 요구될 것이

---

(10) 나는 본문에서 Xx와 $\neg x$를 한 묶음으로 만들어 $X(\ \ )$와 비교했다. 한계지워진 것과 한계가 없는 것과의 '직접적인' 관계는 $X(\ \ )$뿐이라고 해석했기 때문이다. 하지만 박동환은 때때로 $\neg x$와 $X(\ \ )$를 한 묶음으로 만들어 Xx와 비교한다. 동서고금을 막론하고 도시를 이루며 사는 대부분의 사람들이 Xx만을 주로 고려했다고 판단하기 때문이다. 그에 따르면, Xx는 "이제는 그 유일한 결정권을 잃어버린 것"이 되었다. 미래에는 $\neg x$와 $X(\ \ )$가 한계 지양의 해법으로 긴요하게 요청될 것이다.

(11) 격파라는 용어는 먼저 파국이나 재난을 떠올리게 한다. 많은 경우 격파는 자기중심성을 깨트리는 사건으로서 그런 비극적인 일들을 가리키는 것이 사실이다. 그러나 꼭 거기에만 한정되는 것은 아니다. 필자에게 보여준 미발표 원고에서 박동환은 다음과 같이 밝힌 적이 있다. "역사의 현실 가운데에서 굴욕과 재난의 사건만이 닥쳐오는 것은 아니다. 기대하지 않은 승리와 뜻밖의 은혜 또는 '들림'이 또한 있을 수 있는 것이다. 이 모든 일들은 여하튼 Xx로 대표하는 통분과 일치의 틀 밖에서 일어나는 사건들이다."(인용자 강조) 그렇다면 격파의 일차적인 의미는 호오(好惡)와 상관없이 중립적인 의미인 '대격변'에 가깝다고 할 수 있다.

다. 격파되는 자기를 담담히 바라보기, 격파됨을 통해 더 큰 세계로 진입하기, 한계 너머의 미지의 세계가 건네오는 소리를 경청하기, 임박한 격파의 변수 x로서 살아가기 등등.

그런데 박동환의 격파 $X(\ )$와 유사한 것이 서양에는 이미 존재했다. 비극이다. 비극은 서양문화는 물론이거니와 멜랑콜리 정조의 원형적 예술형식이다. 박동환의 격파는 자기의 뜻과 무관하게 엄습하는 운명과 그것이 일으키는 고통을 담담히 견디게 하는 문화형식, 곧 비극과 유사해 보인다. 그러나 박동환의 격파에는 격파되어도 꼿꼿이 고개를 치켜세우는 서양적 영웅의 모습, 그리고 그런 모습을 자유인이라고 미화하는 허장성세는 보이지 않는다. 미지의 개체 x가 더 큰 미지의 X에 함몰되는 사건에서 멜랑콜리처럼 검은 분노의 정념이 발생하지는 않을 것 같다. 차라리 만해의 '기룸'이나 이성복의 '서러움'(슬픔의 기울기)과 같은 유사한 정조가 흘러나올 것이다. 결국 동서의 구분이 사라지는 미래에도 멜랑콜리 같은 것이 존재한다면, 미래의 멜랑콜리는 자기중심적 존재론이 아닌 타자중심의 x존재론 위에서 전혀 다른 감성적 모습으로 도래할 것이다.

x의 한계해법

박동환

언제나 내가 다시 해명을 하며 통과해야 하는 관문(질문)들을 만들
어내는 김동규 박사가 이번에는 자신의 빛나는 감성적 해석학에 따
라 해명을 스스로 시도해 보는 수고를 하였다. 그의 해석을 반추하
는 가운데 나는 오래 전에 마련해 가지고 있던 '경계 유동성'이라는
개념("항상 불타는 경계 위에서(100516)" 한국교원대학교 대학원 2010년
1학기 역사철학 강의안 부분)에 의해 "x의 한계해법"을 다시 정리하는
기회를 얻게 되었다.

x를 가지고 개체생명 또는 개체존재를 가리킬 때 그 x는 서양철학
자들이나 중국철학자들이 그리고 일상인들이 말하는 개체가 아니
다. 물론 개인주의자들의 자아나 주체를 가리키는 것도 아니다. 그
리고 플라톤이나 카프카나 사르트르 또는 공자나 이탁오가 긍정하
거나 부정하는 개체성이나 자아도 아니다. 그렇다고 'x의 존재론'이
'자기중심의 존재론에서 타자중심의 존재론으로' 옮겨가기 위한 시

도를 하는 것도 아니다.

x는 영원의 한 조각 기억체계이다. x라는 개체존재는 영원의 한 시간대를 통과하는 한 특정한 영원의 메신저다. 자아와 타자, 주체와 대상, 능동과 피동, 삶과 죽음이라는 대칭관계는 영원의 한 특정 기억체계 x가 현상하는 일시적 양면성에 지나지 않는 것이다. 그러한 대칭관계는 인간본위의 척도 또는 일상언어에서 빌린 범주체계에 의해 굳혀지는 임시의 경계 위에서 이루어진다. 따라서 x라는 개체존재는 그의 경계를 견고하게 지탱하거나 방어하는 데에 목표를 두는 것이 아니다. 그는 영원의 한 시간대를 통과하며 그의 경계를 끊임없이 수정해야 하는 숙명을 타고난다.

그는 그의 경계 그리고 그에 따르는 한계를 끊임없이 지양하거나 격파해 나가는 가운데 격파당하거나 초월당하는 과정을 통과해 간다. 이러한 경계의 유동성 또는 그러한 한계해법은 원시단계의 개체생명에게는 보다 자연스러웠을 것임에도 자아와 타자, 주체와 대상, 능동과 피동, 삶과 죽음이라는 인위적 대척관계가 격화되면서 그것이 지난한 과정으로 의식에 각인되고 때로는 수많은 형태의 부적응증과 정신질환을 일으킨다. 이렇게 경계의 유동성 또는 그에 따르는 한계해법을 몸에 장착하고 있는 x는 오이디푸스가 대표하는 그리스 비극의 주인공이나 김동규 박사가 풀이하는 서구 흐름의 멜랑콜리커 같은 존재가 아니다.

따라서 x의 경계 유동성 또는 한계해법은 그에 동반하는 새로운 존재론과 사회학, 역사철학과 신학을 요구하는 것이다. 이 모든 영역의 기본 언어는 일상언어에 의존하는 경화된 범주체계가 아닌 영원의 매체 곧 제1 언어라는 '사물이 움직이는 모양의 그림'으로 대체되어야 한다. 이를테면 상상과 지양 또는 파격의 경계운동은 $\neg x$로, 공명과 공감 또는 정체쟁의나 집체화해 같은 통분체계는 Xx로, "소멸하는 것들은 불멸하는 것의 삶 가운데서 죽고, 불멸하는 것은 소멸하는 것들의 죽음을 산다."(헤라클레이토스, D-K 22B62) 또는 '일치하는 것들의 불일치'는 $X(x \& \neg x)$로, 한계를 초월당함 또는 격파당함은 $X(x \& \rightleftharpoons x)$로 대체되어야 한다. Xx와 $\neg x$와 $X(x \& \neg x)$와 $X(x \& \rightleftharpoons x)$는 모두 사물들 또는 개체존재들이 그들의 경계를 움직이는 모양의 그림이다. 그 그림은 사물들 또는 개체존재들이 움직이며 실현하거나 수행하는 경계 유동성 또는 한계해법을 대표하는 그림이다. 경계 유동성 또는 한계해법을 대표하는 그림으로서 $\neg x$, Xx, $X(x \& \neg x)$, $X(x \& \rightleftharpoons x)$는 '인간으로부터 해방된 존재의 언어' 곧 제1언어이다. (이 책 XI장 "영원의 매체 '제1언어'에 대하여"와 "질문과 응답 2: 박동수/박동환"(160424) 보기)

그래서 x에 의해 대표하는 개체생명 또는 개체존재 이해에 자아와 타자, 주체와 대상, 능동과 피동, 삶과 죽음 같은 경직된 대칭관계 곧 인간본위의 범주체계를 적용하는 것은 부적절하다. 그렇게 경직된 대칭관계와 그를 떠받치는 일상의 범주체계는 인류의 문명발상과 함께 등장한 철학자들의 제한된 발상 곧 그들의 인간본위의 척도에 의해서 정당화되어 왔다. 아직도 세계의 철학자들은 문명 이후 3,000년 아니면 6,000년의 인문주의 철학사라는 시간대에 빠져있을 뿐이다. (161204)

참고자료

『공동번역 성서』. 서울: 대한성서공회, 1977.
권수영. 『한국인의 관계심리학』. 파주: 살림출판사, 2007.
김영황. 『문화어문장론』. 평양: 김일성종합대학출판사, 1983.
김혜경. "이탁오의 철학사상," 『오늘의 동양사상』, 제16호 (2007년) 서울: 예문동양
　사상연구원

노먼, 제리. 『중국언어학총론』, 전광진 옮김. 서울: 東文選, 1996.
노자. 『노자』, 이강수 옮김. 서울: 길, 2007.
니그, 발터. 『예언자적 사상가 프리드리히 니체』, 정경석 옮김. 왜관: 분도출판사,
　1973.
니체, 프리드리히. 『선악의 저편』, 김정현 옮김. 서울: 책세상, 2002.
니체, 프리드리히. 『차라투스트라는 이렇게 말하였다』, 정동호 옮김. 서울: 책세상,
　2000, 2004.

레비, 죠바니. "미시사에 대하여," 『미시사란 무엇인가』, 곽차섭 엮음. 서울: 푸른역
　사, 2000.
루, 마이클. 『형이상학 강의: 전통 형이상학에 대한 분석적 탐구』, 박제철 옮김, 아카
　넷, 2010, 21-22쪽.
르두, 조지프. 『시냅스와 자아: 신경세포의 연결방식이 어떻게 자아를 결정하는
　가?』 강봉균 옮김. 파주: 소소, 2005. Joseph LeDoux. *Synaptic self: how our brains*
　become who we are. London: Penguin Books, 2002.
리귀배. 『조선어문법리론』. 연길: 연변인민출판사, 1989.
리우샤오간. 『莊子哲學』, 최진석 옮김. 서울: 소나무. 1990.

마굴리스, 린 & 도리언 세이건. 『마이크로코스모스: 40억 년의 미생물 진화』, 홍욱희
　옮김. 서울: 범양사, 1987.
머피, 롤렌드. 『전도서』, 김귀탁 옮김, 서울: 솔로몬, 2008.
미나미 히로시. 『일본적 自我』, 서정완 옮김. 서울: 소화, 1996.

박동환. 『동양의 논리는 어디에 있는가』. 서울: 고려원, 1993; 고양: 사월의책, 2017.
박동환. 『서양의 논리 동양의 마음』. 서울: 까지, 1987; 고양: 사월의책, 2017.

박동환.『안티호모에렉투스』. 강릉: 길, 2001; 고양: 사월의책, 2017.

박동환. "*x*의 존재론을 다시 풀이함: 영원의 매체 '제일 언어'에 대하여," 『사회와 철학』, 제26집 (2013). 사회와철학연구회.

박동환. "*x*의 존재론: 특히 가에로 밀려난 이들의 한계해법에 대하여," 『철학논집』, 제31집 (2012). 서강대학교 철학연구소.

부케티츠, 프란츠.『자연의 재앙, 인간』, 박종대 옮김. 서울: 시아출판사, 2004.

사르트르, 장-폴.『구토』, 강명희 옮김. 서울: 하서출판사, 2008.

사르트르, 장-폴.『존재와 무』, 정소성 옮김. 서울: 동서문화사, 1994.

슐룸봄, 위르겐. "미시사-거시사: 토론을 시작하며," 『미시사와 거시사』, 위르겐 슐룸봄 엮음. 백승종 외 옮김. 서울: 궁리출판, 2001.

신효령. "이세돌, 엉뚱하면 또 이긴다: 알파고 D[ata] B[ase]에 없는 수" *http://www.newsis.com/ar_detail/view.html?ar_id=NISX20160313_0013954673&cID=10401&pID=10400* (2016년3월14일)

와인버그, 로버트.『세포의 반란』, 조혜성, 안성민 옮김. 서울: 사이언스북스, 2005.

웨더포드, 잭.『야만과 문명: 누가 살아남을 것인가?』 권루시안 옮김. 서울: 이론과 실천, 2005.

『200주년 신약성서 주해』, 200주년신약성서번역위원회 엮음. 왜관: 분도출판사, 2001.

이지.『분서 I』, 김혜경 옮김. 파주, 경기: 한길사, 2004.

작자 미상.『산성일기: 인조, 청 황제에게 세 번 절하다』, 김광순 옮김. 파주: 서해문집, 2004.

장자.『莊子』I (內篇), 이강수, 이권 옮김. 서울: 길, 2005.

최석규. "남과 나의 비극," 『최석규 문집: 기억의 빛, 양심의 길을 찾아』. 서울: 채륜, 2013.

카프카, 프란츠.『성[Das Schloss]/심판[Der Prozess]/변신』, 김정진, 박종서 옮김. 서울: 동서문화사, 1987.

탈레스, 그 밖의 이들.『소크라테스 이전 철학자들의 단편 선집』, 김인곤, 그 밖의 이들 옮김, 서울: 아카넷, 2005.

파스칼, 블레즈.『팡세』, 최현, 이정림 옮김. 서울: 범우사, 1985.

프로이트, 지그문트.『쾌락원칙을 넘어서』, 박찬부 옮김. 서울: 열린책들, 1997.

플라톤.『플라톤의 대화』, 최명관 옮김. 서울: 종로서적, 1981.

플리머, 이언.『지구의 기억』, 김소정 옮김, 서울: 삼인, 2008.

하우버, 울리히.『기본동물학』, 강영선 옮김. 서울: 대학교재공사, 1958.
하이데거, 마르틴. "형이상학이란 무엇인가?"『신은 죽었다』, 최동희 옮김. 서울: 양
　문사, 1959.
허웅.『국어학: 우리말의 오늘, 어제』. 서울: 샘문화사, 1993.

———

羅貫中.『三國演義』
『論語』
『孟子』
『尙書』, 錢宗武, 江灝 譯注. 周秉鈞 審校. 臺北: 地球出版社, 1965, 1994.
徐復觀.『中國人性論史:先秦篇』. 臺北: 臺灣商務印書館, 1994.
王陽明.『傳習錄』
李退溪.『退溪全書今注今譯』, 第一冊, 賈順先 主編, 成都: 四川大學出版社, 1991.
張秉權.『甲骨文與甲骨學』臺北: 國立編譯館, 1988.
『莊子』
朱德熙.『語法答問』. 北京: 商務印書館, 1985.

———

Aristotle. ***The Categories, On Interpretation, Prior Analytics***, Loeb Classical Library.
　Cambridge, MA: Harvard University Press, 1938.

Aristotle. "On Melissus, Xenophanes, and Gorgias," in ***Minor works***, trans. W. S. Hett.
　Cambridge, MA: Harvard University Press, 1936.
Aristotle. ***Metaphysics***, trans. Richard Hope. Ann Arbor: The University of Michigan
　Press, 1960.
Aristotle. ***Metaphysics***, trans. W. D. Ross. In The basic works of Aristotle, ed. Richard
　McKeon. New York: The Modern Library, 1941, 2001.
Aristotle. ***Metaphysics: VII-X***, trans. Montgomery Furth. Indianapolis: Hackett Pub.
　Co., 1985.

Aristotle. ***Metaphysics I-IX***, trans. Hugh Tredennick. Cambridge, MA: Harvard
　University Press, 1933.
Aristotle. ***Metaphysics X-XIV***, trans. Hugh Tredennick. Cambridge, MA: Harvard

University Press, 1935.

Aristotle. *On the soul, Parva naturalia, On breath*, trans. W. S. Hett. Cambridge, MA: Harvard University Press, 1936, 1957.

Aristotle. *On the soul*, trans. J. A. Smith. in *The basic works of Aristotle*, ed. Richard McKeon. New York: The Modern Library, 1941, 2001.

Arsovski, Dragan, et al. "Two fangs good, a hundred legs better: juvenile viper devoured by an adult centipede it had ingested," *Ecologica Montenegrina*, vol. I, no 1 (3 March 2014).

Asa, Robert. "The faith of a skeptic: the enigma of Ecclesiastes," *Journal for the Liberal Arts and Sciences*, Vol. 13. no. 3 (2009) *http://www.oak.edu/~oakedu/assets/ck/files/Asa+(SU+09).pdf*

Baracchi, Claudia. *Aristotle's ethics as first philosophy*. Cambridge: Cambridge University Press, 2008.

Baron-Cohen, Simon. "The biology of the imagination," *Entelechy: Mind & Culture*, no. 9 (2007), New Paltz, New York.

Barr, James. *The semantics of biblical language*. Oxford: Oxford University Press, 1961.

Barth, Karl. *The doctrine of the word of God (Prolegomena to Church Dogmatics, being Vol. I, Part I)*, trans. G. T. Thomson. New York: Charles Scribner's Sons, 1936.

Barth, Karl. *The doctrine of the Word of God (Prolegomena to Church dogmatics, being volume I, 1)*, trans. G. W. Bromiley. Edinburgh: T. & T. Clark, 1936, 1975, 1980.

Barth, Karl. *The doctrine of the Word of God (Prolegomena to Church dogmatics, being volume I, 2)*, trans. G. T. Thomson & Harold Knight. Edinburgh: T. & T. Clark, 1956, 1980.

Barth, Karl. *The epistle to the Romans*, trans. E. C. Hoskyns. Oxford: Oxford University Press, 1933, 1968.

Barth, Karl. *The humanity of God*. Atlanta, GA: John Knox Press, 1960.

Berezdivin, Ruben. "Fire and logos: the speech of fire and its contradictions," *Heraclitean fragments*, eds. J. Sallis & K. Maly. University, Alabama: The University of Alabama Press, 1980.

Berger, P., B. Berger & H. Kellner. *The homeless mind*. Penguin Books, 1973, 1977.

Bergson, Henri. *An introduction to metaphysics* in *Selections from Bergson*, ed. Harold A. Larrabee. New York: Appleton-Century-Crofts, 1949.

The Bhagavadgita, 2nd. ed. trans. & notes by S. Radhakrishnan, London: George Allen & Unwin, 1976.

The Bible, King James Version.

Boman, Thorleif. *Hebrew thought compared with Greek*, trans. J. L. Moreau. New York: W. W. Norton & Co., 1960, 1970.

Casti, John. *X-Events: Complexity Overload and the Collapse of Everything*. New York: HarperCollins, 2012.

Chandrasekhar, S. "Verifying the theory of relativity," *Royal Society of London*, vol. 30, no. 2 (Jan., 1976), pp. 249-260.

Choi, Sang-chin & Soo-hyang Choi. "We-ness: a Korean discourse of collectivism," *Psychology of the Korean people: collectivism and individualism*, eds. Gene Yoon & Sang-chin Choi. Seoul: Dong-a Publishing Co., 1994.

Cohen, Patricia. "Freud is widely taught at universities, except in the psychology department," *New York Times*, Nov. 25, 2007. *http://www.nytimes.com/2007/11/25/weekinreview/25cohen.html#*

Crenshaw, James. *Qoheleth: the ironic wink*. Columbia: The University of South Carolina, 2013.

Cybulska, Eva. "Nietzsche's Übermensch: A Hero of Our Time?," *Philosophy Now*, 93, November/December 2012.

Czekanski-Moir, Jesse & the AntAsk Team. "Can ants predict rain? Max, Gold Coast, Australia," *http://www.antweb.org/antblog/2012/11/can-ants-predict-rain-max-gold-coast-australia.html*

Damasio, Antonio. *Descartes' error: emotion, reason, and the human brain*. Penguin Books. 2005.

Danaylov, Nikola. "X-Men First Class: transhumanism for the masses or aren't we all mutants?" *singularityweblog.com/x-men-first-class-transhumanism-for-the-masses-or-aren't-we-all-mutants/*

Dawkins, Richard. *River out of Eden: a darwinian view of life*. New York: Basic Books, 1995.

Dawkins, Richard. *The selfish gene*, 30th anniversary edition. Oxford: Oxford University Press, 2006.

Day, Doris. "Doris Day: Que sera, sera (lyrics)," *https://www.youtube.com/watch?v=CcWbZUgymkw* in the 1956 film "The man who knew too much," *https://en.wikipedia.org/wiki/The_Man_Who_Knew_Too_Much_(1956_film)*

De Jong, Stephan. "God in the book of Qoheleth: a reappraisal of Qoheleth's place in the Old Testament theology," *Vetus Testamentum*, vol. 47, no. 2 (1997), 154-167.

Deleuze, Gilles & Felix Guattari. *Kafka: toward a minor literature*, trans. D. Polan. Minneapolis: University of Minnesota Press, 1986.

Descartes, Rene. *The essential writings*, trans. John Blom. Harper Torchbooks, 1977.

Descartes, Rene. *Rene Descartes: the essential writings*, trans. John Blom. New York: Harper Torchbooks, 1977.

Detienne, Marcel. *The masters of truth in archaic Greece*, trans. Janet Lloyd. new York:

Zone Books, 1996.

Donne, John. *Devotions upon emergent occasions: together with death's duel.* [1624] Christian Classics Ethereal Library; NetLibrary, 2000.

Driessen, Alfred & Antoine Suarez. "Introduction," *Mathematical undecidability, quantum nonlocality and the question of the existence of God*, eds. Antoine Suarez & Alfred Driessen. Dordrecht, the Netherlands: Kluwer Academic Publishers, 1997.

Durkheim, Emile. *Suicide: a study in sociology*, trans. J. A. Spaulding & G. Simpson. Glencoe, IL: The Free Press, n.d.

Eagleman, David. *Incognito: the secret lives of the brain.* New York: Pantheon Books, 2011.

Eaton, Michael A. *Ecclesiastes.* Nottingham, England: Inter-Varsity Press, 1983, 2009.

Edwards, Steve. "The complexities of time." Last updated, April 10, 2009. *http://www.ldolphin.org/time.html*

Eldredge, Niles & Stephen J. Gould. "Punctuated equilibria: an alternative to phyletic gradualism," *Models in paleobiology*, ed. T. J. M. Schopf. San Francisco: Freeman, Cooper & Co., 1972.

Feldman, Louis H. "Hebraism and Hellenism reconsidered," *Judaism*, vol. 43, no. 2 (1994). 115-126.

Feyerabend, Paul. *Against method*, 3rd ed. London: Verso, 1993.

Feyerabend, Paul. "Explanation, reduction and empiricism," H. Feigl & G. Maxwell, eds., *Minnesota studies in the philosophy of science*, vol. 3. Minneapolis: University of Minnesota Press, 1962.

Fox, Michael. *Ecclesiastes.* Philadelphia: The Jewish Publication Society, 2004

Freud, Sigmund. "Appendix A: 3. From 'The economic problem of masochism" (1924)," *Beyond the pleasure principle*, ed. T. Dufresne & trans. G. C. Richter. Peterborough, Canada: Broadview Editions, 2011.

Freud, Sigmund. *The ego and the id [Das Ich und das Es]*, adapted in *On the metapsychology: the theory of psychoanalysis*, ed. Angela Richards. Penguin Books, 1991.

Freud, Sigmund. *Moses and monotheism*, trans. Katherine Jones. New York: Vintage Books, 1939, 1967.

Gallesse, Vittorio. "The roots of empathy: the shared manifold hypothesis and the neural basis of intersubjectivity," *Psychopathology* [S. Karger AG, Basel], vol. 36, no. 4 (2003). 171-180.

Gault, Brian P. "Reexamination of 'eternity' in Ecclesiastes 3: 11," *Bibliotheca Sacra* 165

(January-March 2008). 39-57.

Gorgias. *"Gorgias* : B. Fragments," trans. G. Kennedy. *The older sophists,* ed. R. Kent Sprague. Columbia, South Carolina: University of South Carolina Press, 1972.

Gould, Stephen J. "Evolution's erratic pace," *Natural History*, vol. 86, no. 5 (May 1977)

Gould, Stephen J. "Is uniformitarianism necessary?" *American Journal of Science*, vol. 263 (May 1965)

Gould, Stephen J. & Niles Eldredge. "Punctuated equilibrium comes of age," *Nature*, vol. 366 (18 Nov. 1993).

Gould, Stephen J. *The structure of evolutionary theory*. Cambridge, MA: Harvard University Press, 2002.

Gould, Stephen J. "A task for paleobiology at the threshold of majority," *Paleobiology*, vol. 21, no. 1 (1995).

Groddeck, Georg. *The book of the IT*, trans. V. M. E. Collins. New York: Vintage Books, 1923, 1949.

Groddeck, Georg. *Exploring the unconscious*, trans. V. M. E. Collins. New York: Funk & Wagnalls Co., n.d.

Gunkel, David J. "The real problem: avatars, metaphysics and online social interaction," *New Media & Society*, Vol. 12, no. 1. 127-141. (2010)

Guthrie, W. K. C. *A history of Greek philosophy, vol. III: The fifth century enlightenment*. Cambridge: Cambridge University Press, 1969.

Haigh, John. *Probability: a very short introduction*. Oxford: Oxford University Press, 2012.

Hauber, Ulrich A. *Essentials of zoology*. New York: Appleton-Century-Crofts, 1949.

Hawking, Stephen. "On the threat of Artificial Intelligence," (Oct. 8, 2015) *http://genius. com/Stephen-hawking-on-the-threat-of-artificial-intelligence-annotated*

Heller, Eric. *Kafka*. London: Fontana/Collins, 1974.

Hengel, Martin. *Judaism and Hellenism: Studies in their encounter in Palestine during early Hellenistic period*, trans. John Bowden. 1974, 1991.

Hitchcock, Christopher. "Causal generalizations and good advice," *Probability is the very guide of life*, eds. Henry E. Kyburg, Jr. & Mariam Thalos. Chicago & La Salle: Open Court, 2003.

Huang, C.-T. James. "On the distribution and reference of empty pronouns," *Linguistic inquiry*, vol. 15, no. 4 (Autumn 1984), pp. 531-574.

Hume, David. *A treatise of human nature*, ed. L. A. Selby-Bigge. Oxford: Oxford University Press, 1888, 1965.

"Predicative and impredicative definitions," *Internet Encyclopedia of Philosophy, http://*

www.iep.utm.edu/

Islam, J. N. *The ultimate fate of the universe*, Cambridge: Cambridge University Press, 1983.

Jablonski, David. "Micro- and macroevolution: scale and hierarchy in evolutionary biology and paleobiology," *Paleobiology*, vol. 26, no. 4. Supplement (August, 2000), pp. 15-52.

Jacob, Francois. *The logic of life: a history of heredity*, trans. B. E. Spillmann. Princeton: Princeton University Press, 1973, 1993.

Jacob, Francois. *The possible and the actual*. New York: Pantheon Books, 1982.

James, William. *The principles of psychology*, vol. ii. New York: Dover Publications, 1890, 1950.

Jaynes, Julian. *The origin of consciousness in the breakdown of the bicameral mind*. Boston: Houchton Mifflin, 1976.

jballanc. In "Lee Sedol beats Alphago in game 4" (*gogameguru.com*) *https://news.ycombinator.com/item?id=11276798*

Jung, C. G. *Two essays on analytical psychology*, 2nd ed., trans. R. F. C. Hull. Princeton: Princeton University Press, 1966.

Kafka, Franz. *The blue octavo notebooks*, ed. Max Brod & trans. E. Kaiser & E. Wilkins. Cambridge: Exact Change, 1991.

Kafka, Franz. *Diaries 1910-1923*, ed. Max Brod. New York: Shoecken Books, 1948, 1976.

Kahn, Charles H. *The art and thought of Heracleitos: an edition of the fragments with translation and commentary*. Cambridge: Cambridge University Press, 1981.

Kalupahana, David J. *Causality: the central philosophy of Buddhism*. Honolulu: The University Press of Hawaii, 1975.

Kant, Immanuel. *Critique of pure reason*, trans. N. K. Smith. New York: St. Martin's Press, 1929, 1965.

Kapp, Ernst. *Greek foundations of traditional logic*. New York: AMS Press, 1967.

Kirk, G. S. *Heraclitus: the cosmic fragments*. Cambridge: Cambridge University Press, 1954.

Kirk, G. S., J. E. Raven & M. Schofield. *The presocratic philosophers*, 2nd ed. Cambridge: Cambridge University Press, 1957, 1983.

Kolbert, Elizabeth. *The sixth extinction: an unnatural history*. New York: Henry Holt & Co., 2014.

Kramsch, Claire. "Multilingual, like Franz Kafka," *International Journal of Multilingualism*, Vol. 5, no. 4, 2008.

Kraus, Lawrence M. *Atom: a single oxygen atom's odyssey from the big bang to life on earth ... and beyond*, New York: Little, Brown & Co., 2001. 『외로운 산소 원자의 여행』, 박일호 옮김. 서울: 이지북, 2005.

Kuzawa, Christopher. "Beyond feast-famine: brain evolution, human life history, and the metabolic syndrome," *Human evolutionary biology*, ed. M. P. Muehlenbein, Cambridge: Cambridge University Press, 2010.

Lane, Nick. *Power, sex, suicide: mitochondria and the meaning of life*. Oxford: Oxford University Press, 2005.

Laughlin, R. B. & David Pines. "The theory of everything," *Proceedings of the National Academy of Science*, U.S.A. Vol. 97, no. 1, Jan. 4, 2000

Lear, Jonathan. *Aristotle: the desire to understand*. Cambridge: Cambridge University Press, 1988.

Leibniz, G. W. *Discourse on metaphysics in Leibniz: philosophical writings*, trans. M. Morris & G. H. R. Parkinson. London: J. M. Dent & Sons, 1973.

Leibniz, G. W. *Monadology* in *Leibniz: philosophical writings*, ed. G. H. R. Parkinson. London: J. M. Dent & Sons, 1973.

Leibniz, G. W. *Monadology* in *Monadology and other philosophical essays*, trans. P. Schrecker & A. M. Schrecker. New York: The Bobbs-Merrill Co., 1965.

Leibniz, G. W. *Monadology*, trans. N. Rescher. University of Pittsburgh Press, 1991.

Leithauser, Brad. "Name-calling," *New Yorker*. February 28, 2014.

Levinas, Emmanuel. "Ethics as first philosophy," *The Levinas reader*, ed. Sean Hand. Oxford: Blackwell Publishing, 1989, 2005.

Levinas, Emmanuel. *Otherwise than being, or, Beyond essence*, trans. A. Lingis. Pittsburgh: Duquesne University Press, 1998.

Levinas, Emmanuel. *Totality and infinity*, trans. Alphonso Lingis. Pittsburgh: Duquesne University Press, n.d.

Little, Gregory. "A manifesto for avatars," *Intertexts, Special Issue: Webs of Discourse: The Intertextuality of Science Studies*, Vol. 3, no. 2 (1999).

Llinas, Rodolfo R. *i of the vortex: from neurons to self*. Cambridge, MA: The MIT Press, 2001.

Lohfink, Norbert. *Qoheleth: a continental commentary*, trans. Sean McEvenue. Minneapolis: Fortress Press, 2003.

MacMahon, Hugh. "Deference to the unknown," *The scrutable oriental*. Seoul: Sejong Corporation, 1975.

Majerus, Michael, et al. *Evolution: the four billion year war*. Essex, England: Longman, 1996.

Margulis, Lynn & Dorion Sagan. *Microcosmos: Four Billion Years of Microbial Evolution*. Berkeley & LA: University of California Press, 1997.

Marx, Karl. *Karl Marx: selected writings*, ed. David McLellan. Oxford: Oxford University Press, 1977.

The Matrix (Warner Bros, 1999) *http://www.imdb.com/title/tt0133093/quotes*

McWhorter, John H. *The language hoax: why the world looks the same in any language*. Oxford: Oxford University Press, 2014.

Medawar, P. B. *The uniqueness of the individual*. London: Methuen & Co., 1957.

Meyerhoff, Hans. "From Socrates to Plato," *The critical spirit: essays in honor of Herbert Marcuse*, eds. Kurt Wolff & Barrington Moore. Boston: Beacon Press, 1967.

"mnmlist: minimalist FAQs" *http://mnmlist.com/minimalist-faqs/*

Moalem, Sharon. *Inheritance: how our genes change our lives & our lives change our genes*. New York: Grand Central Publishing, 2014.

Moran, Laurence A. "Macroevolution," vol. 1, no. 1. *http://bioinfo.med.utoronto.ca/ Evolution_by_Accident/Macroevolution.html*

Moran, Ron. "Eternal origins: the X-Factor," *https://www.academia.edu/ 7634749/ Eternal_Origins_The_X-Factor*

Moravia, Alberto. *Boredom*, trans. Angus Davidson. New York: New York Review Books, 1999.

Morrison, Robert G. *Nietzsche and Buddhism: a study in nihilism and ironic affinities*. Oxford Universsity Press, 1997, 1999.

Nalimov, V. V. *Faces of science*. Philadelphia: ISP Press, 1981,

Neel, James. "Diabetes mellitus: a 'thrifty' genotype rendered detrimental by 'progress'?" *American Journal of Human Genetics*, Vol. 14: 352-353, 1962.

Niebuhr, Reinhold. *Beyond tragedy*. New York: Charles Scribner's Sons, 1951.

Nietzsche, Friedrich. *Beyond good and evil*, trans. R. J. Hollingdale. Penguin Books, 1973.

Nietzsche, Friedrich. *The birth of tragedy & ..* , trans. Walter Kaufmann. New York: Vintage Books, 1967.

Nietzsche, Friedrich. *Thus spoke Zarathustra*, trans. R. J. Hollingdale. Penguin Books, 1969.

Nietzsche, Friedrich. *Twilight of idols & The anti-Christ*, trans. R. J. Hollingdale. Penguin Books, 1968.

Nietzsche, Friedrich. *The will to power*, trans. W. Kaufmann & R. J. Hollingdale. New York: Vintage Books, 1967, 1968.

Nussbaum, Martha Craven. *Aristotle's De Motu Animalium*. Princeton: Princeton

University Press, 1978.

Parsons, Talcott. *The structure of social action*. Free Press, 1949. Selected in "The non-contractual elements in contract," *Modern sociology: introductory readings*, ed. Peter Worsley. Penguin Books, 1970, pp. 311-316.

Partridge, John. "Plato's cave and the Matrix," *Philosophers explore the Matrix*, ed. C. Grau. Oxford: Oxford University Press, 2005.

Pascal, Blaise. *Pensees*, trans. W. F. Trotter. New York: Dover Publications, 2003.

Penrose, Roger, et. al. "A theory of everything?" *Nature*, vol. 433, 20 Jan. 2005, 257-259.

Perlman, Janice E. *The myth of marginality: urban poverty and politics in Rio de Janeiro*. Berkeley: University of California Press, 1976.

Plato. *The collected dialogues of Plato*, eds. E. Hamilton & H. Cairns. New York: Pantheon Books, 1961, 1966.

Plaufcan, Melissa R. *"Avatar,"* *Journal of Feminist Family Therapy*, Vol. 22, no. 4 (2010).

Popper, Karl. *Conjectures and refutations: the growth of scientific knowledge*. New York: Harper & Row, 1968.

Popper, Karl. *The logic of scientific discovery*. New York: Harper & Row,1965.

"Que Sera, Sera" (Whatever Will Be, Will Be) *http://en.wikipedia.org/wiki/Que_Sera,_Sera_(Whatever_Will_Be,_Will_Be)#CITEREFEinstein1902*

Rankin, H. D. *Sophists, Socratics and cynics*, Totowa, New Jersey: Barnes & Noble Books, 1983.

Redmond, J. & M. Shulman. "Access to psychoanalytic ideas in American undergraduate institutions," *Journal of the American Psychoanalytic Association*, vol. 56, no 2 (June 2008), pp. 391-408.

Rescher, Nicholas. *G. W. Leibniz's Monadology: an edition for students*. Pittsburgh: University of Pittsburgh Press, 1991.

Rex, John. *Key problems in sociological theory*. Routledge & Kegan Paul, 1961. Selected in "Power, conflict, values and change," *Modern sociology: introductory readings*, ed. Peter Worsley. Penguin Books, 1970, pp. 110-114, 129-134.

Robert, Marthe. *As lonely as Kafka*, trans. R. Manheim. New York: Schocken Books, 1986.

Rubin, Jay. *Making sense of Japanese*. New York: Kodansha, 1998, 2012.

Russell, Bertrand. "Bertrand Russell: face to face interview (BBC, 1959)," *https://www.youtube.com/watch?v=1bZv3pSaLtY*

Russell, Bertrand. *A history of Western philosophy*. New York: Simon & Schuster, 1945.

Russell, Bertrand. *Logic and knowledge: essays 1901-1950*, ed. Robert C. Marsh. London: George Allen & Unwin, 1956, 1977.

Russell, Bertrand. *Mysticism and Logic*. London: George Allen & Unwin, 1917, 1963.

Russell, Bertrand. *The problems of philosophy*, Oxford University Press, 1959.

Russell, Bertrand. *Scientific outlook*. New York: W. W. Norton, 1962.

Sartre, Jean-Paul. *Being and nothingness*, trans. Hazel Barnes. New York: Washington Square Press, 1966.

Sartre, Jean-Paul. *The reprieve*, trans. Eric Sutton. New York: Bantam Books, 1960.

Sartre, Jean-Paul. *The transcendence of the ego*, trans. F. Williams & R. Kirkpatrick. New York: The Noonday Press, 1957.

Schaefer, G. Owen. "Review of James Cameron's *Avatar*," *The American Journal of Bioethics*, Vol. 10, no. 2 (2010).

Schopenhauer, Arthur. *The world as will and representation*, vol. I & II, trans. E. F. J. Payne. Clinton, MA: The Falcon's Wing Press, 1958.

Scott, Fiona J. & Simon Baron-Cohen. "Imagining real and unreal things: evidence of a dissociation in autism," *Journal of Cognitive Neuroscience*, vol. 8, no. 4, 1996.

Semon, Richard Wolfgang. *The Mneme*, trans. Louis Simon. London: George Allen & Unwin, 1921.

Sheldrake, Rupert. *The presence of the past: morphic resonance & the habits of nature*. Rochester, Vermont: Park Street Press, 1988, 1995.

Shubin, Neil. *The universe within: discovering the common history of rocks, planets, and people*. New York: Pantheon Books, 2013.

Shubin, Neil. *Your inner fish: a journey into the 3.5-billion-year history of the human body*. New York: Vintage Books, 2009.

Slack, Jonathan. *Stem cells: a very short introduction*. Oxford: Oxford University Press, 2012.

Snell, Bruno. "From tragedy to philosophy: *Iphigenia in Aulis*," *Oxford readings in Greek tragedy*, ed. E. Segal. Oxford: Oxford University Press, 1983.

Sokel, Walter. *The myth of power and the self: essays on Franz Kafka*. Detroit: Wayne State University Press, 2002.

Sokel, Walter. "Review of *Franz Kafka* by Ronald Gray," *Comparative Literature*, vol. 29, no. 3 (1977).

Squire, Larry R. "Biological foundations of accuracy and inaccuracy in memory," *Memory distortion: how minds, brains, and societies reconstruct the past*, ed. D. L. Schacter. Cambridge, MA: Harvard University Press, 1995, 1997.

Strogatz, Steven. *Sync: how order emerges from chaos in the universe, nature, and daily life*. New York: Hyperion, 2003.

Suarez, Antoine. "The limits of mathematical reasoning: in arithmetic there will be always be unsolved solvable problems," *Mathematical undecidability, quantum nonlocality and the question of the existence of God*, eds. Antoine Suarez & Alfred Driessen. Dordrecht, the Netherlands: Kluwer Academic Publishers, 1997.

Sullivan, Lawrence E. "memory distortion and anamnesis: a view from the human sciences," *Memory distortion: how minds, brains, and societies reconstruct the past*, ed. D. L. Schacter. Cambridge, MA: Harvard University Press, 1995, 1997.

Sulloway, Frank J. *Freud: biologist of the mind*. Cambridge, MA: Harvard University Press, 1979, 1992.

Szala-Meneok, Karen. *Time and contingency: temporal organization in Southern Labrador*. Ph.D. Dissertation. McMaster University, 1992.

Szasz, Thomas. "Psychiatric classification as a strategy of personal constraint," *Ideology and insanity*. New York: Syracuse University Press, 1970, 1991.

Tait, Katharine. *My father Bertrand Russell*. Bristol, England: Thoemmes Press, 1975, 1996.

Tapsen, Jonathan. "Google's historic win over Go world champion proves AI can be 'unpredictable and immoral' leading expert warns," *Mail Online, Daily Mail*, Mar. 23rd 2016) *http://www.dailymail.co.uk/sciencetech/article-3499288/Google-s-historic-win-world-champion-proves-AI-unpredictable-immoral-leading-expert-warns.html*

Tamez, Elsa. "Ecclesiastes: a reading from the periphery," *Interpretation: A Journal of Bible and Theology*, Vol. 55, no. 3 (2001), 250-259.

Thomas, Lewis. *The lives of a cell: notes of a biology watcher*. New York: Bantam Books, 1974, 1989.

Tillich, Paul. *The eternal now*. New York: Charles Scribner's Sons, 1956, 1963.

Tresner, Jim. "Seventeenth degree, knight of the East and West," *Scottish Rite Journal*, July 2000.

Turner, Derek. *Paleontology: a philosophical introduction*. Cambridge: Cambridge University Press, 2011.

Untersteiner, Mario. *The Sophists*, trans. Kathleen Freeman. Oxford: Basil Blackwell, 1954

Von Rad, Gerhard. *Wisdom in Israel*, trans. James Martin. London: SCM Press, 1972.

Von Leyden, W. "Time, number, and eternity in Plato and Aristotle," *The Philosophical Quarterly*, Vol. 14, no. 54(1964).

Wagenbach, Klaus. *Kafka*, trans. E. Osers. Cambridge, MA: Harvard University Press, 2003.

Walker, Tas. "Rock language: is there such a thing?" *http://creation.com/rock-language*

Walker, Tas. "Coal: memorial to the Flood," (석탄: 홍수의 기념물 (미디어위원회 옮김)) *http://www.kacr.or.kr/library/itemview.asp?no=5721*

Weinberg, Robert A. *One renegade cell: how cancer begins*. New York: Basic Books, 1998.

Weiner, Jonathan. *Time, love, memory: a great biologist and his quest for the origins of behavior*. New York: Vintage Books, 2000. (참고: 『초파리의 기억』 조경희 옮김. 파주: 이끌리오, 2006. 193쪽)

Weiss, Helene. "Notes on Greek ideas reffered to in van Helmont: De Tempore," *Isis*, Vol. 33, no. 5 (1942).

West, M. L. *Early greek philosophy and the Orient*. Oxford: Oxford University Press, 1971, 2002.

"*What is an X Factor?*" *http://www.wisegeek.org/what-is-an-x-factor.htm*

Whybray, R. N. *Ecclesiastes*. Sheffield, England: Sheffield Academic Press, 1989, 1997.

Wiener, Nobert. *Cybernetics: or control and communication in the animal and the machine*, 2nd ed. Cambridge, MA: MIT Press, 1948, 1961.

"*The X Factor*" *http://en.wikipedia.org/wiki/The_X_Factor*

Young, Davis A. & Ralph Stearley. *The bible, rocks and time: geological evidence for the age of earth*. Downers Grove, IL: InterVarsity Press, 2008.

찾아보기—개념

아래에 개념들을 나열하는 데 쓰인 기호 〈ex.〉는 '예를 들면'을, 〈vs.〉는 '대칭관계에 있는'을, 〈/〉는 '외연(外延)의 일치 아닌 부분적 공유관계'를 가리킨다. 따라서 모든 개념들은 '미니멀리스트(어떤 특칭도 거부하는) x 또는 X'라는 핵 개념을 중심으로 〈ex.〉와 〈vs.〉와 〈/〉에 의해 서로 엮여서 하나의 체계를 이룬다. 이 개념들의 관계 안에 'x의 존재론'의 대강이 요약되어 있다고 볼 수 있다.

개체성 / 영원의 한 단위 기억체계 x / 통분불가능성
  13, 14, 16, 17, 18, 25-27, 48, 54, 57, 68, 70-71, 73, 90, 92, 102, 113, 116, 126-127, 130-133, 139-140, 141, 149-151, 163, 171, 178, 195, 202-204, 206-208, 210, 212, 224, 225, 235-237, 239-240, 241-242, 247, 253-254, 256, 259-260, 262, 265, 270-271, 273, 278-284, 287-291, 294, 301, 302-304, 306, 310, 312, 323, 328, 329, 332-336, 360, 363-366, 370, 372, 375, 381, 383, 386-387, 419-420, 445-446, 448-449, 486, 493-497, 503, 518, 520-521, 526, 535, 536, 540, 545, 555-556, 557, 575-576, 591, 603-604, 607

거시분석 / 현재가 영원의 부분으로 / 초월성 (ex. 일생의 순서, vs. 미시분석)
  22, 28, 87, 90, 100, 112, 139, 141, 142, 144, 162, 163, 172, 210, 223, 271, 282, 302-303, 322, 349, 354, 359, 362, 382-383, 401-402, 445-446, 448-449, 519, 520-521, 531, 549-550, 559, 580, 581-583, 584-585

껍데기로서의 일상언어 (vs. 신의 말씀)
  40, 52-53, 55, 62, 64, 72-73, 81, 106, 112, 129-130, 162, 168-169, 173, 190, 207, 228-229, 245-247, 308, 309, 352, 359, 361, 368-371, 373, 375, 391, 393, 441, 491, 510, 518, 522, 524-525, 529-530, 534, 551, 552, 608-609

510, 514, 522, 529, 534-535, 608-609

미시분석 / 영원이 현재의 부분으로 / 내재성 (ex. 태초의 순서, vs. 거시분석)

미지에의 양도(미지에 대한 존중(deference to the unknown)) (ex. 주어의 생략)

보편성 제2 / 주변자들의 동의에 달려있음 / 제2 언어(인간의 척도)에 의함

보편성 제1 / 더 이상 격파 또는 초월당하지 않음 / 미니멀리스트 x 또는 X에 의함

사회학 / 일치와 불일치의 공존관계 / $X(x\&\neg x)$의 사례

상상 또는 파격 $\neg x$ / 내재성의 부분

수직의 논리 $X(x\&\neg x)$ 또는 † / 초월 또는 격파 $X(x\&\neg x)$에 의한 한 역사 †

영원의 매체(메신저) x 또는 X / 제1 언어
  13-14, 52, 57-58, 72, 73, 112, 186, 196, 223, 228, 245, 295, 359, 373, 375, 377,
  514, 522, 529, 534-535, 608-609

영원의 재현으로서의 현재 / 순간 단면도 $Xx, \neg x, X(\ )$
  14, 25-26, 28, 48, 63, 113, 126, 129, 132, 140, 151-153, 162-163, 173-174, 202-
  205, 210, 212, 240, 282, 301-302, 304, 305-306, 336-337, 340, 354, 363, 366,
  384, 420, 494-495, 526, 528, 530-531, 533, 535, 545, 562, 579, 581, 603

영원의 한 단위 기억체계 x / 개체성 (ex. 아바타)
  13, 14, 16-18, 25-27, 48, 54, 57, 68, 70-71, 73, 90, 92, 102, 113, 116, 126-127,
  130-133, 139-141, 149-151, 163, 171, 178, 195, 202-204, 206-208, 210, 212, 224,
  225, 235-237, 239-242, 247, 253-254, 256, 259-260, 262, 265, 269-272, 273-284,
  286-291, 292-295, 301, 302-304, 306, 310, 312, 329, 332-336, 339, 360, 363-366,
  370, 372, 375, 381, 383, 386-387, 419-420, 445-446, 448-449, 486, 493-497, 503,
  518, 520-521, 526, 532, 535, 536, 540, 545, 555-557, 575-576, 591, 603-604, 607

영원이 현재의 부분으로 / 내재성 / 태초의 순서 (vs. 현재가 영원의 부분으로)
  13, 22, 25, 27, 28, 48, 54, 87, 90, 96-97, 100, 102, 112, 116, 132-133, 139, 140-
  141, 142, 162, 163, 172, 202-208, 210, 212, 223, 271-272, 282, 288, 291, 301-
  304, 313, 316, 319, 320, 330, 331-333, 335, 338, 345, 349, 354, 359, 362, 382-
  383, 386, 387, 420, 445-446, 448-449, 519, 531, 532, 554, 556, 559, 566, 580,
  582-584

우랄알타이어
  83, 155-158, 285, 347

우주의 척도(cosmic measure) (ex. 제1 언어, 환원주의 제1)
  52, 72-73, 169-175, 184, 186, 190-191, 196-197, 220, 272, 359, 373, 375, 377,
  440, 449, 514, 521, 522, 525-526, 529-530, 531, 533, 534-535, 608-609

인간의 척도(homeo-centric measure) (ex. 제2 언어, 환원주의 제2)
  52, 73, 169-170, 172, 175, 178, 182, 190, 191, 197, 373, 375, 377, 435, 440, 521,
  525-526, 578-580, 608-609

찾아보기—이름

아래에 소개하는 이름들은 x의 존재론 이해에 필수적인 부분은 아니다. 다만 끝없이 이어질 가능한 대화의 상대로서 제공할 뿐이다. 그리고 이 책에서 필자는 전혀 그들의 사상이나 주장을 충실히 또는 완전하게 대변하고 있지도 않다. 오히려 대부분의 경우 미안하게도 그들의 사상이나 주장을 필자 자신이 창작한 체계의 맥락(찾아보기—개념)에다 끼워 넣은 데 지나지 않는다. 나에게 주입된 이 학문의 관행이라는 것이 얼마나 부당한 방법인가?